山田二郎先生古稀記念

税法の課題と超克

題字　園部逸夫書

山田二郎先生近影

古稀をお祝いし謹んで　山田二郎先生に捧げる

執筆者一同

税法の課題と超克

山田二郎先生古稀記念論文集

編　集

石島　　弘

碓井光明

木村弘之亮

玉國文敏

信山社

山田二郎先生古稀記念論文集　税法の課題と超克

目　次

租税実体法編

税法適用関係における人格なき社団論

――熊本ねずみ講についての二つの対立する判決に関連して――

石倉　文雄

一　本論文執筆の動機
二　相対立する熊本ねずみ講判決の内容
三　最高裁昭和三九年判決の位置付け
四　最高裁昭和三九年判決以後の人格なき社団に対する裁判所の態度
五　租税解釈論として人格なき社団の成立を論ずる際の基本的立脚点と法律要件論からの検討
六　四要件の法律効果論からの検討
七　追　記

一　本論文執筆の動機

　標題の論文を執筆することにした動機は、後に詳述するように、いわゆる熊本ねずみ講に人格なき社団性を是認して課税関係を律するか、人格なき社団性を否認して課税関係を律するかについて、相対立する二つの判決の流れが発生したことをどう評価し、何れの流れを妥当とするかを検討することにある。更に、この判決の個別検討を一歩押し進めて、人格なき社団の成立の確定が微妙ないわゆるぬえ的団体について、人格なき社団の成立を認めて法人課税の対象とするか、或いは、人格なき社団の成立を否認して個人所得課税の対象とするかを決定する一般基準を解釈原理としてどう設定するかを検討することにある。即ち、熊本ねずみ講の社団性を否認した判決は、第一審　熊本地裁昭和五三年（行ウ）第七号昭和五九年二月二七日判決（同日付の昭和五三年（行ウ）第六号判決も同旨）、第二審　福岡高裁昭和五九年（行コ）第四号平成二年七月一八日判決（同日付の昭和五九年（行コ）第三・八号判決も同旨）があり、反対に熊本ねずみ講の社団性を是認した判決は、第一審　熊本地裁平成二年（行ウ）第一三号平成八年三月二九日判決があるが、それを検討するとともに、相対立する判決を生じた根本原因が、ぬえ的団体の課税について、個人所得課税とするか、法人課税とするかを決定する一般基準の解釈に関する認識の差に多く起因すると考えるので、それを検討することが執筆の動機であると言っても同義である。

　そして、周知のように、租税に関する判決ではないが、人格なき社団の成立要件に関する解釈上の一般基準とされる最高裁昭和三九年一〇月一五日第一小法廷判決が見られるところである。同判決は、人格なき社団の成立要件について、①団体としての要件を備えていること、②多数決の原則が行われていること、③構成員が変更しても団体そのものは存続すること、④その組織によって代表の方法、総会の運営、財産の管理その他団体としての主要な点が確定していることの一般基準を判示した。この一般基準が示されて以降、ぬえ的団体も含めて具体的団体に対し、この一般基準の具体的あてはめに関し解釈も分かれ、民事法研究者等の間でも活発な議論が展開され、多数の文献も発表されている。[1][2]

ただ、筆者は、この検討に当って、民事法研究者の議論は勿論十分参考とさせていただくが、税法上においては、人格なき社団の問題は、主として後に詳述するように、納税義務者確定の問題、即ち、個人所得課税として扱うか、法人課税として扱うかの問題に結局帰着すると考えているので、民事法研究者等の論文は、その必要の限度で簡単に引用するにとどめる。

さて、右の最高裁の一般基準は、民事法研究者等の間で活発な議論を発生させたが、税法上の問題としても、この一般基準を検討することが、必須の条件となった。即ち、熊本ねずみ講のような団体を人格なき社団として是認するか否認するか、換言すれば、法人課税の対象とするか、個人課税の対象とするかという具体的問題の処理に当って、この最高裁判決の一般基準の検討は不可欠の条件である。筆者の本論文執筆の動機は主としてこの点にある。

更に付言すれば、東京高裁昭和四七年六月二八日判決で実質的な幕引きが行われて終結した社会的にも注目を浴びた労音訴訟においても人格なき社団の成立要件は、重要な問題であったのであり、熊本ねずみ講を中心に検討するが、必要な限度で、傍論として、労音の問題にも若干触れる。[3]

二　相対立する熊本ねずみ講判決の内容

熊本ねずみ講が人格なき社団に該当するか否かについて、否認説（否定説）に立つ判決と是認説（肯定説）に立つ判決の二つの流れがあることは前述した。まず、熊本ねずみ講に対する行政処分等の事実関係を紹介し、次いで、否認説、是認説の概要を紹介する。

1　ねずみ講に対する行政処分等

A（内村健一）は、昭和四二年三月頃から無限連鎖講であるいわゆる熊本ねずみ講（金品を出えんする加入者が無限に増加するとして、先に加入した先順位者が順次後順位者の出えんする金品から自己の出えんした金品の価額を上回る金品を受領することを内容とする金品の配当組織）を主宰し、募集した会員から入会金等の名目で多額の金員を収受していたが、右多数の会員を構成員とする団体を組織化することとし、昭和四七年五月二〇日、「天下一家の会・第一相互経済研究所」（以下「第一相研」という。）の名称で会員総会を開催し、そこで同会の定款及び基本財産の承認並びに役員の選任等の決議を行った。

Y（税務署長、被告・控訴人）は、右総会の開催等により第一相研が人格のない社団として成立したものと認定し、第一相研に対してねずみ講事業による入会金収入等に係る収益に対し法人税更正処分等を行うとともに、A個人の財産が人格のない社団の成立に際し第一相研に無償で贈与されたとして、第一相研に対し贈与税決定処分を、Aに対しみなし譲渡所得に係る所得税更正処分を行ったところ、Aから右所得税更正処分・法人税更正処分・贈与税決定処分等の取消しを求めて提訴されたのが本件訴訟である。なお、一審係属中の昭和五五年二月二〇日、Aに対し破産宣告がなされたため、破産者Aの破産管財人X（原告・被控訴人）が訴訟承継し訴訟を追行した。本件の基本的な争点は、結局、第一相研が人格なき社団として成立したか否かにあった。ただ、この点について、Aは、昭和四二年の講が開始された時から終始人格なき社団であるという前提で主張していたのに対し、Aを承継したXは、昭和四二年以来現在まで終止A個人がねずみ講を主宰していたという前提で主張しており、更に課税庁Yは、昭和四七年五月二〇日の創立総会以前はA個人が、それ以後は人格なき社団として、ねずみ講を主宰していたとして課税処分を行ったのであり、三者が三様の主張をしていることに注目する必要がある。

2　否認説（否定説）

第一審の熊本地裁昭和五九年二月二七日判決は、要旨次のように判示し、否認説に立って人格なき社団の成立を否認した。即ち、

ねずみ講を主宰する第一相研は、会員（構成員）資格の得喪が定款上一義的ではなく、本件各講の仕組との関係も不明確であること、また、当会の役員相互間にも統一的な見解があるわけでなく、その運用も明確な基準がなく、当会の構成員の範囲を客観的に明らかにすることができないこと等から、当会をその構成員から区別された構成員の集団である団体として把えることは不可能であるから、当会は、人格なき社団としての成立要件適用の基本的出発点を欠いており、その余の成立要件につき判断を加えるまでもなく、人格なき社団としての実体を有しない。と。

更に、ねずみ講の主宰者である個人Ａが自ら人格なき社団を成立させたという外観を作出し、人格なき社団として法人税の申告書等を提出しているような場合には、被告課税庁に対し人格なき社団ではないとする論拠で租税法上の責任を回避することは、信義則、権利の濫用の法理、法人格否認の法理に照らして許されないとするＹの主張に対しても、Ａの破産管財人ＸがＡの従前の言動に反する行為をなしうるのは、その職責上許されるとしてＹの主張を排斥した。

第二審福岡高裁平成二年七月一八日判決も、否認説に立ってＸの主張を認容しＹの主張を排斥した。即ち、判決は、本件ねずみ講の実態、Ａと第一相研の関連に係る事実関係を詳細に認定し、人格なき社団の概念は民事実体法上の概念を借用したものであり、法的安定性の点から税法上においても一義的に解釈されるべきであるとし、構成員の総意が反映されていない定款の作成過程には重大な瑕疵があること、構成員の範囲の不明確性及び会員共通の目的意識の希薄性から団体としての意思形成の基礎を欠いていること、支部組織等は地方会員の総意を集約する機能を欠き会員総会における意思形成も形骸にすぎないこと、理事会はＡ個人から独立した業務決定機関としての機能を欠くこと、第一相研とＡ個人の資産ないし経理処理が著しく混同されていること等の事情を総合して、第一相研の人格なき社団性を否認した。

更に、一審判決同様、破産管財人Ｘは、独自の判断に基づき破産者Ａの課税関係を選択でき、従前のＡの主張に拘束されないとし、Ｙの信義則違反の主張も排斥した。

ここで紹介した第一審熊本地裁判決及び福岡高裁判決は、昭和四七年五月二〇日に、Ａから第一相研に資産が贈与されたと認定し、みなし譲渡所得課税をなした部分に係る判決であるが、前述の二１のねずみ講に対する行政処分のところで紹介したように、みなし譲渡所得課税以外に、昭和四七年五月二〇日以降は、第一相研は人格なき社団となったとして、同日以降の所得に対しては法人税更正処分がなされたし、また、同日付で、第一相研に資産の贈与がなされたとして贈与税課税処分がなされていることは注意されるべきである。そして、この法人税更正処分及び贈与税課税処分についても訴えが提起されたのであるが、前記の昭和五九年二月二七日付の熊本地裁判決と同日付の判決で、第一相研は人格なき社団に当らないとされたことに伴ない、この二つの課税処分の取消請求については、第一相研に当事者能力がないとして、本案審理に入ることなく却下判決がなされたのである。そして、これを不服としてYから福岡高裁へ控訴がなされたのであるが、これまた、前記の平成二年七月一八日付の福岡高裁判決と同日付の判決で、却下判決を正当とする棄却判決がなされ確定していることに留意する必要がある。この却下で確定した法人税更正処分及び贈与税決定処分が、次の3是認説で述べる熊本地裁平成八年三月二九日判決という形で、よみがえってくるのである。即ち、前述の否認説に立つ熊本地裁判決及び福岡高裁判決と全く反対の立場に立つ熊本地裁平成八年三月二九日判決として出現することとなるのである。熊本地裁及び福岡高裁の否認説に立つ判決が認定した訴訟物そのものではないが、ほぼ同様の訴訟物が、人格なき社団の成否という争点を媒介として、別の合議体である熊本地裁により審理されることとなったのである。即ち、否認説に立った右法人税更正処分及び贈与税決定処分取消請求事件における判決の主文が訴え却下であったために、Yは、右両処分が取り消されたものではないとして、Xの請求に応じない立場を維持しているので、Xは右両処分について無効を主張するとともに、既納付の税金について不当利得の返還を求める訴えを提起するという形になったのである。つまり、みなし譲渡所得については、否認説に立った熊本地裁及び福岡高裁の棄却判決で、Xの請求が実質上認められたのであるが、法人税・贈与税の課税処分については却下判決であったがため、Yは減額更正等実質的にXの請求を認める措置をとらなかった結果、Xは処分の無効と不当利得の返還を求めるという訴訟形態をとらざるを得なかったのであり、右訴訟の中で、右二つの課税処分取消請求が審理の対象とされ、再び熊本ねずみ講が人格なき社団に当たるかどうかが審理されることとなった。そして審理の結果、否認説に立つ両裁判所と全く反対の結論に立つ人格なき社団の成立を是認する熊本地裁平成八年三月二九日判決として現われたのである。

3　是認説（肯定説）

熊本地裁平成八年三月二九日判決は、是認説に立って第一相研の人格なき社団の成立を是認した。判決の紹介の前に、X、Yの争点と基本的な主張を判決に従って紹介する。

一　争　点

(1)　本件各更正処分等の取消訴訟に関し、不服申立前置の要件が遵守されているか否か。
(2)　本件各更正処分等において、事実誤認による違法が存するか否か（具体的には、右各処分が第一相研が人格のない社団に該当するか否かについて事実を誤認したものであるか否か。）。
(3)　本件各更正処分等が事実誤認によるものであるとした場合、右処分等が当然に無効であるか否か。また、本件各更正処分等の存在を前提としてなされた被告県、被告市の課税処分についてどうか。
(4)　原告らの本訴各請求が禁反言又は信義則違反として許されないか否か。
(5)　原告ら主張の不当利得返還請求権が過誤納金の還付請求権に関する時効により消滅したか否か。

二　基本的主張

(1)　人格なき社団の意義について

(a)　Yの主張

民事実体法上の人格なき社団の概念自体相対的で、その法律効果は社会的実体に応じてさまざまであるから、民事実体法上の人格なき社団の概念が一義的に定まっていることを前提に、民事実体法の人格なき社団の概念と税法上の人格のない社団の概念を同一に解釈することはできない。

ある団体が税法上の人格のない社団に当たるか否かは、当該団体が経済的実質的な所得の帰属主体として評価し得るか、社団固有の財産が構成員個人の財産から明確に区別され、その管理運営のための執行機関が備わっているか否かという点を重視して判断すべきであり、その組織や運営の形式面・手続面に一部不完全な点があることを理由に社団の成立を否定することは相当でない。

最高裁昭和三九年一〇月一五日判決は、人格なき社団の成立要件として、四要件をあげるが、②の多数決の原則が行われているとの要件は、私的自治、すなわち、団体の内部規約によって定められるべきものであり、あまり重視することは相当でない。

(b)　Xの主張

税法上の社団性の概念と民事実体法上の社団性の概念は同じである。人格なき社団が有効に成立するためには、当該団体が前掲最高裁判決の四要件を具備するのみならず、当該団体の設立行為が法律行為一般に関する有効要件を備えていなければならない。第一相研は公序良俗に反するねずみ講事業を遂行する組織であるから、このような事業を行う社団の設立行為は民法九〇条に照らし違法無効である。

また、たとえ社会的な実体としては団体の組織が認識されるとしても、構成員の多数意思による運営が確保されていない等民主的法秩序全体の観点と相容れない団体に対しては、人格なき社団としての地位を与える途はない。

(2) 第一相研の人格なき社団該当性

(a) Yの主張

第一相研においては、①団体意思決定機関としての会員総会が、業務執行・代表機関としての理事会及び会長が各存在し、それらが現実に機能していたこと、②団体財産が構成員の固有の財産から独立し、管理処分の対象となっていたこと、③団体としての組織を備えていたこと、④構成員の変更にもかかわらず、団体の存続性が認められたこと、⑤代表の方法、総会の運営等団体としての主要な点が確定していたこと等にかんがみると、その活動の実体において些少な疑義はあるものの、昭和四七年五月二〇日の創立総会開催の時点で、判決の四要件を満たしていたものというべきである。

(b) Xの主張

次の諸事情を総合すると、第一相研は人格なき社団に該当しないというべきである。

①昭和四七年五月の創立総会当時、社団の構成員となるべき講会員が不特定、不明確であり、かつ、社団成立に向けての団体意思を有しておらず、人格なき社団と認定するための前提たる人的組織としての社会的実体を有していなかったこと、②創立総会に向けての手続はおよそ社会的実体を有する組織の社団成りの手続とはいえないこと、③創立総会で承認可決された定款は、講会員の意思を全く無視したものであり、法律上効力がないこと、④第一相研の業務執行体制は、定款上Aが理事会に優越する絶対的権限を有し、現実の業務執行に当ってもそうであったこと、⑤第一相研に引き継がれた財産の範囲は明確でなく、第一相研からA個人の刑事裁判費用が支払われるなど経

理面でも混乱があること。

このようなX、Yの基本的主張を踏まえ、熊本地裁平成八年三月二九日判決は、是認説に立って、第一相研の人格なき社団の成立を是認し、否認説に立った前記両判決と全く反対の結論に達した。判決の要旨は、次のとおりである。

「税法上の人格のない社団の概念も、当該社団が社会的に実在することに着眼し、権利能力なき社団として認知された民事実体法上の概念を借用した上、納税主体をこのような社団概念に準拠して捕捉しようとするものであるから、民事実体法上の人格なき社団の概念と同義に解するのが相当である。よってYの主張は採用することができない。

人格なき社団の成立要件としては、最高裁昭和三九年一〇月一五日判決の四要件を要すると解するのが相当である。この点について、Xらは、社団が有効に成立するためには、四要件のほか、当該社団設立行為が民法九〇条等法律行為一般に関する有効要件を備えていなければならないところ、第一相研は公序良俗に反するねずみ講事業を遂行する組織であるから、このような事業を行う社団の設立行為は民法九〇条に照らし違法無効であると主張する。

しかし、人格のない社団が成立するか否かは、当該人格のない社団が社会的実体を有するものとして実在するか否かにより決せられるべきものであり、当該人格のない社団の設立目的の如何により左右されるべきものではない。そして、人格のない社団として実在するに至った後は、当該人格のない社団は活動を開始し、必然的に多数の法律関係を形成し、殊に対外関係においては、当該人格のない社団の財産を引き当てとして法律関係を形成する第三者が生じてくるから、当該人格のない社団の真の設立目的が不法なものであるという一事から直ちに当該人格のない社団の設立行為の効力が否定されると、法律関係の安定を著しく害する結果となる。したがって、Xらの主張を採用することができない。

第一相研が前記四要件を満たしているかどうかは、事実認定の分野に属するものであるから、右四要件を満たすに足りる証拠があるかどうかということだけを検討すれば足り、その検討においてねずみ講が公序良俗に反する事業であり、その被害者である講会員を救済する必要があるとしても、公序良俗違反の点を考慮する必要はないし、むしろすべきでないというべきである。また、右四要件の当てはめにおいて、多くの裁判例において人格のない社団として認められた程度にその要件を満たしているかどうかを検討すれば足り、必要以上に厳格に適用し、実質的に公序良俗違反の点を考慮することは相当でないというべきである。

そして、第一相研の組織としての実体は次のようなものであった。

①第一相研においては、定款七条一項に基づいて第一相研の主宰する複数の「相互扶助の組織」、すなわち、ねずみ講のいずれかに加入し、かつ、同条二項所定の手続きを経た者が第一相研の会員資格を取得し、定款八条所定の事由が生じない限り、会員は引き続き会員資格を保持するものであった。

②第一相研の会員総会は、理事会で決定された会員代表数に基づいて、支部で選出された代表の参加を得て開催され、定款所定の付議事項を審議し、会員代表の多数決により議決を行っていたものであり、しかも、決議内容は、広報等によって会員に周知されていたのであるから、会員総会は、社団の基本的意思決定機関として機能しており、実体を具備していた。

③資産の管理・処分の面において、第一相研とA個人との間に資産、経理の混同があることは否定し得ないものの、全体としては、第一相研はA個人や構成員から独立した資産を有し、特に、創立総会開催後は、取引上の使用名義や預金名義の変動からみても、独立した取引主体として、財産の管理処分を行い、税務官署に対する届出名義

等も明確に区別し、第一相研とA個人が異なる納税主体として併存するものとして両者を区別していた。

以上の事実関係からすれば、第一相研は、団体としての組織を具備すること、多数決の原則が実践されていること、構成員の変更にもかかわらず団体の存続性が認められること及び代表の方法、総会の運営等団体としての主要な点が確定していることから、昭和三九年最高裁判決の判示に係る四要件をすべて具備していることは明らかというべきであり、昭和四七年五月二〇日の創立総会以降、第一相研が人格なき社団として成立していたものというべきである。したがって、Yが第一相研が人格のない社団に当たるとしてなした更正処分等は、いずれも適法である。」。

更に、Xらが、自己の主張を補強するものとして引用した前記福岡高裁の判断と正反対の判断を判旨中で示し、第一相研の人格なき社団性を是認した。即ち、

「第一相研の定款の作成に重大な瑕疵があり効力が直ちに否定されるとまではいえない、第一相研において、社団に不可欠な団体意思の形成に問題があり、社団性の要件自体が否定されるとまでいえない、組織上、構成員の多数意思による運営が一応取られていたこと、Aと第一相研の財産管理が混同しているとまでいえない」等を判示し、人格なき社団性を是認した。

筆者は、結論として、人格なき社団の成立を認めた是認説が妥当であり、否認説は妥当でないと考えるものであるが、後にその点について、多方面より検討する。(4)

三　最高裁昭和三九年判決の位置付け

最高裁は昭和三九年一〇月一五日判決で、人格なき社団の成立要件に関し、前述の四要件を判示した。しかし、この四要件が示されただけでは、具体的なぬえ的団体に人格なき社団性を認めるのか、人格なき社団性を否認するのかを解決する特効薬となり得ない。何故なら、具体的な社団の中には、単に立法政策の関係上、法人格が取得出来ないというだけで、法律で法人格を与えられた社団と内部関係、外部関係において全く遜色のないような人格なき社団もあれば、内部関係、外部関係において組合や個人に等しいような人格なき社団とは到底認められないようなものもある。そして、両者の中間に様々な濃淡を持った団体、即ち、理念的な人格なき社団に近いものから、理念的な人格なき社団とはほど遠い無数の団体が存在する。従って、ある団体を人格なき社団と認定するのか、否認するのかについて、四要件以上のより具体的な一般基準の作成が不可欠となるのである。四要件だけでは問題が解決しない。

そして、この問題については、民事法研究者の間で種々の議論を呼んでいる。そこでの最大の問題は、ぬえ的具体的団体に対し、人格なき社団の成立を認めて法人規定を適用するのか、それとも人格なき社団の成立を否定して組合規定を適用するのかの点にあるように思われ、学説も分かれている。碓井光明教授は、ジュリスト№八一四号で、この点に関し、第一説は、人格なき社団の成立のために一定の要件が必要で、その一つでも欠ける場合には、社団性が否定されるという考え方で我妻栄博士の説及び昭和三九年一〇月一五日の本最高裁判決がこれに当たるとされる。第二説は、四要件を厳格な意味の要件ではなく、全体として社団性を判断するための基準ないしメルクマールとして把握する説で、川島武宜博士や福地俊雄教授の見解がこれに当たるとされる。第三説は、民法の個々の規定の適用について個別的に処理すべきであるとする星野英一教授の見解があるとされる(5)。

右の分類は、ぬえ的団体に法人規定を適用するか、組合規定を適用するかの点に主として実益があると考えられ、第一説は、人格なき社団と組合の峻別論を前提に、具体的団体を人格なき社団とするか、組合とするかについて、四要件を厳格に適用するという立場に結びつき易い説と言えるし、第二説は、四要件をメルクマール的に考え、総合的な判断で人格なき社団か組合かを決定する説と言ってよいであろう。第三説は、当該具体的団体に与えようとする法律効果の面から法律要件を捉えようとしているとも言えるのであって、人格なき社団と組合との峻別論から最も遠い距離に立つ説と言ってよいであろう。しかし、三説とも、人格なき社団か組合かを決定すること、法人規定を適用するか組合規定を適用するかの点に存在意義があると思われる。

これに対し、税法上、ぬえ的団体を人格なき社団とするか否かは、法人課税として処理するか、個人所得課税とするかについての問題であって、後述するように、この点にこそ最大の実益がある。どのような基準で、人格なき社団の成立を認定するかということが、法人課税の納税義務者となるか、個人所得税の納税義務者となるかという、法律効果の完全な違いとなって現われるのである。法律効果の差という点から見れば、局面は全く異なるが、星野教授説と同じ脈絡で判断しているとも言えよう。法人課税とするか個人所得課税とするかという法律効果の面からも、人格なき社団の成立要件を考えるという手法が、四要件という法律要件の側から人格なき社団の成立要件を考えるという手法とともに、とられなければならない。税法上ではこの点が特に重要である。

従って、まず、法律要件の側から、即ち、最高裁判決の四要件の側から、人格なき社団の成立要件について検討してみよう。右最高裁判決は、具体的団体に四要件をあてはめて、人格なき社団の成否を決定しようとするものであるが、税法上右四要件だけで、人格なき社団の成否を決定し、法人課税とするか、所得課税とするかを決定することは極めて困難である。四要件で示された一般基準だけでは不十分で、四要件以上のより具体的な一般基準を作成することがこの問題の解決にとり不可欠である。より具体的に言えば、具体的な団体に対し、法人課税とすべきか個人課税とすべきかが明確でない場合、この場合も多様な事例が存在し複雑な事例も多いが、例えば、四要件の中、三要件或いは二要件はほぼ完全に充足しているが一要件或いは二要件を欠いている場合、四要件の中、三要件はほぼ完全に充足しており、他の一要件は欠いているとまでは言えないが、一要件の構成要素の充足が不十分である場合、四要件は一応充足しているが、四要件のそれぞれの構成要素の充足が完全でない場合、等々の実態を有する団体が存在している場合に、どのような具体的課税処理をすべきかは、四要件だけでは不十分で、より具体的な一般基準による必要がある。更に言えば、四要件という客観的解釈基準だけで、人格なき社団の成否を決定し、納税義務者を確定することが果して妥当かどうかという問題も存在する。即ち、具体的な団体が、どのように対内的、対外的に、殊に対外的に行動していたかというような主観的要素を考慮の外に置くべきか、そうではなくて考慮の内に置くべきかということも検討されるべきである。結論から言えば、主観的要素も考慮すべきである。

加えて、この具体的な団体に対する四要件の当てはめが、杜撰であった場合は論外であるが、慎重になされても後になって結果的に誤まりであるとされると、更正決定の除斥期間の関係上、納税義務者の打ち替えは出来ないことが多く、課税の公平が基本的なところで崩壊する可能性が高い。殊に、ぬえ的団体の当事者が、自己を人格なき社団である、或いは反対に、自己を人格なき社団ではなく個人であると主張し、それに基づいて、多数の民事上、行政上（税務関係も当然それに含まれる）の法律関係を形成している場合においては、形成された法律関係が崩壊する等多方面に大きな影響を与える事態が生ずる。

それ故、右最高裁判決の四要件は、人格なき社団の成否に関する一般基準を示したものでもあることは確かであるが、以後出現する具体的ぬえ的団体について、人格なき社団の成否を判断するに際しては、四要件の当てはめを中心としながら、具体的事情を総合勘案して人格なき社団の成否を決定するという態度を否定するものではないと解するのが正当であろう。換言すれば、四要件を弾力的に考えて処理する態度を否定するものではないと解するのが正当であろう。

事実、右最高裁判決以後、幾つかの人格なき社団に関する地裁、高裁、最高裁判決がなされるのであるが、これら判決は上記のような脈絡で捉えるのが妥当と思われる。その点については、次節でより詳しく述べる。

更に、法律効果論からの検討は、この論文の最重要部分であるので、後に詳細に論ずる。

四　最高裁昭和三九年判決以後の人格なき社団に対する裁判所の態度

昭和三九年の前記最高裁判決以後も、多数の判決が、人格なき社団に関連して出されている。例えば、最高裁第一小昭和四二年一〇月一九日判決は、前記最高裁判決は当裁判所の判例とするところであるとするとともに「被上告人区は、古くより三田市三田十一番区通称新地と称する地域に居住する住民により、その福祉のため各般の事業を営むことを目的として結成された任意団体であって、同市三田に属する最下部の行政区画でも、また財産区でもなく、区長、区長代理者、評議員、組長等の役員の選出、役員会および区長総会の運営（その議決は多数決による）、財産の管理、事業の内容等につき規約を有し、これに基づいて存続・活動しているというのであるから、原審で権利能力なき社団としての実態を有するのは正当」として、人格なき社団の成立を認めている。更に最高第三小平成六年五月三一日判決も、大畑町部落有財産管理組合を、上記最高裁判決の基準を引用して「規約により代表の方法、総会の運営、財産の管理等団体としての主要な点が確定しており、組織を備え、多数決の原則が行われ、構成員の変更にかかわらず存続する」ものと認めて、権利能力なき社団の成立を認めた。

従って、現在においても、上記四要件が人格なき社団の成立要件であることは、一般基準として生きていることは疑いない。

しかし、人格なき社団の成立について、四要件の基準だけでは、十分に説明することが出来ない多くの判例が現われていることに注目する必要がある。例えば、大阪地裁昭和四三年四月二五日判決では、武智鉄二後援会について人格なき社団の成立を認めたが、この後援会については会員総会が存在していなかったし、東京地裁昭和四四年一〇月六日判決では、小笠原島硫黄島帰郷促進連盟についても人格なき社団の成立を認めたが、この連盟については総会はないに等しく会員の入会手続を定めた規定はなく入会手続もなかったし、東京地裁昭和五六年五月二九日判決では、中町環境を守る会なる住民団体にも人格なき社団の成立を認めている。更に、人格なき社団の成立要件について、多くの識者が、前記昭和三九年の最高裁判決を緩和したと指摘する最高裁昭和五五年二月八日第二小判決は、沖縄の血縁団体である葵氏門中について、明文の定款がなく、不文の規約と認められるものがあるに過ぎない団体について、構成員の範囲が現実に確定できず、多数決原則が行われていないと窺われるとしながらも、権利能力なき社団の成立を認めている。以上からも、判例の流れは、四要件の適用を具体的団体に応じて、一般的には緩和していると言ってよいであろう。(6) ただし、東京地裁昭和四四年七月三日判決は、万国海洋財宝引揚協会について、成文の規約を欠くとして権利能力なき社団の成立を否定しており、一概には、四要件を全部の判決が緩和しているとまでは言えないが、四要件を厳格に適用する判決は少数であることは確かである。

このような判決の流れはどう評価されるべきであろうか。民事法研究者においても、第二説、第三説が有力になりつつあることは、個別具体的処理において、四要件を緩和して適用することの妥当性を示していると見るべきであろうし、租税法研究者の間でも、前記三九年最高裁判決の叙述を、厳密な概念としてではなく、理念型あるいは類型としてとらえ、租税法的観点から修正を加えて「人格のない社団等」の意義を再構成するという見解が有力に主張され、この見解においては、財産の独立性が最も重視されるべきとしているが、このことは四要件を緩和して適用することの妥当性を主張しているのであり、(7) この点からも、このような判決の流れは評価されるべきであろう。

山田誠一教授は、昭和三九年、昭和五五年の最高裁判決を紹介するとともに、「権利能力のない社団という法的規律は、本判決以後も着実に形成されてきた。特に、重要な効果に関する最高裁の見解が段階的ではあるが明らかにされた。例えば、最高裁二小判昭和四七・六・二、最高裁三小昭和四八・一〇・九、最高裁一小昭和四九・九・三〇などである。したがって、現在においては、ある団体が、判例によって明らかにされた右のような効果が与えられる権利能力のない社団であるためにはどのような要件をみたさなければならないかを具体的に論ずることは、重要な課題であるように思われる。」とされる。筆者もまさにその通りであり、法律効果を与える場合の具体的要件を確定することが重要と考える。次節以下で、この点について詳論するが、ここでは少なくとも、四要件を厳格に適用することは、正当でないと指摘しておこう。(8)

五　租税解釈論として人格なき社団の成立を論ずる際の基本的立脚点と法律要件論からの検討

わが国において、所得を得た者に対する課税は、個人所得税として課税するか、法人税として課税するかの方法しかない。即ち、個人が得た所得は、所得税として課税され、法人格を与えられた営利法人や公益法人が得た所得は、法人税として課税される。従って、個人でもない、法人でもない所謂、権利能力のない社団の所得は、仮に、現行法の「法人とみなす」という規定が存在しなければ、解釈で、個人所得として課税するか、法人所得として課税するかを確定しなければならない筈である。事実、昭和三二年以前においては、法人とみなす規定が存在していなかったため解釈により、課税関係を律しており、その処理について学説等の対立もあり、人格なき社団については、一般的には課税がなされていなかったようである(9)。現在では、人格なき社団に該当すれば、法人課税の対象となるし、人格なき社団に該当しないとすれば、個人所得税の対象となることは、立法により明白となったのである。しかし、前述したように、社会に存在する具体的な団体の中には、理念的な人格なき社団に完全に該当するようなものから、人格なき社団というよりは個人に該当するようなものまで、濃淡種々の段階に位置するものが存在している。従って、具体的団体について、人格なき社団の成立を認めれば、法人税の対象となるし、人格なき社団の成立を否定すれば、個人所得税の対象となるのである。そして、ここでの最大の問題は、どのような基準で人格なき社団の成立を判定するかである。千差万別の具体的団体、殊に、社団でもあるようだし個人でもあるような団体に対し、どのような基準で、人格なき社団の成否を判定するかである。どのような一般基準（法律要件）により、人格なき社団の成否を判断し、どのような課税、即ち、個人課税か法人課税（法律効果）を行うかが最大の問題である。個人課税か法人課税かの二者択一であり、それ以外の道はないし、その選択を誤まることは、致命的な打撃を受けるという関係に立つのである。

　そして、この問題を解決する一般基準として昭和三九年の最高裁判決が示した四要件があることは前述した。しかし、四要件の適用を厳格に行うのか、緩和して行うのかについても、民事法研究者の対立が存在するし、昭和三九年以後の多くの判例が緩和適用の方向に流れていることは指摘したが、未だに、四要件以上の具体的基準について、必ずしも、統一的なより具体的であり、より一般的な基準が確立していない点が問題である。

　ただ、税法上はこの問題を解決するに当たり、どうしても譲れない基本的立脚点として、具体的ぬえ的団体について、個人課税として処理するか、法人課税として処理するかを、課税時点でどちらかに割り切って処理しなければならない宿命を負っていることである。極論すれば、個人課税的要素を五〇％、法人課税的要素を五〇％、持っているようなぬえ的団体が仮りに存在するとすれば、そのような団体についても、どちらかに決定しなければならない。所得が発生している場合、個人所得税課税をするか、法人課税をするかの何れかであって、両方とも課税しないとすることはいかに人格なき社団の成否の判定が困難であるからといって、課税の公平の見地から絶対に認めることは出来ない。租税法律主義を如何に厳密に解釈する立場に立っても、どちらかの課税もしないということは有り得ない。反面、所得課税と法人課税の両方の課税を行っておくことは絶対許されない。

　しからば、どのような一般的、具体的基準により、人格なき社団の成否を判定することが妥当であろうか。

　一般的基準としては、昭和三九年の最高裁判決の四要件が、現在においても基準としての価値を失っていないことは前述した。そして、それ以後の人格なき社団成立の要件について判示した多くの判決は、四要件を厳格に適用するよりは、緩和する方向で進んでいったことも前述した。即ち、三九年最高裁判決の四要件を類型的なもの、メルクマール的なものとして判断する判決が大宗を占めるようになっている。民事法研究者の人格なき社団の成立に関する学説も、前述の第二説、第三説が有力になってきていることからも、最高裁判決もメルクマール的に考える方向に進んでいるように思われる。租税法研究者は必ずしもこの問題について多くの発言がなされているとは言えないが、メルクマールとして理解するものが多数出て来ている[10]。

筆者はこのような方向で四要件の具体的あてはめが行われることが理論的にも正当であると考えている。殊に、租税法上人格なき社団の成否を判断するに当っては、前述したように、その判断により所得課税となるか、法人課税となるかの二者択一であり、四要件を厳格適用すれば理念的な人格なき社団を除いては、全部所得税課税をすべしということとなり、人格なき社団を法人とみなしながら、法人課税を行うことは殆どなくなるという結果を招来することからも妥当でない。殊に、理念的な人格なき社団以外の者が、自ら人格なき社団であるとして、課税庁に法人税の課税申告書を提出した時点で、課税庁が人格なき社団に該当しないとして個人課税の所得税申告書を提出すべきであるとして、申告指導をしたり、一歩進めて、所得税課税の決定処分と提出された法人税申告について取消処分を行うようなことは不可能である。勿論、人格なき社団の成立の判定時点は、争いになれば、理論的には、事実審の口頭弁論終結時点であることは確かであるから、その時点で人格なき社団の成否を決定することになるが、四要件がそれなりに備わっており、対外的にも一応人格なき社団が成立しているような外観を呈しており、自らが人格なき社団であるとして法人税の確定申告書を提出しているような場合には、人格なき社団の成立があったものとして法律関係を律することが、信義則、外観尊重主義、法律関係の安定化の見地からも正当である。結論から言えば、四要件をメルクマール的に捉え、それを人格なき社団成立の客観的要素として位置づけるとともに、その団体がいかに行動しているかという主観的要素、例えば、自己が人格なき社団であるとして法人税の確定申告書を提出したり、人格なき社団として取引の相手方との間に例えば売買契約の締結をするというような法律関係を形成している場合には、客観的要素と主観的要素を総合的に考慮して、人格なき社団の成立を認めるのが妥当であろう。四要件を完全に充足していなければ、一切人格なき社団の成立を認めないという厳格説に立っての処理は、口頭弁論終結時点で人格なき社団の成否を厳密に判断するということであり、調査時点での人格なき社団の判定の杜撰さをチェック出来るというメリットはあるが、調査時点で課税庁が人格なき社団の成立要件である四要件をメルクマール的に捉え、なおかつ主観的要素を加味して総合的に判断するという手法に比較して、明らかに劣っているし、社会的な具体的妥当性において劣っていることは明らかである。

極言すれば、四要件が一応備わっているような外観が表示されており、本人が人格なき社団が成立しているとして行動している場合には、少なくとも納税義務者を確定するという課税関係を律するに当たっては、人格なき社団の成立があったとみて、法人課税を行うべきである。四要件のあてはめにおいて、厳格な適用を後になって行うことは、弊害があまりに大きすぎる。四要件についての法律要件の解釈は、そのように解することが妥当であろう。一般基準としての四要件は、そのような解釈により適用されるべきである。

是認説に立つ熊本地裁判決が、「右四要件の当てはめにおいて、多くの裁判例において人格のない社団として認められた程度にその要件を満たしているかどうかを検討すれば足り……」と緩和説に立って判示しているのはその意味で正当である。判決は、多数の裁判例における四要件の当てはめという事例の積み重ねという形で判示しており、その基本的態度は正当であるが、筆者としては一歩進めて、納税義務者の確定という租税法律関係においては、理論的にも、現実的妥当性の面からも、特に緩和説に立って判断することが重要であり不可欠であると考えている。

更に付言すれば、判決は、第一相研が税法上人格のない社団に該当するか否かの争点に対する判断の前提として、「税法上の人格のない社団を民事実体法上の人格のない社団と同義に解すべきか否かの法解釈の問題について、「税法上の人格のない社団の概念も、当該社団が社会的に実在することに着眼し、権利能力なき社団として認知された民事実体法上の概念を借用した上、納税主体をこのような社団概念に準拠して捕捉しようとするものであるから、民事実体法上の人格なき社団と同義に解するのが相当である。」と判示し、所謂統一説に立って判断している。この態度は、借用概念の解釈につき、法的安定性、予測可能性を重視する通説の立場に立っているもので基本的には正当であるが、租税法研究二六号（有斐閣）で筆者が指摘したように結構統一説では説明出来ない場合も存在するのであり、一般的に言えば、借用概念の解釈については、統一説を基本としながらも、個別具体的事件についての判断においては弾力的に考えることが必要であろう。本判決は、統一説に立って基本的に判断しながら、結論としては、弾力的に考えているとも評価し得るのであり、妥当であろう(11)。

六　四要件の法律効果論からの検討

五のところで、四要件の法律要件論からの検討で、緩和説に立って、人格なき社団の成否を決定することの正当性を述べた。その際税法上においては、特に、人格なき社団の成否が、法人課税か所得課税かを決定することになること、その二者択一であってそれ以外はあり得ないことを論じたが、このことは法律要件論からの検討と同時に、法人課税という法律効果を発生させるか、それとも所得課税という法律効果を発生させるかという法律効果論からの検討でもあったことを示している。従って、付言することは基本的にはないのであるが、若干の付言を許されたい。

人格なき社団の成否について、民事法研究者の第三説は、法人規定を適用するか、組合規定を適用するかという法律効果論からの分析の必要性を主張しているが、税法上も法人課税とするか、所得課税とするかという法律効果論からの分析が同様に必要不可欠である。そのような目的論的アプローチが、人格なき社団の成否を決定する際の最も重要なファクターである。その立場に立って、人格なき社団の成否を判断することが、解釈論の実益である。民事法研究者の第三説と同じ脈絡で考えることが、納税義務者の確定という課税関係においては最も重要なことである。民事法研究者の第二説及び特に第三説によると同様の思考方法をとることが、租税法律関係においては特に重要であると言っても同義である。

最後に、傍論ではあるが、労音訴訟について若干触れておきたい。

労音は、入場税の納税義務がないとする論拠を自己が人格なき社団に当たるとする点におき、そのためその性格、組織、運営などの実態を詳細に主張した。ただ、被告課税庁も労音が人格なき社団に該当することについては、基本的には是認しており、人格なき社団に該当しても入場税の納税義務を負うとしていたので、労音が人格なき社団に該当するかどうかが直接の争点になっていなかった。しかし、多くの労音の裁判例から伺われる労音の実態は、会員が労音の例会ごとに大幅に変更されるものであり、例会の催物ごとに構成員が大幅に変わる、極論すれば、催物の開催ごとの観客が労音の構成員であったことが示されている。多数の判決は、職権探知主義が適用される事案であるにかかわらず、そのような団体をも、人格なき社団として認めている。労音は、熊本ねずみ講の会員よりもはるかに会員資格が不確定であったことは明白であった。傍論であるが、このような点も、筆者の見解を正当とする一つの根拠にはなると考えている。

七　追　記

本論文執筆後、是認説に立った熊本地裁判決に対する控訴審判決がなされた。福岡高裁平成八年（行コ）第一一号平成一一年四月二七日判決であり、原審の熊本地裁判決と反対の否認説に立って判断を行ったものである。筆者の執筆した本論文の立場からすれば、この判決の結論には反対と言うことになる。判決は詳細な事実認定と法律論を展開しておられるし、傾聴すべき点もあるが、この新判決を加えて考慮しても、筆者の是認説が妥当という立場に変更はない。原稿締切日の関係で、本判決に対する詳細な検討は後日別の機会に譲るが、若干の指摘を許されたい。

判決は、「課税処分の場合、その所得ないし収入の帰属主体が個人であるか、法人であるかについての過誤は、単に課税標準や税率を誤った場合と異なり、その基礎にある課税上の根本思想に関わるものであるから、重大な瑕疵である」旨指摘している。その点については筆者も全く異論はない。そこから先が問題である。内村Aが、第一相研が人格のない社団であるとの外観を作出したのである。この点について、判決は虚偽の外観を作出したという。判決の立場からは虚偽のという形容詞のついた外観を作出したということになるが、Yは、その外観を妥当なものと判断して、所得課税すべきではなく、法人課税すべきであると判断したのである。勿論、Yは、質問検査権を付与されているのであるから、Aの言うとおりに納税義務者を決定することはない、事実、本件についても処分庁自身が慎重に検討するとともに上級庁とも慎重な協議を重ねて、法人課税すべき事案と判断して課税を行っている。それ故、このような微妙なケースについて、課税処分を明白性という点を別にしても、無効とすることは問題と言わざるを得ない。

即ち、納税義務者の認定の過誤は重大な過誤であることは全く異論はないが、過誤があったと認定し、処分を無効とすることは、行政処分の無効が認められた趣旨からあらゆる具体的事情を勘案して慎重になされなければならない。人格なき社団であるという外観が作出されたこと、所得課税か法人課税かの二者択一で申告時点か遅くとも調査時点で問題処理を図らなければならないこと、択一の決定過程で慎重な検討がなされたこと、おそらく判決の立場では故意はないが過失があったとするのであろうが、納税義務者の打ち替えが除斥期間の関係で事実上不可能なこと、第一相研の税負担をなしとし、大きな国損を生じること、このような事案について、取消とするのはあり得るかもしれないが無効と認定したことは極めて問題である。更に、行政処分の無効は、一般には、重大且つ明白の要件が要求されている。本件について、明白性の要件が成立しないことは明らかである。なお、瑕疵の明白性を問題にすることなく、重大性のみで課税処分を無効にした最高裁昭和四八年四月二六日第一小法廷判決があるが、同判決は、本件判決と全く次元を異にする判決であり、本件判決はその面からも問題である。

前述したように、本件の人格なき社団性の認定は極めて微妙なケースであったのは明らかであり、本件のような場合に無効を認定するには、明白性の要件をも考慮すべきであろう。重大性の要件だけで無効と認定するケースには少なくとも当たらない。重大且つ明白性の要件を必要とする事案であろう。本件控訴審判決は正当でないと考える。また、別の機会に譲るが、本件のような極めて重大な信義則違反を結論として是認し、課税処分を無効とした判決は正当とは言えまい。
（1） 人格なき社団に関する民事法研究者等の文献は多数存在し、各研究者が多数の引用を行っている。一例をあげると「公益法人の研究」（森泉章著、勁草書房）の引用文献。

（2）本文中の傍点は、筆者が重要と考えた部分について、印したものである。

（3）労音判決（東京高裁四七年六月二八日）について触れた文献もかなり存在する。例えば、遠藤きみ「人格のない社団の納税義務——いわゆる労音事件——」（別冊ジュリスト七九号「租税判例百選」）、植松守雄（税経通信五七六号）。

（4）是認説に立った熊本地裁平成八年三月二九日判決については、筆者の現執筆時点においては判例批評等は見当たらないが、否認説に立った熊本地裁昭和五九年二月二七日判決については、北野弘久「ネズミ講をめぐる課税問題」税理二八巻三号、佐藤孝一「人格のない社団の納税義務」租税判例百選第三版、碓井光明「ネズミ講税金訴訟判決」ジュリスト八一四号、中里実「ねずみ講は所得税法上人格なき社団に当たるか」ジュリスト八五二号、否認説に立った福岡高裁平成二年七月一八日判決については、藤原淳一郎「課税庁の信頼保護の主張が認められなかった事例」ジュリスト九八八号、渋谷雅弘「租税法上の人格のない社団等」ジュリスト一、〇二三号の判例批評等が既に発表されている。否認説に概して批判的である。

（5）前掲碓井論文　ジュリスト八一四号。

（6）岡光民雄「権利能力なき社団の意義と把え方——熊本ねずみ講事件を題材にして——」民事研修三四五号。
その他、四要件を緩和したと認められる判決として、東京地裁昭和四四年一二月二二日判決、大阪高裁昭和四八年一一月一六日判決、高松高裁昭和五五年一一月二七日判決等がある。

（7）税務関係者の論文であるが、佐藤孝一「人格のない社団の成立要件についての一考察」（税務大学校論叢一八巻）。

（8）山田誠一「権利能力なき社団の成立要件」別冊ジュリスト。

（9）昭和三一年一二月二五日臨時税制調査会答申。

（10）注（4）参照。

（11）拙稿租税法研究二六号（有斐閣）一二七頁。前掲渋谷論文ジュリスト一、〇二三号。

フリンジ・ベネフィット課税について

石島 弘

一　はじめに
二　現金以外の経済的利益
三　フリンジ・ベネフィット概念
四　企業の支出のフリンジ・ベネフィット
五　給与概念
六　給与所得・退職所得等
七　裁判例上のフリンジ・ベネフィット
八　福利厚生費の損金算入制限
九　経費性否認によるフリンジ・ベネフィットの抑制
一〇　評価の問題

一　はじめに

フリンジ・ベネフィット課税の問題は、租税法においては、主に所得課税の問題であり、通常、企業（使用者）が従業員（使用人）に支給する「給与」に対する課税の問題として議論されている。フリンジ・ベネフィットは経済的利益のことであり「給与」に含めて理解される概念であるが、企業が従業員に支給する経済的利益がすべて「給与」となるわけではない。例えば、企業の福利厚生費支出から生ずる経済的利益は、それが福利厚生費の範囲にとどまる限り従業員にとって「給与」を構成せず、支給者にとって経費を構成するが、受給者にとって所得課税の対象にならない。

フリンジ・ベネフット課税の考え方は、フリンジ・ベネフット概念の理解を通して形成されると思われるが、この概念の理解のためには、受給する従業員の「給与」、それに対する課税法制と、それを支給する企業の「経費」を検討する必要がある。そしてフリンジ・ベネフィット課税のあり方・解決の方法については、その評価の問題を検討することを通して示唆を得ることができるのではないかと思う。

二　現金以外の経済的利益

税制調査会は、昭和三八年一二月の「所得税法及び法人税法の整備に関する答申」において、「所得概念については、担税力を測定する見地からみて、基本的には現行税法に現れている純資産増加説の考え方に立ち、資産、事業及び勤労から生ずる経常的な所得に含める立場をとることが適当である」とし、続けて、「雇用条件の一種として社会通念上現金給与の代替ないし追加的給与と観念されるものである範囲において、これを課税所得に含めて考えることは妥当である。」としている。純資産増加説のもとで、現金給与以外にも社会通念上観念しうる現金給与の代替ないし追加的な給与が存すること、そしてそれを「常識的には無理のない程度で判断」し課税する必要があるとしている。この答申時の旧所得税法の規定は、「収入金額は、その収入すべき金額（金銭以外の物又は権利を以って収入すべき場合は物又は権利の価額）」である旨定め、「経済的利益」の概念を用いていなかったが、昭和四〇年の所得税法の全文改正の際に経済的利益概念が税法に導入された。そして現行の所得税法三六条は、収入金額を「その年において収入すべき金額（金銭以外の物又は権利その他経済的な利益をもって収入する場合には、その金銭以外の物又は権利その他経済的な利益の価額）とする。」と規定していた。

包括的所得概念のサイモンズ等の純資産増加説は、所得＝消費＋純資産増の定式で所得を理解するが、この場合の「消費」は、貨幣支出を伴う通常の意味での消費だけでなく、棚卸資産などの自家消費や居住用財産などの帰属消費を含み、「純資産増」は、預金・現金残高などの金融資産の蓄積の増加だけでなく、保有不動産や株式の値上がり益（キャピタル・ゲイン）などの保有資産の価値の増加も含むものと解されている。その所得概念を前提にすると、すべての経済的利益が課税所得となる。源泉の如何を問わない現在あるいは将来の消費支出の増加に結びつくものは、すべて所得を構成する。福利厚生施設から生ずる経済的利益もここでいう所得になる。所得は、受益と同時に消費されるものと、受益時に貯蓄可能で将来消費されるものに分けて捉えることができる。(1)

所得税法三六条一項は、所得を「収入」に限定し、前述したように、その収入の形態を①金銭、②金銭以外の物、③権利、及び④その他経済的な利益、に分類している。②及び③は①以外の具体的な「経済的利益」の例であり、

④はその他の経済的利益を指称した用語であろう。通常、①以外を総称して「経済的利益」の語を用いている。

三　フリンジ・ベネフィット概念

フリンジ・ベネフィット（fringe benefits）の語は、わが国でもひろい分野で用いられ、租税法の分野においては所得概念を検討するなかで、主に給与所得との関連で用いられているが、明確な定義が与えられているわけではない。この外国語の語意を英語の文献にみると、compensation paid other than in cash（金銭以外により支払われる給与）、compensation in kind（現物給与）とか、noncash benefits（金銭以外で受ける利益）、gains from status（地位に基づく利益）と表現され、また、単に economic benefits（経済的利益）などと表現されている。

フリンジ・ベネフィットの語義を、わが国の所得税と同様に包括的所得概念を採るアメリカの連邦内国歳入法典（Internal Revenue Code）六一条は、一五項目の所得を例示列挙しているが、最初に compensation for service（労務の対価）を挙げ、その内容をなすものとして現金（金銭）による対価の他、fringe benefits による対価が含まれる旨を明示している。fringe benefits の用語が条文で明示されたのは一九八五年一月一日であるが、それは例示的明示であって、金銭以外による給与は従前から課税所得として課税されている。(2)

アメリカの連邦最高裁判所は、一九四五年の給与所得に関する判例(3)で、（給与）所得は支給の方法や支給の形態の如何を問わず従業員が勤労者としての地位で企業（使用者）から受けるすべての経済的利益（economic benefits）を含むとし、一九五五年の判例(4)では、経済的利益は評価可能な経済的価値である限りすべての課税の対象になる旨の判断を示している。しかし、現金以外の経済的利益には評価が困難なものが多い。

労働者（給与所得者）は、提供した「労務の対価」として給与の支払いを受けるが、労働基準法二四条は給与の支払いについて通貨（金銭）払いの原則を採っている。この原則が採られている理由は、金銭以外による給与（現物給与）の価格が不明瞭（評価が困難）で且つ換金に不便の場合が多いことや、基本給が不当に低額に据え置かれる原因になることにあると言われている(5)。しかし、通貨払いの原則に例外が認められないわけではなく、法令や、労働協約によって代替ではなく、追加的になら現金以外による給与の支払いは許容されるであろう。

フリンジ・ベネフィットは、以上の議論をふまえて給与所得に関して言えば、従業員が企業から受けるすべての経済的利益を含むものでなく、従業員（役員・使用人）が労務の提供者としての地位で「労務の対価」として、企業（使用者）から支給される定期の現金給与に加えて、追加的に受給する経済的利益（economic benefits）を意味する。それは、所得税法三六条及び二八条に即して言えば、給与所得者が使用者から労務の対価として受給する現金給与以外の「物又は権利その他経済的な利益」である。「現物給与」と表現されることもある。また福利厚生ないし企業内福祉の意味でフリンジ・ベネフィットの語が用いられているが、後述するように、租税法上の用語としては区別する必要があり適切ではないと思われる。

四　企業の支出のフリンジ・ベネフィット

フリンジ・ベネフィット課税に関する所得税法三六条は、所得金額（収入金額）の計算についての一般条項であって、給与所得だけを対象とするものではないから、フリンジ・ベネフィットは常に給与所得に関してのみ生ずるものではないが、一般に、定期の現金給与に追加的に給付される経済的利益であると解される。前述したように、昭和三八年一二月の税制調査会答申は、社会通念上現金給与の追加的給与と観念されるものは、課税所得に含めて考えることを妥当としている。企業から従業員に対して現金給与に加えて給付される経済的利益は「常識的に無理のない程度で」課税所得（給与所得）に加えるべきであって、企業が給付する金銭を含む経済的利益（企業が負担する経費の支出）がすべて「労務の対価」として「給与」を構成するわけではない。支出の面からこれをみることにすると、企業が負担する経費の支出は、給与としての支出の他に、①取引の対価としての支出、②福利厚生費としての支出、③具体的な業務遂行のための費用としての支出、④本来の職務外の行為に対するものとしての支出、などの支出があると考えられる。(6) 勿論、給与の名目によらない支出であっても、実質が従業員の「労務の対価」としての供与である限り給与としての支出であると解され、従業員にとって給与と認定されることになる。①の取引に係る対価として支給されるものであっても、支出額が過大である場合、過大である部分の支給額は所得を構成するが、前述の支出のうち、特に②、③及び④に該当する支出については、特に認識の相違、支出額の程度等の理由によって、企業の支出が給与の支給と認定されることが多い。特に企業の従業員に対する「金銭」の支出は、原則として給与としての支出と認定されることが多い。例えば、課税実務において、永年勤続者に対する記念品の支給は課税されないが、現物に代えて支給する金銭は課税されている（所得税基本通達三六―二一）。このことは、金銭以外による企業の従業員に対する利益の供与（支出）は、金銭による支出とは異なる取扱いを受けることを意味する。これは、金銭は交換手段そのものであるのに対し、それ以外の物や権利などの経済的利益は、評価が困難であるうえ、換金を必要とする場合に換金をするには制約が伴う。また換価処分が不可能なものがあるし、受給者にとって選択性に乏しいことなどが「金銭」の場合と異なる取扱いを受ける原因になっているようである。

④の「職務外」の支出については「贈与」と解されることがある。企業（使用者）は、従業員の結婚や出産等に

際して祝金品を、従業員が心身に損害を受けた場合に見舞金品を給付・贈答することがある。これら祝金品等は、企業（法人）が無私欲で且つ個人的評価に基づいてなした給付であるとすれば、法的には贈与と解され一時所得になると思われるが、企業（法人）はその資産を無償で譲渡（贈与）しえない存在と解し、従業員が企業から受ける経済的利益をすべて社用関係で捉えるのであれば、福利厚生又は労務の対価（給与）としての給付に該当すると解されよう。葬祭料、香典または災害等の見舞金は、その金額がその受贈者の社会的地位、贈与者との関係等に照らして社会通念上相当と認められるものについては、「心身または資産に加えられた損害につき支払いを受ける相当の見舞金」（所得税法施行令三〇条三項）に該当するものと解されて課税実務においては課税されていない（所得税基本通達九―二三）が、企業から従業員に対して労働協約や就業規則等に基づいて支給される結婚・出産等の祝金品の課税についての法令の定めは存しない。

しかし、このような祝金品の給付・贈答は、広く企業社会において慣習的に行われているものとすれば、雇用関係で捉えられるべき性質のものであるが、それが常識的な金額の範囲のものであれば、福利厚生としての受給と考えるべきであろう（所得税基本通達二八―五）。これら祝金品等の性格は、前述したように、法形式的には贈与（民法五四九条以下）と解することもできるが、交際費（租税特別措置法六二条）との関連で、課税実務においては、役員に対して支出する病気見舞金・災害見舞金等、役員・使用人の慶弔・禍福に際して一定の基準に従って支給される金品に要する費用は福利厚生費として処理されている（措置法通達六二―(1)―七）。これら見舞金等は、その額が社会通念上相当な額であれば福利厚生としての受給となり「労務の対価性」は否定されるから、従業員に対して給与所得課税はされないことになる。

③の「業務遂行」のための企業の費用の支出は、そのことによって従業員が経済的利益を受けることがあっても、

それは従業員に対して「労務の対価」として支給（支出）されたものではないから「給与」に該当せず給与所得とはならない。企業から従業員に対する経済的利益の給付（経費の負担）は、企業の業務遂行上の便宜ないし従業員の職務の性質の必要から支給（支出）されるものであれば、それに労務に対する直接的対価性を認識することはできないから、給与に該当せず、給与所得性は否定される。しかし、給与所得を直接的対価に限定せず、労務の提供に関連して労務の対価に準じて支給される給付を含むものと広く解すれば、課税の対象となる。もっとも、所得税法九条一項六号は「給与所得を有するものがその使用者から受ける金銭以外の物（経済的な利益を含む）でその職務の性質上欠くことのできないもの（として政令で定めるもの）は非課税」と規定しているから、出張旅費・赴任旅費・制服の支給・食事及び宿舎の提供等、職務の遂行に直接に必要な給付は給与所得に含まれないといえる。アメリカの内国歳入法典一一九条は doctrine of employer's convenience（使用者便宜の原則）を規定し、使用者の便宜（for the convenience of the employer）の観点から事業所構内（on the business premises）において支給される食事及び宿舎から生ずる経済的利益は所得を構成しないとしている。(7) 現在、この原則によって、事業所内で使用者の便宜の観点から提供される食事、使用者の便宜の観点から事業所内で居住することが雇用の条件（condition of his employment）として要求される宿舎の利用から得られる経済的利益は課税の対象から除外されている。また、使用者が事業所構内で所有する体育施設を従業員及びその配偶者・子女が使用することによって得られる経済的利益も課税除外されている（内国歳入法典一三二条(K)(5)(a)）。勿論、具体的に業務の遂行に充てるための費用として支出したものでも、その支出額が過大である場合過大部分の支出額は所得課税の対象となる。旅費の支出に充てるために支出した金額で、その支給に係る業務のための旅行に通常要する額を超える部分の額は、受給者にとって本来の現金給与に加えて追加的に支給される経済的利益（フリンジ・ベネフィット）として課税される。年額又は月額で支給されるようなものも、名目が旅費であってもその実態は旅費ではなく、しかも職務の遂行に関連して支給されるものは、給与所得に含まれる。ここで課税の対象となるフリンジ・ベネフィットは、福利厚生施策からの利益（ベネフィット）に限定されない。

②の「福利厚生費」の給付（支出）は、受給する者にとって利益（ベネフィット）であることは否定できず、雇用契約関係等において企業から従業員に給与として支給させる経済的利益に類似する。その概念は、必ずしも明確ではないが、その基底において、企業（使用者）からの従業員の生活と労働環境の改善、労働力の確保と労働意欲・資質の向上による安定した経営を企図して、その従業員の健康管理、教養や体育等の向上及び娯楽等の慰安のためにする労務対策としての施策として事業遂行上の必要の観点から解されていて、「労務の対価」としての性質を有するものとは解されていない。(8) したがって、企業の従業員に対する経済的価値の支出は、それが福利厚生としての経済的利益の給付であれば福利厚生費として損金ないし必要経費の名目で課税所得から控除されることになるが、受給者にとって、これは企業からの「給与」（労務の対価）として受給するものではないから、給与所得とはならず、企業においてこれを労務費として処理することはできないと思われる。この場合の支出額について企業は源泉徴収義務を負わない。勿論、受給者にとってそれが労務の対価としての受給であれば、支給者はその支給額について源泉徴収義務を負うことになる。

企業がその従業員の福利厚生に供するために設けた施策に係る費用は、その具体的内容によって、①資産計上を要するもの、②福利厚生となるもの、に区分されるが、企業会計及び税務会計においても福利厚生費の意義は明確ではないようであり、現実に福利厚生（としての支出）と労務の対価（としての支出）を区別することには困難を伴うことが多いと思われる。

企業会計上の費用と税法上の費用はまったく同じではない。税法は、政策的理由等から、企業会計上費用とされるものであっても費用として控除することを否認することがある。交際費の損金算入の制限がそのひとつの例である。交際費の支出を経費として無制限に容認した場合には法人の冗費・濫費を助長し、また、公正な取り引きを阻害する可能性があるとして、現行制度は資本金が一定金額（五、〇〇〇万円）を超える法人については、交際費等の損金算入を一切認めず、資本金がそれ以下の法人についてのみ、二段階の定額の範囲でその損金算入を認めているにすぎない（租税特別措置法六二条一項）。ところが、さらに、この交際費の定額控除制度についても、経営者が私的な交際費を法人の経費として控除しない定額控除額を利用するため会社を分割する傾向がある、などを理由として、交際費課税の強化を図るべきとする見解がある。福利厚生費支出についても、フリンジ・ベネフィットの受給を制限する観点から、その一定額以上の損金算入を否認し支出を制限すべきだとする見解がある。(9)

企業の福利厚生費支出は経費として控除しうるが、福利厚生から受ける経済的利益は受給者にとって概念上給与を構成しないから、所得課税の対象にはならない。そこで、次に給与概念及び給与に対する課税制度をみることにする。

五　給与概念

所得税法二八条一項は、給与所得を定義して、「俸給、給料、賃金、歳費及び賞与並びにこれらの性質を有する給与」と規定し、給与所得の概念上これら例示的な内容や性質を有する所得を「給与所得」として定義したものである。この例示に「年金」はないが、後述するように、昭和六二年の改正までは、給与所得の範囲に、「年金（過去の勤務に基づき使用者であった者から支給されるものに限る。）、恩給（一時恩給を含む。）及びこれらの性質を有する給与に係る所得」が含まれると規定されていたから、所得税法上の給与所得は年金及びこれらの性質をあわせもつ概念であった。この定義規定にいう「これらの性質を有する給与」とは、単に雇用関係に基づき「労務の対価」として支給される報酬よりは広く、法人の理事や取締役等にみられる委任又は準委任等に基づいて、非独立的に提供される労務の対価として、他人から受ける報酬及び実質的にこれに準ずべき経済的利益の給付をいうと解される。(10)そして給与所得とは、労務の提供が自己の責任と計算によらず他人の指揮監督に服してなされる場合にその対価として支給されるものであり、その雇用関係等が継続的であると一時的であるとを問わず、またその支給名目も問わず、労務がその雇用契約に基づき他人の指揮監督下で提供される場合でその対価として得られた報酬である限り、給与所得を構成する。

課税の対象となるべき所得を構成するか否かは経済的に把握すべきであり、(11)所得税法にいう給与を構成するか否かも、「給付形式・費消の態様等給付の経済的性質により判定(12)」すべきであると解されるから、所得定義規定（二八条一項）の給与所得とは、名目の如何を問わず、雇用契約ないしそれに準ずる関係に基づいて、従業員が使用者から受ける労務の対価たる経済的利益のことであり、(13)雇用関係等から生ずる「すべての金銭的給付または経済的価値の給付を包含する(14)」ものと解される。ある給付が給与所得に該当するか否かは、給付の性格等を客観的に検討して、労務の対価と評価されるか否かにより判断すべきであって、受給者の認識・使途如何はその判断の材料にはならない。

法人税法三四条二項（役員報酬）及び同法三五条四項（賞与）の規定は、役員報酬及び賞与に含まれるものとして「債務の免除による利益その他の経済的な利益」を規定しているから、給与所得がこれを含むことは当然であるが、所得税法は、無利息・低利貸し付け（所得税法八〇条、同施行令三八条）、法人または個人の事業用資産の私的利用（同施行令八四条の二）による経済的利益などを課税所得になるものと規定し、具体的に経済的利益を特定して課税に取り込んでいるが、[15] 包括的所得概念を前提にすると、経済的利益は所得のエッセンスであると考えられるから、これらを創設的規定と考える必要はないと思われる。昭和二五年のシャウプ税制は、新たに給与所得と退職所得に金銭以外の経済的利益による給与の評価規定を設け、これら所得の「全部又は一部を金銭以外の物又は権利で収入すべき場合」の収入金額の計算はこれら物又は権利の「収入の時における価額による。」と規定していた。この規定は、本来の現金給与に「代替して」金銭以外による給与の支給のあることを示しているが、特に雇用関係に関しわが国では戦前から特殊の食料事情や住宅事情の下で、いわゆる現物給与と称される経済的利益は多く給付されていたことを示していると思われる。[16]

六　給与所得・退職所得等

「給与」は、これまでにみてきたように、雇用契約または委任契約に基づく「労務の対価」として企業から従業員に支払われる経済的利益と解されているが、それは定期に支給されるものだけでなく、退職を起因に支給される退職手当も含む概念である。所得税法は、「給与」を給与所得（所得税法二八条）、退職所得（同法三〇条）、公的年金等の雑所得（同法三五条二項）に分類して課税標準を計算することとしているが、退職手当及び公的年金等が給与所得から分離され独立の所得類型で課税されることになったのは各々昭和二七年一月一日と昭和六三年一月一日からのことである。

雑所得でいう公的年金等とは、①各種社会保険制度及び各種共済組合制度に基づく年金、②恩給及び過去の勤務に基づき使用者であったものから支給される年金、並びに、③適格退職年金契約等に基づいて支給を受ける退職年金のことである（同三五条三項）。これらの年金はその大多数が過去の勤務関係に起因するとの理由で、給与所得として課税されていたのであるが、これらの年金は本来の給与所得と異なり経費を必要としないから、それに概算経費控除としての給与所得控除（同二八条二項）を認めることは適当でないこと、さらに、これらの年金の受給者は通常は高齢者であるから、これらの年金に対する税負担は給与所得の場合よりも軽減する必要があること、などの理由から、昭和六二年の所得税法の改正で、給与所得から切り離され、独立の所得類型とされたのである。企業（使用者）が従業員の退職後の生活のために負担した掛け金は、従業員の給与となりフリンジ・ベネフィットになると考えられるが、掛け金は企業にとっては負担した時点で必要経費ないし損金として全額控除が認められるが、従業員の所得としてただちに課税せず、退職後に年金または一時金として受給時まで課税が繰り延べられるものである。この「課税の繰り延べ」によっても経済的利益は生ずる。

公的年金等の金額は、その年中の収入金額から公的年金等控除額を控除した残額である（同二項一号）。公的年金等控除額の金額は、受給者が六五歳未満の場合は、収入金額が少ない場合を除き給与所得控除の金額よりも小さいが、受給者が六五歳以上の場合は、いずれの所得段階においても、給与所得控除の金額をかなり上回っている。

退職手当については、前述したように、昭和二七年から給与所得から分離され独立の所得類型とされているが、昭和二五年度における改正により、収入金額から一〇分の一・五を控除したうえ変動所得として平均課税しうることとされ、負担の軽減に配慮されていた。そして昭和二七年から現行法の形になり、さらに負担の軽減が図られたのであるが、現行所得税法三〇条一項は、退職所得とは、退職手当・一時恩給その他の退職により一時にうける給与及びこれらの性質を有する給与をいう、と規定し、退職一時金の軽課を企図している。

退職所得は、その内容において、長年の勤務に対する報償であり給与（労務に対する対価）の一部の一括後払いの性質を有するが、最高裁判所の判決[17]は、退職所得は、その機能において「受給者の退職後の生活を保障し、多くの場合いわゆる老後の生活の糧となるものであって、他の一般の給与所得と同様に一律に累進税率による課税の対象とし、一時に高額の所得税を課すこととしたのでは、公正を欠きかつ社会政策的にも妥当でない結果を生ずることとなることから、かかる結果を避ける趣旨に出たものと解される。」とし、退職所得の社会保障的な機能を指摘している。いずれにしろ、退職所得は、雇用関係ないしそれに類する関係を基礎とする「労務の対価」である点は、給与所得と同じ性質を有するものであると言える。

退職所得の金額は、その年中の退職手当等の収入金額から退職所得控除額を控除した残額の二分の一に相当する金額であり（同三〇条二項）、退職所得控除額は、勤続年数が増加するのに応じて増加する（同三項）。その金額は、現在、勤続年数一年につき勤続年数二〇年まで四〇万円、二〇年超について七〇万円である。例えば勤続三〇年の場合には一、五〇〇万円が退職所得控除額として収入金額が控除され、その残額の二分の一に相当する金額が分離課税の対象となる。現行制度は、早期退職者に不利になっていて、労働移動の阻害要因になっていると思われるが、これは、老齢に近づいて退職した人をより手厚く保護するため、老後の生活の糧である退職手当等に対する税負担を軽減するためである[18]。また、退職所得控除後の残額の二分の一だけが課税の対象となっているのは、退職所得が給与の一部の一括後払いであるため、平準化の意味で累進税率の適用を緩和する必要があるからだと解されてる。

日本企業の伝統的な退職金制度は功労報酬的性格をもった「退職一時金」制度として発展してきた。シャウプ税制を修正するかたちで、昭和二七年に実施された法人税法における退職給与引当金制度（法人税法五二条以下）、そして、所得税法における退職所得の給与所得からの独立と分離課税（所得税法三〇条、一二一条）が示しているように、退職金制度に関する税制の整備は退職一時金制度の安定・普及を企図したものであった。[19] しかし昭和三〇年代になると、退職一時金の支給に代えてそれを年金化する企業が増加し、昭和三七年の法人税法上の優遇措置を受ける適格退職年金制度の創設（法人税法八四条三項）、昭和四〇年の厚生年金基金の創設（厚生年金法一三〇条）によって、年金化は加速され、それ以後これら企業年金が急速に普及することになった。しかし、企業年金の性格は、概していえば、退職一時金の変形にとどまるのが主流であり、形式上は年金であっても、その性格は退職一時金であり、労務に対する対価（賃金）になるものと解されている。[20]「給与」は、退職所得及び雑所得（年金）にも該当することもあるが、以下では労務の対価（給与）として得られる所得を原則として単に「給与所得」と表現する。

七　裁判例上のフリンジ・ベネフィット

給与及びそれに対する所得課税の制度を、以上のようにみてきたが、所得税法における所得は、雇用契約等の関係に基づいて「労務の対価」として使用者から受けるすべての経済的利益を含み、その範囲は本来の現金給与だけでなく、従業員が実質的に使用人としての地位で使用者から受けるすべての経済的利益を含む概念である。わが国では戦前から、金銭以外の現物（経済的利益）によって給与を支給する慣行が多く、また使用人の福利厚生面の充実・拡大化とあいまって、極めて多くの種類のフリンジ・ベネフィット（経済的利益）が従業員に付与されてきた。

そこで、以下で、給与所得を構成するものとして課税の対象となるフリンジ・ベネフィットとして、裁判例で確認されているいくつかの例をみることにする。企業は、前述したように、種々の目的で経費の支出を行うが、その支出から従業員が受ける経済的利益は、「労務の対価」として受ける場合だけが、フリンジ・ベネフィットとして給与所得の課税対象となる。[21]この場合の所得の判定は、支出の名目によってではなくその実質によって行われる。

一　無利息貸し付けの場合の利息相当額

会社が社長に仮払い金勘定により多額の金員を貸し付けた場合には、税法上、会社はその金員に対する利息相当額を社長に給付したものであって、それは賞与の性質を有すると解されている。[22]利息を付さない貸借においては、会社は当然得べき利息相当額の利益を失うので、社長はその利息相当額の支払いを免れ同額の経済的利益を受けることになるからである。昭和三七年の大阪高等裁判所の判決[23]は、この場合、社長に対する貸付金に対する利息相当額を徴しない場合、会社に経理の処理上その意志が明らかとなった事業年度末を徴収の日として源泉徴収所得税を徴収する義務がある、としている。

二　増資株払い込み資金の立替金

会社重役の増資株払い込み資金が同会社の立替金ではなく、同会社の同重役に対する臨時の賞与に類する給与と認定された事案で、東京高等裁判所は、昭和二七年の判決[24]で「右増資株の払い込み資金百三十万三千円は控訴人に於て毫も返済する意志もなく、会社に於いても控訴人から返済を受ける意志もなく控訴人へ支給したものであり、これに関係した会社首脳は以心伝心右事実を熟知の上帳簿上立替金名義を仮装して事実を糊塗せんとしたものと認めるものを相当とする」と事実認定をして、「然らば控訴人が右会社の代表取締役であり、右金員の支給が定期の給与、賞与でもない以上臨時の賞与に類する給与と認めるを相当とする」と判断している。

三　通勤用に支給したタクシー会社の乗車券[25]

昭和四三年の大阪地方裁判所の判決は、会社が代表取締役の通勤用にタクシー乗車券を交付し、その料金を負担することは現物給与であり、交付を受けた代表取締役の給与所得に該当する、と判断している。この判例は、会社の代表取締役に通勤のためタクシー乗車券を交付してタクシーを利用させたことが、その代表取締役に通勤の便宜（現物給与）を与えたことになり、給与所得として課税すべきであると判示したものである。

通勤定期券またはその購入代金の支給について、所得税法上の給与に該当すると解され、従来から一定額（現行五万円、所得税法九条一項五号、同施行令二〇条の二）を超える部分に課税されてきており、昭和三七年の最高裁判所判決[26]もこのような解釈を肯定していたところである。

昭和四三年の前出大阪地裁判決は、自家用自動車による送迎とタクシー乗車券の交付とはその態様において異なっているのであるからその取り扱いを異にしても公平負担の原則に反しないとしているが、両者の相違点として判決が示しているところは価値の「評価の難易」にある。この判決の理解は、実務において課税庁がフリンジ・ベネフィット（経済的利益）に対してとっている課税の実態（原則非課税）を是認するものと解されるのであるが、自家用自動車による送迎も現物給与にあたり課税すべきものと解されるから、理論的には、使用者がその金額を明確にするかしないか（評価の難易）だけによって、課税すべき同質の経済的利益（所得）について、事実上、ある者には課税し、他の者には課税しないこととする取り扱いは、租税法律主義にも反すると思われる。しかし、判決は、使用者が送迎費用額を明確にしないのに税務署長がこれを認定（評価）するのは著しく困難である、といい、このようなことを前提にすれば、両者の取り扱いを異にしても租税法上の公平負担の原則に反しない、と判示している。この判断に賛成することはできないが、いずれにしろ、評価の問題はフリンジ・ベネフィットの属性のような問題であり、フリンジ・ベネフィット課税を考えるうえで重要な点であることは確かである。

四　従業員の大学入学に伴う授業料等の負担

昭和四四年の東京地方裁判所の判決(27)は、従業員を短期大学に入学させ、同人の授業料、指定教科書代金等に充てるために支出される金員は、当時の所得税法九条一項一九号規定の非課税所得に当たらないとした。そして給与所得について、それを原則として、「勤務関係ないし雇用関係に由来するすべての金銭的給付または経済的価値の給付」を包含するとしたうえで、「それから除外されるべき学資に充てるための給付、つまり給与その他の対価の性質を有しない学資に充てるために給付される金品とは、勤務の対価ではなく、会社が購入した新規設備を操作する技術を習得させるための授業料のごとく客観的に見て使用者の事業の遂行に直接必要があるものであり、かつ、その事業遂行の過程において費消されるべき給付を指す」とし、さらに、この経費支出について判断し、「前記各従業員の学資に充てるために給付された金員であって、同人らの給与所得を構成することは明らかであるが、前記のごとき性質を有するものに該当せず、従業員の一般的資質の向上を直接の目的とするにすぎないこと、原告の主張に徹してこれを確認しうるに十分であるから、本件経費は、究極的には会社事業の生産性と事業能力の向上に寄与することがあるとはいえ」、所得税法の非課税所得たる「学資に充てるため給付される金員（給与その他対価の性質を有するものを除く）」に該当しないものというべきであるとした。納税者は、この経費支出について、これを非課税規定の除外理由たる「給与その他対価の性質を有するもの」に当たらないから非課税所得に該当すると主張したがその主張は退けられた。

五　資産の低額譲渡の場合の時価相当額との差額

平成四年の名古屋地方裁判所の判決[28]は、法人税法二二条二項の「収益の額」についての事案で、法人が資産を時価相当額より低廉な対価で譲渡した場合に同条項の規定により課税の対象となる収益の額は、その資産が譲渡された当時における時価相当額をもって算定すべきもの、としたうえで、法人が資産を役員に対して時価相当額より低廉な対価により譲渡した場合の時価相当額と譲渡価額との差額は、法人から役員に対する経済的利益の供与となり、役員に対する賞与に該当する、と判断している。法人が資産を時価相当額より低廉な対価により譲渡した場合には、あたかもこの資産を時価相当額で譲渡すると同時にその譲渡対価との差額を譲受人に贈与したのと同一の経済的効果を有すると思われるからである。

六　法人が税引手取額保障の意味で従業員の給与等につき負担していた源泉所得税額

外国法人が、外国人従業員との間の契約により、本国における手取り保証額の支払を保証し、本国で勤務する場合と日本で勤務する場合とで租税の負担に差が生じないようにするために、申告所得税その他の源泉所得税をすべて負担することとした場合、この従業員は毎回の給与等の支払い時において、源泉所得税額相当額の経済的利益を受給したものと平成五年の東京地方裁判の判決[29]は解している。この経済的利益は、福利厚生から受けるものではなく、本来の現金給与以外のフリンジ・ベネフィット（経済的利益）とし、給与の一部として課税されることになる。

七　企業が負担した従業員の外国（ハワイ）への慰安旅行費用

原告会社は、従業員らで構成する親睦会に対して、従業員の労苦に対する謝礼の意味を含めてハワイ旅行の費用として一、〇〇〇万円を支出したが、これが福利厚生費に該当するか否かが争われた事案で、昭和五四年の岡山地方裁判所の判決[30]は、これを福利厚生費ではなく旅行に参加した従業員に対する臨時的な給与賞与として、課税の対象になるとした。旅行参加費用の全部または一部を企業が負担、支出する場合、従業員はこれによって経済的利益を受けることになる。所得税法三六条は、前述したように、このような経済的利益の価額を収入（所得）として課税の対象とする趣旨と解されている。もっとも、これらレクリエーション（この場合のハワイ旅行）行事が社会通念上一般的に行われていると認められる場合には、例外的に課税しなくても差し支えないとするのが課税実務上の取扱いである。この取扱いに従うと、例外的に課税しなくても差し支えないとされる経済的利益をもって「福利厚生」と解することになるが、「右のような取り扱いは、課税対象が一般に小額とみられることや、正確な捕捉の困難、徴税事務の繁雑等の理由から是認されうるであろう」と判決は言う。そうだとすると、この旅行が企業のいわゆる福利厚生事業として、社会通念上一般に行われているものと認められるか否かが問題になる。言うまでもなくその判断にあたっては種々の要素を総合的に考慮すべきであるが、重視すべき点は従業員の参加割合、参加従業員の費用負担額ないし企業と参加従業員の費用負担割合よりも、参加従業員の受ける経済的利益すなわちこの場合の旅行における企業の負担額が重視される[31]。

この事案のハワイ旅行は、企業（会社）の創立二五周年を記念して、従業員の多年の労苦に報いる趣旨で計画され、日程五泊六日、費用は一人当たり一八万六、五〇〇円にのぼるものであった。判決は、このような日程、費用等を考えると、大多数の国民にとっていまなお特別な旅行であり、それが企業の福利厚生事業たる慰安旅行として、社会通念上一般的に行われている性質、程度のものとは到底認めることはできない、としたものである。

八　「福利厚生」と認定された判決例

(1)　従業員の二泊三日の香港旅行費用の一部（一人当たり八万二、七七一円のうち、二万九、五七八円）を企業が負担した事例で、この旅行についての企業の負担額は所得税法上課税の対象とならないとした一審[32]の判断を維持して、昭和六三年の大阪高等裁判所の判決[33]は、従業員のレクリエーションのために社会通念上一般的に行われているような行事に対して通常会社が負担している程度の金額を非課税扱いとしている課税実務の合理性を認めて、この香港旅行はレクリエーションのための社会通念上一般的に行われている福利厚生事業に該当すると判断している。

フリンジ・ベネフィット（経済的利益）は、一般に少額とみられること、現金給与とは違い選択性・換金性に乏しく、それを正確に捕捉しその価値を正しく評価することに困難を伴うことが多いという特性があることから、課税実務において原則非課税の措置が採られ[34]、事実上きわめて有利な扱いを受けてきた。フリンジ・ベネフィット課税は、事実上一種の優遇税制になっている。特に企業の法定外福利厚生事業をみると、社宅から保養施設、制服・給食の支給、年金の掛け金負担と様々な形態を採っている。一般的に言って福利厚生事業は質的にも量的にも大企業に集中しがちで、企業間の格差も大きい。訴訟で争われている事案の多くが社長や社員に対する給付であることからも推察できるように、多くのフリンジ・ベネフィットを受けるものは役員等の高額所得者であり、高級役職者である。ここに給与所得者間の租税負担不公平の問題が存するが、不公平の是正は福利厚生と給与を区別し、可能な限り受給者において給与所得課税を行うことによって対処すべきである。

(2)　「福利厚生」費（としての支出）と「給与」（つまり労務の対価としての支出）を区別することは、「社会通念」上の判断を必要とし、著しく困難を伴うことが多いが、損金計上にあたっても福利厚生費と給与の区別が必要となる。福利厚生費とはいかなる費用を指すかについては、法人税法上、特に定義されていないが、租税特別措置法六一条の四第三項の「専ら従業員の慰安のために行われる運動会、演芸会、旅行等のために通常要する費用その他政令で定める費用」（施行令三七の四、三七の五）と規定されているので、これらの括弧書内の費用が法人税法上の福利厚生費に該当すると解される。この規定が福利厚生費を制限的に捉えていることからすると、福利厚生から生ずる経済的利益も制限的に捉えることになると思われる。その理由として前出の昭和六三年の大阪高等裁判所判決は、①従業員は、雇用されている関係上、必ずしも希望しないままレクリエーション行事に参加せざるを得ない面があり、その経済的利益を自由に処分できるわけではないこと、②レクリエーション行事に参加することによって従業員が受ける経済的利益の価値の価額は少額であるのが通常であるうえ、その評価が困難な場合が少なくないこと、を挙げている。これらの理由は、先にもみたように、フレンジ・ベネフィットの特質とされるものである。

八　福利厚生費の損金算入制限

企業は、福利厚生やフリンジ・ベネフィットの充実を図って、有能な人材を確保し、厳格な賃金体系の適用を回避する形で特別な人材や職種にこれを給付することによって有能な人材を有効に登用することができるが、これらのための企業の経費支出は、前述したように、制限的にまた例外的に取り扱われている。税制調査会も同旨のスタンスをとっている。

次に、税制調査会の「福利厚生」ないし「フリンジ・ベネフィット」の状況認識や課税の考え方について概観することを通して、その問題状況を把握することにする。

税制調査会は、平成五年一一月の答申「今後の税制のあり方についての答申――公正で活力ある高齢化社会を目指して――」で、高すぎる限界税率の下では、「(ハ)給与でなくフリンジ・ベネフィット（会社から従業員に提供される付加的給付）として便益を受けるという形で、結果的に個人が会社に従属させられている面も否定できない等の問題がある」とし、フリンジ・ベネフィットを給与に含めず、その語意を福利厚生概念でとらえたうえで、フリンジ・ベネフィットの増加は結果的に「会社人間」を産むから抑制すべきであると考えている。そして、平成八年一一月の「法人課税小委員会報告」で、税制調査会は、「法人が支出する福利厚生費」は、それが「従業員にたいする現物給与課税がなされるもの」であるかどうかにかかわらず、損金に算入されるとする。そして、それから生ずる従業員の経済的利益には個人所得課税が行われていないことが多く、法人が経費として損金の額に算入する福利厚生費の総額と個人所得課税の対象となる金額」に大きな開差が生じている、と指摘し、①こうした個人所得課税が行われない形での法人の経費支出を放置すると、税負担の公平を損ねる、②福利厚生支出は、法人の利益を従業員に分配する手段、節税の手段として用いられることがあり、また、その過度な支出は事業遂行上通常必要とされる費用の範囲を超えたものであるので、一種の利益分配としての性格を有しているから、過度の福利厚生費支出については、損金の額に算入しないことにより適切な税負担を求める余地がある、③企業経営者の私的な経費を法人の福利厚生費として計上する、いわゆる私的経費の法人経費化の問題については、個人所得課税で対処することは困難であり、課税当局がこれに対処できるような方策についても検討する必要がある、とし、福利厚生費支出の損金算入を制限することによって抑制すべきことを提案している。

そして、さらに平成九年一月の「これからの税制を考える――経済社会の構造変化に臨んで――」において、「個人の企業依存体質も徐々に変化しているといわれている。それに応じて、フリンジ・ベネフィット（会社から従業員に提供される付加的給付）よりも、現金給与での支払いを求める声が高まっています。この点について、支払い方法の違いにより勤労者間に不公平感が生じないように課税の方法を考えていかなければなりません。また、中小法人の交際費支出などについては、経営者の私的な支出まで含まれているおそれがあり、事実上のフリンジ・ベネフィットになっているとの指摘もあります。フリンジ・ベネフィット化は、日本の雇用形態や商慣習に根ざしたものと思われます。給与の支給よりもフリンジ・ベネフィット化するほうが税制上有利となることがないように、法人課税における『経費』の範囲の見直し」をする必要があるとしている。税制調査会は、「給与の支給よりもフリンジ・ベネフィット化する方が税制上有利」になっているとこれを懸念し、法人の経費支出の抑制を図ってフリンジ・ベネフィットの増加を防ぐべきだと考えている。本来フリンジ・ベネフィットに対する課税は、その受給者に対する給与所得課税を厳格に実施して行うべきであるが、これまでみてきたようなフリンジ・ベネフィットを給与とはせずその特性に着目して、「経費」の面からそれを抑止し間接的にその増加による不公平の是正を図る措置が講じられることがある。

九　経費性否認によるフリンジ・ベネフィットの抑制

従業員に対する金銭の支給は、給与の名目によらないものであって、実質において給与の支給と判断されると、その従業員にとって給与所得または退職所得として課税の対象となるが、受給者が使用人でなく役員である場合には、租税回避の防止の観点から、支給法人に対して、例えば次のような経費控除否認の措置が講じられ、間接的にフリンジ・ベネフィットの増加の防止を図っている。

①　支出額が役員報酬となるものである場合において、その支出額を加えた後の報酬の支出が不相当に高額にな

るときは、不相当に高額な部分の金額は損金に算入されない（法人税法三四条）。

② 支出額が賞与となるものである場合、その支出額は損金に算入することはできない（同法三五条一項）。

③ 支給額が退職給与の支給となるものである場合、その額を加えた後のその支給対象者に対する退職給与の額が不相当に高額な部分の金額は損金に算入することはできない（同条三六条）。

④ 交際費の損金不算入制度（租税特別措置法六二条）については前述したが、この制度も間接的にフリンジ・ベネフィットの増加を防ぐ機能をはたしており、同様なことは使途不明金の損金不算入の扱いについてもいいうる。

フリンジ・ベネフィットには、本来、受給後に対する個人所得課税を行って対処すべきであるが、税務執行に限界があることを考えると、このような「経費」の面からの措置も代替的措置として必要であるといえる。受給者において個別的に受給したフリンジ・ベネフィットを捕捉することは困難でかつ不明瞭である場合でも、支出法人においては支出金額の捕捉は容易でかつ比較的明確であることから経費控除否認の形で、企業段階で課税することもある。例えば、オーストラリアやニュージーランドのフリンジ・ベネフィット税（fringe benefits tax）にその例をみることができる。この税は、フリンジ・ベネフィットを課税物件とし、その価格（企業にとっては経費）を課税標準として企業に課税するものであり、法人税の所得計算上損金に算入しない制度であるから、損金不算入の制度と同じ効果を有する。この企業段階での課税方式は、税収を確保する観点からは優れているといえるし、フリンジ・ベネフィット課税の一つの解決方法といえるが、受給者相互間に存する不公平を是正する方法としては次善の策となるにすぎない。従業員にたいするフリンジ・ベネフィットの供与は、本来その者にたいする所得課税で対応すべきであるといえるが、この課税方式は、企業段階での経費控除否認による課税方式においては回避しうる評価の問題に対応しなければならない。

一〇　評価の問題

フリンジ・ベネフィットは、選択性・換金性に乏しく、価値の把握及び評価は多くの場合困難を伴う。それには、①評価が困難なもの、②評価に困難を伴わないが選択性・換金性に乏しいもの、③受給者にとって経済的価値は高いが支給者にとって追加的費用を要しないもの、など個別的に異なる特性があり、画一的な評価基準（評価方法）をもってこれに課税することは妥当ではないように思われる。評価の問題は、フリンジ・ベネフィット課税のあり方を考える上で重要な問題である。

所得税法三六条二項は、フリンジ・ベネフィットを「享受するときにおける価格」で課税すると規定し、原則的評価基準を時価としているが、その異なる特質から時価主義に徹底しえないことから、フリンジ・ベネフィット（経済的利益）の経済的価値を評価する方法として、一般に、この、①時価を基準にして評価する方法（時価基準法）に加えて、②フリンジ・ベネフィットの受給者が受けた価値を基準にして評価する方法（享受価値基準法）、③企業が負担したコスト（経費）を基準にして評価する方法（コスト基準法）、④あらかじめ公的に定められた基準によって評価する方法（標準価値基準法）の四つの方法が用いられているようである。(35)

税制及び課税において公平を実現する観点からは、原則的評価基準である時価基準法をベースに他の三つの方法を併用しながら、可能な限り包括的にフリンジ・ベネフィット（経済的利益）の経済的価値を把握し課税すべきであろう。各評価法には内在する問題はあるが、課税物件（所得）に税率を適用するためには金銭以外の「物または権利その他経済的な利益」を貨幣額（金銭）で表現するためにその価値を決定（評価）しなければならない。

(1)　時価基準法は、各税目において採られている原則的基準（方法）であるが、それは、時価（market value）が物（資産）や権利等の価値を最も適正かつ客観的に表現するものと解され、普遍的概念（universal concept）として広く支持されているからだと思われる。しかし、フリンジ・ベネフィットはその享受が所得の稼得であるとともに消費支出である場合が多く、そこでの消費には市場価格の把握ができないものが多い。市場が存しないものや市場性に乏しいものが少なくないのである。市場価格を意味する時価は、この場合の適正な評価基準にはなりえない。フリンジ・ベネフィットは、その特性として選択性や換金性に乏しい面があるが、そのことはフリンジ・ベネフィットが市場性に乏しいことを意味する。このような特性を有するフリンジ・ベネフィットは、この基準を採る限り、課税除外されることになる。イギリスでは、換金性が乏しく金銭への転換可能性の薄いものは課税の対象から除外されているようである。

(2)　享受価値基準法は、受給者の個別的な経済的事情を担税力に応じて考慮するうえで適切な評価法といえるが、客観性を必要とする課税の基準としては問題がある。時価主義が広く用いられている理由は、この評価法に内在する価値形成にかかる主観的要素を排除し課税基準に客観性を担保しうることにある。逆に、時価基準法には主観的要素を排除することがもたらす個別的不公平の問題がある。

(3)　コスト基準法は、企業がフリンジ・ベネフィットを供与するために追加的に負担したコストを基準にして評価する方法であるが、この方法を採用すれば追加的経費が不要な燃料の航空切符や乗車券等から生ずるフリンジ・ベネフィットは課税の対象にはならない。しかし、受給者が受ける経済的価値は企業がその供与のために負担したコストに対応することなく受給者の担税力の増加をもたらすこともある。アメリカの内国歳入法典は、追加的経費を不要とするフリンジ・ベネフィットを非課税とする規定を設けているが、[36]この非課税措置は、フリンジ・ベネフィットの課税（評価）の問題を経費の課税所得からの控除との関連で理解するものである。この非課税措置は行政効率の観点から是認され採られていると思われるが、この観点からは少額のフリンジ・ベネフィットも課税除外しうるし、また課税の対象となるフリンジ・ベネフィットを多く享受する可能性が高い法人の役員ないし高給所得者等に限定して課税することもひとつの選択肢であろう。少額非課税の選択は、一定のフリンジ・ベネフィットに対する課税の断念を意味するが、平等負担原則や税収確保の観点からはあまり問題にならないし、執行上の簡便性の観点からは積極的に支持される面をもっている。フリンジ・ベネフィット課税の一つのあり方であり、解決の方法ということもできる。

(4) 標準価値基準法は、あらかじめ公的に設けられた評価基準に基づいてフリンジ・ベネフィットの金銭的・経済的価値を把握するものである。現行法は、フリンジ・ベネフィット課税については基本的な規定を置いているに過ぎず、その評価課税のあり方についての判断は白紙的に課税行政に委任されていて、あらかじめ通達による評価基準が設けられている。所得税基本通達三六─二一〜三五は「非課税対象」を列挙し、同基本通達三六─三六〜五〇が詳細な評価方法を定めている。この通達による課税は、法的に多くの問題があり法的整備を必要とするところである。この分野では、特に、「通達による行政」が古くから採られていて、「通達による規範の創造」[37]がされてきたとも批判されているところである。[38]

（1） 石島弘「フリンジ・ベネフィット課税の問題」金子宏編著『改訂版・所得税の理論と課題』（平成十一年、税務経理協会）二四三頁。
（2） 石島弘「フリンジ・ベネフィット──現物給与の検討を中心として──」租税法研究一七号（平成元年、有斐閣）五〇頁。

(3) Commissioner V. Smith, 324 U. S. 177 (1945).

(4) Commissioner V. Glenshow Co., 348 U. S. 426 (1955).

(5) 労働省労働基準局編『労働基準法解釈総覧』一二二頁。

(6) 海野安美著『経済的利益の税務』（昭和五六年、ぎょうせい）九八頁。

(7) 石島弘「フリンジ・ベネフィットの課税問題」税経通信四四巻六号（一九八九年）四〇頁。

(8) 海野・前掲論文（注6）二四七頁。

(9) 税制調査会・法人課税小委員会報告（第一法規）七三頁。

(10) 東京地判昭和五六年三月六日『DHCコンメンタール所得税法』（第一法規）一六七一頁。

(11) 名古屋高判昭和四一年一月二七日行集一七巻一号二三頁。

(12) 名古屋高判昭和四九年九月六日税資七六号四九八頁。

(13) 東京高判昭和五三年七月一八日税資一〇二号一一〇頁。

(14) 東京地判昭和四四年一二月二五日行集二〇巻一二号一七五二頁。

(15) 逆に、法令で課税除外されることがある。例えば、従業員が使用者から有利な条件で自己の居住用住宅等の分譲または住宅資金の貸し付けを受けた場合などの経済的利益を非課税としている（租税特別措置法二九条）。また平成八年度の改正で、特定新規事業実施円滑化臨時措置法に定める特定新規事業の人材の確保を促進するため、同事業の実施計画の認定を受けた株式会社がその取締役または使用人に付与したストック・オプションの行使による経済的利益については、所得税は課されない（同法二九条の二）。

(16) 『DHCコンメンタール所得税法』一九一六頁。

(17) 最高判昭和五八年九月九日民集三七巻七号九六二頁。

(18) 金子宏著『租税法』［第六版］（平成九年、弘文堂）一九四頁。

(19) 宮島洋著『企業福祉と税制』（平成三年、日本税務研究センター）二九頁。

(20) 高藤照一「企業年金の課題」ジュリスト七三一号　二二四頁。
(21) 金子・前掲書(注18)一八九頁。
(22) 最高判昭和三七年六月九日税資三六号六九〇頁。
(23) 大阪高判昭和三七年七月一八日税資一〇二号一一〇頁。
(24) 東京高判昭和二七年二月二一日行集三巻一号一七二頁。
(25) 大阪地判昭和三四年四月二六日訟月一四巻七号八二六頁。
(26) 最高判昭和三七年八月一〇日前掲(注22)。
(27) 東京地判昭和四四年一二月二五日行集二〇巻一二号一七五七頁。
(28) 名古屋地判平成四年四月六日行集四三巻四号五八九頁。
(29) 東京地判平成五年三月一一日行集四四巻三号一九五頁。
(30) 岡山地判昭和五四年九月一八日訟月二五巻一二号三〇五二頁。
(31) 大阪地判昭和六三年三月三一日訟月三四巻一〇号二〇九六頁。
(32) 京都地判昭和六一年八月八日訟月三三巻四号一〇三九頁。
(33) 大阪高判昭和六三年三月三一日訟月三四巻一〇号　二〇九六頁。
(34) 石島弘「租税法からみたフリンジ・ベネフィット課税」税経通信四五巻一四号（一九九〇年）八七頁。
(35) 石島・前掲論文(注1)二四七頁。
(36) この点について、石島・前掲論文（注2）六二頁以下。
(37) 碓井光明「フリンジ・ベネフィットの課税問題」金子宏編『所得課税の研究』（平成三年、有斐閣）一七八頁。
(38) 企業内福祉における税制のあり方に関する研究会は、「企業内福祉における税制のあり方に関する研究報告書」（平成九年、労働省委託研究、ニッセイ基礎研究所）を出しているが、著者は、同研究会のメンバーの一員として、その「各論」で、「フリンジ・ベネフィット課税」の考え方、と題する小論を執筆した。本稿は、同小論に加筆し補正したものである。

新分権下の地方財政

――今までの判例を素材として――

鎌田泰輝

一　序

二　地方税の本質

三　補助金交付手続

一　序

1　平成一一年七月八日、地方分権の推進を図るための関係法律の整備に関する法律等の法律案が、一括して国会を通過成立し、主要なものは同年七月一六日法律八七号等として公布され、平成一二年四月一日から施行されることとなった。後述のとおり地方財政関係はまだ未完成であるが、とにかく地方分権についての大きな器だけは出来たと考えられる。

2　わが国の地方分権体制は、見方によっては江戸幕府統治下においても存在したとみることができる。江戸時代、わが国の各地の藩主は、その支配地域の大小はあったにせよ、その藩内の石高の支配権をもち、幕府等への上納金制度はあったにせよ、藩主は、現在の地方長官よりはるかに当該区域の発展等に独自性を発揮できた。したがって独創的地域経済の運営が可能であったし、その当時の産業形態が地方特産品（各種陶磁器・名菓等）や特殊産業（富山の売薬商）を産み、現在もそれが地域において残されているのである。

3　その後の廃藩置県制で、右体制は富国強兵、中央集権化の要請へと変革していく。

しかし、明治政府になってからも地方自治への方向は立てられていった。

明治一一年郡区町村編制法、府県会規則、地方税規則の制定に始まり、同一三年には区町村会法が制定されている。

また、同二一年には市制・町村制が施行され、市会、町村会も設置され、同二三年には府県制度及び郡制が制定され、各段階の地方自治体が完成をみている。(1)

ただ、当時は明治政府の富国強兵政策のもとに、自由民権運動の後退とともに、地方自治も中央集権の強化には抵抗のない地方自治体となっていく。

4　そこで、敗戦後の日本国憲法に、地方自治の章が設けられ、九二条から九五条が設けられたことは周知のとおりである。

しかし、これもその後の日本経済の発展による東京中心の一局集中、地方過疎の発生には応じきれず、バブル経済の崩壊に前後して地方分権問題が大きく取り上げられることとなった。

5　特に平成五年六月に衆議院、参議院両院で、「地方分権の推進に関する決議」が成立したことは重要である。それは、東京への一極集中の排除、過疎、過密地帯の是正、ゆとりと豊かさを実感できる社会を実現することの社会を実現することの緊要性から「中央集権的行政のあり方を問い直し、地方分権のより一層の推進を望む声は大きな流れとなっている。」とした上、「国と地方の役割を見直し、国から地方への権限移譲、地方税財源の充実強化等地方公共団体の自主性・自律性の強化を図り、二一世紀にふさわしい地方自治を確立することが現下の急務である。」と述べ、「地方分権を積極的に推進するための法制定をはじめ、抜本的な施策を総力をあげて断行していくべきである。」との内容となっている。

右の決議を受けて地方分権推進法（以下「推進法」という。）が平成七年五月一九日法律第九六号として公布され、同年七月三日から五年間の限時法として施行されている。

推進法によると、政府は、地方分権の推進に関する施策の総合的かつ計画的な推進を図るため、国と地方の行政の分担等の地方分権の推進に関する基本方針に即し、講ずべき必要な法制上又は財政上の措置その他の措置を定めた地方分権推進計画を作成しなければならない（同法八条一項）ことになっている右の前提として内閣総理大臣は右計画案を作成すべき義務を負い（同条二項）、そのための機関として、総理府に地方分権推進委員会を設置し（同法九条）、その委員会において地方分権推進計画作成のための具体的指針を内閣総理大臣に勧告するもの（同法一〇条一項）とされており、右勧告を受けた内閣総理大臣が前記計画案を作成し、それに基づいて、政府は、平成一〇年五月二九日の閣議決定をもって、地方分権推進計画を決定した。(2)

6 しかし、地方財政関係については、勧告に基づく右地方分権推進計画が、現在政府全体の財政構造改革の集中改革期間（平成一〇年度から平成一二年度までの期間）中であり、「財政構造改革の推進について」（平成九年六月三日閣議決定）(3)との整合（同計画二六頁）を要するとの観点から、具体的計画を避けてあり、当面の目星しいものとしては、法定外地方税の許可制を事前協議制に変更し、法定外目的税の新設を認め、(4)地方債発行の許可制を事前協議制に改めた程度である。(5)

ただ推進委員会の第五次勧告に従って計画を追加した部分(6)における、一定の政策目的を実現するために新設する統合補助金制度が目新しいものといえようか。

ところで、本格的に改革が可能となる時期については、宮澤大蔵大臣の経済が正常な成長軌道に乗った時点になる旨の国会答弁があると新聞は報じている（朝日新聞平成一一年六月一二日朝刊）。

7 国と地方公共団体を「対等・協力の関係」(7)に移行させることを目的と位置づけ、それを前提に係争処理機関も設置を予定されるのであるが、機関委任事務の整理を主体とした形体で発足するに至った今回の地方分権は、その目的、本質からして片肺飛行といわざるを得ない。

ドイツ連邦共和国では地方自治体が中心になって国税も含めて賦課、徴収に当たり国へは、徴収した地方自治体が分与する制度になっているというのに比べて片手落というほかはない。

財政問題こそ地方分権の本質であると考える。

（1）南博方ほか編『行政法(3)第三版 地方自治法』（有斐閣、一九九六年）一一頁。
（2）政府の地方分権推進計画（書）（平成一〇年五月）。
（3）右計画（書）二六頁。
（4）右同五一頁。
（5）右同五三頁。
（6）政府の第二次地方分権推進計画（書）（平成一一年三月）九頁。
（7）前記政府の地方分権推進計画（書）二四頁及び六一頁。

二 地方税の本質

ここでは、前述のとおり先送りされたが、いずれ問題となる地方財政問題の本源である地方税の本質の問題について既存の判例を中心に、新しい地方分権下ではどのように考えるべきかについて論じることにしたい。

1 まず、福岡地裁昭和五五年六月五日判決（判例時報九六六号三頁）について考える。

右判例については、既にいろいろな点から取り上げられているが[8]、「地方税の本質論」という点から要旨（時点は判決言渡時点を意味する。）をまとめると以下のとおりである。

(1)（原告の主張）

ア 原告大牟田市においては、昭和二五年九月九日大牟田市市税条例を制定し、電気ガス税（ただし、昭和四九年の地方税法（以下「地税法」という。）改正により、その後の大牟田市市税条例では、電気税とガス税に分けられている。）を徴収している。

被告国は、地税法四八九条一項、二項により、地方公共団体が同条同項に定める特定産業の産業用電気の消費に対する非課税措置を規定している。しかし右規定は憲法九二条及び一四条に反し無効である。

イ 原告が、大牟田市市税条例所定の電気ガス税について本件非課税措置をないものとしての税率に従い、昭和四五年度から同四九年度までの課税額を合計すると、金二七億九八四四万七〇〇〇円となるが、国家賠償法（以下「国賠法」という。）によりその四分の一に相当する金一億四一〇六万円及びこれに対する昭和五〇年四月二二日から支払済みに至るまで民法所定の年五分の割合による遅延損害金の支払を求める。

(2) 被告国の主張

ア 現行憲法下においては、地方公共団体は、「法律」である地税法によってはじめて課税権を与えられたものであり、固有の課税権を有しない。

イ 本件非課税措置は、地方自治の本旨に反しない。

ウ 本件非課税措置は憲法一四条に反しない。本件措置には合理性がある。

エ 本件には国賠法の適用はない。

(3) 判旨

(ア) 特定の立法又は法律改廃の不作為を違憲、違法とすることは、国会固有の立法についての裁量権に立ち入ることになり、三権分立の原則に反する。

(イ) 憲法一七条及び国賠法の保護対象は国民個人の権利利益であり、統治権である権利（課税権）の主体としての立場にある地方公共団体は保護対象に該当しない。

ア　地方公共団体がその住民に対し、国から一応独立の統治権（自治権保障）を有するものである以上、事務の遂行を実効あらしめるためには、その財政運営についてのいわゆる自主財政権ひいては財源確保の手段としての課税権もこれを憲法は認めているものというべきである。憲法はその九四条で地方公共団体の自治権を具体化して定めているが、そこにいう「行政の執行」には租税の賦課、徴収をも含むものと解される。そこで例えば、地方公共団体の課税権を全く否定し又はこれに準ずる内容の法律は違憲無効たるを免れない。

イ　しかし、自治権についても、憲法上は、その範囲は必ずしも分明とはいいがたく、その内容も一義的に定まっているといいがたいのであって、その具体化は憲法全体の精神に照らした上での立法者の決定に委ねられているものと解せざるを得ない。このことは、自治権の要素としての課税権の内容においても同断であり、憲法上地方公共団体に課税権は、地方公共団体とされるもの一般に対し抽象的に認められた租税の賦課、徴収の権能であって、憲法は特定の地方公共団体に具体的税目についての課税権を認めたものではない。また、税源をどこに求めるか、ある税目を国税とするか地方税とするか、地方税とした場合に市町村税とするか都道府県税とするか、課税客体、課税標準、税率等の内容をいかに定めるかについては、憲法自体から結論を導き出すことはできず、その具体化は法律（ないしそれ以下の法令）の規定に待たざるを得ない。

ウ　電気ガス税という具体的税目についての課税権は、地税法五条二項によって初めて原告大牟田市に認められるものであり、しかもそれは、同法に定められた内容のものとして与えられるものであって、原告は地税法の規定が許容する限度においてのみ、条例を定めその住民に対し電気ガス税を賦課徴収しうるにすぎない。

エ　原告主張の課税権は、地税法によって認められた具体的な電気ガス税にかかる課税権と考えざるを得ないが、かかる課税権は、同法の規定によって初めて認められるものであり、かつその内容も同法の許容する範囲に限られるのであるところ、同法自体が電気ガス税についての非課税措置を設けているのであるから、原告は、もともと地税法上の具体的な電気ガス税についての課税権としては、本件非課税措置によって除外される以外の電気の使用についてのみ課税権を有するものといわざるを得ない。そうすると、原告が主張するような、「本件非課税措置により侵害される課税権」、つまり右非課税措置の範囲内の電気の使用に対する課税権なるものは、そもそもあり得ない道理である。

2 次に、東京地裁平成二年一二月二〇日判決（判例時報一三七五号五九頁）について考えてみたい。右判例についても、別に判例評論三九一号一三頁以下に評論[9]があるが、本質論を中心に要旨をまとめると以下のとおりである。

(1)（原告の主張）

ア　原告は、昭和五九年七月三〇日付けで東京都から東京都中央区日本橋所在の宅地一四六・九一平方メートル（以下「本件土地」という。）の譲渡を受け、その所有権を取得した。

被告東京都中央都税事務所長は、昭和六一年七月一〇日付けで、原告に対し、原告の本件土地の取得に対し、課税標準を六七六八万八〇〇〇円、不動産取得税の額を二七〇万七五二〇円とする不動産賦課決定（以下「本件処分」という。）をした。

イ　右譲渡当時、本件土地には原告を賃借人とした堅固な建物の所有を目的とする賃借権（以下「本件借地権」という。）が設定されていた。しかるに右課税標準の額は、固定資産評価基準に従って算出したもので、地上権、借地権等が設定されていない土地としての価格（以下この価格を「更地価格」という。）であり、右算出に当たって、本件借地権の存在は考慮されていない。

ウ　不動産取得税は流通税である。したがって不動産の課税標準としての「適正な時価」は、流通価格である取引価格を基礎とされなければならない。そして借地権が設定されている土地については、いわゆる底地価格で取引がされているので、不動産取得税としての課税標準としての「適正な時価」は、底地価格が基準とされるべきである。

エ　そもそも、地方公共団体は、憲法上固有の課税権が与えられているのであり、その行使は、地方自治の本旨により、租税条例によるべきである。

国法である地税法はかかる租税条例に対する標準法、枠法としての性格しかない。固定資産評価基準は、単なる行政規則であって、これにより直接具体的な納税額の基準を定めることはできない。

(2)（被告の主張）

ア　本件土地は固定資産課税台帳に価格の登録がされていなかったので、固定資産評価基準によって、当該不動産に係る不動産取得税の課税標準となるべき価格を決定することを義務付けられている。右の固定資産評価基準は、地税法三八八条に基づいて定められたもので、具体的な算定基準のみを自治大臣の告示に委ねたものであるから、法律の委任に基づく適法な命令である。

イ　法が不動産取得税の課税標準となる不動産の価格の決定を、固定資産課税台帳の登録価格によらせた趣旨は、右取得税と固定資産税における不動産の評価の統一と徴税事務の簡素化を図ることにある。

ウ　借地権は、その登記がされた場合であっても、当該借地権が現在なお存在しているかどうかを確認することは容易ではないし、取引のされた土地のすべてについて調査確認を要するとすることは、事務量が膨大となって、到底不可能である。

(3)　（判　旨）

ア　いかなる租税を課し、あるいは租税の課税要件をいかなるものにするかは法律の定めによらなくてはならない（憲法八四条）。そして憲法上、地方公共団体の自治権が保障されていることからすると、その財政上の基盤として地方公共団体に対し課税権が付与されるべきことは憲法の予定するところというべきであるが、この課税権に基づく地方税についても、右の租税法律主義の原則は当然適用となるものと解される。そうであるとすると、地方公共団体の課税権は、直接には法律の規定によって、右の地方公共団体の自治権の保障の趣旨に沿い付与されるものであって、地方公共団体にそれを超える意味での固有の課税権があるわけではない。地方公共団体は、右の法律の範囲内で自主立法である条例を判定し、実情に応じた課税を行うというのが憲法の趣旨であって、地税法二条が「地方団体は、この法律の定めるところによって、地方税を賦課徴収することができる。」と定め、同法三条一項が「地方団体は、その地方税の税目、課税標準、税率その他賦課徴収について定をするには、当該地方団体の条例によらなければならない。」とするのは、右の趣旨を現した規定であると解することができる。

イ　固定資産評価基準は、現時点においては、法の規定に基づいて自治大臣がする「固定資産の評価の基準並びに評価の実施の方法及び手続」の定める告示であり、法の委任に基づく適法な法規命令というべきもので、法的拘束力を有するものである。

3　ところで、地方における住民の自治権のえん源については学説上争いがある。それが地方財政における自治財政権についても影響を与えている。

これらの学説も多様であるが、大きく分けると伝来説と固有権説[(10)]が双璧である。

前者は、沿革的にはともかく、近代国家においては、主権は国家によって行使され、地方公共団体も国家の統治機構の一環として位置づけられるべきものであることを理由に、地方公共団体の権能も国の統治権に基づいて、国家主権の一部が地方公共団体に移譲されたもので、現在の地方公共団体の地方自治制度が憲法や法律に実定法上の根拠をもち、これに基づいてはじめてその存在を基礎づけられているとする。憲法九二条が「地方公共団体の組織及び運営は……法律でこれを定める。」と規定しているのも、まさに国が立法によって地方公共団体の組織や権能を創設変更することを認めたものであるとする。前記二つの判例は、この立場に立脚している。

後者は、その地域の統治作用は、国家成立以前の集落時代からその地域の住民の利益を守るため自然発生的に生じてきたものであり、地域の集落としては固有的に存したもので、それが国家成立後の中央集権的傾向によって制限を受けたことはあったが、本質的には住民が生活するための自然発生的にみられた現象であり、これは個人の基本的人権にも比すべきものであるとする。

ところで、地球上の国家的組織が近代国家といわれるものだけで構築されているわけではなく。未だ憲法や法律で組織化されていない国家的組織がかなり多く、連邦的国家組織にも様々の型態がみられ、さらに民族中心の自治組織や地域的生活圏も存在し、沿革を無視できるものではない。したがって一律に国が立法上、地方公共団体の組織や権能を統一的に定めているとか、できるとか解することには無理がある。

学説においても従前は伝来説が有力であったが、最近においては段々固有権説が多くなりつつあるといわれる。いわんや、地方公共団体と国を対等関係において構築しようとする新しい地方分権下においては、前記判例を含めた伝来説的な考え方では説明できないと考えられる。

（8）碓井光明『大牟田市電気ガス税訴訟一審について』ジュリスト七二四号四九頁。北野弘久（判例評釈）「大牟田電気税訴訟判決の検討」Law School 二二号五三頁。和田英夫（判例解説）ジュリスト『租税判例百選（第二版）』一八頁（昭和五八年）。橋本博之（判例解説）ジュリスト『租税判例百選（第三版）』一二頁（平成四年）。水野忠恒（判例解説）ジュリスト『新条例百選』二〇〇頁（平成四年）。前掲『行政法(3) 第三版 地方自治法』一九二頁。

（9）山田二郎（判例評釈）判例評論三九一号一三頁（平成三年）。

（10）前掲『行政法(3) 第三版 地方自治法』一六頁。

三　補助金交付手続

1　次に地方公共団体が補助金の交付に関する事案として、東京高裁昭和五五年七月二八日判決（判例時報九七二号三頁）がある。この判決についても評釈が多い[11]が、補助金の交付手続に関する要旨は、以下のとおりである。

(1)（控訴人の主張）

ア　控訴人は、昭和四四年から四八年までの間に児童福祉法（以下「児福法」という。）三五条三項の大阪府知事の認可を得て、四保育所を設置した。右各保育所は措置児童を入所させるための保育所であるが、控訴人が本件各保育所の設置（正雀保育所は改築、その他の三保育所は創設）に関して合計額九二七二万九九九〇円を支出した。

イ　地方財政法（以下「地財法」という。）一〇条の二第五号は地方公共団体の保育所建設費の全部又は一部を国が負担すべきものとし、児福法五二条、五一条二号、同法施行令（昭和四八年政令三七一号による改正前のもの）一五条一項、一六条一号（以下児福法五二条等という。）は、保育所の設備費用に関しては、各年度における市町村の支弁額から寄附金その他の収入額を控除した清算額の二分の一を国庫が負担すべきものとしている。

ウ　国庫補助金、負担金は、裁量型と義務型に分かれており、義務型はさらにいわゆる実額タイプと基準額タイプに分かれているが、本件の場合は実額タイプに属する。

エ　市町村による保育所の設置については、児福法三五条三項により都道府県知事の認可（機関委任事務）を受けることが義務づけられており、国は右認可がなされる際に、あるいは保育所整備につき事前協議が行われる際に、右の保育所設置を十分に予知できるから具体的請求権は児福法五二条等の規定から直接に発生する。

オ　補助金等に係る予算の執行の適正化に関する法律（以下「補助金法」という。）に基づく交付決定の手続は、補助金等の不正申請、不正使用を防止するための一般的手続であるから、同法に基づく交付決定をまたずに請求権は発生する。

カ　同法による交付決定は形式的行政処分にすぎない。

キ　同法の手続を経なかったことにつき正当な理由がある。すなわち、国は前記事前協議及び内示制により、控訴人の具体的請求権を右の制度にそうように制限し、控訴人に対する不利益処分を生じさせず、抗告訴訟を提起することを不可能としたのである。

(2)　（被控訴人国の主張）

ア（控訴人主張のウについて）国庫負担金の具体的請求権は、補助金法による交付決定によって発生する。

イ（控訴人主張のエについて）認可制度は、最低基準に適合しているか否かの観点から行われているもので、国庫負担金の交付との間には相互の関係はない。

ウ（控訴人主張のオ、カ、キについて）すべて争う。

(3)（判　旨）

ア　本件負担金を含め、地財法一〇条以下に規定されている地方公共団体に対する国の負担金と同法一六条所定の地方公共団体に対する国の補助金とを比較するとき、同法上これらの性質に異なった点がある。前者は義務的なものであり、後者は裁量的なものである点において差異がある。

また負担金についての関係法令を検討すると、法令の文言において、負担金算出の基礎となる経費の額を実支出額に求めるもの（例、義務教育費国庫負担法二条等）と基準額に求めるもの（例、義務教育諸学校施設費国庫負担法三条等）に大別できる。

そして、本件負担金については、その関係法令である児福法五二条等は、市町村等の支弁した費用の清算額に対する負担割合を定めるのみで、右負担金算出の基礎となる経費の額については基準額その他の限度を定めておらず、したがって、市町村等の支弁額を基礎とすることを予定していたものと解される。

イ　また、児福法立法過程の審議内容、その後の政令の改正、運用等からすると、本件負担金の交付についてその関係法令である児福法五二条等の規定するところは、国の裁量にかからしめるものではなく、義務的なものであり、また関係政令である施行令からみれば、その交付額は市町村の現実の支出額を基準とするものであったということができる。

ウ　各市町村等の設置する保育所の設置費用が国庫負担の対象となるものであるが、このために市町村が実際に支弁した費用のうち国庫負担金算定の基礎となるべきものの範囲、その客観的に是認される金額につき、これを具体的に確定する必要がある。

エ　補助金法五条ないし一〇条の規定及び同法全体の趣旨、構造からすると、一般に、国から補助事業者等に国庫負担金を含む補助金等が交付されるについては、その適正を期するため、まず所管の各省庁の長に対し、交付申請がされることが必要であり、各省各庁の長は、右申請に基づき、その権限と責任において、交付要件の存否のみならず、交付すべき補助金等の額及び交付するにつき付すべき条件等を審査、判断し、交付すべきものと認めるときは、交付決定をすべきものとし、各省各庁の長の右交付決定を経由せしめることによって、はじめて補助金等の具体的請求権を発生させるとともに、補助事業者についても交付された補助金等をその目的に添って使用し、補助事業等を適正に遂行する義務を生ぜしめ、一定の場合には右交付決定の取消しにより、いったん発生した補助金等の交付請求権を消滅させることができるものとしている。

以上の補助金法に定める制度は国の予算の執行である補助金、負担金、利子補給金等の交付につき統一的に採用されているものと解するのが相当であり、本件のような保育所設置についての国庫負担金については、児福法五二条等は前記のように国庫の負担及びその割合を定めるのみであって、その交付等に関し特別の定めを設けていないから、右補助金法の適用を当然受けるものというべきである。

オ　本件各保育所のうち二保育所については一〇〇万円及び一五〇万円とする交付決定がなされて、既にその交付を了し、正雀保育所及び攝津保育所については交付決定が全くなされていない。認定事実によれば控訴人が本件において訴求する右正雀保育所（改築）及び攝津保育所の設置に要した費用の国庫負担金については補助金法に基づく交付申請がなく交付決定がなされていないことが明らかであるから、結局控訴人主張の右負担金請求権はいまだ発生していないものといわざるを得ない。

2　本件判決は、児福法五二条等の性格につき、義務型であることは認めたものの市町村等の支弁額を基準とするものであったとして費用支弁段階での具体的請求権を認め得ないとして各省各庁の長の交付決定を要するとした。私も児童福祉施設の設備費用に一定型式のものを当てることは困難で、それは執行方法等によって差を生ずることが避けられないから各省各庁の長の交付決定により、具体的な確定をみると考える（地財法一一条参照）。

ところで地方分権制度が財政分野に本格的に行われることとなると、一で述べたように国と地方公共団体は「対等・協力関係」にあることを指向していくべきであるから、本件のように交付決定の手続を要する負担金、補助金の関係も多出すると思われる。殊に負担金算出の基礎を基準額に求めるもの及び性格は異なるが、新設の統合補助金に関係する等については、別段の解決方法を必要とすることになろう。

（11）　碓井光明（判例解説）ジュリスト『社会保障判例百選（第二版）』二一六頁（平成三年）。木佐茂男（判例解説）ジュリスト『地方自治判例百選（第二版）』一五六頁（平成五年）。松永榮治（判例解説）『行政判例解説昭和五五年度』（ぎょうせい、昭和五六年）八五頁。

アメリカ合衆国と日本国の租税法における「ソース」と管轄権

木村　弘之亮

一　ソース・ルールの機能と問題点
二　ソース・ルールと課税管轄権
三　日本法への影響と解釈

一　ソース・ルールの機能と問題点

アメリカ合衆国における租税法学術用語は内国歳入法典八六一条ないし八六三条および八六五条の条文をソース・ルール（Soure rules）と呼んでいる。この用語はもちろん本稿の多くの読者には周知の言い回しであるが、しかし、現在多数の諸国の租税法律には対応する条文が存在しないというのが、印象である。ソース・ルールは、各種所得がいずれの国家にその「ソース（源泉）」を有するかを決める。ソース・ルールは第一次的に、非居住者（内国歳入法典八七一条、八八一条、八八二条）の納税義務および外国法人の税額控除能力の決定（US内国歳入法典九〇一条、九〇二条）にとって重要である。

アメリカ合衆国内国歳入法典八六一条は、国内源泉所得について八つの各種所得（items of gross income）を規制しており、そして、その際いかなる諸原則に従って原価（cost）およびその他の経費がその所得に対応されなければならないかについて規律する。(1)利子所得、(2)配当所得、(3)人的役務提供所得、(4)賃貸所得およびライセンス使用料、(5)不動産持分の処分から生じる利得・利益・所得、(6)動産の売却または交換、(7)保険金および(8)社会保障受給金。八六二条は、いつ所得が国外源泉からの所得（国外源泉所得）になるかについての対応する規定を設けている。八六二条は同じ八種の各種所得を区分している。八六五条はまず一九八六年税制改革法によって導入されたのち、動産の譲渡から生じる各種所得についての規定を補完し、そしてこれまで同規定に妥当していた法原則を一連のケースについて変更した。アメリカ租税法は八六一条以下を除いて、日本所得税法二三条以下の各種所得の類型に対応するであろう、そうした各種所得の類型を知らない事実に、注意が払われるべきであろう。むしろ、アメリカ租税法は、包括的所得概念[1]から出発しており、これはGeorg von Schanzによって根拠づけられた「純資産増加説（包括的所得説）」の所得概念と比較しうるものである（US内国歳入法典六一条）[2]。したがって、八六一条、八六二条および八六五条の所得類型は、ソース・ルールの目的に関してのみ区別されており、そしてこれらの条文による各種所得はかならずしも区分され尽くされているわけではない。それ故、US内国歳入法典八六三条は、法律に明文をもって列記された各種所得によって把握されていない、そうした収入および経費について、それらのソース（源泉）を内国歳入規則（regulations）によってとくに規律する権限を、財務長官に与えている。

一見すると、合衆国のソース・ルールは所得税法一六一条（法税一三八条）および一六四条一項二項（法税一四一条各号）に定める結節ルールに対応しているかのようである。しかしながら、詳細に観察してみると、考察すべき相違が横たわっている。一方で、US内国歳入法典はまず日本法に類似してソース・ルールを非居住者の納税義務に関する条文（参照、所税一六四条、法税一四一条）から分離して規律しており、そして、同様に、税額控除に関する規定（参照、所税九五条、法税六九条）から遠く離れて規律している。US内国歳入法典はソース・ルールを「かっこの前」にとりだしている。非居住者の各種所得が国内源泉に由来する、という確認は、まだ自動的に、これらの各種所得が課税しうるであろうことまでをも帰結するわけではない。いつこれらの各種所得が課税されるべきかは、後の箇所で規律されている（個人については八七一条において、資本会社については八八一条、八八二条において）。このようなソース・ルールの自立は、更なる諸問題についてソース・ルールを引きあいに出すことを可能にしている。すなわち、アメリカ合衆国内に居住しないアメリカ国籍者の外国所得の免除（九一一条）について、外国子会社の「Subpart-F-所得」の配分（九五二条(b)）について、属領地域における資本会社に対する優遇措置（九三六条）、最後に、資本会社の買収のために用いられた借入金利子の控除禁止（二七九条(f)）について。他方で、アメリカ合衆国における一定のケースについて、非居住者（または外国法人）が事業所または事業を行う一定の場所（office or fixed place of business）をアメリカ合衆国内に有し、かつ当該各種所得がこの事業所等に帰属（attributable）されうる場合には（US内国歳入法典八七一条(b)(1)および八八二条(a)(1)、その各種所得もまたその都度八六四条(c)(4)と結び付いている。このことはアメリカ人および日本人以外の読者を困惑させている。

本稿は、US内国歳入法典におけるソース・ルールの体系的機能を位置づけとを解説しようとするものであり、これによりその機能がアメリカ以外の法律家にも理解しやすくなるであろう（木村・後掲注（34）! 2113.52）。

（1） アメリカの包括的所得概念について、詳細は、金子宏『所得概念の研究』（有斐閣、一九九五）一三頁以下。純資産増加説について、木村弘之亮『租税法学』（税務経理協会、一九九九）二一〇頁以下、一八二頁以下、ゲオルク・シャンツ／篠原章（訳）「所得概念と所得税法(1)(2)(3)(4)」成城大学経済研究一〇五号一二七頁、一〇六号九五頁、一〇七号一二一頁、武田公子「ドイツにおける所得税制度の成立（上）（下）—ゲオルク・シャンツの租税理論を素材として」都市問題八〇巻一一号八九頁、一二号九三頁。

（2） Schanz によって基礎づけられた説は、アメリカ合衆国において、Robert M. Haig と Hery Simons によってさらに展開されている。とくに、Simons, Personal Taxation, 1938, 41ff.（60f.）.

二 ソース・ルールと課税管轄権——相違の成立と今日的意義

US内国歳入法典におけるソース・ルールの体系的地位づけおよびアメリカ合衆国の今日の所得税法に対するその意義は、ひとが今日まで徐々に展開してきたこのルールのおいたちに思いを巡らせたときにはじめて、理解されうる。以下における、この発展の叙述は簡素化のため個人についてのソース・ルール（源泉地の判定規準）に限定する。しかし、資本会社についてその都度類似のことが妥当する。

日本の租税法（所税一六一条、法税一三八条）[3]は、国内所得の源泉地判定規準について、ＵＳ内国歳入法典を範としているようであるので、後者の関係規定についての考察は有意義であろう。[4]

1　結節要素として「ソース」

非居住者の課税のための結節要素として「ソース（源泉地）」は、アメリカ合衆国の立法でははじめて一九一六年改正税法[5]においてみられる。法律上の定義をはじめて一九二一年租税法[6]のあたらしいテキストが用いた。法律の体系は当時まだ比較的単純であった[7]。同法二一〇条は比例税率の基本税を定めていた。二一三条は粗所得概念を定義し、そしてこの関連において、その粗所得に、非居住者のもとでアメリカ合衆国における源泉から生ずる各種所得が数え入れられる旨を定めていた。つづいて、二一七条がこのような源泉の概念を定義した。かくして、二一七条にいう源泉からの所得が基本税に服し、そして場合によっては付加税にも服した。それ以上のルールはこれに関して必要でなかった。その他、二一七条のソース・ルールはすでに内国歳入法典八六一条の今日のルールに大幅に似通っていた。

一九二八年に法律の構成が改められた[8]。しかし、従来のルールの原則は堅持された[9]。とりわけ、非居住者に関する租税法律要件は基本的租税法律要件（一一条および一二条）から分離されており、かつ、特別の条文で規律されている（二一一条）。ソース・ルールは、依然として自立したままであった（一一九条）。

行政庁にとってこのルールに基づき非居住外国人に対する租税請求権を実行することはしばしば非常に困難で

あったので[10]、一九三六年にこのような租税の把握を強化することが議決された[11]。新しい法律は非居住外国人を二つのグループに区分した。一は、アメリカ合衆国において営利事業活動をするもの（engaged in trade or business）であり、これには国内に事業所または事業を行う場所を有するものが数え入れられた。二は、そのような国内に関連性をもたない非居住外国人であった。後者は、かれらが一定のまたは特定しうる年間または定期の所得（fixed or determinable annual or periodical income）をアメリカ源泉から取得した範囲において、その粗所得に対する一〇％の源泉税に服する（二一一条(a)）。立法者は、その譲渡益（Capital Gain）を非課税とした。なぜなら、非居住外国人にキャピタル・ゲイン税が実現しうるであろうかどうかについて、疑念をいだいていたからである[12]。これに対し、アメリカ合衆国で営利事業活動をするものまたは恒久的施設によって合衆国に結節しているものに対し、ひとは、所得税法の徴収に当たって賦課処分の方式をとっていた（二一一条(b)）。二区分ないし――キャピタル・ゲインを加えるなら――三区分は、一九二〇年 Eisner v. Macomber 判決を背景にして考察されなければならない。同判決において、最高裁判所は、所得が資本、労働または資本財の売却からのみ生じうることを詳述した[13]。一九三六年の立法者[14]は、この判決に従って、次のことから出発できた。すなわち、立法者は資本性所得と勤労性所得（広義）にかかわるルールおよびキャピタル・ゲインを明文をもって非課税とするルールによってすべての考えうる所得類型を把握した、ということから出発した[15]。非居住外国人がいずれの各種所得について納税義務を負っているかの問いは、一九三六年の立法のもとでももっぱらソース・ルールに従って決定された。ただ例外は、この人々の譲渡益、したがって国内源泉からの譲渡益は所得税から除外されている。しかしながら、その他の点では、当該新規定はきわめて手続技術的な意義を有した。

2　結節要素としての「事業を行う一定の場所」

翌数年間に詳細な事項について多くの改正があった。とくに、事業所または事業を行う場所の存在との結節は削除された。一九五〇年には、さらに、源泉税が非居住外国人のキャピタル・ゲインにも課せられた。(16) 一九三六年ルールの原則は、しかしながら、さしあたって変更されず、さらに、一九三九年内国歳入法典(17)および一九五四年法(18)に承継された。

しかしながら、この時に、ソース・ルールの意義は変更された。なぜなら、所得概念の理解が変わったからである。個人所得税に関して一九三八年に出版された Henry Simons の作品がその所得概念の理解に大きな影響を与えた。(19) あるいはさらに、裁判例が、所得概念の問題について判断したことも、より大きな意義をもった。これらの裁判例は、Eisner v. Macomber 事件での簡単な定式によってはもはや応答できなかった。(20) いずれにせよ、最高裁判所は一九五五年に Commissioner v. Glenshaw Glass Company 事件において、次のように判示した。かの有名な定式は、たしかに利益と資本との区別にとって有用ではあるが、しかしすべてを包括的に把握しておらず、したがって、所得概念にかかわる問題すべてを解決しえないであろう、と。(21)

おそくともこの判決以降ひとはもはや、次のことから出発できないであろう。すなわち、非居住外国人につき定められた、資本収益、労働所得および譲渡益に対する課税がこの人達に対する考えうる各種所得すべてを把握するであろうということからは出発できないであろう。むしろ、今や――いずれにせよ理論的には――次の可能性が開かれたのであった。すなわち、非居住外国人の所得（国内源泉所得を含む。）は、それはこれら三つの所得類型のいずれにも該当しないが故に、非課税のままである。三つの所得類型の課税に関する一九三六年と一九五〇年の規定は、この発展によって、創設的意義を獲得した。かかる意義を従来の三所得類型はもともと有していなかった。一九一六年以来そしてさらに一九三六年の理解以降も非居住外国人の納税義務は、非居住外国人が国外源泉所得を有していたがどうかに応じてのみ決定されたのに対し、今日では、さらなる必要要件が加わっている。すなわち、非居住外国人の所得は、US内国歳入法典が明文をもってその課税を定めている、そうした三種の所得類型のひとつに該当しなければならない。

追加的な必要要件が、Glenshaw Glass Co. 事件の数年後に出版された Bittker and Ebb, Taxation of Foreign Income に由来することは、決して偶然でない[22]。著者達はその必要性を「Jurisdiction（管轄権・高権）」と呼んでいる。数年後に、Elisabeth Owens が同じ意味でその用語を用い[23]、さらに数年後には Norr もそうである。ただし、Norr は、この国内法上の「Jurisdiction（管轄権・高権）」を国際法上の課税の許容性から明らかに区別していない[24]。Bittker と Ebb はかれらの教科書（第二版　一九六八）においてコメントを加えている。すなわち、かれらの選択した用語「Jurisdiction（管轄権・高権）」は完全には適切ではない（not entirely apposite）けれども、よりよい言い回しを思い浮かばなかった（a more appropriate one has not come to mind）、と若干の批判者に応答している[25]。それ以来、「Jurisdiction（管轄権・高権）」の用語は、US内国歳入法典八七一条以下においておこなわれている規律に関して確固とした市民権を得ている[26]。

3　実質的関連性

一九六六年外国投資家法（Foreign Investors Act of 1966）はさらなる本質的な発展を付け加えた[27]。同法は、国内で営利事業をなす者の課税に関する規定（US内国歳入法典八七一条(b)）のなかに「実質的に関連した」所得だけが、それ以来、賦課手続による課税に服している。しかも賦課課税手続はつねに執行される。この新規定にとって二つの理由が重要であった。[28] 立法者は、一方では、次のことを好ましくないものと考えていた。すなわち、一九三六年に導入された規定によれば、純粋な資本投下からの各種所得が、資本投下とならんでアメリカ合衆国においてさらに営利事業活動が行われているか否かに応じて、相異なって課税される、ということを好ましくないものと考えていた。当該ルールは投資家に、アメリカ合衆国において直接に事業者として活動するようになることを阻害しうるのであって、逆にアメリカですでに活動している事業者に、国内で資本を投下するようになることを阻害しうる、と人々は懸念した。他方、これとは別に、非居住外国企業の本店地国において恒久的施設地国課税の原則が妥当する場合に、生じうるであろうそうした法律効力にひとは腹立ちを覚えた。この恒久的施設地国課税の原則はアメリカ合衆国において第三国への資本投下を抑えるので、その各種所得は第三国であるいは納税義務を確定されたであろうが、しかしアメリカ合衆国においてはソース・ルールに基づいて同じようには納税義務を負わなかった。議会は、当時租税オアシスの問題について活発な論議をし、アメリカ合衆国がそのようなソース・ルールを通じてみずから租税オアシスになりうるであろうと、懸念した。「実質的に関連のある」概念によって、二つの問題が抜本的に解決されるはずであろう。一方で、今日に至るまで、事業者の活動とのみ結びついた投融資所得が賦課手続において課税された。他方で、法律上の定義によって、アメリカ合衆国外の源泉地から生ずる投資所得もまた、それが国内において事業を行う一定の場所（fixed pflace of business）と一定の態様で結び付いていた場合において、「実質的に関連のある所得」に含まれた（八六四条(c)(4)(b)）。

しかしながら、ソース・ルールの自立性に依拠していた伝来的な体系は、この進展によって二度損傷をうけた。非居住外国人の各種所得が国内で納税義務を負うのはいつかについて、従来、ソース・ルールが最終的に画していた。たしかに、Glenshaw Glass Co. 事件以降各種所得の国内への組入れがもはや自動的にその（各種所得の）納税義務をもたらすわけではなく、それ以外の前提要件が付加されなければならないであろう。しかし、各種所得の国内への組入れは、たとえ課税の十分条件でないとしても必要条件である。一九六六年に導入された規定は、国外源泉から生じる各種所得がアメリカ合衆国において課税されうるであろうというものであったが、この一九六六年規定によって、ソース・ルールの自立性はその正当化論拠の本質的部分を喪失してしまった。ただし、一九六六年の立法はソース・ルールの外側でなく、ソース・ルールの内側での改正としても解釈されるのである。すなわち内国歳入法典の文言に反して当該各種所得が国外源泉所得として課税されるのではなく、国内源泉所得として性質決定され、したがって課税される、というように解釈されるのである。八六四条(c)(4)(b)は、もしそのように理解するとすれば、補完的なソース・ルールを定めている。(29)

（3） 福山博隆「外国法人及び非居住者の課税その他国際的な側面に関する税制の改正」税通一七巻六号（一九六二）一〇二頁は、徴収方式の区分、各種所得の性質決定および源泉地の判定（国内源泉所得の範囲）を本条の目的とする。

（4） 制限納税義務者が負う納税義務の範囲（より正確に述べると、制限納税義務の範囲）は、所得税法一六四条（参照、法税一四一条）によって規律されており（異説、水野忠恒「国際租税法の基礎的考察」『憲法と行政法』七七九頁）、所得税法一六一条（参照、法税一三八条）は国内源泉所得の源泉地判定規準（国内源泉所得）を規律する（異説、中里実「外国法人・非居住者に対する所得課税」日税研論集三三巻一八三頁）。

（5） 39 Stat. (1916), 756, sec. 1(a) and 10. アメリカ合衆国のソース・ルールに関する沿革について、参照、水野忠恒・前掲注（4）『憲法と行政法』七六八頁。

（6） 42 Stat. (1921) 224.

（7） 一九二一年の立法は、法律規定を見通しよくさせそして市民に理解しやすくするよう非常に努力している。この点に関するSenatの財政委員会における詳細を議論は、Hearings before the Committee of Finance, United States Senate, 67th Congress, 1st session, on H. R. 8245 (Confidential Print for Use of Members of the Senate), Washington 1921, 2 ff.

（8） 45 Stat. (1928), 79.

（9） 「一般に指摘されているように、一九一八年法、一九二一年法、一九二四年法、一九二六年法、一九二八年法、一九三二年法および一九三四年法は非居住の外国人および外国法人に対して同じ基本理論と原則に基づいて税を課しているが、一九二八年法、一九三二年法および一九三四年法は構成と条文番号の変更の理由で納税者を何がしか混乱して扱っているのかもしれない。」Paul/Mertens, The Law of Federal Income Taxation, Vol. 4 1934, 333.

（10） Angell, The Nonresident Alien, A Problem in Federal Taxation of Income, 36 Col. Law Rev. 908 ff. (1936).

（11） House Report No. 2475, 74 th Congress, 2nd Session (1936), 9 f.; Senate Report No. 2156, 74 th Congress, 2nd Session (1936), 21 ff.

（12） 立法資料は脚注(11)をみよ。また、Angell, supra note 10.

（13） Eisner v. Macomber, 252 US 189, 207 (1920). 同判決は、修正一六条の規定における所得を、「資本からの利得、または労働からの利得、もしくは両者の結合したものからの利得であり、ただし資産の譲渡または交換による利得を含むものとする。」と定義する。

（14） 49 Stat. (1936), 1648.

（15） Martens, The Law of Federal Income Taxation, Vol. 8, 289 (1942).

（16） 49 Stat. (1950), 906.

（17） 53 Stat. (1939), 1.

(18) 68 A Stat. (1954), 3.

(19) Schanz によって基礎づけられた説は、アメリカ合衆国において、Robert M. Haig と Hery Simons によってさらに展開されている。とくに、Simons, Henry, Personal Taxation, 41 ff. (60f.) (1938). ヘイグおよびサイモンズの学説について、詳細は、金子宏前掲注(1)『所得概念の研究』一頁以下。

(20) 文献は、Bittker/Stone, Federal Income, Estate and Gift Taxation, 4 ed. 40 f. 75 (1976).

(21) Comm. v. Glenshaw Glass Co., 348 U. S. 426 (1955). 独占禁止法上の訴訟の結果受領された懲罰的損害賠償はその受領者の富を増加させるから、制定法上所得が広く定義されていることに鑑み、所得に含まれる。

(22) Bittker/Ebb, Taxation of Foreign Income, 27 (1960).

(23) Owens, The Foreign Tax Credit, 520 f. (1961).

(24) Norr, Jurisdiction to Tax and International Income, 17 Tax Law Review, 431 ff. (1962).

(25) Bittker/Ebb, Unitde States Taxation of Foreign Income and Foreign Persons, 2 ed. 1968, 30.

(26) とくに、McDaniel/Ault, Introduction to United States International Taxation, 36 (1977); Hellawell/Pugh, Transnational Transactions, 39 (1983); The American Law Institute, Federal Income Tax Project, Tentative Drafts No. 10, 13, 14 (reporter): David R. Tillinghast and Hugh J. Ault, 1983-1985, p. 13. 20.

(27) 80 Stat. (1966) 1544. 参照、水野忠恒・前掲注(4)『憲法と行政法』七七五頁以下。

(28) 以下について、House Report No. 1450, 89th Congress, 2nd Session (1966), 14 f. ; Senate Report No. 1707, 89th Congress, 2 nd Session (1966), 14, 21, 23; Roberts/Warren, The Foreign Investors Tax Act: What it Covers, Whom It Affects, How It Works, 26 Journal of Taxation, 44 ff. (1967) ; Mertens, The Law of Federal Income Taxation, Vol. 8, 1978 Revision, Chap. 45. p. 52; Tillinghast/Ault, supra note 26, 10 p. 28 f. and 13 p. 1 f.

(29) Vogel, Klaus, "Source" und "Jurisdiction" im Steuerrecht der Vereinieten Staaten und im deutschen Recht, in: Conston, Henry S. (Hrsg.), Current Topics in U. S. - German Tax and Commercial Law, Fest-

schrift für Otto L. Walter, Osnabrück 1988, 101 ff. (198). 同論文に本稿は多くよっている。

三　日本法への影響と解釈

各国が自国の租税法律に基づいて納税義務を根拠づけてもよいのは、そのための人的結節要素または空間的結節要素が存在する場合に限られる。(30) これは国際法の一般原則のひとつである。

所得に対する税の領域では、課税国との人的関係を無制限納税義務の結節要素として選択し、課税国との空間的関係を制限納税義務の結節要素として選択することが、国際上の慣行である。無制限納税義務の場合には、日本における(31)ように、原則として、住所または居所（居住地国主義）が、例外的に国籍（国籍地国主義）が基準とされる。居住地国主義および国籍地国主義は、納税主体（居住者すなわち非永住者以外の居住者または非永住者、および非居住者）という別の用語で言い表される。無制限納税義務は、課税物件の面で、原則として全世界所得主義に、例外的に源泉地国所得主義にそれぞれ対応している。このように無制限納税義務の分野では、国際的に、住所および居所（両者をあわせて「居住地」という。）ならびに国籍との結びつきが前景にある。ただし、重点の置きかたは各国ごとに異なっている。

これに対し、国内に住所または居所のいずれをも有しない個人（所得税法上「非居住者」という。）は制限納税義務を負うにとどまるが、この制限納税義務についてはつねに源泉地国主義（属地主義）が妥当している。

源泉地国主義（属地主義）の概念は多義的である。納税主体との関連で、住所および居所が属地のメルクマールとして決定的である場合には、国籍地国主義と区別するために主観的源泉地国主義の概念が用いられている。[32] 課税物件のレベルでは、源泉地国主義はそのパラレルをいわゆる客観的源泉地国主義に見い出せる。[33] この源泉地国主義によって、全世界所得主義と対照的に、国内源泉所得だけとの結び付きが表現される。

前叙の納税主体および課税物件と関連する結節要素は、各国それぞれに展開されている。特に源泉地国主義は世界中で広がっており、国内の源泉所得だけではなく、結果的には国外の源泉所得もまたその対象とされている。恒久的施設[34]が国内に存在している場合、その国において課税される方法は六つに分かれる。[35]

恒久的施設所得に対する課税の分野では、国際的な実務では、第一段階においては、源泉地国主義は、制限納税義務が国内の恒久的施設の存在を前提とするというように、解されていた（属地主義。参照、図1(1)。ところが、第二段階では、国外の企業が国内に恒久的施設を有する場合に、恒久的施設の所得の計算上、国内に源泉する全所得が統合して把握されることとなっている（参照、図1(2)。この全所得方式（Entire Income Method）は、国外の企業が国内に恒久的施設を有する限り、事業所得（支店等が関与しない本店直取引による所得を含む。）に限らず、利子・配当等の投資所得をも含めた国内源泉所得のすべてについて総合課税を行う（これを原始全所得方式という。）。恒久的施設が存在することによって、国内恒久的施設が関与しない本店直取引による各種所得は国内源泉所得に惹き付けられてしまい、課税に服することになる。これは吸引力（force of attraction）の法理とも呼ばれている。

第三段階では、恒久的施設所在地国に源泉するあらゆる所得および恒久的施設が国外でその事業と実質的に関連して取得する投融資所得をその所在地国がその恒久的施設のもとで課税する（拡張全所得方式。[36] 参照、図1(3)。すなわち、非居住者（外国法人）が国内恒久的施設を通じてその事業と実質的に関連のある業務を国外で行い、その国外業務から生じる投融資所得が国内源泉所得として擬制される。これは実質的関連性の法理によると説明される。その際、恒久的施設（PE）が国外で稼得する投資所得（国外源泉所得）のうち、その恒久的施設と実質的に関連する部分は、セービング条項（所税令二七九条五項ただし書、法税令一七六条五項ただし書）を留保して、国内源泉所得として取り扱われる。実質的関連性の法理が、日本所得税法および法人税法では、PE帰属所得方式ではなく、全所得方式に結び付いており、この点がアメリカ合衆国の場合と異なり、日本法の特色のひとつである。このようにして、結局のところ、日本は、戦後遅くとも一九六二年改正までに全所得方式に移行しており、現行の所得税法（一六四条一項一号）および法人税法（一四一条一号）もこれを採用しているとされている。拡張全所得方式のもとで、国内の恒久的施設は、国外（本国または第三国）で営む事業に基因して取得する投融資所得（国外源泉所得）を実質的関連性を理由に国内源泉所得に取り込む（但し、セービング条項。所税令二七九条五項ただし書、法税令一七六条五項ただし書）。

一号PE非居住者（または一号PE外国法人）に妥当する全所得方式ものとで、吸引力の法理による原始全所得方式が理解されるべきか、またはこれに加えて、実質的関連性の法理による拡張全所得方式が理解されるべきであろうか。所得税法施行令二七九条五項および法人税法施行令一七六条五項が海外投資所得についてセービング条項を規定し、二重非課税の防止措置を講じているが、この規定は実質的関連性の法理に基づく拡張全所得方式の妥当性を正統化するものであろう（参照、図1(3)）。これに対し、二号および三号非居住者に妥当するPE帰属所得方式のもとで、とくに「恒久的施設に係る事業に帰せられるもの以外のもの」（これを「事業外所得」という。所税一六四条二項一号）、すなわち、恒久的施設の営む事業以外の営業外（no operating business）から生ずる各種所得細目（四号ないし一二号所得）について、PE帰属所得方式が理解されるべきであろう（図1(4)）。国内に二号または三号恒久的施設を有する外国法人もまた、所得税法二一二条一項に基づいて、これらの事業外所得の支払を受ける時に源泉徴収に服する。ただし、国外にある非居住者または外国法人が、日本国内の恒久的施設（二号または三号ＰＥ）を通じないで直取引により所定の国内源泉所得を取得する場合、その支払時に源泉所得税が源泉分離課税方式により徴収される（所税一六四条二項二号、二一二条一項）。これに対し、第四段階では、ＰＥ帰属所得方式は、源泉地国主義（属地主義）を堅持し、その恒久的施設（PEA）に係る事業に帰せられる国内源泉所得に係る所得（直取引による所得および国外源泉所得の除外）についてのみ、総合課税を行うものをいう（これを原始ＰＥ帰属所得方式という。参照、図1(5)）。

第五段階では、恒久的施設の所得の計算上、もはや源泉地国主義（属地主義）ではなく、今日では所得の実質的——空間的ではなく——関連性が用いられ[37]、その結果、ＰＥ帰属所得方式は、国外の企業（A）が国内に恒久的施設（PEA）を有する場合にも、国内の全所得（直取引による所得を含む。）を総合して課税するのではなく、その恒久的施設（PEA）に係る事業に帰せられる所得の部分（恒久的施設が国外でその事業と実質的に関連して取得する投融資所得を含む。）についてのみ、総合課税を行うものをいう（これを拡張ＰＥ帰属所得方式という。参照、図1(6)）。恒久的施設の所在地国は、その恒久的施設に帰属しうるすべての所得をその恒久的施設のもとで課税する。したがって、事業から生ずる所得に対する課税は、その恒久的施設に帰せられるすべての所得を対象とし、その恒久的施設に帰属しないもの（本店直取引による所得など）については課税を行わない。しかし、恒久的施設（PEA）が国外にある第三者（C）との取引から投融資所得を取得する場合、この所得はあえて国内所得に該当するという。

現行の所得税法および法人税法は、多数説によれば、一号ＰＥについて全所得方式を、二号ＰＥおよび三号ＰＥについて、ＰＥ帰属所得方式を採用する[38]。セービング条項（所税令二七九条五項、法税令一七六条五項）は、一号ＰＥに限って適用され、二号ＰＥおよび三号ＰＥに適用されず、かつセービング条項は海外投融資所得についての二重非課税の防止を目的として実質的関連性の法理と密接な関係を有するから、その限りにおいて、

図1(1)　源泉地国主義

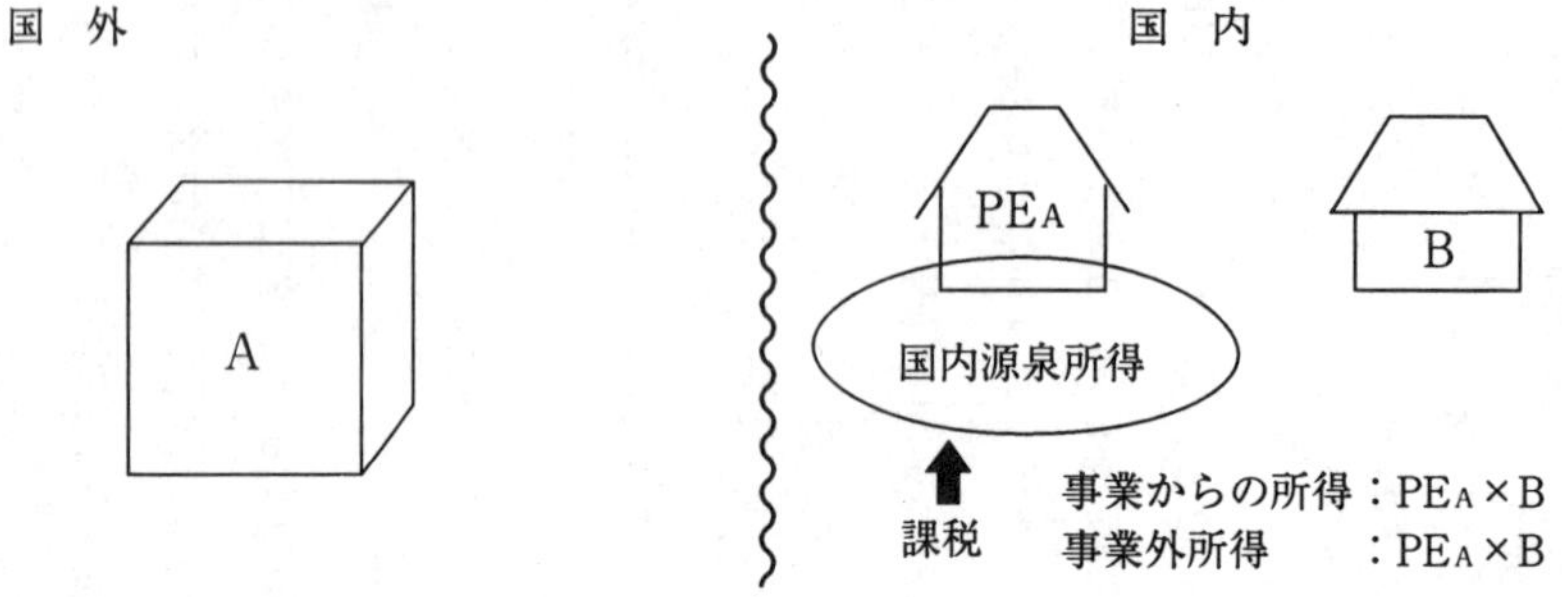

図1(2)　原始全所得方式

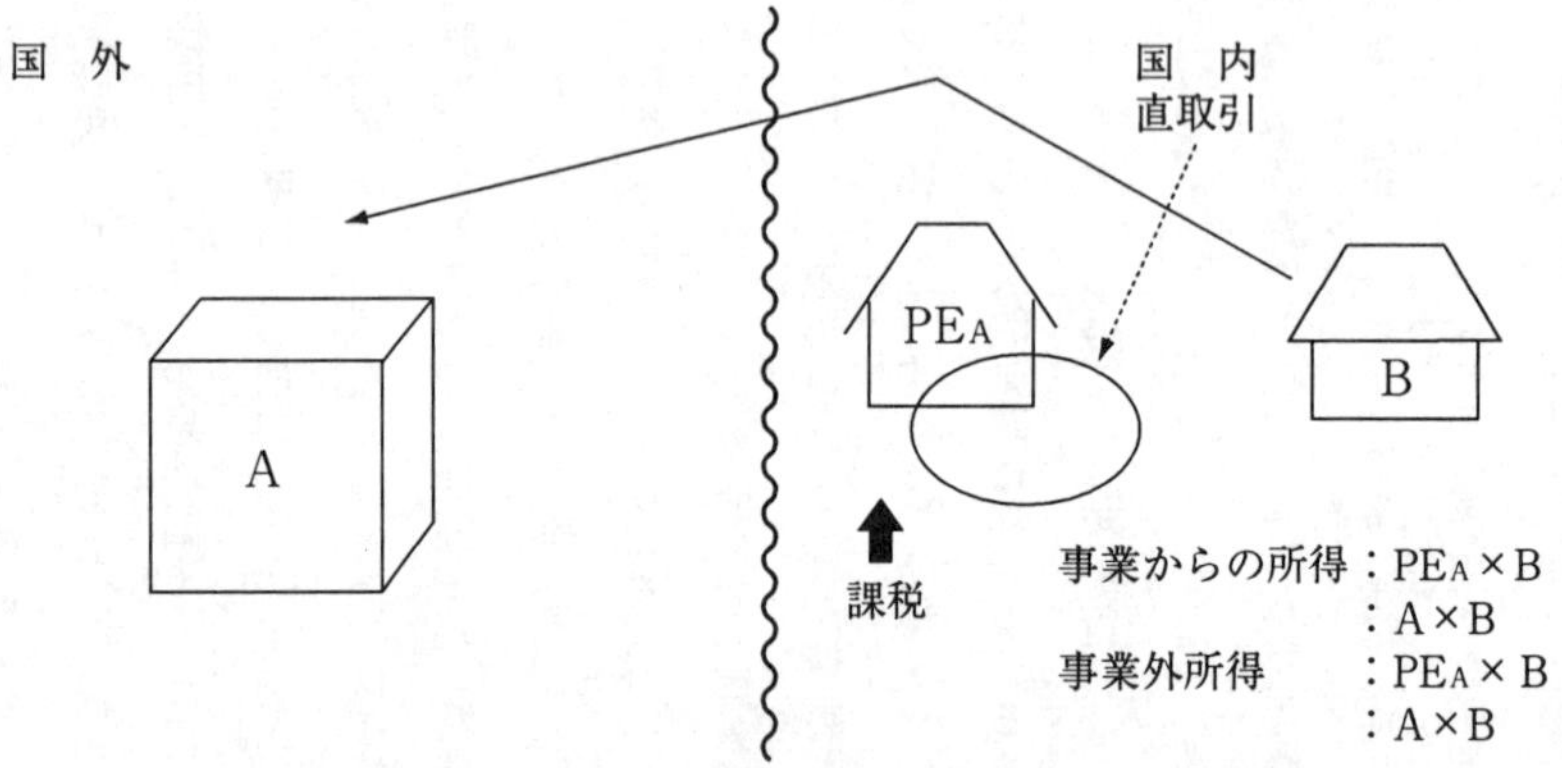

図1(3)　拡張全所得方式

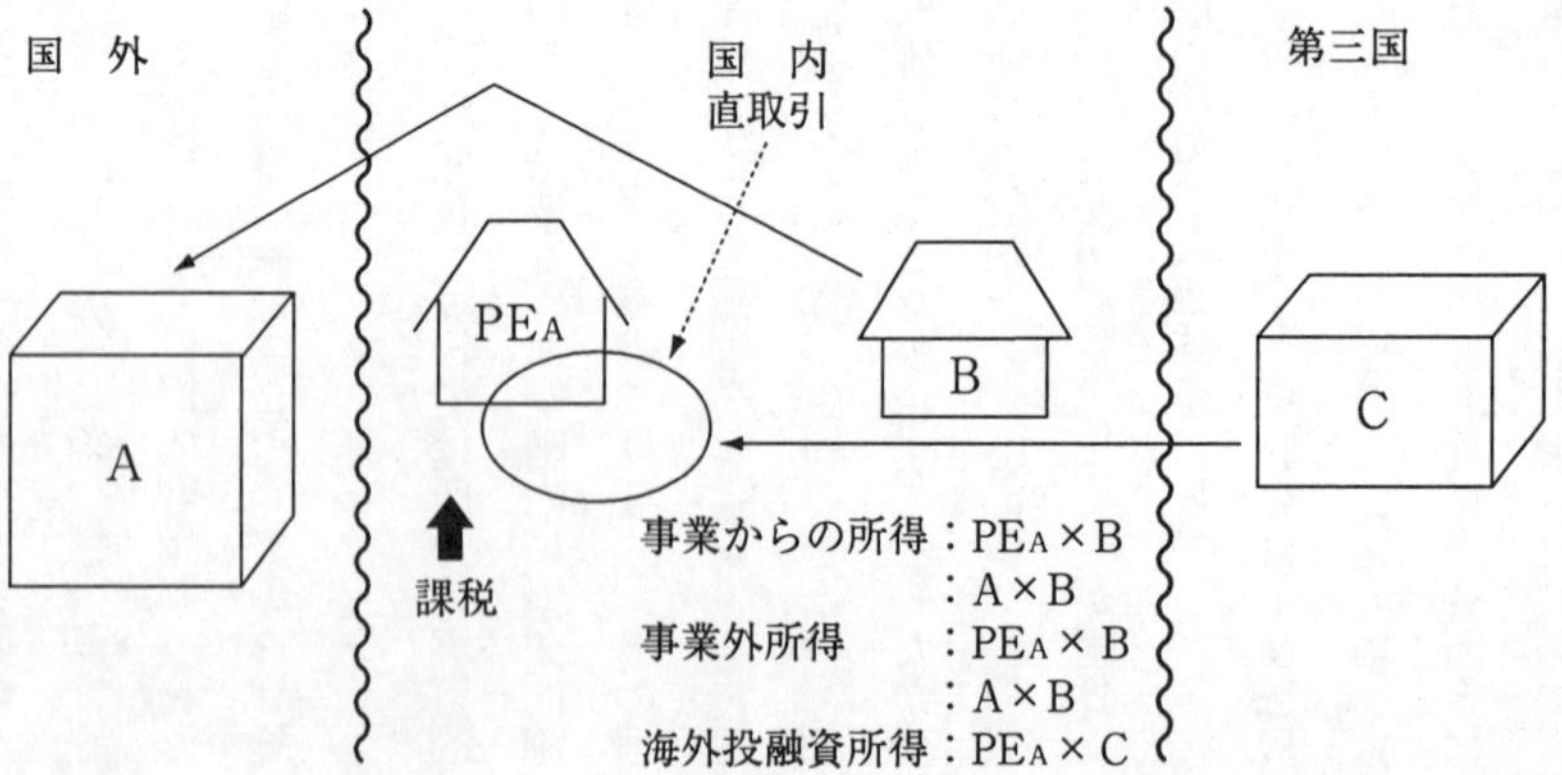

図１⑷　総合ＰＥ帰属所得方式

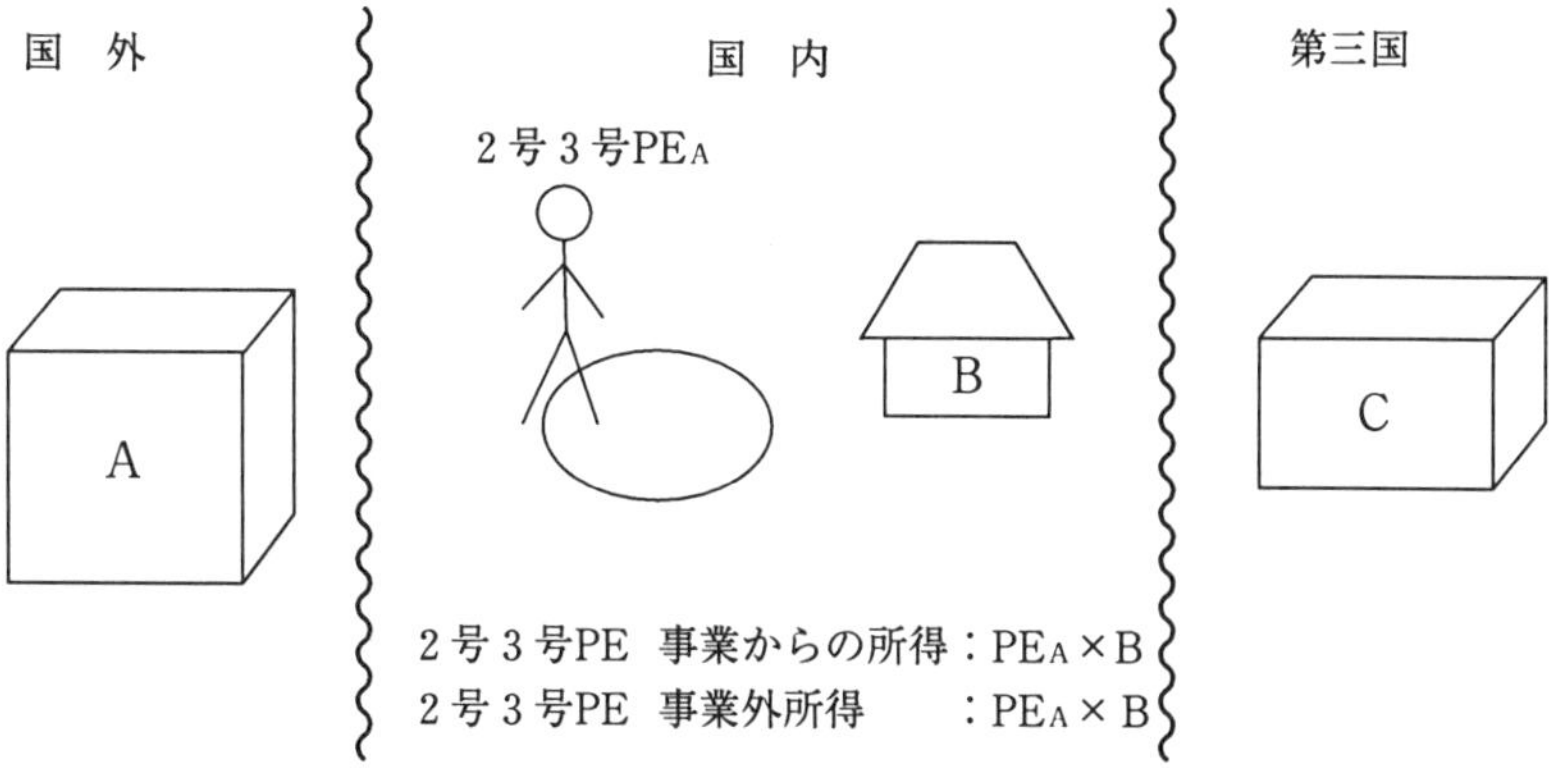

図１⑸　原始ＰＥ帰属所得方式

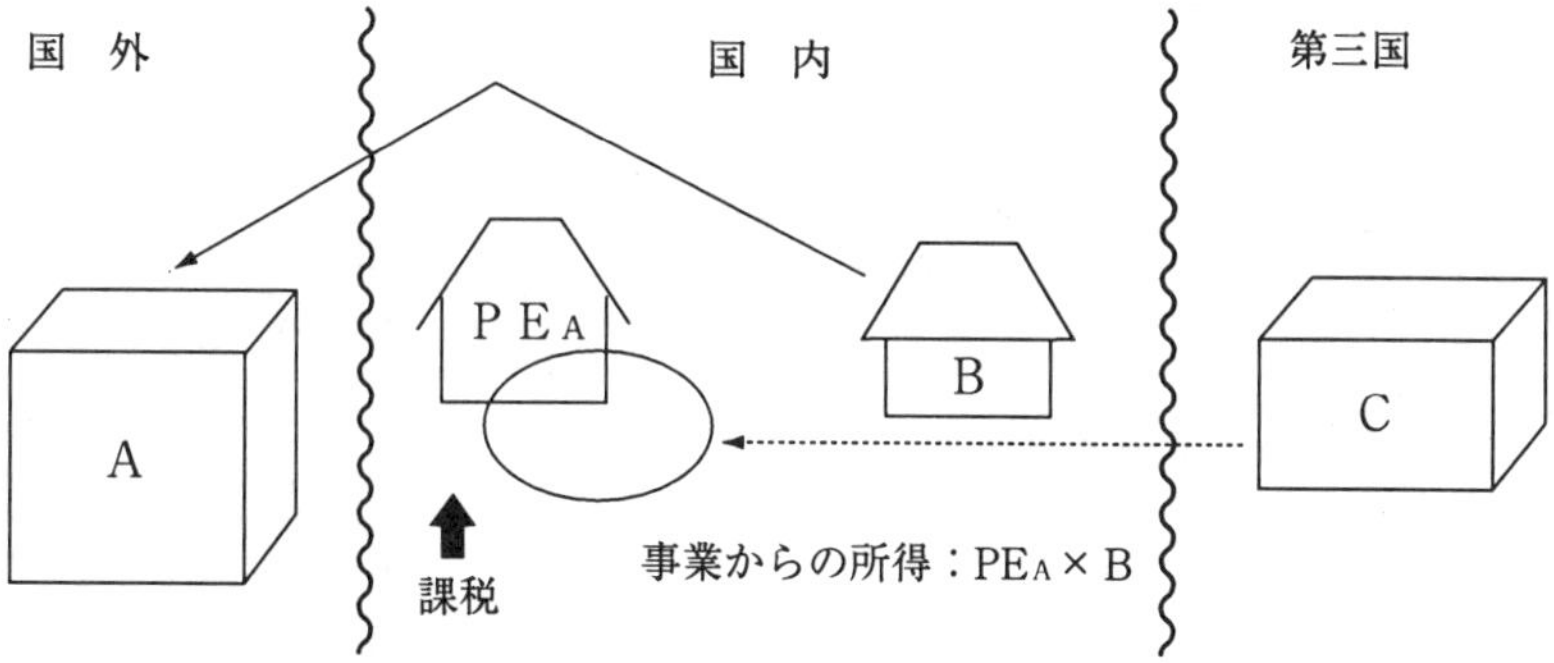

図１⑹　拡張ＰＥ帰属所得方式

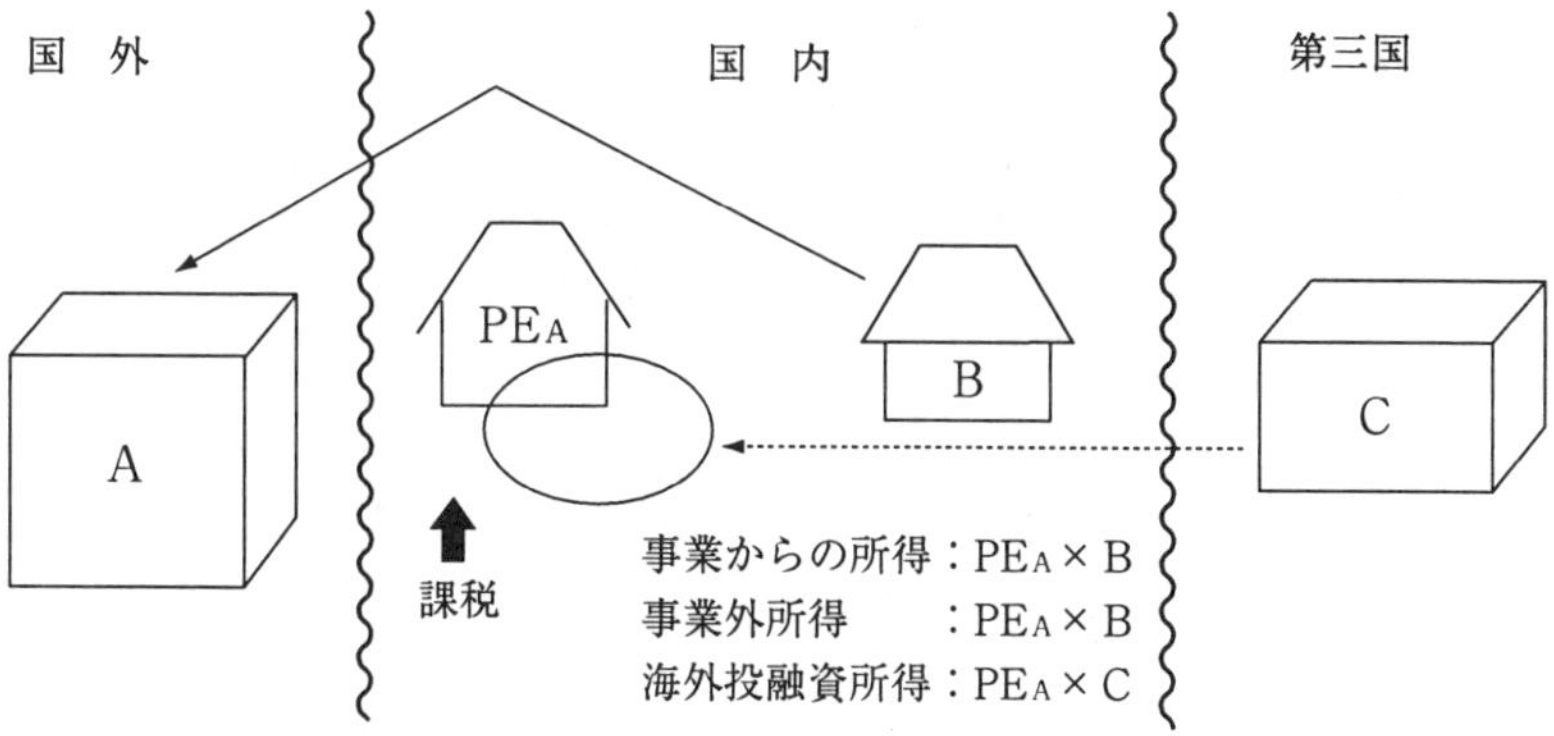

実質的関連性の法理は一号PEにのみ適用され二号PEおよび三号PEに妥当する余地はない。したがって、日本の所得税法・法人税法上PE帰属所得方式のもとでは原始PE帰属所得方式（所税一六四条一項二号三号、法税一四一条二号三号）および総合PE帰属所得方式（所税一六四条二項一号）が理解されるべきであろう。けだし、資産性所得には資産の所在地国主義が、勤労性所務には勤務地国主義が通常妥当するので、二重非課税の問題は通常惹起しないから、二重非課税の問題は通常海外投融資所得についてのみ生じうるであろうからである。

恒久的施設に帰属しない投融資所得については、事業所得に合算せずに、恒久的施設を有しない者（四号 non-PE）の取得する投融資所得と同様に課税（源泉徴収）する。なお、オフショア勘定（特別国際金融取引勘定）のもとで、預金および借入金を行う外国法人の属する国が日本と租税条約を締結していない場合、または日本との租税条約において恒久的施設についてPE帰属所得方式を採用している場合には、当該外国法人が受領する利子は、たとえその恒久的施設が国内にあっても、これに帰属しない限り、法人税に服さない（措置六七条の一三）。

イギリス、ドイツなどヨーロッパ諸国は国内税法および租税条約においてPE帰属所得主義を採用しており、OECDモデル条約もこの方式を用いている。(39) わが国が一九五四年に締結した日米租税条約は、アメリカの影響をうけて全所得方式を採用したが、一九六三年OECDモデル条約の公表以降は、日本はOECDモデル条約の定めるPE帰属所得主義に基づき各国と租税条約を締結し、既存の条約を改訂してきている。一九七三年以降実施されている改訂日米租税条約もPE帰属所得主義（ただし源泉地条項あり）を採っている。現在、日韓租税条約がこの点についてPE帰属所得方式へ移行すべく交渉されている。

国際的に承認されるに至っていない吸引力の法理は、国内源泉所得および結節要素の意義に照らし、日本の所得税法・法人税法上援用され難たい。このため、一号ＰＥ非居住者（または一号ＰＥ外国法人）の納税義務の範囲は、吸引力の法理を適用せずに、確定されるべきであろう（所税五条二項、七条一項三号、法税四条二項、九条）。特則として、一号ＰＥ非居住者（一号ＰＥ外国法人）が国外においてその恒久的施設と実質的に関連のある事業から投融資所得を稼得している場合には、その投資所得はその恒久的施設のもとにおいて国内源泉所得として課税に服する（所税令二七九条五項、法税令一七六条五項）。結局のところ、一号ＰＥ非居住者には拡張ＰＥ帰属所得方式が適用されるべきこととなる（図1(5)）。

(30) 宮武敏夫「非居住者、非永住者及び外国法人の課税問題」国際税務一五巻一〇号（一九九五）二一頁は、居住性、恒久的施設および国内源泉所得の三つの関連性を説く。
(31) 居住地に関する諸外国の立法例について、参照、宮武敏夫・前掲注(30)国際税務一五巻一〇号二二頁以下。
(32) これはＰＥ帰属所得主義（アトリビュータブル・インカム方式 Attributable Income Method）につらなる。
(33) これは全所得方式（Entire Income Method）につらなる。
(34) 木村弘之亮『国際税法』（成文堂、二〇〇〇）!2113. 212。
(35) 木村弘之亮・前掲注(34)『国際税法』!2113. 23；!22. 23；!2113. 212；!2113. 62。
(36) 木村弘之亮・前掲注(34)『国際税法』!2113。
(37) 参照、木村弘之亮・前掲注(34)『国際税法』!2113. 523。
(38) 同旨、宮武敏夫『国際租税法』（有斐閣、一九九三）五九頁。
(39) 小松芳明『国際課税のあり方』（有斐閣出版サービス、一九八七）四頁以下。

限定承認と税法上の若干の問題点に対する一考察

佐藤 義行

一　はじめに
二　限定承認の意義と手続
三　限定承認の効果
四　限定承認と所得税法
五　限定承認と相続税法
六　不確定要素をもつ債務と債務の評価
七　相続開始後相続税申告期限前に確定した保証債務の額を相続税の申告書に反映させることの可否
八　限定承認と地方税
九　おわりに

一　はじめに

相続は被相続人の死亡によって開始し、被相続人の遺産は、相続開始と同時に相続人に移転する（民八八二、八九六）。しかし、このことは相続人の意思を無視して親の借金を子が当然に支払うべきであると言うような家族制度的要請を意味するものではない。相続の開始によって被相続人の積極財産も消極財産（債務）も包括的に一応相続人に帰属するものとしながら、これを相続人がそのまま承認（単純承認）するか、条件をつけて承認（限定承認）するか、又は全部を放棄（相続放棄）するかの選択権を有するものとしている（民九一五）。無条件的引受を単純承認、条件的引受を限定承認、全面的拒絶を放棄と呼んでいる。

換言すれば、限定承認とは、相続人が相続を承認はするが、相続人の固有財産の提供（持出し）を回避し、被相続人から承継する相続財産の限度で被相続人の債権者または受遺者に対する責任を引き受けるという留保つき承認である（民九二二）。つまり、被相続人の相続財産を限度とする債務の承継である。債務と責任の分離といわれるゆえんである。これを視点を変えて言えば被相続人の債権者は、相続人に対し債権の全額を請求できるが、強制執行は被相続人の財産を限度とされるということである。

本稿では、右の如く被相続人の消極財産が積極財産を上廻り、被相続人の借金その他の債務を背負いこむおそれがある場合に、相続人が被相続人の相続財産の限度で債務および遺贈を弁済する責任を負うという限定承認の手続と、限定承認をした場合には相続開始の時点で時価で譲渡したものとみなして被相続人の資産の保有期間中のキャピタルゲインについて被相続人の譲渡所得として清算課税を行うものとされている（所法五九①一）ことがもたらす所得税法および相続税法上の若干の問題点および不確定要素を含む相続財産とりわけ債務控除について若干の検討を試みようとするものである。

この税法上の問題点の中核をなすものとしては、㋑相続開始後競落に至るまでの間に発生したキャピタルゲインについては相続人の所得として相続人に譲渡所得課税がなされるとする解釈論に立脚すると、被相続人の資産の競落代金の全額が被相続人の債務の弁済に充当され、相続開始後競落までの値上り益に対する譲渡所得税は相続人の固有財産から納税しなければならないという限定承認の立法趣旨を没却する結論が導かれるところにもあった。しかし、バブル崩壊後の不動産の値下り傾向が顕著であるから、その実務上の問題点は重要性を失い、㋺むしろ、相続税の計算上控除されるべき、債務の額はいか程かという債務の評価の問題と、ハ当該債務は「確実な債務」に該当するか否かにあるといえるように思われる。

二　限定承認の意義と手続

限定承認とは、被相続人の死亡によって開始した相続について相続財産の限度において債務および遺贈を弁済する責任を負う旨の条件（留保）を付して承認することをいい、民法九二二条にいう「相続によって得た財産」とは積極財産を意味し、消極財産を含む一般の用例と異なる。

限定承認は債務超過の場合になされるのが普通であるが、債務超過か否か不明の場合にも行われうる。債務超過の状態にあるか否か不明の場合は、相続を放棄するのも一方法ではある。しかし、相続放棄をした場合は相続財産で債務を弁済して残余財産が生じても当該残余財産は放棄した相続人に帰属せず、他の共同相続人又は次順位の相続人に帰属する。ところが限定承認をしたが最終的には結局債務超過でなかったならば、清算後の残余財産は相続人に帰するから相続人にとって限定承認は好都合な制度である。

限定承認は相続人の全員が行う必要があり（民九二三）、相続人らは、自己のために相続の開始があったことを知った時から三月以内に財産目録を調整して家庭裁判所に提出し限定承認をする旨の申述をしなければならない（民九二四）。この三月の期間（民九一五）を熟慮期間といい、熟慮期間は利害関係人（各共同相続人も含まれる）又は検察官の請求により家庭裁判所が審判をもって伸長することができる（民九一五）。この伸長期間は相続財産の多寡・複雑性・財産所在地の地理的範囲等による調査の困難性、相続財産の所在と相続人個々の住所の遠近その他一切の事情を考慮し、共同相続人中、最も熟慮に長期間を要する者に適合するように伸長期間を申請すべきである。もっとも、実務上は、一回の伸長請求について三カ月程度の伸長しか認めていないようであるが、理由があれば再度の伸長も認められる。伸長の申請は三月以内に行えばよいと解される。

限定承認は相続人が数人あるときは、既に述べた如く相続を放棄した相続人を除く共同相続人全員が共同してしなければならず、一部の者が単純承認をし、他の者が限定承認をすることは許されない（民九二三）、相続財産の清算の錯雑化を防止し、法律関係の簡易平明な処理を期したものである。

共同相続人の一部の者が相続を放棄した場合は、当該相続の放棄をした者は、始めから相続人とならなかったものとみなされる（民九三九）から、他の共同相続人が共同して限定承認をすることができる。問題となるのは、共同相続人の一部に単純承認をする意思を有する者があり、かつ単純承認の原因となる事実（例えば相続財産の一部の処分）をこの者が生じさせたときは、当該相続人との関係では限定承認の申述は受理できないこと明らかと考えられる。しかし、他の共同相続人の申述についてはどうであろうか。他の共同相続人も限定承認の申述をすることができないと解するのが有力説といえよう。ちなみに、富山家庭裁判所昭和五三年一〇月二三日審判（判例時報九一七号一〇七頁）は、「共同相続人の一人または数人が法定単純承認に該当する事由がある場合には、民法第九三七条は類推ないしは拡張解釈してよいものとは、考えられない。同条は、民法第九二一条第一号、第九二三条との関連においてこれをみるとき、共同相続人の全員の限定承認の申述が受理され、既にその効果が発生した後、相続人の一名ないし数名につき、右申述受理前すでに法定単純承認に該当する事由が存したことが判明した場合に限って狭く適用されるべきものであり、右申述の受理前の時点において、かかる事由のあることが判明した場合、なお、右申述を受理してよいと解する根拠となるものではなく、このような場合は家庭裁判所は右申述の申立を却下するのほかはない。」として限定承認の申述の申立を却下している。

共同相続人の一部に行方不明者がいるときは、相続財産管理人に選任された相続人（民九三六Ⅰ）が家庭裁判所に不在者財産管理人の選任を求め（民二五）、不在者財産管理人は、さらに家庭裁判所の許可を得て（民二八）他の共同相続人と共に限定承認の申述をすることになる。

限定承認の申述は、実務的には「家事審判（調停）申立書」の様式を利用し（全国の家庭裁判所に定型様式が用意してある）、被相続人、申述人（相続人）の各戸籍謄本一通と財産目録を添付して家庭裁判所に申し立てることになる。家庭裁判所に提出すべき財産目録には少額な債権であっても、また取立見込みの有無にかかわらず、相続財産に属する限りこれを記載すべきであるが、他面財産目録を提出させるのは、相続債権者の利益を守る趣旨であるから、換価可能性のない、換言すれば一般経済価額を有しない被相続人の着古した下着や古靴の類いは財産目録に記載すべき相続財産とはいえないのであるまいか。不動産については、地目、地番、種類ごとの個別に記載することはもとよりであるが、主要な動産以外の例えば通常の食器等の台所用品の如きは、その一式として合計額の概数を記載すれば足りよう。

限定承認の申述がなされると、家庭裁判所は申述が各相続人の真意に基づくものか、申述書の不備の有無を審理したうえ、申述を受理するか却下するかの審判をする。限定承認の申述を受理する旨の審判があっても限定承認が有効であることまで確定するものではなく、相続債権者は債権の弁済請求訴訟で限定承認の無効を主張する余地は残されている。家庭裁判所の限定承認の申述却下の審判に対しては即時抗告をすることができる。

三　限定承認の効果

限定承認によって相続人は被相続人の債務は承継するが責任は相続財産の範囲に限定され、被相続人の債権者は相続人の固有財産に対して強制執行をなし得ない。つまり、相続財産だけが相続債務の引当になり、相続人の固有財産はその引当とならないこと前述のとおりであって、相続債務を相続財産の額を限度として承継することを意味するものではない（大審院昭和七年六月二日判決大審院民事判例集一一巻一〇九九頁）。したがって、相続債権者は、限定承認者に対して被相続人の債務の全額を請求することができ、これに対し限定承認者が社会生活関係や営業継続の見地等から、或いは道義的見地から任意弁債をすれば、非債弁済とはならず、また、不当利益返還請求権も成立しない。

これに対して、被相続人の保証人は責任を減縮（限定）されず、また相続人が被相続人に対して有する権利義務も混同によって消滅することはない（民九二五）。

限定承認によって、相続財産はいわば凍結状態に入り、相続人の固有財産とは明確に区分され、相続人は、その固有財産におけると同一の注意をもって相続財産の管理を継続しなければならず（民九二六①）家庭裁判所は相続人が数人あるときは、相続人の中から相続財産の管理人を選任する（民九三六①）。相続財産管理人は、相続財産の管理および債務の弁済に必要な一切の行為をする（民九三六②）。相続債権者や受遺者への弁済につき相続財産を売却する必要があるときは競売の方法によってしなければならない（民九三二）が、家庭裁判所の選任した鑑定人の評価に従い相続財産の全部又は一部の価額を弁済することによって、その部分の財産の競売を止めることができる（民九三二但書）。

裁判所が鑑定人に評価せしめるのは、いうまでもなく、民法第九三〇条二項の場合と同様、公正な判断によって適正な評価を求めようとするものである。また、民法第九三二条但書で「競売を止める」とは、単に競売手続を中止ないし停止できるというだけの意味ではなく、競売による換価手続をしないで鑑定人の評価した価額を限定承認者が固有財産で支払うことによって当該財産を取得する権利を認めた趣旨であると解してよいであろう。（東京地判明治四〇年六月一四日・法律新聞四三六号二二頁）。

つまり、やや言い方の正確性に欠けるきらいはあるが、限定承認者に一種の先買権を認めることに帰し、事業承継に必要な財産や限定承認者にとって主観的価値の高い物の取得等に活用できるといえる。

ここで付言すれば、民法九三二条により限定承認者が競売を申立て、或いは家庭裁判所の選任した鑑定人の評価に従って相続財産の全部又は一部の価額を（限定承認者の固有財産をもって）弁済して取得できるのは配当弁済を予定されている一般債権者および受遺者への弁済を予定しての規定で、抵当権その他の担保権を有する債権者が担保権の実行として任意競売手続を進めることを阻止することはできないことである（大審院昭和一五年八月一〇日判決・民事判決録一四五六頁）。

限定承認による清算手続は相続財産により按分的に配当弁済をするのであるが、抵当権者のように優先弁済を受ける権利をもっている債権者に対しては、その優先権に基づき全額弁済をし（民九二九）、ついで一般の相続債権者に対して配当をなし、受遺者に対する弁済はその後となる。この順序を誤って、そのために他の相続債権者に損害を加えたときは、限定承認者に賠償の責任が負わされる（民九三四Ⅰ）ので注意を要する。

四　限定承認と所得税法

1　限定承認と譲渡所得課税

所得税法五九条一項一号により、限定承認がなされた相続財産のうち譲渡所得の基因となる資産については、相続開始の時における時価で譲渡したものとみなして、被相続人の当該資産の死亡時までの保有期間中のキャピタルゲイン（値上り益）について被相続人の所得として譲渡所得課税を行うものとしている。つまり、限定承認がなされた場合には、被相続人が資産を保有していた間に発生した値上り益を被相続人が死亡したとき、時価で譲渡したものとみなして譲渡所得の清算課税を行うものとしているのである。その結果、限定承認をした相続人は被相続人の譲渡所得として、相続の開始があったことを知った日の翌日から起算して四月を経過する日の前日までに所得税の準確定申告を行うことになる（所法一二五）。もっとも、この所得税法五九条一項一号による限定承認に係る、みなし譲渡所得の準確定申告義務は、当然のことながら、限定承認の結果であるから、上述の限定承認の申述をなすか否かについて熟慮期間の伸長の審判があって限定承認の申述・受理が延長した場合は、伸長に係る限定承認の受理の審判がなされた日の翌日から起算して四月以内に準確定申告をなすことになろう。限定承認前には、みなし譲渡所得も発生する余地がないからである。

この準確定申告によって被相続人の債務として確定した譲渡所得税は、限定承認の効果として、被相続人の相続財産の範囲内で、相続財産から納付することのできる金額を限度として納付すれば足りることになる。このように被相続人が保有していた期間中の値上り益については、みなし譲渡課税によって譲渡所得税を限定承認による清算の中で被相続人の債務として他の相続債権者に対する債務と合算し、その債務の額が相続財産額（みなし相続財産を除く本来の相続財産額）を超過する部分については限定承認の効果として切り捨てることになる。

2　相続開始後競売までの値上り益と譲渡所得課税の可否

ところで、相続人が限定承認により相続した譲渡所得の基因となる資産を譲渡した場合の譲渡所得の金額の計算においては、その相続人が相続の時点で、その時の時価で取得したものとみなされる（所法六〇②）。そして、相続開始の時から限定承認による清算のための競売に至るまでの間に発生した値上り益は相続人に帰属するキャピタルゲインとして相続人に譲渡所得の課税がなされることになるといわれる（関根稔「限定承認・私法上の効果と税法上の効果」税理二九巻五号四八頁、小林栢弘「限定承認をした場合に相続税の計算上控除される債務の金額はいくらとなるか」税務事例一九七六年八月号四六頁）。

しかし、競売による換価代金が限定承認による清算手続の中で被相続人の債務の弁済資金として、その全額が充当された場合には、相続人の手許には一円の金も残らず、担税力に欠ける結果となる。このような場合にも相続人に譲渡所得課税が行われ、相続人が、その固有財産から所得税の納付義務を負うとする結論を導き出すならば、限定承認の趣旨、目的が所得税法によって没却されることになる。

思うに、相続人は、限定承認による被相続人の債務の清算において、被相続人の所有していた相続財産の換価代金の全額を相続債権者に弁済した場合には、換価代金の全額が、（相続人の固有財産と分別されて）被相続人の債務の清算用財産として債務の弁済に充当されたのであるから、相続人の相続財産の換価代金は相続人において回収することができなかったこととなり、所得税法六四条一項により譲渡所得はなかったものとみなすべきである。限定承認により被相続人の財産は相続人の固有財産と厳格に分別され被相続人の有していた資産はすべて被相続人の債務の引き当て（責任財産）となり、その換価代金は相続開始後競売に至るまでの値上り益分も含めて清算源資となるのであるから、相続人の相続財産としての実質を有しない。可処分所得のない者に法の明文規定なくてし所得課税はあり得ないと考える。

また、相続税法三条は、相続人の取得する受取生命保険金等を相続により取得したものと同様の経済的実質を有する点に着目して「みなし相続財産」としたこととの権衡上の視点からみても、右の点は肯定されてよいように思われる。

3　被相続人の債務の額を超える相続財産の換価額と譲渡所得課税

限定承認の意思表示をした場合には、熟慮期間内であってもこれを取り消し（撤回）することができない（民九一九）から、競売による換価の時点で資産が稀にではあるが予想外の値上りとなり、被相続人の債務の全額を弁済しても、なお余剰が生ずる結果となる場合も、限定承認を取り消し（撤回）することができない。

そうすると、被相続人のみなす譲渡による譲渡所得課税と共に相続人の相続開始から換価に至るまでの値上り益については、相続人に対し譲渡所得課税がなされる。この場合の譲渡所得の計算における当該資産の相続人の取得価額は既に述べたように相続の時における時価、即ち、被相続人のみなし譲渡所得によるみなし譲渡価額と同額となるが、相続人の当該資産の譲渡は短期譲渡所得とならざるを得ないように思われる。被相続人の取得価額を引き継がず、相続の時における時価で取得したものとして譲渡所得の計算をする現行所得税法（所法六〇II）のもとで、取得時期だけを被相続人の取得時期を引き継ぐという解釈は困難だからである。

そうだとすると、相続人に課される譲渡所得課税は、単純承認の場合に比して著しく過酷なものとなる。この結果をできるだけ回避しようとするには、上述の限定承認の申述期間の伸長の審判を受けて首都移転候補地や決定内の土地、新交通機関の許可や新駅の設置等地価上昇要因の動向やその確実性その他相続財産の換価可能価額の予測と、相続債務の正確な調査検討をなす以外にはないと言えそうである。限定承認の民法ベースでの利益のみに眼を奪われてはならない。

五　限定承認と相続税法

1　相続税の課税価格に係る規定

税額算出の直接の基礎となる金額・価格等を課税標準というのが一般であるが、相続税は相続財産価額を課税標準とするところから課税価格という用語を用いていること今更いうまでもない。

相続税の課税価格は、各相続人が相続によって取得した財産の価額の合計額である（相法一一の二）が、課税価格の計算は相続財産（積極財産）から①被相続人の債務で相続開始の際現に存するもの（公租公課を含む）と②葬式費用を控除した金額によるものとされている（相法一三条）が、右の控除すべき債務は、確実と認められるものに限る（相法一四条）と規定されている。

そこで、右に相続開始の際現に存するものとはいかなる事実、事象下での存在を指すのか、また「確実と認められる債務」とは、いかなる状況、条件のもとでの債務かも定かではないと考えるのは筆者の不勉強のせいに尽きるのかも知れないが、筆者は、これらの相続税法の規定は、不確定概念に近い法文構成となっているようにさえ思える。

2　限定承認とみなし相続財産

限定承認によるみなし譲渡所得税額は、相続税の計算上、被相続人の債務として相続財産の価額から控除する（相法一三I、一四）。

相続税の課税価額の計算において、限定承認をした場合の債務控除の額は、相続財産の相続税評価額（実務上は、財産評価基本通達に依拠して評価した価額が大勢となっている。以下単に「相続税評価額」という）を限度とすることになり、被相続人の債務の全額が債務として控除されることにはならないと解される。限定承認の効果として被相続人の債務は被相続人の財産を限度として弁済すれば足りることになるので、既に述べたように相続人が被相続人の債務の全額を承継するが、その責任は相続人の固有財産に及ぶことを強制されることはない。したがって相続財産の全額を被相続人の債務の弁済に充当し、相続税の計算において債務控除の対象となる債務の額が相続税評価額による相続財産の価額を限度とされたからといって、さしたる不利益が相続人（相続税の納税義務者）に帰せられることのないのが一般であろう。

問題となるのは、相続人に被相続人が保険料を支払い、相続人を保険金受取人とした、換言すれば民法上相続財産でないこと明らかな受取生命保険金等のみなし相続財産（相法三）があった場合に、被相続人の債権者は限定承認をした相続人に対して当該受取生命保険金からの支払を強力かつ執拗に要求する事例は多い。その結果、限定承認をした相続人が止むなく当該受取生命保険金等から相続財産の価額を超えて被相続人の債務を弁済した場合に、債務控除の対象となし得るか否かである。くり返すようであるが限定承認の効果として、相続人は被相続人の債務は承継するが責任は相続財産を限度とし、相続人の固有財産をもって債務を弁済することを強制されることはない。しかし、限定承認によって被相続人の債務が相続財産の価額まで減縮されたり消滅するという法的効果を生ずるのでもない。したがって相続人が、当該受取生命保険金を原資として被相続人の債務を弁済したからといって被相続人の債務に非ざるものを弁済したものではなく、相続人は被相続人の債務を弁済したのである。また限定承認によって被相続人の確実な債務がそのことだけで後発的に不確実な債務に変容するいわれもないことというまでもない。よって論理必然的に右弁済は相続税法一三条、一四条にいう債務控除の対象となる債務の弁済であるということになる。しかし、相続人には、その固有財産をもって弁済を強制されることはなく、弁済を拒絶する権利があるのであるから、相続財産（みなし相続財産を含む）から控除できる債務の額は相続人が現実に弁済した債務の額に限定されるものと解すべきである。

以上の次第で相続人が相続財産の価額を超えて被相続人の債務を現実に弁済した場合には、債務控除の対象になる債務の額となる。また言うまでもなく、相続人がその固有財産（みなし相続財産を含む）から被相続人の債務を弁済する等、相続財産の価額を超えて弁済をした理由や主観的意図のいかんによって、この結論が左右されるものでもない。

3　限定承認に伴う債務控除の範囲に係る課税実務

限定承認をした相続人が、民法上の相続財産（本来の相続財産）の外に相続税法第三条に規定する生命保険の保険金・退職手当金等のみなし相続財産を取得し、当該みなし相続財産（以下、相続人の受取生命保険を例に考察を試みる）から本来の相続財産の範囲を超えて債務を弁済した場合に、当該弁済額は、相続税の課税価格の計算上債務控除の対象となるか否かが、課税実務において問題となり、現に租税行政庁（税務署長）が、当該弁済額の債務控除を認めず、更正処分をし、適法な審査請求の審理の過程において職権により、減額更正処分および加算税の変更決定処分を行い、事実上原処分が取消された事例があるといわれる（伊藤清「相続の限定承認があった場合の債務控除」税理三四巻一六号二〇八頁）。

租税行政庁の右の如き減額更正処分が①限定承認の趣旨・目的、②相続人による被相続人の権利・義務の承継と責任の分離、③確実な債務に該当しないとの法律解釈もしくは事実認定の誤り等々のいずれに基因しての誤りであったのか定かではないので、論評は不可能である。

しかし、既述のとおり、限定承認の申述が受理されたからといって被相続人の債務が、本来の相続財産の範囲に減縮されるものではなく、債務は存在するのであるから、その全部又は一部が、みなし相続財産を源資として弁済された場合、当該現実の弁済額が債務控除の対象とならない事例は稀であろう。ただ今日まで争訟で争われた事例や研究者等の論稿で示される事例は、保証債務等不確定要素を含む債務につき相続開始の時の現況において「確実な債務」に該当するか否かという相続税法第一三条一項一号、同法第一四条をめぐる問題であるように思われる。そこで以下にこれらをめぐる問題を含めて若干の検討を試みたいと思う。

4　相続税法と債務控除をめぐる判例

相続税法第一四条一項は、「前条の規定によりその金額を控除すべき債務は、確実と認められるものに限る。」とし、同法第二二条は、「当該財産から控除すべき債務の金額は、その時の現況による。」と規定している。

右にいう「確実と認められる債務」にあたるか否かの裁判例として、山口地裁昭和五六年八月二七日判決（シュトイエル第二四〇号三六頁―昭和五五年行ウ第四号―）を挙げることができる。同判決は、「相続税の課税価格の算定上債務控除の対象となる債務は、被相続人の債務で相続開始の際に現に存しその者の負担に属する金額であることを要する（相続税法一三条一項一号）とともに、確実と認めれる債務でなければならない（同法一四条一項）。そして右の確実と認められる債務とは、債務が存在するとともに、債権者による裁判上、裁判外の請求、仮差押、差押、債務承認の請求等、債権者の債務の履行を求める意思が客観的に認識しえられる債務、又は、債権者においてその履行義務が法律的に強制される場合に限らず、社会生活関係上、営業継続上若しくは債権債務成立に至る経緯等に照らして事実的、道義的に履行が義務づけられているか、あるいは、履行せざるを得ない蓋然性の表象のある債務をいうもの、即ち債務の存在のみならず履行の確実と認められる債務を意味すると解するのが相当である。」と判示し、確実な債務に該当するか否かの解釈に、債務の存在（債務の成立）と債務履行の確実性を必要とするとしていることを、ひとまずこの段階で確認しておく。

次いで、東京地裁昭和五九年四月二六日判決（シュトイエル二八一号九頁―昭和五六年行ウ第四四号―）は、「被相続人……の負担する本件保証債務が相続税法一三条一項一号、一四条一項の規定により取得財産価額から控除すべき債務に該当するか否かによって決まるが、保証債務（連帯保証債務を含む。）は、保証人において将来現実にその債務を履行するか否か不確実であるばかりでなく、仮に将来その債務を履行した場合でも、その履行による損失は、法律上は主たる債務者に対する求償権の行使によって補てんされるものであるから、原則として相続税法一四条一項に定める「確実と認められる」債務には該当しない。しかしながら、相続開始時の現況により（相続税法二二条）、主たる債務者が弁済不能の状態にある場合には、一般的に保証人においてその債務を履行しなければならないことが確実であり、かつ、その履行すべき債務について主たる債務者に対して求償権を行使しても返還を受ける見込みがない場合には、保証債務の履行による損失が補てんされないこととなる。したがって、主たる債務者が弁済不能の状態にあるため保証人がその債務を履行しなければならない場合で、かつ、主たる債務者に求償しても返還を受ける見込みがない場合には、保証債務についても、右にいう「確実と認められる」債務に該当するものとして、相続税の課税価格の計算上、債務控除の対象とすることができると解される。そうすると、右（二）の点［筆者注、本件保証債務（の一部）が原告らの債務控除額に加算されるべきか否か」についてもまず、主たる債務者である甲会社が、本件相続開始時において弁済不能であるか否かが問題となる。

そして、これらの場合において、債務者（主たる債務者）が弁済不能の状態にあるか否かは、一般に債務者が破産、和議、会社更生あるいは強制執行等の手続開始を受け、又は事業閉鎖、行方不明、刑の執行等により債務超過の状態が相当期間継続しながら、他からの融資を受ける見込みもなく、再起の目途が立たないなどの事情により事実上債権の回収ができない状況にあることが客観的に認められる否かで決せられるべきである。」と判示したうえ、甲が本件相続開始の時において弁済不能であるか否かについて事実認定の判断を示している。

右地裁判決も履行の確実性を要件とすると共に、そのスタンスは、残念なことに国税庁が相続税法基本通達（相続税基本通達ではない）一四―五で下級租税行政庁に示達した「ただし、主たる債務者が弁済不能の状態にあるため、保証債務者がその債務を履行しなければならない場合で、かつ、主たる債務者に求償して返還を受ける見込みがない場合には、主たる債務者が弁済不能の部分の金額は、当該保証債務者の債務として控除すること。」との文言を「確実な債務」の解釈論のレベルにおいて法学的検討を省略して右通達に追従したかに思われると言っては言い過ぎであろうか。

山田二郎教授が正しく指摘しておられるとおり「保証債務は不確定要素をもっている債務であるが、債務としては法律上において成立をしているものであるので、これを不確実なものとして債務控除の対象から除外するというのは合理的な解釈ではなく、通達や判例の見解は、債務の存否の問題と後述の債務の評価の問題とを混同してしまっているのではないかと考える。」（山田二郎「相続税の計算と被相続人の保証債務」ジュリスト八三六号一一一頁以下）ことに賛意を表すものである。

また、相続税法基本通達一四―一は「なお、債務の金額が確定していなくても当該債務の存在が認められるものについては、相続開始当時の現況によって確実と認められる範囲の金額だけを控除するものとする。」（昭五七直資二―一七七改正）として「通達が「確定」と「確実」という用語を使い分け、債務が確定していなくとも「確実」

であれば相続税法上の債務控除の対象になり得るとしている」（首藤重幸助教授―執筆当時―「不確定要素を含む相続財産の評価」税務事例研究四号六六頁）のであるから「控除すべき確実な債務」の解釈にあたって、前記東京地裁判決の如き行政通達追従型判決においては、右通達の「確実」と「確定」の区分を法解釈のレベルにおいても事実認定の場においても、「確実」という概念の明確化が必要となり、その前提として「確定」という概念の構成要素を検討しておく必要もあった（首藤前掲六六・六七頁参照）と思われる。

また、相続税法基本通達一四―六は「相続の開始の時において、すでに消滅時効の完成した債務は、法第一四条第一項に規定する確実と認められる債務に該当しないものとして取扱うものとする。」というが、債権の消滅時効の効果は時効援用時に生ずるとする最高裁昭和六一年三月一七日判決（民集四〇巻二号四二〇頁）に照しても、時効の援用がなされない限り「確実と認められる債務」であり、同通達は判例法違反の通達として下級庁すらもこれに拘束されないものというべきである。

5　主観的立証責任を念頭においた「確実な債務」に係る基本的考え

右の如く、相続税法第一四条一項は債務控除の対象となる債務は、「確実な債務であることを要する」ものとしているが、何故に同条同項がことさら改まって、「債務の確実性」を要件としたのであろうか。よもや右の反対解釈として、積極財産については、不確実な財産（例えば、所有権の帰属が争われている土地、建物、被相続人生存中から相手方による二〇年の取得時効が援用されて訴訟中の土地、預金の名義人は単なる名義人で、真実の預金払戻請求権を有する者は、被相続人ではないと主張されて訴訟中の預金債権等）であっても課税客体を構成し、相続税の申告期限後に積極財産の一部不存在が確定した時に更正の請求（国税通則法二三条）をして是正することとし、控除対象となる債務については、特に確実な債務でなければならないと規定して積極財産と全く取扱いを異にする課税体系を定めたものと解することはできない。

けだし、相続税の課税体系がかくの如きものであるとするならば、相続税の申告における課税価格については一種の「見込み申告」を義務づけるということとなり、申告納税制度をとる相続税法の下では、納税義務の第一次確定権は納税義務者にあるという租税法体系に背反することとなり、ひいては課税の適正という租税法における最高法原則を破ることになるからである。

そこで相続税法第一四条一項で「確実であることを要する」旨規定したのは当然の条理、課税原理を注意的に規定したに過ぎないものと解される。さすれば、納税者側（相続人）に確実な債務であることの立証責任があるのでもなければ、立証責任を転換した創設規定でもない。債務が法律上成立していても、なお、確実な債務であるか否かを別異に判断するという法理論的に不可思議な解釈をとる前記判例、通達の下では、かく解することに一層の合理性が認められるのである。

積極財産マイナス消極財産の課税価格算定の公平性、具体的妥当性からみても右の如く考えるべきものと思われる。

更にまた、納税者と租税行政庁という対立当事者間の訴訟における武器平等の原則の視点から検討すると租税行政庁の当該職員が罰則つきの質問検査権（相続税法七〇条二ないし五号）を有し、被相続人に帰属する相続財産の帰属・債務に係る債権者・主債務者・連帯債務者・連帯保証人等に対し質問し帳簿書類の提示を求め、保険会社・信託会社に対しては支払った保険金等の調書作成・提出義務を課している反面、相続人には、主債務者に対し商法第二八二条二項の規定する貸借対照表・損益計算書等の計算書類の閲覧権すらないのであるから、主債務者の財産状態や収益力を立証することが著しく困難であること、資産の所在地等の広域化も見られること。更には核家族化という社会現象が被相続人と相続人の同一生計共同体（家族）の崩壊現象を生む現代社会の中で相続人が被相続人の財産、負債の調査をする権限を有せずして過少申告加算税という行政罰を背景に適正な申告納税義務を要求されていることとの権衡上の視点からも消極的課税要件である「不確実な債務である」ことの立証責任は課税行政庁にあると解するのが妥当である。

6　若干の判例から推認される「確実な債務」もしくは「不確実な債務」であることの立証責任

残念ながら課税価格の立証責任の分配（負担）についての裁判例を見出すことはできなかった。

課税価格の計算上控除される「確実な債務」の存否は、所得税の課税標準の計算上所得控除の対象となる所得税法第七二条ないし第八六条の各種控除対象となる事実の存否の如く、課税処分の権利障害事実として位置づけられないことは確かである。

ちなみに、所得控除については、課税処分の権利障害事実として原告（納税者）において立証責任を負うとした高松地裁昭和四一年一一月七日判決（税務訴訟資料四五号四七五頁）があるが、これと同一に論ずることはできない。

また、所得税法所定の必要経費の存在およびその額の立証責任の負担については、必要経費の主張・立証は所得税額を減額する事由で納税者に有利な事実であることを根拠に納税者に立証責任ありとした名古屋地裁昭和三八年二月一九日判決（訟務月報九巻四号五一一頁）が見られるが、他方では、所得金額の存在については被告課税庁が立証責任を負うのであるから、所得金額算出の要件事実である必要経費の存在とその額についても同庁が立証責任を負うとする熊本地裁昭和四三年四月二二日判決（税務訴訟資料五二号六九〇頁）もあり、加えて最高裁判所（第三小法廷）昭和三八年三月三日判決（訟務月報九巻五号六六八頁）は「所得の存在及びその金額について課税庁が立証責任を負うことはいうまでもない」と判示している。

この判例を敷衍すると相続税の課税価格の存在とその金額の立証責任は租税行政庁にあることになるから、相続税の課税価格の計算上控除される債務の額の存在も同庁にあるということになる。

そうすると、確実な債務と認められないとして債務控除を認めなかった処分庁を被告とする更正処分取消訴訟においては、確実な債務でないことの立証責任は被告処分庁が負うものと解される。

立証責任の分配について多くの学説、判例が対立している現時点で、あえて本問にふれたのは、この小論の誤りの御指摘と御批判をいただき勉強と反省の機会を得たいと考えたことと、この問題については、立法論と解釈論の双方に通ずる方法論的研究の確立が必要であるからにほかない。

六　不確定要素をもつ債務と債務の評価

1　もとより不確定要素をもつ積極財産も存在する。しかし、相続税の課税価格の認識と確定を巡って困難な問題を提起するのは、不確定要素をもつ債務の存在と当該債務の評価である。

既に見てきたところではあるが相続税法基本通達一四―一は、「なお、債務の金額が確定していなくても当該債務の存在が確実と認められるものについては、相続開始当時の現況によって確実と認められる範囲の金額だけを控除するものとする」としている。ここでは①債務の存在が確実と認められても②相続開始当時の現況によって確実と認められない金額は控除しない、と言うことになる。「相続開始当時」とは何時を指すのか、必ずしも明らかでないが「相続開始当時」と、「相続開始の時」とは異なるものではなく、通常は「被相続人死亡の時」を指すことになろう。しかし、右の相続開始当時の現況によって「確実と認められる範囲の金額」を神ならぬ人間が、「確実」に認識可能な能力を有してはいない。「相続開始の時（取得の時）」において「確実と認められる範囲の金額だけを控除し」その余の金額を控除しないとする法的根拠はなく、右通達は法的根拠を欠く不合理、不適法な通達である。

このことは、例えば、被相続人甲が交通事故の加害者で、死亡した被害者の相続人乙と示談交渉をし、甲が乙に対し五千万円の損害賠償金の支払を提示したが、乙はこれに満足せず、乙より甲に対し八千万円の損害賠償請求訴訟が提起され第一審裁判所に右訴訟係属中に甲が死亡した場合、裁判所の判決（一審から二審或いは上告審による終局判決）によって甲の相続人が支払いを命ぜられる金員の額は、被告たる相続人（甲の訴訟承継人）も、原告たる乙も、いわんや一租税行政庁も知り得るところではない。かかる場合租税行政庁は、いかなる事実（故意、過失の存否、程度、逸失利益の額、慰藉料等）をどのように適法かつ合理的に認識し得ることを前提として「相続開始当時の現況によって確実と認められる範囲の金額」を算定できるというのであろうか。この通達は認識可能性を否定しつつも、〝少なめ・固め〟、或いは〝高め〟の評価（合理的見積り金額）のいずれを指すのか、ややラフな表現をもってすれば、幅広い範囲の評価を「確実と認められる範囲の金額」とすることを示達した通達なのかも知れない。もしそうだとすれば、下級行政庁に大幅な裁量を認めた通達として憲法第八四条に違反する無効な通達となる。

納税義務者にとっては、通達に拘束されないからといってかかる通達と事実上無縁であり得ないことも事実である。

このことは、判決確定後国税通則法第二三条二項一号による更正の請求による是正措置があることによって、全ての納税義務者の税額が適正な額に是正されるものでもない。けだし、訴訟によらない話合いによる解決によった場合は、救済の途は残されていないことになるからである。この場合は、国に対する不当利益返還請求訴訟等による救済方法を考えることにならざるを得ない。言うは易くして困難な課題である。

2 保証債務について相続税法基本通達一四―五の要旨を述べれば、主たる債務者が弁済不能の状態にあるため、保証債務者がその債務を履行しなければならない場合で、かつ、主たる債務者に求償権を行使しても主たる債務者が弁済不能の部分の金額について保証債務者の債務として控除を認めることとしている。

3 右に見てきた相続税法基本通達から考察すると物上保証による債権担保の目的となっている資産の評価については、何らふれるところがない。このことは、例えば不動産に抵当権、根抵当を設定した物上保証人が被相続人の場合、相続財産たる抵当権つきの不動産、とりわけ土地について、主たる債務者に対する求償権行使によって弁済を受けられない蓋然性の高い当該土地の評価につきどのように取扱うべしと考えているのであろうか。この点につき同通達がふれるところがないということは相続税法第二二条所定の「当該財産の取得の時における時価」による評価を回避しているのであろうか。それとも担保権の設定されている土地については、そもそも売主と買主間の将来の見通し等が大きく異なり、「時価」すなわち、「不特定多数の独立当時者間で自由な取引をした場合に通常成立するであろう価額」は存在しないがゆえに下級庁に対し何らの示達もしなかったのであろうか。保証債務・連帯債務について前記通達一四―五で詳細な記述をしていることとの対比において理解し難いものと言えよう。

さらにまた、或いは、相続の時（取得の時）において評価不能もしくは評価困難な抵当権の設定されている土地等については相続後の主債務者の弁済能力の喪失もしくは、担保権の実行に至った時点において評価をしようとする趣旨とも解せられないではない。相続税の評価について「相続財産を相続開始時の事情のみにより評価することが相続税における絶対的な要求でないことを示している」（関根稔・高梨克彦執筆「担保権の設定された相続財産の評価」税務事例一九八四年一一月号四〇頁）こと右両者執筆の事例に照しても明らかとも言えるとすれば、相続開始後の諸事情を考慮して評価・見積りしようとする趣旨とも考えられる。なお物上保証については、東京地裁昭和五七年五月一三日判決（訟務月報二八巻一二号二三四七頁—昭和五三年行ウ第一二九号—）があるが、本問に関して検討する価値に乏しい。

七　相続開始後相続税申告期限前に確定した保証債務の額を相続税の申告書に反映させることの可否

保証債務は不確定要素をもつ債務であるが、債務として法律上成立しているのであるから、確実な債務であることは、既に述べた。つまり保証債務は、主たる債務者が倒産等に至るまで保証債務者（その相続人を含む）が債権者に弁済すべき額が未確定であるに過ぎず、当該未確定の額は評価（見積り）の問題に属する。しかるところ、被相続人死亡の時から相続税の申告期限までの間に主債務者が倒産等によって、弁済不能となり保証債務の額が確定した場合、被相続人死亡の時は未確定であっても潜在的もしくは内部関係においては、相続開始の時に当該債務は確定していたものと解するのが相当である。

一般に保証人といえども主債務者との間においては部外者であり、それ故に主債務者の資産・負債・収益の状況等を知り得る立場にはなく、また既述のとおり調査閲覧の権利もない。従って、主債務者の倒産等の現実化によって保証人が弁済すべき保証債務の額と求償不能の額が顕在化し、認識可能な額が確定したものとして理解しうる。よって、当該保証債務の額は、相続開始の時に存在し確定し得たものとして、相続税の確定申告書に当該保証債務の額を反映させることができると解される。

八　限定承認と地方税

住民税の賦課期日は当該年度の一月一日であり（地法三九、三一八）、当該賦課期日に道府県、市町村に住所を有する個人（地法二四、二九四）に前年の総所得金額を課税標準として（地法三二、三一三）住民税を課するものとされている。したがって、限定承認によって、みなし譲渡所得が発生した被相続人は翌年一月一日には死亡によって、いずれの道府県、市町村にも住所を有していないから、準確定申告に係る、みなし譲渡所得について住民税が賦課されることはない。

もっとも被相続人の事業税については、死亡に伴う事業の廃止の日から四月以内に相続人が当該事業税の申告をしなければならない（地法七二の五五）ものとされている。

九　おわりに

以上みてきたように、限定承認は、民法上の視点のみから、その利害得失を論すべきではなく、被相続人に対する、みなし譲渡所得課税と相続人に対する短期譲渡所得課税による税負担の重圧がもたらされることのあること、ならびに本稿において、その詳細を述べ、或いは比較検討する余力はないが、結論的に述べるならば、相続債務が相続財産に比して相当低額である場合には、相続人の短期譲渡所得課税や相続人に対する譲渡所得課税が全く発生しないケースにおいてすら、みなし譲渡所得に対する譲渡所得税額相当分が不利益に働くことになることに留意しなければならない。

ストック・オプションの課税処理とその問題点

品川 芳宣

一　はじめに

平成九年の議員立法による商法改正とそれを受けての平成一〇年度の税制改正によって、我国においてもストック・オプション税制が本格的に導入された。

この税制は、基本的には、取締役又は使用人がストック・オプションの権利行使によって取得した株式に係る所定の経済的利益について給与所得課税を行わず、当該株式を譲渡した時に、譲渡所得課税を行おうとするものである。

しかしながら、この制度に関しては、役員又は使用人に対して経済的利益を供与した場合の種々の課税問題が存する（主として、所得税及び法人税に関するものであるが、相続税に関する問題が存する。）。

そこで、本稿においては、現行のストック・オプション税制を前提とし、それに関わる各税目の課税処理の方法を整理するとともにその問題点を提起し、そのあり方を論じることとする。

なお、ストック・オプションは、役員報酬等の支給において利益の稼得に対して一層インセンティブなものである。他方、我国の役員報酬制度も、アメリカ型のインセンティブな役割報酬制度への移行の必要性が指摘されるところであるが、現行の法人税法の規定等がネックとなっている。そこで、それらの問題点についても、指摘することとした（本稿で引用している法律は、平成一一年三月本稿脱稿時のものである。）。

二　ストック・オプションを取得した取締役等の課税

1　所得課税の通則

(一)　収入すべき金額の範囲

ストック・オプションを取得する取締役、使用人等に対しては、それを取得したとき、それを行使したとき、又は取得した株式等を譲渡したとき、それぞれ何らかの経済的利益を取得したことになろうから、それぞれの段階において、本来、所得課税の問題が生じる。

所得税法上、居住者に対して課する所得税の課税標準は、総所得金額、退職所得金額及び山林所得金額とされ(所法二二Ⅰ)、所得は一〇種類に区分され、各種所得の金額は、基本的には、その年中の収入金額又は総収入金額から必要経費を控除したものである(所法二三〜三五)。

そして、その年分の各種所得の金額の計算上収入金額とすべき金額又は総収入金額に算入すべき金額は、別段の定めがあるものを除き、その年において収入すべき金額(金銭以外の物又は権利その他経済的な利益をもって収入する場合には、その金銭以外の物又は権利その他経済的な利益の価額)とされる(所法三六Ⅰ)。この場合、金銭以外の物又は権利その他経済的な利益の価額は、当該物若しくは権利を取得し、又は当該利益を享受する時における価額(いわゆる時価)とされる(所法三六Ⅱ)。

また、「収入金額とすべき金額」又は「総収入金額に算入すべき金額」は、その収入の基因となった行為が適法であるかどうかを問わないとされ（所基通三六―一）、いわゆる違法所得であっても、経済的にみて利用処分が自由な経済的価値の増加がすべて含まれるものと解されている。(1)

かくして、ストック・オプションに関しては、前述の「金銭以外の物又は権利その他経済的な利益」（以下「経済的利益」という。）の範囲が問題となる。この経済的利益の範囲についても、前述の収入すべき金額の意義に照らし、あらゆる利益が含まれることになるが、一般的には、資産を無償又は低額で譲り受けること、土地、建物等を無償又は低額で貸与を受けること、金銭を無利息又は低利率で貸付けを受けること、債務の免除を受けること等が挙げられている（所基通三六―一五）。

したがって、ストック・オプションにおける権利の付与、権利の行使等においても、このような経済的利益の有無が所得課税上問題となる。

(二) 収入金額の計上時期

所得税における所得金額は、歴年ごとに算定されることになっているので、収入金額（所得）の年度帰属が重要な問題となる。

所得税は、「各種所得の金額の計算上収入金額とすべき金額……は、別段の定めがあるものを除き、その年において収入すべき金額とする。」（所法三六Ⅰ）と定めている。この「収入すべき金額」については、一般に、現金収入がなくても、収入すべき権利の確定した金額ないし実現した収益であると解されており、広義の発生主義のうちいわゆる権利確定主義により収入が計上されるものと解されてる。(2)

もっとも、権利確定主義により収入金額を計上すべきであるとしても、権利の確定それ自体が多義的であり、違法所得のようにそもそも「権利の確定」になじまないものもある。したがって、個々の取引における「収入すべき金額」については、権利確定主義に拘泥することなく、企業会計上の実現主義や経済的利得が利得者の管理支配下に入った場合には所得が実現したとする管理支配基準などを総合して解釈(判断)すべきこととなろう。(3)

なお、課税の取扱いでは、所得の種類ごとに収入金額の収入すべき時期を定めている(所基通三六―二~三六―一四)。

(三) 経済的利益の価額

収入すべき金額に経済的利益が含まれるとしても、その価額が問題となる。経済的利益の価額は、「当該物若しくは権利を取得し、又は当該利益を享受する時における価額」(所法三六II)とされ、その評価額が問題となる。「……時における価額」とは、一般には、自由市場において市場の事情に十分通じ、かつ、特別の動機を持たない多数の売手・買手間に通常成立すると認められる客観的交換価格(市場価格)を指すものと解されているが、(4)具体的には、当該経済的利益の内容に依存する。

ストック・オプションの取得に関連しても、新株引受権ないし株式の価額の評価が問題となるが、それらの取得の態様等に応じて後述する。

2　適格ストック・オプションの課税

(一)　適格ストック・オプションの概要

ストック・オプションを取得した取締役、使用人等に対しては、原則として、前記の1の所得課税の通則に照らして、権利の付与、権利の行使及び取得した株式の譲渡の各段階で所得課税の要否が問題となる。しかし、租税特別措置法（以下「措置法」という。）二九条の二の規定により、特定の取締役等が受けるストック・オプションの行使による株式の取得に係る経済的利益については、課税の特別（優過措置）が設けられている。本稿では、この課税の特例を受けるストック・オプションを適格ストック・オプションと称する。

すなわち、商法二一〇条の二第二項又は同法二八〇条の一九第二項の決議により同法二一〇条の二第二項三号に規定する権利（以下「株式譲渡請求権」という。）又は同法二八〇条の一九第二項に規定する新株の引受権（以下「新株引受権」という。）を与えられる者とされた当該決議（以下「付与決議」という。）のあった株式会社の取締役又は使用人である個人（特定の大口株主等を除く。）又はその相続人が、当該付与決議に基づき当該株式会社と当該取締役等との間に締結された契約により与えられた当該株式譲渡請求権又は新株引受権を当該契約に従って行使することにより当該特定株式譲渡請求権等に係る株式の取得をした場合には、当該株式の取得に係る経済的利益については、所得税を課さないこととされている（措法二九の二Ⅰ）。

ただし、当該取締役等が、当該特定株式譲渡請求権等のその年の権利行使価額の合計額が千万円を超えることとなる場合には、その超える部分に係る経済的利益については、この特例は適用されない（同前）。

また、この特例を受けるためには、当該契約において、次に掲げる要件が定められているものに限られる（同前）。

① 株式譲渡請求権又は新株引受権の行使は、当該株式譲渡請求権又は新株引受権に係る付与決議の日から二年以内はできないこと。

② 株式譲渡請求権又は新株引受権の行使に係る権利行使価額の年間の合計額が、千万円を超えないこと。

③ 株式譲渡請求権又は新株引受権の行使に係る一株当たりの権利行使価額は、当該株式譲渡請求権又は新株引受権に係る契約を締結した株式会社に株式の当該契約の締結の時における一株当たりの価額に相当する金額以上であること。

④ 株式譲渡請求権又は新株引受権の行使に係る株式の譲渡又は新株の発行が、当該株式の譲渡又は新株の発行のために付与決議がされた商法二一〇条の二第二項三号又は同法二八〇条の一九第二項に定める事項（取締役又は使用人の氏名を除く。）に反しないで行われるものであること。

⑤ 株式譲渡請求権又は新株引受権の行使により取得する株式につき、当該行使に係る株式会社と所定の証券業者等との間であらかじめ締結される株式譲渡請求権又は新株引受権の行使により譲渡又は発行をされる当該株式会社の株式の保管の委託又は管理及び処分に係る信託に関する取決めに従い、所定の手続により、当該取得後直ちに、当該株式会社を通じて、当該証券業者等の営業所等に保管の委託又は管理信託がされること。

㈡ **権利の付与時**

ストック・オプションの付与については、それを受ける取締役等にとっては何らかの経済的価値のある権利を与えられたことになるのであるが、原則として、所得税の課税関係は生じないこととされている。これは、措置法二九条の二の規定が、ストック・オプションの権利行使によって株式の取得に係る経済的利益については課税しないことを定めていることからも窺える。

すなわち、現行の所得税法の解釈においては、ストック・オプションに係るいわゆる公正価値については課税しないこととされている。これは、当該公正価値の評価が困難であることや実現した所得としては疑義があることに依拠するものと考えられる。(5)

(三) 権利の行使時

ストック・オプションの行使により株式を取得した場合には、通常、当該株式の時価の方が取得価額（又は払込価額）よりも高額であろうから、一般的には、当該時価と取得価額との差額について経済的利益として、所得税が課される（所令八四参照）。しかしながら、適格ストック・オプションの場合には、前述のように、措置法二九条の二の規定により、当該経済的利益は、非課税とされる。

ただし、税法上の適格ストック・オプションとするため、商法上の手続により自己株式の取得等を行い、当該株式を取締役等に譲渡した場合にも、結果的に、税法上の特例が受けられなくなる場合（例えば、年間千万円を超えて株式を譲渡した場合等）がある。その場合には、当該権利の行使により取得した株式のその行使の日における価額（時価）から、当該株式の譲渡価額（取締役等からみれば取得価額）を控除した金額が経済的利益として課税される（所令八四―一）。新株引受権の行使の場合には、当該新株の価額（時価）から、当該新株の発行価額（払込金額）を控除した金額が経済的利益となる（所令八四―二）。いずれの場合にも、当該株式の価額（時価）が問題となる。

㈣　株式の譲渡時

ストック・オプションに係る権利行使による株式取得に係る経済的利益の非課税は、いわば課税の繰り延べである。そのため、当該株式を譲渡した場合には、原則として、他の株式の譲渡の場合と同様に、所得税の課税を受ける。

この場合、一般的には、有価証券の譲渡による所得につき、税率二〇パーセントによる申告分離課税（措法三七の一〇）と上場株式等の譲渡について譲渡価額の一・〇五パーセントで課する源泉分離課税（措法三七の一一）の二つの課税の特例が設けられているが、適格ストック・オプションに係る株式を譲渡した場合には、源泉分離課税は適用されないこととされている（措法二九の二v）。これは、二重の課税の特例は、認め難いことに依拠する。(6)

なお、ストック・オプション税制の解釈上の疑義については、国税庁の担当者等から解説されている。(7)

3　非適格ストック・オプションの課税

㈠　課税の概要

ストック・オプションについては、前述の適格ストック・オプションのほか、措置法二九条の二の規定に基づいたものとして株式を取得した場合にも、結果的に課税特例の適用が受けられないときもあるし、措置法二九条の二の規定とは関係なくストック・オプションのスキームが組まれ、オプションの付与、株式の取得等が行われることもある。本稿では、このような適格ストック・オプションとならないストック・オプションを一括して非適格ストック・オプションと称する。この非適格ストック・オプションに係る経済的利益の享受や株式の譲渡に係る所得については、前記1の所得課税の通則に従うことになる。

(二) 権利の付与時

ストック・オプションの付与に係る経済的利益については、所得課税が行われないこととその理由については、前記1の(二)で並べたところと同じである。また、所得税基本通達二三―三五共―六(2)が、「新株等を取得する権利を与えられた者が当該新株等の申込みをしなかったこと若しくはその申込みを取消したこと又は払込みをしなかったことにより失権した場合には、課税しない。」と定めていることからも裏付けられる。[8]

もっとも、非適格ストック・オプションについては、種々の形態があるものと推測され、権利行使価額が当該株式の付与時の時価を下回るというような明らかに有利の発行価額による新株を取得する権利を与えられる場合もありえようが、その場合には、それに係る経済的利益について課税される（所基通二三―三五共―六(1)）。しかし、その所得の収入金額の収入すべき時期は、当該新株等についての申込みをした日（その日が明らかでないときは、当該新株等についての申込期限による。）による（所基通二三―三五共六(3)）、とされている。これは、付与された段階では課税しないこととしているものである。

(三) 権利の行使時

取締役等が非適格ストック・オプションの権利行使により株式を取得した場合には、「当該株式の時価―払込価額（取得価額）」が経済的利益として認識され、原則として、給与所得として課税される。

すなわち、所得税法施行令八四条によれば、発行法人から次に掲げる権利を与えられた場合（株主等として与えられた場合を除く。）における当該権利に係る経済的利益の価額は、当該権利の行使により取得した株式（これに準ずるものを含む。）のその行使の日における価額から次に掲げる権利に応じて定める金額を控除した金額による。

①　商法二一〇条の二第二項の決議に基づき与えられた同項三号に規定する権利　当該権利の行使に係る株式の譲渡価額

②　商法二八〇条の一九第二項の決議に基づき与えられた同項に規定する新株引受権　当該新株引受権の行使に係る新株の発行価額

③　有利な発行価額により新株（これに準ずるものを含む。）を取得する権利（前記①及び②に掲げるものを除く。）　当該権利の行使に係る新株の発行価額

前記における「有利な発行価額」とは、その新株等の発行価額を決定する日の現況における株式等の価額に比して社会通念上相当と認められる価額を下回る発行価額をいうものとされ（所基通二三―三五共―七）、社会通念上相当と認められる価額を下回る発行価額であるかどうかは、当該株式等の価額と当該新株等の発行価額との差額が当該株式等の価額の概ね一〇パーセント相当額以上であるかどうかにより判定する（同通達（注1））、とされる。

また、新株等を取得する各権利に係る経済的利益の収入すべき時期は、当該新株等の申込みをした日（その日が明らかでないときは、その申込期限）とされている（所基通二三―三五共―六(3)）。この申込みをした日は、ストック・オプションに係る権利行使の日になろう。

なお、ストック・オプションの権利行使に係る経済的利益の所得の種類は、通常、給与所得として取り扱われることになろうが、退職手当等に代えてストック・オプションが付与され権利行使された場合には、退職所得として取り扱われるものと解され、その他の場合には、一時所得として取り扱われることになろう（所基通二三―三五共六(1)参照)。この場合、関連会社からストック・オプションを付与された場合には、その所得区分が一時所得に該当

するか給与所得に該当するかは問題のあるところである（所基通二三―三五共(1)ロ参照）。

(四) 株式の譲渡時

非適格ストック・オプションの場合には、権利行使の時にその行使に係る経済的利益が課税されるから、その行使により取得した株式を譲渡したときには、他の株式と同様、税率二〇パーセントによる申告分離課税（措法三七の一〇）又は税率一・〇五パーセント（対譲渡価額）による源泉分離課税（措法三七の一一）の選択が認められる。なお、申告分離課税の適用を受ける場合の当該株式の取得費は、既に権利行使時に一旦課税されているので、権利の行使の日における価額（時価）とされる（所令一〇九Ｉ二、一一八II）。したがって、当該株式を譲渡した場合には、権利行使役の値上がり益のみが譲渡所得として課税される。

三 ストック・オプションを付与した法人の課税

1 法人課税の通則

(一) 収益（所得）の認識

ストック・オプションを付与する法人においては、取締役又は使用人に対して株式譲渡請求権又は新株引受権を付与するに当たって収益の認識の有無がまず問題となる。

法人税法上、各事業年度の所得の金額の計算上当該事業年度の益金の額に算入すべき金額は、別段の定めがあるものを除き、資産の販売、有償又は無償による資産の譲渡又は役務の提供、無償による資産の譲受けその他の取引で資本等取引以外のものに係る当該事業年度の収益の額である（法法二二II）。

このように、法人税の所得計算においては、無償取引からも収益が生じることとして所得を包括的にとらえていること[9]、別段の定めや資本等取引の意義等が問題となるが、ストック・オプションの付与に関しても同様である。

(二) 役員報酬等の損金規制

法人税の収益（所得）が包括的にとらえられていることに対応し、損金の額についても、別段の定めがない限り、純資産の減少となるべき一切なものが含まれるものと解されている[10]。

法人税法では、法人の各事業年度の所得の金額の計算上当該事業年度の損金の額に算入すべき金額は、別段の定めがあるものを除き、売上原価等の原価の額、販売費、一般管理費等の費用（償却費以外は債務の確定していないものを除く。）の額及び損失の額で資本等取引以外の取引に係るもの（法法二二III）、とされている。ストック・オプションに関しては、「別段の定め」と「資本等取引」の内容が問題となる。

すなわち、「別段の定め」としては、ストック・オプションが付与される取締役又は使用人に対する給与の損金規制として、次のものがある。

① 過大な役員報酬等の損金不算入　法人がその役員に対して支給する報酬の額のうち、不相当に高額な部分及び事実を隠ぺいし又は仮装して支給するものは、損金の額に算入されない（法法三四I、II）。

② 役員賞与等の損金不算入　法人がその役員に対して支給する賞与の額は、使用人兼務役員に対する所定の金額を除き、損金の額に算入されない（法法三四I、II）。役員に対する給与についての報酬と賞与の区分について

は、定期の給与（報酬）が臨時的な給与（賞与）かによる（法法三四Ⅳ、法基通九―二―一三、九―二―一六）。なお、使用人に対する賞与であっても、利益処分による経理をしたときには損金の額に算入されない（法法三四Ⅲ）。

③　過大な役員退職給与等の損金不算入　法人がその退職した役員に対して支給する退職給与の額のうち、損金経理をしなかった金額及び損金経理をした金額で不相当に高額な部分は、損金の額に算入されない（法法三六）。なお、損金経理とは、「法人がその確定した決算において費用又は損失として経理することをいう。」（法二、二六）とされている。

④　過大な使用人給与の損金不算入　法人がその役員と特殊の関係のある使用人（特殊関係使用人）に対して支給する給与の額のうち不相当に高額な部分の金額は、損金の額に算入されない（法法三六の二）。

⑤　過大な使用人退職給与の損金不算入　法人がその退職した特殊関係使用人に対して支給する退職給与の額のうち不相当に高額な部分の金額は、損金の額に算入されない（法法三六の三）。

⑥　経済的利益の供与　以上の損金算入の規制を受ける給与については、債権の免除による利益その他の経済的利益を含むものとされている（法法三四Ⅲ、三五Ⅳ、三六の二）。この経済的利益の範囲については、所得税と同様広範に解されている（法基通九―二―一〇参照）が、法人が役員に対し経済的利益を供与した場合において、それが所得税法上経済的利益として課税されないものであり、かつ、当該法人がその役員に対する給与として経理しなかったものであるときは、給与として取り扱わないものとされている（法基通九―二―一一）。

(三)　資本等取引の意義

法人税法上、資本等取引とは、「法人の資本等の金額の増加又は減少を生ずる取引及び法人が行う利益又は剰余金の分配（商法第二九三条の五第一項（中間配当）に規定する金銭の分配を含む。）をいう。」（法法二二ｖ）とされている。かように、法人税法上の資本等取引は、企業会計上の資本取引とされていない利益又は剰余金の分配も含まれていることが特徴的である。

また、資本等取引の核心となる「資本等の金額」については、資本の金額又は出資金額と資本積立金額の合計額をいう（法法二―六）。この場合、資本の金額又は出資金額については、企業会計上のそれと変ることはないであろうが、資本積立金額については、株式の発行価額のうち資本に組み入れなかった金額等の資本主が拠出した金額のうち資本の金額に含まれなかったものや拠出資本の修正部分の六項目に限定されている（法二―七）。

資本等取引についての税法と企業会計上の差異は、実質的には、資本積立金額と企業会計上の資本剰余金又は資本準備金との差異に依拠する。これらの差異については、税法と商法又は企業会計原則との間で調整論議を惹起してきたところであるが[11]、商法と企業会計原則との間では、前者に合わせた調整が済んでいると言える[12]。もっとも、理論的には、種々の問題を残しているところであり、ストック・オプションの付与に関しても同様である。

2　適格ストック・オプションの課税

(一)　権利の付与時

法人が、取締役又は使用人に対し、適格ストック・オプションを付与した場合には、その付与時には、経済的利益が確実に認識できない等ということで所得税が課税されないこともあって、法人税法上も、役員賞与等として課税関係が生じないものと解されており、また、無償による資産（権利）の譲渡があったものと解する余地はないであろう。

なお、商法二一〇条の二第二項三号の規定により自己株式を取得する場合には、法人税の取扱いでは、自己株式の取得も他の有価証券の取得と同様に扱われる（法基通一―三―二参照）から、所得計算に影響を及ぼすことはない。仮に、自己株式の取得について、会計理論上の資本取引であるということが成立するとしても、それを法人税法上資本等取引と解するか否かにかかわらず、結論において、所得計算に影響を及ぼすことはない。

(二) 権利の行使時

取締役又は使用人から株式譲渡請求権等の行使があった場合には、付与法人は、当該取締役等に対し、取得していた自己株式を譲渡する（商法二一〇の二第二項適用）か、新株を発行する（商法二八〇条の一九適用）ことになる。後者の場合には、資本等取引と解されているので[13]、所得計算に影響を及ぼすことはない。

他方、自己株式を譲渡する場合には、自己株式の売買も損益取引として解されているので、所得価額と譲渡価額の差額又は当該株式の譲渡時の価額（時価）と取得価額又は譲渡価額との各差額について、所得計算上問題が生じる。これらの差額については、通常、給与所得等として所得税の課税の対象になるのであるが、適格ストック・オプションに関しては課税されないことは既に述べた。そのため、法人税法においても、所得税との関係が問題となる。

法人税法では、法人が、株式譲渡請求権を行使した者に対し、当該株式譲渡請求権に係る契約においてあらかじめ定められた譲渡価額（権利行使価額）をもって自己株式（当該決議に基づいて取得したものに限る。）の譲渡をしたときは、その譲渡は、正常な取引条件でされたものとして、当該法人のその譲渡の日の属する事業年度の所得の金額を計算するものとしている（法令一三六の四Ｉ）。すなわち、当該譲渡価額が当該自己株式の譲渡時の価額（時価）を下回っていたとしても、いわゆる低額譲渡として当該差額について収益を認識しないこととしている。

(三) 株式の譲渡時

取締役又は使用人がストック・オプションを行使して株式を取得し、その株式を譲渡する場合は、当該取締役等に対しては前述のような所得課税が生じるが、当該譲渡自体は付与法人と関係のないことであるので、付与法人には何ら課税関係は生じない。

3　非適格ストック・オプションの課税

(一) 権利の付与時

法人が、取締役等に対し、非適格ストック・オプションを付与した場合にも、原則として、その付与時に法人税の課税関係が生じないものと考えられる。

しかしながら、非適格ストック・オプションの中には、種々の形態が存するものと想定される。例えば、ストック・オプションを付与した段階において、一株当たりの当該権利行使価額が、当該付与に係る契約締結時における一株当たりの価額（時価）を下回る場合も考えられる。この場合には、当該差額について当該付与を受けた取締役等に対し所得課税が行われるところである（所令八四―三）が、法人税においても、自己株式を取得していれば株式譲渡額が計上されるほか、当該取締役等に対して給与を支給したものとして取扱われ、役員に対するものであれば、損金不算入の対象となる。したがって、その場合には、法人税の課税調整が必要とされるのであるが、その調整は、権利の行使時（株式の譲渡前）とされている（法令一三六の四II）ので、まとめて後述する。

(二) 権利の行使時

① 自己株式方式　法人が、商法二一〇条の二の規定等に基づき取得した自己株式を取締役又は使用人に譲渡した場合に、結果的に税法上非適格となることもあるし、当初から税法上の特例の適用を予定していない場合もある。これらの場合には、役員等に対する給与の損金規制のほか法人税の取扱いで自己株式の売買が損金取引として扱われていることとも関連するので、それらの調整を要することになる。

これらの場合のうち、取締役らが商法二一〇条の二第二項の決議に基づき与えられた同項三号に規定する株式譲渡請求権を行使して、当該法人が当該株式譲渡請求権に係る契約においてあらかじめ定められた譲渡価額で自己株式を譲渡したときは、その譲渡は、正常な取引条件でされたものとして取扱われる（法令一三六の四I）。すなわち、法人が商法上の手続によって株式譲渡請求権を取締役等に与え、取締役等の権利行使に応えて自己株式を譲渡した場合には、その手続等が税法上の要件を満たさないため結果的に非適格なものになったとしても、当該自己株式の低額譲渡としての認定課税は行われないことになる。

他方、商法二一〇条の二に規定する手続に基づかないで取締役等に対して自己株式を譲渡した場合には、それが低額譲渡に該当すれば、時価との差額について収益の認識（法法二二II）と給与（経済的利益）の認定が行われることとなる。それが役員に対するものであれば、当該給与が、役員賞与と認定され、損金不算入となる。

次に、商法二一〇条の二の規定に基づき取締役等に対して自己株式を譲渡した場合において、当該譲渡に係る株式譲渡請求権の権利行使価額が当該株式譲渡請求権の付与の日（権利付与日）における自己株式の価額（時価）に満たないときは、当該権利行使価額と当該権利付与日の自己株式価額との差額に相当する金額のうち、当該金額が当該権利付与日の属する事業年度（権利付与事業年度）において当該株式譲渡請求権の付与された役員又は使用人に対して支払われた給与の額であるとした場合に法人税法三四条から三六条の三までの規定により当該権利付与事業年度の所得の金額の計算上損金の額に算入されないこととなる金額に相当する金額は、その譲渡をした日の属する事業年度の所得の金額の計算上、益金の額に算入する（法令一三六の四II）。

すなわち、権利付与日において自己株式の低額譲渡（経済的利益の供与）が想定れているようなストック・オプションについては、それは付与段階で役員賞与等として損金不算入の対象となることが見込まれる。そこで、損金不算入とされる金額の判定は、権利付与日の現況によって行うこととし、実際の所得加算は、法人に会計処理が伴う権利行使時（自己株式譲渡時）に行うこととしているものである。(14)

② 新株引受権方式　前述したように、役員等が非適格のストック・オプションに係る新株引受権を行使して株式を時価よりも低い価額で取得した場合には、当該役員等に対して給与所得等として所得課税が行われる。これをストック・オプションを付与した法人からみれば、給与等を支給したということで所得税の源泉徴収義務を負うことになる（所法一八三I）が、法人税の所得計算の上では、権利行使による新株の発行は資本等取引に該当するとし、それによって純資産が減少したとしてもその減少は課税対象から除外されるということで、当該給与等相当額を損金の額に算入できないと解されている。(15)

このような解釈は、会計理論を含めた資本取引の解釈に依拠するものであろう。しかしながら、発行法人にとっては、当該株式の時価を下回った価額での新株の発行を余儀無くされるものであり、何らかの経済的価値の犠牲を伴うものであるから、アメリカで認められているように当該給与等相当額について損金算入の道を認める必要があるようにも考えられる。この損金算入は、現行法の解釈上困難であるというのであれば、立法上の解決もあり得るものと考えられる。なお、この問題は、自己株式の譲渡による場合にも、同様に議論できるところである。

㈢ 株式の譲渡時

取締役等が非適格ストック・オプションを行使して取得した株式を譲渡した場合には、付与法人の所得計算に関係がないことは適格の場合と同じである。

四 ストック・オプションの権利を承継した相続人の課税

1 相続課税の通則

相続又は遺贈により財産を取得した個人（国内に住所を有する者）は、相続又は遺贈により取得した財産の全部に対して、相続税の納税義務を負う（相法一―一、二Ⅰ）。

ここにいう「財産」とは、金銭に見積ることができる経済的価値のあるすべてのものをいうものと解されているが、次のことに留意を要する（相基通一一の二―一）。

① 財産には、物権、債権及び無体財産権に限らず、信託受益権、電話加入権等が含まれること。

② 財産には、法律上の根拠を有しないものであっても経済的価値が認められているもの、例えば、営業権のよ

うなものが含まれること。

③　質権、抵当権又は地役権（区分地上権に準ずる地役権を除く。）のように従たる権利は、主たる権利の価値を担保し、又は増加させるものであって、独立して財産を構成しないこと。

そして、相続、遺贈又は贈与により取得した財産の価額は、法定評価のあるもの（相法二三～二六の二）を除き、当該財産の取得の時における時価により、当該財産の価額から控除すべき債務の金額は、その時の現況による（相法二二）、とされている。

かくして、ストック・オプションを相続した場合には、当該権利が金銭に見積ることができる経済的価値のある財産であるか否か、当該権利の時価が幾ばくであるか等が問題となる。

2　権利の相続時

ストック・オプションは、元来、取締役又は使用人に対し、会社の業績向上に貢献するためのインセンティブ報酬制度であるから、取締役等が死亡退職したときにその相続人に対してストック・オプションに係る権利の相続を認めるか否かは、当該会社の判断に委ねられている。この点、措置法二九条の二では、相続人が株式譲渡請求権を相続し得ることを前提にして、当該相続人に対する所得税の課税特例を定めている。

相続税に関しては、相続人が株式譲渡請求権又は新株引受権を相続したときには、前述の相続税の納税義務の規定からみて、当該請求権等が相続税法上の「財産」に該当するものと解されるから、当該相続人に納税義務が生じることになろう。

具体的には、当該相続人は、新株引受権に準じた財産を相続したものとして相続税が課されるものと考えられる。その場合には、結局、当該財産の時価をどのように評価すべきかが問題となる。

もっとも、相続人が株式譲渡請求権等を相続した場合に、被相続人が当該権利の付与を受けて間もない段階等において一株当たりの権利行使価額が当該株式会社の株式の一株当たりの価額（時価）を上回っているときには、当該権利の経済的価値（いわゆる公正価値）を金銭に見積ることは困難であるということで、課税対象にすべきではないと考えられる。これは、非適格ストック・オプションの場合であっても、付与段階では、原則として、所得実現の蓋然性が乏しいということで課税されないことと相通じるものと考えられる。

3　権利の行使時・株式の譲渡時

相続人がストック・オプションに係る権利を行使して株式を取得した場合又はその株式を譲渡した場合には、被相続人である取締役又は使用人に対する所得課税と同様な課税関係が成立する。その場合、適格ストック・オプション又は非適格ストック・オプションに対応した課税関係がそれぞれ生じることになるが、その内容は、前記「二」で述べたとおりである。

なお、当該相続人に株式譲渡請求権等について相続税が課せられている場合には、同一の経済的利益に対してその後所得税が課せられることになるので、二重課税的な現象が生じることになる。しかし、これは、含み益のある土地や株式を相続して相続税を納付した後、当該土地等を譲渡したときにそのキャピタル・ゲインに対して所得税が課せられるのと同様である。

五　ストック・オプションに係る権利等の評価

1　「価額」・「時価」の意義

ストック・オプションの課税関係を定める各税法においては、所得税の金額を確定するために、「……時における価額」（所法三六Ⅱ）、「その行使における価額」（所令八四）、「付与の日における自己の株式の価額」（法令一三六の四Ⅱ）、「財産の取得の時のおける時価」（相法二二）等と定めており、その内容が問題となる。つまり、当該株式、当該株式引受権等の「価額」又は「時価」の意義を明確にする必要がある。

「価額」又は「時価」は、前述のように各税法がそれぞれの用語を使い分けているが、概念的には同義であると解される。まず、「時価」の意義については、相続税に関する「財産評価基本通達」（以下「評価通達」という。）が、「時価とは、課税時価〈略〉において、それぞれの財産の現況に応じ、不特定多数の当事者間で自由な取引が行われる場合に通常成立すると認められる価額」（評基通一(2)）であると表明してきた。

この「時価」の意義については、客観的交換価額又は客観的交換価値と称され、判例・学説の上においても確立したものと解されている。[16]また、このような解釈については、所得税法又は法人税法上の「価額」の解釈についても、同様に採用されている。[17]

もっとも、課税の実績においては、このような抽象的な時価概念では円滑な税務執行が期待し難いということで、各税法ごとにおいて、かつ、各財産ごとに、通達によって「価額」又は「時価」の評価方法が定められている。それらの評価方法は、課税庁側の解釈指針であるが、実務上参考になるので、ストック・オプションに関係する財産について、次に述べることとする。

2　所得税の取扱い

前記「一」で述べたように、取締役等が非適格ストック・オプションの付与を受け、その権利行使をした場合には、当該権利の行使により取得した株式（これに準ずるものを含む。）のその行使の日における価額から、当該権利の区分に応じ、当該株式の譲渡価額又は発行価額（取締役らの購入価額）を控除した金額（差額）が、所得税法三六条二項に規定する経済的利益の額となる（所令八四）。

かくして、このような差額が生じるのは、有利な発行価額のより新株を取得することになるのであるが、その「有利な発行価額」とは、その新株等の発行価額を決定する日の現況におけるその発行法人の株式等の価額に比して社会通念上相当と認められる価額を下回る発行価額をいうものとされる（所基通二三—三五共—七）。そして、社会通念上相当と認められる価額を下回る発行価額であるかどうかは、当該株式等の価額と当該新株等の発行価額との差額が当該株式等の価額の概ね一〇パーセント相当額以上であるかどうかにより判定し、発行価額を決定する日の現況における株式等の価額とは、決定日の価額のみをいうのではなく、決定日前一月間の平均株価等発行価額を決定するための基礎として相当と認められる価額をいう（同通達(注)）。

次に、新株等の価額は、次に掲げる場合に応じて、それぞれ次によることとされる（所基通二三—三五共—九）。

①　当該新株等が上場されている場合　　証券取引法一二二条二項の規定により公表された最終価格（払込期日

に最終価格がなければ、直近のもの）による。

② 当該新株等に係る旧株等が上場されている場合　当該旧株等の最終価格を基準として当該新株等につき合理的に計算した価額とする。

③ 当該新株等又は当該旧株等につき気配相場があるとき　①又は②の最終価格を気配相場と読み替えて①又は②により求めた新株の価額とする。

④ ①から③までに掲げる場合以外の場合　次に掲げる区分に応じ、それぞれ次に掲げる価額とする。

イ 売買実例のあるもの　最近において売買の行われたもののうち適正と認められる価額

ロ 売買実例のないものでその株式等を発行する法人と事業の種類、規模、収益の状況等が類似する他の法人の株式等の価額があるもの　当該価額に比準して推定した価額

ハ イ及びロに該当しないもの　当該払込みに係る期日又は同日に最も近い日におけるその株式等を発行する法人の一株当たりの純資産価額等を参酌して通常取引されると認められる価額

なお、以上のように、所得税法施行令八四条の規定の解釈に関しては、評価通達の取扱いは準用されていないのであるが、使用者が役員又は使用人に対して現物支給する有価証券（発行法人から与えられた新株を取得する権利を除く。）については、その支給時の価額により評価するものとし、その価額については、前述の所得税基本通達二三―三五共九及び評価通達第八章第二節（公私債）の取扱いに準じて評価する（所基通三六―三六）、としている。いずれにしても、株式等の評価については、評価通達の規定を直接準用していないのである（法人税は後述のとおり、限定的に準用している。）が、明確な評価額が把握困難の場合には、評価通達の取扱いを準用する余地はあるものと考えられる。(18)

3　法人税の取扱い

法人税においては、役員又は使用人が法人から低額で株式等を譲り受けた場合の経済的利益の額について具体的な取扱いを定めていない。したがって、当該経済的利益の額の判定（当該株式等の額の評価）においては、有価証券の取得価額（法法三〇、法令三八）又は有価証券の評価損の損金算入（法法三三II、法令六八―二）に関する取扱いが準用される。

すなわち、有利な発行価額で新株その他これに準ずるものが発行された場合における当該発行に係る払込みにより取得した有価証券（株主等として取得したものを除く。）の取得価額は、その有価証券の当該払込みに係る期日における価額とされているが、「有利な発行価額」の意義等については、前記2の所得税基本通達二三―三五共七と同様に取り扱われている（法基通六―一―一）。

次に、有価証券の評価損に関しては、当該有価証券の「価額」について、次のように定められている。

①　気配相場のある株式の価額　気配相場のある株式（登録銘柄又は店頭管理銘柄）の各事業年度末の価額は、当該事業年度末日以前一月間の毎日の最終の気配相場の平均価格による。この場合、新株権利落ちがあった場合等には所要の調整が行われ、気配相場のある株式の当該事業年度末日における最終の気配相場の九〇パーセント相当額以上であるときには、当該事業年度末日における最終の気配相場によることができる（法基通九―一―一一～九―一―一三）。

②　非上場株式で気配相場のないものの価額　この気配相場のない株式の当該事業年度末の価額は、次の区分に応じ、次による（法基通九―一―一四）。

イ　売買実例のあるもの　当該事業年度末日前六月間において売買の行われたもののうち適正と認められる価額

ロ　公開途上にある株式で当該株式の上場又は登録に際して株式の公募等が行われるもの（イに該当するものを除く。）　当該公募等の入札価額等を参酌して通常取引されると認められる価額

ハ　売買実例のないものでその株式を発行する法人と事業の種類、規模、収益の状況等が類似する他の法人の株式の価額があるもの（ロに該当するものを除く。）　当該価額に比準して推定した価額

ニ　イからハまでに該当しないもの　当該事業年度末日又はその直近におけるその株式の発行法人の事業年度末における一株当たりの純資産価額等を参酌して通常取引されると認められる価額

③　気配相場のない株式の価額の特例　②のハ及びニに該当する株式の価額については、課税上弊害がない限り、次のことを条件にして、評価通達一七八から一八九―六までの規定の準用を認める（法基通九―一―一五）。

イ　当該法人が当該株式の発行会社にとって評価通達上の「中心的な同族株主」に該当するときは、当該発行会社は常に評価通達上の「小会社」に該当するものとしてその例によること。

ロ　当該株式の発行会社が土地等又は上場有価証券を有しているときは、評価通達一八五に定める「一株当たりの純資産価額」の計算に当たり、これらの資産については当該事業年度末における価額によること（すなわち、土地等及び上場有価証券については、評価通達の規定（路線価評価等）によらないで、個別に評価する。）。

4　相続税の取扱い

(一)　評価基準（標準価額）の採用

所得税及び法人税の取扱いが、非上場株式等の評価においても可能なかぎり通常取引される価額を追求しているのに対し、相続税の財産評価の取扱いでは、相続税の性格（偶発性、包括相続）と課税取引（相続、贈与）が全て無償（又は低額）のため、取得財産の全てに時価評価を要することもあって、原則として、路線価等に代表されるいわゆる評価基準ないし標準価額によって評価することとしている。(19)

すなわち、評価通達は、前記「1」で述べたように、「時価」とは客観的交換価額であることを標榜しながらも、「その価額は、この通達の定めによって評価した価額による。」（評基通一(2)）として、通達によって各財産の評価額を定めることとしている。

株式及び株式に関する権利の価額についても、それらの銘柄の異なるごとに、上場株式、気配相場等のある株式、取引相場のない株式、新株引受権、株式の引受による権利、新株無償交付期待権及び配当期待権の区分に従い、それぞれ標準的な評価額を定めているが、所得税や法人税の取扱いと異なって、画一的な評価方法であって、評価の安全性に配慮されていることに特色がある。

(二)　株式及び株式に関する権利の価額

まず、上場株式については、原則として、課税時期の最終価格によって評価するが、課税時期の属する月以前三か月間の株価変動の斟酌（負担付贈与等の場合を除く。）が認められている（評基通一六九）。

また、気配相場等のある株式については、登録銘柄及び店頭管理銘柄、公開途上にある株式並びに国税局長の指定する株式に細分され、それぞれに応じて取引価額に応じた評価方法が採られているが、それぞれに応じた評価の安全性に配慮して、斟酌規定が設けられている（評基通一七四）。

次に、取引相場のない株式については、評価会社をその規模に応じて、大会社、中会社及び小会社に区分され（評基通一七八）、原則として、大会社の株式は、上場会社の株価に比準する類似業種比準方式により、小会社の株式は、個人事業者とのバランスを図るための純資産価額方式により、中会社の株式についてはそれらの評価方法の折衷方式でそれぞれ評価されることになっている（評基通一七九）。

また、いわゆる小数株主である同族株主以外の株主等が取得した株式については、配当還元方式による評価が認められており（評基通一八八、一八八―二）、土地や株式を多量に保有している評価会社等の株式については、特定の評価会社の株式として区分され（評基通一八九）、原則として、会社の規模区分に関係なく純資産価額方式によって評価される（評基通一八九―二）。

いずれにしても、取引相場のない株式であっても、当該株式に係る取引価額の有無に関係なく、自己完結的に評価額が算定する仕組となっている。そこに、所得税及び法人税の取扱いにおいても、最後の拠り所とする所以がある。

なお、新株引受権為の価額については、前述の株式の評価額を基準にして評価される（評基通一九〇～一九三）。

(三) 自己株式の処理

法人がストック・オプションに関して自己株式を取得し、それを譲渡した場合の法人税の課税処理については、前記「三」において法人税法施行令一三六条の四の規定を中心に論述した。しかし、法人が当該自己株式を保有している場合に、当該自己株式が取引相場のない株式（国税局長の指定する株式を含む。）に該当するときには、当該株式の評価上の取扱いが問題となる。

まず、当該株式を純資産価額方式（評基通一八五）によって評価する場合に、自己株式を資産として扱うべきか、また、その評価額をどうするかが問題となる。この場合には、法人税との関連から、当該法人は、当該自己株式を資産たる有価証券として処理していることや、ストック・オプションでは、原則として、当該自己株式の取得価額以上で取締役等に対して譲渡することが予定されていることを考慮すれば、純資産価額方式の適用上も資産として扱うのが妥当であると考えられる。そして、当該自己株式の評価額は、特段の事情のない限り、評価通達による評価額ではなく、当該取得価額によって評価するのが妥当であると考えられる[20]。

次に、評価通達では、評価会社の発行済株式数の保有割合によって同族株主等に該当するか否かを判定し（評基通一八八）、その判定によって、同族株主等以外の株主に該当すれば、特例的評価方式たる配当還元方式を適用することを定めている（評基通一八八—二）。この場合、発行済株式数に自己株式を含めるか否かが問題となる。

この点については、評価会社の実質的支配関係を判定するために、商法二四一条の規定により評価会社の株式につき議決権を有しないこととされる会社があるときは、当該会社の有する株式数を発行済株株式数から控除することとしており（評基通一八八—三）、評価会社が、商法二四二条に規定する議決権のない株式（いわゆる優先株）を発行しているときは、原則として、当該株式を発行済株式数から控除することとし、当該控除を行わない場合において、評価会社の株主が取得した株式が評価通達一八八項に定める「同族株主以外の株主等が取得した株式」に該当しないときには、控除しないで判定する（評基通一八八—四）こととしている。

自己株式については、商法二四一条二項で議決権を有しないこととされているので、評価会社の発行済株式数から控除されることになろう。

また、類似業種比準方式（評基通一八〇）においては、比準要素の一つである一株当たりの配当金額の算定において、自己株式の処理が問題となる。この場合には、商法二九三条が自己株式について利益配当を禁じていることに鑑み、一株当たりの配当金額の算定において、自己株式を発行済株式数から控除すべきであろう。もっとも、この場合には、評価会社の自己株式の処理は容易であろうが、類似業種の一株当たりの配当金額の計算において正確を期すのは困難であると考えられるので、何らかの便宜的な処理が望まれる。いずれにしても、これらの点についても、評価通達上の整備が望まれるところである。

六　インセンティブ報酬制度の課題

1　ストック・オプション制度の拡充

(一)　適格条件の緩和

ストック・オプションは、いわゆるインセンティブ報酬制度の代表的な制度である。適格ストック・オプションには、多くの条件が付されている。その中でも、①権利行使価額が年間千万円に制限されていること、②権利行使者が大口株主の特別関係者を除く取締役又は使用人に限定されていること、③取得した株式を特定の金融機関に管理等信託を義務づけられていること等が、大きな制約条件になろう。

これらの制約条件については、ストック・オプションを利用する立場からすれば できる限り弾力的に緩和されることを望むことになろうが[21]、租税収入の確保や課税の公平の見地からは自ずから限界があるものと考えられる[22]。いずれにしても、これらの制約条件については、適格ストック・オプションの運用のプロセスの中で、今後ともそれらの是非等について検討されるべきである。

(二) 非適格ストック・オプションの拡充

ストック・オプションは、役員や使用人が会社の業績向上に貢献することに対する報償的なインセンティブ報酬制度の代表的なものであるので、税法上の適格ストック・オプションが拡充されれば、制度としては望ましいことであろう。しかしながら、課税の特例には自ずから限界があることなので、非適格ストック・オプションの拡充も望まれるところである。アメリカにおいても、既に、適格ストック・オプションには限界があるので、非適格ストック・オプションが主流となっている[23]。

非適格ストック・オプションについては、原則として、取締役又は使用人が権利行使したときには、その経済的利益について所得課税が行われることになるが、そのこと自体は動かし難いものと考えられる。

問題は、ストック・オプションを付与し、取締役らの権利行使に対応して新株を発行し、又は自己株式を譲渡する側の法人の税務処理である。前記「三」で述べたように、当該法人には、当該権利行使等に対応して取締役が受ける経済的利益（給与）について所得税の源泉徴収義務を負うことになるが、当該経済的利益の供与について法人税の所得金額の計算上損金の額に算入される道はほとんど閉ざされている[24]。この点は、アメリカの制度と大きく異なるところであり、我国において残された課題でもある。

いずれにしても、後述のように、インセンティブ報酬制度を重視する必要があり、その代表的なストック・オプションの拡充を図るためには、非適格ストック・オプションにおける付与法人の法人税の所得計算において、当該ストック・オプションに係る経済的利益（給与）の供与について損金算入の道を開く必要がある。そのためには、法人税法上の資本等取引の概念や役員賞与課税の見直しが必要であると考えられる。

2　その他のインセンティブ報酬制度

経済取引が国際化する中で税制のグローバリゼーションが要請されており、ことに法人税については、税率の引下げと課税ベースの拡大が求められ、平成一〇年度から実施されている。しかしながら、特に、法人税制に関しては、単に税率を引下げ、課税ベースを拡大すれば事が済むわけではなく、企業の活力向上や国際競争力の強化にも資するものでなければならない。

そのための一つとして、法人の役員や使用人に対する給与の支給体系を収益獲得に対して一層インセンティブなものにする必要がある。この要請は、既に年功序列給から能率給への移行、年俸制の採用等によって見直されつつある。しかしながら、特に役員に対するインセンティブ報酬の導入に当たっては、法人税制が大きなネックとなっている。

すなわち、前記「三」で述べたように、現行の法人税法とその取扱いにおいては、役員賞与を損金不算入としており、法人が役員報酬として支給したものであっても、毎月定時定額で支給されるもの以外のものは全て役員賞与として取扱われている。これは、陰日向なく真面目に働いて決まった給料を貰うことを美徳にしてきた我国の雇用慣ないことになる。

行を反映したものであろう。しかし、これでは、収益獲得に比例したインセンティブな報酬支給など到底おぼつか

特に、昨今のグローバリゼーションは即アメリカナイゼーションを意味するといわれるが、日本企業がアメリカ企業と対抗して行かざるを得ないことにも配慮すれば、企業の活力と国際競争力を高めるために、前述の非適格ストック・オプションに関しても、供与する経済的利益についてアメリカ並みに損金算入の道を開くべきであろうし、その他の収益向上にインセンティブな役員報酬の支給についても、アメリカ並みに損金算入の道を開くべきである。そのためには、まずもって現行の役員給与に関する損金規制（就中役員賞与課税）を見直すべきである。[25]

しかしながら、課税の公平等の見地からすれば、役員報酬や役員賞与について無条件に損金算入を認めるわけにはいかないであろうから、相応の規制は必要であろう。例えば、名実ともに利益処分として支給される役員賞与を損金算入とする必要はないであろうが、役員報酬については、臨時的な給与とか定期の給与などもいう形式的区分でなく、収益に比例した合理的基準に基づいた役員報酬については損金算入すべきである。もっとも、このような役員報酬の支給方法については、単なる利益調節による租税負担回避を阻止するために、税務署長に対して事前に報酬の合理的な支給基準を届出させるとか、法人の意見を確認するための「損金経理」の要件を課すなど最小限の規制は必要となろう。[26]

（1） 長野地裁昭和二七年一〇月二一日判決（行裁例集三巻一〇号一九六七頁）、最高裁昭和三八年一〇月二九日第三小法廷判決（税務訴訟資料三七号九一九頁）、静岡地裁昭和五〇年一〇月二八日判決（訟務月報二一巻一三号二八〇三頁）、東京高裁昭和五一年九月一三日判決（税務訴訟資料八九号六四三頁）、京都地裁昭和五三年三月一七日判決（訟務月報二四巻八号一六六頁）、大阪高裁昭和五四年二月二七日判決（税務訴訟資料一〇四号四三一頁）等参照。

(2) 金子宏「租税法 第七版」(弘文堂、一九九九年三月)二二三頁、最高裁昭和四〇年九月八日第二小法廷判決(税務訴訟資料四九号二二四頁)、最高裁昭和四九年三月八日第二小法廷判決(民集二八巻二号一八六頁)、最高裁昭和五三年二月二四日第二小法廷判決(同三二巻一号四三頁)、東京地裁平成六年一月二八日判決(税務訴訟資料二〇〇号三五八頁)等参照。

(3) 金子宏「所得の年度帰属:権利確定主義は破綻したか」日税研論集二二号(財)日本税務研究センター、一九九二年一二月)二〇頁、品川芳宣「所得の年度帰属:棚卸資産」日税研論集二二号(同前)二五頁等参照。

(4) 名古屋高裁昭和五〇年一一月一九日判決(税務訴訟資料八三号五〇二頁)、神戸地裁昭和五四年五月二九日判決(同一〇五号四六一頁)、神戸地裁昭和五九年四月二五日判決(同一三六号二二一頁)、東京地裁平成二年二月二七日判決(同一八七号八〇二頁)、東京高裁平成三年二月五日判決(同一八二号二八六頁)等参照。

(5) 垂井英夫「実践 自己株式法則」(財経詳報社 一九九八年一〇月)三五二頁参照。

(6) 岡本勝秀「ストック・オプション報酬制度を巡る課税問題について」『税務大学校論叢』二九号(一九九七年七月)一七一頁参照。

(7) 島村昌征「ストック・オプション制度に係る非課税措置の概要と実務上の取扱い」『商事法務』一五〇四号(一九九八年九月)四頁、富永賢一「ストック・オプション適用者に対する所得税の課税関係Q&A」『週刊 税務通信』二五四四号(一九九八年一〇月)一三頁、同二五四五号(一九九八年一〇月)一六頁、中村芳一「Q&A ストック・オプションと所得税」『税理』四一巻一五号(一九九八年一二月)八八頁等参照。

(8) 岡本勝秀・前掲書一七一頁参照。

(9) 品川芳宣「課税所得と企業利益」(税務研究会、一九八二年一月)二七頁、東京高裁昭和二六年三月三一日判決(税務訴訟資料二四号四四頁)、大阪高裁昭和三六年五月二九日判決(行裁例集一二巻五号一〇二八頁)、名古屋地裁昭和四三年三月八日判決(訟務月報一四巻七号八一八頁)等参照。

(10) 東京高裁昭和二七年一月三一日判決(税務訴訟資料一八号四一一頁)、大阪高裁昭和三六年五月二九日判決(行裁例集一二巻五号一〇二八頁)、東京高裁昭和四〇年一〇月二一日判決(税務訴訟資料四一号一一〇八頁)等参照。

(11) 品川芳宣・前掲書二六一頁等参照。
(12) 品川芳宣「法人税における損金の本質」『税務会計研究』第八号（一九九七年九月）九一頁等参照。
(13) 国税庁「平成一〇年　改正税法のすべて」（国税庁、一九八八年）三一五頁参照。
(14) 国税庁・前掲書三一五頁参照。
(15) 岡本勝秀・前掲書一七九頁、武田昌輔「ストック・オプションと法人税」『ＭＳＧ会社税務研究』（ＭＳＧ会社税務研究会、一九九八年九月）六頁等参照。
(16) 金子宏・前掲「租税法」三七九頁、東京高裁平成七年一二月一三日判決（行裁例集四六巻一二号一一四三頁）、東京高裁平成五年一二月二一日判決（税務訴訟資料一九九号一三〇二頁）、東京地裁平成五年二月一六日判決（同一九四号三七五頁）、東京地裁平成四年三月一一日判決（判例時報一四一六号七三頁）、東京高裁平成元年一月三一日判決（税務訴訟資料一六九号二一九頁）、名古屋地裁昭和六三年七月一日判決（同一六五号四頁）等参照。
(17) 名古屋高裁昭和五〇年一一月一七日判決（税務訴訟資料八三号五〇二頁）、神戸地裁昭和五四年五月二九日判決（同一〇五号四六一頁）、神戸地裁昭和五九年四月二五日判決（同一三六号二二一頁）、東京地裁平成二年二月二七日判決（同一七五号八〇二頁）、大阪地裁昭和五三年五月一一日判決（行裁例集二九巻五号九四三頁）、東京高裁昭和五九年一一月一四日判決（税務訴訟資料一四〇号二三三頁）、福岡高裁宮崎支部平成六年二月二六日判決（同二〇〇号八一五頁）等参照。
(18) 横浜地裁昭和四八年六月二七日判決（行裁例集二四巻六・七号四八九頁）、東京高裁昭和五一年一一月一七日判決（訟務月報二二巻一二号二八九二頁）等参照。
(19) 評価基準制度等の問題点については、品川芳宣「措置法六九条の四の廃止と評価通達の関係」『税理』三九巻五号（一九九六年五月）一八頁参照。
(20) 資産の取得価額で評価する方法は、評価通達一八五において課税時期前三年以内に所得（新築）した土地等及び家屋等に採用されているところであるので、それに準じて考えれば足りるものを考えられる。なお、特段の事情とは、当該株価の時価が下落してストック・オプションの権利行使が期待し難いような場合が考えられる。

(21) 坂部達夫「ストック・オプション課税の一考察（二・完）」『TKC税研時報』一二巻一号（一九九七年三月）二七～二八頁等参照。
(22) 岡本勝秀・前掲書一六九頁等参照。
(23) 中村実他「米国インセンティブ型報酬システムと日本導入における課題」『経営研究（野村総合研究所）』（一九九九年一月）二〇頁参照。
(24) 現行では、法人税法施行令一三六条の四第二項に関して、益金の額に算入されない場合（使用人に限定）に限り、当該経済的利益（給与）について損金の額に算入される。
(25) 中村実他・前掲書六一頁参照。
(26) この問題の詳細については、品川芳宣「インセンティブ報酬制度導入の必要性と問題点」租税研究（日本租税研究協会刊）一九九九年六月号四〇頁参照。

帳簿の記載事項の真実性と仕入税額控除

――ドイツ連邦財政裁判所判例をてがかりとして――

西山由美

一　問題の端緒

平成九年四月一日より、課税期間の課税仕入の税額控除にかかる帳簿および請求書等の保存のない事業者については、仕入税額控除が認められないことになった（消費税法三〇条七項）[1]。納税義務者である事業者が仕入税額控除を行う場合、当該事業者自らが作成する帳簿に加え、その仕入先事業者作成の請求書等の保存も義務づけられることになり、これは、日本の消費税のＥＵ型インボイス方式への切り換え準備と考えられよう[2]。

消費税に関する最近の判例の傾向として、仕入税額控除をめぐる事例が散見される。

そのうちのひとつが、消費税法（以下「法」とする。）三〇条七項にいう「保存」の意義に関する事件である[3]。ＥＵにおいては、仕入税額控除を請求する場合、申告書にインボイスの添付が義務づけられるが[4]、日本においては――少なくとも法文上は――「保存」のみが義務づけられる。ここで問題とされるのは、「保存のない場合」がいかなる状態を意味するのかということである。すなわち課税処分時に提示できる状態をいうのか、あるいは争訟段階でも保存の有無を主張・立証できるのかという問題である[5]。

もうひとつは、帳簿および請求書等中の記載事項の真偽と仕入税額控除の認否をめぐる事件である。すなわち消費税法は、帳簿および請求書等の必要的記載事項（仕入相手方の氏名または名称、仕入れの年月日、仕入れた資産または役務の内容、対価、および請求書等においては書類の受領者の氏名または名称）[6]を定めている（法三〇条八項一号・九項一号）。ここで問題になるのは、ある必要的記載事項に真実でない記載がなされている場合、ただちに仕入税額控除が否認されるべきか、あるいは他の方法でそれが確認できる場合には、仕入税額控除が認められるべきであるかということである。

これについては最近、帳簿または請求書等に記載された相手方の氏名が仮名である場合には、仕入税額控除を認めないという判決が出された[7]（東京高裁平成一〇年九月三〇日判決[8]——以下「アーム薬品事件」という。）。帳簿および請求書等の記載事項については、それが形式的に充足されているのみならず、その真実性をも仕入税額控除の要件とする場合、仕入税額控除制度において帳簿および請求書等が——究極的にはインボイスが——いかなる法的性質を有するのかという、消費課税制度の根幹にかかわる議論が展開されることになる。

本稿は、仕入税額控除をめぐる最近の判例のうち、帳簿および請求書等の記載事項の一部が真実でない場合の仕入税額控除の問題を検討する。この課題の素材として「アーム薬品事件」を取り上げるが、控訴審判決（未公刊）は、若干の訂正・付加の他は原審判決を引用しているため、原審判決（東京地裁平成九年八月二八日判決[9]）を資料としてもちいる。そしてその判決理論の分析のてがかりとして、ドイツ連邦財政裁判所における類似の諸判例を取り上げ、仕入税額控除システムにおけるインボイスをめぐる議論から、日本の「帳簿および請求書等」の法的性質および機能について再検討を行う。

二　アーム薬品事件

1　事実の概要

青色申告の同族会社であるアーム薬品株式会社（原告、以下「X社」という。）は、医家向け専門の医薬品の現金卸売業を営み、もっぱら納入業者に対して医薬品の販売を行う、いわゆる「供給業者」である。X社は、係争課税期間の消費税の確定申告を行ったが、これに対してY税務署長（被告）は、同業者との取引以外の取引（業界では「仲間取引以外の取引」と称される。）につき、仕入帳の仕入相手方が仮名であるとし、真実の仕入先確認のため、納品書または請求書および現金仕入伝票の提示を求めた。これに対してX社は、「伝票類を提示すると真実の仕入先が明らかになり、今後取引ができなくなる」[10]として、これらを提出しなかった。税務署の修正申告の慫慂にも応じなかったため、更正処分がなされた。

X社は、同処分を不服として、異議申立および審査請求を経て、本訴に及んだ。

本件の争点は、以下の二点に集約される。

① 帳簿に記載すべき課税仕入れの相手方の氏名または名称は、真実の記載であることを要するか。

② ①を是認するとすれば、法三〇条八項一号イが「真実の氏名または名称」と規定していないのは、租税法律主義（課税要件明確主義）に反するか

2　裁判所の判断

争点①については、真実の記載であることが当然のことであると判断された。

「同条七項で保存を要求されている帳簿とは同条八項に列記された事項が記載されたものを意味することは明らかであり、また、同条七項の趣旨からすれば、右記載は真実の記載であることが当然に要求されているというべきである。なお、法三〇条八項の記帳事項が単に一般的記帳義務の内容を規定するものにすぎないとすれば、法三〇

条中に規定する理由はないというべきであるし、あえて再生資源卸売業等に関する記載事項の特例（令四九条一項）を設け、法三〇条八項一号イのみの記帳省略を規定していることに照らしても、同項に規定する事項が仕入税額控除の要件として保存すべき法定帳簿の記載事項を規定していることは明らかというべきである。」

ただし真実性の確認については、

「取引に際して交付を受ける納品書、請求書、領収書等又は納税者の協力を得るなど他の方法によって記載の真実性を確認することも可能であ［る］[11]」とする。

争点②については、争点①に対する判断と同様の論拠にもとづき、租税法律主義に反するところはないとした。

「法定帳簿の記載事項のうち同条八項一号の『氏名又は名称』の規定が『真実の氏名又は名称』を意味することは前記のとおりであるが、これは同条項の趣旨から当然に含まれていると解される内容である。原告の主張するところは、真実の記載が不可能又は著しく困難であった場合の運用上の措置又は特例の拡張的取扱いの必要をいうものであるとしても、右規定が租税法律主義、課税要件明確主義の要請に反しないことは明らかである。」

そして、チラシ郵送によって仕入先を募るという方法によるため、原告の仕入先が不特定多数となるとしても、

「原告は薬事法の適用を受ける一般販売者業者であるところ、右一般販売業者が厚生大臣の指定する医薬品を譲り受けたときには、①品名、②数量、③製造番号又は記号番号、④譲渡又は販売若しくは授与の年月日、⑤譲渡人又は譲受人の氏名に係る事項を書面に記載し保存しなければならないとされていることに鑑みれば、薬品等の卸売一般販売業の通常の業態において、個々の取引の相手方を特定し、その指名又は名称を確認することが、不可能または著しく困難であるとは考えられない。」

さらに仕入先としては、本件取引の特殊性から、その入手経路や原告への売却の事実自体を秘匿したい事情があ

るとしても、

「消費税に関する調査を行う職員は守秘義務を負担しているのであるから、これらの者に対してその氏名又は名称を秘匿する理由となるものではなく、右秘匿目的が販売者の税負担を回避、軽減することにあるとすれば、これをもって法定帳簿への記載を拒絶する合理的な理由と解することはでき［ない］」とし、X社の請求を棄却した。

控訴審も原審の判断を支持した。

3　本判決の論点および射程

争点①についての判断から演繹される第一の論点は、消費税法三〇条七項にいう保存されるべき「帳簿および請求書等」の法的性質である。すなわち、これらの保存が仕入税額控除を受けるための実体法上の要件であり、所定の帳簿および請求書等が保存されていないときは、ただちに仕入税額控除が否認されるのであろうか。あるいは個々の状況に応じて、所定の記載事項を充足しない帳簿および請求書等であっても、仕入税額控除が認められうるのであろうか。射程の問題として、帳簿または請求書等の保存の不備は、他の計算書類（たとえば本件についていえば、納品書、現金仕入伝票、または薬事法上の記録）によって補完されうるかが考えられなければならない。

これについて判決は、法三〇条七項が仕入税額控除を行うために帳簿または請求書等の保存を義務づけていることを前提として、同八項で規定する法定帳簿の記載事項を仕入税額控除の要件であるとしている。仕入税額控除が認められる第一段階として、まず少なくとも八項の記載事項が形式的に充足されていることが必要となる。これに対して原告は、八項の記載事項の列記は、一般的な帳簿の備付義務（消費税法五八条）に対応したものであると主張する。

第二の論点は、帳簿および請求書等の所定の記載事項が形式的には充足されていることを前提として、その記載が真実であることを要するかというものである。本判決は、法三〇条八項の記載事項が真実のものであるべきことは、同七項の趣旨からの当然の帰結であるとする。これに対して原告は、八項が「真実の記載」と規定していないこと、とくに課税仕入の真偽を確認するというのであれば要件とされるべき仕入先相手方の「住所」を記載事項にいれていないことを理由として、真実性までは要求できないと主張する。

八項の記載事項が真実のものであること、すなわち取引実体と符合するものであることをも要求するものではないとする主張について、他に考えうる論拠としては、消費税法において仕入先事業者の本人確認制度がないこと[12]、および仕入税額控除を行う事業者が、仕入先相手方の偽名使用を知りえない場合に、仕入税額控除の否認は酷であるということも挙げられよう。そこでこの論点に関する本判決の射程として、相手方が偽名を用いていることを不知の場合にも仕入税額控除は否認されるかどうかが検討されなければならない。

以下にこれらの論点を考察するにあたり、類似の事例においてドイツ連邦財政裁判所で展開された法理論およびそれに関する学説をてがかりとする。

三　論点をめぐるドイツの判例および学説

1　ドイツ売上税法における仕入税額控除とインボイスの記載事項

ドイツ売上税法[13]は、仕入税額控除およびインボイスの記載事項について、以下のように規定している。

ドイツ売上税法一五条　仕入税額控除

事業者は、以下の仕入税額を控除することができる

一項　事業として他の事業者からなされた供給およびその他の給付[14]につき、一四条に定めるインボイスに区分表示された税額

ドイツ売上税法一四条　インボイスの記載事項

一項二文　インボイスには以下の事項が記載されなければならない。

1　給付を行う事業者の住所および氏名

2　受給者の住所および氏名

3　供給物の数量および通常取引でもちいられる名称、またはその他の給付の種類および範囲

4　供給またはその他の給付が行われた年月日

5　供給またはその他の給付の対価

6　対価にかかる税額[15]

四項[16]　インボイスとは、事業者またはその委任により第三者が、給付受領者に対して供給またはその他の給付の計算を記したあらゆる証書をいい、取引において証書と称されているかどうかを問わない。

一四条一項によれば、給付事業者および受給事業者双方について、氏名のみならず住所の記載が要求される。氏名および住所は、原則として正しい記載がなされなければならないが、当該事業者が困難なく特定できるものであれば足りる。氏名については、通称、芸名、筆名、屋号などでも認められるし、住所については、道路名、郵便番号、建物名でもよいとされる。[17]

誤った記載がなされているが、形式的には要件を充足しているインボイスは、原則として不完全なインボイスであり、またインボイスに記載されている意思表示に私法上の欠缺がある場合、それは誤ったインボイスであるとされる。しかしながら、インボイスの発行者（給付を行う事業者）は、いつでもそれを補完することができるし、受領者はそれを請求することができる。[18]

そこで問題になるのが、仕入取引は現実に行われていることを前提として、取引両当事者が合意の上でインボイスに仮名または架空会社名をもちいた場合、当該インボイスによる仕入税額控除請求権が認められるかということである。これについては、連邦財政裁判所の第十部および第五部が興味深い判断を示している。

2　一九八七年連邦財政裁判所第十部判決

この連邦財政裁判所第十部一九八七年一〇月七日判決[19]（以下「第十部判決」という。）は、事実関係が「アーム薬品事件」のそれに類似しており、論点の解明のてがかりとなるものと考えられる。

(1)　事実の概要

原告は、ＥＣ圏での取引制限のある物資の販売を行う事業者であり、ライセンスのある国内事業者から直接仕入れるのではなく、一度ＥＣ領域外（たとえばスイス）に輸出された物資を再輸入するという方法をとっていた。原告は電気器具の仕入れにつき、訴外Ａ（ドイツ居住者）と交渉を行い、その際Ａは「Ｈ社代理人」の名刺を提示し、その後Ａのパートナーとして訴外Ｍ（スイス居住者）が加わった。その後機械器具を仕入れることになったが、その際ＡとＭは原告に対し、Ｈ社より独立したが、すべての契約内容は同社によって保証されると伝えた。原告が受領したインボイス中、発行者名は「Ｐ社」、住所はＡの住所となっていた。

原告の売上税申告に対し所轄税務署は、Ｐ社は実在しないものとして仕入税額控除を認めなかったため、本訴に至った。原審判決が原告の請求を認めなかったため、連邦財政裁判所に上告した。

本件の争点は、仕入税額控除は、売上税法一四条一項の必要的記載事項を充足し、かつ真実の記載である場合にのみ認められるのかどうかということである。

⑵　第十部の判断

上告人の請求を認め、原判決破棄差戻し。

仕入税額控除を請求するためには、売上税法一四条一項所定の記載事項について、真実の記載が不可欠であるかについて、次のような判断を示している。

「本件においてはただ単に、いかにして供給を行った『仕入先事業者』が認識されるかが判断されなければならないのである。原審の判断に反し、インボイス作成者（供給者）の真の氏名が計算書に記載される必要はないのである。原審がいう一四条一項二文一号の考慮は必要ない。むしろ、事業者の氏名および住所の一義的な確認が可能であるような記載で十分なのである（施行令三一条二項一文参照）。」[20]

そしてインボイスの機能を以下のように説明する。

「計算書は、それが一五条一項一号の実体的要件であれ、一四条にいうインボイスであれ、供給者を通して租税債権の確保をはかるという機能をもあわせもっている。仕入税額控除の認否権のある税務当局は、『仕入先事業者』を確認し、当該事業者がその納税申告を履行したかどうか確認する可能性を有していなければならないのである。供給者が一義的かつ容易に確認できる計算書類が、この目的にかなうのである。」

以上のような原則にもとづき、「架空の氏名・社名であっても、芸名の使用と同様に十分確認がとれるはずである」とした上で、原審裁判所は、真実の供給者が一義的かつ容易に確認できるものかどうかについて、十分な審理を行わず、また上告人の売上相手方の証言も聴取しておらず、審理不十分であると結論づけた。[21]

(3) 第十部判決の検討

消費課税（付加価値税課税）において、仕入税額控除が税額累積効果を排除し、これによって競争中立性を排除するための重要なシステムである。したがって仕入取引の実体があるかぎりにおいて、それをもっともよく表す証書（Urkunde）としてのインボイスの記載事項にのみ仕入税額控除の認否をかからしめるのでなく、その取引実体が他の方法で確認できるのであれば、仕入税額控除を認めていくというのもひとつの見識である。第十部判決は、インボイス中に真実の仕入先事業者の記載がなくても、税務当局が他の方法でそれを一義的かつ容易に確認できるかぎりにおいて、仕入税額控除は否認されないとした。[22]

しかしこれに対しては、故意の虚偽記載についてまで救済する必要はないとの批判が加えられる[23]。そして判決がそのよりどころとしている施行令三一条二項の宥恕規定は、不十分な記載に対するものであり、虚偽の記載に対するものではないとする[24]。

確かに、判決が本件のような架空会社名の使用と芸名の使用とを同一視している点は、疑問の余地があろう。芸名等の通称名は、公衆に公然とそれを名乗り、かつその身元との合致がみられるのに対して、本件の架空会社名使用は、多少なりとも後暗い取引を公然となしえないために、その身元を公衆から隠そうとしている。しかもそれにより、租税上のメリット――仕入税額控除――を享受しようとしている。しかしながら、このような「他人の氏名の濫用」[25]があり、インボイスの記載自体から真実の仕入先事業者が確認できないことを理由として、ただちに仕入税額控除が否認されるべきであろうか。インボイスの機能について、仕入れの側面のみならず、仕入先事業者の納税を確保するという売上げの側面を考慮しているのは、妥当な判断である[26]。そのような機能をも有しているのであれば、税務当局が真実名の一義的かつ容易な確認を他の方法で確認できる場合には、仕入税額控除が認められる余地も残すべきであろう。ここで重要な要素は、「一義的かつ容易な確認の可能性」の有無である。

3　一九九二年連邦財政裁判所第五部判決

インボイスの記載事項に関する重要判例である前述第十部判決は、多面強い批判にもさらされたが、その法理論が、一九八〇年改正法以降の判例でどのように理解されていったかについて、次に連邦財政裁判所第五部一九九二年七月一七日判決[27]（以下「第五部判決」という。）を取り上げる。

(1)　事実の概要

原告・上告人は、足場組業を営んでいるが、係争年における仕入税額控除につき、実際はXから仕入れたのであるが、インボイスにはYから仕入れたものと記載した。所轄税務署は、仮名記載のインボイスによる仕入税額控除を否認したため、本訴に及んだ。

(2)　第五部の判断

上告棄却。

まず、売上税法一五条一項一号にいう「一四条に定めるインボイス」の意味を次のように解釈している。

「事業者は、一五条一項一号一文により、事業として他の事業者からなされた供給およびその他の給付について、一四条にいうインボイスに区分表示された税額を仕入税額として、控除を受けることができる。この規定は、一四条一項ではなく、一四条四項を参照している。一四条四項にいうインボイスとは、事業者またはその委任を受けた第三者が供給またはその他の給付について受給者に交付する証書である。」

そしてその証書に求められる記載の真実性については、

「したがって――仕入明細書[28]や委任による場合は別として――給付を行った事業者によって作成された計算書に記され、区分表示された税額のみが、仕入税額控除について考慮されるのである。そこで計算書は、計算を行う（給付を行う）その身元確認の可能な事業者についての記載がなされていなければならない。」

ただしその身元確認は、税務当局が行うわけであるが、その行政コストの考慮が必要であるとし、

「計算書中の記載によって身元確認をすることについては、計算を行う（給付を行う）事業者の調査に要される費

用が考慮されなければならない。仕入税額控除にかかる計算書類の証拠力は一応推定されるので[29]、事業者の身元確認に要する行政コストは別途に考えられなければならない。したがって計算書の記載事項について、それによって事業者が一義的かつ容易に確認可能かどうかが求められる。この要件は、給付者たる事業者が計算書中に他人の名前（場合によっては他人の住所）を用いる場合、通常は充足されないことになる。」

そして以上の原則は、原審において考慮され正当に適用されているとし、上告を棄却した。

(3) 第五部判決の検討

この第五部判決は、先の第十部判決と結論は異にするが[30]、第十部判決の法理論の根幹を受け継ぎ、かつその欠点、すなわち架空会社名と芸名とを同視するような誤りを克服した判決であると評価されよう。また、仕入税額控除を請求するにあたって求められるインボイスを、売上税法一四条一項でなく、四項のそれであると明示している点にも注目される。

第五部は、「計算書中の氏名または社名の許容範囲は、そこから給付事業者が一義的かつ容易に確認できる範囲に限られるというものである。」とし、記載される氏名・社名の合理的な自由領域を認めている[31]。ただしそれは課税コストの観点からも、「一義的かつ容易な確認可能性」の基準を採用した。

インボイスを含む証書について、ドイツの民事訴訟上、それが提出され、当事者間でその解釈、法的有効性、内容の妥当性および真の意思を争うとき、いわゆる実質的証拠力についての法律上のルールはなく、裁判所の自由心証に委ねられると考えられる[32]。当該証書が真正なものであるか、すなわち証書の作成者として表示されている者によって法律行為が行われているかどうかが争われる場合、私的証書については、それを争う者に立証責任が生じる[33]。

ただし証書の証拠力が争われる場合において、一方当事者が証書を意図的に隠蔽するときには、裁判所は、他方当事者の当該証書の性質および内容に関する主張が証明されたものと認定する。(34)

第五部判決が以上の証書の証拠力に関する民事訴訟法理論をふまえた上で、インボイスの証拠力を当事者間で争いうる余地を確保しつつ、行政コストの観点からも考慮を行って、「一義的かつ容易な確認可能性」の基準を示していることは、第十部の法理論をさらに純化させた判断であると評価できる。

四　総　括――「帳簿および請求書等」の法的性質および機能

「アーム薬品事件」第一審判決における第一の論点、すなわち帳簿および請求書等の法的性質については、それを仕入税額控除の実体的要件であると性質づけることは誤りであると考えられる。

帳簿および請求書等の記載事項が、少なくとも法三〇条八項および九項所定の形式的要件を具備しているかぎりにおいて、その証書としての形式的証拠力は認められるが、それが真正な記載であるかどうかが争われる場合には、証明の対象となり、挙証者に立証責任が生じる。(35) したがって帳簿および請求書等の記載事項の真偽判断は、自由心証の問題といえる。帳簿および請求書等の記載事項――とくに本件で争われている仕入先の氏名――が形式的要件を整えているかぎりにおいて、一応その形式的証拠力は推定されるのであって、その真実性に疑いがある場合には、税務当局の側で他の手段により確認することになるが、税務当局は私人に比較して当該他の手段（たとえば帳簿および請求書等以外の計算書）にアクセスしやすい立場にあるといえよう。ただしその確認の程度は、消費税申告が反復的かつ多量であるという事情を考慮すれば、「一義的かつ容易な確認可能性」の基準が適用されるべきであろう。

なおとくに仕入先の身元確認に有用な手段を、仕入税額控除を求める納税義務者側で故意に隠蔽する場合には、税務当局の立証責任は軽減されるか、またはその主張が認められることになろう。

以上により、仕入税額控除における帳簿および請求書等の法的性質は、当該仕入が課税仕入であることを示す証拠方法であると考えられる。(36) この点で「アーム薬品事件判決」は、「［法三〇条八項に］規定する事項が仕入税額控除の要件として保存すべき法定帳簿の記載事項を規定していることは明らかというべきである」とし、原則論としては実体要件説に拠っているものと解される。その一方で、仕入相手方の氏名の真実性の確認は、「取引に際して交付を受ける納品書、請求書、領収書等又は納税者の協力を得るなど他の方法によって記載の真実性を確認することも可能であ［る］」とも述べており、他の手段による確認可能性を認めるのか、認めるとすればどの範囲で認めるのかが、明確に示されていない。

第二の論点、すなわち記載事項の真実性に関連し、仕入先事業者が偽名をもちいたことを納税義務者が不知の場合に仕入税額控除を認めるかどうかについては、偽名であることを知った時点での訂正を認め、それにより仕入税額控除を認めるべきであろう。ただし本件のように、相手方の真の氏名の不知が故意かつ常習的であるような場合に、自発的な訂正は期待できないこと、および仕入先事業者の租税回避行為またはそれに準じた行為への加担であることを考えれば、納税義務者に対する救済は不要である。(37)

取引の特殊性から仕入先を知りえない場合の救済措置として、消費税施行令四九条二項は、再生資源卸売業者等についてその仕入先氏名の記載省略を認めているが、消費税の課税対象が広範に及ぶことを考えれば、帳簿および請求書等に真実の仕入先事業者名を記載していない（またはできない）場合の一般的な救済の許容基準が必要である。たとえば今後、通称でよいのか、旧社名でもよいのか、さらには取引実体さえあればいいのかなど、さまざまな事例が出てくるであろう。その際、税務当局における仕入先事業者の「一義的かつ容易な確認可能性」の基準は有用であると考える。

（1）平成六年法改正による。改正前は、帳簿「又は」請求書等の保存が義務づけられていた。
（2）金子宏『租税法』四五一頁（弘文堂、第七版、一九九九）。
（3）たとえば、大阪地裁平成一〇年八月一〇日判決、津地裁平成一〇年九月一〇日判決および東京地裁平成一〇年九月三〇日（ともに判例時報一六六一号三一頁）、これらの評釈として、品川芳宣・TKC税研情報八巻三号一三頁（一九九九）、増井良啓・ジュリスト一一六一号二〇四頁（一九九九）参照。
（4）EUにおいて第六指令（付加価値税指令）は、課税期間を「加盟国は、課税期間を一か月、二か月または四半年として定めるものとする。」とし（同指令二二条四項）、比較的短期の課税期間を指示している。ただし同規定では、「しかしながら一年を超えない範囲で、異なる課税期間を設定することができる」として、課税期間を暦年としている加盟国への配慮を行っている。ドイツの課税期間は暦年である（売上税法一六条一項）。
（5）帳簿の保存の問題については、山田二郎『税法講義』一一七頁（信山社、一九九九）、石島弘「消費税における帳簿保存の不備等の場合の課税上の問題」税理三八巻八号一〇頁（一九九五）、三木義一「帳簿不提示と消費税の仕入税額控除の関係―ドイツ売上税法の判例を素材として」税理三九巻一三号一九頁（一九九六）、大渕博義「消費税法の帳簿保存義務と仕入税額控除の問題点」税理三八巻一二号三六頁（一九九五）、同「帳簿等の不提示と仕入税額控除要件の『帳簿等の保存』の意義」税理四一巻一五号八頁（一九九八）。
（6）EUにおいてはこれらの記載事項に加え、複数税率を採用している関係上、適用されるべき税率を乗じた税額もまた必要的記載事項となっている。
（7）本件は、平成二年から平成四年にかかる課税期間の消費税確定申告にかかる争いであるため、その当時は、仕入税額控除のためには帳簿「または」請求書等の保存が義務づけられていた。
（8）未公刊。評釈として石黒里花・税務事例三一巻一号二一頁（一九九九）。

（9） 行集四八巻七・八号六〇〇頁。評釈として、品川芳宣・TKC税研情報七巻二号二二頁（一九九八）、山本俊一・税務事例三〇巻五号（一九九八）。

（10） 判決資料からは、いかなる仕入先からのいかなる取引であるかはうかがい知れないが、仕入先には「秘密厳守」を約束し、その取引の詳細を公表することは、「業界及び社会全体の問題になる」（原告の主張）とする。

（11） 真実の氏名が記載要件なのであれば、住所の記載もなされるべきであるという原告の主張に対する判断。判決は、記載事実の真偽確認のために住所・所在地表示は便宜ではあるが、事業者の過大な事務負担を避けるためにそれを必要的記載事項としなかったのであり、それを欠いたとしても他の方法として、帳簿以外の証書からの確認が可能であるとする。

（12） たとえばEUで導入されている登録番号（イギリスにおけるVAT register number、ドイツにおける ID Nummer など）がこれにあたる。

（13） 現行法は、一九九三年改正法（BGBl. 1993 I, 1160）である。ドイツは、消費課税システムの名称として、仕入税額控除を採用した現行システム導入（一九六八年）以降も一貫してUmsatzsteuerをもちいている。その法的性質は、一般消費税（allgemeine Verbrauchsteuer）である。しかしその一方で、競争中立性確保のために仕入税額控除を採用し、さらにハーモナイゼーションを目指すEUレベルの制度からいえば、付加価値税（Mehrwertsteuer）である。本稿では、Umsatzsteuerの両側面を認識しつつ、「売上税」の訳語を付すことにする。これについては、Tipke, Klaus/Joachim Lang, Steuerrect Aufl. 16, 605ff., 1998.

（14） 「供給」は、日本の消費税法における「資産の譲渡」に該当し、「その他の給付」は、供給以外のすべての給付をいう（ドイツ売上税法三条参照）。

（15） EUでは複数税率を採用しているため（ドイツでは標準税率一六パーセント、軽減税率七パーセント）、税額もまた必要的記載事項とされる。

（16） 一五条にいう「一四条に定めるインボイス」が、一四条一項に定められた記載事項を充足したインボイスをさすのか、それとも四項のインボイスをさすのか、常に問題とされる。

(17) Bunjes, Johann/Reinhold Geist, Umsatzsteuer Kommentar Aufl. 5, 447f., 1997.

(18) ただし受領者みずからは訂正できないし、訂正のあとは書類上に残されていなければならない。Geist/Bunjes (N. 17), 452.

(19) X 60/82, BStBl II 1988, 34. 原審は、ミュンスター財政裁判所一九八二年九月一日判決（V 5106/79 U, EFG 1983, 313）。判例評釈として、Weiß, Eberhard, UR 1998, 87.

(20) これは、「法一四条一項一文二号の記載事項は、インボイス中の記載によって給付事業者の氏名および住所が一義的に確認できるのであれば、それで足りる。」という規定になっている。

(21) 第十部は、原審判決に対して「原審の考え方は、供給者の表示は計算書からのみ明らかにされなければならないということから出発しているのであろう」との批判を加えている。

(22) なお本件の係争年当時（一九七六年および一九七七年）は、売上税法一五条が単に「インボイスに区分表示された」と規定するだけで、一九八〇年改正法により「一四条に定めるインボイスに区分表示された」となった。これについて第十部は、新しい規定のもとでは、一五条のいう「一四条」が記載事項を詳細に定めた一項をさすのか、一般的なインボイス概念を定めた四項をさすのか、明らかでないことを指摘している。係争年当時の法律に「一四条に定めるインボイス」の文言が欠落していることが、本判決に影響を及ぼしているかどうかが問題となろうが、判旨からみれば、一五条の要求するインボイスを「仕入先事業者が一義的かつ容易に確認できる計算書」と広くとらえているものと解される。

(23) Weiß (N. 19), 87.

(24) Weiß によれば、記載の不備に救済が与えられるのは、たとえば社名が変わったにもかかわらず旧社名の従来のインボイスをもちいた場合のような、故意でなく真実の記載がなされなかった場合にかぎるとする。本件は、記載事項の欠缺が治癒される事例ではないと結論づけている。

(25) Weiß は、本件の架空会社名使用をこのように性質づけている。「ドイツの商法によれば、会社とは事業の真実の所有者をいい、そうでなければ事業の真実の関係を偽っているものとされるのであるから、これは明らかに真実の関係の偽装といえる。本件においては、商法三八条の権利能力のない会社の利用にもかかわる。」と指摘している。

(26) インボイスの税額欄に、本来の税額より多い税額を誤ってした場合、記載された税額が納税額となる（売上税法一四条二項。たとえば軽減税率適用のものを、誤って標準税率を適用してしまった場合）。この規定からも、インボイスが売上げの側面と仕入の側面とにかかわっていることが理解される。

(27) VR 41/89, BStBl II 1993, 205. 原審はケルン財政裁判所（登載判例集の表示なし）。

(28) 仕入先事業者が作成する計算書がインボイス（Rechnung）であるのに対して、納入業者の方で作成されるものを仕入明細書（Gutschrift）という。売上税法一四条四項に規定がある。

(29) これについて、VR 153/65, BStBl II1988, 688；VR 153/77, BStBlII1988, 205 参照。

(30) 第五部判決中でも、第十部判決をなんら変更するものではなく、「第十部の先例によれば、計算書中には必ずしも真実の氏名が記載されなくてもよいとする。しかしそこでは、給付を行う事業者が恣意的に自分と関係のない氏名や社名を用いることができ、しかもそれが受給者の仕入税額控除の否認につながることはない、とまではいっていないのである。」と述べている。

(31) たとえば芸名、筆名、創業者名、商法上は認められないが前経営者名の記載は、許容範囲であるとしている。

(32) Jaeurnig, Othmar, Zivilprozeß recht：ein Studienbuch 23 Aufl., 1991, 200.

(33) 公的証書については、それが真正な証書であると推定される。これについて、民事訴訟法四三七条、四三八条および四四〇条参照。

(34) Othmar (N. 32), 202.

(35) 日本の民事訴訟法もドイツのそれとかわるところはない。民事訴訟法二二八条参照。証書の証拠力につき、新堂幸司『新民事訴訟法』五三八頁以下（弘文堂、一九九九）。

(36) ドイツにおいても、インボイスを証拠方法のひとつと考える学説が存在する。たとえば Tipke, Klaus, Schätzung von Vorsteuerbeträge, UR 1993, 105. これに対して、インボイスを仕入税額控除の実体的要件であるとする学説として、Stadie, Holger, Das Recht des Vorsteuerabzugs, 1989, 281.

（37）ただしインボイスの記載事項ではないが、仕入先の事業者適格に関するドイツ連邦財政裁判所判例で、事業者適格に関する納税義務者の不知は主張しえないとの判断がある。たとえば一九八八年一二月八日判決（VR 28/84, BStBl II1989, 250. 判例評釈として、Weiß, UR 989, 125.

ドイツにおける土地評価改革とその問題点

——九六年相続税法改革を中心に——

三木　義一

一　はじめに
二　ドイツ憲法裁判所決定と相続税新評価
三　統一評価と必要評価との差異
四　新評価の合憲性
五　相続税・不動産税と収益的評価
六　むすびにかえて

一　はじめに

バブル期に提唱された評価一元論及び土地の課税評価額を取引価額に合致させるべきだという意見は、バブル崩壊とともにかなりトーンダウンしているように思われる。むしろ、固定資産税や相続税の評価額を引き上げ、本来の課税理念とかけ離れたものにしたばかりにその矛盾を露呈してきている。固定資産税制については、七〇年代から八〇年代は生存権的土地所有に対しても取引を前提として評価することに根源的な疑問が提起されてきたが[1]、九〇年代に入ると、特に平成六年評価替えに対して山田教授を中心に評価方法等に関する鋭い批判が展開されている[2]。筆者自身もバブル期の評価引き上げ論に対しては個々の税法の課税目的との関係を重視する観点から批判をしたことがあるが[3]、本稿では土地評価のあり方を考える一素材として、ドイツで一九九六年から適用されている相続税法上の「必要価格」(Bedarfswerte) の具体的内容を従来の「統一価格」(Einheitswert) との違いに留意しながら、紹介・検討してみたい。

二　ドイツ憲法裁判所決定と相続税新評価

一九九五年六月二二日、ドイツ連邦憲法裁判所第二部は、財政裁判所の申し立てによる基本法一〇〇条一項に具体的規範統制として財産税に関する違憲決定と、憲法異議に基づく相続税に関する違憲決定を下した[4]。この二つの決定において下された連邦憲法裁判所の判断は、

① 基本法三条一項の平等原則の適用にとって重要なのは課税評価と税率の総合効果であること、統一価格による不動産評価額と現在価格で把握される他の財産とに同一の税率を適用している限りにおいて、財産税法及び相続税法は基本法三条一項の平等原則に反している、

② したがって、立法者は遅くとも一九九六年一二月三一日までに新措置を講じる義務がある、

というものであった。

どちらの税制も不動産だけではなく、他の資産も課税対象に含めており、しかも税率に差異が設けられていないので、評価レベルの不均衡が税負担の不平等に直結し、それが平等原則との関係で問題とされてきたのである。ドイツにおける不動産の課税評価方法についてはこれまでもたびたび紹介してきたが[5]、以下の内容を理解するために必要な限りで概説しておくと次のようになる。

ドイツでは不動産の課税評価額はわが国と異なり評価法という法律で定められ、それが財産税、不動産税、相続税、営業税及び対価のない場合の不動産取得税等に統一的に適用されており、統一価額と呼ばれている。この制度は一九二五年に導入されたもので、当初から資産所有者、特に不動産所有者を優遇し続けてきた。というのは、本来六年毎に評価額の改定を行うことにされていたのが、ほとんど改定されず、一九七四年までは一九三五年の評価額が適用され、ようやく一九七四年から一九六四年一月一日を評価日とする評価額が適用されるようになったという有様で、しかも、その後も一向に改定が行われず、本件決定時もなお一九六四年の評価額が適用されていたのである。他の財産は現在の取引価額で評価されているのに、不動産については今なお一九六四（昭和三九）年の価額で評価されているということがいかに不均衡かは説明するまでもないであろう。そのため、従来から平等原則に違反するという指摘が絶えなかったのである。

この決定のため、ドイツ政府は財産税及び相続税の新しい評価方法の導入を検討したが、財産税については与野党の調整がつかず、結局廃止され、相続税については九六年から、不動産取得税については九七年から統一評価ではなく必要評価（Bedarfsbewertung）がなされるようになり、具体的には「不動産所有価格」（Grundbesitzwerte）が適用されることになった。

三　統一評価と必要評価との差異

さて、不動産に適用されてきた従来の統一評価額と、九六年から相続税法に適用される必要評価額とは具体的にどう異なるのであろうか(6)。統一評価が不動産税評価のために常時必要であるのに対して、必要評価は相続開始があり、相続税の課税対象として評価する必要があるときだけ評価するものであるが、統一評価が一九六四年一月一日時点の価格水準で評価するものであったのに対し、必要評価は一九九六年一月一日時点の価格水準で評価し、これを二〇〇一年末まで適用するので（評価法一三八条一項、四項）、それだけでも三二年の時間差がある。不動産が相続、贈与されると、必要評価をしなければならないが、不動産は「不動産所有価格」で評価される。この概念は取引価額とは異なり、類型化された価格で、現実的価格（aktualisierte Wert）と解されている。したがって、取引価格とはかならずしも一致しないが、納税者が実際の取引価額が「不動産所有価格」よりも低いことを立証したときは当該取引価額が「所有価格」とされることになっている（評価法一四五条三項三段）。したがって、実際の取引価額を上回ってはならないことが前提となっているといえよう。

具体的に各種不動産の評価方法の差異を少し検討してみよう。

一　未建築不動産

未建築不動産というのは、その上に利用可能な建物がない不動産のことである。建物の倒壊もしくは老朽化により利用可能な空間がもはや存在していない不動産も未建築不動産に該当する。このような未建築地は統一評価では「通常価格」で評価される。但し、一九六四年一月一日時点で取得可能な譲渡価格にあわせて評価されるのである。いわゆる「標準地価地図」(Bodenpreis-und Richtwertkarten) があり、そこに記載されている標準地価 (Bodenrichtwert) に基づいて簡単に計算することができ、この標準地価は税務署で閲覧することができるようになっている。この価格から、評価対象地の特殊性（大きさ、立地条件、形質、表面の性質等）に応じた加算、減算がなされ、固有の土地価格が算出される、という方法であった（図1参照）。

これに対して、一九九六年から相続税の場合は「土地所有価格」で評価される。これは一九九六年一月一日の一平方メートルあたりの標準地価に面積を乗じて、そこから一律に二割控除するのである。従来のように個々の土地の特殊性を十分には評価しないので、二割減じても、取引価額より高くなることもありうる。そこで、納税者が取引価額の方が安いことを鑑定評価などを通じて証明できれば、その取引価額が土地所有価格になる。このように、九六年時点の標準地価をベースにしているので、実際の取引額の七〇%程度の水準になったといわれている。従来の評価額が未建築不動産でも一〇%程度といわれていたのと比較するとかなり上昇したことになる（図2参照）。

図1

1964年の標準地価
×
面　　積
±
特殊条件
=
通常価格

図2

1996年の標準地価
×
面　　積
×
0.8
=
土地所有価格

なお、前述の標準地価は連邦建設法典に基づいて各市町村に設置されている鑑定委員会が策定するもので（建設法典一九六条）、大体取引価格の八～九割の水準といわれ、公開されている。この標準地価をベースにするわけだが、課税対象となる土地の容積率などを勘案した調整も行われている。(7)

二　建物付不動産

建物付不動産についての統一価格は従来二つの評価方法で算定されてきた。通常賃料の算定が可能な一般の不動産はいわゆる「収益価格方式」(Ertragswertverfahren) で評価され、例えば、一家族用もしくは二家族用住宅で特別にぜいたくな設備で特徴づけられているものや、通常の賃料を算定できない業務用不動産などは、収益ではなくいわゆる「物件価格方式」(Sachwertverfahren) が適用されてきた。

まず、収益価格方式というのは次の方式で計算されていた（図3参照）。

図3

1964年の年粗賃料
×
倍　　数
±
増・減額事情
×
1.4
=
基準となる統一価格

すなわち、当該不動産の六四年時点の賃料を基礎に、地域・建物の種類等に応じて異なる一定倍数を乗じて、そこから特殊要因を廃除し、六四年時点の統一価格を算出し、その四割を加算した金額を適用してきたのである。四割加算があるとはいえ、三〇年以上前の時点を基準としていること、しかも収益評価であるため、実際の土地取引の五～一〇％程度といわれてきた。

これが改正された「不動産所有価格」ではどうなるのだろう。新しい評価方法も建物付不動産には二つの評価方法を採用し、従来「収益価格方式」で評価してきたものには、新しい「収益価格方式」を採用することに

した。(8)

具体的にいうと、次のようになる（図4参照）。

同じ収益還元方式だが、一九六四年の賃料ではなく、また、一九九六年一月一日時点の賃料でもなく、相続開始時点前三年間の平均賃料を基礎にしている。実際の賃料の三年間の平均が基礎にされるが、二年前に改築して高い賃料を取っているような場合には当該改築後の賃料だけが平均される。賃料に含まれるのは賃借人から受け取る全対価だが、光熱費等の経費に該当するものは除かれる。自宅に住んでいる場合のように、実際の賃料がない場合には、「通常の賃料」が基準になるが、この場合は市町村が作成した標準賃料票（Mietspiegel）に基づいて算定されることになる。(9)

図4

課税時点前3年間の平均年粗賃料
×
12.5
−
建築年数による減額
＋
2割加算（1家族用住宅及び2家族用住宅のみ）
＝
不動産所有価格

倍数は金利五％の場合の資本還元倍数二〇を基準に後述のような様々な要素を加味して一二・五とされたと説明されているが、全国一律であること、低水準であること、等の批判が強い。

建築年数による減価は一年〇・五％で、二五％まで減価できる。

具体例を示しておくと次のようになる。

（設　例）

1990年に建築された235m²の2家族用住宅：

3年間の平均賃料月13.5DM

97年5月相続

235（面積）×13.5（賃料）×12（月）×12.5（倍数）＝	475875DM
建築年数減額：0.5%×(1997−1990)＝3.5%	16656DM
中間価格	459219DM
2割加算	91844DM
不動産価格	551063DM
不動産所有価格（1000DM以下切り捨て）	551000DM

こうして得られた価格が、当該不動産を未建築地として評価した場合を下回ってはならない（最低価格）し、この価格が取引価格よりも高いことを納税者が鑑定等により立証できたときは実際の取引価格を不動産所有価格にすることができる。

三　物件価格方式・帳簿方式

物件価格方式は年粗賃料を算定できない業務用不動産の評価、及びその他の不動産の評価に適用されてきた方式である。一家族用住宅、二家族用住宅の場合は、それらが特別の仕様及び設備によってその他の比較可能な住宅と区別されるときだけ適用される。それにより、年粗賃料の中には現れない特に価値ある形質がよりよく把握されることになる。

この方式は土地と建物を別々に評価し、合算するもので、土地は一九六四年時点の未建築不動産としての評価額、建物は一九六四年時点の平均建築費を基準にして、そこから減価及び増額分を調整して算定する。収益価格方式より高い評価額となり、しばしば六四年当時の取引価額よりも高くなるので一定割合を減額して調整を行っていた。

これに対して、九六年からの必要評価では「帳簿方式」(Bilanzwertverfahren) に変更された。これは土地と建物を別々に評価して合算する点は同じだが、土地は九六年の標準価格に面積を乗じ、そこから三割（未建築地の場合の二割ではない）を減算した価格を土地評価とし、建物は帳簿価格（取得価額から減価償却を控除した金額）としている（図5参照）。

図5

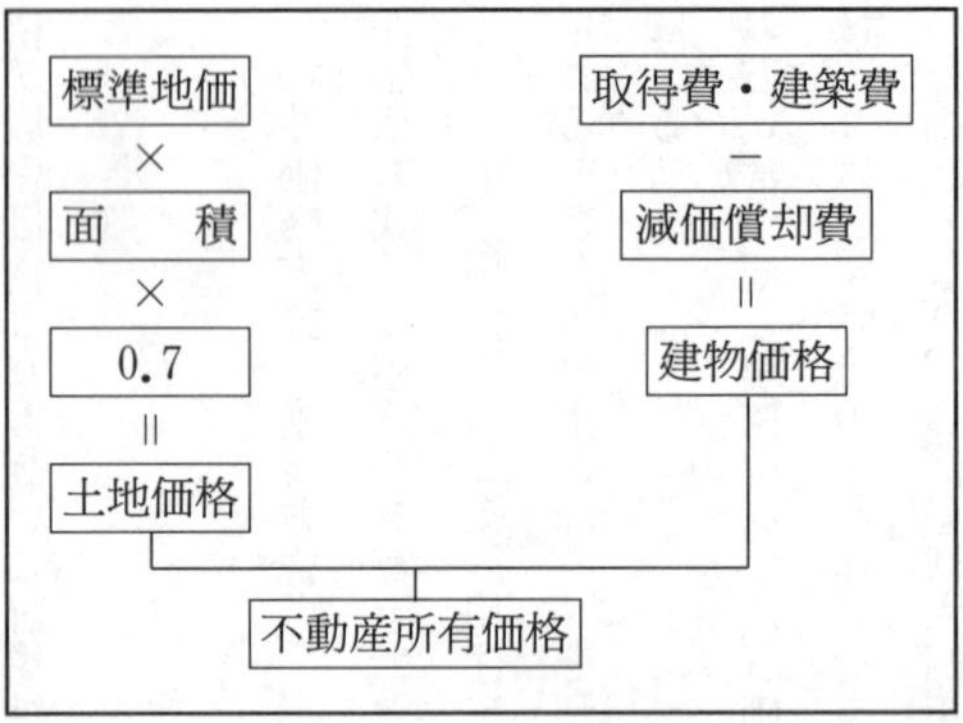

四　新評価の合憲性

さて、以上のような新たな不動産評価方法は平等原則の要請を充たすものになったのであろうか。相続税の場合、不動産だけではなく、有価証券その他の市場価格が明確な資産も課税対象となっており、しかも、新相続税法においても税率は同一なので、課税評価自体において平等性が実現されなくてはならないからである。

この新評価の平等性に対する批判はかなり多く見られるが、ここで平等原則との関係を詳細に論じているゼールの議論を紹介してみよう[10]。別稿で指摘したように、ドイツではヘンゼル以来、課税評価はそれ自体が目的ではなく、特定の課税目的のためであるので、税目ごとに評価額が変わることはむしろ当然とする議論がある[11]。この議論からすると、期待収益税の場合は取引価格ではなく、収益価格が基準となることになる。ゼールによれば、相続税は期待収益税でも被相続人の最後の財産税でもないが、実質財産税 (Substanzsteuer) 的な効果があり、そのことが予定されている。もし法律が相続人や受贈者に、租税支払いのために彼の利得の一部を市場に出して実現することを要求しているのであれば、取引価格が首尾一貫した比較基準となり、収益価格ではないという。したがって、憲法裁判所が強調した実態に即した価格関係の命令の下では資産税の場合の評価はむしろ取引価格に向けられねばならない(12)。金銭や有価証券については正確な市場価格が知られているなら、実態に即した関係というのは市場価格水準でのみ形成しうる。そうでなければ、すべての経済財について仮定的な、市場と異なる価格で計算しなければならないからである。憲法上要請されている配慮は税率で行えばよい、ということになる。また、取引価格に向けられることはア・プリオリに収益的評価を排除するものではない。取引価格と収益価格の間に厳格な対立があるわけではない。しかし、取引価格で評価されたものと収益価格で評価されたものとが、同一の税率を適用されるので、近似値になっていなければならない、という。

このような観点から、彼は未建築不動産と建物付不動産の新評価について次のようにいう。

一　未建築不動産

ゼールによれば、大量の事件を処理すべき税法の執行における平等性は一定の類型化を通じて初めて実現され、個々の具体的・個別的事例の平等性は類型的正義のために留保されざるを得ない、という。個別的に行うと費用がかかりすぎるような場合には、立法者はこのような類型的正義を行使する。そのような状態が不動産評価の場合にはある。「不動産については絶対的に適切な市場価格がなく、多かれ少なかれ異なる取引価格を主張しうる市場価格水準があるだけである。経験を積んだ専門家の二つの鑑定評価も大きく異なることがあり、どちらが誤りということもできない。格差幅が±二〇%前後あり、その枠内で取引価格は主張しうる。したがって、評価はその目的が取引価格であっても、不確定な価格に関する不確定な近似的手続に止まる」。このような場合には、資本財産との乖離、不動産内部での差異が恣意的なほど大きくないか、が問われるべきであり、「客観的に適切な取引価格がないことに着目するのであれば、類型化された標準地価と結びつくことは全く適切と思われる」[13]ということになる。

不動産取引価格にはかなりの幅があり、それ故、平均的な標準地価を基礎にすることは類型的正義の観点からみて合理的ということになる。基準となる標準地価が実際の取引事例等を基礎に算定しており、取引価格と大きな乖離がないことも影響していよう。

二　建物付不動産

これに対して、ゼールは、建物付不動産の評価方法に対してはかなり批判的である。当初は建物と土地を別々に算定する方法が想定されており、これでも実際の購入価格の六〇%程度であったといわれているのに、そのような評価さえ高すぎるとして現行の大まかな評価方法になったことに対する強い批判を込めて次のようにいう。

「課税目的のために事実関係を類型化する立法者の権限は無制限ではない。法律的類型化の権利は現実の実態に即した把握の留保の下にある。類型化に際して法律は通常に結びつかねばならず、異常もしくは恣意的に把握した事実関係を規定してはならない。導入された収益方式はこのような要請を充たしていない。立法者の考えによれば、収益価格は取引価格を類型化したものではなく、明らかにそれを下回る価格を類型化している。そのため相続・贈与税の負担根拠を評価は課税標準の中に最初から適切に置き換えられておらず、基本法三条から発展した体系性の命令に反している。評価がア・プリオリに取引価格を著しく下回ることにに向けられているので、収益価格は建物付不動産を資本財産と比較的平等に扱う近似価格でもない。この法律は、二つの物差しで測るという憲法裁判所によって非難された誤りに陥っている。(14)」

ゼールがこのように厳しく批判する具体的根拠のひとつが一二・五という全国一律の倍数である。ゼールによれば、不動産仲介業者でももう少しそれらしい価格を設定するし、倍数を一律にすることはない。この評価方法は、五％の利子付の有価証券を買った投資家と比較し、基本となる倍数を二〇と設定し、そこから維持・管理費として類型的に純粗賃料の一五％、利用制限に一〇％、評価のリスクに一〇％、公共の制約に五％、その合計四〇％を二〇から削除し、一定の調整の上一二・五とされた。ゼールによれば、この倍数は、不動産所有者をできるだけ不安にさせず、何らかの合理的根拠をつけることのできる数字として選ばれたにすぎない、という。また、この評価方法の杜撰さは減価要素からも明らかで、なぜならば二〇％の評価減は建物だけではなく、減価しないはずの土地部分にも適用されているからである。しかも倍数を出すときに家屋の管理費等を考慮に入れているのに、更にここで減価することも矛盾していることになる。

賃料のない、簡単な物件価格方式と呼ばれる帳簿方式にも同じことがいえる。建物は立方メートル価格ではなく、所得税の評価額、つまり帳簿価格で評価されるが、帳簿価格は過去に結びつけられた価格見積もりであり、現在の実際の価格と何の関係もない。これらはむしろ偶発的価格をもたらす。偶然が基準となるのはカジノにおいてのみであり、法治国家の課税の基準であってはならない、という。

このようなゼールの厳しい批判からすると、建物付不動産の評価に関する違憲問題が再燃する可能性も高いといえよう。

五　相続税・不動産税と収益的評価

確かに、ゼールの批判には説得力がある。しかし、ゼールは、相続税法が相続人や受贈者に租税支払いのために彼の利得の一部を市場に出して実現することを要求している、ということを前提にしている。はたして相続税は相続人が取得財産を市場に出すことを要求しているのだろうか。むしろ、相続税は、相続という、市場とは異なる法制度を通じて資産を取得することに担税力を見いだしているのではないだろうか。市場に出したときは、(ドイツでは個人譲渡所得は原則として所得税の対象にならないが)日本の場合には譲渡所得課税で被相続人時代からの含み益を精算するのであって、相続税が対象にしているわけではないからである。相続という制度を通じての財の取得は当該財産を市場で手放すことを前提としているよりは、当該財産を承継することに担税力を見いだしているのとすると、当該財産から生み出される収益を基礎にした評価額を適用すべきだという議論も可能であろう。そうだとすると、収益評価方法の方がより適切で、市場価格が明確なものについては評価を調整したり、あるいは税率を調整すべきである、ということにもなる。

ところで、前記憲法裁判所決定以後も不動産税は相変わらず一九六四年

表1　主要都市の不動産税の賦課率(一般不動産用)

ベルリン	600
ボン	450
フランクフルト	570
ミュンスター	420
マールブルク	300
ミュンヘン	400

表2　賦課率の変遷(ミュンスター、一般不動産)

	1980年	1985年	1990年	1995年	1997年
ミュンスター	250	264	300	340	420

のきわめて低い統一評価が適用されている。取引価格に比して低くても、不動産だけが課税対象であるので平等原則違反は生じないからである。それ故、ドイツの不動産税の課税標準は長期間低く安定しているのである。自治体は不動産税の増収を図る場合には、評価の引き上げではなく、賦課率の引き上げで行っているのが実情である。各自治体は法律の範囲内で賦課率を独自に決定し得ることが憲法上保障され（基本法一〇六条六項）、不動産税法により各自治体は毎年賦課率を変更することが認められている。(15) 実際不動産税の賦課率は表1のように自治体によってかなり異なっており、(16) また表2のミュンスターの例のように、かなり変遷してきているのである。

このように、不動産保有税については、評価は安定させ、税率で調整するという方法が現在も採用されているのである。

六　むすびにかえて

以上のように、九五年違憲決定後の土地評価改革の動きとその問題点を紹介してきた。平等原則との関係で不動産と他の資産との評価の平等が問われた相続税改正においても、建物付不動産に対してはなお収益方式が採用されたこと、不動産だけが課税対象となっている不動産税においてはなお統一価格が適用され続けていること、等をどう評価すべきなのであろうか。税制だけではなく、不動産法制や都市計画法制の差異等にも留意しなければならないが、不動産を取引価格で評価することの難しさを物語っているようにも思われる。他方収益価格で評価すべきとした場合、その合理的評価方法については必ずしも学問的に確立したものがあるわけでもなく、ドイツでもその具体的評価方法については厳しい批判が投げかけられている。不動産の取引価格について客観的・絶対的な価格というものが存在しない以上、少なくとも不動産だけを対象にしている租税制度の場合には、取引価格や専門家による評価に依存するのではなく、むしろ謙抑的な低評価を採用しつつ、他方で納税者全体に評価額をオープンにして、住民の相互監視による公正性・公平性のチェックに期待するような仕組みも検討されるべき時期にきているのではないだろうか。

（1） 例えば、北野弘久『企業・土地税法論』（勁草書房・一九七八年）、同『憲法と地方財政権』（勁草書房・一九八〇年）などを参照。

（2） 山田二郎「固定資産税を改善するための課題」税経通信一九九六年二月号一七頁以下、同「固定資産税の課税構造を改革するための考察」東海法学一七号一頁以下、等。

（3） 三木義一「土地課税における評価基準」社会科学研究四五巻五号一頁以下（三木『受益者負担制度の法的研究』信山社・一九九五年に所収）。

（4） この判決については、中島茂樹・三木義一「所有権保障と課税権の限界」法律時報一九九六年六月号四七頁以下、谷口勢津夫「財産評価の不平等に関するドイツ連邦憲法裁判所の二つの違憲決定」税法学五三五号一五三頁以下、等参照。

（5） 三木・前掲書（注3）の他、「ドイツの土地保有税制の概要と問題点」日本不動産学会誌六巻三号二七頁以下、翻訳として『ドイツの住宅税制』（日本住宅総合センター・一九九二年）等参照。

（6） 必要価格について解説したものは多いが、本稿ではミュンスター税務署から提供された実務的手引きである、Hans Argstatter, Bedarfsbewertung-Übersicht und Einführung の他、H. G. Christoffel, Überblick über das Jahressteuergesetz 1997, DStR 1997 S.265ff ; D. Moench/K. Höll, Die neue Erbschaftsteuer 1997. 等を参考にしている。

（7） D. Moench/K. Höll, a. a. O. S.37.

（8） 草案段階では「住居・利用面積方式」が採用される予定だったが、結局収益方式に変更。「住居・利用面積方式」は土地と建物をわけ、建物は面積×平方メートル価格で計算し、建物の建築年数によって減額したものを土地と合算し、それを三割減した価格であった。

（9） 標準賃料票の具体例については、梨本幸男・三木義一「新借地借家法における賃料訴訟の問題点と提案 ― ドイツの標準賃料票を素材として」不動産鑑定一九九二年一一月号六五頁以下を参照。

（10） R. Seer, Die neue Erbschaft-und Schenkungsteuer auf dem verfassungsrechtlichen Prüfstand, Steuer und Wirtschaft 1997 S.283ff.

（11） 三木・前掲論文（注3）、特に一一頁以下（前掲書一六七頁以下）参照。

（12） R. Seer, a. a. O., S.287.

（13） R. Seer, a. a. O., S.289.

（14） R. Seer, a. a. O., S.290.

（15） 不動産税法二五条で次のように規定されている。

(1) 市町村は租税見込み額及び（複数の自治体のまたがっている場合の自己の）配分額にいかなる百分率を乗じて不動産税を徴収するかを決定する（賦課率）

(2) 賦課率は毎年もしくは数年毎、長くても租税見込み額の評価替え毎に決定されねばならない。

(3) 賦課率の決定及び変更は当該税率を適用する暦年の六月三〇日までに議決されねばならない。賦課率が前年を上回らない場合は、その期間以後に賦課率の議決をすることもできる。

（16） ノルトライン・ヴェストファーレン州では一九八一年法で許可義務を廃止。自治体は予算条例で賦課率を決定することや、租税条例で数年間の賦課率を定めることもできる。他の収入では不十分な時にのみ物税は徴収可能という原則があるが、あまり実効性がなく、財政需要に応じて決定されているのが実情のようである。

ドイツにおける裁量信託の課税について

渡邉 幸則

一　はじめに

信託は、もともとアングロ・サクソン系の法律制度であり、大陸法系においては直接これに対応する制度はない。わが国と同様ドイツにおいても、信託はその固有の法概念ではなく、私法上も税法上もいくつかの適用条文が存在するのみであり、信託の課税取扱はあまり詳細には規定されていない。それにもかかわず、ドイツにおける信託活用の事例は、近年とみに増加しているようである。その理由としては、相続人からの遺留分請求に備えるとか、相続財産の統合および保護をはかるとか、債権者からの追求を避けるとか、課税以外の理由に基づくものが多いが、また、課税軽減を狙ったいわゆる「私的・タックス・ヘイブン」とよばれる現象もかなり多く報道されているようである。わが国においても、一九九八年四月一日以降外国為替管理の全面的自由化にともない、居住者の国際的信託設定が自由になったので、今後同様の法現象が生ずる可能性がある。本稿は、そのような国際的信託課税のあるべき姿を探求するひとつの参考として、ドイツにおける裁量信託の課税の実情と問題点を取り纏めたものである。

二　裁量信託の定義

信託の組成は、言うまでもなく、委託者、受託者、および受益者の三者の間で行なわれるが、組成当時において受益者が必ずしも存在する必要はない。受益者は、将来特定されてもよいし、また将来存在する見込みであってもよい。信託が組成され、信託財産に帰属するすべての収益が分配されなければならないことになっているが、受託者が受益者を特定し、またはその分配額を決定し得る権限を有しているとき、このような信託を裁量信託という。

裁量信託においては、受益者が組成当時は存在または特定しないため、これに信託財産およびそれから生ずる収益を帰属させるわけにはいかない。したがって、委託者か、受託者に帰属させる外ないが、委託者は、信託財産から生ずる収益のすべてを分配する権利を受託者に与えているので、それにもかかわらず委託者が依然信託財産を所有し、かつその収益を享受しているとすることは適切でない。ところが、わが国の現行税制では、受益者が存在または特定していない場合には信託財産は委託者に帰属するとみなされる（相続税法第四条）から、このような信託についても、信託財産およびそれから生ずる収益は委託者に帰属される。その結果、委託者が死亡した場合には、その相続人は、法律上相続によって何らの利益を得ず、担税力もないのに相続税の課税を受けることになる。他方、受託者がその後受益者を特定した場合、委託者の相続人から受益権の贈与を受けたことになり、贈与税の課税を受ける。

信託財産とそれから生ずる収益が委託者の支配から完全に離れている点に着目して、英国では、裁量信託は独立の存在として取り扱われている。すなわち、裁量信託の受託者に対する資産の移転に対しては、移転時から七年間に委託者が死亡しないかぎり、相続税の課税はなく、信託財産の収益については、受託者が納税者となり、所得税が課税される。受益者が信託収益の分配を受けた場合には、それから生ずる所得は、当初信託へ支払われた所得とは別の所得であると考えられ、これに対する課税額から受託者が納付した税額の控除が認められる。これは、あたかも信託を法人と同様に取り扱い、受益者を株主と同様に扱って法人段階での納付税額の控除を認めるのと同じである。

三　ドイツにおける信託課税の概要

一　所得税および法人税

(1)　法令の規定　ドイツにおいても、信託の課税については、信託の内容を実質的に観察して課税取扱を定めている。委託者または受益者が信託財産についてなんらかの支配を法律上、事実上行なっている場合は、信託財産およびその収益は、委託者または受益者に帰属するものとして扱われる。通則法第三九条(2)(1)の規定によってかかる関係は、いわゆるTreuhandとして扱われ、受託者によって稼得された所得は、委託者に帰属するものとして取り扱われている。したがって、その所得の性質も源泉も委託者によって直接得られたものとして処理される。このような信託は、税務上その存在を無視され、いわゆる導管として考えられているわけで、わが国の税務上の信託の取扱と合致している。

判例においても、設定者が任意に取り消し得る信託および設定者または受益者が信託財産によって生ずる収益の分配の時期および金額を決定し得る権利を有する信託については、信託自体の存在を認めないこととされている。信託終了時において信託財産が委託者に帰属されることとなっている信託も同様である。さらに、受益者が受託者に対してなんらか自己に有利になるように影響力を行使できる権利を有する場合には受益者が設定者であるものとみなされて課税を受ける。

ところが、設定者が任意に取り消すことを得ない裁量信託については、所得税および法人税の取扱上独自の課税主体となることが認められている。すなわち、法人税法第一条第一項第五号に規定されている目的財産（Zweckvermögen）または、権利能力のない財団は法人税の納税義務者である旨規定され、同法第二条においては、財産の集合であって、その設定者の所有に帰せられないが、それから所得が発生するものを Vermögenmasse と定義してこれを納税義務者としているので、このような信託を Vermögenmasse として扱うのである。したがって、ドイツの無制限納税義務者が海外に信託を設立し、これに対し資産を移転し、その資産の管理を受託者に委ねた場合には、海外所在の Vermögenmasse として扱われる。

判例によれば、単に資産を移転し、その管理を他人に委ねたのでは目的財産としては認識されない。設定者が当該財産の処分権を有し、またはそれから財産的受益を享受できる場合には依然として設定者の所有に属するものとして扱われる。これに対して、取消し不能の信託は、目的財産として扱われる。このような信託においては、受託者は、信託の本旨にしたがって信託財産を管理するにすぎず、受益者もまた受託者に対して全くまたは殆ど監督または指示の権限をもたないから、信託元本または利息について処分権を有するとはいえない。また、信託の解散を請求する権利もない。このような場合には、取消し不能の信託にかかわる財産は、特別財産（Sondervermögen）であり、法人格のない Vermögenmasse である。

信託はまた、財団（Stiftung）に類似しているが、一般にドイツの裁判所は、信託を財団として扱うことはない。ただ、取消し不能の海外信託については、次にのべる二つの判例がいずれも対外課税法（Aussensteurgesetz）第一五条の適用を認めているが、これは信託を目的財産として認識したものであり、その限度において財団と類似する扱いとなっている。

いずれにしても、取消し不能の海外信託については、信託自体が所得の帰属者となるのであるが、その場合帰属せしめられるのは、国内源泉所得に限られている。この類型の信託に関連する規定は、対外課税法第一五条である。

この規定は、外国の同族財団（Familienstiftung）の設立者がドイツ居住者である場合にその所得をその設立者に帰属させ、もしくは受益者が定められている場合は、ドイツ居住者である受益者に対しその受益分に対応して課税を行なうものである。この場合、同族財団とは、設立者、その家族、および子孫が当該財団の清算価値の半分以上を受益する権利を有する財団と規定されている。ただし、設立者または受益者が法律的に受益の権利を有することが必要か、または単なる事実上の受益の期待でも足りるかどうかについては明文の規定はない。学説は、単なる期待で十分であるとし、これが次にのべる連邦財政裁判所の判例によって最近支持されることとなった。

(2) 判例　連邦財政裁判所は、一定の信託が対外課税法の解釈上財団と同視できると判示し、同法第一五条の規定によってかかる信託から生ずる所得が居住者である信託設定者または受益者に帰属するとの結論を出している。

海外信託の課税については、連邦財政裁判所の一九九二年および一九九四年のふたつの判決が重要である。

二　一九九二年の判決(1)

この判決の原告Xは、S（無制限納税義務者）の長女でその唯一の相続人であった。

Sは、一九七八年一〇月英領ジャージー諸島において、自らを委託者、二名の英国人を受託者とする信託を設定したところ、信託契約書においては、委託者が二名の受託者を更迭する権限およびこの二名以外にも受託者を選定できる権限を有する旨の規定が含まれていた。（これらの権利は、Sの死後その長男Kに移転し、その死後はXに移転する。信託財産は、総額一〇万マルクであった。）

この信託は、取消不能のものとして設定された。その受益者は、当初は、Xおよびその子、孫等の直系卑属に限定されていたが、一九八四年九月信託契約が改定され、信託終了時においてXおよびその直系卑属が現存しない場合に限って、Kおよびその直系卑属が受益者となることとされた。信託の存続期間は、八〇年と定められているが、受託者の裁量によりいつでも終了できる。

この信託の受託者は、その裁量により、受益者の生計を維持するため、またはその収益を確保するため、受益者に対して給付を行なうことができる。しかし、受託者は、信託財産から生ずる収益を蓄積し、または慈善のため寄付することもできる。

Sは、一九九〇年死亡したが、その後一九八〇年から一九八四年分の所得税の課税に際し、課税庁は、信託財産から生ずる所得をSに帰属するものとして、この課税年度中Sと共同申告を行なっていた妻Yに対し、同年度分の所得を推計して課税したが、後にその一部を調査によって明確にし、その分を推計課税分と差し替えた。これに対して、YおよびXは、更正決定取消を求めて出訴した。

原告が取消を求める理由は、本件更正決定が対外課税法第一五条違反であるというところにあった。判決は、Sが無制限納税義務者である事実を認定した上で、本件信託が権利能力のない財産集合（Vermögenmasse）であると認定し、そのような財産集合は、設定者から分離され、それ自体で収益を生じ、一定の目的のため運営されているのであり、いわゆる特別財産（Sondervermögen）であると認められ、私法上は、権利能力を有しないが、経済的に独立していると認められるのであれば、法人税法上の主体となり得ると判示した。

ついで、判決は、本件信託が経済的独立性（wirtschaftliche Selbstverständigkeit）を有しているかどうかを検討し、受託者が第三者から委託を受けて財産を保有し、当該財産とその収益を一定の目的のため管理し、使用する義務を負う場合は経済的独立性が認められるとして、無制限納税義務者が第三者に対してその財産を移転し、その管理収益を第三者に任せた場合には、まさしくこのような独立性が認定できるとした。

対外経済法第一五条は、権利能力のない財産集合は、その設定者、配偶者および直系卑属が信託からの二分の一以上の受領権および帰属権（bezug-und anfallsberechtigt）を有している場合に限って同族財団として認定されると規定している。設定者が自分だけで二分の一以上の資格をもっている必要のないことはもちろん、配偶者や直系卑属のそれぞれが資格を有している必要もない。これらの関係者が全体として二分の一以上を保有していれば足りるのである。本件において確定された事実によれば、原告Xおよびその直系卑属は、受領権も帰属権も有しており、信託財産およびその収益を慈善団体に寄付する旨の信託契約条項は、受領権を与えるものであっても、帰属権を与えるものではないから、本件信託が同族財団として認定される妨げにはならない。

同族財団の設定者は、本件の場合信託の設定者であるSと認められ、したがって同族財団の所得は、すべてその設定者に帰属することとされた。

一般的に信託の受託者は、信託財産を設定者のために保有しているか、受益者のために保有しているかのいずれかである。設定者のために保有している場合とは、設定者と受託者との間に民事的にも経済的にもTreuhandの関係または委託関係が存在している場合である。このような場合受託者の保有は、もっぱら設定者の利益のために行なわれる。設定者が受託者に対しなんらかの指図をする権限を有していれば、設定者のための保有である徴表であろう。設定者のための保有であるならば、経済的実質的にみてそれから生ずる所得は、設定者に帰属すべきである。この場合は、税法的には信託は存在しないのと同様になる。一方受託者の保有が受益者のためであると認められるならば、信託の設定者が信託財産について全ての処分権限を放棄することが前提となる。それとともに受益者は、現実に受益していなければならない。すなわち、経済的にあたかも所有者であるかのごとき利益を受けているか、または法律的には第三者のためにするTreuhandの契約が締結されていなければならない。

本件の場合信託設定後相続開始に至るまでの間信託が信託財産を取得するが、その間は信託財産の取得が繰延べられる。信託終了後信託財産が帰属権者に分配されて初めて設定者から直接に信託財産が移転したものとみなされる（この点については多くの判例がある。例えば、20 Dezember 1957 III 250/56U BFHE 66, 204, BstB1 III 1958, 79)。

本件判決においては、裁判所は、当該財産が取消し不能の条件で受託者に移転し、その帰属権利者であるXおよびその直系卑属が帰属権を行使できるのは信託終了時に生存している者であることを認定した。そのことを前提として、裁判所は、信託終了時までは一般的な財産の帰属に関する単なる期待（Anwartschaft）が存在するに過ぎず、このような期待だけでは信託財産にかかる受益とはいえない。いわんや財産帰属の具体的割合も確定していない状態では、到底受益とはいえないと判示した。したがって、係争年度中本件信託から発生した所得は信託自体に帰属するものとして実現していたのであり、これをいかに課税するかが問題となった。

対外課税法第一五条によれば、同族財産の所得は、その設定者に帰属させられる。しかし、その場合設定者はいかなる所得分類の所得を認識するかは同法および所得税法には規定がない。そこで、設定者の総収入から特別経費、特別負担を控除して設定者固有の所得と分離して課税されるというのが本件判決の結論である。原処分は、単に信託財産の収入のみを設定者に帰属させていたので、経費を考慮しておらず、その意味で一部取消を免れないものとされた。

三　一九九四年の判決(2)

上記の一九九二年の判決は、さらに一九九四年の租税裁判所の判決によって確認されることになった（2 Februar 1994, BFH IStR 1994 237)。

この事件においては、原告は、米国において設立された三つの遺言信託の受益者でり、一九八〇年当時ドイツの居住者であった。信託財産は、全て米国法人の発行する株式および社債で、米国に居住する受託者によって管理されており、かつ信託から派生する所得の分配は受託者の完全な裁量に委ねられていた。一九八〇年において受託者は、信託収入の全額から経費および税額を控除した残額を分配した。その外、原告は、第四の信託を米国においてみずから設立したが、これは取消し可能であった。

課税庁は、原告が提出した一九八〇年の申告書に記載された外国税額控除の一部を否認し、原告はこれを不服としてコロン租税裁判所に出訴した。同裁判所は、上記四つの信託にかかる所得はすべてドイツ所得税法第二〇条の規定によって原告に帰属するから課税所得となると判示した。

原告の控訴に対して連邦財政裁判所は、原審の判断を否定し、次の通り判示した。すなわち、同裁判所は、上記一九九二年の判決を援用し、上記三つの遺言信託については、信託の実体性を認め、所得税法第二〇条の規定に従い本件所得を原告に帰属させることは、できないとした。これら三つの信託の設定者はすでに一九八〇年はじめに死亡しており、これによって当該信託は、いずれも取消し不能となったものと認められる。たとい設定者が生前に信託代理契約を有効に締結していたとしても設定者の死亡後はかかる契約は有効でない。したがって、受託者は、設定者の死亡によって完全な信託財産処分権限を取得した。しかるに、受益者は、法令上契約上信託財産に対し、何らかの権利を取得していない。したがって、受益者に対して信託財産およびそれから派生する所得を受益者に帰属せしむ理由がない。これが、連邦財政裁判所の結論である。

しかしながら、連邦財政裁判所は、所得税法第二〇条の規定によって本件信託財産から派生する所得を原告に帰属せしむることは無理であるとしても、外国課税法第一五条の規定によって課税することは可能であると判示した。

原告は、本件遺言信託は、同族財団には該当しないと主張したが、同裁判所は、同条の趣旨は、外国の一定の団体であって、ドイツの居住者に受益させるものを課税するところにあり、本件三つの遺言信託はいずれも法人格のない財産集合であると認められ、いわゆる目的財産（Zweckvermögem）にほかならないから、同条に該当するとした。ついで、裁判所は、⑴原告が本件信託から生ずる全ての分配についてこれを受領し得る唯一の受益者である事実、⑵実際に原告が一九八〇年にかかる分配を受領した事実、⑶原告が設定者の親族である事実を確定し、本件信託は同族財団に該当し、且つその所得は、すべて原告に帰属すると認定した（なお、第四の信託から発生する所得については、控訴の対象とはなっていなかったが、これについても、受託者が設定者の代理人として所得を実現しているかぎり、当該所得は、原告に帰属すると判断されている。）。

四　二つの判決の比較

対外課税法第一五条は、信託が取消し不能となり、独立の存在として扱われる場合にのみ適用される。信託が実体性を備えるかどうかについて何を根拠に判断するかが重要となるが、一九九二年判決では、これを取消し可能性に求めている。取消し不能の信託については受益者は原則として現実に受益したときに受益の限度において課税される。また、受益者課税の原則として受益者が法律上なんらかの権利を信託元本または利息について有していることが必要となる。

これに対して、一九九四年の判決では、信託の実体性を判断するために取消し可能かどうかという基準を中心とするかどうかが明らかでなくなった。一九九四年の判決では、取消し可能の信託であっても信託の実体性が認められる可能性が示唆されている。すなわち、一九九四年の判決では、一九九三年の判決（27 Januar, 1993, BFH BF

HE 170, 383, 387）が援用されているが、この判決は、ドイツ法にしたがって組成された不動産信託基金で多数の投資家が出資したものについて、その所得が信託受託者に帰属するのか、または投資家に帰属するかが争われた事件である。判決は、受託者がその名義で取得した家賃収入は、(1)投資家が受託者に対し信託財産について指示する権限があり、且つ、(2)投資家が投資元本を実質的な経済的損失を被る事無く取り戻せる権利を有する場合には個々の投資家に帰属すると判示した。その意味では、一九九四年の判決によって、信託の実体性を認める範囲がやや広がっているように思われる。

四　相続税法

信託設定のため資産を受託者に移転する行為そのものについては、原則として相続税の課税対象とはならない。受託者は、単に信託契約の趣旨にしたがって信託財産を管理するのみで、相続税の課税要件である受益を受けていないからである。相続発生の場合または信託契約終了時における信託財産は設定者から受益者に対して直接移転したものとみなされる。ドイツの相続税は、被相続人と相続人との親族関係によって控除および税率が異なるが、これらも設定者と受益者の関係で判断され、受託者との関係は考慮されない。したがって、相続発生または信託契約終了時までの中間的信託期間は課税に関係がない。そこで世代間スキッピングを含む信託契約が締結されたときの扱いが問題とされている。

しかしながら、上記のように、信託でなく、同族財団が認定される場合には、当初の資産の移転は同族財団に対する出資とみなされるから、相続税法第三条および第八条の規定により相続税の課税対象となる。もっとも遺言信託については、判例によって法人格の認められない財団についてのみ相続税の課税対象となるとされているが、これが信託について適用されるかどうか疑問が残っている。まして、通常の生前信託については、いまだ判例がない。

五　裁量信託の受益者の課税

上記のドイツにおける取消し不能の裁量信託における課税取扱は、この種信託については受益者に課税しないことを前提としている。その意味でアングロ・サクソン流の裁量信託の取扱と類似しているといえよう。

裁量信託の受益者に課税すべきでないことは、夙に連邦大蔵省担当官の作成したコンメンタール（Runge, in : Brezing, et al., Aussensteurrecht）においても同意されており、対外課税法第一五条による外国信託の受益者に対する課税は、当該受益者が信託財産またはその所得に対してなんらかの法令上または契約上のアクセスを有する場合または受益者が信託利息の分配に対してなんらかの法令上または契約上の影響力を有している場合に限定されるとしている。

また、上記一九九四年の判決に関与した裁判官の一九九二年判決に関するコメントによると、対外課税法第一五条によって課税を行なうためには、受益者の特定とその信託財産および所得に対する持ち分の範囲を確定する必要があるが、裁量信託の場合には受益者の権利を決定するためにいくつかの要素があって確定が容易でなく、そのような場合には同条は適用できないとしている。例えば、外国に信託を設定して、そこから親族の必要に応じて分配を行なう場合に、課税当局としては、親族のいずれが何時どの程度分配を受けるかをあらかじめ確定できない。このような条件付受益者（Zufallsdestinäre）は、現実に分配を受けるまでは非課税とされるべきであり、これを課税することは憲法上の問題を生ずる。一九九二年の判決は、したがって受益者について現実の分配が行なわれていること、および信託約款の解釈上受益者が分配に関し権利を有していることを確認した上で受益者に対して課税を認めているもので適切であるが、この二つの条件のいずれもが満足されるべきである。以上のようにコメントがなされている。

納税義務の成立後の事情変更と確定申告

岩﨑　政明

一　問題の所在

日本国憲法三〇条は、「国民は、法律の定めるところにより、納税の義務を負う」と規定する。このことから、納税義務は、個々の租税法規の定める課税要件の充足により、一方的かつ形式的に成立すると解されている（たとえば、最判昭和四二・三・一四集民八六号五五一頁など）。個別の租税に関して、納税義務がいつ成立するかということは、国税通則法一五条二項に規定されているが、課税物件を一定の期間を区切って認識するタイプの期間税とその発生のつど認識するタイプの随時税とでは納税義務の成立時期が異なる。

期間税、すなわち所得税や法人税のように、一定の期間の間に累積する課税物件を対象として課される租税[1]については、その課税要件は法定の課税期間の終了と同時に充足されるから、その時に納税義務も成立することになる。つまり、その時点で、納税義務者が累積した課税物件の総額を認識していると否とに関わらず、納税義務は直ちに成立するのである。納税義務者は、多くの場合、納税義務の成立の時点では課税物件たる所得の総額を知らないから、この総額を法定申告期限までに認識し、法律に従って税額計算をしたうえ、課税庁側にこれを申告することにより納付すべき税額が確定する。すなわち、租税という金銭債務の抽象的成立とその債務内容の具体的確定との間に、一定のタイムラグが存在することが、租税債権債務関係の特色を成しているのである[2]。

ところが、私的経済取引は、私法上も事実上も、この課税期間内に完了するとは限らず、この期間を越えて継続したり、事情が変わることもあるから、これにつれて課税期間内にいったん成立したかにみられる課税要件事実が、当該納税義務の成立の時点から確定の時点までの間に変化することもあり得るわけである。そのような場合、納税義務者は、課税要件事実の変化を前提とした確定申告をすることができるであろうか。それとも課税事実の変化を認識しつつも、当該年分・年度の申告にあたっては、そのような事情の変更がなかったとした場合の税額を計算していったん申告をし、その後に、更正の請求によって過年分・年度の税額の訂正を求めるか、あるいは翌事業年度の申告の際に、前期損益修正の処理をして、納付すべき税額の調整を行うことしか途がないのであろうか。

本稿においては、この問題について検討を加える。検討に際しては、ある課税期間においてだけ一時的・偶発的に生ずる所得に対する租税と、複数の課税期間にまたがって反復・継続的に生ずる所得に対する租税とに分けて論述することにする。具体的にいえば、譲渡所得や一時所得等の所得税に関する問題（以下、便宜上、これを「所得税の問題」ということにする）と、法人税に関する問題に分けるということになるが、これらを区別するのは、後者にあっては、いわゆる前期損益修正の処理の仕方に関する会計制度があり、これと租税法上の取扱との調整をどのように考えるべきかという別の問題が生ずるからである。なお、企業会計原則の適用があり得るという点では、事業所得等に係る青色申告の所得税についても、同様の問題が生じ得るが、これについては、所得税法五一条二項および同法施行令一四一条に関連の規定があるため、とりあえず、考察の対象から除くことにする。(3)

二　納税義務成立後の事情変更と所得税に係る確定申告

1　考察対象とする「事情の変更」の意義

本稿でとりあげる問題は、一般論に換言すれば、所得税や法人税などの期間税について、課税期間が終了し、当該期間に係る納税義務がすでに成立してはいるものの、法定申告期限までの間に、課税所得の内容に重大な影響を及ぼす「事情の変更」があったとき、これを当該期間の確定申告における課税所得の計算にあたって勘案することができるかどうかということである。

しかし、ここにいう「事情の変更」とは、どのようなものでもよいというわけではない。法が一定の課税期間を区切って納税義務の成立・確定を行う期間税という類型を定める以上、課税要件事実の認識も当該期間ごとに行うのが当然のことである。本稿でとりあげるのは、課税期間内にいったん生じていた課税要件事実が、後になって何らかの事情により遡及的に変更消滅するような場合、すなわち、具体的にいえば、この課税要件事実の前提として存在する取引等の私法上の法律行為がその後の事情変更により遡及的に消滅したり、あるいは遡及的に発生するといった場合、たとえば無効、取消、（停止または解除）条件の成就等の場合に限られる。(4)

2　納税義務成立後の事情変更を勘案した確定申告を是認する裁判例

すでに述べたように、納税義務は、租税法規の定める課税要件の充足によって成立する。そして、国税通則法一五条二項に基づき、所得税や法人税などの期間税については、その課税期間の経過（暦年の終了の時または事業年度の終了の時）により納税義務が成立することとされている。したがって、いわゆる課税要件法の観点（納税義務の成立要件に則した法解釈の視点）からみる限り、これら期間税については、課税期間終了後に所得発生事実を消滅させる事由が生じたとしても、一般的には、更正の請求等の法定手続を経ることなしに、既に成立している納税義務の内容を自由に変更しうるものではないというのが原則的な理解ということができる。(5)

しかし、当該課税期間に係る法定申告期限までの間に、現実に所得を消滅させる一定の事実が生じている場合にまで、右に述べた一般論を貫く必要があるかどうかということになると、「所得なきところ課税なし」の観点からして、これには疑問がある。

東京地判昭和六〇年一〇月二三日訟務月報三二巻六号一三四二頁（なお、同判決の結論は、東京高判平成元年一〇月一六日判タ七二四号一九一頁及び最判平成二年五月一一日訟務月報三七巻六号一〇八〇頁によっても支持されている）は、自ら経営する同族会社との間で不動産の交換契約を締結した個人が、税理士から当該交換による譲渡所得について租税特別措置法三三条一項所定の「居住用財産の譲渡所得の特別控除」の特例の適用がない旨教示された結果、当該暦年の終了後になって急遽当該契約を合意解除し、右交換による譲渡所得を申告しなかったところ、課税庁側から当該譲渡所得に係る更正処分等を受けたという事件において、合意解除の事実が法定申告期限前に生じている場合には、更正の請求をすることを要せず、譲渡所得がなかったものとする内容の確定申告をすることを是認した(6)。

すなわち、「被告〔筆者注：税務署長〕は、所得税の納税義務は当該暦年の終了時に成立するものであるから、仮に、その翌年の三月一四日〔筆者注：原告の法定申告期限の前日〕に本件合意解除があっても、これにより当然に（更正の請求という手続を経ないで）、前年分の譲渡所得に係る納税義務の内容に変更を生じるものではないと主張する。しかし、国税通則法二三条一項一号が過誤に基づく過大な申告について更正の請求を認め、また同条二項三号、同法施行令六条一項が一定の要件のもとに、いわゆる後発的事由に基づく更正の請求を許している趣旨に鑑みれば、当該所得年度の終了後その法定申告期限までに成立し、当該所得年度の収入を遡って消滅させることになる合意解除は、当該所得年度に係る所得税確定申告においてこれを反映させ、同収入の不発生を前提とした確定申告をすることが許されると解すべきである」と判示し、また、「当該所得年度経過後その法定申告期限内の合意解除であっても、それが真実であり、当該収入を遡って失わせたものであれば、その動機がどうであるにせよ、これを確定申告に反映させることは許されなければならない」とも述べている。

3　納税義務の成立に関する例外取扱の範囲と根拠

この東京地裁昭和六〇年一〇月二三日判決は、私法上の遡及効ある法律行為の一つである合意解除の効力と納税義務の範囲との関係について、注目すべき新たな判断を示したものと評価できるが、思うに、この判断は、以下の理由から相当であると考える。(7)なぜなら、

第一に、合意解除のように所得発生事実を遡及的に消滅させる事由に限って、当該所得の不存在を前提とした申告を認めても、その限りでは、納税義務の成立時期が恣意的操作可能なものとなるおそれはない。

第二に、もし、合意解除が虚偽であったり、所得が消滅していないという事実が判明した場合には、課税庁としては、一般の場合と同様、当然に更正処分をすることができるのであるから、合意解除を基因とする所得の不存在を前提とする申告を認めても、更正の請求により課税標準等または税額等の是正をなさしめる方法と比べて、とりわけ課税庁側の更正権を侵害する結果が招来されるわけではないし、またこれを悪用した租税回避行為が誘発されるというわけでもない。

第三に、合意解除による所得の不存在を前提とした申告を認めると、申告是正の方法として更正請求の制度が設けられていることと抵触するとの批判があり得ようが、これに対しては、通常の更正請求（税通二三条一項）は法定申告期限から一年以内にすることができるものであるから、それがまだできない、課税期間の経過後から法定申

告期限までの間について、所得の不存在を前提とする申告を認めることとしても、その限りでは、更正請求の制度に抵触するとはいえないと解される。

以上のとおりであるにもかかわらず、前述した課税要件法の原則的理解をあえて貫くべきであるとすると、納税義務者としては、いったんわざわざ真実存在しない所得を前提とする誤った内容の申告を故意にしたうえで、その直後に当該誤りを是正するための更正の請求をするという極めて煩瑣な手続を強いられることとなる。これでは、当初申告の内容は形骸化され、もっぱら更正の請求をするための前提としてしか意味を持たないことになる。

しかし、誤った内容の申告であれ、これにより所得税額が確定する以上、当然それに相応する納付が求められるから、既に合意解除に伴う原状回復が行われ、所得が消滅しているような場合には、納税義務者は過大な経済的負担を余儀なくされる結果となるのである。更正請求の制度の趣旨は、本来、納税義務者が自らの申告によって確定させた税額について、法定申告期限後に見直した結果、それが過大であったこと等を知った場合に、納税義務者側からその是正を行うための一定の手段を与え、その権利救済に資することにあったはずである[(8)]。そうとすれば、更正の請求をするためだけの目的で、わざわざ誤った内容の申告をしなければならないと解することは、あまりに手続偏重にすぎ、権利救済という制度の趣旨に適合した解釈とはとうていいえないであろう。

以上に検討してきたことから、所得税については、当該課税期間に係る法定申告期限までの間に、私法上の遡及効ある法律行為に基づき、現実に所得を消滅させる一定の事実が生じている場合には、これを当該年分に係る課税所得の計算に反映させ、当該所得の不存在を前提とする内容の確定申告をすることは許されると解すべきであろう。

三　納税義務成立後の事情変更と法人税に係る確定申告

1　企業会計原則に沿った処理方法

企業会計原則の適用がある法人税に係る課税所得の計算にあたっては、いわゆる「継続企業の原則」により、その期に生じた収益と費用・損失とを対応させて期間損益計算を行うこととされている（いわゆる「費用収益対応の原則」）。したがって、一般論としては、一事業年度の終了後に生じた前期損益の修正事由は、その事由が生じた年度に計上すべきであって、当該収益の発生の年度に遡って損益修正を行うべきではないというのが会計処理の原則であり、租税取扱においても、これを尊重して、更正の請求によって、前期の課税所得を遡及修正することはできないとする見解がある。(9) そして、もしこの見解が一般的に妥当するとするならば、課税期間（事業年度）に係る法定申告期限までの間に、私法上の遡及効ある法律行為に基づき、現実に法人所得を消滅させる一定の事実が生じている場合であっても、これを当期確定申告における課税所得の計算に反映させ、当該所得の不存在を前提とする内容の申告をすることも許されない（つまり、当該事実が生じた年度において損失を計上すべきである）、ということになろう。

確かに、企業会計原則は、臨時的特別な損失で前期以前の売上に対する返品等は、前期損益修正項目等として、当期の特別損益に計上することとしている（同原則第二の六、財務諸表等規則九五条の三、財務諸表規則取扱要領一六〇条の三、計算書類規則四二条等）。

また、租税取扱としても、昭和五五年の法人税基本通達（以下、「法基通」という）の改正により、「前期損益修正」との見出しの下、法基通二―二―一六が追加挿入された。これによれば、「当該事業年度前の各事業年度においてその収益の額を益金の額に算入した資産の販売又は譲渡、役務の提供その他の取引について当該事業年度において契約の解除又は取消し、値引き、返品等の事実が生じた場合でも、これらの事実に基づいて生じた損失の額は、当該事業年度の損金の額に算入するのであるから留意する」とされている。

これらの取扱は、一般論としては、当該損失等が継続企業の観点からして金額的にいずれの期に計上したとしても、当該計上期の所得に異常な影響を及ぼさない程度のものである限りにおいては相当であるし、企業会計上既往の決算を遡及して改めることには困難が伴うという会計技術上の観点からしても、商法上必要な決算の修正に係る株主総会を改めて招集するのは困難であるという事実上の観点からしても妥当と解される。

しかし、いかなる場合においても前期損益修正を過年度に遡って行うことは許されないのか、別言すれば、法人所得の計算については更正の請求等を行うことが許されないのかというと、それは次に検討するように疑問がある。

2　企業会計における前期損益修正の方法と租税法上の例外取扱の可否

法人所得の計算について、更正の請求等の手段によって、過年度に遡って修正を行うことは、次のような点に鑑みれば、可能であろうと考える。

まず、第一に、法人税法には、前記法基通二―二―一六に対応する「前期損益修正」に係る規定は存在しない(10)し、また、法人所得の計算について、更正の請求に係る通則法である、国税通則法二三条一項及び二項の適用を排除する旨の規定も存在しない。

第二に、会社債権者や株主の保護を目的とする企業会計や商法計算規定においては、前期修正を過年度に遡って行わず、当期で調整することとしても、当該法人の現在の資産状態を重視する点から、問題はないであろうが、実際に納付すべき税額の多寡に大きな影響を及ぼす税務会計においては、前期損益修正を遡って行わないと、当該法人にとって大きな経済的不利益を及ぼすことがあり得る。すなわち、「法人の事業年度は、もともと事業成果を期間損益の形で算定するために人為的に設けられた期間であるから、企業の成果を長期的に測定するためには、ある年度に生じた欠損金は、その前後の事業年度の利益と通算するのが妥当である[11]」ところ、実際には、まず欠損金の繰越については、期間制限があるため（法人税法五七条一項により、五年間）、長期にわたる景気低迷期においては、欠損金の控除の機会を逸することがあり得るし、他方、欠損金の繰戻し還付についても、これを肯認する法人税法八一条が、租税特別措置法六六条の一四により、平成四年四月一日から平成一二年三月三一日の間に終了する事業年度について、原則として、適用が停止されている。それゆえ、いわゆる「期ズレ」による損金計上が認められるとしても、租税法上は、「適正所得に対する租税の応能負担」が必ずしも実現されない場合が生じ得るのである[12]。

第三に、前期損益修正を過年度に遡って行うことが、会計技術上不可能であるとか税務行政に収拾不能の混乱を引き起こすかというと、必ずしもそういうわけではない。なぜなら、昭和三四年制定の旧法人税法においては、更正の請求制度が存在し、適用されていたし[13]、また現行法人税法八二条においても、前事業年度の法人税額等の更正等があった場合には、更正の請求により当該過年度分に係る損益修正をおこなう余地を認めているからである[14]。

第四に、法人税法二二条四項に規定する「一般に公正妥当と認められる会計処理の基準」とは、企業会計原則や商法・証券取引法に規定する計算規定がその中心をなすのは当然のこととして、それに止まらず、それが法人税

「法」の解釈・適用にあたって拠るべき基準である以上、法的救済の機会の保障も含んでいると解すべきである。[15]

したがって、企業会計原則によれば、前期損益修正は当期に行うとされていたとしても、たとえば、当期においては当該法人が実質的に事業活動を停止している等の理由から収益がなく、損金算入を認めらえても救済を受けられないというような場合には、所得なきところに課税せずとの一般原理の観点から、当該損失等の発生した年度に遡って所得金額及び税額を是正することが認められるべきであろうと思われる。[16]

なお、以上のことがいえるとすれば、同様のことは、不動産所得、事業所得または山林所得等の反復・継続的所得で青色申告をしている所得税の場合についても、あてはまる。それゆえ、損失発生の事由として、現行所得税法五一条一項・二項および同施行令一四一条一項の規定が適用されない事由については、更正の請求等の手段により、救済を行う余地もあろうと思われる。[17]

四　納税義務成立後の事情変更を勘案して申告所得の当否を判断する裁判例・通達

1　裁判例

前述した東京地裁昭和六〇年一〇月二三日判決のように、納税義務成立後の事情変更を勘案した修正所得額に基づく確定申告を正面から是認するものではないが、申告された課税所得金額の当否を認定判断するにあたって、課税期間経過後に生じた一定の事実をも勘案している裁判例は、存在する。

たとえば、(1)広島高判昭和五七年二月二四日税資一二二号三五五頁は、昭和四八年分の所得税に関する更正及び昭和四九年分の所得税に関する再更正に係る取消請求訴訟において、(a)「控訴人（原告・納税義務者）の有する債権の債務者の担保物件について昭和四九年一二月二四日に競落許可決定がなされ、右競落許可決定が昭和五〇年一月二四日に確定した事実」及び(b)「控訴人が右競売手続において昭和五〇年三月三日に競売裁判所に対して債権計算申出書を提出し、同月七日に競落代金の分配金一〇四万七七四九円の交付を受けた事実」等を考慮したうえ、控訴人の昭和四八年分及び昭和四九年分における貸倒損失を認定した。

また、(2)甲府地判昭和五七年三月三一日税資一二二号八四七頁は、確定申告期限後に原告が根抵当権を設定したこと及び原告の代表取締役の名義で別不動産（根抵当権設定済み）の所有権移転登記が設定されていること等の事実を勘案したうえで、債権は回収不能な状態ではなかった旨認定判断している。

(3)福井地判昭和五九年一一月三〇日税資一四〇号四二一頁も、債権が回収不能ではなかったことを認定する一要因として、確定申告後においても債務者との取引が継続していた等の事実を勘案している。

さらに、(4)大津地判平成九年六月二三日訟務月報四四巻九号一六七八頁は、（期間税ではないが）相続税の更正に対して、有限会社の出資の評価額の認定の当否が争われた事件において、「平成四年一〇月二二日当該有限会社が他社を吸収合併した事実」及び「平成五年三月二日当該有限会社が減資した事実」から、原告に租税回避の目的があったことを認定したが、その理由において、「（行為の）経済的合理性や評価基本通達の趣旨との適合性の有無を判断するにあたって相続後の原告の行為や租税回避目的の有無を一つの基礎付け事実として考慮することはむしろ当然の事柄として許されるものと解される」と判示しているのである。

また、旧法人税基本通達においても、課税期間経過後に生じた一定の事実を勘案したうえ、課税所得を計算することを認める定めが存在した。

2 通 達

たとえば、(1)旧法人税基本通達二六五は、法人税が使用人に対する賞与を引き当て、これを損金として計上した場合においても、当該引当金を支給することが確実で、かつ法定申告期限までに受給者ごとに分別されているときは、当該引当金に係る損失繰入を認める旨を定めていた。

また、(2)旧法人税基本通達九―六―五（注）二は、決算期末までに手形が不渡りになっていた場合、法定申告期限までに取引の停止処分があれば、債権償却特別勘定に繰り入れることを認めていたのである。

3 裁判例等の背後にある考え方

右に掲げた裁判例等や通達は、納税義務成立後の事情変更を勘案した納税申告をなすことを直接に是認しているわけではない。その意味では、本稿で検討している問題に直接係わる先例や公定解釈となるといえるわけではない。しかし、裁判所や課税庁も、適正な課税所得を計算するためには、課税期間終了後に生じた一定の事実を、確定申告の当否を判断するにあたって勘案したことがあったことを例証するものであるということができよう。

五　おわりに

以上、所得税や法人税などの期間税について、課税期間が終了し、当該期間に係る納税義務がすでに成立してはいるものの、法定申告期限までの間に、課税所得の内容に重大な影響を及ぼす「事情の変更」があったとき、これを当期確定申告における課税所得の計算にあたって勘案することができるかどうかについて検討を加え、結論としては、当該「事情の変更」が法律上の遡及効を有する場合には、これを勘案した内容の申告をすることが是認されるべき旨を述べた。

はじめに述べたように、納税義務という租税に関する金銭債務の抽象的成立とその債務内容の具体的確定との間に、一定のタイムラグの存在が制度上予定されているということは、租税債権債務関係の特色を示すものであると同時に、多くの問題の源とも成っている。本稿でとりあげた、納税義務の成立時から確定時の間に生じた権利変動に基因する問題のほかにも、たとえば、租税確定行為たる納税申告の法的性質如何や、租税確定前の質問検査権の行使の当否、繰上保全差押をなし得る時期の判断、納税義務の消滅時効の起算点の問題など、様々な問題とも関連を有していると思われる。

その意味で、本稿は、申告納税制度の法理に関する研究の一部をなすものであって、いずれ右に記した諸問題に関する検討の結果と統合したいと考えている。

（1）　期間税の定義は、金子教授のものによった。金子宏『租税法』（第七版、一九九九年、弘文堂）四九二頁および一八頁注（5）。

(2) これをより厳密にいえば、次のようになる。「租税債務関係は、課税要件の充足により成立するものであるが、この段階では、いわば抽象的租税債務関係（抽象的納税義務関係）にすぎず、したがって納税者としては正式に納付できず、課税権者としては、徴収権の行使をすることができない」。それゆえ、「租税債権が抽象的に成立しただけで、確定されない税額を納付しても、その税額は、原則として過誤納となる」（金子宏ほか編『租税法講座第三巻　租税行政法』（一九七五年、ぎょうせい）八頁）。

(3) 所得税法五一条二項は、「居住者の営む不動産所得、事業所得又は山林所得を生ずべき事業について、その事業の遂行上生じた売掛金、貸付金、前渡金その他これらに準ずる債権の貸倒れその他政令で定める事由により生じた損失の金額は、その者のその損失の生じた日の属する年分の不動産所得の金額、事業所得の金額又は山林所得の金額の計算上、必要経費に算入する」と規定し、これを承けて同法施行令一四一条が「必要経費に算入される損失の生ずる事由」を列挙している。当該事由にとしては、販売した商品の値引・返戻や保証債務に係る求償権の行使不能のほか、三号において、「不動産所得の金額、事業所得の金額若しくは山林所得の金額の計算の基礎となった事実のうちに含まれていた無効な行為により生じた経済的成果がその行為の無効であることに基因して失われ、又はその事実のうちに含まれていた取り消すことのできる行為が取り消されたこと」が規定されている。それゆえ、本稿の対象とする「事情の変更」のうち、右法令の規定に定める事由については、損失の生じた年の属する年分の所得に係る必要経費に算入して、申告すべきことになる。しかし、法令に規定されていない事由（たとえば、契約条件の成就等による遡及的変更など）により、事業所得等の計算の基礎となった事実に変更が生じた場合にも、これらの規定が類推適用されるべきなのか、それとも法の空白として、本稿で提示する解釈論が妥当しうるのかについては、検討の余地がある。

一般に、資産損失に係る所得税法上の取扱は、複雑ではあるが包括的でない。これにより生ずる問題については、岩﨑政明「資産の評価損をめぐる所得税法上の問題」税務事例研究四五号三五頁（一九九八年）も参照。

(4) これら私法上の遡及効ある法律行為によって引き起こされる所得税法上の問題に関する具体的検討については、岩﨑政明「民法上の遡及効ある行為と所得課税」税務事例研究二〇号三五頁（一九九四年）を参照。

(5) なお、これとの関連でしばしば問題とされるいわゆる「更正の請求の原則的排他性」の問題については、碓井光明「更正の請求についての若干の考察」ジュリスト六七七号六四頁、占部裕典「更正の請求の機能―租税争訟における『更正の請求の排他性』の機能と限界」『租税債務確定手続』（一九九八年、信山社）第二章所収の論稿を参照。

(6) この判決の評釈として、岩﨑政明「批判」判例時報一一九四号一九〇頁〈判例評論三三〇号二八頁〉を参照。

(7) 岩﨑・前掲「批判」一九一頁以下参照。金子宏教授も、「納税義務の発生の原因となる私法上の法律行為に瑕疵はないが、当初予定していたよりも重い納税義務が生ずることに気付き、相手方の同意のもとにこれを取り消しまたは解除した場合に、納税義務者は、租税行政庁に対して、どの範囲でその効果を主張しうるかが問題となるが、私的自治の尊重、納税者間の公平の確保、および租税法律関係の安定の維持の三つの要請の合理的調整の必要性にかんがみると、法定申告期限が経過するまでの間になした取消・解除に限り、その効果を主張しうると解すべきであろう」と述べておられる（金子・前掲注(1)一一九頁。なお、五四七頁）。

(8) 更正の請求の制度が、国民の権利救済のためのものであることは、昭和四三年七月の政府税制調査会『税制簡素化についての第三次答申』第三「権利救済制度改善のための具体的措置」において明確に述べられており、この答申に基づき、国税通則法における更正の請求制度は大幅な改正が加えられ、現行制度が形成された。立法の経緯とその趣旨については、志場喜徳郎ほか編『国税通則法精解』（平成二年改訂版、一九九〇年、大蔵財務協会）二九三頁、武田昌輔監修『DHC　コンメンタール国税通則法』（第一法規、加除式）一四二一〜一四二七頁等を参照。

(9) 裁判例としては、いわゆる宗教法人大本密教本部事件がある。この事件では、法人が、土地の譲渡に伴い、いったん未収の譲渡益について法人税を申告納付したが、その後、相手方が代金を支払わないため、契約を解除した場合の売買代金債権の消滅に伴う処理の仕方が問題とされた。当該法人は、後発的事由による更正の請求により、土地譲渡契約に係る年度の所得の訂正を求めたが、これに対して、裁判所は、損失の発生事由が既往の事業年度に対応するものであっても、その事業年度に遡って損益の調整を行わないのが一般的な会計処理の方法である旨を説示して、一貫してこれを認めなかった（横浜地判昭和六〇・七・三行集三六巻七＝八号一〇八一頁、東京高判昭和六一・一一・一一行集三七巻一〇＝一一号一三三四頁、最判昭和六二・七・一〇税資一五九号六五頁。ただし、右最高裁判決は、原審支持判決で、固有の理由を判示しているわけではない）。

法人所得に係る税務会計処理については、更正の請求の適用は認められるべきでないとする見解として、たとえば、四元俊明『行間の税法解釈学』(一九八八年、ぎょうせい) 三六九頁、武田・前掲注(8)一四五三頁以下などがある。

これに対して、損失が発生した事業年度においては、その法人が実質的に事業活動を停止しており、あるいは解散して清算中であって、収益がないため、売買代金相当額を貸倒損失として損金に算入しても救済を受け得ないという場合には、後発的理由による更正の請求(税通二三条二項)を認めて救済を図るべきであろうとの有力な反対説がある(金子・前掲注(1)二五三頁注(3)、五五〇頁)。

(10) 法人税法上の前期損益修正に係る取扱は、あくまで外部拘束力を有しない通達によるものであって、同趣旨ではあっても、法令に根拠を有する事業所得等に係る所得税法上の取扱(所得税法五一条二項、同法施行令一四一条)とは異なる。

(11) 金子・前掲注(1)二九四頁。

(12) アメリカにおいては、適正所得算出の理由から、原則として、欠損金については、二年間の繰戻し還付と二〇年間の繰越控除が認められている(IRC Sec. 172(b))。ただし、これらの期間は、政治的理由で多くの改正を経て、現在では右期間に落ち着いたにすぎない。したがって、現行の期間の当否については、批判的な見解もある。William D. Andrews, Basic Federal Income Taxation, (5th ed. 1999), at 91-93. ; Michael J. Graetz and Deborah H. Schenk, Federal Income Taxation, (3rd ed. 1995), at 708-711.

(13) 立法の変遷については、武田・前掲注(8)一四二四頁参照。

(14) 法人所得会計に更正の請求の適用を認めない見解にあっても、「期間損益課税になじまないところの所得帰属者の誤りや押収等により課税標準等又は税額等の計算の基礎となるべき帳簿書類に基づいてその計算ができなかったとき等」の場合には、更正の請求によらざるを得ないとされている(武田・前掲注(8)一四五四頁)。

(15) 金子・前掲注(1)二五一頁。

(16) 具体的方法としては、後発的理由による更正の請求が認められるべきであろうし(金子・前掲注(1)五五〇—五五一頁、同旨二五三頁(注3))、また、事情変更が納税義務成立後、確定申告前に生じているような場合には、この事情変更を前提とする申告を行うことが許されると解される。

(17) 事業所得について国税通則法二三条二項の規定の適用を認めるべきであるとする見解として、竹下重人「契約の無効・取消・解除」日本税理士会連合会編『民・商法と税務判断』（一九八一年、六法出版）二二八～二二九頁、田中治「税法における所得の年度帰属 ―― 権利確定主義の論理と機能」経済研究（大阪府立大学紀要）三二巻二号一七四～一七五頁。

推計課税に係る制度連関管見

加藤　幸嗣

一　はじめに

行政過程において行われる一つの判断としての処分は、その根拠法令に基づき、またその枠組みに拘束されるものであるが、より視野を拡大すると、これに関し、その前後において、事前には当該行政庁による何らかの調査等の作業を必要とするのが通例であり、事後には発生しうべき争訟についての対応が必要となる。すなわち、ある処分が発せられるについては、前記の当該処分自体についての法令によって構築される制度が必要となるのみならず、その事前事後の前記作業に係るやはり法令によって構築される制度が必要となるところであり、現にそのような法制度が種々多様に構築されているところである。このような、ある行政過程において言わば連続して存在する（個別）法制度相互の間には、一定の意味連関、あるいは依存関係が存在することを想定しうるであろう。すなわち、一つには、そのような相互の意味連関、あるいは依存関係は、これら（個別）法制度の構築の趣旨（立法趣旨）あるいは当該関係法条の解釈をとおして、ある程度確定しうる場合が存しうるであろう。より基礎的な平面で論ずるならば、これらの（個別）法制度に係る、法律上の議論において常に必要となる理由付けあるいは説明の場面において、必要に応じ、そのような意味連関あるいは依存関係の存在を一つの手がかりとしようとする、あるいは、これを発見しようとする試みがなされうることもまた想定しうるところである。本稿中の「制度連関」の語は、以上に述べたような思考状況を前提に、ここに述べる（個別）法制度間相互の意味連関あるいは依存関係を意味するものとしてさしあたり用いるものである。

本稿執筆の意図は、一方において、この制度連関の観点になるべく焦点を合わせつつ推計課税について若干の検討を加え、あわせて、このことをとおして、右に述べたような言わばより一般的な意味での制度連関について少し考えてみようとすることにある。すなわち、まず、このうちの前者に関して述べれば、推計課税については、これに係る税務調査の在り方が種々の形で問題となるところであり、また他方では、さしあたり争訟段階での立証責任の分配あるいは立証の在り方が論じられているところであって、そこには、調査、処分及び争訟の一連の過程を通じての、その作用内部での意味連関あるいは相互依存が、したがって、右に述べたような意味での制度連関の存在を推認する余地が認められるところである。逆にまた、ここに何らかの一定の制度連関があるものと想定し、さらに一歩進めれば、あるべき制度連関を探りつつ、調査、処分及び争訟の全体を視野に置いて推計課税の「構造」あるいは在り方について考えようとすることも一つの試みたりうるものと思われる。次に、後者に関して述べれば、ここで検討の素材とする特定の具体的制度とは平面を異にする一般的な意味での制度連関という法の現象形態に関わる一つの捉え方は、言うならば当然のことあるいは既に一定程度了解されていることと思われなくはない(1)反面、その有する意味の具体的な内容あるいは射程は必ずしも明確ではないようにも感じられるところであって、このことからすれば、右に述べたような推計課税を具体的題材とする考察は、そのような事柄について今後さらに詰めて考えるための一つの作業としての意義を有しうると判断される。

以下、叙述の内容及び順序として、まず議論の出発点として、推計課税の意義等について若干触れ(二)、次に、推計課税に関連して問題となる税務調査に関わる事項(三)、推計課税による更正・決定に関わる事項(四)及び主張立証責任に関わる事項(五)について順次概観し、最後に、若干のまとめをしておくこととする(六)。

推計課税の問題は、山田二郎先生もつとに論じられているところであって(2)、本稿執筆者自身判例研究会の席においてその一班を拝聴する機会に恵まれたこともある。本稿で論じようとするところは、ごく概観的なものに過ぎず、このこともあってまた、先生の述べられているところを未だ十分に摂取したものとは評されえないようにも思われるのであるが、本稿執筆者の今後の作業のための一里塚として本稿を献呈させていただくことをお許し願う次第である。

（1） 例えば行政行為の効力論等、行政法上の個別論点に係る指摘はここでは行わないが、さしあたり、しばしば用いられる「行政過程」の語は、本文に述べたような感想を抱かせるものである。あわせて参照、注(35)。なお、本文中に用いる「調査、処分及び争訟」という括り方は、小早川光郎「調査・処分・証明」雄川一郎先生献呈論集『行政法の諸問題中』（有斐閣、一九九〇年）二四九頁に示唆されてのものである。

（2） 山田二郎『税法講義』（信山社、一九九六年）一七九頁、二七六頁以下、同（判例評釈）自治研究六四巻一一号一三三頁（一九八八年）、同（判例評釈）自治研究六九巻九号一一四頁（一九九三年）。

二 推計課税の意義について

推計課税の制度連関について考察しようとする場合、まず、推計課税自体の意義を確認し、あわせてそこに伏在する問題点について考えておくことは意味のあることであろう。

1 (1) 推計課税とは、2で論ずるところを別とすれば、一般に、「税務署長が所得税または法人税について更正・決定をする場合に、直接資料によらずに、各種の間接的な資料を用いて所得を認定する方法[3]」であるとされるが、この説明の仕方のうちには、二つの要素あるいは契機が含まれているように解される。すなわち、推計課税が税務署長、すなわち課税者の側によって行われるものであるということと、推計課税が直接資料によらないということの二つである。後者の観点からは、一般に述べられるように、推計課税を実額課税の「例外」として把握することとなるが、前者の観点からは、もう一つ別に、納税申告に基づいてのみ行われるものではないという意味において、若干の留保の下に、(4)「申告納税の例外」として把握する見方が生じえよう。ここで、推計課税を実額課税の例外とする把握は、実額課税、すなわち、真実のあるいは客観的な所得金額について課税するのが原則であるところ、推計課税は、これから離れるものであるという点においては、実体法的な観点からの把握の仕方と評されえよう。(5)他方、推計課税を「申告納税の例外」とする見方は、具体的な租税法律関係の形成のイニシァティヴを取る者が納税義務者から課税庁に交替することに着目する点において、むしろ手続法的な観点からの把握の仕方と評されえよう。(6)

(2) (1)でやや対比的に提示した「実額課税の例外」と「申告納税の例外」の両視点を組み合わせて考えてみた場合、さしあたり、実際に行われる納税者の申告のうちには少なくとも一応実額に近いものもあれば、無申告のほか実額に程遠い申告も存するであろうということを前提として、議論を進めるために単純に二分法的に整理するならば、推計（課税）を、実額の手がかりを与える帳簿書類等の資料又は申告が存在する場合にさらにより実額に接近するための推計、言わば「申告内容を手がかりとする推計」と、実額把握の手がかりを納税者の申告又はこれに伴う帳簿書類等に見い出しえない場合に行われる推計、言わば「申告内容を手がかりとしない推計」とに分類することもできるであろう。(7)(8)(9)この両者は、やや対照的な関係に立つ。すなわち、前者については、一つには、この種の推計は、申告納税が制度として採用されている以上これを尊重すべきは当然のことである一方、(10)実額把握とは所詮一般に困難な問題であって場合によっては税務当局が積極的調査を行って初めてその心証が得られるに過ぎないものであるとも解される限りにおいて、(11)なお、申告納税制度に実際上内在する附随的存在であり、税務当局はその専門的知見を拠り所として一定の場合にその申告の真実性を検証すべきことがむしろ制度上予定されているものとも評することもできよう。[12] さらに、これとは全く別の観点から、すなわち、このような推計を課税庁が行うか否かを決するについては、申告納税制度を推進し納税者により一層定着させるための便宜上、一種の政策判断に類似する判断が入り込む余地さえ否定されえないようにも思われる。[13] もっとも、この場合に行われるべき推計は、「実額の手がかりを与える帳簿書類等の資料又は申告が存在する」限りにおいて、その合理性についての評価、換言すれば裁判所による統制は、むしろ必ずしも困難ではないように思われるところである。[14] 他方、後者、すなわち、「申告内容を手がかりとしない推計」については、「実額把握の手がかりを納税者の申告又はこれに伴う帳簿書類等に見い出しえない場合」には、申告納税制度の根幹さらには憲法上の納税義務に対する逸脱を根拠としてむしろそのような観点から推計（課税）を行うのが当然であるとさえ考えられはするものの、実際にこれを行うに当たっては実額把握の手がかりが乏しい故に、かえって、その「推計の合理性」に対する評価には困難さが伴いやすくなるものと思われる。[15][16] いずれにせよ、この前者及び後者の双方については、各々に係る税務調査、あるいは立証等に関する議論の態様の異なりうべきであろうことがさしあたり推測されえよう。

2　推計課税の意義については、1(1)の冒頭に紹介したところとは別に、五で言及する「実額反証」の問題に関連して、「実額課税と推計課税は単に所得額を算定する資料に違いがあるだけではなく、推計が許される場合は、もはや真実の所得額が追及されるのではなく、同業種・同規模の概数（平均所得額）で所得の計算がされることになるというべきであり、この概数による計算（平均課税。多くの場合に納税者に不利な取扱い）が推計課税の特質である、と考えるべきである」とする見解[17]が提示されている。

この見解は、1(2)に述べたところをも踏まえ結論的に述べるならば、推計課税の核心的な問題点を衝き、また、これを理論的に明快に整理しようとするものと評されるべきであると解されるが、ここではなお、次の二点を指摘しておくこととしたい。

第一に、この見解におけるように、推計課税の特質を概数による計算と正面から捉えた場合、租税法律主義の観点から、そのことは、むしろ、法律によって規定されるべきであるとするのが自然な考え方であると解されるが、現行法は、少なくとも明示的にはそこまでの割り切った態度を採ってはいないと評されよう。[18][19] その限りで、現行法の依って立つところとしてこの見解に与しうるかについては、なお留保されるべきものが残るであろう。

第二に、推計課税の特質を「概数による計算（平均課税）」に求めた場合、そのような特質を有しない「推計課税」は当然推計課税としての考察の対象から除外されることとなるが、このような「概数による計算（平均課税）」によらない「推計課税」についても、なお、その必要性及び合理性等々についての議論すべき問題点は残りうるであろう。

（3） 金子宏『租税法第七版』（弘文堂、一九九九年）五五八頁。
（4） 言うまでもなく、申告納税の例外として課税庁によって行われる更正・決定は、直接資料に基づいても、すなわち実額課税としても行われることであるから、推計課税のみが「申告納税の例外」を構成するわけではもちろんない。しかしながら、直接資料に基づいて更正・決定が行われることそれ自体については取り立てて問題とすべきところはなく、その限りで、ここに述べるような観点を定立することも許される余地があるのではないかと思われる。なお、逆の視点から述べると、納税申告のみによって具体的に租税法律関係が形成される場合にあっても、当該納税申告に際して申告義務者の側で「推計的作業」を行うことも実際上それ程希有ではないのではないかと推測されるが、この点についてもまた、後に見る帳簿の備付け等の義務の問題は別として、そのこと自体については取り立てて問題の生じるところではない。要するに、推計課税は、「課税庁の側でその権力行使の一環として行う推計」である点に、その問題の特質を見い出すこともできるように思われる。

（5）　なお参照、南博方『租税争訟の理論と実際増補版』（弘文堂、一九八〇年）一八三頁以下。

（6）　推計課税に関連する諸論考に接するとき、一つの印象として、どちらかというと、申告納税原則と実額課税原則とは、一体のもの、あるいは表裏するものとする立場から論じられているように感じられる。仮にそのような印象が妥当であるとして、そのような立場は、制度の理念あるいは予定するところとしては取り立てて問題とされるべきことではないと解されるが、実際に形成される具体の租税法律関係の内容をも視野に入れた場合に、当然にあるいは論理必然的にそのように言えるのかについては、私見はなお疑問を留保するものである。すなわち、この両原則については、言わば法律上の制度の一つの説明の仕方としては右のごとく一体のものあるいは表裏するものとして捉えるとしても、考察の軸としては、あるいは、当該制度の内容に係る分析に際しては、一旦別々のものとして捉えておいた方が適切なのではないかというのが、本文及び本稿全体に係る私見の立場である。なお、後出注(11)及び注(32)。

（7）　推計課税の具体的方法については、南『前掲書』一〇四頁以下、一五三頁以下、一八八頁以下、時岡泰、山下薫「司法研究報告書第三〇輯第一号　推計課税の合理性について」（法曹会、一九八一年）七頁以下、南博方「推計課税の理論と実務」判タ七八七号五頁（一九九二年）、村木孝『推計課税の理論と実務』（清文社、一九九六年）七六頁以下、金子『前掲書』五六〇頁等を参照。これらの文献において示される推計課税の具体的方法の詳細には立ち入らないが、これらの文献が提示する説明を前提としても、本文に述べたような分類は、さしあたり少なくとも理論的には可能と考えられる。

（8）　本文に提示する二分法に関し、無申告の場合については、実際上後者の「申告内容を手がかりとしない推計」に当たる場合が多いかと思われるものの、なお帳簿書類等、申告義務者の保有する情報を基礎として推計課税を行いうる場合もあると考えられ、その場合は、前者の「申告内容を手がかりとする推計」にあてはまりうることとなろう。すなわち、ここで、本文において「申告内容」の語を用いているのは、具体的事例において提出された申告書そのものによって両者を区別する言わば形式的判断を排除しようとする趣旨によっている。

（9）　本文に掲げる二分法は、もともと、南『前掲書』一八四頁以下、一九〇頁以下の記述に示唆を得ている。なお、この記述自体については、2で取り上げる。

(10) なお、注(37)。

(11) ちなみに、推計課税に関する文献に接するとき、一つの素朴な印象として、申告納税制度の下において納税者は自己の納税額に係る実額を（精確に）知る立場にあるということが極めて強調されるようにも感じられるところである。しかしながら、我が国における申告納税の徹底度さらには記帳慣行の普及度といった事柄にまで言及しない場合にも、一つの「条理」として、国民に対し法をもって無理を強いることは適切なことではないと考える限りにおいて、そのような強調の仕方には、かえって事柄の本質を見誤らせる危惧が存しなくはないようにも思われる。

(12) 本文に述べたことは、別の言い方をすれば、この前者の場合を申告納税制度の下における「例外的存在」と評価するか否かは、相対的問題あるいは見方の問題ということとなる。一般論的な形で述べれば、この前者の場合に限らず後者の場合も含め、それを申告納税制度なりあるいは実額課税の原則なりの「例外」と見るか否かについては、どのような意味において「例外」というのか、かつまた、「例外」と見ることの結果どのような結論が導き出されるべきなのかが問題であるということとなろう。このことは、2で述べるところにおいて、とりわけ後者の「申告内容を手がかりとしない推計」をとりわけ実額課税の原則の「例外」あるいは「別のもの」と見るところで問題となる。

(13) 本文に述べるところは、その限りで、行政行為についての古典的な裁量論において提示される「要件裁量」に現象的に近似すると評されえよう。

(14) 税務当局の立場について述べれば、納税者によって実額の手がかりが提示されている以上、これと矛盾する判断を行おうとする場合にはその根拠付けに関しこれを覆すに足る精度が要求されることとなろう。

(15) 本文に述べるところは、その限りで、行政行為についての古典的な裁量論において提示される「効果裁量」に現象的に近似すると評されえよう。

(16) もっとも、「申告内容を手がかりとしない推計」の場合にあっても、別途取引先調査等により実額の手がかりの得られる場合もありうるところであり、その場合には、その限りで、当該推計の合理性についての評価はその困難性を縮減することとなろう。

(17) 注(2)に引用の山田『前掲書』及び同・両判例評釈。本文の引用は、同（判例評釈）自治研究六四巻一一号一三七頁に依っている。

(18) なお、推計課税に関し規定する現行所得税法一五六条及び法人税法一三一条の制定趣旨については、主として実調率課税に根拠を与えるためのものであったことが立法の経過に徴しても推察されるとする指摘がされている。南『前掲書』一八六頁。ちなみに、同書一五四頁以下、一八五頁以下、二〇〇頁以下等も、本文に紹介するような見解に関連して、推計の具体的方法に関する「同業者率」と「実調率」とを対比させつつ前者を近似値課税と後者を平均値課税と位置付けこの両者を区別する方向で問題を整理しようとしており、その限りで、本文に提示した見解と言わば問題把握の出発点において同視しうるものが認められるが、後述の「実額反証」を認めるか否かで、なおこれと異なるように解される。この点については、前掲山田（判例評釈）自治研究六九巻九号一二一頁及び前掲南「推計課税の理論と実務」判タ七八七号八頁以下を対比して参照。このように両者を相異なるものと理解することが適当と判断される場合そのよって来る所以が一つの問題となりうるが、私見はそれを本文に述べる租税法律主義の理解の仕方に求めるものであり、またこのことは、次注に述べるところに関連する。

(19) 本文に述べるような現行法の態度は、別の評価の仕方をすれば、そこに曖昧さが指摘されることとなろう。そして、そのような曖昧な態度が申告納税制度の我が国への定着の度合いあるいはこれとの兼ね合いについての判断の困難さに由来するものであろうことは、おそらく、それほど異論のないところではないかと推測される。この点については、さらに、後述四1及び2を参照。結論的に述べれば、私見は現行法のそのような曖昧さを現状において直ちに消極的に評価することには疑問を有するのであるが、いずれにせよ、本文に紹介する見解については、一つの客観的な理解として、そのような現行法の曖昧な態度が現実の訴訟運営に及ぼしている過剰な負担を回避しようとするものであると評することもできるであろう。

三　推計課税に係る税務調査

1　更正又は決定をするに際して「調査」が必要となることは国税通則法二四条及び二五条の規定するところであるが、特に推計課税を念頭に置いて考えた場合、そこでの調査の範囲、そしてまた、調査と更正又は決定の処分との関係は多様でありえよう。すなわち、一方では、「この調査は、納税者本人に対する調査であることもあれば、取引先の調査（反面調査）ないし同業者率（差益率、所得率、経費率等）採取のための取引関係のない同業者の調査であることも」あり、「また、実地調査であることも、書面調査ないし机上調査であることもある」[20]が、他方で、実際の行政過程により即して観察すれば、特定事案に係る推計の必要性の相当程度の認識の下に当該事案の解明のために行われる調査もあれば、特定事案を念頭に置かないより一般的な調査もありえようし、また、一旦処分がなされた後の争訟過程においてその事前に行われた調査を補充すべく行われる調査もありえよう。さらに、二1(2)で述べたところに即すれば、「申告内容を手がかりとする調査」もあれば「申告内容を手がかりとしない調査」もありえよう。現行法は、以上に見たような言わば調査の諸類型に個別に対応することなく、次に取り上げる質問検査権についての一般的規定を置くのみであるが、そのことの当否は、なお今後の問題と思われる。[21]

2　税務調査の重要な手段として、所得税法二三四条等において質問検査権が個別に規定されているが、この質問検査権については、いわゆる行政調査を認めるものであって物理的な強制調査（実力の行使）を認めるものではないと解されている。[22]人権保障の観点からも、行政調査論一般に関わるという点においても慎重な考察を要するところではあるが、将来の議論のための事柄のさしあたりの整理として述べるならば、例えば納税者本人を対象として、無申告等の一定の場合に限り、物理的な強制調査を許容しうべきか否かの判断は、納税義務についての憲法上の価値判断の所在を確認した上で、立法裁量に委ねうる余地は皆無ではないと解される。[23]

3　税務調査の対象に関わるという意味において言わば税務調査に表裏する事柄として、納税者の記帳義務ないしは帳簿書類の備付け等の義務（以下、単に「記帳義務」と言う）の問題が存在している。[24] すなわち、まず第一に、法令上規定されているこの記帳義務の徹底をどう図るかということが税務調査の在り方を規定する一つの要因としても浮かび上がるところであろうが、この事柄がはたして税制度固有の問題であるか否かは議論の別れるところであろう。[25] 次に、申告納税に係る一つの制度理解として、この記帳義務に係る諸規定を基礎としつつより一般的に、申告義務者の当該申告内容に係る「説明責任」を法的に承認しうるかが、推計課税に関する幾つかの問題について考える場合に、一つの決め手となりうるであろう。[26]

4　推計課税に関する一つの問題として、その必要性、すなわち、推計課税の許容される場合について議論されるが、この問題は、推計課税に係る調査と処分の接点あるいは交錯する領域に位置するものと評しえよう。この推計課税の必要性の判断基準[27]の根底には、二1(1)で論じた申告納税の原則の例外と実額課税の原則の例外の両側面が存在するように思われる。[28] そのような理解が妥当であるとした場合、さらに進んで、やや結論めいた対比的な整理として、この「推計課税の必要性」の要件は、実額課税の原則を貫徹する際に問題となるものとしての比例原則と、申告納税の原則を貫徹する際に問題となるものとしての一種の信頼の原則とによって構成されているものと解することもできるように思われる。[29][30][31]

なお、推計課税の許容される場合であっても当該税務調査の不十分さあるいは違法性によりこれに基づいて行われた課税処分が当然に違法となるか否かという問題が存在するが、これについては四4で触れる。

(20) 南『前掲書』九一頁。

(21) 本文に述べるような現行法の態度が、法律の役割の言わば古典的理解を基礎として、必ずしも命令強制の契機が明確ではないこの種調査活動の実態を反映するものであるということ、そしてまた、人権救済及び行政の法的コントロールの観点からはそのような態度が現在必ずしも望ましいものではないことは、おそらく言うを待たないであろう。なお、特に質問検査権を題材とするものではあるが、類型別ないしは問題状況ごとに事柄を分析する最近の文献として参照、曾和俊文「質問検査権をめぐる紛争と法」芝池義一ほか編『租税行政と権利保護』(ミネルヴァ書房、一九九五年)九五頁。

(22) 税法の教科書上の指摘として、金子『前掲書』五六九頁。

(23) 本文に述べるところは、さしあたり、議論の素材の一つに止まる。しかしながら、十分な実額把握をなしえないままに推計課税を行うべきか、それとも、一定範囲の実力の行使をも手段として認めることにより実額把握の確保に努めるべきかは、一定の社会状況の下において一の検討素材とされえよう。

(24) 記帳義務に関する関係現行法令の規定状況については、浦東久男「推計課税の理論」芝池ほか編『前掲書』一八〇頁を参照。

(25) 記帳義務の普及は、むしろ、中小企業の経営指導、企業人教育、公教育等の場面でその合理的な営みを担保する一要素として図られるべきものと考えられる。ちなみに、我が国の社会における記帳慣行の不徹底がつとに指摘されるところであるが、中小企業に対する経営指導の浸透、あるいは最近におけるパソコン利用の普及等からすれば、法上の記帳要求を、そのような不徹底さを理由として没却することは、かえって現実的ではないとも考えられる。なおまた、本文で述べたところに関連して、前掲浦東論文一九一頁は、推計課税に係る一定の場合の記帳義務不履行について一種の加算税を課すことを提言している。しかしながら、この提言については、右で述べたところから、そしてまた、記帳義務の不履行と虚偽の申告等とは必ずしも論理必然的な関係に立つものではないと解される限りにおいてなお疑問が残る。

(26) 本文に述べるような「説明責任」を肯定するものとして、曾和前掲論文一一七頁。私見は、この立場を支持する。

なお、具体的に問題となる場面として、四4(2)及び五1の記述を参照。

(27) 教科書上の説明として、金子『前掲書』五五九頁以下。

(28) 前注に引用の文献中において、「所得税及び法人税では、申告納税が原則であり、またその理想は実額課税であるから、推計課税の利用は無条件に認められるわけ」ではないと述べられるのは、その端的な表現と解される。

(29) 例えば、注(27)に引用の文献中では、推計の必要性の認められる場合の一つとして、「帳簿書類等を備え付けてはいるが、誤記脱漏が多いとか、同業者に比し所得率等が低率であるとか、二重帳簿が作成されているなど、その内容が不正確で信頼性に乏しい場合」が挙げられているが、このうち、「誤記脱漏が多い」場合に推計課税をなしうるということは、本文に述べた両原則のいずれからも説明は可能であると解される。なお、質問検査権の行使について比例原則の及ぶこと自体は、既に一般に承認されているところであろう。参照、荒川民商事件最高裁決定（昭和四八・七・一〇刑集二七巻七号一二〇五頁）、これを題材としての南『前掲書』九七頁、行政法教科書上の一般的説明として塩野宏『行政法1［第二版増補］』（有斐閣、一九九九年）二一七頁。また、信頼の原則に言及する文献として参照、碓井光明「申告納税制度と推計課税」税経通信三八巻三号二七頁（一九八三年）。

(30) もっとも、本文に述べる比例原則と信頼の原則の両者がどのように組み合わさることによって「推計課税の必要性」が構成されていると解すべきかについては、ここで立ち入ることはできない。

(31) 本文に述べる対比的整理にあえて付加するならば、「実額課税の原則を貫徹する際に問題となるものとしての比例原則」は推計課税の必要性についての客観的側面での判断基準要素と把握されえようし、これに対し、「申告納税の原則を貫徹する際に問題となるものとしての信頼の原則」は、納税義務者の態度を問題とするものと理解する限りで、むしろ主観的側面に重きを置いた判断基準要素とも把握されえよう。

四　推計による更正・決定

1　推計課税は、特定の事案について、推計がされ、これにより課税処分がなされるわけであるが[32]、この推計による課税処分については、法律上、「税務署長は」、「更正又は決定をする場合には」、関係一定事項を「推計して、これをすることができる」と規定されるのみである（所得税法一五六条、法人税法一三一条）。このような規定の仕方に対しては、一種の素朴な感想として、いかなる場合にそのような更正又は決定をなしうるのか、すなわち推計による更正・決定の要件の法律規定上の明確化を求めようとすることは自然なことと解されよう。そのことは、「租税法律主義」に親和的であろうし、また、本稿における制度連関の観点からは、三で問題とした推計課税に係る税務調査についての間接的な統制規範としての役割をも果たしうるであろうからである。さらに、右税法上の規定は、申告納税を基本として構築されている所得・法人両税の制度（当該法律中の一連の諸規定）の中で、やはり一種の素朴な感想として、やや忽然と異質なものが挿入されているようにも思われなくはないところであるが、そのことからすると、右の要件の明確化ということから一歩進んで、申告納税と推計課税とを法律上の規定の平面においてより調和させるような制度化が図られないものかとの感想の生じるところでもある。

2　1の末尾に述べたような制度化についての議論の題材としてより具体的に考えてみた場合、例えば一定範囲の納税者を対象として、申告前に推計を基礎としてあらかじめ納税予定額を通知し、これに異なる申告がされない場合には当該納税予定額が自動的に税額として確定するというような仕組みも考案しうるところではないかと考えられる[33]。このような制度化の一つの実益として、この場合については、推計課税の必要性すなわちその許容される場合についての実務上煩瑣と推測される判断作業から税務当局が解放されることが挙げられえよう。もっとも他方で、この場合には、当該推計の方法が、すなわち、推計の合理性に係る事柄もまたあわせて法律上規定されるべきであると解されるが、このことは、そのこと自体の法技術的な困難さを克服する必要が存するとともに、事柄が極めて政治問題化する状況を招きうることとなろう。また、執行当局にとっては、このような制度化に伴う現在とは別の形での税務調査の必要性及び予想されうべき訴訟の増加への対応の確保が問題となりえよう。そして、結局のところ、いずれにしても、このような制度化には申告納税制度の根本的変容につながりうる点において慎重さの要求されるところであろう。

3　推計による更正・決定の要件を規定上明確化することは、先に述べたように租税法律主義の観点からも支持されると考えられるが、その場合には、納税者に、例えば、自主的な申告をするかあるいは決定を待つかの一種のゲーム的な選択の余地を顕在化せしめることになるのではないかという危惧も残りうるように思われる。(34)

4　必要性に欠ける推計に基づいて行われた更正・決定、あるいは推計による更正・決定に先行する調査が違法性を帯びる場合又は調査として不十分である場合の当該更正・決定について、そのような推計の必要性の欠如あるいは調査の違法性等が直ちにその違法原因となるか等が判例・学説上議論の対象とされている。(35)処分とその先行過程との連関に関わる、本稿において興味深い問題であるが、ここでは次の二点を述べるにとどめる。

(1)　ごく一般論としてさしあたり、個々の問題状況を、必要性を欠く推計の場合、先行する調査が質問検査権の法的枠組みを逸脱する場合、同じく先行する調査の内容が事後の処分を根拠付けるに不十分な場合等に分かった上で、さらに、当該問題状況がいかなる態様においてこれら各場合に該当するのかを見定める必要があろう。これら各場合において当該処分の適法性とこれの先行過程との関連性の基礎付け方は異なってこようし、また、ここでいう（具体的）態様はそのような関連性の基礎付け方を満たす場合もあればそうでない場合もあると考えられるからである。

(2)　必要性に欠ける推計に基づいて行われた更正・決定については、これを違法とする学説・裁判例が多いようであるが、その議論状況、あるいはそこでの厳密な法律構成の把握は必ずしも容易ではないように思われる。[36]ここでは、二1(2)で提示した申告内容を手がかりとする推計の場合と申告内容を手がかりとしない推計の場合とに分かって考えた場合、まず、申告内容を手がかりとしない推計の場合には、その必要性に欠けることはそもそも実際上少ないものと推測される。他方、申告内容を手がかりとする推計の場合には、申告納税制度の下においていたずらに推計を行うことはその趣旨に反するものとして厳に戒められるべきことと考えられる[37]一方で、納税者は申告を行う場合にはその申告の真実性について説明する立場にあるとも解せられ[38]、そうであるとすれば、そのような説明が納税者によって説得力をもって行われない場合に、そのような説明を得るための、さらには、そのような説明が得られない場合にこれを補充しあるいはこれに代替する調査を経て一定の推計を行い、申告内容と異なる判断を課税庁の側で示すことは必ずしも申告納税制度の趣旨に反するものではないとも評しえよう。そして、ここに述べるような課税庁の調査の態様及びそこで得られる心証形成については、前述した実額把握の実際上の困難さに起因して一定程度の専門的知見が必要となることは、おそらく承認されてよいことではないかと思われる。そうであるとすれば、この場合についての推計の必要性の判断についても一定の枠（要件）が一応存在すると考えられはするものの、これを余りに厳格に解することにはかえって疑問の残るところであり、またこのことに関連して、その限りにおいて推計の必要性を欠くという判断が当該処分の違法を当然招来すると理解することにもなお疑問の残るところである。[39]

(32) もっとも、村木『前掲書』七三頁注(1)は、「現実の実務においては、推計課税を行った事案がすべて更正・決定という行政処分の対象とされるのではなく、その大部分は、その推計課税の結果に基づいて納税者が自己の申告の非違を認め、自発的に修正申告または期限後申告を提出することによりその是正が図られている」と指摘する。

(33) 本文に述べたような制度化は、機能的には、所得税の源泉徴収、あるいは消費税の簡易徴収に近い仕組みと評しえよう。

(34) 類似する状況は、2で議論の題材とした制度化の一例についても生じえよう。

(35) 租税法の教科書上の整理として参照、金子『前掲書』五六〇頁、五七五頁。なお、行政法の教科書上の行政調査に関連する整理として、塩野『前掲書』二一八頁においては、「行政調査は一般的には行政の側の情報収集として行われるものである。その結果行政行為がなされることもあるし、またなされずにすむこともある。その限りにおいて行政行為とは相対的に独立した制度であるので、調査の違法は当然には行政行為の違法を構成しないものとみることができる。ただ、行政調査と行政行為は一つの過程を構成しているので、適正手続の観点から行政調査に重大な瑕疵が存在するときは、当該行政調査を経てなされた行政行為も瑕疵を帯びるものと解することができるように思われる」と述べられている。

(36) さしあたり、金子『前掲書』五六〇頁のほか、これと対比して岸田貞夫（判例解説）『ジュリスト租税判例百選（第三版）』一六二頁を参照。

(37) 個別具体に形成される租税法律関係の過程を租税債務者と租税債権者との間の交渉過程と見立てた場合、申告納税制度はこの交渉の出発点を申告に置くことをルール化するものと解せられ、その結果、そのような出発点たる申告をそのようなものとして尊重せず無視するかのごとき推計を行うことはこのようなルール設定に矛盾するものと思われる。

(38) 三3で言及した記帳義務に関する規定は、立法者のそのような意思の表明と理解することができよう。なお、前掲曾和論文一一七頁もまた、「申告納税制度は納税者の自発的申告を尊重するものであるが、それを絶対視するものではない。納税者は自ら申告をする以上はその根拠資料をいつでも説明できる準備をなすべきであろう（無申告の場合は無申告の正当性を主張できるようにすべきであろう）」と述べる。

(39) 参照、二1(2)。なお、本文に述べたところも含め私見は、前掲岸田（判例解説）の分類に従えば、「折衷説」が妥当であると一応考えるものである。さらに参照、佐藤繁「課税処分取消訴訟の審理」新・実務民事訴訟法講座(10)（日本評論社、一九八二年）六九頁。

五 推計課税に係る主張立証責任

1 推計課税に係る主張立証責任については、いわゆる実額反証に関し、その主張立証としてのそもそもの有効性、実額反証における立証の程度等が議論の対象とされている。(40)

ここに挙げた問題のうち、まず、実額反証の主張立証としてのそもそもの有効性については、課税処分が現行法制度上真実の所得金額を基礎として行われるべきものと解される限り、結論としては、これを承認せざるをえないと考えられる。(41)

次に、実額反証の立証の程度についてであるが、この点については、基本的な事柄として、一般的な証拠との距離の観点と、(42)三3で言及した記帳義務に関する諸規定の存在等、納税者の申告納税に係る説明義務という観点に留意しておきたい。(43)これらのことからすれば、結論的に述べれば、必要経費に係る実額反証についてはあわせてこれに見合う収入金額を明らかにすること等が必要であるとする多くの裁判例の判断は、必ずしも否定的に評すべきではないように思われる。(44)(45)(46)

2 推計課税に係る実額反証にも関連する一事項として、国税通則法一一六条の証拠の申出に関する規定が挙げられる。(47)この規定は実際上余り用いられていないようであるが、なおここでも、三3で言及した記帳義務に関する諸規定の存在等、納税者の申告納税に係る説明義務という観点に留意しておきたい。すなわち、同条中の「遅滞なく」の文言の具体的事案への当て嵌めに際しては、同義務の存在を考慮に入れた運用がむしろ期待されるべきであると解される(48)。

3 推計課税に関する訴訟上のやや特殊な問題として、いわゆる同業者比率を用いる場合に、当該同業者の氏名等を開示しない資料についての証拠能力の有無が議論されている(49)。これにやや関連する問題が、より一般的に、国の行政機関の保有する情報の公開に関する法律（平成一一年法律四二号。いわゆる情報公開法）の制定に当たって存したところであり、同法律は、不服申立手続に特別な規定を置くことによって一応の決着を図っている（同法二七条）。将来的な事柄であり、かつ、さしあたり不服申立てに限られることであるが、ここでの問題についても、情報公開法の運用との連動を図りつつ、必要に応じ状況を改善していくことは、結果的に、訴訟段階での問題の所在及びこれへの対応に影響を与える余地が存しうると思われる(50)。

(40) 教科書上の言及として、金子『前掲書』六八八頁以下、山田『前掲書』二七六頁以下。なお、問題点を整理し、最近に至る学説・裁判例を概観するうえで有益な文献として参照、岩﨑政明「推計課税と実額反証」松沢智先生古稀記念論文集『租税行政と納税者の救済』（中央経済社、一九九六年）二三三頁。

(41) 山田「前掲書」二七六頁は、「推計課税の推計の目的は、果たして実額であるのか疑問である。推計は、実額を把握しない場合に事前の方法として許されるものであり、推計の目的は概数（同種・同業・同体の納税者から推認される平均値）と考えるべきではないか。このように考えると、『実額は直ちに推計を破る』ことにならず、また実額反証は最も有効な反証とはならないことになり、推計課税で実額を追うことに多くの労力が使われたり、推計課税に関する取消訴訟が大幅に遅延しているのを改善するのにも役立つのではないかと考える」と述べる。示唆に富む見解であるが、二―2に述べたように、現行法の推計課税に関する規定は実額課税との対比において必ずしも一定の独立性を与えるような態度をとっているものとは解しにくく思われるところであって、いずれにせよ、その限りで、この考え方に立つには立法上の将来的対応が必要であると解される。このことは、行政行為論の領域で述べると、実額反証の主張自体を認めないことは、そのような主張を排除するという意味において当該推計課税（処分）に一種の遮断効を認めることとなろうが、そのために要求されるであろう実定法上の根拠が見い出しにくいということである。

(42) 教科書上の言及として、金子『前掲書』六八七頁。

(43) 参照、前掲曾和論文の指摘。

(44) 本文に述べることについては、種々の議論が存するが、ここでは、次の諸点に限り補足しておくこととしたい。第一に、前掲岩崎論文二四二頁も指摘するように本文に述べるような裁判例の考え方を支持する場合には立証責任の分配についての考え方を説明することが必要となると解されるのであるが、これら裁判例は、一つの比喩として述べれば、実額反証の場面を、推計課税があたかも言わば「実額納税」としての申告納税に戻るものと把握し、その上で、そのような場面では、本文に述べたような納税者の「説明責任」が復活すると考えているようにも解される。その限りでは、ここでの「間接反証」は、当該実体法制度を反映した極めて特殊なものと評すべきこととなろう。なお、この「実額反証」が真の意味での「間接反証」か否かは、本稿での問題設定から離れる問題である。第二に、本文に述べたような納税者の説明義務については、記帳義務の存在は別として実体法上明文で規定されているものではなく、端的には、そこに裁判による法創造の一例が認められるべきであろう。このように解することについては、様々な観点からの批判も存しえようが、実体法と手続法（訴訟法）との関係には単純に把握できないものがありえようし、また、本文に述べた一般論としての「証拠との距離」の考え方は法律上の明文規定よりもより広い社会状況の中で具体化されていくべきものであると考えるならば、肯定的に解される余地がなお存すると思われる。第三に、付加して述べれば、いずれにせよ、実額反証に関するこのような問題状況は、注(19)に述べた推計課税に関する現行法制の曖昧な態度が投影されたものとして把握することも可能であろうし、そしてまた、そのことの故に推計課税に関する立法論的提言も生じるところであろうが、新たな立法化（の試み）がそのこと自体新たな問題を生ぜしめることは既に本稿において若干言及したところであって、そこではよりトータルな問題把握が必要となろう。

(45) 山田『前掲書』二七七頁は本文に挙げたような裁判所の判断に対して厳格すぎると批判的であるが、ここでは本文に述べたように解しておくこととしたい。なお、佐藤繁前掲論文七一頁は、「反面調査等により実額で把握した収入から同業者率等によって経費が推計されている場合には、経費実額の主張は反論として有効である」とし、「被告の収入実額の主張が他に収入のないことまでを意味するものではないにしても、被告が収入を実額で主張できるとしているからには、収入実額の遺漏なき解明は第一次的に被告がこれを行うべき筋合いである。被告がこの解明を尽くさないまま、一方で収入を実額として主張しながら、他方で他にもまだ主張洩れの収入があるはずとの仮説を提出すれば、原告が経費実額の主張を妨げられ、これを主張しようとすれば、原告のほうで被告主張の収入実額に対応するものであることを明らかにしなければならないとすることは、均衡を失する」と述べる。しかしながら、この見解についてはは、そこで、「被告がこの解明を尽くさないまま」とされているところから、端的に述べれば「安易な推計課税」を排除することに力点が置かれているもの、換言すれば、納税者の「説明義務」に対置されるべき課税庁の「説明責任」の存在を（一般的に）指摘するものであって、「実額反証」に係る本文に述べるような諸裁判例の扱いを必ずしも当然に否定するものではないものとも理解しうる。

(46) ちなみに、佐藤孝一（判例批評）税経通信四七巻五号二七一頁（一九九二年）は、「納税者が申告納税制度の下における申告内容の説明義務に違反し、実額課税の資料を提供しなかったためにやむを得ずなされた推計課税」について、「少なくとも訴訟上においては、信義則上、実額反証の主張自体が制限されるべきものと考えられる」とするが、この見解については、ここでの説明義務あるいは申告納税制度それ自体は実額課税の原則を覆しうるものではないと考えられる点において、直ちにそう解されるべきではないように思われる。

(47) 教科書上の言及として、金子『前掲書』六八九頁、山田『前掲書』二七五頁。さらに、岩﨑政明「租税訴訟における納税者の証拠提出責任」判タ五八一号四九頁（一九八六年）。

(48) 佐藤繁前掲論文七〇頁は、「推計の審理が終局に達した段階で突如として実額が主張されるといったことのないよう、訴訟の初期の段階で原告が実額を主張するか否かをあらかじめ明らかにさせておくべきである」とするが、本文に述べた事柄が多分に訴訟運営の実務に関わる問題であることを示唆するものと受け止められる。

(49) 金子『前掲書』六八九頁。なお、南『前掲書』一八九頁以下、二二三頁以下。

(50) なお、南『前掲書』一一四頁は、「むしろ租税事件にあっては、職権探知の長所を生かし、一切の証拠資料を原被告から裁判所に提出せしめるとともに、ただしこれらの資料を相手方当事者に秘匿するというような制度が考案されてしかるべきではないかと考えるのである」とするが、さしあたり、本文に述べたような不服申立て制度の改善の中でその具体化が検討されるべきものと思われる。

六 結語

二から五までの論述を基礎として、以下のように述べておくこととする。

1 まず、推計課税に係る制度連関自体については、次のとおりである。

(1) 個別的に眺めた場合、一方では、調査ないしは処分の事前過程と処分との間には、厳格な要件効果論的な意味での関連性は必ずしも認められないように思われる[51]。この場面に関連しては、確かに、「推計の必要性」ということが語られるのであるが、それは、四4(2)で論じたように、言わば確固とした要件論としては必ずしも認められないように思われる。処分と争訟との間についても、同様に、特別な制度連関は認めにくいように思われる。

右のように述べることは、しかしながら、他方で、推計課税をめぐる一連の諸制度間に何らの関係も存しないということを意味するものではないであろう。「推計の必要性」の問題が要件論のレベルで必ずしも厳格に議論されるべきではないとしても、私見の整理ではとりわけ「申告内容に手がかりをおく推計」の場合には[52]、その合理性の判断の場面で、当該推計について行われるべき調査が実際に尽くされたか否かは判断の対象と実質的になるであろう。また、「申告内容に手がかりをおかない推計」の場合にあっても、一定の調査に基づいた判断であることが特に争訟過程において示される必要があることは、むしろ当然であろう。

以上のことからすると、推計課税に係る制度連関は、さしあたり、一定の「柔らかい性格」のものあるいは「緩やかな性格」のものとして把握されるべきところであろうと考えられる。

(2) 推計課税に関するやや錯綜した議論状況は、法律上の制度が必ずしも十分とは評されえない状況において実務が先行する中で形成されたものと解され、そのことが、その理論的な把握あるいは整理を困難ならしめる一因となっているように思われるところでもある。本稿で示した「申告内容を手がかりとする推計」と「申告内容を手がかりとしない推計」の区別、あるいは納税者の説明義務の観点は、そのような錯綜した議論状況を踏まえつつ、推計課税に係る調査・処分・争訟の全過程にある程度の連絡をつけようとするためのものでもあった。さらにまた、五3で言及した不服申立て制度に係る記述は、不服申立て制度と訴訟制度の有機的連関を図ろうとする観点からのものである。[53]

2 1に述べたところから示唆されうる行政法一般理論上の事柄として、次のように述べておくこととする。

(1) 1(1)で述べたような柔らかい性格の制度連関ということについては、一面では、当該法制度の未整備という推計課税に係る特殊固有の問題とも捉えられようが、むしろ、比較的一般的な事柄として理解されてよいと思われる。すなわち、一例として警察規制的な行政法制度の中では監督制度として立入り検査等の調査に関する規定と営業の停止等の処分に関する規定が置かれることが通例であるが、そこでは、当該調査と当該処分との関係については、一般に、法律上必ずしも厳格に関連付けた規定はされていないからである。[54]

(2) (1)に述べたような言わば行政法上の一般的な柔らかい制度連関は、端的には行政の便宜主義に基礎付けられているものであって、推計課税に係る場合とはさしあたり同列に論じうるものではないが、いずれにせよ、そこでは、そのような柔らかさを維持しつつも一定程度その連関を強めていくこと、あるいはより確かなものとしていくことが必要ともなろう。[55] このことは、本稿の主題から既に離れる問題であるが、本稿で論じたことからすれば、その議論の方向、対象としては、一つには、個別行政過程に内在する個別諸制度の内容の一定の多様化と精緻化が、そしてもう一つには、当該個別行政過程への関与者が場合によっては訴訟の場面においてまでその期待されるべき役割を果たしうるような実体法上の一定の手がかりの設定が挙げられよう。

(51) この場面では、注(35)で引用した塩野『前掲書』の当該引用個所中前半部分の行政調査それ自体の言わば一般意義に関わる論述にもう一度目が向けられるべきであるとも考えられる。

(52) なお、二1(2)。

(53) 本稿では分析の題材として採り上げることができなかったが、南『前掲書』の一つの主題となっているように、国税不服審判所の組織審理の在り方は、本文に述べた観点から極めて重要な事柄である。結論めいた指摘をするならば、そこでは、事後の裁判過程に実質的に連動する争点整理と事実認定が行われるか否かが重要な問題であると考えられるのであるが、そうであるとしても、この場合の「連動」の仕方については、例えば古典的な行政委員会論において議論された「実質的証拠法則」というような言わば「固い性格」のものではなく、本文(1)で述べたような「柔らかい性格」のものを追求していくのがさしあたり適切ではないかと思われる。このような考えは、素朴な常識論ではあるが、的確な審理が行われていれば、自ずとそれは事後尊重されることとなるであろうと思われることにも依っている。

(54) なお、納税義務者の「説明義務」についても、申告納税に係る特殊固有のものとして理解されうるところではあるものの、一般に行政上の法律関係の発展形成が言わば主観的な側面での把握として権限行政庁の行政過程に係る「説明責任」とこれに対応する相手方あるいは関与者の所要の「説明責任」との組み合わせとして構成しうる場合には、これまた必ずしも特殊なものとしてではなく一般的なものとして理解されうることとなろう。

(55) 「規制の実行性確保」の問題が、行政法一般理論の領域において近時一の議論の対象とされているところであるが、ここではこれに立ち入ることはできない。

私人の公法行為としての届出の法的効果

――建築確認に係わる「工事取りやめ届」を契機として――

金子 正史

一　はじめに

二　工事取りやめ届

三　建築確認の法的性質

四　建築確認と不可変更力

五　建築確認の撤回

六　おわりに

一　はじめに

建築主が建築基準法（以下、適宜「建基法」或いは「法」という）六条一項による建築確認を受けた後、たとえば、付近住民による建築物に対する建設反対運動等を考慮して、住民との話し合いを持ち、設計の再考慮等をするために、「工事取りやめ届」を建築主事に提出することがかなりの自治体で見られる。この実務上とられる「工事取りやめ届」の法的効果は如何なるものなのであろうか。すなわち、「工事取りやめ届」が建築主事に提出されると、提出されたこと自体でただちに建築確認の効力は失効するのか、それとも「工事取りやめ届」の提出は建築行為をしないという建築主の単なる事実上の意思表示に過ぎないのかということである。もし、後者であるならば建築確認の効力の失効のためには、建築主事の建築確認の撤回が必要であり、この場合、準法律行為的行政行為と説明されている建築確認の撤回の可否が検討されなければならない。

この点に関する問題をより具体的に言えば、建築確認の相手方以外の第三者すなわち近隣住民が計画建築物により被る公害・環境等の不利益を主張して、建築確認の取消しを求める行政争訟（審査請求或いは行政訴訟）を提起したときに、建築主から「工事取りやめ届」が提出されると、その提出自体により建築確認の効力が失効し、行政争訟の訴の利益が消滅してしまうのかである。

本稿においては、以上のような問題意識から、「工事取りやめ届」の提出の法的効果等について若干の検討をなそうとするものである。建築確認に関する「工事取りやめ届」の法的効果についてと同様な問題は、建基法上では、これ以外でも、特定行政庁の許可にかかわる法四八条各項但し書きに基づく例外許可処分、いわゆる総合設計制度についての法五九条の二第一項に基づく制限適用除外の許可処分等においても問題とされる。*

* 本稿は、横浜地裁において平成九年五月二六日に下された、①建築許可取消等請求事件、②審査請求却下取消請求事件、③建築確認取消等請求事件、④審査請求却下採決取消請求事件、の四事件についての地裁判決（判例自治一七二号一〇七頁）、及び①事件の控訴審・東京高判平成九年一二月九日、上告審・最判平成一〇年六月二五日、②事件の控訴審・東京高判平成九年一〇月二二日（確定）、③の控訴審・東京高判平成九年一一月一七日（確定）、④事件の控訴審・東京高判平成九年一一月二〇日、上告審・最判平成一〇年六月二五日（以上判例集未登載）に示唆をうけて執筆したものである。①、②、③、④事件において、被告たる建築主事等の処分庁は、「工事取りやめ届」の提出、受理によって、建築確認等の効果は消滅したと主張したが、この点について、判決は、この主張の「当否はともかくとして」と述べ、「工事取りやめ届」の法的効果について正面から触れなかった。いずれの事件も、訴訟提起後に、処分庁が建築確認等を撤回（取消）し、訴の利益が消滅したとして却下されている。

なお、本稿の構想、執筆中の平成一〇年六月に昭和二五年制定の建築基準法が約五〇年ぶりに改正され、また本稿の脱稿間際の平成一一年七月に地方分権一括法が制定され、建築確認が自治事務となることとなった。本稿は、このような状況の下で、執筆されていることを予めお断りさせて頂きたい。

二　工事取りやめ届

1　「工事取りやめ届」の制定状況

(1)　すでに述べたように、建築確認を申請し、望み通り建築確認を得た建築主が、事後、何らかの理由で当該工事を取り止める状況が生じた場合、実務上、「工事とりやめ届」と称される届出書を行政庁に提出することを要請されることがある。

「工事取りやめ届」は、建築確認を得た後に提出されるものであり、建築確認を得る前に当該建築確認申請を取り下げる場合に建築主事にに提出する「工事取り下げ届」とは区別されている。「工事取りやめ届」の提出は、建築基準法で要求されているわけではなく、地方分権一括法による改正前の建基法では、機関委任事務の執行者である都道府県知事等の自治体の長の定める規則たる建築基準法施行細則の定めるところに拠っていた。

たとえば、東京都建築基準法施行細則（昭和二五年東京都規則一九四号、最終改正平成七年六月一九日東京都規則一六七号）五条の二は、「確認等を受けた建築物等の建築主等は、その工事を取りやめようとするときは、別記第一八号様式により、通知書を添えて、建築主事又は知事に届け出なければならない」と定めていた。又、神奈川県建築基準法施行細則（昭和三七年神奈川県規則九七号、最終改正平成七年三月三一日）九条二項も、「確認等を受けた建築物等の建築主が、当該工事又は用途変更を取りやめたときは、工事取りやめ届（第九号様式）を知事又は建築主事に提出しなければならない。」と定めていた。

建築確認について、平成八年九月現在、全国四七都道府県のうち東京都、神奈川県、大阪府、愛知県等三九都道府県がその建築基準法施行細則でこのような「工事取りやめ届」の制度を設けている。(1)又、神奈川県下における状況をみると、県内の一二の建築主事を置く市においても建築基準法施行細則で同様の制度を設けている。神奈川県以外の他県の建築主事を置く市でもほぼ同様の状況であると推測される。

(2)　このような「工事取りやめ届」について規定した趣旨は、①建築確認では、敷地の重複使用が可能であるので、建築主が建築確認を得た後に建築意思を喪失し、同一敷地内に事後再び別件の建築確認がなされた時に近隣住民にとって具体的に生活環境上影響を受けることになるであろう建築物が特定できないことを避けるため、②先行して建築確認を受けた建築主が既得権を主張し、後行して建築確認を得た者と争ったりすることにより社会的混乱が生じることを未然に防ぐため、あるいは、③確認を得たのちに法令の改正があり未だ着工していない場合、既得の確認が新法と抵触する限りにおいて確認の受け直しが必要となるが、この際の敷地の利用関係を明確にしておくためなどにあると推測される。

「工事取りやめ届」の提出に際して、実務上とられる手続きは、たとえば、東京都では、「(確認)通知書を添えて、建築主事又は知事に届け出」ることとされているが、添付して提出された確認通知書は、「届出を受理した日から七日以内に建築主事等に返還する」(規則五条の二第二項、三項)こととされている。又、神奈川県の場合は、受理された「工事取りやめ届」と共に提出された確認通知書に日付を押印して、「本件、取止届を受理しました」旨を記載して建築主等に返還している。

(1) 平成八年九月二五日現在神奈川県建築指導課による。

2 「工事取りやめ届」の法的効果

(1) さて、周知のごとく、平成一一年の改正地方自治法以前は、建築基準法は、建築行政を国の機関委任事務として地方公共団体の長に機関委任していた。そして、建築確認は、建築基準法にその根拠を有し、知事の指揮監督に服する建築主事によってなされていた。ところが、前述したように、「工事取りやめ届」の制度は、かなり多くの地方公共団体で設けられていたが、建築基準法で定められていたわけではなく、機関委任事務の執行者としての長の規則で設けられていた。この規則は、建築基準法の委任等により地方公共団体の長により定められているわけでもない。地方公共団体の長の一般的な規則制定権を定めた地方自治法一五条一項に基づいて定められていたといえる。しかし、「工事取りやめ届」が提出されたときの法的効果、すなわち建築確認の効力が何時失効するかについて建築基準法はもちろん長の定めた規則においてもなんら定めるところがない。

提出された「工事取りやめ届」は、一体どのような法的効果を有するのであろうか。すなわち、前述したように、「工事取りやめ届」の提出は、①「工事取りやめ届」が提出されたこと自体により建築確認の効力が失効することを意味するのか。それとも、②「工事取りやめ届」の提出は建築行為をしないという建築主の単なる事実上の意思表示に過ぎないのかである。

前者であるならば、届出がなされたとき、すなわち行政機関の事務所に届出書が到達したときに建築確認は効力を失うということになる。後者であれば、建築確認の効力を失効させるためには、「工事取りやめ届」の提出を契機として行政庁が建築確認を撤回することが必要とされ、撤回されて初めて建築確認は効力を失うということになる(2)。

(2)　ところで、私人が、いったん得た許可等を届出によって失効せしめるという制度は、営業を廃止するときの法制度としてしばしば見られる。この制度は、一般に廃業届出制と称されている(3)。廃業届出制における廃業の届け出の法的効果如何は、「工事取りやめ届」の法的効果を検討する場合の参考になると思われるので、これについて述べれば以下のごとくである。

廃業届出制には類型があり、廃業の届出がなされたとき、行政処分が失効する時期が法令上明確に定められている場合(4)と、行政処分の失効の時期が法令上明確に定められていない場合がある。「工事取りやめ届」の制度は、建築工事を取り止めたときは、その旨を届け出ることと定めているだけで、建築確認の効力の失効の時期についてなんら触れていないので、後者の場合にあたる。そこで、後者の場合を検討すると、そこには二通りの定め方がある。

その一は、届け出があったとき行政庁の側で登録抹消等の手続きをとることが定められている場合である。[5] この場合は行政処分の失効の時期は届出時か登録抹消時かが問題となるが、かつて公認会計士の地位の廃止について争いがあり、最高裁は登録抹消時に地位を喪失すると判示したことがあった。[6]

その二は、廃業したときは届出をしなければならないとのみ定めている場合である。これ以外の定めは、一切ない。「工事取りやめ届」の制度は、この場合と類似した定め方と言える。このような定め方の場合は、行政処分の失効の時期は、行政処分の根拠法規の趣旨、目的の解釈のもとで、法令の仕組み、許認可等の行政処分の性質等を具体的状況のもとで合理的、目的的に解釈して判断されなければならないと言える。

廃業届出制の場合は、公益上の理由から審査を受け許可を得て営業を開始しても、営業が公益事業に拘るものではないので、営業を継続するかどうかは、許可を得た者の職業選択・営業の自由（憲法二二条一項）に属することでもあり、営業者の意思に反してまでも営業の継続を強要することに合理的理由はないのでその廃業は届出でよいとしているのだと解される。したがって、廃業届出制は、公益事業の廃業のためには行政庁の許可がいるとされている廃業許可制とは異なり、原則として届出がなされた時に営業許可は失効すると解されよう。[7]

(3)　「工事取りやめ届」は、失効の時期について何ら定めはないが、その二の場合と同様に届出をしたときに建築確認の効力が失効すると解されるのであろうか。廃業届出制は、営業の自由にかかわるものであるが、「工事取りやめ届」の制度はそうでないので、この点については、法令の趣旨、目的のもとでの合理的、目的的解釈により、いま一歩踏み込んだ検討が必要と思われる。

廃業届出制は、検討した限りでは、当該行政処分の根拠法かその施行規則たる省令で定められている場合が殆どであると言える。そして、その多くは、営業を廃止したときは所管の行政庁に届けでなければならず、届出をしなかった場合は罰金或いは過料に処せられる旨が定められていることが極めて多い(8)。

しかし、「工事取りやめ届」の制度は、建築確認の根拠法たる建築基準法に拠っている訳ではなく、地方公共団体の長が地方自治法一五条一項に拠り独自に定める規則で定められていることは前述した。したがって、特定行政庁の置かれているすべての地方公共団体で制度化されているわけではない。制度化されている場合でも、工事を取り止めたのに届出がなされなかった場合の罰金或いは過料の定めはない。このようなことを考慮すると、「工事取りやめ届」の提出それ自体では、建築確認の効力は失効しないと解されないだろうか(9)。換言すれば、建築主が行政庁に対してする建築工事を取り止めたという事実としての意思表示と解されまいか。「工事取りやめ届」の制度を規則で定めた地方公共団体の立法者意思は、おそらく「工事取りやめ届」の提出それ自体で建築確認は失効しないとの解釈をとっていたのではないかと思われる。建築確認についてではないが、東京都建築審査会は、「工事取りやめ届」が提出されたことを契機に建築基準法五九条の二第一項及び五八条の許可を撤回している(10)。

（2） この点について、荒秀編著『改訂建築基準法』［荒執筆］（第一法規、一九九〇年）一三三頁は、「確認行為がなされるまでの間確認申請の取下げは自由であるが、一度確認行為がなされた後、申請取下げがなされた場合、一たび確認行為がなされれば、当該申請行為の目的は達しえたものだからその取下げということは理論上は考えられず、事実上それがなされたとしても、単に事実上建築行為をしないという意思の表明とみるか、先の確認行為の効力を失わしめることになるとみるべきか」との問題提起をしていた。

なお、建築建築学会・建築計画委員会建築基準小委員会「建築関係法令の研究」（一九八二年九月）五五頁も、こに点について触れている。

（3） 営業の廃止の法制度として、廃業届出制の他に、例えば、電気事業（電気事業法一四条一・三項）やガス事業（ガス事業法一三条一・三項）のように生活必需品の提供といった公益事業はの廃止についてとられている廃業には行政庁の許可が必要とする廃業許可制や食品衛生法に基づく営業許可による飲食店の廃業や公務員の依願退職のように廃業について何も定めず、届出の法的効果は法令の趣旨、目的の解釈によるとする廃業非法定制がある。

（4） 許可等の行政処分の失効の時期が法令上明確に定められている例として、例えば、宅地建物取引業法は、宅地建物取引業者が宅地建物取引業を廃止した場合はその旨を建設大臣等に届出なければならないと定め（一一条一項）、届出があったときは免許は効力を失うと定め（同条二項）、又、同法施行規則は、届出があった場合には、宅地建物取引業者名簿につき当該宅地建物取引業者に係る部分を削除しなければならないと定めている（六条一項三号）。又、旅行業法は、旅行業者は、事業の廃止をしたときは、その旨を運輸大臣に届け出なければならず（一五条一項）、運輸大臣は届け出があったときは旅行業の登録の抹消をしなければならない（二〇条一項）と定め、登録が抹消されたときに登録の効力が失効する（一五条の二）と定めている。この他、警備業法（六条、六条の二）、古物営業法（八条一項、二項）、風俗営業等の規制及び業務の適正化等に関する法律（一〇条一項一号、二項）、電波法等（二二条、二三条、二四条）等には、ほぼ同様の規定がみられる。

（5） 公認会計士法は、公認会計士がその業務を廃止したときは、遅滞なく、登録抹消の届出書を協会に提出し（公認会計士等登録規則七条一項）、届出書の提出があったときは、協会は、これを審査のうえ遅滞なく登録抹消を行ない、その旨を官報をもって公告しなければならない（同規則一〇条、法二一条の二）としている。同様の定め方として、例えば、弁理士法（七条ノ二第一項一号、七条ノ三、同法施行令一五条）、弁護士法（一一条、一七条二号、一八条、一九条）、都市計画法（法三八条、同施行規則三二条、同三七条）等がある。

（6） 最判昭和五〇・九・二六民集二九巻八号一三三八頁。判例評釈として、とりあえず、南博方（判例解説）ジュリスト『行政判例百選Ⅱ［第四版］』二八二頁（一九九九年）を参照。

（7） 例えば、倉庫業法が、倉庫業者は、その営業を廃止したときはその旨を運輸大臣に届け出なければならない（二〇条）と定めたり、旅館業について旅館業法施行規則が、旅館業を営む者は、営業を廃止したときは、都道府県知事にその旨を届け出なければならない（四条）と定めている。なお、旅館業については、成田頼明「旅館業の許可の取消等」山内一夫他編『演習行政法』（良書普及会、一九七二年）二二七頁を参照。同様の定め方をしている例として、例えば、火薬類取締法（一六条）、石油業法（一四条、同法施行規則一九条）、医療法（九条）、気象業務法（二二条）、貨物自動車運送事業法（三二条）、薬事法（一〇条）等がある。

（8）例えば、倉庫業法（三二条三号）、火薬取締法（六一条四号）、石油業法（二三条一号）、医療法（七四条一号）、貨物自動車運送事業法（七九条二号）、薬事法（八七条一項一号）等を参照。但し、旅館業法や気象業務法には罰則等の定めは見られない。

（9）ちなみに建築基準法と姉妹法の関係にある都市計画法では、開発許可を受けた者は、開発行為に関する工事を廃止したときは、遅滞なく、建設省令で定めるところにより、その旨を都道府県知事に届出なければならないとされ（三八条、同法施行規則三二条）、工事が廃止された場合には、遅滞なく、都道府県知事は開発登録簿を閉鎖しなければならないとしている（同法施行規則三七条）。届出を怠ると二〇万円以下の過料に処せられることとされている（法九六条）。この開発行為の廃止の届出について、届出だけで開発許可の効力が失効しないことを窺わせる見解として、荒秀「開発許可の法と実務（二）」獨協法学四六号一〇一頁（一九九八年）を参照。なお、建設省建設経済局民間宅地指導室『開発許可制度の解説（改訂六版）』（日本宅地開発協会、一九九九年）二五六頁は、工事の廃止は届出をすることもって足りると述べているが、許可の効力の失効には触れていない。

（10）東京都建築審査会裁決平成八年三月二五日東京都建築審査会年報＝平成七年度一八五頁。もっとも、この審査会の見解について、「工場取りやめ届」の提出により許可の効力はすでに失効したのであるが、念のために、確認的に撤回したのだとする解釈があるかもしれない。しかし、このような解釈は取り得ず、本文のごとく「工事取りやめ届」の提出では、許可の効力は失効しないと解釈することが妥当と思われる。一歩譲っても、「工事取りやめ届」の提出により許可が失効したか否かについて法理論的に疑義があり、許可が失効してないと解される余地が多分にあるので、許可を失効せしめるために撤回したと解すべきであろう。

三　建築確認の法的性質

1　準法律行為的行政行為たる確認行為の法的効力

(1)　「工事取りやめ届」は、建築工事をしないという単なる事実上の意思表示に過ぎないとすると、すでに述べたように、建築確認の効力を失効させるためには、建築主事が建築確認を撤回しなければならない。

しかし、建築確認の法的性質からすると以下のような検討しなければならないことがある。

すなわち、建築確認は、講学上の準法律行為的行政行為たる確認行為（又は、確認ともいう。実定法上は裁決、決定、裁定、認定等の語が混用されている）と説明されている。(11)確認行為は、特定の事実や法律関係の存否又は正否を公の権威によって確認し、表示する行為であり、その法的効果の発生は法令の定めるところによるとされている。確認行為の例として、建築確認の他には所得額の更正・決定、道路・河川等の区域の認定、発明の特許、恩給の裁定、当選人の決定等(12)があげられている。

(2)　このような確認行為は判断の表示であるから、たとえそれが違法又は不当であっても争訟手続きによって行政庁又は裁判所によって取り消される場合のほかは、行政庁による職権取消しはできず、又それが行われた後に新たな事情が生じたとしても行政庁によって撤回或いは変更はできないとされる不可変更力が生ずるとされている。(13)

以上の見解が正しければ、準法律行為的行政行為と説明されている建築確認の撤回はなしえないということになる。

したがって、建築確認の法的性質が準法律行為的行政行為たる確認行為であるか否かが検討されなければならない。

そこで、以下においては、建築確認の法的性質について検討することとしよう。建築確認の法的性質には、確認説と許可説の対立がある。[14]

2　確認説

まず、確認説であるが、この見解は、建築確認は、準法律行為的行政行為の一種たる確認行為と解するものである。すなわち、建築基準法六条一項にいう建築主事がする建築確認とは、申請にかかる建築物が関係法令に適合するか否かについて公の権威をもって確定し宣言する行為で、予定建築物の法適合性についての行政庁の判断の表示である。建築確認を得ることによりそれまで禁止されていた建築行為をなしうるのは、建築確認それ自体の効果ではなく建築基準法六条六項によって賦与された法定の効果によるものであり、[15]要件の認定にかかわる要件部分（要件裁量）、行政行為をするしないの判断にかかわる効果部分（効果裁量）とも裁量判断の余地の無い羈束行為であるとするものである。

確認説をのべる学説、[16]判例[17]はかなり見られる。

3　許可説

ついで、許可説について述べよう。建築確認は、本来は何人も有する建築行為の自由を社会公共の秩序維持の目的から法令等で一般的に禁止しつつ、この一般的禁止を個々具体的な申請に基づき解除するという意思表示を要素とする法律行為的行政行為たる警察許可と理解する見解である。したがて、この見解は警察許可説と呼ぶことができる。警察許可説においては、警察許可は、要件認定の部分について裁量が認められるとしても[18]、法定の拒否事由に該当しない限り原則として許可をしなければならない、すなわち効果裁量は認められないという意味において建築確認は羈束行為と解されている。

近年、許可説を述べる学説が少なからず見られるようになり[19]、判例にもこの見解を示すものが見られる[20]。

4　検　討

(1)　従来とられてきた、伝統的な行政行為の分類[21]は、行政行為を行政庁の効果意思の表示を要素とする法律行為的行政行為と行政庁の判断・認識・観念等の効果意思の表示以外の精神作用の表示を要素とする準法律行為的行政行為に大別し、法律行為的行政行為は効果意思に即して法的効果が発生するが、準法律行為的行政行為は精神作用の表示に対し法律により法的効果が結合されることによって法律の定めにしたがっ法的効果が発生するとしてきた。

この分類に従えば、建築確認は、建築主事が申請にかかる計画建築物が関係法令に適合していることを公の権威をもって確定し宣言する行為は準法律行為的行政行為たる確認行為で、建築確認を受けることにより建築禁止の解除がなされるのは建築基準法六条六号の法的効果とされる。これが確認説の根拠であり説明である。

(2)　ところが伝統的な行政行為の分類は、法律行為的行政行為は行政行為の国民に対する法的効果に着目した分類であり、準法律行為的行政行為は行政庁の判断・認識・観念等の表示の性質による分類であるので[22]、両者の分類基準は同じではない。

したがって、準法律行為的行政行為を法的効果に着目して分類することも可能である。建築確認は準法律行為的行政行為としての確認行為と分類されており、前述したごとく建築禁止の解除という法的効果は建築確認自体によってではなく建築基準法の定めによって発生すると説明されている。しかし、建築確認がなされてこそ建築基準法の定めにより建築禁止の解除という法的効果が発生するのであるから、建築禁止の解除は建築確認の法的効果と解することが可能である。この建築禁止の解除という法的効果は、一般的禁止を申請に基づいて解除するという警察許可の法的効果と同じである。

そうであるならば、建築確認は精神作用の表示たる準法律行為的行政行為の確認に分類されるが、その法的効果に着目すれば、一般的禁止の解除という法的効果を発生させるので、法律行為的行政行為のうちの命令行為として分類されている警察許可とも解しうるといえる。分類基準が違うのであるから、確認行為と警察許可は相互排他的ではないので、建築確認は法律行為的行政行為とも理解しうる。[23]

最近の学説は、建築確認を確認行為に分類しつつも、純粋の確認行為とみないで警察許可の一種とみる見解が多いが、[24]これは確認行為についての以上の理解に立脚しているのと思われる。[25]

(11) 例えば、原田尚彦『行政法要論（全訂第四版）』（学陽書房、一九九八年）一五九頁、市原晶三郎『行政法講義』（法学書院、一九八八年）八三頁、広岡隆『行政法総論（三訂版）』（ミネルバ書房、一九八一年）一一〇頁、芝池義一『行政法総論講義（第三版）』（有斐閣、一九九八年）一三四頁等を参照。なお、田中二郎博士は「建築物の違法性の確認」が確認行為としておられる（『新版行政法上巻（全訂第二版）』（弘文堂、一九七六年）一二四頁）。

(12) 田中二郎『行政法総論』（有斐閣、一九六四年）三一一頁。

(13) 美濃部達吉『行政法撮要上巻』（有斐閣、一九三三年）一五五頁、田中・前掲注(11)一二四頁、前掲注(12)三一一頁、土橋雄四郎『行政行為法概論』（有斐閣、一九五五年）八九頁、柳瀬良幹『行政法教科書』（有斐閣、一九六八年）一一九頁、杉村敏正『全訂行政法講義（総論上巻）』（有斐閣、一九七三年）一八五頁。

なお、不可変更力は、すべての行政行為に認められるわけではないが（例えば、農地の買収・売渡計画について不可変更力を否定する判決として、最判昭和四三・一一・七民集二二巻一二号二四二一頁）、行政行為のうちのある種のものに不可変更力が認められることについては疑いない。不可変更力は実質的確定力と説明されることがあるが、不可変更力は実質的確定力とは異なった概念であると考えられている。すなわち、実質的確定力とは、行政行為の内容が当事者間の法律関係の基準となり当事者はこれに反する主張をなしえず、また行政庁や裁判所がこれに矛盾する判断をなしえないという裁判判決の既判力に相当するような効力を言うと解され、この意味での実質的確定力は行政行為には生じないと解されている。雄川一郎「行政行為の確定力」ジュリスト三〇〇号『学説展望―法律学の争点―』八六頁（一九六四年）、小早川光郎「不可変更力（判例解説）」ジュリスト『行政判例百選Ⅰ（第三版）』一四三頁（一九九三年）。なお、田中二郎「行政法における確定力の理論」『行政行為論』所収（有斐閣、一九六五年）一七三頁を参照。

(14) 確認説と許可説の主たる対立点は、建築確認に裁量性を認めるか、付款を付すことを認めるかにあると言われている。裁量性に関して言えば、確認説は要件裁量、効果裁量とも認めず、許可説は要件裁量のみを認め、効果裁量は認めないとしている。又、付款に関しては、両説とも付すことを認めえないとしていると言えよう。なお、この点について学説学説・判例を整理したものとして、荒秀他編著『改訂建築基準法』（第一法規、一九九〇年）一一七頁、島田信次＝関哲夫『建築基準法体系（第五次全訂新版）』（酒井書店、一九九一年）四〇六頁、安藤一郎『実務 新建築基準法』（三省堂、一九九三年）一六一頁等を参照。

(15) 平成一〇年六月に建築基準法が改正された。旧法によれば、建築行為の禁止の解除は、旧法六条一項で確認がなされ、五項によって確認の法定の効果が生ずるという定めになっていた。しかし、この場合、確認がなされ三項の適合通知があって建築行為の禁止の解除の効果が生ずる仕組みになっている。改正法はこの点について、建築行為の禁止の解除は、六条一項で「建築主事の確認を受け、確認済証の交付を受け」、六条六項で法定の効果が生ずるという仕組みになっている。

(16) とりあえず、好美清光「建築基準法と相隣関係」ジュリスト『行政法の争点』二八四頁（一九八〇年）、大河原春雄「地方公共団体からみた建築基準法」ジュリスト四八一号三八頁（一九七〇年）、日本建築センター編『詳解建築基準法』（ぎょうせい、一九九二年）六四頁、松山雅昭『建築基準法解説』（第一法規、一九七七年）六一頁（参考1）等を参照。

(17) とりあえず、山口地判岩国支判昭和三六・二・二〇下民集一二巻二号三二〇頁、東京高判昭和五四・九・二七判時九三九号二六頁、岡山地決昭和五五・二・二九行集三一巻二号三一八頁、神戸地判昭和五九年一一月三〇日行集三五巻一一号一九六一頁等を参照。なお、最判昭和六〇年七月一六日民集三九巻五号九八九頁は、「確認処分自体は基本的に裁量の余地のない確認的性格を有するものと解するのが相当である」と「基本的」という文言を入れているが、安藤・前掲注(14)一六二頁は、この見解をもって、最高裁が確認説をとっているとは言えないとしている。

(18) 例えば、建築基準法は「安全上適当な措置」（一九条四項）、「安全上支障がない場合」（三三条）と不確定概念を定め、要件認定に建築主事の裁量判断を認めている。なお、平成一〇年六月の建築基準法の改正により、それまで建築主事に裁量判断を認めていた、接道義務の特例（四三条一項但書き）、道路内建築制限の特例（四四条一項二号）、建ぺい率制限の非適用（五三条四項三号）の判断は、建築審査会の同意を要件として特定行政庁の許可にかからしめるものとされた。

(19) 荒秀『建築基準法論（II）』（ぎょうせい、一九八七年）一五頁、荒秀編著・脚注(2)［荒執筆］一一九頁、小高剛「建売り・注文住宅の法律問題③　行政法上の諸問題」法時四三巻一二号（通巻六一六号）五三頁（一九七一年）。なお、関哲夫『新訂建築基準法の諸問題』（ぎょうせい、一九八九年）四頁は、確認はあらゆる場合に確認行為と解することはできないないとしている。

(20) 広島地判昭和四八・一二・一三行集二六巻九号九九九頁とその控訴審である広島高判昭和五〇・九・一七行集二六巻九号九九四頁、なお、佐賀地裁昭和三二・四・四行集八巻四号七二九頁を参照。

(21) 例えば、田中・前掲注(12)三〇一頁、前掲注(11)一二〇頁を参照。

(22) この点を、藤田宙靖『行政法学の思考形式』（木鐸社、一九七八年）一〇九頁は、伝統的な行政行為の分類は、行政庁の効果意思により法的効果が発生するのか、法律の定めにより法的効果が発生するのかというような非論理的な思考によりなされている（一二三頁）と批判的に指摘している。なお、遠藤博也『行政法スケッチ』（有斐閣、一九八七年）一三九頁、今村成和『行政法入門（第六版）』（有斐閣、一九九五年）七二頁も参照。

(23) 藤田・前掲注(22)一二六頁・注(6)は、「建築確認は仮に『準法律行為的行政行為』であるとしても、一面で又、『命令的行為』としての『許可』であると考えれば済む」と述べている。

(24) 塩野宏『行政法I（第二版）』（有斐閣、一九九四年）一〇〇頁は、「建築確認（建築基準法六条）は、確認という言葉が用いられているが、それにより建築の自由を回復させるのが建築確認制度の法的仕組みなのであるからむしろ（私人に対し法的地位を設定する—筆者）形成行為にいれるのが妥当である」としている。又、原田・前掲注(11)一五九頁は、法律効果の面から見ると確認といわれるもののなかにも、「建築確認のように許可に近いものがある」とし、芝池・脚注(11)一三四頁は、建築確認は、裁量のない行為であることを強調するため確認と呼ばれているが、「機能的には一種の許可」であるとし、今村・前掲注(22)七九頁は、建築確認制度が「許可と異なるところのないもの」としている。

(25) 許可説は、本文で述べたように、従来は警察許可説と解されてきたが、最近、警察許可説とは違う許可説が主張されている。この見解は、建築確認を建築行為の一般的禁止の解除と解することには警察許可説と異ならないが、建築確認申請が法定の要件を全て満たしていたとしても建築確認を下ろすことが公益に反するような場合には建築確認の留保や拒否をなしうるとする見解である。すなわち、建築確認に効果裁量を認めるのである。この見解を仮に新許可説と名付けると、新許可説は、建築（基準）行政は、法制定当初とは異なり近年においては、日照、通風、景観等の環境問題という行政需要にも対処する積極行政でもなければならないが、伝統的な確認説ではこれに対処できないとの認識に立ものである。新許可説の主張は、昭和五〇年代前半に、建築主事は行政指導がなされている間建築確認を留保しうるか否かについて、これを積極に判断する二、三の判例（例えば、東京地判昭和五二・九・二一判時八八六号一五頁、東京地判昭和五二・一二・一九判時八九四号八二頁）を主たる契機としていると思われる。五十嵐敬喜「揺れる建築確認制度」日経アーキテクチャー一九七九年五月号三五頁（『建築不自由の時代』（日経マグロウヒル社、一九八一年）二五一頁所収）が、新許可説を積極的に主張している。しかし、以上の判例は、建築確認をするか否かに関する効果裁量の問題ではなく、建築確認を対外的に表示する時期（タイミング）についての裁量、いうなれば建築確認時期の暫定的留保の問題と説明できよう（最判昭和五七・四・二三民集三六巻四号七二七頁を参照。なお、兼子仁「行政行為の種別」山田幸男他編『演習行政法（上）』（青林書院新社、一九七九年）一六六頁も参照）。下山瑛二「建築基準法九四条三項の趣旨＝建築審査会に対する不服申立てが理由のない場合と口頭審査の要否（判例評釈）」判例評論一三六号（一四頁）判時五九〇号一二〇頁も新許可説を述べていると解される。新許可説は、現代の建築行政の問題点を的確に指摘するものであり、傾聴に値する見解ではあるが、立法論としてならばともかく、解釈論としてはとることは難しいと思われる。なお、荒秀・前掲(19)『建築基準法論（II）』一三頁を参照。

四　建築確認と不可変更力

1　確認行為と不可変更力

(1)　建築確認は、前述したごとく法律行為的行政行為たる警察許可とも理解され、法律行為的行政行為の法的性質に着目すれば不可変更力はないといいうる。しかし、建築確認は確認行為としての側面をも有しているのであるから、確認行為の効力と説明される不可変更力が建築確認に生ずるか否かについては、なお検討する必要があろう。ところで、確認行為は不可変更力を有すると説明されているが、その理由を明確に述べている見解はそれほど多くない。その理由を忖度すると、確認行為は、行政庁が公の権威をもって確定したところであるのでこれを自由に変更しえないとしたり(26)、確認行為は、特定の事実又は法関係の存否の判断の表示たる行為であるから変更はなしえないとしているようである。[27]

前者の見解は、行政庁が権威をもって確定したそのことが不可変更力の根拠となるとしているが、このようなことだけで不可変更力が生ずるとすることは明治憲法下であればともかく、国民主権国家を標榜する今日の憲法の下ではではとることができないであろう。

後者の見解は、確認行為は客観的事実の確認だという点にその理由を求めているのであろう。すなわち、確認行為とは行政庁がする事実または法律関係についての客観的事実を確認する行為で、確認行為自体は事実行為であると解されるので、事実行為には法的効果を生じない。取消し、撤回とは法的効果にかかわる観念である。したがって、法的効果が生じない行政庁の単なる事実行為は、法的効果の消滅を目的とする取消訴訟の対象としての処分性を欠くと解され、事実行為の取消しという観念は原則としてありえないとされている。このようなことから、事実行為たる確認行為の職権取消し、撤回はできないと解釈するのであろう。

(2) しかし、確認行為はそれ自体は単なる事実行為であり、取消しの観念になじまないといいうるとしても、準法律行為的行政行為としてのとしての確認行為は、そこに一定の法的効果が伴うことが法律上定められているのであり、法的効果の伴わない単なる事実行為としての性格しか有しない確認行為とは異なる。準法律的行政行為としての確認行為が取消訴訟の対象となることはまったく問題なく肯定されている。

したがって、準法律行為的行政行為としての確認行為は、確認行為であるというただそれだけのことで不可変効力を有するとはいえないと解される。確認行為が不可変効力を有するか否かは、いかなる行政行為が不可変効力を有するかという一般論で決定されなければならないといえる。

2　不可変更力を有する行政行為

(1)　それでは、不可変効力を有する行政行為はどのようなものかというと、それは、一般に、①不服審査の裁決、決定等の争訟裁断行為としての行政行為、[28] ②利害関係者の参加によってなされる確認的性質の行政行為であるとされている。[29]

①の場合、争訟裁断行為が不可変効力を有する理由は、その性格が裁判判決類似の行為で裁判判決に羈束力が認められることに求められる。また、②の場合は、行政行為の性格ではなく、その決定過程との関連であるという。[30] 例えば、土地収用に関する協議の確認（収用一一八条）に不可変更力が認められるのは、起業者、土地所有者、関係人全員の参加があり協議が成立したからであり、公の選挙における当選人の決定（公選八〇・八一）に不可変更力が認められる理由は、開票管理者（公選六一）が一定の開票手続き（公選五五・六六・六七・七〇）に従い、開票立会人（公選六二）の立会の下、選挙人の参観（公選六九）のなかで開票が行われ、選挙会で得票総数を計算して決定することに求められるということになろう。

(2)　したがって、確認行為と説明されている行政行為のうちでも①、②に該当しないものは不可変効力を有しないといえる。例えば、課税標準または税額の更正・決定（国税通則二四・二五条）は、租税法の規定により客観的・抽象的に定まっている事項の基礎となった要件事実を把握したうえこれを確認することを内容とする確認行為と理解されているが、[31] ①、②の場合に該当していないので不可変更力が生ずることはない。同様に、建築確認は、確認申請にかかる建築物が確認対象法令に適合しているか否かに関する客観的事実の確認と解されているが、①、②の場合に該当するわけではないので、建築確認は確認行為であってもに不可変更力は生じないと解され、撤回はなし

うるといえる。(32)

(26) 土橋・脚注(13)八九頁、田中・前掲注(11)一二四頁、前掲注(12)三一一頁。

(27) 杉村・前掲注(13)一八五頁。

(28) 訴願裁決について不可変更力を認めたものとして、最判昭和二九・一・二一民集八巻一号一〇二頁、最判昭和三〇・一二・二六民集九巻一四号二〇七〇頁。

(29) 雄川・前掲注(13)八七頁、土橋・前掲注(13)一六五頁、兼子仁『行政法総論』(筑摩書房、一九八三年)一六四頁、遠藤博也『実定行政法』(有斐閣、一九八九年)一四一頁、小早川・前掲注(13)一四三頁、中川丈久「不可変更力(判例解説)」『ジュリスト行政判例Ⅰ(第四版)』一五六頁(一九九九年)。このほか、不可変更力は合議制行政庁により準司法的手続きを経て行われる行政行為に認められるとする説がある(芝池・前掲注(11)一五五頁)。

(30) 塩野・前掲注(24)一二七頁。

(31) 田中二郎『租税法(新版)』(有斐閣、一九八一年)一九六頁)、金子宏『租税法[第三版]』(弘文堂、一九八八年)四四三頁。

(32) 荒秀『建築確認論(Ⅰ)』(ぎょうせい、一九七六年)六頁、岩崎忠夫「建築主事の行なう建築確認の性質」山内一夫他編『演習行政法』(良書普及会、一九七二年)二五一頁。藤田宙靖『第三版・行政法Ⅰ(総論)[改訂版]』(青林書院、一九九五年)二〇八頁=注(2)は、「確認行為とは、不可変更力(確定力)を備える行政行為としてのみ定義すべきもの」としているが、この定義によれば不可変更力の生じない建築確認は確認行為とは分類されないことになる。

五　建築確認の撤回

1　撤回の許容性

(1)　建築確認に不可変更力がなく撤回が可能だとしても、無条件に撤回が許容される訳ではない。撤回が許容されるためには、撤回される行政行為の授権法規とは別個の撤回のための法律の根拠が必要か否か、撤回権の選択行使の場合の比例原則、外在的優越的公益性[33]による撤回の可否等がなお論じられなければならない。このように、どのような場合に撤回が許容されるかという撤回の要件、制限等について、特に受益的行政行為の撤回の場合が問題とされ、多くの見解が提示されてきたことは周知のことである[34]。

(2)　さて、「工事取りやめ届」の提出に基づく建築主事による建築確認の撤回は、行政処分の名宛人たる相手方の同意に基づく撤回とまったく同じではないが、その許容性は同意に基づく撤回が許容されるか否かの判断枠組みを参考にして論ずることができよう。

一般論として言えば、圧倒的に多くの学説は、受益的行政行為の撤回は相手方の同意があればそれでよく、法律の根拠は不必要でとしている[35]。判例にも農地の売渡処分は相手方の同意により適法に撤回されるとしたものがみられる[36]。受益的行政行為を撤回すると相手方の不利益になるが、相手方が撤回による不利益を甘受してまでも同意するのであるから撤回は許容されるとするのであろう。

しかし、相手方が同意をすれば撤回に法律の根拠は不必要で、撤回は自由になしうると言いえても、行政庁が何の制約もなしに無条件に撤回をなしうるとすることには若干の疑問が感ぜられる。やはり、客観的な諸状況を勘案考慮する必要があろう。このことは、行政行為の付款で撤回権が留保されているからといって、撤回が無条件に適法とは断言できないことからも推測できる。すなわち、受益的行為の撤回は処分の相手方の不利益になるので相手方の単なる形式的同意では足らず、相手方の同意の実質的任意性が必要とされなければならないと言える。(37)この意味において、「工事取りやめ届」の提出には、これを提出する建築主の任意性が極めて強調されなければならないといえる。

2　二重効果的行政行為の撤回の制限

(1)　ところで、処分の相手方の同意に基づく撤回により相手方以外の第三者の利益が損なわれるとしたら、その撤回は無条件に許容されるであろうか。前述の農地売渡処分についての判例の事案は、撤回は第三者の権利利益を侵害するものではなかったので、判決はこの点についてほとんど判断せずに撤回を認めている。受益的行為の職権取消しについては、第三者の利益保護の観点から職権取消しが制限されるとする学説、判例はかなり見られるが、(38)撤回についてこの点に触れる見解は少ない。

相手方の同意に基づく撤回による第三者の利益保護の問題は、職権取消の場合と同様、二重効果的行政行為の撤回の場合に生ずる。この場合、第三者の利益保護を考慮して撤回が制限されることはあるのであろうか。二重効果的行政行為によって第三者が利益を受けている場合は、(39)撤回の制限については十分な考慮が必要と思われる。それでは、二重効果的行政行為において処分の相手方以外の第三者が不利益を受けている場合は、同意に基づく撤回は無制限に許容されるだろうか。

(2)　すなわち、建築確認は、建築主にとっては受益的行為であるが、建築物や周囲の具体的状況によっては第三者たる近隣住民に対して公害・環境上の不利益といった侵害的効果をもつことがあり、このような場合は建築確認は二重効果的行政行為といえる。建築主による「工事取りやめ届」の提出を契機とする、建築主事の建築確認の撤回は、通常、近隣住民の公害・環境上の不利益を未然に取り除くことになるので、一般論としては許容されると解されよう。

しかし、公害・環境等の不利益を受けている第三者たる近隣住民がが行政争訟（審査請求或いは行政訴訟）を提起し、建築確認の争訟取消しを求めている最中に、建築主により「工事取りやめ届」が提出されると、ただちにこれに応えて建築主事は建築確認を撤回できるのであろうか。建築確認が撤回されれば、行政争訟の訴えの利益は消滅し、(40)請求は却下される。これは、第三者たる近隣住民の敗訴であるが、行政争訟の対象となった建築確認が失効し、問題の建築工事がなされないのであるから、近隣住民にとって争訟の目的は、一応達せられたと言いうる。

しかし、原告（審査請求人）の側からすれば、本案審理がなされれば争訟取消がなされる可能性がある、そのように信じているのであるから、職権取消しならばまだしも、撤回では建築確認の違法性の判断がなされないこととなり、争訟の目的が達せられず撤回は不当であるということになる。したがって、原告（審査請求人）からすれば、このような撤回は、第三者たる近隣住民から行政争訟の場における行政行為の違法性の主張の機会を不当に奪い、結果として不服審査庁や裁判所による違法な行政行為の統制機能を否定することになるので認められないとすることになる。

この主張の趣旨は理解しえないことではないが、行政争訟の場における第三者たる近隣住民等の違法性の主張の機会の保障をもって、撤回の制限の根拠とすることは、これまでの学説、判例理論等からすると困難と思われる。したがって、撤回は可能と解さざるを得ないと言えよう。

(33) 遠藤・前掲注(29)一四五頁、池芝・前掲注(11)一八六頁・注(6)。

(34) 撤回される行政行為の授権法とは別個の根拠法規が不必要とする見解（田中・前掲注(11)一五五頁、塩野・前掲注(24)一四三頁、兼子・前掲注(29)一七七頁）と、これを必要とする見解（杉村・前掲注(13)二五〇頁、芝池・前掲注(11)一八一頁、「職権取消と撤回」山田幸男他編『演習行政法（上）』（一九七九年、青林書院新社）二七八頁、遠藤博也「職権取消の法的根拠」『公法の基本問題（田上穰治先生喜寿記念）』（有斐閣、一九八四年）二七八頁）がある。最高裁判例は別個の法的根拠は必要ないという立場をとっている（最判昭和六三・六・一七判時一二八九号三九頁）ものの、なお論ずべき多くの問題点が残されていると思われる。

(35) 田中・前掲注(12)三六二頁、杉村・前掲注(13)二五一頁、「行政行為の撤回の法理」『法の支配と行政法』所収（有斐閣、一九七〇年）一八八頁、小早川光郎『行政法（上）』（弘文堂、一九九九年）三〇〇頁、なお、芝池・前掲注(11)一八二頁を参照。

(36) 仙台地判昭和三五・八・一七行集一一巻八号二二〇六頁。

(37) 遠藤・前掲注(29)一四五頁、芝池・前掲注(11)一八六頁、室井力編『現代行政法入門(1)（第四版）』［晴山執筆］（法律文化社、一九九五年）一六八頁。

(38) 受益的行為の職権取消しを検討すると、旧農地調整法や旧自創法等に基づく行政処分により形成された私的な法律関係の一方当事者である第三者の所有権等の利益の保護の観点から職権取消しが制限されるとする見解が多い。学説として、例えば、藤田・前掲注(32)二二〇頁、塩野・前掲注(24)一三九頁、遠藤・前掲注(29)一三七頁。判例として、例えば、最判昭和二八・九・四民集九巻九号八六八頁、最判昭和三三・九・九民集一二巻一三号一九四九頁を参照。

(39) 二重効果的行政行為は、処分の名宛人以外の第三者に対して、不利益を与える場合だけではなく、利益を与えることもある。参照、芝池義一「行政決定と第三者利益の考慮」論叢一三二巻一＝二＝三号八七頁（一九九二年）。

（40）渡部吉隆他編『行政事件訴訟法体系』［渡部吉隆執筆］（西神田編集室、一九八五年）二六六頁。又、最判昭和二八・一二・二五民集七巻一三号一六五七頁等を参照。

六　おわりに

(1)「工事取りやめ届」の制度を設けている多くの自治体では、「工事取りやめ届」について、これまでそれ程大きな問題が生じなかったからなのであろうか、その法的効果について明確な認識を有していたとは必ずしも言いえなかったように思われる。

その法的効果について言えば、既に述べたように「工事取りやめ届」の提出により建築確認の効力が失効することはない。「工事とりやめ届」は単なる意思表示であるから、「工事取りやめ届」の提出を契機として、建築主事が建築主の同意を得て建築確認を撤回することにより建築確認の効力が失効するといえる。したがって、建築確認の取消を求める行政争訟の訴えの利益は、建築確認が撤回されてはじめて消滅すると解される。

建築確認は確認行為であるので不可変更力があり建築主事は撤回ができず、建築確認の効力を失効させるためには「工事取りやめ届」によるしかないという見解があるかもしれない。しかし、「工事取りやめ届」の制度は、同様に特定行政庁の許可（建基法四八条各号但書き、五九条の二第一項）に関しても適用されているが、特定行政庁の許可は法律行為的行政行為であり、通常、不可変更力が生ずるとは解されていない。又、既に述べたように建築確認には不可変更力が生ずることはなく、撤回しうると解される。

(2)「工事取りやめ届」の提出自体によって建築確認の効力を失効せしめようというのであれば、立法論ではあるが、自治体の長の定める機関委任事務に関する規則によって、この旨を明確に定めておくべきでったであろう。しかし、建築基準法、同法施行令、同法施行規則にこのような「工事取りやめ届」の制度を窺わせるような規定はなかった。このことを考慮すると、建築確認が機関委任事務とされていた状況の下では、「工事取りやめ届」の提出自体により建築確認が失効するとする制度を、個々の地方公共団体の長が地方自治法一五条一項の基づく規則で定めうるとすることは、立法論としても若干の疑問を感ぜざるを得ない。

平成一一年七月の地方分権一括法（「地方分権の推進を図るための関係法律の整備等に関する法律」）における地方自治法の改正により、機関委任事務の制度は廃止され、機関委任事務は、事務自体が廃止された少数のもの以外は、自治事務か法定受託事務となった。又、改正地方自治法一四条一項は、自治事務であれ、法定受託事務であれ、これらについては地方公共団体の条例制定権を認めている。同条二項は「普通地方公共団体は、義務を課し、又は権利を制限するには、法令に特別の定めがある場合を除くほか、条例によらなければならない」と定めている。これは、住民等の権利義務規制は、地方公共団体の基本的な法形式である条例によるべしとする侵害留保の原則を明文化したものである。以上によれば、それまで地方公共団体の長の規則によって規制されていた機関委任事務のうち、住民の権利義務規制に係わるものは必要的条例事項となったと解される。

改正地方自治法の下では、建築確認は自治事務とされた。「工事取りやめ届」の提出自体により建築確認が失効するとする制度は、住民の権利義務規制に係わると解されるので、これは必要的条例事項と解される。したがって、改正地方自治法の下では、このような制度を設けることは、条例では可能かも知れないが、地方公共団体の長の規則では不可能と解されるであろう。

建築確認が自治事務化されたことにより、多くの特定行政庁では機関委任事務としての建築確認について、長の規則で定められていた制度の見直しがなされると推測される。「工事取りやめ届」の制度について、どのような見直しがなされるか興味深いものがある。[41]

(3) 改正建築基準法によれば、同法六条は、確認を受けた建築物の計画の変更をして、建築物の大規模の修繕若しくは大規模の模様替えをしようとする場合は、建築確認を受けなければならないと明確に定めた。この定めは、今までなかったものであるが、これまでの建築計画の変更についての通説的見解[42]を立法化したものと解される。そうすると、これまでと同様に大規模の修繕若しくは大規模の模様替えをするときは、改めて建築確認が必要と解される。この場合、変更前の建築確認の効力、或いは変更前の建築確認について「工事取りやめ届」が提出されたときの建築確認の効力が問題となり、改正前の法制度におけると同様の問題が生ずることになろう。

(41) 平成一一年五月に改正された神奈川県建築基準法施行細則九条二項或いは平成一一年四月に改正された川崎市建築基準法施行細則八条は、いずれも長の定める規則であり、従前とほぼ同様の定めを置いている。この定め方からすると、「工事取りやめ届」の提出により、建築確認が失効すると解することは、困難であろう。

(42) 関・前掲注(19)一五頁、荒秀編著・前掲注(2)〔荒執筆〕一一六頁。

更正の請求手続と税務判例

堺澤　良

一　概　説
二　更正の請求の要件
三　裁判例について
四　裁判例の検討
五　更正の請求の再検討
六　おわりに

一　概　説

申告納税制度の下において、納税申告の内容過誤の是正につき納税者自らが採ることのできる手続は、申告による納付すべき税額の増加又は減少をはかる場合によって異なる。納付税額の増加をはかるためには、修正申告により行う（税通一九）こととされるが、その減額に当っては、課税庁に対する減額の更正を求める請求を行うこととなる。これが、更正の請求制度である（税通二三）。

更正の請求は、当該申告書に係る国税の法定申告期限から一年以内に限り、かつ、所定の方式に従ってのみ、過誤の是正をはかり得ることとされている。これは、納税者の意思に基づいて納付税額の修正を図る点で、修正申告と軌を一にするものであるが、納税義務の確定の面からみると、修正申告と異なり更正の請求それ自体には、納付税額を減額確定させる効果はなく、専ら課税庁に対し、職権に基づき減額更正を行うべきことを請求する性格を持つにとどまる。

このような性格に鑑み、納付税額を過大とすることについての主張、立証責任は、請求者側にあること、請求を受けた課税庁は、その請求に係る課税標準等又は税額等について、調査したところに基づき、更正（減額）をし、又は更正すべき理由がない旨（棄却相当）を請求者に通知する。請求者は、右課税庁の処分のうち、請求棄却相当及び請求の一部容認（一部減額更正と残余の一部棄却の処分のうちの後者）に不服があるときは、異義申立て、審査請求を経て、取消訴訟を提起してその救済を求めることができる筋合いである。また、更正の請求は、法令に基づく申請行為であるから、請求を受理した課税庁において、相当の期間内になんらかの処分をしない場合には、請求者は、不作為についての不服申立て（行審七）又は不作為の違法確認の訴え（行訴三七）を提起して、請求に対する処理の促進を求めることができる。

また、特別の更正の請求をして、所定の納付税額の減額要因となる事由に該当する場合において、その事由が生じた日の翌日から二か月の満了する日が、その国税の法定申告期限から一年の期間の満了する日後に到来するものにつき、納税申告又は更正決定に係る税額等の是正をはかるみちが設けられている（いわゆる後発的事由による更正の請求である。）。

なお、課税庁は、右の手続関係とは別途に、納税申告又は更正決定に基づく納付税額について、客観的な存在に照らし、それが過大であると過少であるとを問わず、更正、決定等の期間制限の範囲内に属するものである限り、是正をはかるべき義務を負っていることはいうまでもない（税通二四、二六）。

二　更正の請求の要件

一　法定事項

更正の請求は、納税申告書又は更正、決定通知書に記載された事項のうち、課税標準等若しくは税額等の計算について、納付すべき税額が過大であるとき(1)のほか、純損失等の金額が過少であるとき又はその記載がなかったとき、還付金の額に相当する税額が過少であるとき又はその記載がなかったとき、にすることができる。

その要件としては、㈠課税標準等若しくは税額等の計算が国税に関する法律の規定に従っていなかったこと、又は㈡当該計算に誤りがあったこと、の二つが挙げられる。

ここにいう法律の規定の不遵守又は計算の誤りは、納付すべき税額を過大とする結果の発生に対して、その原因関係を組成するものといえる。

二　他の是正事項との異同

更正の請求の要件と、他の納税義務の確定手続における是正の要件とを対照すると、修正申告の場合における「納付すべきものとしてこれに記載した税額に不足額があるとき」（税通一九）に、また、更正の場合における「課税標準等又は税額等の計算が国税に関する法律の規定に従っていなかったとき、その他当該課税標準等又は税額等がその調査したところと異なるとき」（税通二四）に、それぞれ相当するものである。

規定の文言は、是正すべき手続の主体とその対象の別に応じて、若干の使い分けがされているものの、客観的な実在としての納税義務の範囲の確定をはかるための手続形成である点において相違があるとは考えられない。

三　問題の所在

更正の請求の要件である法律の規定の不遵守又は計算の誤りの適用関係を巡って、実行面では限定的にとらえる傾向がみられる。たとえば、所得計算の特例又は免税等に関して、納税申告に際してその選択を誤ったことないし納税申告がなかったことに基因して、納付税額の過大をもたらした場合には、更正の請求の要件を充足しないものとする見解がみられ、それに沿った裁判例が現われている。

しかしながら、さきにみたとおり、納付税額について、修正申告ないし増額更正における要件との間に、とり立てて強調さるべき相違点がみられず、しかもそれらの場合における要件を限定的に解釈した上で適用されているとは考えられない実状の下で、更正の請求の要件を殊更に狭義に解釈し、その適用範囲を狭めることについては、一方において租税法律関係の早期安定の必要性が認められるとはいえ、納税者の権利救済の面から問題があるといわざるを得ない。(2)

三 裁判例について

一 措置法二六条の選択の撤回の不認容事例

社会保険診療報酬に係る必要経費を巡り、租税特別措置法二六条による概算経費控除を選択して確定申告を行った後、所得税法に基づく実額の必要経費額が、概算経費額を上回ることが判明したため、納付すべき税額が過大であるとして行った更正の請求について、その成立を否定した事例がある（甲判決、最判昭和六二・一一・一〇訟月三四巻四号八六一頁）(3)。

この判決は、「納税者が措置法の右規定に従って計算に誤りなく申告している以上、仮に実際に要した経費の額が右概算による控除額を超えているとしても、そのことは、右にいう国税に関する法律の規定に従っていなかったこと、又は当該計算に誤りがあったことのいずれにも該当しないというべき（である）」というのである。

その論拠は、三点にわたっている。第一に、措置法二六条一項の趣旨について、同条項は、「医師の社会保険診療に係る必要経費の計算について、実際に要した個々の経費の積上げに基づく実額計算の方法によることなく、一定の標準率に基づく概算による経費控除の方法を認めたものであり、納税者にとっては、実際に要した経費の額が右概算による控除額に満たない場合には、その分だけ税負担軽減の恩恵を受けることになり有利であるが、反対に実際に要した経費の額が右概算による控除額を超える場合には、税負担の面から見る限り右規定の方法によることは不利であることになる（ただし、税負担の面以外では、記帳事務からの解放などの利点があることはいうまでもない。）」とし、第二に、右条項の適用は納税者の自由選択であるとの認識を示して、右条項は、「確定申告書に同条項の規定により事業所得の金額を計算した旨の記載がない場合には、適用しないとされているから、同条項の規定を適用して概算による経費控除の方法によって所得を計算するか、あるいは同条項の規定を適用せずに実額計算の方法によるかは、専ら確定申告時における納税者の自由な選択に委ねられているということができるのであって、納税者が措置法の右規定の適用を選択して確定申告をした場合には、たとえ実際に要した経費の額が右概算による控除額を超えるため、右規定を選択しなかった場合に比して納付すべき税額が多額になったとしても、納税者としては、そのことを理由に通則法二三条一項一号に基づく更正の請求をすることはできない」とする。また、第三に、措置法の適用と二つの要件との関係に言及して、措置法の条項により、「事業所得の金額を計算した旨を記載して確定申告をしている場合には、所得税法の規定にかかわらず、同項所定の率により算定された金額をもって所得計算上控除されるべき必要経費とされるのであり、同規定が適用される限りは、もはや実際に要した経費の額がどうであるかを問題とする余地はないのであって、納税者が措置法の右規定に従って計算に誤りなく申告している以上、仮に実際に要した経費の額が右概算による控除額を超えているとしても、そのことは、右にいう「国税に関する法律の規定に従っていなかったこと」又は「当該計算に誤りがあったこと」のいずれにも該当しないというべきだからである。」としている。

二　措置法二六条の選択の錯誤を容認した事例

基本的には、甲判決と同様な事例であって、事実関係の相違点は、更正の請求によらず、修正申告により措置法の条項の選択を撤回したということに尽きる。判決は、右条項に基づく確定申告時の選択は、錯誤に基づくものとして意思表示の撤回を容認している（乙判決、最判平成二・六・五民集四四巻四号六一二頁）[4]。

本件の修正申告に至る経緯は、概ね次のとおりである。

歯科医師Xは、診療経費総額を自由診療収入と社会保険診療報酬に係る部分に振り分ける計算過程で、診療総収入に対する自由診療収入の割合を算定し、これを診療経費総額から差し引いて社会保険診療報酬の実額経費を算出すべきところ、誤って社会保険診療報酬に対する自由診療収入の割合を出し、これを診療経費総額に乗じて自由診療収入分の必要経費を算定し、これを診療経費総額から差し引いて実額経費を算定した。その結果、自由診療収入分の必要経費を正しく計算した場合よりも多額に（五三七万余円とすべきところを七五一万余円と）、実額経費を正しく計算した場合よりも少額に（一九四八万余円とすべきところを一七三五万余円と）、算定してしまい、そのため、実額経費よりも概算経費の方が有利であると判断して、概算経費選択の意思表示をしたというものである。また、このように、確定申告に係る自由診療収入の必要経費の計算の誤りを正せば、必然的に事業所得金額が増加し、確定申告税額に不足額が生じた結果、修正申告の必要に迫られたものである。

判決は、これを受けて、Xによる措置法の右条項に基づく概算経費選択の意思表示は、診療経費総額の振り分けの計算に誤りがあり、錯誤に基づくものであるから、Xの事業所得金額に係る必要経費の計算には誤りがあったというべきであるとし、「通則法一九条（修正申告）一項一号によれば、確定申告に係る税額に不足額があるときは、修正申告をすることができるところ、本件においては、確定申告に係る自由診療収入の必要経費の計算の誤りを正せば、必然的に事業所得金額が増加し、確定申告に係る税額に不足額が生ずることになるため、修正申告をすることができる場合に当たることになる。そして、右修正申告をするに当たり、修正申告の要件を満たす限りにおいて（すなわち、確定申告に係る税額を増加させる限りにおいて）は、確定申告における必要経費の計算の誤りを是正する一環として、錯誤に基づく概算経費選択の意思表示を撤回し、所得税法三七条（必要経費）一項等に基づき実額経費を社会保険診療報酬の必要経費として計上することができる」としている。

三　仕入税額控除方式の選択の変更の不認容事例

消費税に係る仕入税額の控除方式（消税三〇）について、個別対応と一括比例配分とで、税額に顕著な差異が生じたことを理由に、更正の請求が成立するか否かが問題とされた事例である（丙判決、福岡地判平成九・五・二七行集四八巻五・六号四五六頁）(5)。

本件で、Xは、消費税に係る課税仕入れについて、課税資産の譲渡等とその他の資産の譲渡等に共通して要するものに区分経理している者であるが、一括比例配分方式により仕入控除税額を計算し、確定申告を行った上で、この計算方法は誤りで納付すべき消費税額を過大として、更正の請求に及んだものである。

判決は、Xの更正の請求に対するYのした理由のない旨の通知処分を適法とした。その理由は、概ね、次のとおりである。

「個別対応方式では全額控除されるべき課税資産の譲渡等にだけ要する課税仕入等についても、一括比例配分方式ではその課税割合分しか控除されないことから、この点だけをみれば、右の分個別対応方式に比べて不利な結果になることは避けられない……全体の控除税額は、一括比例配分方式の控除税額を二億円近く上回り、したがって、納付すべき消費税額にも二億円近くの差異が生じることになる」。「区分経理を行っている事業者は、確定申告の時点で、両方式によって納付すべき消費税額がそれぞれいくらになるかを計算し得るのであって、右のような顕著な差異が生じた場合、納税者がより負担の低い個別対応方式を選択することには何ら制限がない……。他方……一括比例配分方式には、個別対応方式に比してより計算が簡便であるという利点があるのであるから、両方式の長所・短所を勘案した上で、そのいずれを選択するかを当該事業者の判断に委ねるとすることに何ら問題はなく、したがって、一括比例配分方式による税負担が個別対応方式による場合に比し大となる場合であっても、両方式に選択が納税者の任意に委ねられている以上、その不利益を甘受するものとして同方式を選択したものと見るほかはない。そして、右の点は、両方式による納税額の格差が顕著となるからといって別異に解すべきでなく、この場合に一括比例配分方式の適用が税負担の公平に反するということにはならないというべきである」。

四　裁判例の検討

一　甲判決について

甲判決は、更正の請求の要件としての法令の不遵守又は計算の誤りのいずれにも当たらないとし、その根拠として、㈠概算経費方式によった場合、実額経費のいかんにより納税者にとって有利、不利のいずれかになるが、両方式のいずれによるかは、専ら確定申告時における納税者の自由な選択に委ねていること、㈡概算経費方式を選択した場合には、所得税法の規定にかかわらず、概算経費をもって所得計算上控除されるべき必要経費とされるものであり、もはや実際に要した経費の額がどうであるかを問題とする余地はないこと、㈢納税者が法定の申告期限までに収支計算を終了していれば、概算経費方式と実額経費方式のいずれを選択するのが税負担の面で有利であるかは容易に判明することであること、㈣かえって、右のような所得計算の方法につき、納税者の選択が認められている場合に、その選択の誤りを理由とする更正の請求を認めることは、いわば、納税者の意思により税の確定が左右されることにもなり妥当でないこと、を挙げている。

㈠については、専ら納税者の自由な選択によるものであって、課税庁の行為によりもたらされるものでないことは明白であるが、法が何故納税者にその選択権を与えたかの点は、措置法二六条一項が所得税の軽減を唯一の目的とするものと解すべきである（この点は更に後述する。法人税にあっては、措置法六七条も同様である。）。そして、法が納税者に対しこの種の特例の適用を、確定申告書の記載にかからしめたのは、右の適用要件を充足するか否かについて、実態関係を知悉する納税者の申出をまつことが実状に合致し、かつ、能率的であるからに他ならない。自由選択を巡り、右の条項の意味合いを「課税の簡便性」に求める見解が、右の点を指すならばとも角、選択が、課税庁によるものでなく納税者によってされるものである以上、課税の簡便性をいう論理が合理的であるとは思われない。㈡については、通常のケースはそのように解することに支障はなかろう。何故なら、概算経費方式は、実額経費方式にくらべ税制上優遇する手法であって、納税者に有利に働くからである。しかし問題は、稀に発生する本件のような実額経費方式よりも不利に機能する場合に、納税者は、いかなる救済方法を採ることができるかであり、それが更正の請求の展開につながるか否かが問われることとなる。たしかに、措置法上選択したところに従い、その結果所得と擬制される。その場合、本来ならば所得税法本法の規定する所得額との間に開差が生じ、擬制所得額が下回ったときは、課税庁が更正処分を行ってその是正をはかる筋合いである。しかしながら右条項が減税を企図したものであるから、増額措置を講ずることは自己矛盾である。そこで、課税庁に、課税義務を免責させるために、右のように擬制したのが法の趣旨である。㈢については、納税者の収支決算の懈怠ないし遅延を目してペナルティ的な意味合いから、過大申告の是正のみちを封ずる論理には賛成できない（だからといって、懈怠、遅延を擁護するつもりはもとよりない。）。また、収支計算の終了の点を巡って、右条項が記帳事務からの解放、経理の簡素化を併せ目的としている旨の理解について、医師は、社会保険診療報酬のほかに自由診療収入を有するのが通例であり、概算経費と実額経費とを比較するためには、収入、必要経費の双方について的確に記帳し、決算する必要があり簡素化に役立っているとは思われない。のみならず、およそ、事業所得者の帳簿書類の備付け、記録及び保存の義務は、所得税法に規定するところであって（青色申告につき一四八、白色申告につき二三一の二、なお法人税法上は、一二六及び一五〇の二）、それが右条項を含めて措置法の規定により左右される性質のものではない。さらに、青色申告者が右条項を選択した場合、帳簿書類の備付け等の義務が軽減、緩和されることにはならない。以上のほか視点を代えてみると、概算経費率の適用関係は医師に対する優遇税制であるが故に、実額経費を計算するまでもなく納税者に有利であるとの認識が一般的であると思われる。してみると、青色申告者を除く納税者において事更めて収支計算を行わないこと、あるいはそれを遅延することは、通常的事柄に属し、決算の実施を当該納税者に求めることは、期待可能性を欠くものである。極く稀な事例として、実額により計算し得た必要経費と対比して、概算経費額が不利であることが判明したときは、右条項の選択の誤りであり、その誤りは計算の誤りに結びつくものとして、更正の請求の対象とすることに支障はないと立論できると考える。㈣については、所得計算の方法の選択が納税者に委ねられている場合に、その選択を誤ることはあり得るわけで、その選択が計算ないし計算の方法に直結することは論理的に必然である。即ち、右条項の選択は、計算ないし計算の方法のためにこそ行われるものに他ならない。したがって、その結果是正をはかる意味において更正の請求に及ぶことに不都合はないはずである。なお、申告の是正のうち、納税者に与えられる手段は、更正の請求と修正申告とであり、この手続は、本来的に納税者の意思によって納税義務の確定が左右される性質のものであるから、この点を殊更強調する意味合いがどこにあるのかはかりかねるところである。

このようにみてくると、本事件の帰すうを決めるポイントは、措置法二六条（法人税との関係にあっては、六七条）を、所得税法との関係においてどう位置づけるかにある。措置法は、所得税等の国税を軽減・免除又は加重することによって、特定の政策目的を達成することにある。二六条による所得計算の特例については、医師に一定の所得水準を保障するため、社会保険診療に対する単価を補てんする役割をにない、昭和二九年に七二パーセントの概算経費率を掲げてスタートしたものであって、社会保険診療にあたる医師又は歯科医師に対する税負担を軽減することにより、医療制度の安定と円滑な運用に資することを目的としたものとされている。この基本は、今日まで引き継がれている。尤も、このような医師優遇税制の妥当性については、当初から疑問視されており、税制調査会においては、昭和三一年以降四六年までの間実に八回にわたり、必要経費率が甘すぎて税負担の公平を阻害する程度が著しいものとしてその是正方につき答申がなされてきた。その後五四年度の答申まで、毎回のように同旨の強い批判が加えられている。この点につき本件のYの上告理由書中に「措置法二六条は、その創設の沿革から税負担の軽減目的を含んでいたことは否定できないにしても、少なくとも昭和五四年法律第一五号による改正後においては、むしろ社会保険診療報酬に係る経理の簡素化、課税の簡便性に主眼が置かれているということができる」としてことには賛成できない。制度の創設当初から優遇税制としての批判がされてきたのは、所得税法による本来の所得計算と比較して、専ら軽減免除を目的としたものと評価されていたからであり、また、そのいうところの二六条の目的が、課税の簡便性・記帳事務の簡素化に変質したとする五四年以降の法改正の結果によっても、概算経費率が報酬額に対する定率による一律適用から、報酬額のランクごとにてい減がはかられてはいるが、なお、不公平税制との批判の中心に据えられていた七二パーセントは、部分的にせよ存置されて現在に至っており、この制度が本質的に変容したということは相当ではない。

以上、㈠から㈣までの論拠から、更正の請求の成否につてい甲判決とは異なった結論を導くことが可能であろう。

二　乙判決について

(1)　甲判決の援用の意味するもの　乙判決は、判断の冒頭、概算経費を選択すれば、「仮に実額経費の金額が概算経費の金額を上回っている場合でも、右概算経費が国税に関する法律の規定に基づく社会保険診療報酬の必要経費となる」として、甲判決を援用している。この点からは、形式上乙判決によって、判例を変更したものでないことが窺える。
そこで、措置法二六条一項による選択の撤回について、甲判決の射程距離がどこまで及ぶかが問題とされよう。実額経費が概算経費を上回った場合でも更正の請求はなし得ないとする甲判決は、確定申告における概算経費選択に、不可変更力を認めることとなるかである（肯定説は、前掲の木村、杉本、大渕各評釈、乙判決の原判決（福岡高判昭和六二・六・二九、訟月三五巻三号五三五頁））。

しかし、乙判決は、「実額経費よりも概算経費の方が有利であると判断して概算経費選択の意思表示をしたというのであるから……意思表示は錯誤に基づくものであり……必要経費の計算には誤りがあった」として、概算経費選択の意思表示を撤回して行った本件修正申告を適法としたのであるから、右の不可変更力を認めておらず、甲判決の射程距離は、本件の場合には及ばないと云わなければならない（前掲上田解説一九四頁）。つまり甲判決は、当該事例において計算の誤りは存在しなかったとした認定に立っての判断にとどまるわけで、それ故実質的にも乙判決による判例変更があったとすることはできないであろう。

(2)　錯誤に基づく選択の変更　乙判決は要するに、診療経費総額を社会保険診療部分と自由診療部分との振り分け計算を誤り、正当額に比し、前者を少額に、後者を多額に計算した結果、概算経費の方が有利であると判断したことに出発し、必要経費の計算に誤りがあったという点につきる。乙判決は、これにつき概算経費の選択に錯誤があったとして、修正申告における撤回を容認している。

ところで、㈠修正申告の要件は、「納税申告書の提出により納付すべき税額に不足額があるとき」であって、消極要件として、納税申告等における所得計算の方法の変更を禁ずる旨の制約は、掲げられていないこと、㈡確定申告において、自由診療収入に対応する必要経費の過大計上による納付税額の不足額が存在するときは、経費を正当な実額経費に是正するための納付税額の増加をはかる修正申告が適法なものであることは明白であって、右過大計上の反面、実額経費を過少に見積り、その結果、概算経費を選択した場合に実額経費に修正を認めないことは、結果的に納付税額が増加になるときに限って、その是正を認めることにつながるが、是正方法としてそれは合理的な差異とは思われないこと、錯誤の是正方法として更正の請求、修正申告の増減いずれの場合であっても認める方が一貫すること、㈢法的安定性の面から、選択の誤りを修正申告の機会に是正できるとすれば、納税者の意思により税の確定が左右されることになり妥当でないとの批判については、前述のとおり、修正申告制度を設けている以上、その限りで法的安定性の要請は後退せざるを得ないこと（この点は、更正の請求制度も同様である。）、㈣措置法二六条は、社会保険医に対する優遇を目的としているものであるから、計算の過誤により同条一項の適用を選択し、それによりかえって税負担が重くなる場合には、修正申告をするに当たり、実額経費方式への変更を認めることにより、税負担の軽課をはかる方が、右条項の本来の趣旨に適うものであること、が挙げられており（前掲上田解説一九八頁）、賛意を表する。

なお、実額経費が概算経費を上回る納税者については、実額経費により所得計算をして申告するよう指導するものと定めた取扱い（昭和三一年一月二五日直所二―八徴管二―一五）があることも考慮さるべき事項である。[6]

(3)　選択を錯誤とする判断　乙判決は、納税申告に係る過誤の主張について、原則として法所定の是正方法としての修正申告又は更正の請求によるべきものとする判例（最判昭和三九・一〇・二二、民集一八巻八号一七六二頁）の趣旨に沿った判断をしている。

錯誤については、その概念等に関し要素の錯誤ないし動機の錯誤を分けて論じられている。適用範囲の面から実際をみると、必ずしも右の両者を峻別して使用されているとは思われない。現に、前掲上田解説（一九四頁）においても、「自由診療収入分の必要経費について金額という要素の錯誤があり、社会保険診療報酬分の必要経費については実額経費と概算経費との選択に関する動機の錯誤があって、後者の錯誤は前者の錯誤と密接に関連しており、右各錯誤は確定申告書の添付書類上明らかである」とされているところである。更正の請求の排他性（後述）をみる上で、原則的な法所定の是正方法の例外として、所定の方法によることが納税者の利益を著しく害すると認められる特段の事情がある場合に展開される錯誤主張の点は暫く措くとして、更正の請求ないしは修正申告の枠内における選択等の錯誤は、私法ベースでは動機の錯誤にとどまるものであっても、そのことの故に是正を拒む根拠とはなり得ない（拙稿評釈ジュリ八八〇号一五三頁）。選択が計算の誤りに当たるか否かがポイントとなるからである。

概算経費の選択は、必要経費につき法定の経費率による計算方式を採る旨の意思表示であるから、計算関係と不離一体のものとしての意味を持つ。つまり、概算経費の選択は、計算関係以外のなにものでもないことに帰着する。

したがって、その選択に錯誤があったことは、とりもなおさず、本件確定申告における必要経費の計算に誤りがあったこととなる。

乙判決のこの判断に賛成する。

三　丙判決について

丙判決の内容は、判文の構成からみて、甲判決を下敷としており、確定申告において選択した消費税の仕入税額控除の一括比例配分方式を、個別対応方式に変更することは許されないと判断している。

判断内容をみると、まず、仕入税額控除方式についての選択が、納税者の任意に委ねられている以上、その不利益を甘受するものとして、その一括比例配分方式を選択したものとみるほかはないとしている。これは、右方式における計算の簡便性を採るために、その方式を採用した結果、二億円もの多額の税負担を甘受したということを意味する。しかしながら、Xは、区分経理を行っている法人事業者であり、しかも係争期間の前課税期間は、個別対応方式を採用していた事実に徴すると、この時点で計算の簡便性を求めるとは考えにくい。また、右の不利益の甘受をすることができないからこそ、二回にわたって更正の請求の手続を行い、そして本件取消訴訟に及んだとみるのが相当であろう。

また、判決は、傍論ながら「本件のように、一括比例配分方式を適用した場合の納付税額が、個別対応方式を適用した場合と比して極めて高額となる場合、右金額の具体的な差異を納税者本人が認識していれば、あえて一括比例配分方式を適用することは通常考えられない」とまで述べている。このことは、とりもなおさず、Xにおいてこの選択の結果、高額な差異を生ずることは認識していなかったばかりか、税の負担の面で一括比例配分方式を選択することが、有利であるとの理解に立った結果以外のなにものでもないことを、指摘したのに等しいのではなかろうか。要するに、一括比例配分方式の選択の異常性の点は、この方式による方が税負担は有利であるとの誤った認識の下に行われたと考えるのが極く自然であり、したがって、そこにXの錯誤があったとする推論が成り立つ十分な根拠があると考えられるのである。

五　更正の請求の再検討

一　更正の請求制度の創設

更正の請求制度がわが国の税法に成文化されたのは、申告納税制度が採用された昭和二一年における財産税法においてであった。申告書を提出した者が、課税価格が過大であったことを発見したときは、申告期限後一か月間を限って更正を請求し得るものとし（四八①）、政府はこの請求があった場合にその請求を理由なしと認めるときは、請求をなした者にその旨を通知する等の手続を規定している。これが、更正の請求制度の嚆矢であって、基本的な構成は今日においても維持されているといえる。その後、二二年には所得税法に、また二五年には相続税法に、この制度が挿入され、法人税法に設けられたのは三四年においてである(7)。

通則法の三七年における制定に際して、更正の請求制度が統合的に規定され、個別税法のそれは廃止された。なお、通則法上の規定の形式は、法人税法の規定を踏襲している。

このような制度化の経緯を踏まえ、吟味を要する点の第一は、通則法に一元的に規定される以前の個別税法当時の法条と、その後の法条との間の異同についてである。手続の要件は、明文の上で、以前のものは法人税法の場合を除き、申告額が過大であることであり、その後のものは、現行にみられるように法律の不遵守と計算の誤りの二項目を掲げている。基本的な仕組みは前後を通じて変更はないといい得る。すなわち、通則法の制定によって、従来個別税法に規定されていた納税者に係る諸手続が、新たに制約されることにはならない、むしろ通則法の制定は、一般的に課税の強化をはかることにあるのではなく、反対に、納税者の権利を擁護する方向に資せしむるものと説明されてきている。してみると、更正の請求について納付税額の過大を解消させるために設けられたものが、通則法が掲げる二つの要件によって、新たにそれが狭められる結果を招くことは、相当でないといわなければならない。第二に、この手続に限定してみると、通則法に一元化する以前の時点における手続の趣旨は、立法事務担当者が述べているように、納税者の権利の保護を主眼とするものであり、さらには、税務の円満な運営にあったこと徴すると、二つの要件にことよせて請求の対象を制限的に捉える方向に、法を解釈適用することもまた、相当性を欠くものといわざるを得ない。

二　他の是正手続との比較と限定解釈

納税義務の確定手続に係る過誤の是正のうち、修正申告、更正及び更正の請求における手続要件は、さきにみたとおり、その手続を行使する主体、対象等に差異があるため、それぞれの規定の文言に相違がみられるが、基本的には、実態的真実への接近のための対応として、喰い違いはみられないと考えられる。そして、確定手続の主体、納付税額の増減いかん、つまり、更正ないし納付税額の増加をもたらす修正申告にあっては、なんらの制約はなく、反対に、減額をきたす更正の請求にあっては制限を加える、というが如き仕組みについては、合理性があるものとは思われない。したがって、修正申告及び更正の場合と比較して、更正の請求の要件にしばりをかけこれを縮少する形で解釈、適用がなされるとすれば、それについて、説得力のある説明は困難となろう。

視点を替えると、更正の請求は、制度が創設された経緯及び内容から明らかなとおり、納税申告の過大を是正することを目的とするものである。申告による税額の過大の原因、動機を組成するものが、要件とされる法律の不遵守と計算の誤りであることを一般的に示している。そして右の二要件は、実体的真実主義に奉任する性格のものである点からも、それを限定的に捉える立場を採るべきでなく、確認的ないし例示的な意味合いのものと理解すべきであると考える。

この点は、更正の請求の要件及びその対象に関する規定の類推（拡張）適用についても共通するものがある。最高裁は、課税庁が青色申告書の提出承認を取り消した結果、いわゆる青色の特典部分を否認してした白色更正処分につき、その後課税庁が、職権により青色申告の承認の取消処分を取り消したことに伴う権利の救済方法について、「課税庁としては……青色申告の承認の取消処分の取消しによって生じた法律関係に適合するように是正する措置をとるべきであるが、被処分者である納税者としては、通則法二三条二項の規定により、所定の期間内に限り減額更正の請求ができると解するのが相当である」（昭和五七・二・二三、民集三六巻二号二一五頁）旨判示している。

通則法二三条二項は、六項目にわたる請求事由を規定しているが、青色申告の承認の取消しに伴う是正措置に相当する事項は、なんら存在しないこと、また判決は、「通則法二三条二項」とのみ表現しているにとどまり、号数については言及していないこと、のために、この判決の読み方について見解が分かれている。[8]

判決が号数には何等触れていないことは、通則法二三条二項が、後発的事由に基づく更正の請求について規定しているのであるから、結果として、右判示中「課税庁としては青色申告の承認の取消処分の取消しによって生じた法律に適合するように是正する措置をとるべきである」とする判断をうけて、その措置につき、右の事情の下では後発的更正の請求事由に該当することを明言したもので、二項の既存のいずれの号に当たるのかは問う所ではない、とするのが素直な読み方であろう。いずれにしても、更正の請求の要件、その対象等につき、条項に照らし最高裁が限定的に捉えていないことはたしかである。

六　おわりに

一　更正の請求の排他性

納税者が、納税申告の内容を自己の利益に是正する手続として、専ら更正の請求を待たなければならない、とする「更正の請求の排他性」の法理が存在する。それを肯定したものとして、「申告納税制度を採用し、確定申告書記載事項の過誤の是正につき特別の規定を設けた所以は、所得税の課税標準等の決定については最もその間の事情に通じている納税義務者自身の申告に基づくものとし、その過誤の是正は法律が特に認めた場合（筆者注、更正の請求及び修正申告）に限る建前とすることが、租税債務を可及的速かに確定せしむべき国家財政上の要請に応ずるものであり、納税義務者に対しても過当な不利益を強いる虞れがないと認めたからにほかならない。」（最判昭和三九・一〇・二二民集一八巻八号一七六二頁）とするのが判例である。

しかし、例外が認められないわけではなく、右判決はこの点につき、「申告の記載内容の是正については、その錯誤が客観的に明白かつ重大であって、法定の方法以外にその是正を許さないならば納税義務者の利益を著しく害すると認められる特段の事情がある場合でなければ、法定の方法によらないで記載内容の錯誤を主張することは許されない」と判示している。

二　更正の請求によらない救済方法

更正の請求の排他性を踏まえ、更正の請求以外の方法で、特段の事情がある場合における納税申告の是正の方法を想定すると、㈠錯誤に基づく納税申告の無効確認を求める請求であるが、この種の案件は少なからず存在するなかで、納税申告を無効とした判決は、僅かに三件[(9)]にとどまっている。しかも無効とされた事例は、権限を有する税務職員が、当初申告又は修正申告方を指導し、それに応えて提出された申告書の効力が問われたものである。㈡納税申告書の無効であることを前提とする不当利得の返還請求であるが、納税申告又は更正決定等の納税義務の確定行為が有効に存続する以上、たとえ実質的には理由のない利得であっても、法律上の原因なき利得とはなり得ないとする見解が確立されている。尤も、右確定行為を存置したままでなお不当利得返還請求を容認した唯一のケース（最判昭和四九・三・八民集二八巻二号一八六頁）があるが、これは後発的事由に基づく更正の請求制度が設けられる以前の例外的な事例で、しかもそれは従来の確立された見解を逸脱したものではない（佐藤繁・判例解説昭四九民一九八頁）とされている。㈢不作為違法確認請求であるが、納税申告の過大につき課税庁には、職権を以てその是正をはかる義務があることを前提とするとしても、現行法制の下では、納税者からの申請に対して、課税庁が容認又は拒絶のいずれかの措置を講ずれば、不作為状態は解消する仕組みであるから、この態様での救済を、右の特段の事情にからめて求めることは意味をなさない。㈣減額更正方の作為請求であるが、課税庁は、更正決定の期間制限内において、職権により減額更正をなすべき職責を有するとして、その不作為を違法ないし減額更正をすべきことを求める請求の成否は、裁判所が行政庁に対し、一定の作為をすべきことを命ずる判断としては、三権分立の建前からなし得ないとするのが一般であるから、実際問題として機能しない結果に終ることとなる。㊄課税庁の不作為に基因する損害賠償請求であるが、課税庁が減額更正をすべき作為義務を果たさないことは、違法な公権力の行使に当たると観念して提起される国家賠償請求は、クリアしなければならないいくつかの障壁があり、実際上その成否の見きわめは困難であろう、ということである。

以上、更正の請求以外の是正方法は、現実問題として構築し難いといわなければならない。

三　むすび

更正の請求の排他性に立脚してその運用の流れを勘案すると、過大申告についての納税者の救済は、更正の請求の二要件の解釈及び適用に目途をつけ、実行上錯誤論を推し進めることにより、計算の誤りとしてその活用がはかられるべきである。本来、請求期限内に更正の請求がない場合においても、課税庁は、職権調査により申告税額が過大であると認める場合には、積極的に減額更正をすることにより納税者の正当な権利を保護すべき職責を負う（税制調査会四三年七月税制簡素化第三次答申五三頁）建前であるが、執行面では、請求期間経過後に減額更正を実施する例は少なく、職権減額更正は期待できないのが実状であり、このような点を考慮すると、規定の文言のいたずらな限定解釈にこだわるあまり、過大申告の是正の途を封じ、納付税額を適正額に修正することのできない状態に置くことは、所得なきところに課税され、あるいは、控除されるべき仕入税額を控除できないまま、消費税額の過大納付を余儀なくさせる結果を招き、さらには、計算方法の変更を認めないことは、本来の実額計算方法に戻して、担税力に即した所得課税等の原則の趣旨に背馳することとなって、不都合であるといわなければならない。それは、手続関係の技術性の故に、実体面での納税者の権利を不当に害することは許されない（刑事訴訟法に関して、団藤重

光「新刑事訴訟法綱要（七訂版）」三三頁）からである。(10)

（1） ちなみに、更正の請求の対象は、通則法上申告に係る課税標準等又は税額等に限らず、更正後の課税標準等又は税額等とされているが、後者の場合においては、更正に含まれる申告部分の過大性がその対象となるにとどまり、申告額を超え更正額に達するまでの部分の過大性は、更正の請求の対象には当たらない。その場合における救済は、別途更正処分を対象とする不服申立て等の争訟によることとなる。なお、この点後発的事由に基づく更正の請求にあっては、右と相違して、申告部分に限定することなく、更正又は決定に係る部分を含めることが肯定されるのは、事柄の性質上明らかである。

（2） 納税義務の確定は、徴税側と納税者側の対立する当事者による協同行為の所産であるということができる。その過誤の是正について保護法益に関しての対応の基礎には、徴税側には、早期の法的安定性の確保があり、他方、納税者側には、課税標準の把握及び計算に関する真実性の確保が、おかれることとなる。両者の指向するところが、一致をみることは困難であるとすれば、租税法律関係の早期安定の必要性と、真実性の確保との衡量によって合理的に決するほかはないと考える。

（3） 本件の基礎事実は、次のとおりである。

(1)耳鼻咽喉科医を業とするXは、昭和五四年分の社会保険診療報酬に係る事業所得の計算に当たり、措置法二六条一項を適用した上、総所得金額を四二三〇万余円、税額を一八二九万余円とする確定申告をした、(2)その後、Xは、五五年七月九日、社会保険診療報酬につき取引実績を基礎とする収支計算の方法によって計算すると、総所得金額は三六三八万余円、税額は一五〇一万余円になるとして、所轄税務署長Yに対し更正の請求をした、(3)これに対し、Yは、確定申告に際して選択した措置法二六条一項の計算方法を後日他の計算方法に変更することは許されず、更正の請求をすべき理由がない旨の通知処分をした。

Xは、本訴を提起し、更正の請求は通則法二三条一項一号により許される場合に当たり、更正をすべき理由がないとした本件処分は違法であるとして、その取消しを求めたところ、一審は、本件処分に違法はないとしてXの請求を棄却したが、原審は、措置法の条項に基づき必要経費を計算して確定申告をしたところ、これが現実の必要経費より過少で、そのため措置法の規定に基づいて算定した税額が所得税法の原則たる収支計算の方法により算定した税額より過大となった場合には、右通則法の条項の「当該計算に誤りがあった」ものとして更正の請求が許されるべきであると判断して、一審判決を取消し、Xの請求を容認した。Y上告。

本判決の評釈として、木村弘之亮・ジュリスト九二七号一〇七頁、三木義一・民商九九巻二号二二七頁、増井和男・ジュリスト九〇二号八二頁、大渕博義・税通四三巻三号二五三頁、猪狩俊郎・昭六二行政関係判例解説一九三。

（4）　本件の基礎事実は、次のとおりである。

(1)Xは、昭和五四年分の所得税確定申告において、歯科医業に係る事業所得金額の算定上、社会保険診療報酬を二五〇三万余円、その必要経費につき措置法二六条一項を適用して、一八〇二万余円、自由診療収入を一〇〇六万余円、その必要経費を七五一万余円と計算した。(2)その後Xは、確定申告には自由診療収入の計上洩れがあったこともあって、五六年七月二五日付でYに対し、修正申告を行ったが、その申告において、確定申告に係る自由診療収入に七三万余円を加えるとともに、その収入分の必要経費の計算の誤りを正してこれを五六〇万余円に減額し、他方、社会保険診療報酬の必要経費としては実額経費一九二六万余円を計上した。(3)Yは、これに対し五七年一月二〇日付で更正処分を行ったが、その内容は、社会保険診療報酬の必要経費を、実額経費（一九二六万余円）から概算経費（一八〇二万余円）に改めたものである。原審は、Xが確定申告において社会保険診療報酬の必要経費として概算経費を選択した場合には、その後修正申告においてこれを実額経費に変更することは許されないから、更正処分を適法とし、同処分を取り消した一審判決を破棄して、Xの請求を棄却した。X上告。

本判決の評釈として、山田二郎・税経六二五・一九二、高梨克彦・シュト三五五・一、関根稔・税理三三・一〇・一五五、上田豊三・平成二年民一八二頁、拙稿・ジュリスト九七八・一六七、高比良昌一税理・三三・一四・二二、藤原淳一郎ジュリスト「租税判例百選（第三版）」一五二頁。

（5）　消費税について、事業者が国内で課税仕入れ等を行った場合に負担した消費税額は、売上げに対する税額から控除して納付する前段階控除方式が採用されており、控除は個別対応方式を基本とし、一括比例配分方式との二つがある。前者は、区分経理されている場合に可能となる（消税三〇②一）が、後者は、課税仕入れ等に係る税額が課税資産の譲渡等にのみ要するものと、非課税資産の譲渡等にのみ要するものとに区分されていないと、前者によることができないから採られるものであって、課税仕入れ等に係る消費税額の合計額に、課税売上割合を乗じて計算する方式である。また、納税者は、前者の要件を満たす場合であっても、確定申告に際して経理上の事務処理の簡略化を図られる観点から、後者を選択できる構成とされている（消税三〇④）。

(6) なお、通達を基礎とする手続形成であるが、法人税基本通達五―一―一の二（たな卸資産の取得価額に算入しないことができる費用）は、不動産取得税等の公租公課や借入金の利子をたな卸資産の取得価額に算入するか又は一般管理費に算入するかの選択権を定めているが、納税者が公租公課等を取得価額と一般管理費とに二重に算入した場合について、「このような二重の算入がいずれにせよ誤りであることは明らかであるから、本件の場合については、原告が適法な期間内に選択を明示して更正の請求をし又は修正申告をする機会に選択を明示することによって、本件公租公課等を一般管理費に算入することも許される。」とした判決（東京地判昭和六二・三・一六、判時一二五四号六二頁、拙稿判例評釈判評三五二号二五頁）がある。この判決が、更正の請求及び修正申告の機会に選択の誤りの是正を認めたことが注目されよう。

(7) 立法事務担当者は、三四年の改正を巡り、㈠「法人税法においてはこのような制度がそれまで存しなかったのは、法人については法人の決算手続の確立、法人の経理能力等からみて過大申告の事例も少なく、又かりに過大申告がなされた場合においても税務署長が自発的に減額の更正処分を行うことによって処理されてきていたからである」、㈡「最近における所得計算の複雑化、法人税調査における調査省略の状況等からみて、法人の過大申告についても納税者自らが更正の請求をする制度を認めることが納税者の権利の保護のため、更には税務の円滑な運営のためにも適当であると考えられた」と説明している（武田昌輔・会社税務精説九〇五頁）。

(8) 判例評釈として、村上敬一・判例解説昭五七年民事編一五〇頁、清永敬次・民商八七巻三号四〇三頁、小松芳明・判評二八五号九頁、金子宏・ジュリスト八〇七号一〇九頁、南博方・租税百選二版一五四頁、片山博仁・昭五七行判解説二五六頁、高梨克彦・シュト二五一号一頁、品川芳宣・税通三七巻九号二一四頁、該当号数について、松沢智「租税争訟法」二五六頁は、通則法施行令六条一項一号の準用を認めるべきであるとする。

(9)　京都地判昭和四五・四・一行集二一巻四号六四一頁、東京地判昭和五六・四・二七訟月二七巻九号一七四六頁、札幌地判昭和六三・一二・八訟月三五巻五号九〇〇頁。

(10)　税法上の選択権に関して、谷口勢津夫「錯誤に基づく選択権行使の拘束力に関する一考察」税法四九一・四九二、更正の請求に関して、碓井光明「更正の請求についての若干の考察」ジュリスト六七七頁、同「課税要件法と租税手続法との交錯」租税一一号一四頁の明解な論文がある。

反面調査の客観的必要性の担保措置

――イギリス判例を素材として――

宮谷　俊胤

一　はじめに
二　事実の概要
三　決定要旨
四　解　説
五　おわりに

一　はじめに

わが国の法文上、例えば、所得税法二三四条〔質問検査権〕にいう「必要があるとき」とは客観的な調査の必要性が認められるときと解され、その必要性の認定が課税庁の自由裁量に委ねられているものでないことは最高裁も認めているところであると理解している。[1] しかし、わが国の調査に際しては、課税庁が調査をする前に独立した第三者機関による同意等を得ることなく、課税庁自らの判断によって自らが調査を実施しているため、課税庁が客観的な必要性に基づく調査であると判断していても、調査の受忍者は必ずしも調査の必要性を素直に信頼することができず、質問検査の特質である任意調査としての自発的な協力関係を受忍者から得ることは必ずしも期待しがたい制度になっている。わが国にもより高次な客観的必要性を確保することができるような事前手続に関する何らかの制度的保障が先ず創設されるべきである。

本稿は、R v Inland Revenue Commissioners, ex parte Archon Shipping Corp and others 事件[2]を素材として、イギリスの反面調査に関するそれらの諸問題を考察するものである。なお、本文「　」後の（　）内の頁数は上記裁判例の出典のそれを表したものであり、又本文に引用した一九七〇年租税管理法の諸条項は、本文の末尾に、〔参照条項〕として、一括掲載したので参照されたい。

二　事実の概要

本件は、租税検査官（執行責任者）が、一九七〇年租税管理法二〇条（三）項（以下、一九七〇年租税管理法の諸規定については、特に断りのない限り、本稿において、条項のみを掲げることにする。）の規定により、資料を提出させるか又は検査の便宜に供させるため、一般委員の同意を得て、左にいう申立人と取引関係のあったH Clarkson & Co Ltd（以下、Clarkson 会社という。）とChase Investment Bank Ltd（以下、Chase 銀行という。）に一九九七年一月一六日付の通知書を送付したことに対し、それら通知書に記載されていたArchon Shipping 会社、Aurica Maritime会社、Regina Marium 会社、Armada Shipping 会社、Manifest Shipping 会社、Julia Shipping 会社、Wethersfield 会社が申立人となり、その通知書の取消を求めて司法審査の申立てをしたものである。

本件に関して、租税検査官が送付した八通の通知書のうち、六通の通知書はClarkson 会社に、二通の通知書はChase 銀行にそれぞれ送付されていた。すべての通知書には、租税検査官であるJ W Graham 氏と一般委員の署名がされていた。申立人は、リベリア又はキプロスに登録されている複数の会社で、いわゆるオフショワー会社（offshore company）として、租税特典を得ている会社であった。課税庁（内国歳入庁）は、一九九三年以降、兄弟であるPantelis Kollakis 氏とGeorge Kollakis 氏の租税事情に注目して、調査を実施し、とりわけ、質問の内容は、Kollakis 兄弟と申立人を含む複数の会社との取引に関するものであった。課税庁は、イギリス国内における法人税の納税義務が複数の会社にあると判定した（ただし、申立人は、課税庁の判定した証拠資料の提出を課税庁に請求していない。）。Clarkson 会社は、課税庁がKollakis 兄弟の支配下にあると信ずる複数の会社の保有する船舶を売買する船舶ブローカーであった。なお、Clarkson 会社及びChase 銀行はともにいずれの通知書に対しても異議を申し立てていない。

租税検査官は、Clarkson 会社及びChase 銀行に通知書を送付するために要する同意申請の正当性を一般委員に証明し、一般委員の同意を得た。その同意に際し、一般委員は、申立人に租税詐欺を疑うに足りる合理的な理由のあることが租税検査官によって証明されていたので、二〇B条（一B）項の規定により、通知書の写しを申立人に送付する必要のない旨を租税検査官に指示した。この指示の結果、二〇条（八F）項の規定により、通知書の発給申請の際に添付される理由概要書を申立人、申立人に係る銀行又はブローカーに送付すべき租税検査官の義務について定めた二〇条（八E）項の規定は適用されないことになった。

申立人は、次の六点を主張し、本件通知書の取消を求めて司法審査の申立てをした。すなわち、①租税検査官は、通知書に記載された申立人すべてが租税詐欺を犯していると合理的に信ずることはできなかったはずであること、②租税検査官のアプローチは、杜撰で、特定されていなかったこと、③通知書一六通が本件で争われている八通の通知書と同時に発給されているので、一般委員は、とりわけ、租税検査官の主張する租税詐欺に対して、正当に審理する時間的余裕がなかったはずであること、④既述の Archon Shipping 会社、Armada Shipping 会社、Julia Shipping 会社に係る通知書には会社設立前の数年間を通知書の期間に含めているので、通知書は明らかに無効であったこと、⑤通知書は Kollakis 兄弟に対する圧制運動（an oppressive campaign）の一貫のために送付されたこと、⑥ Kollakis 兄弟の租税事情を調査する際に、課税庁が違法に行っていたことが二つの裁判例によって証明されていたことから、課税庁が合法的に行っていたとする合法性の推定（a presumption of regularity）に対して、反証していたこと、である。

なお、八通の通知書に記載されていた内容は、次の通りである。

第一通知書はロンドン市の Camomile 街一二番地に所在する Clarkson 会社に送付されたものであり、そこには次のように記載されていた。

「本官は、文末に署名していますように、女王陛下の租税検査官です。一九七〇年租税管理法二〇条に規定する権限に基づき、Archon Shipping 会社の納税義務に関する調査をするため、同条（三）項の規定により、一九八八年四月六日から一九九六年四月五日までの期間に係る貴社の所持又は支配していた資料で、別紙に特定又は記載する資料を一九九七年二月二三日までに上記事務所の本官に提出するか、貴社の選択により、J W Graham 氏の検査の便宜に供することをここに要求する。」

その他、第一通知書の次の節文には、二〇B条（四）項、二〇BB条（一）項及び（五）項の規定に関する注意事項が記載されていた。別紙には、表題として、「船名 Mineral Europe に関するもの」と記載され、依頼書、通信文書綴り及び訴外 Cappa Maritime 会社、その代表者又は相談役との取引関係に関する貴社の内部書類（すべての会議記録を含む。）の提出を要求していた。

第二ないし第六の各通知書は、Clarkson 会社に送付されたものであり、第一通知書と同一文体である。第一通知書の記載内容と異なっていたのは、第一通知書の Archon Shipping 会社の箇所が各通知書において Orica Maritime 会社、Regina Marium 会社、Aramada Shipping 会社、Manifest Shipping 会社、Julia Shipping 会社とそれぞれ記載されていたこと、及び別紙の表題として、第一通知書の船名 Mineral Europe の箇所が各通知書において船名 Shining Star, Star Beacon, Mineral Zulu, Star Sea, Occean Star とそれぞれ記載されていたことである。

第七通知書は、Chase 銀行に送付されたものであり、Julia Shipping 会社の納税義務に関するものであった。その通知書は、一九八六年四月六日から一九九六年四月五日までの期間の資料に係るものであった。別紙には、表題として、「貴行の顧客である Julia Shipping 会社に関するもの」と記載され、① Julia Shipping 会社名義の預金口座に関する取引明細書、② Julia Shipping 会社との会合の内容、その所要時間及び Julia Shipping 会社との取引に関する書類、③ Julia Shipping 会社からの通信文書、④署名入り委任状及び署名見本の提出を要求していた。

最後の第八通知書は、Chase 銀行に送付されたものであり、Wethersfield 会社の納税義務に関するものであった。別紙には、表題として、「貴行の顧客である Wethersfield 会社に関するもの」と記載され、第七通知書の場合と同様に、① Wethersfield 会社名義の銀行口座に関する取引明細書、② Wethersfield 会社との会合の内容、その所要時間及び Wethersfield 会社との取引に関する書類、③ Wethersfield 会社からの通信文書、④署名入り委任状及び署名見本の提出を要求していた。

三　決定要旨

①二〇条の規定の趣旨について、議会は、責任のある者で、かつ公平な第三者でもある委員が通知書を送付することの正当性を租税検査官に証明させることによって、納税者等の権利を保護するために設けられた規定である、としていること。②租税検査官は、租税詐欺の疑いにより、二〇B条に規定する権限を行使しようとする場合、租税詐欺について疑うに足りる合理的な理由を委員に証明しなければならないこと。③租税検査官は、通知書を送付する決定に関連がある又は関連があると認められるすべての事実を委員に開示しなければならない重責を負っていること。④意思決定者としての租税検査官とその決定の監視者としての委員は、ともに明白性の義務及び合法性の推定に関してその責任を負っていること。上記の①～④の諸条件の下において、裁判所は、租税検査官の代わり

を務めたり、租税検査官の信ずる諸理由を審理したりすべきでない。高等法院が通知書を無効にするために関与するのは、例外的な諸事情のある場合及び明らかにそれと同一であると認識できる諸理由のある場合のみである。

本件の場合、申立人の請求は次の理由に基づき棄却された。租税検査官は、すでに委員に提出していた情報及び租税検査官自らに有益なすべての情報に基づき、各納税者に租税詐欺を疑うに足りる合理的な理由があり、かつ、各納税者の租税詐欺の結果、国庫に租税損失を与えていた又は与えていたかもしれないと確信したことを委員に明らかに証明していた。又、申立人は、租税検査官の宣誓供述に反論すべき証拠を何ら裁判所に提出していなかった。更に、租税検査官の要求した情報は国内で容易に入手できないものであり、通知書の内容が広範囲すぎるものでもないので、仮に、いかなる資料も存しないならば、提出すべきものは何もなく、何人にも不利益を与えることにはならない。課税庁が Kollakis 兄弟に対する圧制運動をしていたという申立人の主張を認めるいかなる証拠もない。当裁判所に提出された本件訴状には、租税検査官又は委員が自らの職責を正当に履行していなかったとするいかなる主張もない。通知書は正当に発給されており、無効とするいかなる理由もない。

四　解　説

1　反面調査の要件

租税検査官は、二〇条（三）項の規定により、納税者の納税義務を調査するため、書面通知によって、第三者の所持又は支配する資料で、租税検査官の合理的な理由によって、納税者の納税義務又はその税額に関する情報若しくはその情報を含むと認められる資料を第三者に提出させ、又は第三者の選択により、検査の便宜に供させることができる。同条項は、いわゆる反面調査の法的根拠である。とりわけ、一九八九年における租税管理法二〇条の一部改正(3)に基づき、貯蓄預金局長官（the Director of Savings）に対する反面調査、いわゆる銀行調査を認める規定が同条（三）項に追加され、明文化されたことにより、銀行調査が多くなり、それらの調査が顧客のプライバシー権の侵害のおそれのある調査若しくは銀行自らに対する過酷な負担を強いる調査であるためであろうか、裁判例もとみに増加の傾向にあることが注目される。

租税検査官が反面調査の受忍者となる第三者に通知書を送付するに際しては、先ず第一に、その事前手続の要件として、一般委員又は特別委員の同意を得なければならない（二〇条（七）項）。一般委員又は特別委員は、反面調査の受忍者となる第三者に通知書を送付することが正当である旨を租税検査官によって証明された場合に限り、それに同意する（二〇条（七）項）。これらの手続については本件の争点になっているので、後に詳述する。

租税検査官は、原則として、反面調査の受忍者となる第三者に送付する通知書の写しを納税者本人にも送付することになっている（二〇B条（一A）項）。しかし、租税検査官による通知書の送付の申請に対して、一般委員又は特別委員が反面調査の受忍者となる第三者に送付する通知書の写しを納税者本人に送付する必要のない旨を租税検査官に指示する場合、それを送付する必要性は租税検査官にない（二〇B条（一B）項）。ただし、一般委員又は特別委員がそのような指示をすることができるのは、納税者に租税詐欺を疑うに足りる合理的な理由のあることを租税検査官によって証明された場合に限られている（同項）。本件の場合、既述のように、委員は、納税者に租税詐欺を疑うに足りる合理的な理由のあることを租税検査官によって証明されたので、反面調査の受忍者となる第三者に送付する通知書の写しを納税者本人に送付する必要のない旨を租税検査官に指示している。

通知書を送付する租税検査官は、原則として、一般委員又は特別委員の同意を得るために申請する同意申請書に添付していた理由概要書を通知書の名宛人（例えば、納税者本人）に送付しなければならない（二〇条（八B）項）。しかし、既述のように、一般委員又は特別委員が租税検査官による同意申請に対して、第三者に送付する通知書の写しを納税者本人に送付する必要のない旨を租税検査官に指示する場合、租税検査官は、同意申請書に添付していた理由概要書を納税者本人に送付する必要はない（二〇条（八F）項）。

なお、反面調査の対象物件は、原則として、通知の日から六年前までに作成された資料に限られているが、租税検査官が委員の同意を得ている場合はその限りでない（二〇B条（六）項）。

2　委員の同意の意義

既述のように、租税検査官が反面調査の受忍者となる第三者に通知書を送付する場合、租税検査官自らの独自の判断によって送付することはできず、租税検査官は、先ず第一に、通知書を第三者に送付する事前的手続の要件として、一般委員又は特別委員の同意を得なければならない。一般委員又は特別委員は、租税検査官が、諸般の事情を考慮し、反面調査の受忍者となる第三者に通知書を送付することの正当性を証明する場合に限り、その送付に同意する。つまり、一般委員又は特別委員は租税検査官の客観的判断による送付を保障するための監視権能を有し、又その監視権能の制度は納税者等の権利を保障するために付与されたものでもある。本件においても「議会は、…一般委員である責任者が、通知書を送付することの正当性を租税検査官に証明させることによって、租税検査官の権限濫用を防止し、納税者の権利を保護するために創設した。」（一一五六頁）と判示している。

そこで、租税検査官と委員とがいわゆる同じ穴のムジナであっては、租税検査官の権限濫用を予防するための委員として必ずしも十分に機能し得ないことになることは当然である。租税検査官と委員との関係について、本件決定は、Coombs 裁判例[4]を引用しつつ、議会は、「意思決定者としての租税検査官とその決定の監視者としての委員[5]」との両者の権限を明確に区分し、租税検査官の権限濫用を防止し、引いては納税者等の権利を保護するための監視者として機能させるため、「独立した委員の地位と委員の同意の必要性[6]」を重要視すべきであると判示する。したがって、委員は、租税検査官が「諸般の事情を考慮」して通知書の送付を意思決定したか否かを監視するほか、「委員の面前に出頭する課税庁の職員に対して、通知書の送付が不利になるかもしれない情報をも含めて、当該職員の有する関連のある諸事情のすべての情報を提出させる職責を負う[7]」と判示する。又、課税庁も、「二〇条（七）項に規定する委員の同意を求めるに際し、委員が同（三）項に規定する通知書の送付について正当に判断できるように、知りうる限りのすべての諸事実を具に委員に必ず開示しなければならない……。本官は、課税庁がすべての事実を具に開示せずに今まで委員に申請していたとは決して思いたくないが、仮に、委員に事実を十分開示していないことが明らかになる場合には、必然的に、当該同意をほぼ無効にし、その同意によって送付された通知書をも無効にする[8]」と判示する。本件決定においても、「租税検査官と委員との間で、何が話し合われたかを正確に知ることはできない……」（二一五七頁）と判示されているように、「委員に事実を十分開示していないこと」を反面調査の受忍者によって立証することが著しく困難であるとはいえ、「委員に事実を十分開示していないことが明らかになる場合」、当該同意に瑕疵があり、その違法性は当該同意に係る通知書そのものにも承継することを認容した判示であると理解することができる。しかし、次に紹介する判示部分からするならば、「委員に事実を十分開示していないことが明らかになる場合」とは稀有であろう。仮に、当該同意の違法性が通知書そのものにも承継する場合があるとするならば、租税検査官がいかなる諸事情をどの程度委員に開示し、委員がそれをいかに判断し、同意したかという事実の開示と同意との関連性が問題になるであろうし、又裁判所がそれらの諸問題を審理の対象にすることができるか否かが問題になるであろう。

本件決定は、「租税検査官は、一九九三年以降、the Special Compliance Office が Kollakis 兄弟の租税事情を詳細に調査していた事実について自らの宣誓供述書で述べている。租税検査官は、その調査の過程において、本件通知書の当事者である七社の申立人を含む租税特典を得ている複数会社、いわゆるオフショワーな複数会社に関連のある情報及び資料を収集し、当該複数会社が Kollakis 兄弟の支配下にあり、国内において納税義務を負うと判定した（ただし、申立人は、この判定についての証拠資料の提出を課税庁に請求していない）。租税検査官は、自らに有益なすべての情報と委員に提出していた情報に基づき、各納税者に租税詐欺を疑うに足りる合理的な理由があり、かつ、各納税者の租税詐欺の結果、国庫に租税損失を与えていた又は与えていたかもしれないと確信したことを当該宣誓供述書の三五節目において述べている。租税検査官は、そのことを委員に明らかに証明していた。」（一一五七頁）と判示し、続けて、「租税検査官は、いわば、その上訴審において、本官に証明すべき義務はない。租税検査官は通知書に記載した申立人すべてが租税詐欺を犯していると合理的に信ずることができなかったはずであるという申立人の議論は、単なる主張に過ぎない。租税検査官は自己の信念が真実であることを宣誓しており、供述内容に矛盾があるとしても本官の本件決定に重大な影響を及ぼすものではない。」（一一五七頁）と判示する。

租税検査官の「供述内容に矛盾があるとしても本官の本件決定に重大な影響を及ぼすものではない。」と判示していることは、既述の「租税検査官は、いわば、その上訴審において、本官に証明すべき義務はない。」と判示している箇所とをあわせて理解するならば、租税検査官が委員に証明した事実に基づき、委員の同意した決定内容については、原則として、司法審査を認めず、委員と裁判所との管轄権を明確にすることによって、委員の専権的権限であるとした判示であると読解すべきなのであろう。このことは、次節で述べる委員の審理方式との関連においても、理解することができるであろう。したがって、上述した「委員に事実を十分開示していないことが明らかになる場合には、必然的に、当該同意をほぼ無効にし、その同意によって送付された通知書をも無効にする」場合とは稀有な場合であり、例えば委員の決定に管轄権の欠如、自然的正義の法理に対する偏見又は無視等のある場合に限り、司法審査の対象になるということになるであろう。

3　委員の審理方式

既述のように、一般委員又は特別委員は、反面調査の受忍者となる第三者に通知書を送付することが正当である旨を租税検査官によって証明された場合に限り、通知書の送付に同意する。租税検査官の同意申請について、委員が審理する方式、すなわち、租税検査官の一方的な申請理由のみにおいて判断する一方的審問主義（ex parte hearing）によるべきか、あるいは利害関係者との交互審問において判断する双方審問主義によるべきか、が問題になる。この問題についての直接的な定めはない。つまり、自然的正義の法理、とりわけ、公正な聴聞を受ける権利をこのような委員の審理に適用されるべきか否かの問題である。

本件決定は、「委員に対する租税検査官の同意申請は、一方的審問によるべきである。仮に、租税検査官自らが求める命令の正当性とか租税詐欺の理由について納税者に開示しなければならないとすると、資料を要求する趣旨が見失われることになる場合が少なくないであろう。公平な第三者に諸事情を開示させる理由はそのためである。」

（一一五六頁）と判示する。ここでいう「公平な第三者」とは、本件でいう委員を指している。納税者等に通知書を送付する事前手続である委員の審理の段階において、双方審問主義を採用することはなじまず、委員の審理の段階においては、委員が通知書の送付について正当に判断できるように、租税検査官が知りうる限りのすべての諸事実を具に委員に必ず開示させることで十分であるとする判示であろう。したがって、「Lowry 判事が Coombs 事件において判示したように、意思決定者としての租税検査官と当該決定の監視者としての委員は、ともに明白性の義務と合法性の推定に関してその責任を負う。高等法院が通知書を無効にするために関与するのは、例外的な諸事情のある場合及び明らかにそれと同一であると認識できる諸理由のある場合のみである。」（一一五七頁）と判示している。そこにいう「例外的な諸事情のある場合及び明らかにそれと同一であると認識できる諸理由のある場合」とはいかなる場合を想定した判示であるかは定かでない。しかし、第二節で述べたように、裁判所は、原則として、租税検査官が委員に証明した事実に基づき、委員が同意したことについては司法審査の対象になじまず、その同意は委員の専権的権限であるとした判示であると読解すべきであろう。

4　本件委員の審理

第二章「事実の概要」で述べた申立人の主張②、③、④について、次のように判示している。「委員のアプローチ及び課税庁のアプローチはいずれも杜撰で、特定されていなかったので、委員は各通知書を正当に審理する時間的余裕がなかったはずであるし、三通の通知書には法人設立前のものをも含めていた、と Way 氏（申立人側訴訟代理人）は主張する。つまり、課税庁のアプローチは無差別的に杜撰であり、十分な情報を委員に開示せず、十分な事実を知らされないまま委員が誤判をしたのであるから、先ず、(a)通知書の広汎性と通知書所定の期間に注意し、次に、(b)租税検査官と委員とが費やした時間と通知書の発給件数とを比較すべきである、と主張する。

(a)の問題について、Archon Shipping 会社、Armada Shipping 会社及び Julia Shipping 会社に関する各通知書に会社設立前の数年間を含めていたことは事実である。Archon Shipping 会社と Armada Shipping 会社は一九九五年五月二四日に設立されたにもかかわらず、通知書は一九八八年四月六日から一九九五年四月五日までの情報を要求している。Julia Shipping 会社は一九九一年五月二八日に設立されたにもかかわらず、(Clarkson 会社に送付された）通知書は一九八八年四月六日から一九九六年四月五日までの情報を、(Chase 銀行に送付された）通知書は一九八六年四月六日から一九九六年四月五日までの情報をそれぞれ要求している。しかしながら、本官は、上記の四通の通知書の内容が広汎すぎるために明らかに無効になり、違法な手法として、その無効の法効果がその他の四通の通知書に承継し、当該その他の四通の通知書も無効になると結論付けなければならないとは理解していない。申立人は、リベリア、キプロスにおいて登録されている複数の会社である。これらの会社の設立に関する記録を含む会社の情報は、国内において容易に入手できないものである。租税検査官はそれらの情報を入手していなかった。仮に、いかなる資料も存しないならば、提出すべきものは何もなく、何人にも不利益を与えることにはならない。」（〔　〕内筆者注）（一一五七頁）と判示する。

会社設立前の数年間の資料を要求していた通知書そのものは無効になるという判示なのか、又通知書そのものが無効になるとしても、その無効性はその他の通知書の効力に承継しないという判示なのか、更に、国内において容易に入手できない情報で、未だ入手していない情報に限っては、会社設立前の数年間の資料を要求していたとしても、通知書そのものが無効になることはないという判示なのか、必ずしも定かではない。おそらく、「申立人は、リベリア、キプロスにおいて登録されている複数の会社である。これらの会社の設立に関する記録を含む会社の情報は、国内において容易に入手できないものである。租税検査官はそれらの情報を入手していなかった。」と認定していることからして、情報収集の難易を考慮し、その程度の瑕疵は無効にはならないと判示したものであろう。しかし、だからといって、「仮に、いかなる資料も存しないならば、提出すべきものは何もなく、何人にも不利益を与えることにはならない。」とする判示を拡張して理解するならば、究極的に、「資料又は明細書は通知書に特定又は記載されたものをいう」(二〇条(八C)項、(八D)項)と定められていることからして、提出させる資料等を通知書に「特定又は記載」しなければならない規定の趣旨との関係をいかに理解すべきかという議論が想定できると思えるが、本件決定では判示されていない。

本件決定は、続けて、「租税検査官は会社設立前の数年間の資料を要求していたこと、租税検査官の慎重さを欠いた通知であったことが明らかになったことを理由に、租税検査官が誤って委員に信じさせた旨の推論を本官に決定させるべきであるという意見があるが、本官はそれを受け入れることはできない。」と判示する。そこにいう「本官はそれを受け入れること」ができないとするその理由については判示されていないが、第四章第二節及び同第三節で述べたように、裁判所は、原則として、租税検査官が委員に証明した事実に基づき、委員が同意したことについては司法審査の対象になじまず、その同意は委員の専権的権限であると理解するならば、その内容の適否は格別、本件決定を論理一貫して読解することができる。

(b)の問題について、Way 氏は、委員は総時間数約三時間の間、租税検査官と同席し、総数二四通の通知書(そのうち、一六通の通知書は、本件申立ての対象になっていない。)の発給に同意したことからするならば、審理時間は通知書一通につき七分三〇秒かかっていなかったことになると主張する。又、租税詐欺を立証する場合は、慎重に諸事実を調査した後、租税詐欺を疑うに足りる合理的な理由がなければならない、と反論する。本件決定は、「本官は申立人のいう反論に異論はないけれども、租税検査官又は委員が本件において自らの職責を果していなかったと主張する事実は何もない。」（一一五八頁）と判示する。

なお、第二章「事実の概要」で述べた申立人の主張⑤、すなわち、通知書は Kollakis 兄弟に対する圧制運動の一貫のためにあったとの主張について、本件決定は、「この主張を裏付けるいかなる証拠も存しないと思料する。確かに、課税庁は Kollakis 兄弟の租税事情に注目していたけれども、Kollakis 兄弟の取引の調査状況に応じて、調査の範囲を漸次拡大し、調査を続行することが課税庁にできないとするいかなる理由もない。」と判示し、申立人の主張を認めなかった。

5　合法性の推定

第二章「事実の概要」で述べた申立人の主張⑥、すなわち、合法性の推定について、Way 氏は、Coombs 事件における租税検査官が、税務調査に関して職務上の不正を犯し、後に有罪決定を受け、その点で本件に関連があるので、合法性の推定はかつて流布していたほど強力なものではなく、今日では、それはウェハー的薄さに相当する、と主張する。本件決定は、「本官は、Way 氏の主張を採用することが困難であることを十分認識しており、又 Allcock 氏〔Coombs 事件において、委員の同意を得るために出頭した租税検査官〕が本件に関連があるとは予想すらできない。合法性の推定は反証によって覆すことができる。しかし、それには、合法性の推定が反証によって覆されるまでは、租税検査官と委員の行為はいずれも合法であるという前提がある。本件における問題は、合法性の推定に対して反証のできる正当な資料が提出されているか否かである。そのために、Way 氏は、本件の事実の調査を本官に求める。Way 氏は、Kollakis 兄弟の租税事情を調査する際に、課税庁が違法に行っていたことを二件の裁判例によって反証していたという。その一件目の裁判例である R v IRC, ex parte Continental Shipping Ltd SA and Atsiganos 事件[9]では、租税検査官が二〇条（八E）項及び（八G）項の要件を誤解していたと判示している。二件目のその後の裁判例である R v IRC, ex parte Kingston Smith (a firm) 事件[10]では、課税庁が裁判所に対するある約束を遵守しなかったことを理由に課税庁を批判する判示をしている[11]。Way 氏は、この事件における課税庁の職員と同じチームが本件の職員であるという。本官の見解によるならば、これら裁判例は本件において全く反証にならない。本官が検討しなければならないことは、本件の租税検査官が本件において行った行為に対する反証の存否である。合法性の推定を覆すことを正当とする証拠は何も見当たらない。」（〔 〕内筆者注）（一一五七頁～一一五八頁）と判示する。

問題は、「合法性の推定は反証によって覆すことができる。しかし、それには、合法性の推定が反証によって覆されるまでは、租税検査官と委員の行為はいずれも合法であるという前提がある。」という合法性の推定の法理についてであろう。この法理について、Lowry 判事は、Coombs 事件において、次のように判示している。「二〇条（三）項に規定する通知書の有効性の有無を求める事案は、同条（七）項に規定する委員の作用に関する強力な論拠である合法性の推定によって支持される。委員は、同条（三）項に規定する租税検査官の権限行使を監視する職責を果たすために、議会によって信託された独立した者であるので、『公務員は誠実と思慮分別をもって自らの権限の範囲内で prima facie に行為をしているため、反証のない限り、そのような行為をしている公務員の行為は信頼されるべきである。』(Earl of Derby v Bury Improvement Comrs (1869) LR 4 Ex 222 at 226 参照)。委員は、租税検査官が二〇条に規定する手続の正当性を証明し、同条（三）項に規定する理由を有し、それを合理的に有していたことを証明されたと理解しなければならない。その理由が合理的であり、かつ委員が正当に証明されたという推定は、租税検査官が…通知書を送付する時に、租税検査官が当該理由を合理的に有することができなかったことを証する証拠によってのみ覆すことができる。裁判所は、申立人においてそれができたか否かを決定するため、両当事者のすべての証拠及び価値のあるすべての事実のうち、委員が、通知書の送付申請を審理し、通知書の送付に同意をした当該証拠等を検討しなければならない[12]。」

五　おわりに

租税検査官と委員との関係を「意思決定者としての租税検査官とその決定の監視者としての委員」と位置づけ、委員の「独立した地位と同意の必要性」を重要視することによって、租税検査官の権限濫用を防止し、引いては納税者等の権利を保護しようとする議会の立法趣旨及び判例の姿勢を紹介した。

委員の独立性と委員による審理内容の公正性が保障される限り、委員の存在意義が認められ、かつ調査の客観的必要性が担保されるであろう。

〔参照条項〕　本文に引用した一九七〇年租税管理法の条項は、次の通りである。

二〇条(三)　検査官は、本条の定めるところにより、ある者（「納税義務者」）の納税義務を調査するため、書面通知によって、第三者の所持又は支配する資料で、（検査官の合理的な理由によって）納税義務者の納税義務、納付すべき納税義務若しくは納付すべきであった納税義務又はそれらの税額、に関する情報若しくはその情報を含むと認められる資料を第三者に提出させ、又は第三者の選択により、検査の便宜に供させることができる。なお、本項に規定する資料を提出又は検査の便宜に供させられる者には、貯蓄預金局長官を含む。

（七）検査官は、歳入庁が検査官に本条に規定する権限を付与しない限り、（一）項又は（三）項に規定する通知書を送付してはならないし、かつ次の各号の定めるところによる。

(a) 検査官は、一般委員又は特別委員の同意のある場合を除き、通知書を送付してはならない。

(b) 検査官が、諸般の事情を考慮し、本条に規定する手続の正当性を証明する場合に限り、委員はそれに同意する。

（八C）本条において、次の各号の一に該当するものは資料に含まない。又、個人記録、報道情報源を明らかにするものは明細書に含まない。

(a)（一九八四年警察及び刑事証拠法一二条に定義する）個人記録、

(b)（同法一三条に定義する）報道情報源

（八D）前項に規定する場合を除き、本条において、資料又は明細書とは、通知書に特定又は記載されたものをいう。なお、

(a) 当該通知書によって、項に通知書に記載する期日（ただし、（二）項に規定する通知書の場合を除き、通知の日から三〇日を超える期日）内に、資料を提出させ（又は提出若しくは検査の便宜に供させ）、又は明細書を作成させるものとする。

(b) 資料を提出させ若しくは検査の便宜に供させる者又は明細書を作成させる者は、それを複写し、又はそれから抜粋することができる。

（八E）（一）項又は（三）項に規定する通知書を送付する検査官は、通知書を送付するための同意申請に係る理由概要書を次の一に該当する者に送付するものとする。

(a) （一）項に規定する通知書については）通知書の名宛人

(b) （三）項に規定する通知書については）通知書に関係のある納税義務者

（八F）二〇B条（一B）項の規定により、納税義務者に通知書の写しを送付する必要のない場合、（八E）項は、（三）項に規定する通知書に適用しないものとする。

（八G）（八E）項の規定により、次の各号の一に該当する情報を開示させてはならない。

(a) 同意申請をすべきか否かを決定する際に考慮した情報の提供者を明らかにする情報又はそのおそれのある情報、又は

(b) 委員が同意をする際に（八E）項に規定する送付義務の対象にならないと指示した情報

二〇B条（一） 検査官は、二〇条（一）項、（三）項若しくは（八A）項又は二〇A条の規定により、ある者に通知書を送付する前に、その者が該当資料を提出する（ただし、二〇条（三）項の規定による場合は、資料を提出するか又は検査の便宜に供させるかのいずれかの選択とする。）又は明細書を作成するに要する合理的な期間を与えなければならない。検査官は、その者に与えた合理的な期間が満了するまで、二〇条（七）項若しくは（八A）項又は場合により、二〇A条（三）項に規定する同意申請をしてはならない。

（一A）（一B）項に規定する場合を除き、検査官は、二〇条（三）項に規定する者に通知書を送付する場

合、通知書に係る納税義務者に通知書の写しを送付する。
（一B）一般委員又は特別委員が、検査官による同意申請に対して、通知書に係る納税義務者に二〇条（三）項に規定する通知書の写しを送付する必要のない旨を指示する場合、当該写しの送付を要しない。ただし、委員は、納税義務者に詐欺を疑うに足りる合理的な理由のあることが検査官によって証明される場合を除き、当該指示をしてはならない。
（四）二〇条（一）項に規定する通知に応ずる場合又は資料を提出することによって二〇条（三）項若しくは二〇A条（一）項若しくは（八A）項に規定する通知に応ずる場合には、次の各号の定めるところにより、資料の原本に代えて、その複写物を提出することができる。
(a) 複写物は、写真その他ファクシミリによるものでなければならない。
(b) 検査官（場合によって、歳入庁）が特定する資料を要求する場合、その原本を歳入庁の指名する職員の検査の便宜に供しなければならない（この要求に応じない場合は、通知に応じないものとする。）。
（五）二〇条（三）項に規定する通知書により、ある者に当該通知の日から六年前に始まる資料を提出させ又は検査の便宜に供させてはならない。
（六）前項に規定する期間制限を除外する旨を通知書に明記する場合は、（五）項の規定を適用しない。ただし、次の各号に該当する場合は、当該期間制限を除外する旨を明記することができる。
(a) 検査官が二〇条（七）項に規定する同意を得て通知書を送付している場合には、当該同意をした委員が当該期間制限を除外することについても同意していたこと、
(b) 歳入庁が通知書を送付している場合には、歳入庁が当該期間制限の除外の同意について、一般委員又

は特別委員に申請し、同意を得ていたこと。

二〇BB条（一）（二）項ないし（四）項に規定する場合を除き、次の各号の一に該当する情報を故意に偽造、秘匿、破棄その他の行為を犯した者又はそれらの行為の原因を引き起し若しくはそれらの行為を教唆した者は罪に処する。

(a) 二〇条又は二〇A条に規定する通知書によって要求された情報

(b) 二〇B条（一）項の規定による期間に提出された情報

（五）（一）項に規定する罪を犯した者は、次の各号に定める罪に処する。

(a) 陪審によらない有罪決定又は判決の場合、制定法上の最高額を超えない罰金

(b) 正式起訴による有罪決定又は判決の場合、二年を超えない懲役若しくは罰金又は併科

（1） 最決第三小昭和四八・七・一〇刑集二七巻七号一二〇五頁。しかし、最近の判例は、「税務調査の客観的必要性や調査の客観的理由とは、…申告の真実性及び正確性を確かめることで足りる」（京都地判平成七・五・一九税資二〇九号六九四頁）と判示する傾向にあることからして、客観的必要性とか客観的理由という「客観性」の意義はほとんど実効性のないものになりつつあるといえるであろう。

（2） [1998] STC 1151.

（3） TMA 1970 s 20(3) as amended by FA 1989 s 142(4).

（4） R v Inland Revenue Commissioners, ex parte T C Coombs & Co（[1991] STC 97). この決定は反面調査に関するリーディングケースの一つである。本件決定においても再三引用されているので、〔事実の概要〕と〔決定要旨〕を紹介しておく。

〔事実の概要〕

租税検査官は、二〇条（七）項に規定する一般委員の同意を得て、納税者の納税義務に関する情報又はその情報を

含むと認められる資料を申立人である Coombs 会社（株式ブローカー商事会社）に提出させるため、二〇条（三）項及び同（四）項の規定により二度にわたり第一通知書及び第二通知書を申立人に送付した。

申立人は、一九七九年から一九八四年の間、特定の顧客に限って納税者と取引させるため、納税者を歩合給で雇用していた。第一通知書は、一九八〇年四月六日から一九八六年四月五日までの一二社と関連のあるすべての事業取引に係る資料一覧表を申立人に提出させるか、又は検査の便宜に供させるものであった。通知書に記載されていた一二社のうちの四社は、納税者の顧客であり、申立人の顧客でもあったが、その他の会社は、申立人の顧客ではなく、申立人にも知らされていなかった顧客であった。通知書に記載されていた六番目の Hereford 証券管理会社（以下、Hereford 社という。）は、申立人に知らされていない顧客の代理をしていた。残りの六社は申立人の顧客であったが、申立人による宣誓供述書によれば、納税者と六社の取締役とは全く納税者に関係がなかった。課税庁は、第一通知書に応えて、申立人が自ら支配する四社に関する資料をすべて提出していたことを認め、申立人に知らされていない会社に関する調査についてはそれ以上申立人を追求しなかった。しかし、課税庁は、Hereford 社に関して既に提出されている資料が申立人の所持するすべての資料であるという申立人の回答については認めなかった。申立人が第一通知書に応じていたとする確認判決を求める司法審査の申立てをした時、国側は、第一通知書を取り消し、Hereford 社、残りの六社及び納税者に関するリストの提出を求める第二通知書を申立人に送付した。その後、次の二点について、申立人による司法審査の申立てが認容された。すなわち、(a)六社の租税事情に関する資料を第二通知書によって申立人に提出させる限りにおいて、第二通知書の取消命令を認容すること、(b) Hereford 及び納税者の租税事情に関する資料を第二通知書によって申立人に提出させる限りにおいて、申立人は第二通知書に応えていたことを確認する確認決定を認容すること、である。

申立人は、司法審査の審理手続において、六社が納税者に関係していなかったことの証拠を提出し、又納税者と関係があったと合理的に判定することが租税検査官にはできなかった旨を主張した。国側は、二〇条（七）項に規定する通知書の送付についての同意を委員に求める際に委員に提出した情報を裁判所に開示することについて、秘密情報を理由にその開示を拒否した。

第一審裁判所において、Schiemann 判事（[1989] STC 104）は、次のような理由によって申立てを棄却した。蓋し、申立人は、租税検査官が通知書を発給する際の資料において、関連のある情報が当該資料に含まれていると合理的に判定することができなかったことを立証していなかったし、又国側の沈黙（silence）に対する反対の推論を引き出すことができなかったからである。

控訴審裁判所（[1989] STC 520）の多数意見（Parker 判事及び Taylor 判事の意見をいう。なお、Bingham 判事の少数意見がある。）は、申立てを認容した。蓋し、申立人は合理的であるとする租税検査官の理由に反する事実を証拠によって明らかにしており、又国側は、一応有利な事件（a prima facie case）に対する反対訴答として、租税検査官が法の要求する合理的な理由を形成できなかったという証拠を提出していなかったからである。国側の上告に対して、上告審裁判所は、次のように国側の上告を認容した。

〔決定要旨〕

議会は、合理的な理由により、納税者の納税義務に関する情報を含むと認められる資料を提出させるため、二〇条(三)項に規定する通知書の発給に関する意思決定者を租税検査官に、又同条(七)項の規定により、当該通知書を発給する租税検査官の決定について同意する当該決定の監視者を委員に任命した。合法性の推定は両者に適用される。上告人は国側の沈黙について明らかに弁明していたのに対し、申立人は国側の沈黙に対する反対の推論を導き出すことができなかったし、又租税検査官が通知書を送付する際に権限内の行為をしていたとする合法性の推定に対して、申立人は、法の要求する合理的な理由があったとする租税検査官の理由に反する証拠のみによって覆すことができるが、当該証拠を提出していなかった。

(5) Ibid at 110.
(6) Ibid at 99-100.
(7) Ibid at 99.
(8) Ibid at 111.
(9) R v Inland Revenue Commissioners, ex parte Continental Shipping Ltd SA and Atsiganos [1996] STC

813 at 815.

この事件の〔事実の概要〕及び〔決定要旨〕を紹介しておく。

〔事実の概要〕

租税検査官は、二人の個人納税者の租税事情を調査する過程において、申立人会社（以下、申立人という。）の銀行口座に関する資料情報を銀行に提出させるため、二〇条（三）項の規定により、通知書を送付するため一般委員に同意を求めた。租税検査官は、理由を開示すれば情報提供者の身元を明かすことになるので、一般委員に同意申請をする際に要する理由概要書そのものを納税者に送付せずに、身元を明かさずに開示できる情報に限っては、身元を秘匿する等の差し障りのない報告書（a bland statement）を納税者に送付しているため、同条（八G）項(a)号の規定を根拠に、同条（三）項に規定する通知書の送付に係る同意申請のために要する租税検査官の理由概要書を同条（八E）項(b)号に規定する納税者本人に送付する必要はないとする見解を採った。一般委員は、その間の諸事情を理解していた。

申立人は、次の三点を主張し、本件通知書の取り消しを求めて、司法審査の申立てをした。すなわち、①同条（八G）項(a)号に関する諸条項は、情報提供者の身元を明かすおそれのある情報を租税検査官に開示させない趣旨であるけれども、通知書の発給を申請する理由についての理由概要書を通知書に関係のある納税者に送付すべき同条（八E）項(b)号に規定する義務を租税検査官に免除したものではないので、本件通知書は同条（八E）項(b)号に規定する手続に反して発給されたこと、②一般委員に同意申請をする際に要する理由概要書を申立人に送付することを拒んだ租税検査官の行為は、自然的正義の法理に反するものであったこと、③申立人は、法律の厳密な文言による明確な規定のない限り、銀行に保管を委ねている帳簿が搬出されることはないという権利を有すること。

〔決定要旨〕

同条（八G）項(a)号の規定は、別段の定めのある情報を除き、同条（八E）項(b)号に規定する理由概要書を送付すべき義務を免除したものではない。課税庁は二〇条に規定する権限を行使する際に委員にすべての情報を開示すべき重責があり、課税庁が同条の制定法上の要件を厳守すべきことは重要なことである。課税庁は、当然のこととしてではなく、やむを得ない事由のある場合に限り、秘匿することができる。租税検査官は、情報提供者に身元を明かさないと約束していない限り、理由を明らかにできるはずであるので、理由概要書を送付すべきであった。しかし、同条(八E)項(b)号に規定する要件は納税者に理由概要書を送付するということであり、本件納税者は二人の個人であり、二人は異議を訴えていなかったし、本件申立ての当事者でもない。租税検査官が主張するように、身元を秘匿する等の差し障りのない様式（a bland form）による理由概要書そのものが納税者の手助けにならなかったであろうし、かかる理由概要書を送付しなかったことにより二人の納税者に不利益を与えることにもならなかったので、申立人は、いかなる権利侵害も被っていなかったし、申立人の訴状に述べているようないかなる理由もない。仮に、かかる理由概要書が二人の納税者に送付されていたとしても、理由概要書の裏を採るために申立人に打ち明けることはなかったであろう。二人の納税者にかかる理由概要書を送付しなかったとしても、通知書を無効にすることにはならないし、又自然的正義の法理に反することにもならない。いかなる損害も生じない技術的違反（a technical breach）であった。通知書の取消請求を棄却する。

(10) R v Inland Revenue Commissionners, ex parte Kingston Smith (a firm), [1996] STC 1210. この事件の〔事実の概要〕及び〔決定趣旨〕は、次の通りである。

〔事実の概要〕

歳入庁は、租税に関連した重大な詐欺による罪が二人によって犯され、その罪の証拠がその二人の顧問会計士ら（以下、「会計士ら」という。）の家屋その他の場所で、発見されると疑っていた。歳入庁は、自らの一方的審問（ex parte）によって、証拠として必要であると思える情報を押収し、搬出するため、会計士らの家屋のほか一定の家屋に立入り、捜索する令状の発給を中央刑事裁判所の巡回判事に請求した。令状は、本件担当職員が会計士事務所を来訪した一九九六年七月一一日に執行された。共同会計士事務所のパートナー及び職員は、共同会計士事務所のコンピュータ・システムにアクセスさせるほか、資料を検査の便宜に供させるべく、歳入庁職員の諸々の要求に協力し、応じることにした。しかし、共同会計士事務所は、歳入庁がコンピュータ・システムに係るバックアップ・テープ及びハード・ディスクの搬出を要求した際に、本件調査に関係のない資料が精査され、抜粋されるおそれがあるとの不安に駆られた。会計士らは、顧問弁護士に立ち会ってもらい、捜索中に、そのうちの主任弁護士から助言を得た。主任弁護士の意見によると、①歳入庁は、令状なしに、会計士の協力を得ようとする意図が当初からあったのであるから、判事に令状請求をすべきでなかったこと、②歳入庁自らの一方的審問によって令状が発給されていることからして、令状を必要としなかったこと、③令状の効力はその表題に限定されないとしても、個別・具体的な（令状）請求の項目になかった資料を搬出することは、権限踰越の可能性があること、が少なくとも問題になるということであった。会計士らは、最高法院規則五三条の規定により、歳入庁の一方的審問によって令状を請求する歳入庁の請求決定及び令状請求を許可した巡回判事の許可決定に対して、司法審査を女王座部判事に直接請求した。更に、会計士らは、仮差止命令をも請求したところ、①会計士らはいかなる資料の搬出又は破損もしてはならないこと、②会計士らの顧問弁護士がハード・ディスクを搬出し、それを裁判所命令に従って保管することを条件に捜索を中止すべきこと、を命じた仮差止命令を判事からの電話により受信した。又判事は、翌日午前一〇時三〇分に当事者間に物件を返還せよとも命じた。しかし、法律家でない本件担当職員は、書面による正式な差止命令の送達がない限り、これらの仮差止命令に従う義務はないとして、仮差止命令に従わなかった。歳入庁は、これらの仮差止命令の解除請求を裁判所に求めることを検討し、解除請求について訟務官の意見を求めたりもしたが、終極的には、当該解除請求をしないことにした。更に、捜索について助言した法務官らと歳入庁幹部職員らは当該仮差止命令があったことを少なくとも午前七時三〇分頃には知っていたにもかかわらず、午後九時まで捜索を続行した。捜索担当者である本件担当職員は、差止命令があったことについて知らされた後も、捜索を続行することができる条件の話し合いをしたり、共同会計士事務所の一人のパートナーとの間でその条件について合意に至ったことを宣誓供述書において述べたりしていた。しかし、パートナーは当該供述書が誤りであることを証明した。歳入庁は、翌朝に開廷された審理において、裁判所命令違反を正当化しようとした。そのため、判事は、裁判所侮辱として、再審理すべき旨を命じた。再審理において、法務官の個人的な謝罪があった他は何の謝罪もなく、又歳入庁幹部職員からのいかなる宣誓供述もなかった。その後、両当事者は、司法審査の申立ての原因となっていた諸問題について和解し、会計士らは歳入庁を相手に仮差止命令違反に係る裁判所侮辱の行為について訴追しないことにした。しかし、裁判所は、自らの申立てにより裁判所侮辱の訴追手続をするため、裁判所自らの権限を行使すべきか否かを検討した。裁判所は厳重に注意するという歳入庁の確約を受け入れ、裁判所に提出されていた資料を改め、歳入庁副長官からの謝罪があった。その後、裁判所は、歳入庁から提出された証拠を検討する審理の段階において、両当事者間の和解案に同意し、これ以上、本件を追求しないことに決定した。

〔決定要旨〕

(一)公務員に対する差止命令（仮差止命令を含む。）を許可する裁判所の管轄権は確立された。女王座部判事は、当該管轄権を執行するに際し、その命令請求が明らかに証明されていない場合を除き、現状維持と両当事者の権益を保護するため、両面から議論することによって事案を正当に審理し、追求する。本件においては、会計士らに対するいかなる不正の主張もなかったという会計士の正当性と、巡回判事から正当に発給され、少なくとも prima facie のある令状の下において、歳入庁の公的義務を履行する際に不正に妨害されないという歳入庁の権限とが、執行上において、衡量されなければならない。会計士らはいかなる資料の搬出若しくは破損もしないこと、又、会計士らの顧問弁護士がハード・ディスクを搬出し、それを裁判所命令に従って保管することを条件に捜索を中止すべきこと、という七月一一日付の命令は、両当事者が裁判所にその反論を申し出るまで、その現状を保全することにその目的があった。その命令後に捜索が四時間続行されたことは明らかに裁判所命令違反であり、裁判所は相当重大な違反があったと判断した。

(二)重大な租税詐欺による罪に関連のある証拠を捜索し、押収するため、家屋に立ち入る歳入庁の権限は重要である。その権限は、議会によって歳入庁に付与されたものであり、歳入庁が自らの職責を果たすために付与されなければならないものでもある。しかし、本件のような捜索の実施はより一層厳重に管理されなければならないし、とりわけ、異なる諸事情が生じた場合には、それに即応した法的助言が有効である。法律家でない本件担当職員には、裁判所命令の効力について最も単刀直入に指示すべきであった。厳重な管理の欠如、とりわけ、法的助言に関する打ち合わせが不十分であったため、かなりの緊張状態において捜索している本件担当職員に二度の誤判をさせることになった。最初の誤判は、書面による正式な送達があるまで、担当職員は仮差止命令に従って行動する義務がないと信じていたことにあった。第二の誤判は、裁判所命令に従わなくても、捜索に関する今後の捜索活動等について話し合うことができると信じていたことにあった。裁判所がいったん命令を発した場合、会計士らが命令に反して行動する許可を歳入庁に与える権限はない。

(11) Ibid. [1996] STC 1210 at 1270.

(12) R v Inland Revenue Commissioners, ex parte T C Coombs & Co, op cit, at 108.

ドイツにおける裁判判決の税務行政に対する一般的拘束力

吉村　典久

一　はじめに
二　なぜ不適用通達が出されるのか
三　司法と税務行政との関係
四　不適用通達と納税義務者の権利保護
五　おわりにかえて

一　はじめに

ドイツにおいて、税務行政庁が、裁判判決で示された裁判官の法的見解を、税務行政の実務上、当該判決の対象となった事件以外の類似する事案について適用しないとする通達（いわゆる不適用通達）を発遣することは稀ではない。この不適用通達は、ボン基本法の下における行政部と司法部の権力分立関係の観点から見て、果たして妥当であるのか、あるいは、納税義務者の権利保護の点で問題がないのか、など数多くの法的疑問をもたらしている。

そこで、本稿では、別の拙稿「裁判判決の税務行政に対する拘束力 ― ドイツにおける不適用通達の問題」（ジュリスト一一六四号［一九九九年］一四〇頁）で紹介したドイツの不適用通達の実例に引き続き、その不適用通達をめぐる法的問題及びそれに関する論議を検討することにしたい。

二　なぜ不適用通達が出されるのか

多くの不適用通達は理由附記されていない。(1) したがって、なぜその裁判判決が不適用とされなければならないかを税務行政庁以外の者が識ることは容易ではない。

1　裁判官の法解釈の実行不可能性

不適用通達が発遣される理由を検討してみると、まず、第一に、裁判判決において採用された裁判官の法律解釈が、現実の租税実務においては実行不可能であるか、あるいは、実行することが極めて困難であると税務行政庁が考える場合に不適用通達が発遣されている。(2)

ＢＦＨ判決で示された法的見解が実務上の実行可能性を欠き、租税回避を誘発する可能性を持っているため不適用通達が発遣されたとされる例に、一九八四年五月二二日ＢＦＨ判決(3)がある。

一九八四年五月二二日ＢＦＨ判決

［事　実］

原告たる合資会社の無限責任社員Ｂは、当該合資会社に対し無担保の貸付金を供与し、事後において毎年七％の利息を受け取る契約を締結した。貸主は、借主が別に受け入れた信用供与の保証として、信用供与者（銀行）に対し当該貸付金債権を担保として譲渡することが義務づけられていた。後にＢは、その息子ＥとＦにこの金銭消費貸借契約に基づくすべての権利を贈与した。それによって息子達ＥとＦは、信用供与者（銀行）に当該貸付金債権を譲渡することを義務づけられた。税務署長（被告、被上告人）は、当該合資会社について無限責任社員Ｂの息子ＥとＦに支払われた利息を事業支出と認めなかったため、本訴が提起された。第一審では請求棄却。

［判　示］（原判決破棄、原処分取消し）

「本件においては、当該貸付金が担保を徴することなく原告に供与され、かつ、当該貸付金債権を借主の信用受信の担保として借主への信用供与者に対し譲渡する契約上の義務が存在していたという理由でもって、当該利息の事業支出的性格を否定することはできない。もちろんこのような契約形態は独立当事者間では通常ではない。しかし、社員Bの息子達にとって貸付金供与に関する契約を変更する可能性はもはやないのであるから、前記事実は、事業支出としての当該利息の控除を否定するものではない。本件息子達は、貸付金契約を締結したのではなく、原告と社員Bの間に存在していた貸付金契約に単に参加したにすぎないのである（傍点、筆者）。」

［評　釈］

BFHは、従来から、親族間の契約は、それが独立当事者間では通常でない原因（贈与）で成立したとしても、それが内容的にも独立当事者間で通常の契約に相当している場合にのみ、独立当事者間の契約と同一のものとして所得税法上考慮される、とする立場をとってきた。(4) 親族間の契約の場合、たとえば本件のような人的会社と社員の親族との間の契約の場合、契約当事者については同方向の利益が存在し得るため、その契約を租税法上認知するにあたり、常に、独立当事者との比較（第三者比較）が必要とされてきた。しかし、本件ではBFHはその第三者比較を放棄した。おそらく、その理由は、本件では、息子達は単に父親と会社との間に既に存在する貸付金契約に参加したという特別の状況があったからであろう。しかし、税務行政庁は、この事実関係の下においては、事実上の行為過程を観察すれば、会社と社員間の消費貸借契約は、事後的に会社の共同企業者ではない息子達に譲渡する目的のためにのみ締結されたものと考えざるをえないであろう、との見解をとった。つまり、本判決の論理を認めることは社員の親族と会社間の貸付金契約において必要な第三者比較を回避する可能性につながるため、不適用通達を発し、当該判決を不適用としたのであった。(5) クレフト（Kreft, Michael）は、ここに判決の判断基準にしたがえば租税回避の可能性が開かれるため租税行政実務上実際的ではないと税務行政庁が考え、BFH判決を不適用としたと解している。(6)

連邦憲法裁判所も法律の実行可能性が欠けている場合、違憲性が生じ得ることを判示している。(7) アーンツ

(Arndt, Hans-Wolfgang) によれば、[8] 実務上の実行可能性は次の二つの側面において判断される。すなわち、第一に、(法律) 簡素化的実行可能性 (vereinfachende Praktikabilität) である。この法律簡素化的実行可能性は、執行業務の改善によっても克服されないような困難が生じる場合、個別事案における規範の精緻な差別化が部分的に放棄されなければならないとするものである (法律執行の簡素化)。しかし、不適用通達は裁判官の法解釈に向けられたものであって、法律執行の簡素化を図るものではないため、不適用通達の問題においてはこの法律簡素化的実行可能性は重要ではない。むしろ、不適用通達において裁判官の法解釈の実行不可能性が攻撃されているところから見て、法解釈の範囲内における実行可能性、すなわち、アーンツのいう第二の目的論的実行可能性 (teleologische Praktikabilität) が考慮されるべきである。[9]

租税法の大量行政について、税務行政庁の執行事務が確実に実施できるように、手軽で、確実で、解りやすい法律解釈が発見されなければならない。[10] つまり、実行可能性ということも、簡素な行政事務の意味において考慮すべき解釈原則の一つなのである。[11] 法規範の解釈はその実行可能性の機能を無視してはならないし、[12] また、実行可能性を考慮した法解釈は、結局のところ、漏れのない一様な法執行を保障するものであって、租税平等原則にも資すると言えよう。[13] したがって、税務行政庁が実行できないような裁判官の法解釈は不適用通達によって当該判決の対象となった個別的事案にのみ留めておくことが、租税正義にかなっていると言えないこともない。[14]

2 法律改正の見越し

税務行政庁は、従来、不適用通達を判例変更の手段として使用するのみならず、裁判官の法的見解を遡及的に中立化する法律改正を見越すためにも使ってきた。この場合、不適用通達は、一種の仮命令としての性格を有していると解することもできる。[15]

ＢＦＨは、一九五八年一二月一六日判決[16]以来、所得税法六条二項に定める経済財（Wirtschaftsgut）の独立的用益可能性の概念を狭く解釈してきた。一九七三年三月二八日のいわゆる街灯判決（Straßenleuchte-Urteil）[17]において、当該概念の寛大な解釈による納税義務者の優遇が始まったとき、連邦大蔵大臣は不適用通達を発した。[18]税務行政庁は、この不適用通達によってＢＦＨが再考することを期待したが、ＢＦＨは一九七五年一一月一八日判決（いわゆる Schriftenminimum-Urteil）[19]によってその一九五八年判決の趣旨を確認した。ところが、税務行政は不適用通達を破棄せず、この判決に対しても不適用通達を発遣した。[20]それは、「他の経済財と関連する用益関係が経済的にみて不即不離であり、かつ、当該経済財がこの用益関係以外においては用益が不可能である場合にかぎり、当該経済財は独立に用益可能となる」[21]とするＢＦＨの見解にしたがえば、経済財概念が余りにも広がりすぎると税務行政庁は考えたためであった。その後、連邦大蔵大臣の示唆により、一九七六年一二月に所得税法六条二項は改正され、ＢＦＨの見解は立法的措置により排除された。[22]この改正法によれば、経済財はその事業目的にしたがって他の固定資産たる経済財と関連して用益されており、かつ、用益関係に使われている経済財が技術的に相互に関連している場合、当該経済財は独立した用益可能性を有さない、ということであった。この法律文言は、ＢＦＨの一九七三年街灯判決で示された経済財の新しい概念拡張を排し、経済財にかかる評価の自由は一九五八年一二月一六日ＢＦＨ判決により認められた範囲内でのみ請求できることを明確にしたものである。[23]この法律改正により、一九七三年及び一九七五年のＢＦＨ判決は無意味なものとなってしまった。しかし、税務行政庁は、この法律改正の効力発生より前に、その改正後の法律の内容を遡及適用することを試みた。すなわち、一九七六年の法律改正は、一九五八年BFH判決で示された法解釈を単に確認したものにすぎないと税務行政庁は考えていたため、通達を発し、一九七六年の法律改正以前の課税年度に対しても法律改正後の規定内容を遡及的に適用しようとしたのである。[24] ただし、税務行政庁は、法律改正を遡及的に適用することには失敗した。なぜならば、BFHは多くの判決において、所得税法六条二項の法律改正は効力発生より後にのみ適用されると判決したからである。[25] そこで、税務行政庁は、一九八一年一〇月八日の連邦大蔵大臣書簡[26]により、遡及的適用はしないことにした。

税務行政庁が裁判官の法律解釈を不適用とすることは、場合によっては、適法な租税賦課につながることもあり得るため、不適用通達による法律改正の見越し的適用は常に違法となるわけではない。[27] ただし、少なくとも法的安定性の見地からみて、法律改正が連邦議会で可決された時点以降に於いてのみ、税務行政庁は判例変更的法律改正に基づき課税処分を行ってもよいとされよう。[28]

3　国庫理由

納税義務者にとって有利な法的見解を採用した裁判判決に対する不適用通達には、国庫収入確保に対するネガティヴな影響を排除しようとする税務行政庁の潜在的意図が隠されている。[29] たとえば、一九五一年三月一六日BFH判決[30]に対する不適用通達[31]は、国庫収入確保理由に基づき発遣されたものであった。[32] しかし、この国庫収入確保という理由のみに基づき裁判判決を不適用とすることが許されるかについては大きな疑問が呈されている。[33]

確かに、ボン基本法一一二条及び連邦予算法三十七条は、連邦大蔵大臣の国家予算の均衡（Ausgeglichenheit）に対する特別な責任を保障している。[34] さらに、連邦政府業務規程二十六条一項によれば、内閣決定に対する連邦大蔵大臣の特別異議申立権が定められているところから見ても、連邦大蔵大臣は予算の均衡を守り、連邦政府の財政収入についてその収入の不当な減少とならないよう十分な措置を講じる責務を負っていることは明らかである。(35)

しかし、このような連邦大蔵大臣の国庫収入確保義務から不適用通達の発遣を直ちに正当化することはできない。(36)この点に関連して、「疑わしきは国庫の利益に（in dubio pro fisco）」という考え方が租税法上妥当するか否かについて大いに議論がなされてきた。(37)

「疑わしきは国庫の利益に（in dubio pro fisco）」を解釈原理として最初に主張したのは、バル（Ball, Kurt）であった。彼によれば、この原理は裁判官については全く妥当しないが、税務職員については妥当する。税務職員は、租税調査手続においては同時に国家的利益の代表者でもあるため、もし、疑わしい法律問題の場合に税務職員が国家利益に反する決定を行ったとしたら、そもそもＲＦＨによって疑わしい法律問題を判断する機会が失われてしまうであろう、とする。(38)

一方、ベッカー(39)は、この解釈原理は判例にも妥当すると解する。そして、租税法律の目的は金銭を確保することにあるのであるから、国の緊急的財政的困窮状態が存在するとき、この国庫収入確保目的は租税法律の適用において共に考慮（mitberücksichtigen）されなければならない要素である、とする。(40)

その後も、ビューラーは、「疑わしきは国庫の利益に（in dubio pro fisco）」については争いがないものであり、無制限に妥当すると主張し、(41)戦後のボン基本法の下においても、ビューラーは、少なくとも税務行政には上記原則が妥当するとしている。(42)しかし、ビューラーの理解とは異なり、旧租税調整法一条二項は、国庫収入確保目的を解釈原理とするものではなく、個別租税法律規定のその他の目的を考慮するものであるという考えが通説であった。(43)

この通説によれば、租税法律の特殊性は、解釈においてその規範目的を考慮してはならない、という点に認められるのであって、[44] 租税賦課は、国家の財政的利益と結びついてはならない。つまり、「疑わしきは国庫の利益に（in dubio pro fisco)」の解釈原理は租税法上許されない。[45] したがって、ＢＦＨ判決に対し税務行政庁が国庫収入確保の見地から疑義を持った場合であっても、それだけでは、不適用通達を発し国家利益確保の観点からＢＦＨ判決を不適用とすることを正当化するものではない。連邦大蔵大臣にできることは、その場合、予算の番人として、連邦議会に対し、ＢＦＨ判決の国庫収入上の疑義を呈示し、連邦議会の対応を求めることができるだけである。[46]

（1） このことは多くの学説の批判を呼んでいる。Vgl. Krüger, Astrid, Die Bindung der Verwaltung an die höchstrichterliche Rechtsprechung, München, 1987, S. 34 ; Leisner, Walter, Die allgemeine Bindung der Finanzverwaltung an die Rechtsprechung, Wiesbaden, 1980, S. 12 ; Felix, Günther, Zur Zulässigkeit von Verwaltungsanweisungen über die Nichtanwendung von Urteilen des Bundesfinanzhofes, StuW 1979, S. 65 (66) ; List, Heinrich, Zur Veröffentlichung von Entscheidungen des BFH und zur Nichtanwendung von BFH-Entscheidungen durch die Verwaltung, DStR 1976, S. 651 (654) ; Klein, Franz, BFH-Rechtsprechung-Anwendung und Berücksichtigung durch die Finanzverwaltung, DStR 1984, S. 55 (60) ; Jakob, Wolfgang/Jüptner, Roland, Zur Problematik sogenannter Nichtanwendungsverfügungenim Steuerrecht, StuW 1984, S. 148 (150).

（2） Kreft, Michael, Der Nichtanwendungserlaß, Paffenweiler, 1989, S. 96. 不適用通達の中でＢＦＨ判決に反対する論拠を明確に述べている例は少ない。その少ない例外のひとつが、一九八六年八月二七日連邦大蔵大臣書簡（BdF-Schreiben vom 27. August 1986, BStBl. I 1986, S. 479）である。これは一九八五年九月二四日ＢＦＨ判決、BStBl. II 1986, S. 726 を不適用とする。この不適用通達は、その不適用の理由を、「裁判官の法律解釈が必要な実行可能性を欠いている」と明記している。

（3） BFH Urteil vom 22. Mai 1984 VIII R 35/84, BStBl. II 1984, S. 243.

（4） BFH Urteil vom 8. Februar 1979 IV R 163/76, BStBl. II 1979, S. 515 ; BFH Urteil vom 14. April 1983 IV R 198/80, BStBl. II 1983, S. 555.

（5） BdF-Schreiben vom 11. April, BStBl. I 1985, S. 180.

（6） Kreft (Fn. 2), S. 97.

（7） BVerfG Beschluß des Zweiten Senats vom 21. 10. 1971 2 BvL 6/69, 15, 20, 21/70 und 46/71 BVerfGE 32, S. 145 (155), BStBl. II 1972, 48 (51).

（8） Arndt, Hans-Wolfgang, Praktikabilität und Effizienz, Köln, 1983, S. 87.

（9） Kreft (Fn. 2), S. 98.

（10） BFH Urteil vom 28. Februar 1958 III 125/57 S, BStBl. III 1958, S. 191 (194); RFH RFHE 23, S. 309 (326); Becker, Enno, Die Reichsabgabenordnung, Berlin, 7. Aufl., 1930, § 1 Anm. 9 d), § 4 Anm. 8 und 16.

（11） BFH Urteil (Fn. 10), BStBl. III 1958, S. 191 (194); BFH Urt. vom 15. März 1973 VIII R 58/69, BStBl. II 1973, S. 559. また、連邦憲法裁判所も、「数千の事例に適用されねばならない租税規範の解釈に関する疑義の場合、立法者の想定され得る意思の確認のために実行可能性の観点もまた考慮されなければならないとすることは合理的である」と解している。Vgl. BVerfG Beschluß des Ersten Senats vom 14. 3. 1967, 1 BvR 334/61 BVerfGE 21, S. 209 (217 f.); BVerfG Urteil des Ersten Senats vom 24. 1. 1962, 1 BvL 32/57, BVerfGE 13, S. 290 (316).

（12） Arndt (Fn. 8), S. 37; Lohmann, Hans-Henning, Die Praktikabitität des Gesetzesvollzugs als Auslegungstopos im Verwaltungsrecht, AöR 100 (1975), S. 415 (417); Felix, Günther, Praktikabititätserwägungen als Auslegungsgrundsatz im Steuerrecht, in: G. Felix (Hrsg.), Von der Auslegung und Anwendung der Steuergesetze, Stuttgart 1958, S. 124 (127).

（13） Walz, Wolfgang, Steuergerechtigkeit und Rechtsanwendung, Heidelberg 1980, S. 175 f.

（14） Kreft (Fn. 2), S. 100.

（15） Wagner, Wolfgang, Aus der Arbeit des Steuergesetzgebers, StuW 1984, S. 187.

（16） BFH Urteil vom 16. Dezember 1958 I 286/56 S, BStBl. III 1959, S. 77.

（17） BFH Urteil vom 28. März 1973 I R 105/71, BStBl. II 1974, S. 2.

(18) BdF-Schreiben vom 11. Januar. 1974, BStBl. I 1974, S. 4.

(19) BFH Urteil vom 18. November 1975 VIII R 9/73, BStBl. II 1976, S. 214.

(20) BdF-Schreiben vom 9. April 1976, BStBl. I 1976, S. 262.

(21) BFH Urteil (Fn. 19), BStBl. II 1976, S. 214 (216).

(22) Art. 9 Nr. 2 EGAO v. 14. 12. 1976, BGBl. I 1976, S. 3341 ; BT-Drucks. 7/5458, S. 4 und 9. 本法律改正は、一九七七年一月一日以降施行された。

(23) Schriftlicher Bericht des Finanzausschusses des Deutschen Bundestages, BT-Drucks. 7/5458, S. 4.

(24) BdF-Schreiben vom 11. März 1977, BStBl. I 1977, S. 88.

(25) BFH Urteil. vom 7. Dezember 1977 II R 164/72, BStBl. II 1978, S. 322 (323) ; BFH Urteil. vom 26. Juli 1979 IV R 170/74, BStBl. II 1980, S. 176 (180) ; BFH Urteil. v. 19. Februar 1981, BStBl. II 1981, S. 652 (653).

(26) BdF-Schreiben vom 8. Oktober 1977, BStBl. I 1981, S. 626.

(27) Kreft (Fn. 2), S. 103 f.

(28) BVerfGE 72, S. 200.

(29) Bühler, Ottmar, Die rechtsstaatlichen Forderungen auf dem Gebiet des Steuerrechts im Rahmen der dringendsten steuerpolitischen Anliegen, StbJb 1955/56, S. 19 (51) ; Flume, Werner, Steuerwesen und Rechtsordnung, Köln, 1986, S. 29.

(30) BFH Urt. vom 16. März 1951 IV 197/50, BStBl. III 1951, S. 97. この事件については、参照、吉村典久「裁判判決の税務行政に対する拘束力―ドイツにおける不適用通達の問題」ジュリスト一一六四号［一九九九年］一四一頁。

(31) Erlaß betr. einkommensteuerliche Behandlung der Einkünfte der Berufsspoltler der Finanzbehörde Hamburg v. 31. 5. 1952, BStBl. II 1952, S. 67.; Erlaß betr. einkommensteuerliche Behandlung der Einkünfte der Berufsspoltler des Finanzministers des Landes Nordrhein-Westfalen v. 5. 5. 1952, BStBl. II 1952, S. 63.

（32） Lenski, E., Rechtsprechung und Verwaltung/ Zur Nichtanwendung von Entscheidungen des Bundesfinanzhofes durch die Finanzverwaltungsbehörden, BB 1955, S. 520 f.; Krüger (Fn. 1), S. 222.

（33） Koch, Karl, Der Einfluß der Rechtsprechung des Bundesfinanzhofs auf die Verwaltung und Gesetzgebung, DStZ/A 1975, S. 370 (371); Lenski (Fn. 32), BB 1955, S. 520 f.

（34） Maunz, Theodor, in: Maunz/Dürig, GG, München, 1989, Art. 112, Rdz. 2.

（35） Kreft (Fn. 2), S. 106.

（36） Lenski (Fn. 32), BB 1955, S. 520 f. 連邦大蔵省参事官レンスキ（E. Lenski）も、ほとんどの場合、国庫収入確保意図は、不適用通達においてまったく重要でないか、あるいは、僅少の役割しか果たしていないとする。Kreft (Fn. 2), S. 107.

（37） この議論に関しては、参照、金子宏『租税法（第七版）』（弘文堂　一九九九年）一一四頁。中川一郎『税法の解釈及び適用』（三晃社　一九六一年）一一八頁以下。

（38） Ball, Kurt, In dubio pro fisco, JW 1921, S. 547 ff.; Bühler, Ottmar, Lehrbuch des Steuerrechts, Bd. I., Berlin 1927, S. 53 f.; Hensel, Albert, Steuerrecht, Herne/Berlin 3. Aufl., 1933, S. 107.

（39） Becker, Enno, Zur Rechtsprechung, StuW 1931, S. 430 (437).; Crisolli, Julius, Lehrbuch des Steuerrechts, Berlin 1933, S. 58. ただし、RAO四条、九条および租税調整法一条二項について、エンノー・ベッカーは、租税の財政的目的を考慮した解釈を主張していたのではなく、むしろ、経済的観察法を通じて、同じ課税要件事実の平等な負担を主張するものであった、と解する余地もある。Vgl. Becker (Fn. 10), RAO 7. Aufl., 1930, §4 Anm. 1a, S. 41.

（40） ちなみに、一九三四年度所得税法人税賦課準則（Veranlagungsrichtlinien）は、「税務職員の最高の義務は、国家政策的な、そして、その職務の範囲内における国庫的考慮でなければならない」と規定していた。RStBl. 1935, S. 380.

（41） Bühler, Ottmar, Die leitenden Ideen des deutschen Steuerrechts, AöR 33 (1943), S. 122 (128).

（42） Bühler, Ottmar, Lehrbuch des Steuerrechts, Wiesbaden 2. Aufl., 1953, Bd. I, S. 92 f.; Bühler, Ottmar/Schtrickrodt, Georg, Lehrbuch des Steuerrechts, Wiesbaden 3. Aufl., 1953, Bd. I, 1. Halbband, S. 154.

(43) Tipke, Klaus, in dubio pro fisco, StKongrRep. 1967, S. 39 (55) ; Spitaler, Armin, Die Auslegungsregeln des Steuerrechts, StbJb 1949, S. 267 (288) ; ders, Rechtssicherheit, Zweckmäßigkeit und Gerechtigkeit im Steuerrecht, StbJb 1957/58, S. 143 (150, 157 f.) ; Metzler, Eberhardt, Zur Problematik der Sätze "in dubio pro fisco" und "in dubio contra fiscum", Tübinger Diss., 1959, S. 110 ff ; Hartz, Wilhelm, Auslegung von Steuergesetzen, Herne 1956, S. 32 f.

(44) Vogel, Klaus, Die Besonderheiten des Steuerrechts, DStZ/A 1977, S. 8 (9) ; Crezelius, Georg, Steuerrechtliche Rechtsanwendung und allgemeine Rechtsordnung, Herne 1983, S. 128 ; Kruse, Heinrich Wilhelm, Grundfragen der Liebhaberei, StuW 1980, S. 226 (231).

(45) Tipke, Klaus, Die Steuerrechtsordnung, Bd. III Köln, 1993, S. 1275 ; Tipke, Klaus/Lang, Joachim, Steuerrecht, Köln 16. Aufl., 1998, § 5 Rz. 64, S. 154. ; Kruse, Heinrich Wilhelm, Lehrbuch des Steuerrechts, Bd. I, München 1991, S. 25.

(46) Kreft (Fn. 2), S. 110.

三　司法と税務行政との関係

1　裁判の機能と行政に対する裁判判決の拘束力

不適用通達は常に司法部と行政部の権限問題にかかわる。したがって、ボン基本法二〇条二項二文に定める三権分立の関係が問われなければならない。しかし、一般的な三権分立の原則から、行政は判決された個別事案を超えて裁判官の法律解釈から乖離することができるかどうかは決定されえない[47]。司法部がどの程度その固有の権限に基づく法律解釈にあたりその優先的地位が認められるか、そして、それから行政の裁判判決への拘束が導きだされるかが検討されなければならない。

裁判の機能に対する学説の理解は異なっている。フリーゼンハーン（Friesenhahn, Ernst）は、裁判を、無関係の第三者として、法的紛争を解決するため、具体的要件事実への一般的法規の適用にあたり、なにが正当であるかを公権力をもって宣言する国家機関の活動であるとしている[48]。一方、ヘルツォーク（Herzog, Roman）とアハターベルク（Achterberg, Nobert）によれば、裁判権の概念は、形式的には訴訟の道の確保及びボン基本法の裁判官の留保を包括するものであるが、実質的にはそれを越えて紛争解決ということを包含している、と理解される[49]。また、第三の見解[50]は、個別的事案における具体的要件事実への現行法の適用にあたりなにが正当であるかを国家権威をもって独立に宣言するものが裁判である、としている。このような裁判ということの理解は各人各様であるが、裁判の責務は、最終的拘束的紛争解決であり、個別事案の決定であるという点については学説上一致をみている[51]。

憲法上の三権分立原則は、ボン基本法一九条四項において裁判所に対し行政の判断をコントロールする権限を与えているため、行政は、この裁判所の権限とそれから生じる法律解釈における司法部の優越的地位を承認しなければならない[52]。しかし、司法部は、当事者に対し権利保護を与えるため必要であるかぎりにおいて行政庁の法解釈及び法適用を審査するのであって、個人の権利保護の請求に基づき、裁判の対象となった個別事案においてのみ行政は裁判判決に拘束されるのである。それゆえ、ボン基本法一九条四項から個別的事案を超越した裁判官の法的見解に対する行政の絶対的な従属義務を導きだすことはできず、単なる指導方向付け義務（Orientierungspflicht）が導きだされるにすぎない[53]。ところが、この指導方向付け効果は、法曹法について正確性の推定をもたらす[54]。つまり、法律的認識過程においては先例が優越的地位を有しており[55]、この裁判における先例の推定的拘束力（präsumative

Verbindlichkeit des Präjudizes) に基づき[56]、行政が判例に反する行動を行う場合、その行政庁の見解が判例より良い法認識である旨の論証義務と立証責任は行政が負う[57]。

連邦通常裁判所は、ボン基本法三四条に関連する民法八三九条について、故意もしくは不知により最上級裁判所の確定判例から国民の不利に乖離する官吏は、通常、過失を犯しているものであり、有責な職務責任違反をもたらすと判示した[58]。しかし問題はあくまでも法律解釈の適否であって、もし、国家賠償訴訟において、判例に反する行政の法律解釈が適当であるとされれば、職務責任違反は問題にならない。

課税手続のように大量手続の場合、法律解釈に関する行政と判例の相違は重大な影響を及ぼす。特に行政が判例に反する租税決定をなす場合、大量訴訟の危険が生じる。そのため、裁判手続が遅延し、ボン基本法一九条四項に規定された効果的な権利保護が危殆に瀕する。したがって、このことを考慮すれば、行政が自己の法的見解を判例に対して対抗させる十分な法的理由付けができない場合に、不適用通達により行政が裁判官の法律解釈に反する行動を行うと、それは尊重すべき裁判に対する忠実違反（Loyalitätsverstoß）及び権力分立原則違反となりうるであろう[59]。一方、行政は、先例たる裁判判決に対する正確性の推定が間違っていると証明することに成功する場合、判例に反する行動をなすことが許される。

2　法曹法の規範的効力と行政に対する裁判判決の拘束力

実務における判例の重要性は、法の継続形成的性格から生じるものである。立法者がやり残した不明確性や欠缺を補充するのは裁判所の課題である。裁判官は、立法者がやり残したことを追完しなければならない[60]。ただ、規範的に規律された公表が一切の法定立行為の構成要素として不可欠である。(61) しかし、判決の公表を規定しているのは、連邦憲法裁判所法三一条二項三文と行政裁判所法四七条六項一文及び二文のみであり、その他の判決に対する公表の規定は存在しない。したがって、法曹法については、拘束的な法規たる性格を欠いていると判断されざるをえない。(62)

判例が慣習法となれば、ボン基本法二〇条三項に規定する規範的性格を獲得する。しかし、判例でさえ必ずしも慣習法となるというわけではない。行政実務の判例への従属は、裁判所がその法的見解をもはや変更しないという期待に基づくものにすぎない。(63)

3 判決の確定力と行政に対する裁判判決の拘束力

FGO一一〇条は確定力（Rechtskraft）の範囲を定めている。裁判判決の確定力は、裁判判決の法的理由付けが訴訟物に該当する場合にのみ、行政庁を拘束し、不適用通達の効力を否定することができる。しかし、確定力はあくまでも当事者間におけるものであり、一般的拘束性はないし、法律解釈に関係する判決の理由付けは、判断の要素にすぎず、訴訟物の一部ではない。(64) 租税決定の取消訴訟においては、特定の賦課期間にかかる具体的な租税決定が違法であり、納税義務者の権利を侵害しているか否かが訴訟物であり、同一の納税義務者に対する同一の租税決定であっても次の賦課期間に係るものについては、裁判判決の確定力によって妨げられることはない。(65) つまり、不適用通達は裁判判決の確定力によって妨げられることはない。

4　ＡＯ一七六条と行政に対する裁判判決の拘束力

ＡＯ一七六条は、租税決定の取消・変更にあたって、最上級連邦裁判所の判例が変更されたということを理由として納税義務者を不利に扱ってはならない、と規定している。この規定に基づき、納税義務者は、租税決定の変更・取消の際、信頼保護の適用を受ける。すなわち、最上級裁判所判例が変更されたことに伴って租税決定は、納税義務者の不利に変更されてはならない。納税義務者の信頼は、従来の判例が租税決定の基礎にされていた場合に限って保護される。[66] この規定は納税義務者の信頼保護のための規定にすぎず、社会保障法典第五部（SGB Ⅹ）四八条二項とは異なり、行政は判例に従うことを強制するものではない。[67] むしろ、ＡＯ一七六条一項三号および二文から解るように、立法者は税務行政に対し独自の法律解釈を認め、行政庁の不適用通達を認知しているようである。すなわち、立法者は、行政が最上級裁判所判例に厳格に拘束されることを否定している。[68]

(47)　Felix (Fn. 1), StuW 1979, S. 65 (70) ; Jakob/Jüptner (Fn. 1), StuW 1984, S. 148 (152 f.) ; Ossenbühl, Fritz, Die Bindung der Verwaltung an die höchstrichterliche Rechtsprechung, AöR 92 (1967), S. 478 (483) ; Stahl, Rainer, Bindung der Staatsgewalten an die höchstrichterliche Rechtsprechung, Frankfurt a.M. 1973, S. 283.

(48)　Friesenhahn, Ernst, Über Begriff und Arten der Rechtsprechung unter besonderer Berücksichtigung der Staatsgerichtsbarkeit nach dem Grundgesetz und den westdeutschen Landesverfassungen, in : O. Bühler (Hrsg.), Festschrift für R. Thoma, Tübingen 1950, S. 21 (26) ; Ule, Carl Helmann, Anmerkung zum Urteil des BVerwG v. 19. 2. 1957, JZ 1958, S. 628.

(49)　Herzog, Roman, in : Maunz/Dürig, GG (Fn. 34), Art. 92, Rdz. 35 ff ; Achterberg, Nobert, in : Dolzer, Rudolf/Vogel, Klaus, BK, Art. 92 Rdz. 133/

(50) Thoma, Richard, Grundbegriffe und Grundsätze, in : G. Anschütz (Hrsg.), HDStR II, 1932, S. 124 (129) ; Hesse, Konrad, Grundzüge des Verfassungsrechts der Bundesrepublik Deutschland, Heidelberg, 20. Aufl., 1995, S. 221 Rdz 548. f. ; Scheuner, Ulrich, Der Bereich der Regierung, in : Rechtsprobleme in Staat und Kirche, Festschrift für Rudolf Smend zum 70. Geburtstag, Göttingen, 1952, S. 268 (278) ; Starck, Christian, Die Bindung des Richters an Gesetz und Verfassung, VVDStRL 34 (1976), S. 7 (43) ; Stern, Klaus, Das Staatsrecht der Bundesrepublik Deutschland, Bd. II, München, 2. Aufl., 1984, S. 894f.

(51) Stern (Fn. 50), Staatsrecht II, S. 894. 裁判判決で述べられた法的見解は主として判決される個別的事案においてのみ意味があるものであるが、事後の類似の事案においては、当該判決において樹立された基準にしたがい将来において同一の判断がなされる蓋然性は高い。Vgl. Larenz, Karl, Methodenlehre der Rechtswissenschaft, München, 6. Aufl., 1991, S. 421 ; Bryde, Brun-Otto, Verfassungsentwickelung, Baden-Baden, 1982, S. 428 ; Bydlinski, Franz, Juristische Methodenlehre und Rechtsbegriff, Wien, 2. Aufl., 1991, S. 501ff.

(52) Schenke, Wolf-Rüdiger, in : BK, Art. 19 Abs. 4 GG, Rdz. 338 ; Jesch, Dietrich, Unbestimmter Rechtsbegriff und Ermessen in rechtstheoretischer und verfassungsrechtlicher Sicht, AöR 82 (1957), S. 163 ff.

(53) Kreft (Fn. 2), S. 81.

(54) Larenz (Fn. 51), Methodenlehre, S. 423.

(55) Kriele, Martin, Theorie der Rechtsgewinnung, Berlin, 1976, S. 247 ff. und 258 ff. ; Ossenbühl, Fritz, Die Quellen des Verwaltungsrechts, in : Erichsen/Martens (Hrsg.), Allgemeines Verwaltungsrecht, Berlin, 9. Aufl., 1992, S. 59 (111) ; Bryde (Fn. 51), S. 428 ; Bydlinski (Fn. 51) S. 501 ff.

(56) Schlüchter, Ellen, Mittlerfunktion der Präjudizien, Berlin, 1986, S. 32.

(57) Weinberger, Ota, Juristische Entscheidungslogik, in : N. Achterberg (Hrsg.), Rechtsprechungslehre, Köln, 1986, S. 123 (136).

(58) BGH, WM 1963, S. 809 ; WM 1963, S. 1002 (1004) ; BGH Zivilsenat. Urteil vom 23. 3. 1959 III ZR 207/

57 BGHZ 30, S. 19 (22) ; OVG Münster, Beschluß vom 29. 3. 1979 VII A 1927/77 NJW 1979, S. 2061 (2063).

(59) Kreft (Fn. 2), S. 82 f.

(60) Kruse, Heinrich Wilhelm, Über Richterrecht, DStZ/A 1975, S. 373 (377).

(61) BVerfG Beschluß des Zweiten Senats vom 24. 5. 1977 2 BvL 11/74, BVerfGE 44, S. 322 (350) ; BverfG Beschluß des Zweiten Senats vom 19. 3. 1958 2 BvL 38/56, BVerfGE 7, S. 330 (337) ; BVerwG, Urteil vom 29. 8. 1961 IC 14/61 NJW 1962, S. 506.

(62) Von Braunschweig, Bernhard, Ständige Rechtsprechung mit Bindungswirkung?, NJW 1965, S. 679 (680) ; Fischer, Robert, Die Weiterbildung des Rechts durch die Rechtsprechung, Karlsruhe, 1971, S. 27 ; Ipsen, Jörn, Richterrecht und Verfassung, Berlin, 1975, S. 34, 128 ; Paulick, Heinz, Bindungsprobleme im Steuerrecht, StbJb. 1964/65, S. 361 (394).

(63) Schlüchter (Fn. 56), S. 47 ; Krüger (Fn. 1), S. 73.

(64) Bettermann, Ernst-August, Bindung der Verwaltung an die höchstrichterliche Rechtsprechung?, in : Fachinstitut der Steuerberater (Hrsg.), Beiträge zum Zivil-, Steuer-, und Unternehmensrecht, Festschrift für Meilicke, Berlin, 1985, S. 1 (3) ; Geiger, Willi, Bindungen der Verwaltung durch verfassungsgerichtliche und verwaltungsgerichtliche Urteile, in : Wandlungen der rechtsstaatlichen Verwaltung, Schriftenreihe der Hochschule Speyer, Bd. 13, 1962, S. 115 (116) ; Jakob/Jüptner (Fn. 1), StuW 1984, S.1 48 (153) ; Müffelmann, Herbert, Die objektive Grenzen der materiellen Rechtskraft steuergerichtlicher Urteile, Berlin, 1965, S. 50 ; Spitzer, Bernd-Michael, Die Bindung der Finanzbehörden an rechtskräftige finanzgerichtliche Entscheidungen, Erlangener Diss., 1973, S. 27 ff. ; Thomas, Heinz/Putzo, Hans, ZPO, München, 20. Aufl., 1997, § 322, Rdz. 5 ; Tipke, Klaus/Kruse, Heinrich Wilhelm, AO/FGO, Köln § 110 FGO, Rdz. 24 . ; 木村弘之亮「行政事件上の取消判決の効力（四・完）」民商七二巻五号七九〇頁以下。

(65) Vogel, Klaus, Berichtigung von Steuerbescheiden nach Erlaß eines rechtskräftigen steuergerichtlichen

Urteiles, DStR 1966, S. 388 ; Tipke/Kruse (Fn. 53), AO/FGO, § 110 FGO, Rdz. 7. ; Gail, Winfried, Bindung der Finanzverwaltung an die Rechtsprechung der Steuergerichte, StbJb 1978/79, S. 461 (466 f.).

(66) Regierungsentwurf zur AO, BT-Drucks. VI/1982, S. 155.

(67) Kreft (Fn. 2), S. 70.

(68) Szymczak, Manfred, in : Koch, Karl/Scholtz, Rolf-Detlev, AO, Köln, 5. Aufl., 1996, § 176 Rdz. 8 ; Klein, Franz/Orlopp, Gerd, AO, München, 6. Aufl., 1998, § 176 Rdz. 5 ; Rößler, Gerhard, Vertrauensschutz bei der Änderung von Steuerbescheiden, BB 1981, S. 842 (844).

四　不適用通達と納税義務者の権利保護

1　租税平等原則

ボン基本法三条一項とＡＯ八五条は租税平等原則を規定しているが、一見すると、不適用通達は租税平等原則（法律適用の平等）に違反している。不適用通達が一般納税義務者に不利益なものであれば、納税義務者は訴訟者より不利益になるし、不適用通達が一般納税義務者に有利な効果を持っていれば、訴訟者が他の納税義務者より不利益になる。このことから、最上級裁判判決に対する税務行政庁の拘束性がボン基本法三項一項より演繹されるとする見解が生じる。(69)

現実の法解釈においては、複数の可能な選択肢のうち「近似値（Annäherungswert）」的解釈を採用するほかないが、ただ一つの正しい法解釈ということは法律に内在しているものであり、主観的恣意を避けるためには、どうしてもそれは欠くことができない[70]。税務行政による法解釈と裁判所による法解釈が異なっている場合、どちらかが適法であるかもしれないが、裁判所の法解釈が常に正しいとは限らない。最上級裁判所の法解釈には法解釈の適法性の推定があるにしても、反証を出すことは否定されない。憲法自体、最上級裁判所の法解釈が間違っている場合もあることを考慮に入れている。すなわち、ボン基本法九五条三項は、異なる裁判権の裁判所が異なる法解釈をした場合、連邦の最上級裁判所の連合部で判断されることを規定している。この規定は、少なくとも二審制以上の審級を予定していると考えられる。なぜならば、もし、第一審が常に正しい法律解釈をなしているとすれば、そもそも上級審裁判所は不必要であるからである[71]。すべての最上級裁判所の判断は正しい法解釈を含んでいるとの想定が妥当だとすれば、そもそも判例変更の余地はないであろう[72]。また、裁判所自体「正しい」法律解釈について複数の見解があり得るとするならば、そもそも、税務行政庁による裁判所とは異なる法律解釈が常に間違っているとはいえないであろう[73]。

税務行政庁を一般的に判例、特に最上級裁判所の判例に拘束させる旨を規定する法律規定はないのであるから、ここでは、平等原則により、判例の間違った法解釈に行政はどの程度拘束されるのかの問題が解明されねばならない。

必ずしも満場一致の見解であるというわけではないが、不法の平等はない[74]。もちろんここに信義則が介入してくることはある。しかし、違法な規範解釈の範囲内における平等取り扱いの要求は通常否定されている[75]。平等原則はあくまでも適法な法律解釈の範囲内におけるものであるため、税務行政庁が裁判官の法律解釈を間違っていると判断する場合、平等原則に基づき、不適用通達を発し、裁判官の法律解釈から乖離することが妨げられることはない。ボン基本法三条の恣意の禁止から、行政は合理的な理由があるときにかぎり、判例から乖離することができるとする見解もある[76]。この見解は、不適用通達はそもそもボン基本法三条一項に関連する納税義務者の不平等取り扱いをもたらすものであるということを前提としているが、もし不適用通達が納税義務者の不平等取り扱いをもたらさない場合、そもそも恣意の禁止の余地はない。各国家権力がその固有の権限の範囲内で国民を不平等に扱う場合にかぎり恣意の禁止が生じるため、税務行政庁が一般的行政規則としての不適用通達をすべての納税義務者に対し平等に適用している限り、恣意の禁止が介入してくる余地はないものと思われる[77]。

2 過剰の禁止

過剰の禁止は、一般的法治国家原則として、すべての国家行為を規制する基準であり、国家活動の目的 ― 手段コントロールを求める。これによれば、特定の目的達成のため、適切かつ相当な手段のみを選択することを国家機関に要請するものである。この原則により、不適用通達に対するコントロールができないか、考察してみる必要がある。

過剰禁止は、国家に行為余地がある場合を前提としている。不確定法概念の解釈適用の場合などがこの行為余地のある場合とされる。複数の解釈選択肢がある場合、過剰禁止が適用され得る[78]。

税務行政庁は、AO八五条により租税法律を適法に適用する責務を負っており、先例が存在し、行政がそれから乖離しようとしている場合、乖離した法律解釈が新たな裁判の洗礼を受けることが適切であるかどうかが、過剰の禁止に基づき、テストされねばならない。行政決定に対する裁判所による事後審査が期待しえない場合（すなわち納税義務者の有利なように判決を不適用とする通達）か、あるいは、司法部が先例において表明した法的見解を廃棄し税務行政庁の見解に従う見込みが十分に存在する場合にのみ、このテストを免れうる。国家行為が最初から見込みがなく、効果が期待されない場合、当該措置は不相当なものとなる。

したがって、判例変更の可能性がない場合、納税義務者に不利益な効果を持つ不適用通達は、納税義務者に新たな訴訟の手間をかけるだけであるから、過剰の禁止に基づき、禁止されるという見解もありえないことではない。ただし、過剰の禁止は、税務行政庁が納税義務者の不利益に判例から乖離しようとしているときに、裁判所の法律解釈を受け入れ、適用することを義務付けるものにしかすぎない。過剰の禁止は、国民の不利益な負担を防止することに意義があるからである。[79]

過剰禁止は、権力分立原則より一般的な形で、税務行政庁を義務付けるものであるが、問題は、判例変更の見込みがある不適用通達であるかどうかである。それは、まさに判例（先例）の価値にかかっている。[80] 確定判例や連合部（Großer Senat）[81]判例の納税義務者の不利益な不適用通達は、権力分立原則に違反するのみならず、過剰の禁止原則違反にもなりうる。

3　法的安定性と信頼保護

不適用通達の問題は、法的安定性と信頼保護にかかわるものであり、ＡＯ一七六条が介入してくる。しかし、ＡＯ一七六条は税務行政庁がＢＦＨ判例を受け入れたときにのみ適用されるものであり、不適用通達に対しては直接的な効力はない。[82]

不適用通達は法適用の統一性を侵害する。行政と裁判所による異なった法律適用は法的安定性の原則に反し、それから演繹される信頼保護の原則も侵害する。[83] 税務行政庁がBFH判例にしたがわない場合、納税義務者の計算可能性は侵害され、法的に不安定な状態が生じる。したがって、法的安定性の見地からすれば判例は法律解釈において常に行政より優位している、とする見解が生じる。[84]

しかし、不適用通達が納税義務者に公表されるかぎり、納税義務者は裁判所に権利救済の手続をとることができ、行政の態度に対し、予測可能性をもって対処することができる。したがって、法的安定性の見地から、行政が常に裁判所の法的見解に服従することを求めることはできないように思われる。[85]

信頼保護と法的安定性の原則が介入してくるのは、不適用通達に基づきなされた税務行政庁の課税処分に対し裁判所が第二次判決を下したときである。第一次判決において裁判所が将来同一の法律状態及び同一事案においては第一次判決と同様に判決すると表明している場合、当該第一次判決における裁判所の法的見解に対しては国民の信頼が生じる。よって、もし裁判所が第二次判決において第一次判決とは異なり、税務行政庁の不適用通達を支持し、納税義務者に不利益な判決を下した場合、法的安定性が阻害される。もちろんこの場合は、裁判所と税務行政庁の見解対立ではなく、同じ裁判所の見解対立が問題となっている。ただし、司法部でさえ社会的、政治的もしくは経済的状況に応じて過去の見解を変更することはできる。[86] 判例変更がありうる場合、法的安定性の原則と実体的正義の要請との間に葛藤が生じる。つまり、絶対的信頼保護や絶対的法的安定性はないのであって、信頼保護や法的安定性の原則から行政の判例への一般的拘束を主張することはできない。[87]

また、ある納税義務者が有利な裁判判決を得た場合であっても、当該同一の納税義務者について同一の状況の下で、前訴の係争年度ではなく、それ以後の年度において当該判決を不適用とする税務行政庁の課税処分が行われたとき、この課税処分に対する後訴については前訴判決の確定力は及ばない。つまり、信頼保護も十分に国民を保護するものではないのである。[88] ただし、この場合、当該解離に十分な合理的理由がなければ権利濫用になることはありえないことではない。[89] 納税義務者に不利益な不適用通達は、それが判例変更の十分な見込みがなくなされたときは、権利濫用であり、違法となると解される余地がある。[90]

(69) Leisner (Fn. 1), S. 82 ff. ; Bund der Steuerzahler, Die Nichtanwendung von Bundesfinanzhof-Urteilen durch die Finanzverwaltung, Einzeldarstellungen, Nr. 18, Stuttgart, 1955, S. 11 ; Giese, Friedrich, Zur Bindung der Finanzbehörden an Urteile der Finanzgerichte, FR 1955, S. 245 (246). これに反対するものとして、Vgl. Ossenbühl (Fn. 47), AöR 92 (1967), S. 478 (482).

(70) Bachof, Otto, Anmerkung zum Urteil des BVerwG v. 16. 12. 1971-I C 31. 68, JZ 1972, S. 208, Fn. 1 ; Arndt (Fn. 8), S. 29, Fn. 69 ; Kelsen, Hans, Reine Rechtslehre, Wien, 2. Aufl., 1960, S. 252 f. ; Schmidt-Salzer, Joachim, Anmerkung zum Urteil des BVerwG v. 16. 12. 1971-I C 31. 68, DVBl. 1972, S. 391 ; Von Olshausen, Henning, Beurteilungsspielraum der Verwaltung und Rationalität der Rechtsanwendung, JuS 1973, S. 217 (219) ; BVerfG, BVerfGE 1, S. 82 (85).

(71) Herzog, in : Maunz/Dürig (Fn. 34), GG Art. 95, Rdz. 46 ; Kunig, Philip, Das Rechtsstaatsprinzip, Tübingen, 1986, S. 433.

(72) Schumann, Helmut, Zur Bindung der Verwaltung an die Entscheidungen des BFH, FR 1982, S. 344 (345) ; Hamann, Andreas/Lenz, Helmut, Grundgesetz, Berlin, 3. Aufl., 1970, Art. 3, Anm. 3.

(73) Jakob/Jüptner (Fn. 1), StuW 1984, S. 148 (154) ; Klein (Fn. 1), DStZ/A 1984, S. 55 (59) ; Von Welck, Frauke, Zur Nichtanwendung von Urteilen des Bundesfinanzhofes, BB 1978, S. 758.

(74) Dürig, in : Maunz/Dürig (Fn. 34), GG, Art. 3 Rdz. 164 ff. ; Gubelt, Manfred, in : von Münch, Ingo, GG-Kommtar, Art. 3 Rdz. 36 ; Ossenbühl (Fn. 55), Quellen des Verwaltungsrechts, S. 63 (97) ; ders, Administrative Selbstbindung durch gesetzwidrige Verwaltungsübung, DöV 1970, S. 264 ff.

(75) Arndt, Hans-Wolfgang, Ungleichheit im Unrecht, in : F. Burski und D. H. Polster (Hrsg.), Rechtsfragen im Spektrum des Öffentlichen, Festschrift für H. Armbruster, Berlin, 1976, S. 233 (239 f.) ; Berg, Wilfried, Leine Gleichheit im Unrecht?, JuS 1980, S. 418 ; Dürig, in : Maunz/Dürig (Fn. 34), GG, Art. 3, Rdz. 164 ff. ; Götz, Volkmar, Das Grundrecht auf Rechtsanwendungsgleichheit und der verwaltungsgerichtliche Rechtsschutz, DVBl. 1968, S. 93 ff. ; ders, Über die ”Gleichheit im Unrecht”, in : Verwaltungsrecht zwischen Freiheit, Teilhabe und Bindung, Festgabe aus Anlaß des 25 jährigen Bestehen des BVerwG, München, 1978, S. 245 ff. ; Ossenbühl (Fn. 74), DöV 1970, S. 264 ff. ; Randelzhofer, Albrecht, Gleichbehandlung im Unrecht?, JZ 1973, S. 536.

(76) Krüger (Fn. 1), Bindung der Verwaltung, S. 128 ; Felix (Fn. 1), StuW 1979, S. 65 (73).

(77) Kreft (Fn. 2), S. 124 f.

(78) Hirschberg, Lothar, Der Grundsatz der Verhältnismäßigkeit, Göttingen, 1981, S. 44.

(79) Jakob/Jüptner (Fn. 1), StuW 1984, S. 148 (163).

(80) Kreft (Fn. 2), S. 130 ff.

(81) Klein (Fn. 1), DStZ/A 1984, S. 55 (60). クレフトは、ＢＦＨにかかっていない事案においては、税務行政庁は自由に財政裁判所（FG）の判決を不適用にすることができるのに対し、ＢＦＨ判例の不適用通達は原則として許されない、と解する。Vgl. Kreft (Fn. 2), S. 132 f.

(82) Kreft (Fn. 2), S. 135.

(83) BFH, Urteil vom 14. 8. 1958 I 39/57 U BStBl. III 1958, S. 409 (411) ; Bühler (Fn. 29), StbJb 1955/56, S. 19 (52) ; Deutscher Steuerberaterverband, Bedenken gegen die Anweisungen oberster Finanzbehörden, einzelne BFH-Urteile nicht allgemein anzuwenden, Schreiben v. 15. 3. 1978 an den BdF, Stbg. 1978, S. 77 ; Felix (Fn. 1), StuW 1979, S. 65 (70) ; Gail (Fn. 65), StbJb 1978/79, S. 461 (476) ; Gast, Brigitte, Präjudizien als Rechtsquelle im Steuerrecht, in : G. Felix (Hrsg.), Von der Auslegung und Anwendung der Steuergesetze,

Stuttgart, 1958, S. 113 (115) ; Giese (Fn. 69), FR 1955, S. 245 (246) ; Gübbels, Bernhard, Zur einkommensteuerlichen Seite der Pensionszusage, FR 1955, S. 34 (35) ; Hanke, Gerhard, Über die Bedeutung der Rechtsprechung des BFH und der Verwaltungsrichtlinien für Entscheidungen der Finanzverwaltung, BB 1969, S. 145 (148) ; Hartz, Wilhelm, Rechtsprechung und Verwaltung, BB 1955, S. 517 (519) ; Leisner (Fn. 1), Allgemeine Bindung, S. 93 ff. ; Lenski(Fn. 32), BB 1955, S. 520 ; List (Fn. 1), DStR 1976, S. 651 (655) ; Paulick, Heinz, Lehrbuch des allgemeinen Steuerrechts, Köln, 3 .Aufl., 1977, S. 111, Rdz. 261 ; Zitzlaff, Franz, Nochmals : Bindung der Verwaltung an die Rechtsauffassung des BFH, DStZ/A 1955, S. 264.

(84) Hoffmann, Fritz, Rechtsprechung und Verwaltung in der Rechtsprechung des BFH (Organfragen in den Anordnungen der Verwaltung), StuW 1959, Sp. 432 ; Heßdörfer, Ludwig, Die Dreiteilung der Gewalten und der Bundesfinanzhof, StbJb 1956/57, S. 71 ; Gmach, in: Ziemer/Haarmann/Lohse/Beermann, Rchtsschutz in Steuersachen, Köln, Tz. 5231/6.

(85) Kreft (Fn. 2), S. 136 f.

(86) BVerfG Beschluß des Ersten Senats vom 11. 11. 1964 1 BvR 488/62, 2 BvR 562/63, 1 BvR 216/64, BVerfGE 18, S. 224 (240) ; BFHE 78, S. 315 (319 f.) ; 87, S. 253 (258) ; 93, S. 75 (81) ; BFH, Urteil vom 29. 7. 1965 V 71/615, BStBl. III 1965, S. 545 (547).

(87) Kreft (Fn. 2), S. 140.

(88) Schmidt-Aßmann, Eberhard, in : Maunz/Dürig (Fn. 34), GG Art. 19 Abs. 4, Rdz. 290 ; Kopp, Ferdinand, VwGO, München, 10. Aufl., 1994, § 121 Rdz. 5 ; Redeker, Konrad/von Oertzen, Hans-Joachim, VwGO, Stuttgart, 12. Aufl., 1997, § 121, Rdz. 8.

(89) Jauernig, Ottmar, Zivilprozeßordnung, München, 25. Aufl., 1998, § 63 III 2.

(90) Kreft (Fn. 2), S. 140.

五　おわりにかえて

以上、不適用通達について、その存在理由を分析した上で、行政と司法の関係及び納税義務者の権利保護の観点から見た不適用通達の法的問題を検討した。不適用通達については、その公表や理由附記、さらには会計検査による統制など不適用通達についていかなる法的コントロールを及ぼしていくかの問題がなお残されているが、それを論じる紙幅はない。

固定資産評価の不服審査制度に関する考察

碓井光明

一　はじめに

二　固定資産評価審査委員会の位置づけ

三　固定資産評価審査委員会制度の改正

四　判例に見る固定資産評価審査委員会

五　審査決定の裁判所における審査及び判決の方法

六　若干のまとめ

一　はじめに

固定資産税に関して、固定資産の評価が重要な作業であることは言うまでもない。このところ、「評価の適正化」に伴う評価替え等に直面して、固定資産の評価に関する固定資産評価審査委員会への審査の申出が急増し、また、固定資産評価審査委員会の審査決定をめぐる注目すべき裁判例が相次いで登場している。

こうした状況において、固定資産の評価のあり方という実体面とならんで、固定資産評価に関する不服審査制度のありかたも、重要な検討課題として浮かび上がってくるように思われる。折しも、平成一一年には、固定資産評価審査委員会に関し、昭和二五年の現行地方税法が始まって以来の大改正がなされ、平成一二年から施行されることになった。本稿は、この改正も視野に入れながら、日本の現在の固定資産評価審査委員会の審査決定及び審査決定の取消訴訟という方式の不服審査制度に、いかなる問題があるかを考察することにしたい。

二　固定資産評価審査委員会の位置づけ

1　固定資産評価審査委員会の由来

固定資産評価審査委員会は、昭和二五年の固定資産税の創設にあわせて設けられることになった。同税の創設に大きく影響を与えたシャウプ勧告には、なぜか固定資産評価審査委員会に関する勧告を見出すことができない。しかも、筆者の回りにある文献を見る限り、その後の解説においても、固定資産評価審査委員会とシャウプ勧告との関係については、ほとんど触れられていないようである。(1)

そこで、同委員会は、二つの流れの中で理解することが可能である。

一つは、戦前の租税等に関する各種の「調査委員会」の流れの延長上に位置づけるものである。たとえば、「所得調査委員会」は、所得税の賦課に先だって税務署長の判断について、所得調査委員が参与するための機関であった。そして、委員は、所定の手続により選挙された。固定資産税と関係の深い地租に関しても、土地賃貸価格改訂法（昭和一一年法律第三六号）は、改訂賃貸価格は、各地目毎に、昭和一一年四月一日において土地の情況が類似する区域内において標準となるべき土地の賃貸価格（＝標準賃貸価格）によるとしつつ（二条一項）、その区域及び標準賃貸価格は、「賃貸価格調査委員会」の議に付して政府が定めるものとしていた（五条）。同委員会は、各税務署所轄内に置かれ（七条）、その区域内の各市町村において地租納税義務者により選挙された調査委員により構成されていた（八条一項）。

戦後に至っても、昭和二三年法律第一〇七号による改正後の土地台帳法一三条は、各地目ごとに土地の状況が類似する区域と、その区域内において標準となるべき賃貸価格は、「土地賃貸価格調査委員会」に諮問して、政府がこれを定めるものとしていた。しかし、第一回の一般の賃貸価格の改定（同法附則一一条により昭和二六年一月一日と予定されていた）前に制度が改正されたため、実際には機能しなかったようである。

そして、昭和二五年の地方税法（以下「法」という）が、「固定資産評価審査委員会の委員は、当該市町村の住民で市町村税の納税義務がある者のうちから、当該市町村の議会の同意を得て、市町村長が選任する」と定めたのも、選挙手続によらない点、事後的審査の場面の関与である点において、かつての調査委員会と異なるものの、納税者の参与する手続である点において共通するとみることが可能である。自治省固定資産税課の編集になる書物も、「固定資産の価格等に関する住民の不服は、その問題の最も近い周辺にある当該市町村の住民のなかからえらばれた人によって審査決定せしめることをもつて適当であるとの趣旨」によるものと説明してきた。(2)

山田二郎教授も、「市町村の住民で市町村税の納税者であることを委員選任の要件としていることは、他に例の少ないことであり、単に第三者性（中立性）を持たせているということではなく、納税者の代表として課税台帳の登録事項を見直しさせようというのが立法意図ではなかったかと推測することができる」とされ、(3)「納税者の代表を評価額の確定に参加させる」「住民参加の画期的な制度」と位置づけておられる。(4)

もう一つの見方は、戦後地方行政において採用された行政委員会として位置づけるものである。固定資産評価審査委員会は、市町村長から独立して職務を遂行し、同委員会の決定に対しては、市町村長も訴願又は裁判所への出訴が認められたのであるから（昭和三七年法律一四〇号による改正前の地方税法四三四条一項）、実質に着目する限り強力な行政委員会であった。(5)

このいずれの理解が正当であるかは、なお検討を要するが、両方の趣旨の混在によって、無理なく制度化が実現したのかも知れない。しかし、言葉の問題であるかも知れないが、固定資産評価審査委員会委員をもって、住民や納税者の「代表」とみることは、その選任手続からみて困難である。従って、制度の建前として見る限り、行政委員会方式の一環としてみるのが正当であろう。

ところで、固定資産評価審査委員会の性格に関する、この二つの見方の違いは、同委員会の審査のあり方について、微妙に異なる方向に導くことが予想される（正確には、「予想された」と言うべきである）。

第一に、納税者の参与手続であると位置づけるならば、委員に対して必ずしも専門的な評価能力を要求することは必要でない。むしろ、素人であっても構わないのであって、主として、評価の「均衡」ないし「権衡」について、常識的な判断を下すことを期待すべきであるということになろう。その場合には、審査の手続についても、それほど厳格なものを要求するには及ばないという見方も可能である。

第二に、これに対して、行政委員会の発想によれば、可能ならば、専門的知識を有する者が委員となって、適正な手続により、手続を厳格に遵守して不服を審査し、決定をすべきであるということになる。

このような二つの対立軸で固定資産評価審査委員会を把握しようとする発想は、早い時点で石島弘教授が示されたものである。(6)同教授は、第一の考え方について、固定資産税の課税標準となる価格は、時価で評価しなければならず、資産相互間における評価の均衡及び負担の均衡も「時価による均衡」でなければならないとされ、「適法性の原則が強く支配する税法の要件事実認定」においては、妥当でないとされる。しかし、審理との関係においては、「専門知識を有しない委員会が、果たして、司法手続における口頭弁論に準ずる口頭審理方式のもとで、具体的な主張や証拠を当事者の自己選択と自己決定にゆだねつつ審理の進行を指揮し、自由に心証を形成して適切な審査決定をなしうる能力を有しているかは疑問である」とされ、委員会の機能は、職権により評価に関する資料を収集・開示し、評価根拠の検討の機会を保障し、納税者に攻撃防禦方法を講じさせることにあると主張される。

石島教授のこの指摘は、きわめて重要であるが、もしも、固定資産評価審査委員会が、最終的に「時価」を判断せざるをえないとするならば、常識的には専門知識を有する委員から構成されていなければならないはずである。同教授の見解は、委員自身は専門知識を有していなくとも、職権により評価機関に資料を開示させ、納税者の攻撃防禦をつくさせるならば、委員会が時価を判断できるという認識に基づくものなのであろうか。審理手続のありようによって、時価を判断できるとしても、それは、自らが実額判断をするというよりも、市町村長の登録価格を相当として維持するか、又は、不合理であるとして差戻すことになるように思われる。

前述の対立軸による把握は、もちろん典型的制度を想定したものであって、制度化において、両者を織りまぜることも、もちろん可能である。しかし、この対立軸が重要な視点であることに変わりはない。

おそらく、法律の条文からして、後者の建前によらざるをえないが、市町村の関係者の行動面においては、まず、前者の発想でスタートしたものであり、前者の発想は、現在においても根強く存在していると推測される。そして、そのような行動は、必ず、「法の建前」の前に是正を迫られることになるのである。すなわち、素人住民の参与手続と専門的行政委員会の建前との矛盾、あるいはその調整の必要性は、さまざまな次元で問題として顕在化することになる。

2　審査の決定

一　差戻し型と実額判断型

固定資産評価審査委員会の決定には、審査の申出を不適法とする決定、不服に理由がないとする棄却の決定、さらに不服に理由があるとする決定が当然ありうる。そして、固定資産の価格の決定に関する不服について理由があるとする場合に、評価の仕方を手続的に審査して、再度の決定をさせる、すなわち差戻す意味で取り消す方法と、審査の決定において、委員会が評価額自体を確定的に示して、一部を取り消す方法とがありうる。一応、前者を「差戻し型」、後者を「実額判断型」と呼んでおこう。法において、いったい、いずれの方法が想定されているのであろうか。

少なくとも、昭和三七年法律第一四〇号による改正後の法四三四条第一項が、「固定資産税の納税者は、固定資産評価審査委員会の決定に不服があるときは、その取消しの訴えを提起することができる」と定め、かつ、同条第二項が「第四百三十二条第一項の規定により固定資産評価審査委員会に審査を申し出ることができる事項について不服がある固定資産税の納税者は、同項及び前項の規定によることによってのみ争うことができる」と規定して、明確に「裁決主義」を採用したことによって、委員会が、審査決定において、評価額の実額判断を示すことができることは疑いない。さらに、委員会が常に実額判断を示さなければならない趣旨であるかどうかは、別個の問題として残される。

二　固定資産評価員との関係

この問題を考察するに当たり、固定資産評価員が、どのように位置づけられているかが問題である。

まず、シャウプ勧告は、「各都市は常置の不動産評価人団を募集し、訓練すること」を提案した(7)。同勧告は複数の評価人を置くことを提案していたと見られるが、制度化にあたって、「固定資産評価員」とされ、かつ、それは一名であると解釈され(8)、勧告との乖離を生じた。しかし、当時の地方財政委員会は、固定資産評価員を「市町村長、助役、収入役等に準じ、特別職的職員として取り扱うものである」とし、常勤の職員とするとともに、「給与額は、助役及び収入役との均衡を考慮して適宜定めること」としていた(9)。要するに、勧告は、固定資産評価員を、信頼でき、かつ相当高い地位のものと見ていたことがわかる(10)。このような固定資産評価員であれば、固定資産評価審査委員会の判断により、固定資産評価員に評価のやり直しを求めることに意味があったと思われる。その場合には、固定資産評価審査委員会が専門技術的な評価作業をすることは必要ではなく、むしろ、世間的常識による判断に基づく差戻しの役割が期待されていたのかも知れない。ところが、その後の運用は、固定資産評価員を通常の行政又は税務行政の系列のなかに埋没させてしまい[11]、その結果、固定資産評価員に評価のやり直しを求める実質的根拠が大きく失われることになったと思われる。逆に、委員会による実額判断の必要性が高まったといえよう。

また、シャウプ勧告の趣旨からすれば、評価の任務を課税行政から分離独立させ、それにより、税収確保又は税負担軽減の要請が、評価の場面に混入しないことを担保する可能性もあったと思われる。しかし、結果的に、固定資産評価員の任命において、その課税部門からの独立性の確保が不十分な運用がなされ、「税負担の程度の決定」問題が、評価作業のなかに隠れてしまう危険性を生じさせ、「不透明な評価」の印象を人々に与えてしまったことにも注目する必要がある。

三　運用実態との関係

さて、固定資産評価審査委員会に話題を戻して、委員会が、その建前通りの実体を有することなく、事務当局に判断を任せきっているような状態であるならば、責任をもって実額判断をなすことは困難である。そして、取消訴訟における裁決主義の下において、そのような委員会が、取消訴訟の被告となるべき真の当事者能力を有しているのか否かについて疑問が投げかけられよう[12]。実態を知ることができないが、ごく最近までは、多くの市町村において、固定資産評価審査委員会は、そこに審査申出がなされること又は訴訟が係属することがほとんどないことを暗黙の前提にして、名誉職的意識で、その委員の任命がなされてきたものと思われる。しかも、こうした意識の下に、委員会の事務を評価部門又は課税部門の職員が兼務している限り、委員会が、固定資産課税台帳に登録された価格を違法として実額判断を下すことは、実際には、ほとんどありえないこととなる[13]。

三　固定資産評価審査委員会制度の改正

昭和二五年にスタートした固定資産評価審査委員会の制度は、それほど大きな改正を受けることなく経過したが、近年になって重要な改正がなされている。平成九年法律第九号による改正と、平成一一年法律第一五号による改正である。後者は、特に大きな改正であり、すでに述べたように、平成一二年から施行される予定である。

1　平成九年改正

一　委員選任要件の緩和

平成九年の改正の最も注目すべき点は、委員の要件に関する改正である。それまでは、「当該市町村の住民で市町村税の納税義務がある者のうちから」選任することとされていたが、これを、「当該市町村の住民」、「市町村税の納税義務がある者」、それら以外で「固定資産の評価について学識経験を有するもの」を、それぞれ独立の被選任資格として掲げ、これらの何れかの要件を満たすことで足りるとし（四二三条三項）、学識経験者の委員の数は、定数の三分の一を超えることができないという制限が付された（同条四項）。

このような要件を緩和する改正の趣旨については、「人口の少ない町村部を中心として委員としての適格者を選任することが困難な状況を勘案し、より幅広い角度から人材を求めることができるよう」にしたものであるとされている。(14)

この改正について、前述のような山田二郎教授の立場からすれば、住民参加手続の後退として批判されることになる。しかしながら、住民要件、納税者要件を満たしつつ、不服審査の能力を備えた人材を得ることは容易なことではない。むしろ、学識経験者を独立の選任資格に加え、かつ、それを三分の一以内とすることによって、[15] 学識経験者と、住民要件・納税者要件を満たす者とのチームワークによる「複眼的審査」を可能にするものとして歓迎されるべきである。もっとも、学識経験者をまったく含めないことも許容される点において、制度の趣旨としては中途半端なものになる可能性も含んでいた。「幅広い角度から人材を求める」ことに内在する曖昧さである。

二　条例による委員定数の増加

昭和二五年法は、固定資産評価審査委員会は、三人の委員をもって組織されるとしていたのみで、その例外を認めなかった。ところが、翌昭和二六年法律九五号による改正によって、早くも、処理すべき事務が多いと認める市は、市の条例の定めるところによって、委員の定数を一五人までに増加し、及び、委員三人をもって組織する部会に分ち、その部会に委員会の職務を行わせることができることとした（改正後の四二三条八項）。この規定が、長らく存続してきたが、平成九年改正により、増加できる限度を三〇人に改めた。これは、いわゆる「七割評価」に伴う審査申し出の増大に対応するための改正であった。

三　共同設置の場合の委員の任期

二以上の市町村が、地方自治法二五二条の七第一項の規定により、固定資産評価審査委員会を共同設置する場合に、設置後最初の委員の任期を、委員の各三分の一ごとに、一年、二年、三年とすることとして、疑義を生じないように明確化を図った（四二四条の二）。

この規定自体については、何ら論評を要しないが、そもそも、共同設置の場合に、構成市町村との関係において、住民要件、納税者要件をどのように考えるかという問題があるように思われる。構成する一の市町村との関係において、これらの要件を満たすならば、他の構成市町村との関係においても、同じ資格を有する旨の扱いをしてよいのかどうかである。地方自治法は、選任手続については、相当詳細な規定を用意しているものの（二五二条の九第一項～三項）、委員の資格要件については調整規定をおいていないように思われる。[16] そこで、A、B及びCの三市が、固定資産評価審査委員会（定数三名）を共同設置しようとする場合に、A市の住民（又は納税者）一名、同じくB市、C市の住民（又は納税者）を各一名選任するときに、平成一一年改正前の法四二三条の住民要件、納税者要件を満たしていると言えるかどうかが問題である。[17] 特別の規定なしに、満たしているという解釈をどのように導きうるのか、私は疑問に思っている。しかしながら、この問題は、平成一一年改正が、学識経験者の割合制限を削除したことによって、解消されることになった（同時に四二四条の二も削除）。

2 平成一一年改正

平成一一年には、相当根本的な改正がなされた。[18]

一 委員会構成要件の緩和

まず、委員会の構成要件に関して、学識経験を有する者についての割合の限度制度を廃止した。これにより、住民要件、納税者要件、学識経験要件のいずれかを満たすことで足り、全員が学識要件を満たす者であっても構わないこととされた。この改正理由は、案件の迅速処理のためには、専門的知識を有する、より客観的・中立的な立場の人を確保する必要があること、人口の少ない町村部を中心として委員適格者を確保しやすくする必要があること、に配慮したもののようである。[19] この改正について、自治省関係者は、従来の委員会の趣旨は失われるものではないとしている。[20]

法による住民要件、納税者要件を有する者を委員に含めることを義務づける制度が廃止された点に着目するならば、この改正は、まさに根本的な改正であり、住民参加要件を廃止するものとして、批判されるべきであるという[21]考え方もありうる。しかしながら、それぞれの市町村が自主的に住民・納税者を選任する可能性が残っていること、従って従来のような選任方法を禁止したものではないこと、に着目するならば、必ずしも従来の趣旨を完全に変えるものとは言えない。ことに、地方分権推進の動きのなかで、「市町村の自主性」を尊重する立法方法も、それなりに評価されるべきであると考える。

二　審査申出事項を固定資産の価格に限定

次に、最も大きな改正は、審査申出事項を「固定資産の価格」に限定したことである（改正後の法四三二条一項）。従来は、「固定資産課税台帳に登録された事項」のうち土地登記簿又は建物登記簿に登記された事項を除くものが、広く審査申出事項とされていたので、固定資産評価審査委員会への審査の申出をしなかったために、不服を提起する機会を逸する例や、審査申出事項に該当するか否か、あるいは争訟方式の分離排他性の対象になるか、が明確とはいえない場面も存在したので、[22] この改正による明確化は大いに歓迎される。[23] しかも、その名称のとおり、評価に関する不服のみを審査する制度とすることによって、委員会の負担過重を緩和することにもなる。この改正によって審査申出事項から除外された事項は、固定資産税の賦課処分についての争訟の方法が存在するのであるから、権利救済の観点からは特に問題とするところはないといえよう。(24)

三　審査申出期間の改正

これまでは、審査申出期間は、固定資産課税台帳の縦覧期間の初日からその末日後一〇日までの間とされていたため、納税通知書を受けてから評価額に気づき不服を有するに至った者は、救済の機会を与えられないという問題があった。今回の改正は、納税通知書の交付を受けた日後三〇日まで、審査申出ができることとして、これまでよりも救済の機会を広げるものである。固定資産課税台帳を縦覧する所有者が僅かで、納税通知書を受け取ってから初めて過大な評価がなされているという不服を持つに至ることが多いことに鑑みたものである。

四　審理手続の改正

改正前の法は、審査の申出を受けた場合には、「必要と認める調査、口頭審理その他事実審査」を行うとし（四三三条一項）、審査申出人の申請があったときは、「特別の事情がある場合を除き、口頭審理の手続によらなければならない」としていた（同条二項）。

これに対して、改正後は、まず、不服の審理は書面によるという原則を示し、その例外として、「審査を申し出た者の求めがあった場合には、固定資産評価審査委員会は、当該審査を申し出た者に口頭で意見を述べる機会を与えなければならない」とし（二項）、「市町村長に対し、当該申出に係る主張に理由があることを明らかにするために必要な事項について、相当の期間を定めて、書面で回答するよう、書面で照会をする」権利を、審査申出人に認めている（五項）。

改正法によれば、審査申出人の求めがあった場合に、「口頭で意見を述べる機会」を付与しなければならないが、公開による口頭審理は、委員会が、審査のために必要がある場合に職権で行うことができるものとされ、審査申出人の申出如何にかかわらない制度になっている。口頭審理の場合は、審査申出人及び市町村長の出席を求めて行い、かつ、固定資産評価員その他の関係者の出席及び証言を求めることもできる（六項、七項）。

以上の改正により、「口頭で意見を述べる機会」と口頭審理とが区別され、審査申出人の口頭審理請求権が存在しなくなったことが最大の変更と言えよう。この点に批判的な見方があるようである。[25] 公開の口頭審理によることが最も適正な審理を期待できるという考え方は、それなりに理解することができる。しかしながら、迅速処理の要請をどれだけ重視するか、また、固定資産評価審査委員会と裁判所との役割分担をいかに考えるかという、制度を組み立てる際の根本問題であるともいえよう。

まず、訴訟段階についてみると、通常は、判決までに長い期間を要する。また、訴訟の専門家による効率的な審理という考え方から、口頭主義といいつつも、準備書面に見られるように、書面がきわめて重視されている。

他方、これまでの固定資産評価審査委員会は、建て前としては、対審構造ではなく、その限りにおいて、通常の不服審査と同じであるが、実際には、口頭審理が対審的に運用され、[26] しかも、何が争点になるか、相手方がどのような主張・立証をするかが事前に明確にされることもなく、当日になって、法律専門家ではない「所有者」が必ずしも整理されてない意見を繰り返し述べる場面も多かったようである。その結果、ときには迅速処理の趣旨に反する場面もあったと推測される。この点からするならば、改正法のように、市町村長と審査申出人の双方の出席を求ない。

める「口頭審理」[27]は、職権により、例外的にのみ認めることにも理由がないわけではない。口頭審理をもっぱら委員会の裁量とする改正は、不服審査手続として「後退」の印象を否めないが、後述するように、今回の法改正は、委員会が、職権により積極的に口頭審理を活用することを否定するものではない。たとえば、個別市町村の委員会が、「口頭で意見を述べる機会」の付与の申請があった場合に、原則として口頭審理を実施する旨の内規を設けたとしても、それは、裁量権の範囲内のことで、違法となるものではないことに注意する必要がある。その意味において、法が「口頭審理例外主義」を強制しているものではないことを確認しなければならない。

さらに、口頭審理を実施するかどうかに関する委員会の裁量権も、決して無制限ではないという考え方が示されていることに注意する必要がある。すなわち、「口頭審理を開き、当事者に対質の機会を与えることが固定資産評価審査委員会の手続を設けた趣旨から求められるところであると認められるような特段の事由がある場合には、口頭審理が開かれるべきものである」[28]というのである。私は、租税法の解釈に関し、租税実体法、ことに課税要件法と租税手続法とを区別して、後者においては、当事者の公平等を考慮した「法の発見」が許される旨を指摘したことがある[29]。固定資産評価審査委員会の審査に関する規範は、租税争訟法の領域に属する規範であるが、解釈方法としては、租税手続法に近い領域として、積極的な「法の発見」が許されてよいと考える。

四　判例に見る固定資産評価審査委員会

固定資産評価審査委員会の審査や決定に関する重要な判例が形成されてきた。以下において、代表的な判例を取りあげて検討したい。なお、本稿は、必ずしも解釈論を目的とするものではないので、以下の議論の過程において示される私の解釈論は、暫定的なものである。

1　最高裁平成二年一月一八日判決（大和郡山市事件）

口頭審理における手続を扱った代表的判例は、大和郡山市固定資産評価審査委員会に関する最高裁平成二年一月一八日判決（民集四四巻一号二五三頁）である。同判決は、従来の口頭審理について、次のような一般論を述べた。

「口頭審理の制度は、固定資産の評価額の適否につき審査申出人に主張、証拠の提出の機会を与え、委員会の判断の基礎及びその過程の客観性と公正を図ろうとする趣旨に出るものであると解される。そうであってみれば、口頭審理の手続は、右制度の趣旨に添うものでなければならないが、それはあくまでも簡易、迅速に納税者の権利救済を図ることを目的とする行政救済手続の一環をなすものであって、民事訴訟におけるような厳格な意味での口頭審理の方式が要請されていないことはいうまでもない。」

次に、宅地の登録価格に関する不服の場合について、宅地の評価が法三八八条以下の規定及び固定資産評価基準の定めるところにより、専門技術的な方法・手順で行われること、納税者は、不服事由を具体的に特定するために必要な、評価の手順、方法、根拠等をほとんど知ることができないのが通常であること、を指摘したうえ、次のように述べている。

「宅地の登録価格について審査の申出があった場合には、口頭審理制度の趣旨及び公平の見地から、委員会は、自ら又は市町村長を通じて、審査申出人が不服事由を特定して主張するために必要と認められる合理的な範囲で評価の手順、方法、根拠等を知らせる措置を講ずることが要請されているものと解される。しかし、委員会は、審査申出人において他の納税者の宅地の評価額と対比して評価が公平であるかどうかを検討することができるように、他の状況類似地域における宅地の評価額等を了知できるような措置を講ずることまでは要請されていないものというべきである。——特定の宅地の評価が公平の原則に反するものであるかどうかは、当該宅地の評価が固定資産評価基準に従って適正に行われているかどうか、当該宅地の評価に当たり比準した標準宅地と基準宅地との間で評価に不均衡がないかどうかを審査しその限度で判断されれば足りるものというべきであり、そうである以上、審査申出人が状況類似地域における他の宅地の評価額等を了知できるような措置を講ずべき手続上の要請は存しないと考えられるのである。」

さらに、この判決は、「委員会が口頭審理外で行った調査の結果や収集した資料を判断の基礎として採用し、審査の申出を棄却する場合でも、右調査の結果等を口頭審理に上程するなどの手続を経ることは要しないものと解すべきである」という重要な判断も示している(30)。口頭審理手続がとられている場合であっても、職権による収集資料を独自に用いることを肯定する判断である。

この最高裁判決の適否はひとまずおくとして、平成一一年の法改正後の審理において、どのような扱いになるのかが気になるところである。

まず、改正後の「口頭審理」は、審査申出人及び市町村長の出席を求めて公開でなされる。実態としては、従来多くの市町村で実施されてきた方式であるが、法自体が審査申出人及び市町村長の同席を求めているのであるから、より民事訴訟タイプに近くなっていることは否定できない。そして、納税者が、評価の手続、方法、根拠等をほとんど知ることができない点は、法改正の前後で変わるものではないから、審査申出人の主張に必要な合理的範囲で、これらを知らせる措置を講ずべきである。

重要な点は、法の全体構造からみて、口頭審理手続は、審査の過程の「一部」であっても構わないことである。審査開始後に、口頭による意見陳述の機会の付与、職権による資料提出要求などをしたうえ、中途において口頭審理を実施し、さらに、その後に口頭による意見陳述の機会の付与、職権による資料収集などを行って、審査を終了することもできる。したがって、口頭審理の場が、より民事訴訟タイプであるといっても、それが審査全体のなかで、ごく一部の審査手続であるに過ぎない運用がなされるとするならば、民事訴訟タイプと呼ぶ実際上の意味は、ほとんどないであろう。

かくて、法による拘束は弱いものであるが、それで尽きるものと断定すべきではない。地方分権推進の動きのなかで、固定資産評価審査委員会に関する法の規定についても、新たな視点から見ることが必要であると考える。すなわち、改正後の法四三六条の条例又は固定資産評価審査委員会規程を活用することによって、個別の市町村、あるいは、その固定資産評価審査委員会の判断において、審査の主要場面を口頭審理方式によるというような自己拘束をなすことは可能と解される(31)。

次に、審査申出人からの書面による照会について、法が市町村長の回答義務を規定していないことを、前記最高裁判決の「合理的な範囲で評価の手順、方法、根拠等を知らせる措置を講ずることが要請される」という部分との関係において、どのように理解すればよいであろうか。

第一の解釈は、今回の法改正により、そのような措置を講ずる必要のないことを、裏から明確にしたというものである。立法関与者は、そのようなことを述べていないが、そのような理解による立法であるという主張は十分に予想される。

第二の解釈は、判例により示された考え方は、固定資産評価審査委員会の審査制度の本質から導かれたものであって、審査制度の本質自体に変動がない以上、法改正後も変わるべきではないというものである。

いずれの解釈も可能であるが、私は、第二の解釈に同調したい。したがって、回答義務規定の不存在は、評価手順、方法、根拠等を知らせる措置を不要とすることを意味するものではない。

2　札幌高裁昭和六〇年三月二七日判決（旭川市事件）

平成二年最高裁判決の前に登場した多くの裁判例のなかで、同判決の原審判決（大阪高判昭和六一・六・二六民集四四巻一号二九九頁）と並んで注目された、札幌高裁昭和六〇年三月二七日判決（行裁例集三六巻三号四一三頁）のみを取りあげておきたい。同判決は、審査申出人に対し、不服事由を明らかにし、かつ不服事由となった評価に関する反論の主張・立証をするために合理的に必要な範囲で、評価の根拠や計算方法等価格決定の理由を了知させる措置をとるべきであるとした。この一般論に関する限り、最高裁判決と大きく異なるものではないが、「審査申出人が自己の所有する土地の評価額が適正かつ公平なものであるか否かを対比検討するために合理的に必要な範囲の当該土地周辺の宅地の評価額や路線価」も、審査申出人に明らかにすべきであると述べた点が大きく異なる。そして、具体の事案に関しては、口頭審理において、市長に抽象的な説明をさせたのみで、当該土地の具体的な評価方法や計算根拠を明らかにする措置を何らとらず、職権により提出を受けていた当該土地の評価に関する詳細な資料を示すなどの了知措置もとらなかったことは、口頭審理手続の重大な瑕疵であるとして、審査決定を取り消した。

最高裁判決が、固定資産評価基準を用いて、基準地の価格、標準地の価格、当該土地の価格と、当該土地に至る系列（縦系列）のたどり方を明らかにすれば足りる（したがって、他の系列の状況類似地区の標準地の価格を明らかにすることは必要ではない）としたのに対して、この判決は、同一系列の末端ではあるが、「周辺宅地の評価額や路線価」を明らかにすべきであるとした。

所有者が単に評価額が高いという不服を述べている場合は、最高裁のように、当該土地の評価にいたる縦系列の過程を示すことで足りるであろう。所有者が、他の土地の評価に比べて高い評価水準にあるという不服に対してどのように対応するかが問題である。一つの回答は、委員会は、周辺土地との間に評価の均衡が保たれているかどうかを審査する立場にないとして否定するものである。(32) 今後、七割評価、あるいは一〇割評価が定着するならば、必要性が薄れるかも知れないが、かつての低い評価水準の時代で、かつ標準地の数も少なかった場合には、近隣土地との比較が最も重要な不服を根拠づける手段であった。今後も、極端に均衡を欠く評価は、それ自体で違法とされる余地もあるので、合理的に必要な範囲で、他の状況類似地区の標準地の価格や、当該土地の周辺の土地の価格（もちろん、単位面積当たりの価格）といった「横の比較しうる資料」を示す必要があると考える（最高裁判決の原審判決はこのような考え方であった）。繰り返しになるが、このような資料を示さなければならないということと、どの程度の不均衡がある場合に評価が違法とされるか、という問題とは、一応別次元のことである。

3　仙台高裁平成九年一〇月二九日判決（郡山市事件）

山田二郎教授が原告の代理人となられて関与された、郡山市固定資産評価審査委員会の事件の控訴審の判決が出された。仙台高裁平成九年一〇月二九日判決（判例時報一六五六号六二頁・判例タイムズ九八四号一四三頁）である。

前記の最高裁判決を踏まえつつ、具体的事件の審理不尽の有無を扱った重要な裁判例である。原告・控訴人四名の各人別の審理手続が争われており、事実関係は微妙に異なっている。

Aについては、平成三年度の土地の評価が前基準年度の評価に比較して高額すぎるので見直しを求めるという理由で審査の申出がなされ、市長から、自治省告示の定める基準に従って選定した標準宅地に比準して算出した過程を算式を交えながら明示した答弁書が提出され、延長された期限を経過してもAが弁ばくを行わなかったので、委員会は、評価の方法、手順、根拠等に関する資料、すなわち、審査対象事項にかかる資料を市長から提出を求めて調べることなく、審理を終結して決定をしたという認定をした。そして、答弁書の記載だけでは、標準宅地の選定及びその価格の決定に関する説明が十分ではなく、Aに対する了知措置義務を尽くしたとはいえず、答弁書に対する弁ばく書を提出しないからといって、審査申出人が答弁書記載の主張及び事実を認めて争わないものとみなすことはできず、四三三条一項の定めるところに従い、必要な調査その他の事実審査を行ったうえで決定をすべきであるとし、次のように判示した。

「答弁書の記載と審査決定書の記載とを対照すると、被控訴人の決定は市長が提出した答弁書の記載をそのまま是認したものであることが容易に見て取れるが、第三者機関である被控訴人が標準宅地の選定とその評定及び当該宅地の個別要因（街路条件、環境条件、接近条件、行政的条件、画地条件等）を比較検討し、当該宅地の評価額を認定・算出するには、具体的資料に基づく審理が不可欠であるのに、被控訴人がこのような具体的資料を徴することなく審理を終結し、審査決定をしたことは、控訴人Aが、審査の申出において前記認定の程度の不服事由しか述べておらず、市長の答弁書によりその主張が示された後になっても、弁ばくをしなかったとの事情を考慮しても、法四三三条一項の趣旨に反し、審理不尽の違法があるというべきである。」

B、C及びDにかかる審査決定についても、ほぼ同趣旨の判断をしたうえ、次のように述べた。

「たしかに、固定資産評価審査委員会が審理の方法・範囲を審査申出人側の争訟態度に対応させて設定することはできるのはいうまでもないことであり、その不服の内容に応じ、事実審査の内容にも自ずから濃淡が生ずるのは当然であるが、行政庁のした処分の根拠となる資料を全く取り調べることもなく、いわば行政庁の処分を鵜呑みにするような審査・判断をすることは、独立の第三者機関である固定資産評価審査委員会に行政救済手続を委ねた法の趣旨を没却するものであって、この違法は決して軽微なものとはいえず、本件決定はいずれも取消しを免れないものというべきである。」

この判決は、まず何よりも、手続的瑕疵を理由とする審査決定の取消し、従って、判決の趣旨に従って審査決定のやり直しを義務づける趣旨の判断をしていることが注目される。これは、前記最高裁判決の原審・大阪高裁昭和六一年六月二六日判決のとった考え方である。最高裁も、同判決を破棄し差し戻すに当たって、「本件決定に取消原因となるその余の違法が存するかどうかについて更に審理をさせる必要がある」と述べて、こうした方法自体は否定していないことが伺われる。評価の金額的違法のみならず、手続的瑕疵を理由に審査決定を取り消す判決を下すこともできるという考え方には賛成できる。紛争の最終的決着が著しく遅延する虞れがあるが、やむを得ないであろう。

次に、この判決の核心は、「処分の根拠となる資料を全く取り調べることもなく、いわば行政庁の処分を鵜呑みにするような審査・判断」がなされたと見た点にある。このような審査・判断と認定できるかどうかが、まさにポイントである。これを委員会の審査義務の角度から見た場合に、次のような点が注意されるべきである。

第一に、市町村長による評価の手順が委員会に示された場合に、「特に不合理な点は認められない」という単純な形式の委員会判断では、違法な審査決定とされる可能性が高いということであろう。委員会がそれ以上に立ち入るとするならば、標準地の設定が合理的であること、標準地と当該土地との間の比準の方法が適正であること、などを判断する程度になろうが、内心の判断ではなく、これを審査決定書の理由に残る形で処理するには、細心の注意と経験の積み重ねが必要となろう。評価方法の合理性の有無を判断するという手続的審査方法は、理論上は簡単であるが、審査決定書の記載のみからは、裁判官の心証次第で、裁判所により「鵜呑み」と判断されてしまう危険性がある。

第二に、そうであるとするならば、委員会は、自らの責任において「評価のやり直し」を行う方法によって実額審査をして、実額判断により所有者の不服に答えることが、最も無難であるということになろう。この場合は、「審査」といいつつも、「再評価」の実体を有するのである。もちろん、その金額の適否が訴訟段階で争われることは同様である。もっとも、実額審査といっても、それは、あくまでも審査申出に対する審査であるから、審査申出人の不服をぬきにした審査であってはならない。

固定資産評価審査委員会に対して、上記のいずれの役割を期待しているのかが、そもそも明らかでないように思われる。かつての、住民要件、納税者要件の下における委員会は、むしろ住民・納税者としての健全な常識から、固定資産評価員の評価方法が合理的か否かを審査するという趣旨のものであったのかも知れない。その場合には、委員自身が細部にわたる評価の実際に通じている必要はない。本件においても、委員会は、第一の方法をとったが、それは、ある意味において、前記最高裁判決に示されていた方法であった。第一の方法は、理論上は正当であるが、ややもすれば「鵜呑み」に陥ったり、「鵜呑み」にしたものと見られてしまうという問題を潜在的に有していることを忘れてはならない。

これに対して、第二の実額審査を行うには、単なる常識では足りず、評価に関する深い知識を（場合によっては経験をも）必要とする。審査申出人が、鑑定評価額等を提出して評価額を争う場合には、どうしても第二の方法の審査によらざるを得ないであろう。第一の方法を志向するか、第二の方向を志向するかは、固定資産評価審査委員会のあり方を左右する重要論点である。

以上の観点から見た場合に、第一の審査方法を前提にしたうえで、かつ、所有者が固定資産の価格自体を訴訟段階において争うこと、すなわち裁判所の実額判断を求めうる仕組みを想定して、訴訟についての「裁決主義」を採用することは、適切な制度設計とはいえないように思われる。なぜならば、審査委員会は、評価額の実額判断の責任を負っていないのに、訴訟上において、評価額に関する不服の訴訟の被告とならなければならないからである。むしろ、評価について責任を負いうる市町村長を被告として原処分の取消しを求める制度とするのが筋である(33)。

にもかかわらず、「裁決主義」が採用されているのはなぜであろうか。

一つの理解は、前記の第二の実額審査が予定されているとするものである。

もう一つの理解は、固定資産課税台帳への登録は、行政の内部的な行為であって、明確な「原処分」とは言えないので、外部に明確となる審査決定を「原処分」と位置づけて訴訟の対象にしたというものである。すなわち、裁決主義といっても、行政事件訴訟における本来の裁決主義とは異なり、原処分取消の訴えにほかならない、という見方である。しかし、登録行為自体は内部行為であるとしても、縦覧により外部に表示されることによって処分性が付与されるという理解が可能である(34)。

いずれにせよ、「裁決主義」を採用するには、それに相応しい組織としなければならない。

4　東京高裁平成一〇年九月三〇日判決（越谷市事件）

東京高裁平成一〇年九月三〇日判決（判例タイムズ九九二号二九五頁）は、審査決定手続において、原処分庁（市長）の補助機関たる市税務部長、同次長兼主税課長、資産税課長等の職員の退席を求めることをせず、固定資産税の賦課徴収を担当する主税課長、固定資産評価員である資産税課長及び固定資産評価補助員たる職員の同席する場で、審査請求についての合議をしたうえ、棄却を決定し、書記の朗読した決定書の原案を承認したこと、決定書の送達前に、委員三名は、税務部長、同次長兼主税課長及び資産税課長と合議していることを認定し、次のように述べた。

「本件審査決定手続は、委員会の制度が、簡易、迅速に納税者の権利救済を図ることを目的とする行政救済手続であり、民事訴訟、行政事件訴訟における程の厳格な独立性、中立性を要請されるものではないことを考慮しても、いささか一方の当事者にすぎない原処分庁に偏したとみられる審査決定手続であって、委員会の独立性、中立性に著しく反するものとの評価を免れず、法四二三条、四二五条一項の規定の趣旨に反する違法な手続であるといわざるを得ない。」

これまで、固定資産評価審査委員会は独立の事務局をもたず、しかも、委員が必ずしも専門的判断をなしえないために、評価担当者の協力を求めざるを得ない市町村もあったと思われる。それは、住民・納税者の代表として評価をチェックするという役割であれば、とくに問題とすべきではない。しかし、対立する当事者の主張・立証を経て、評価額について自身の公正・中立な判断を下す機関という位置づけになると、この判決のような結論となろう。自治省は、平成八年四月、固定資産評価審査委員会の中立性と納税者の信頼の確保を根拠にして、「固定資産評価審査委員会の事務局は、原則として固定資産税の評価・賦課を担当する課以外の課等において行うよう、また、町村にあっては少なくとも固定資産税の課税担当者が、固定資産評価審査委員会の事務を行う者を兼ねることのないよう努め」ることを求めた(35)。いつ、どれだけ審査申出があるか不確実な状態で、独自の事務局を設けることは、行政改革に逆行すると批判されるおそれもあることに鑑み、事務局体制については、市町村が工夫する必要がある(36)。

五　審査決定の裁判所における審査及び判決の方法

これまでにも折に触れて述べてきたが、固定資産評価審査委員会の審査決定の取消を求める訴訟が提起された場合に、裁判所として、どのように審査し判決を下すべきかが問題になる。

1　価格に関する不服で一部取消しを求める訴えの場合

第一に、固定資産の価格自体が争われ、原告が、「金〇〇円を超える部分の取り消しを求める」という判決を求めている場合は、裁判所は、その争いに決着をつけるために、具体額を認定して、請求に理由があるか否かを審査し、理由がある場合には、評価額のうちの「一部を取り消す」という、実額判断型の判決を下すことになる。山田二郎教授は、請求の趣旨から、審査手続上の瑕疵を理由とする審査手続のやり直しを求める形態の「従来型」と、評価額の全部又は一部の取消しを求める「改善型」とに区別される(37)。したがって、改善型の訴えについては、実額判断がなされることになる。最近になって、実額判断型が、しばしば見られるようになってきた。その典型例が、有名な東京地裁平成八年九月一一日判決（行集四七巻九号七七一頁）である。[38]

2　価格に関する不服で単に審査決定の取消しを求める訴えの場合

第二に、同じく固定資産の価格が争われているが、原告が、単に、「審査決定を取り消す」ことを求めている場合の扱いが問題になる。訴訟においては、何といっても、原告の請求に対応した判決を下さなければならないので、裁判所としては、審査決定の全部を取り消すべきか否かの審査をし、いずれかの判決を下すべきであるという考え方があろう。

この点に関係する重要な裁判例として、東京地裁平成八年九月三〇日判決（判例タイムズ九五七号一八七頁）を挙げることができる。同判決は、次のように述べて、審査決定の全部を取り消している。

「固定資産評価審査委員会の決定が違法である場合、その違法が賦課期日における適正な時価を上回る価格を算定した点にのみ存するようなときには、右超過部分のみを取り消すことが可能であり、また、かく解することが紛争の早期解決という点でも便宜である。しかしながら、本件決定のように、その違法が評価基準不適合に基づく公平原則違反の点にあり、かつ、右違反が単に補正率の適用の誤りや標準山林の評価の違法等の個別的事由に止まらず、状況類似地区の区分、標準山林の選定の違法など、評価基準による評定過程の根幹に及ぶときは、判断資料が限られざるを得ない裁判所が改めて評価基準に従った評定を行うことは不可能ないし著しく困難であるから、具体的に決定中の違法事由を指摘した上で、その取消判決の拘束力（行政事件訴訟法三三条一項）に従い、固定資産評価審査委員会に再度審査のやり直しを求める方が紛争解決方法としてより合理的であると考えられる。」

この判決については、「判断資料が限られざるを得ない」ことを簡単に肯定してよいか、どの程度の場合に審査のやり直しを求めるか、という問題が残されるが、このような場面の存在は肯定してよい。

神戸地裁平成九年二月二四日判決（判例自治一六四号六三頁）は、固定資産評価基準による現況地目の誤りなどを理由に、登録価格が適正な時価を超える過大なものであるとし、審査決定の全部を取り消した。

しかし、前記東京地裁判決も指摘するように、可能な場合には、「金〇〇円を超える部分を取り消す」という形式の実額判断型の判決をなすことも許されると解される。(39) なお、大阪地裁平成九年五月一四日判決（判例タイムズ九六〇号一〇六頁）は、賦課期日における時価を、「一四八〇万余円を下回ることはない」と自ら認定し、審査決定が是認した市長の決定額一四〇八万余円は、前記金額を上回るものではないとして、請求を棄却した。

3　手続的瑕疵を理由とする取消請求の場合

第三に、審査決定に手続的瑕疵があることを理由とする取消請求、すなわち、山田二郎教授のいわれる従来型の請求に関しては、手続的瑕疵の存否を審査し、手続的瑕疵が認定できるときには、取り消すのが普通の方法である。最高裁判決の原審判決（大阪高判昭和六一・六・二六）をはじめ、すでに取りあげた旭川市事件、郡山市事件、越谷市事件の各判決などは、いずれも、このような処理をしたものである。

もっとも、手続的瑕疵を認定できる場合であっても、裁判所が評価額自体も認定できる場合に、どのような判決を下すべきかが問題になる（越谷市事件の判決は、第二年度の賦課期日の翌日から第三年度の賦課期日までの間に三筆の土地の合筆がなされたが、利用状況につき何らの変化もなかったことを理由に、第三年度の価格は、第二年度の三筆の土地の価格の合計額とすべきであるとして、具体の金額を認定しながら、一部取消しをすることなく、審査決定を全体として取り消している）。

この場合に、原告が手続的瑕疵と固定資産の価格との双方を争っているときに、固定資産の価格について、審査決定に誤りがないという場合に、手続的瑕疵の有無にかかわらず請求を棄却できるかという問題と、原告が、もっぱら手続的瑕疵を争っているときに、被告・審査委員会が、価格について判断の誤りがないことを抗弁事由として提出できるかという問題がある。

手続を重視する立場からは、いずれも否定すべきであるという議論が考えられる。しかし、固定資産評価審査委員会の審査決定を取り消したとしても、固定資産評価審査委員会に審査の申出がなされている状態に戻るにすぎないから、市町村長の価格決定の基礎が失われるわけではなく、したがって、固定資産税の賦課決定自体が、当然に違法になるというわけではない。たとえば、青色申告者に対する更正処分が理由の付記の不備があるとして裁判所により取り消された場合に、更正処分の除斥期間（国税通則法七〇条一項）を徒過しているときには、もはや税務署長が更正処分をなしえないのと異なり、固定資産評価審査委員会による審査決定のやり直しには、期間制限がない。しかも、固定資産の評価には裁量の余地はない。したがって、審査決定の取消しによる所有者の実益は、ほとんど考えられない。そうであるとするならば、原告が固定資産の価格に関する主張・立証を尽くしている場合には、最初から実額判断に基づく請求棄却判決を肯定するのが合理的であるように思われる。(40)

しかし、原告がもっぱら手続的瑕疵のみを主張し、価格に関する誤りのない旨の被告・審査委員会の抗弁に対して反論していないときは、裁判所としては、その手続的瑕疵の有無のみを審査し、判決を下すべきであろう。最終的な決着が遅延することになるが、その不利益は、主として原告・所有者の側に生ずるものである。その限りにおいて、原告・所有者は手続的瑕疵のみを争う方法を選択できることを意味する。(41)

これに若干関係のある裁判例として、和歌山地裁平成三年七月三一日判決（判例時報一四三一号一一八頁）を挙げることができる。原告は、固定資産評価基準によることの違憲性、評価基準の違法性、評価額決定手続の違法性、審査手続の違法性を主張して、具体的な評価額の主張をすることなく、審査決定の取消しを求めた。審査手続の違法性に関する判断において、判決は、標準宅地とまったく別個の土地の鑑定価格（一平方メートル当たり二七万円）を開示したとしても、その隣地について鑑定されている価格が三三万円であり、それを前記標準宅地の土地の価格とするつもりであったこと、評価替えに当たり評価上昇率を五〇％までにとどめる市の扱いは、いずれの金額でも同じであること、を指摘して、次のように述べた。

「被告において審査申出人に知らせるべき事項は、不服事由を特定して主張するために必要な範囲のものに限られると解すべきところ、本件においては、標準宅地の価格に関する開示の誤りは本件土地の評価に影響がないのであるから、このことを捉えて、原告らにおいて不服事由を特定して主張するために必要と認められる事項の開示を怠ったとまでいうことはできず、したがってこれを本件決定の取消事由ということはできないと解される。」

この判決は、土地の評価に実体的に影響しないならば、「不服事由を特定して主張するために必要と認められる事項」に該当しないと見ているのである。土地の評価に実体的に影響するか否かを問題にしている点において、手続的瑕疵と固定資産の価格に関する判断の誤りとの関係の問題に関連しているといえる。

この判決については、上昇率を五〇％までにとどめる扱いとの関係において、常にそのように言えるかどうかについては疑問がある。たとえば、逆に、標準宅地の価格が二七万円であるのに、誤って三三万円と開示したような場合には、自己の土地が比較的低く評価されていると信じ込んで、十分な主張・立証ができなくなる場合もある。したがって、実体の評価に影響しないことを安易に論拠とすべきものではないと言えよう。しかし、開示に軽微な誤りがあっても、それだけのことで常に審査決定をやり直すことは不合理である。判決のいう「不服事由を特定して主張するために必要と認められる事項」という基準は、最高裁平成二年判決を引き継ぐものであるが、その基準の適用の仕方が問題となりうることを示すものである。

六　若干のまとめ

この論文において、私は、固定資産評価審査委員会の審査、同委員会の委員構成及び審査決定に関する裁判所の審査方法等を中心に、固定資産評価に関する不服審査制度を検討してきた。以下において、若干のまとめをしておきたい。

第一に、固定資産評価審査委員会の審査制度の意義を明確にして、必要に応じた体制の整備を図ることが必要である。

本論文を貫く問題意識として、固定資産評価審査委員会の審査に関する基本的な位置づけが不明確であることを強く指摘したい。繰り返し述べたように、評価の責任はあくまで固定資産評価員及び市町村長にあって、委員会は、常識的な目で、不合理な評価をチェックし、自ら実額判断をするものではないとみるならば、委員の構成も、必ずしも評価実務に精通した人である必要はない。これに対して、委員会自らが、実額の評価のやり直しをする場合には、単なる世間常識では足りず、委員も、ある意味において、固定資産評価員以上に評価実務に通じていなければならない。

この問題への明確な解答がないまま、本格的制度改正なしに約半世紀が経過したが、平成一一年改正によって、実額の評価を行い得る委員会制度への傾斜を強めたように思われる。おそらく、この制度改正の趣旨が市町村に浸透するには、相当な歳月を要すると予想される。実額判断を可能とする委員会となって、はじめて、裁判所による手続的瑕疵を理由とする審査決定の取消判決を、委員会が、まともに受けとめられることになる。

もしも、委員会が自ら実額判断を行うという前提で考えるならば、その事務局体制の強化も避けることができない。東京高裁平成一〇年九月三〇日判決は、直接には、課税・評価担当部門との関係における委員会の独立性・中立性の観点から、警鐘を鳴らしたものであるが、今後は、その面における独立性・中立性と同時に、それを可能にするような事務局員の相当程度の専門能力も要求されるであろう。

限りある財源のなかで、委員会の独立性・中立性と、委員及び事務局員の専門性の両方を満たすには、複数の市町村による、「固定資産評価審査委員会の共同設置」が有力な解決策となろう(42)。幸いにも、平成一一年度の改正において、住民・納税者の委員が任意的なものに改正されたので、共同設置の障害がなくなったことはすでに述べた。その場合には、構成市町村の住民・納税者が含まれる可能性が低くなり、山田教授の批判を受けることになるが、当該共同設置の市町村の何れかの市町村との関係において住民・納税者であるならば、当該区域の事情に通じているものと見ることができるので、住民・納税者の視点を入れることは可能である。

第二に、固定資産の評価額に対する裁判所の審査体制をどうするかも問題である。

現在は、通常の行政事件として、一審は、地方裁判所の管轄とされている。はたして、全国の地方裁判所が、固定資産の評価額の適否を適切に判断できるか、判断できるとしても膨大なエネルギーを要しないか、といった問題がある。昭和二四年（一九四九年）のシャウプ勧告から五〇年が経過したが、シャウプ勧告のなかで、まったく採用されるに至らなかった一つの項目は、「租税事件に対する専門的な裁判所の審議」である。同勧告は、租税事件の専門的な処理体制の必要性を説いて、東京高等裁判所の租税部に民事租税事件の専属管轄を創設する方法、各高等裁判所に租税部を設ける方法をも提示した後、最も有望なものとして、各高等裁判所の管轄区域ごとに、「民事租税裁判所（the Civil Tax Court）」を設置し、管轄区域内を巡回し、その判決に対する控訴は東京高等裁判所の租税部へという構想を提案した。(43) 二一世紀を迎える今こそ、所得税、法人税等の事件と並んで、固定資産評価も含めた租税事件の裁判制度のあり方を検討する絶好の機会であると思われる。

（1） 山田二郎教授は、シャウプ勧告が、不服審査機関としての市民委員会を好ましくないとしていること（『シャウプ使節団日本税制報告書』（復元版）（日本税理士会連合会、昭和五四年）二六五頁）と、固定資産評価審査委員会制度の採用とが、整合的でないことを示唆されている（山田二郎「固定資産評価審査委員会の審査手続」石島弘ほか『固定資産税の現状と納税者の視点』（六法出版社、昭和六三年）九九頁、一〇一頁（注1））。シャウプ勧告の「市民委員会」は、主として国税の不服審査を念頭においていると思われるが、思想的には、固定資産の評価に関する不服審査にも妥当する考え方であるかも知れない。

シャウプ勧告の影響と見るものとして、石川一郎『地方税法―理論と実務―』（帝国地方行政学会、昭和四七年）三六一頁があるが、それを引き継ぐ福島深編『地方税法―その理論と実際―』（ぎょうせい、昭和五二年）には、なぜかそのような記述がない。また、石島弘教授は、シャウプ勧告の底流に納税意識の高揚、政府支出への関心喚起の思想があって、課税標準の確定手続に納税者の同輩を関与させることによって恣意的課税を防止しようとする意図が、委員の納税義務者要件に反映されたものと見ておられる（同「固定資産評価審査委員会の機能と審理方式」税法学四〇〇号九七頁、一〇〇頁（昭和五九年））。

　アメリカの制度にならったものと説明する文献として、原田淳志ほか『地方税』（ぎょうせい、平成一一年）三一八頁。実際、アメリカの制度は、多くの場合、日本の固定資産評価審査委員会制度とほとんど同じであるという指摘がなされてきた（石島弘・前掲論文一〇一頁）。

（2）自治省固定資産税課編『固定資産税逐条解説』（地方財務協会）昭和五二年版八二二頁、昭和六一年版四三二頁。また、石川一郎『精講固定資産税』（中央経済社、昭和三一年）一九六頁は、「固定資産評価員による固定資産の評価と相俟って、固定資産税の民主的な運営を通じて評価の適正と均衡を図るために設けられる機関である」としている。

（3）山田二郎「固定資産評価審査委員会の機能とその審理手続」貞家最高裁判事退官記念論文集『民事法と裁判下』（民事法情報センター、平成七年）二四八頁、二五二頁。

（4）山田二郎「固定資産税取消訴訟の課題と弁護士」自由と正義四七巻一二号六五頁、六八頁（平成八年）。山田教授は、早い時点において、「住民代表者の立場で固定資産の評価をチェックさせようとする」ものと論じておられた（山田・前掲注（1）一〇〇頁）。

（5）碓井光明『地方税の法理論と実際』（弘文堂、昭和六一年）一九二頁。山田教授も、市町村の課税行政から独立した第三者機関たる行政委員会であることを肯定される（前掲注（1）九九頁）。これに対して、木村弘之亮「税の不服はどうすればよいか」ジュリスト総合特集『日本の税金』（昭和五九年）二三〇頁は、当初の委員会は、その審査が「訴願前置の（選択的）第一審」であるから、必ずしも独立の行政委員会という性格を示していなかったものと見て、委員会の審査決定に対して直ちに出訴できるようになって、初めて独立の行政委員会の性格が鮮明になったとされる。しかし、訴願の対象とされていたことが、「決定」をする委員会の性質を左右するとは必ずしも言えないように思われる。

（6）石島・前掲注（1）一〇一頁・一〇五頁。

（7）『シャウプ使節団日本税制報告書』（復元版）前掲注（1）一三八頁。

（8） 昭和二五・七・三一地財委官第一六六号。その理由は、評価の統一均衡の確保、適正均衡に求められてきた（河西俊一『固定資産税の解説』（中央経済社、昭和三〇年）一四四頁等）。現在においても、その解釈が通用している（自治省固定資産税課編『固定資産税逐条解説』（地方財務協会、昭和六一年）三八七頁）。しかし、私は、評価の統一性を論拠にすることは説得的でなく（事実上調整すれば済むことであり、調整が難航する場合は、市町村長が指示すれば解決すると考えられる。少なくとも、土地と家屋について、それぞれ別の者を評価員に選任しても、評価の統一を害するおそれはまったくない）、評価の対象となる課税客体が多数にのぼり、しかも短期間に評価しなければならないことを考慮に入れるならば、必要に応じて複数の評価員を設置することも許されると解釈したい（碓井光明『地方税条例』（学陽書房、昭和五四年）一五〇頁）。

（9） 昭和二五・一一・七地財委税第一五二号。

（10） シャウプ勧告に関する当時の地方自治庁事務官の解説において、次のように述べられていた。

「勧告に所謂評価人団は、当然複数が予想されるが、その職責が重大困難なものであり、利害関係者から多くの誘惑強圧等が加えられる可能性に照らし、相当に評価に関する学識経験をそなえ、且人格高潔の士を必要とすべく、資格要件をかなり高度（その度合が問題である。）のものとし、市町村長の任命については、議会の議決を要するフルタイムの職員（従って広汎な兼職禁止規定を必要とするであろう。）とすることが考えられる。」

さらに、必要がある場合には、評価人は他の市町村の職員と兼ねることができるようにすることによって、市町村の評価事務から生ずる地方ボスや縁故者等の直接の抵抗の緩和、各市町村の評価事務の繁閑に応じた固定資産評価員の配置を可能にすることを、私見として提案していた（以上、地方財務協会編『シャウプ使節団日本税制報告書　地方税制改正解説』（地方財務協会、昭和二四年）五八頁（執筆＝吉瀬宏）。

なお、「常置の不動産評価人団」の英文は、“a permanent body of real estate assessors” である。assessor は、アメリカにおいて、評価の責任を負う重要な職であって、最近の調査によれば、選挙により選任する州が二二州、「選挙もしくは任命」による州が一四州にのぼっているという。資産評価システム研究センター『地方税関係資料集―評価事務の共同化編―』（平成一一年）二四四頁。

（11）平成一〇年一〇月時点の調査によれば、評価担当課長（三五・三％）、助役（三四・七％）で、この両者で七〇％を占めている。このほか、評価担当局（部）長（六・五％）、収入役（六・四％）も含まれている。（財）資産評価システム研究センター・前掲注(10)一四頁。市長が兼ねていた例も判決によって知られている（浦和地判平成六・四・二五判例自治一三〇号二六頁）。

（12）塚田功「固定資産税評価審査委員会の現状と改革」税務弘報四四巻九号一四八頁、一五八頁（平成八年）は、評価に関する資料が委員会自体にないこと、訴訟に的確に対応できる人手も能力も備わっていないことを理由に、行政訴訟の被告を市町村長にすべきである、とする立法論を展開している。

（13）山田・前掲注(1)一〇一頁。なお、木村・前掲注(5)は、職員の実地調査（下調べ）が委員の実地調査権を侵食していると指摘している。さらに、運用上の「再調査」のフィルター効果が、審査申出件数を少なくさせていると指摘している。現状はどうなのであろうか。

（14）吉添圭介「改正地方税法」税理四〇巻七号『平成九年度改正税法詳解特集号』三二〇頁、三四五頁（平成九年）。

（15）この要件の存在によって、従来の委員会の趣旨を根本的に変更するものではないと解される（吉添・前掲注(14)三四六頁）。

（16）この点は、監査委員の共同設置に関する問題点として指摘したところである。碓井光明「地方公共団体の監査事務の共同処理等」自治研究七一巻五号三頁（平成七年）。長野士郎『逐条地方自治法［第一二次改訂版］』（学陽書房、平成七年）九九四頁の叙述は、地方自治法一九六条一項において「議員のうちから選任する監査委員」という場合の「議員」とは、いずれの地方公共団体の議員であっても構わないという前提に立っているように見える。しかし、これは、「議員」の意味の常識的な解釈に反するものである。

（17）塚田功『改訂版　固定資産税の審査申出とその対応のすべて』（ぎょうせい、平成九年）五〇頁以下は、「共同設置する市町村の数と委員の定数」を論じているものの、この点については特に検討せず、かえって、「定数の枠内で、各市町村の持ち回りで選任することが、一般的には円満な方法といえよう」と述べている（五二頁）。しかし、同・前掲注(12)一五八頁は、組合方式等の場合に選任要件の制約があることに言及していた。

吉添圭介「固定資産評価審査委員会の共同設置について」税五二巻八号七三頁、七五頁（平成九年）は、平成九年改正に当たり、関係市町村のいずれかであればよいという規定を入れて明確化することが検討されたが、選挙管理委員会の共同設置について、関係団体の選挙権を有していれば足りると解されているため、特別の規定を設けなかったと説明している。自治省所管の他の法律に関する解釈方法に従ったということであろう。

(18)　この改正の背景や考え方を知るうえで、「地方税における資産課税のあり方に関する調査研究委員会」（以下、「あり方委員会」という）（委員長：金子宏東京大学名誉教授）の、『地方税における資産課税のあり方に関する調査研究報告書』（自治総合センター、平成一一年）が有益である。

(19)　菅原真紀子「改正地方税法（固定資産税・都市計画税関係）」税理四二巻七号『平成一一年度改正税法詳解特集号』四二三頁、四三三頁（平成一一年）、資産評価システム研究センター編『詳解固定資産評価審査委員会制度』（ぎょうせい、平成一一年）一六頁、あり方委員会・前掲注(18)三六頁。

(20)　菅原・前掲注(19)四三三頁、資産評価システム研究センター編・前掲注(19)三四頁。

(21)　この点は、ある研究会の報告において、山田二郎教授が強調された。

(22)　碓井・前掲注(5)一八三頁以下。山田二郎教授は、評価額を早期に確定させることに意義があるとして、審査事項は、評価額とこれに関連する事項に狭く限定すべきであるとされ、早期の立法的解決を主張された（前掲注(3)二五四頁）。さらに、固定資産評価審査委員会の構成と手続、関係者への不測の損害の発生の防止等に鑑み、「固定資産の評価ならびにそれに関連した事項」に限り審査申出事項となると解する見解として、金子宏『租税法［第七版］』（弘文堂、平成一一年）三九八頁がある。これは、同書第二版（昭和六三年）以来の見解である。

(23)　金子宏「固定資産税の改革―手続の整備と透明化に向けて」税研八四号二〇頁、二四頁（平成一一年）。あり方委員会・前掲注(18)三四頁は、委員会は本来価格について審査することを目的とし、委員も評価に関する精通者が選任されるのが通例であること、納税義務者や課税標準額の特例の適用についての不服は他の税目においても共通に存在すること、価格以外の事項に関する不服を賦課処分に対する不服申立てにより争えるとする例があること、を挙げている。

(24) 菅原・前掲注(19)四三〇頁、資産評価システム研究センター編・前掲注(19)一二頁、地方税別冊『改正地方税制詳解（平成一一年）』（地方財務協会、平成一一年）二三四頁。
(25) 山田二郎教授は、ある研究会における報告において、この改正を強く批判された。
(26) 菅原・前掲注(19)四三〇頁は、地方税法上は、改正前の口頭審理に評価側の同席は求められていないが、多くの市町村において口頭審理の際には、直接に評価側との対質の機会を与える運用を行なっているようであるとしている。あり方委員会・前掲注(18)も、同趣旨。これに対して、北野弘久「固定資産評価審査委員会での審理手続のあり方」税理二九巻一二号一五三頁（昭和六一年）は、改正前の口頭審理について、「口頭主義、公開主義、双方審尋主義等を基調とする、いわば民事訴訟手続における口頭弁論方式に傾斜した準司法的手続構造をもつものでなければならない」と述べておられた。
(27) 改正法の「口頭審理」の意味は、従来のそれと異なることが指摘されている。菅原・前掲注(19)四三一頁(注1)。
(28) 資産評価システム研究センター編・前掲注(19)四五頁。
(29) 碓井光明「課税要件法と租税手続法との交錯」租税法研究一一号『租税法の基礎理論』（昭和五八年）一四頁、二五頁。
(30) 差戻し後の大阪高判平成三・二・二二は、請求を棄却し、最高裁判平成四・二・一八判例自治一〇三号二九頁も、上告を棄却した。
(31) 金子・前掲注(23)を参照。改正法の下においても口頭審理の意義が存続することについて、金子・前掲注(23)及び石島弘・〔判例評釈〕判例時報一六七三号一八一頁（判例評論四八五号一九頁）（平成一一年）。
(32) 時価評価主義の下において、均衡が保たれているか否かの審査を不要とする見解として、石島・前掲注(1)がある。反対に、均衡を重視する見解として、北野・前掲注(26)がある。評価基準による評価との関係について、後掲注(39)を参照。
(33) 塚田・前掲注(12)を参照。
(34) 碓井・前掲注(5)二一一頁及び同書二二〇頁注(3)の文献を参照。

(35) 平成八年四月一一日自治省税務局固定資産税課長内かん。同趣旨は、旧依命通達五一に盛り込まれ、新通達（平成一一・四・一「地方税法及び同法施行に関する取扱（市町村税関係）」）の第三章四〇に引き継がれている。

なお、固定資産評価審査委員会の独立性・中立性を強調するならば、審査決定取消訴訟において、委員会が審査決定の適法性を主張・立証しようとするにあたり、評価事務担当者が委員会を支援することも、問題視される余地がある。国税の課税処分について原処分主義が採用されている状態において、国税不服審判所が原処分庁に協力することに疑問を提起される南博方教授の見解が参考になる。同「紛争の行政解決手法」（有斐閣、平成五年）九三頁（原論文は、「原処分主義への若干の疑問」法曹時報三七巻三号五八五頁（昭和六〇年））。

(36) 河内長野市（大阪府）は、選挙管理委員会、監査委員、農業委員会、公平委員会、固定資産評価審査委員会の事務局を統合した「行政委員会総合事務局」を、市長部局から独立して設置しているという（塚田・前掲注(17)三四頁）。東京都は、従来は、主税局資産税部評価審査室が「東京都固定資産評価審査委員会に関すること」を処理してきたが、現在は、主税局税制部評価審査室が所管している。同じ主税局内ではあるが、税制部に移管したわけである。

(37) 山田・前掲注(4)六九頁。

(38) 同判決については多くの評釈が発表されている。私のものは、判例時報一六一五号一八二頁（判例評論四六六号二〇頁）（平成九年）。同判決は、東京高判平成一〇・五・二七判例時報一六五七号三一頁によって是認されている（事情判決の主張も斥けている）。同様の裁判例として、東京地判平成一〇・一・二一判例自治一七八号三二頁、東京地判平成一〇・三・一九判例自治一七九号二二頁がある。東京地裁において、このような判断方法が定着しつつあるといえよう。

(39) 固定資産評価基準による現況地目の適用を誤ったこと等の違法のある審査決定を単純に取り消した例として、神戸地判平成九・二・二四判例時報一六三九号四〇頁がある。

なお、本稿のテーマとは離れるが、固定資産評価基準等に従った評価額と客観的な時価とが乖離する事態が生じている場合に、どのように判断するかが問題になる。本文で扱った東京地判平成八・九・三〇は、評価基準による評価額が客観的な時価を超えないときは、その評定をもって違法ということはできないとしつつ、評価基準によらずに評定された登録価格は、客観的な時価を下回ることが明らかであるとしても、評価基準による評定価格の方が上回るものと認められない限り、評価の公平の観点から違法になるとしている。

他方、大阪地判平成九・五・一四判例タイムズ九六〇号一〇六頁は、あくまでも賦課期日の時価を問題にすべきであるとして、次のように判示した。

「被告・原告のいずれにおいても、登録価格の適否については、評価基準や自治省の通達による実際の登録価格決定に当たってされた評価方法とは別に、賦課期日の時価を算定するための他の評価方法も主張・立証することができ、裁判所は、審理の結果、より適切合理的な最良の評価方法による価格評価を採用して賦課期日における時価を認定し、これと登録価格を比較して登録価格が上回る場合には、審査決定のその部分を取消すべきことになる。」

そして具体の事案については、価格調査基準日の設定が地方税法の趣旨を逸脱した違法な評価方法であるとしつつ、賦課期日における客観的時価は審査決定額を下回ることはないとして、審査決定を適法とした。

(40) これに対して、行政法分野で定着している考え方を前提にするならば、「公正な手続を享受しうる手続上の法的利益が侵害されたものとして、判断内容の変更可能性に関係なく決定自体違法として取消事由になる」とする石島弘教授の見解（和歌山地判平成三・七・三一に関する評釈・判例時報一四四九号一七二頁（判例評論四一一号一〇頁）（平成五年））が、通用しているのかも知れない。手続の遵守を担保するために取り消すべきであるという主張も予想される。租税法においても、原処分が内容的に違法でないとしても、原処分又は裁決に理由付記の違法がある場合は、その原処分又は裁決は取り消されるべきであるという見解が有力である（金子・前掲注(22)六八一頁)。

(41) 碓井・前掲注(5)二一六頁。

(42) 私は、かつて、道府県を単位にした裁決機関の設置（その場合、一箇所に限られるわけではない）や、一定規模以上の市は独自に設置し、その他の市町村は、道府県に設置する委員会に委ねる方式を提案したことがある（碓井・前掲注(5)二一二頁・二二一頁(注6))。

(43) 『シャウプ使節団日本税制報告書』（復元版）前掲注(1)二六八頁以下。

請求の利益

岸田貞夫

一　はじめに
二　訴えの利益一般についての検討
三　行政訴訟における訴えの利益
四　税務訴訟における具体的な場合における検討
五　請求の利益の在り方について

一　はじめに

課税処分等の取消請求訴訟における請求の利益には、広義のものと狭義のものとがある。広義のものには、処分性、原告適格、及び狭義の請求の利益が含まれる。狭義のものとは、訴訟提起及び維持の必要性の有無についてであり、処分の取消判決を得ても原告の権利、利益の救済になるかどうか、という問題である、とされている。本稿では、狭義の請求の利益についての、若干の問題について検討するものである。

税務訴訟における訴えの利益が問題となる場合

再更正がされた後の当初の更正処分（処分性の問題か）、処分の理由について争う場合、不利益を与えない処分（減額更正）、処分の相手方でない場合、滞納処分による債権差押えに係る第三債務者が行う債務の消滅、又は不存在の主張（大阪高裁昭和三七・六・一八　高民一五・六・四二四）等において、請求の利益がないから、却下の判決がされている。これらの場合のすべてが請求の利益にかかわるものか、また、請求の利益固有の問題なのか、他の処分性の問題などの要素も加わっているのか、明らかでないものもあるが、請求の利益の問題とは無関係とはいえないであろう。

これらの場合、請求の利益がないとする通説の理由としては、例えば、減額処分という利益な処分を取り消すことより不利益な状態になるという論理が提示されている。しかし、そこには、納税者が自己により有利な減額を求めているという事実を、それは取消訴訟の範疇に入らないから認められない、すなわち、請求の利益がないということでもって納税者の不満を押さえこんでいる。また、減税を求める申立は、取消訴訟の範疇に入らない、とする。これらの問題に対する通説的見解による理由は、もっともと思われる部分も多いが、形式論理により過ぎているのではないか、と思われる面もないではない。その結果、納税者においては、自己のうけた不利益を救済される機会すら与えられていない、という思いを強くしているのではないか、と推察される。結果的には納税者はその自己の権利救済には大いに不満があるのに、法的には不満があるはずがない、法的には紛争解決の対象となりえないとする考え方には、再考の余地があるのではなかろうか。どうも、私自身にとっては、納得のいかないものである。処分理由に納得がいかないというのは、それだけでは法的利益に影響がないかもしれないが、その本意は、納付すべき税額の減額を求めているのであり、その直接の理由は、処分理由中にある増額要素の再検討を求めることにあるからである。そのような処分の個々の要素については税務、それ自体争うことはできない、とする見解、すなわち、税務訴訟における審理の対象についての総額主義に通説はよっているのである。また、取消訴訟の範囲を形式的に限定しているようである。しかし、この考え方も、検討されるべきであろう。

二　訴えの利益一般についての検討

そこで、これらの問題のいくつかについて検討してみたい。

税務争訟の請求の利益の問題は、基本的には、民事訴訟における訴えの利益の考え方から出発し、そこに行政事件訴訟における特色、あるいは課税処分に係る特色が加味されて現在にいたっていると思われる。そこで、まず、近時の民事訴訟における訴えの利益の点からみてみる。

民事訴訟における訴えの利益（以下は上北「訴えの利益に関する一考察」民訴雑誌二一号一三二頁に主にドイツにおける状況について上北教授が分析されているので、以下はそれによるところが多い。）

⑴　問題の提起　訴えの利益の基礎づけについて、訴訟の目的から要求されるものとか、被告の利益を保護するために信義則上要求されるものとか、または私的利益によって基礎づけられるのか、公的利益によって基礎づけられるのか等の議論が存在している。

また、訴えの利益とは客観的訴権利益であるといわれているのは、訴えの利益が裁判制度を利用するについての利益を意味するだけでなく、さらに、訴えの利益が訴権にささえられていることをも意味するものであることといわれている。このことから訴えの利益を欠く訴えは訴え却下の判決によって排斥されるが、このことの意味につき、訴訟制度を利用する価値を持たない私的紛争には国家は助力すべきではないとの趣旨に解する見解、むやみに訴えの利益を認めれば、相手方被告も応訴義務が生じることを考慮すべきであるとの見解、裁判所の労力、費用の過重負担は裁判所のみならず、裁判制度を利用する一般第三者の利益をも考慮すべき問題を生じるとの見解、などが表示されている。

⑵　学説等の分類

イ　訴えの利益を制限的に評価する見解　民事訴訟の目的を試験の保護による法秩序の維持と理解し、私人に国家による権利利益保護義務の履行を要求する権利を訴権、すなわち権利保護請求権として認め、この前提からいかなる場合にこの権利が認められるかという視点から訴えの利益の問題を考察するものである。この見解の中にも、私的利益を重視するもの、国家自体の利益を重視するもの、具体的な紛争解決を重視するもの、などの考え方がある。ここにおいて、訴えの利益は訴権とは直接関連を有しないとの見解が有力になりつつある。すなわち、従来の、

「訴えの利益の問題は、通例、訴の実体的な理由の問題よりも容易に明らかになる。従って本案判決要件が理由の問題よりも先に審理されるべきであるという原則を破る必要はない。」（Rozenberg 等）との見解は、本案判決をするか、訴訟判決によって訴えを却下するかにつき、裁判所の判断に委ねられるべきであるとの見解に道を譲ったようなものとなった。訴訟制度の目的を主観的権利の保護による客観的法の確証、すなわち客観的法の実現そしてそれによる法的平和の維持を重視する見解が有力となった。ここでは、訴訟目的から訴えの利益を導き出し、訴権には言及しないのが特色とされている。

この見解が従来からの通説的見解であり、訴訟判決と本案判決を峻別すべきということになる。

ロ　訴えの利益を拡大的に理解する見解　これには、訴えの利益を無用とするもの、訴えの利益が欠ける場合でも原告勝訴の判決の可能性を認めるもの（訴えの理由の審理が既に終了している場合や訴えの理由が肯定されるときには原告有利の判決をしてもよく、それによって被告は不利益になるのではないという）、または、訴訟要件は訴訟阻却事由すなわち抗弁事由に過ぎないとの見解が含まれる。

ハ　中間説　　イ説とロ説との中間的な見解として、訴えの利益を原則として本案判決要件としながら例外的に本案判決要件とはしないもの、および訴えの利益をも含めて訴訟要件を原告勝訴判決の要件とし、訴訟要件の具備しない場合でも請求棄却すなわち原告敗訴判決も許されるとする見解も含まれる。これらの見解に共通するのは、訴訟要件の審理に無駄な時間等を費やすべきではないという訴訟経済的考慮であり、また、被告も請求棄却判決をえる利益を有するということである。

(3)　日本における状況　　従来の通説は、この概念を、訴訟制度を設営する国家の立場から、その訴えをとりあげて判決をする必要性があるかどうかの基準からと判断していた（国家的利益説）。また、訴えの利益を、訴訟目的論と結びつけずに論ずる見解によると、権利保護の利益の役割は、一方で被告、他方で国家、裁判所または「権利保護一般」の損害を回避することにあるとする。

これに対し、訴えの利益の本体は、原告が本案判決を求めるについて有する利益（原告の訴訟追行利益）とみるべきであり、この利益が訴訟制度の目的ないし存在理由や社会的要請に照らして是認できるものであるときに、訴えの利益があると判断する見解が主張されている（山木戸「訴えの利益の法的構造」民事訴訟法論集一三〇頁）。

別の見解によれば、訴訟の目的、機能はルールに従った当事者間の対論の場を保障することにあるとする立場から、訴えの利益の本質は、原告が被告に対して訴訟による論争または決着を求めることを正当化するだけの理由があるかどうかに求めるべきであるとする見解（井上「これからの民訴」九五頁）等がある。

このように、従来の裁判所または国家的利益を重視する立場に対して批判が述べられており、従来の見解の再検討が求められている。そこで、これらの見解について、みてみたい。

イ　山木戸教授の見解は、訴えの利益をその内容、本体をより明確にすることから始まる。民事訴訟制度は国家的制度であるからその利用をどの範囲で認めるかは制度設営である国がきめるところであり、したがって訴えの利益の存在が本案判決の要件であることの理由、根拠は国家の利益、必要であるといえる。しかし、他方、この訴えの利益の要件として個々の訴訟における存在が要求される訴えの利益の内容なり本体は、個人が原告としてこの制度を利用する利益、必要であると捉えるべきである。なぜなら民事訴訟制度は私人の利用に委ねられており、個別の民事訴訟は原告である私人がその必要と意欲とに基づいて起動させるものであるからとする。そしてさらに、原告である私人が本案判決の利益、必要を有していても、訴訟制度の設営者である国家としてはこれを無制限に認めるのではなく、訴えの利益を充足するためには、原告の個人的、私的利益は正当性を具備しなければならず、この正当性の要求は、訴訟制度の目的ないし存在理由や訴訟制度に対する社会要請に照らして是認できるものであり、その判断は、被告の利益、裁判所ないし国家の利益など各種の事情の総合的考慮によってなされる、とする（山木戸、前掲六九頁以下）。

ロ　井上教授の見解は、当事者相互間でそれぞれの役割分担のなかで訴訟による論争を展開していくという手続課程を重視し、そのような論争（抗争）手続の保障を訴訟の目的として中核にすえるべきとされる。訴えの利益の本質は、原告と被告との間の抗争利益、つまり原告が被告に対して訴訟による抗争または決着を求めることを正当化するだけの理由があるということに求めるべきであるとされる。裁判所は当事者間にこのような利益が存する場合にはこれをとりあげて審理し、利益がなければとりあげないというだけのことであって、当事者間の利益があるのに裁判所がこれをとりあげる必要がないといえる場合はありえないと考えられ、そうであるとすれば、当事者間の関係から訴えの利益を考えることで必要にして十分であるとする。そして訴えの利益は、本案判決を求める利益だけではなく、訴訟による抗争・訴訟追行を正当化できるだけの利益があるかどうかをも含んだものでなければならない（井上「訴えの利益」六九頁以下）とされる。

(4)　上記理論についての考察　　訴えの利益についての諸説の生じる理由は、訴訟制度の目的についての差異などがその前提として存在することがうかがわれる。

訴訟制度の目的は、法的平和の法の確証、私権の保護、又は紛争の解決などのいずれかに置かれている。Schönke は訴訟制度の目的は主観的権利の保護による客観的法の確証であり、それによる法的平和の維持である。個人は訴えの利益は、紛争解決制度に内在する国家的利益の表現として理解し、本案判決の要件とするのである。訴えの利益の存在する範囲において国家の時間と労力とを要求しうるものである。訴えの利益はもっぱら手続上のものなので、それを欠くときは不適法として却下されなければならない（上北「訴えの利益にかんする一考察」実務民事訴訟法講座一四八頁）、とするようである。

この見解は、前述したように訴訟要件と本案要件とを峻別すべきということになるが、なぜ、両者を区別すべきか。その理由は、主に国家負担の増加の防止、あるいは相手方の応訴の負担の防止などが考えられる。

しかし、このような私益と公益との対立という構造よりも、近時の学説の傾向は、両者の調和へとむかっているようである。法的平和の保護、私権の保護は訴訟制度の目的であることを否定せず、真実に基づく裁判によって私人の正当な要求を承認しつつ、法の確証を達成しようとするものである（上北、前掲一四九頁）などである。

また、私益と公益との調和を図る試みは、公的利益の要素を否定する方法で、あるいは公的利益の内容を裁判所の過重な負担の回避に求め、訴えの利益のない場合でも本案判決をする道を認める方法で、なされるべきという論者が増えているようである。

訴えの利益についての諸見解については、公的利益といわれるものの内容を検討すべきであろう。この場合いたずらに形式的な訴訟事務の過重などということを重視すべきではないであろう。相手方の利益又は負担も原告勝訴の可能性があるかぎりは、制限的に考慮されるべきであろう。

中心となるのは、争訟の解決であり、それによって法律関係に対する信頼性的安定性の維持であろう。そのためには、争訟の解決制度が実体的に、かつ、広く認められていることが必要である。

三　行政訴訟における訴えの利益

ここでは、行政訴訟のうち、取消訴訟における訴えの利益についてみてみる。

一　本案利益説

訴えの利益については本案利益税が有力である。すなわち、取消訴訟の本質については、個人の権利利益の保護を目的とする訴訟と観念して、ここでいう権利保護の利益とは、当該処分が取消されることによって回復しうべき実体法上の利益、つまり、本案の利益でなければならないと理解している（渡部吉隆『行政訴訟の法理論』六四頁）。権利保護の利益の有無を決定する基準を、実体法上の法的利益と事実の利益（または反射的利益）とを区分する保護目的論に求めてきた。そして、取消訴訟における権利保護の利益をこのような考えで処理することについては、格別の異論はなく、また、侵害行政に限ってみれば、国民の権利救済にさしたる支障もなかった（渡部、前掲）、と考えられていた。

［その反省］　この本案利益税についてはつぎのような批判がなされている。すなわち、近時、給付行政のような非規制的行政が増大し、行政庁の政策的裁量の認められる範囲も拡大する一方、市民の権利意識の昂揚と価値観の多様化にともない、行政庁の活動について、これまでなかったような新規の紛争が数多く生じ、シビアな問題を惹起するにいたった。こうした状況のなかで、取消訴訟における権利利益の保護を従来のような考え方で把握していたのでは、行政訴訟制度を新たな要請に応えて効果的に運用することができなくなるばかりではなく、種々の弊害

を生じることになる。「なかんづく、訴訟によって回復すべき実体法上の利益の有無は、所詮、当該利益が法的保護に價するかどうかという立法政策に属する問題であるから、出訴を許す旨の明文の規定がない場合には取消訴訟を提起できないという出訴の拒否を立法者の意思に係らしめることとなり、裁判を受ける権利を天賦の人権として保証した日本国憲法の精神に違背し、明治憲法下の制限的列挙主義の変形に過ぎないとの謗りを免れない。実際問題としても、現在行政法規で出訴に関する規定を設けている例は極めて少なく、将来もそれが容易に改まるとは期待し難い。……実定法の規定なるものは、多くの場合、出訴の能否に関する客観的な判断基準となるものではなく、裁判所が出訴を認めたり、認めなかったりするための単なる隠れ蓑となっているにすぎないといっても過言ではない」（渡部、前掲六五頁以下）との批判がなされる。

二　訴訟利益説

本案利益税に対する批判として訴訟利益税が提示されている。「すなわち、民事訴訟は、私人の権利の救済に関する訴訟であるから、実体法上の権利利益のないところに民訴法上の権利保護の利益の存在し得ないこと、いうまでもない。ところが、権利保護の利益は、国家制度としての裁判を利用するに足るだけの正当な利益ないし必要性を意味する訴訟法上の概念であって、実体法上の権利利益そのものとは直接関係がない。……本案利益説の考え方からすれば、たとえ法律上の利益ではないとしても、違法な行政処分によって重大な経済的損害を蒙った者も、法的救済を受けることができず、違法な行政処分そのものは、結局是正されず、法の目的が害されたままになる。かかる結果が、果たして、行政庁の違法行為に対して広く出訴の途を開いた日本国憲法のもとで、是認されて然るべきであろうか。……訴えが不適法であるといい得るためには、単に出訴を認める旨の明文の規定がないというだけでは足らず、むしろ、逆に、出訴を許さない旨の「明文の規定があるか、また、立法の趣旨に照らし、そのように解し得るものであると同時に、それが憲法三二条の裁判請求権を不当に制約するものでない合理的根拠のある場合でなければならない」といわなければならない（最高裁昭和四一・二・二三大法廷判、民集二〇・二・二七一における入江俊郎裁判官の反対意見）。……行政庁の処分によって侵害されたとする当該利益が民衆訴訟におけるごく一般的、抽象的なものではなく、具体的、個人的で、しかも、実質的なものであれば、かかる処分の取り消し訴訟を認めても、行政に対する不当な干渉となることはなく、また、現実の訴訟においても、争点についての相反する具体的主張・立証の尽くされることが担保されており、裁判所の判断が抽象的ないし勧告的な判断に堕する危険性から免れて、その訴訟は、優に法律上の争訟に当たるということができる」（最高裁昭和三七・一・一九二小判、民集一六・一・五七における池田克裁判官の補足意見）（渡部、前掲六七頁以下）などの批判がされている。誠に妥当な見解であり、当該処分によって侵害されたとする利益が、抽象的なものでなく、具体的個人的であれば、それについての救済は認められるべきである。

四　税務訴訟における具体的な場合における検討

(1)　従来から請求の利益について、争われている事項についてみてみる。

イ　処分の取消しと裁決の取消しを同時に求めた場合に、原処分の取消請求を棄却したときでも、裁決の取消を求める利益は存続するというべきである（同旨、金子宏『租税法』六八一頁。大阪地裁昭和四五・一〇・二七判、月報一七・一・一〇九。反対、最高昭和三七・一二・二六判、民集一六・一二・二五五七頁）。

ロ　原処分について異議申立と審査請求とがされた場合、後者について適法な理由付記のある裁決がされていても、前者に十分な理由付記がされていない場合には、理由付記の違法を理由に異議決定の取消を求める利益は、失われないと解すべきであろう（同旨、金子、前掲六八一頁、最高昭和四九・七・一九判、民集二八・五・七五九。反対、最高昭和四四・三・二七判、月報一五・九・一〇九六）。

ハ　減額更正を受けた場合でも、申告等の課税標準を一部または全部を減額しながら、他の課税事実を認定し、結果的には減額になっていることがある。判決では、減額処分であることから、その取消しを求める利益はないとしている（東京地裁平成八・一一・二九判、判時一六〇二・五六等多数）。しかし、あらたに認定された課税事実の部分については、納税者に不利益であることは明白であるから、その部分の取消しを求める利益はあるというべきである（同旨、金子宏『租税法』六八三頁）。

松沢教授は、「税務訴訟の機能は、一面に納税者の権利保護を図るとともに、多面、行政の違法を是正すべきものであると解すべきがゆえに、たとえ当該処分が形式的には納付税額のみの点からみれば結果として減額更正であっても、実質的に増額更正とみられ、他に不服申立ての何らの手段を欠くような場合には、行政の違法是正のためにも訴えの利益を認めるべきである。また、一体、法的に保護されるべき権利または利益の内容は、そもそも納付すべき税額なのか、それとも課税標準なのであろうか。

しかし、そのいずれか一方に、納税者にとって不利益とみられるようなときには、その救済を図るべきであろう。当該加算要因が違法であって正しい所得金額を認定すれば納付税額も減少するようなときは、納税者の権利を救済し、かつ、行政の違法是正のためにも訴えの利益を認めるべきであろう。……

要するに、利益・不利益の判断基準は、一般論としては、通常は両者が一致するので納付税額によるといえようが、特別の事情がある場合、たとえば更正の請求における純損失（国税通則法二三条一項二号）に関するものとか、実質的に増額更正処分とみられるようなときには、一定の制約のもとに所得金額をもって利益・不利益の判定基準となるものと解すべきであろう。」（松沢『租税争訟法』（新版）二九〇頁以下）、とされておられるが、まことにそのとおりである。

ニ　同一年分の所得税について、更正の請求について理由がない旨の通知処分と増額更正処分とがされた場合、更正請求についての理由がない旨の通知処分について争うことができるか。判決では消極説が有力である（東京高裁平成四・六・二九、月報三九・五・九一三。大阪高裁平成八・八・二九、行集四七・七―八・七三八頁）。その理由は、更正の請求について理由がないという処分は、増額更正に吸収されて独自に争う利益はないということである。しかし、増額更正処分に対する訴えにおいて争えるのは、申告額（更正の請求がされたときにはその額）を上回る部分についてであるから、更正請求に理由がない旨の通知処分の取消しを求める利益は存在すると解すべきである（同旨、金子宏『租税法』六八四頁）。

ホ　増額更正が、申告にかかる課税標準の一部の取消と新たな課税事実に基づく課税標準の加算から成り立っている場合には、更正の請求の有無にかかわらず、納税者は申告にかかる課税標準額の範囲内であっても、新たに認定された課税要件事実に基づく課税標準の部分の取消を求める利益を有する、と理解すべきであろう（金子、前掲六八三頁）。

以上の、各場合に共通することは、処分の要素たる各争点についての判断を重視するかあるいは処分全体の効果に重点をおくかということであり、いわゆる審理の対象についての、争点主義か、総額主義かの見解のいずれに基づくかによって異なるところである。判例、通説は、総額主義を採用しているのであるが、争点主義によるのが妥当である。総額主義は、処分の違法性一般を審理の対象とし、処分によって認定された税額等が処分時に客観的に存在した税額等を上回るか否かが訴訟物である、と理解するとすれば、次のような批判がなされるであろう。すなわち、「①真実の税額の発見という本来的に税務行政が負うべき課題を過度に強調することによって取消訴訟の権利救済機能を弱めることになる、②取消訴訟が税務行政の法律適合性を確保し法治主義の実効性を担保すべきものであるとするならば、具体的な課税処分自体の適否が問題とされるべきであって、訴訟の場面において処分に係る認定税額とは別に客観的税額をなおもそうていすることは、この趣旨に適合しない、③取消訴訟の訴訟構造からみて、そこで基本的に判断されるべきは、処分によって認定した税額が客観的税額を超えることの違法性ではなく、その認定に係る税額が納税者の申告税額を超える場合の当該処分の違法性である、④客観的税額の存在を前掲として実体法上の処分要件の差替えを自由に認めることは、いたずらに審理を複雑化、長期化させるおそれがある、」（田中治「税務行政と救済」（行政救済法）二所収、三二五頁、三五六頁）などが是認されるところであろう。争点主義は、確定処分に対する争訟の対象は処分理由との関係における税額の適否である、とするものである。処分は、実体的にみて個々の争点たる事項の検討、判断によって組成されているのであること、前述の総額主義についての批判等を考慮すると、争点主義にならざるを得ない。また、権利利益の救済という見地からは、なおさら、争点主義によるべきことになるであろう。

へ　増額更正後にされた義務的修正申告の意義について　　修正申告の一種として、税法が措置法三三条の五第一、三項におけるように、一定の事由がある場合に、法定期限後において取得価額の減額等による修正申告することを予定していることがあり、修正申告がされると、期限内に申告したものとして扱うときがある。このような修正申告は、その提出を法令上予定されていることから、義務的修正申告といわれ、これは期限後であるにかかわらず、期限内申告として扱われる（第三項）。その結果、過少申告加算税の賦課は生じないことになり、また、延滞税も発生しないことになる。

この制度は、本来の期限内に正確な計算による申告ができないと見込まれる、一定の場合の救済方法であり、その後、正確な計算が可能となったときには、その申告をしようとするものである。この修正申告をした場合に、先にされた更正処分について争い得ないことになるのか、が問題とされた。

(イ) 争いえないとする見解　まず、任意的修正申告の場合と同様、更正処分は、修正申告によって吸収されて独自の存在を失うから、更正処分について争うことは出来ない、とする（横浜地裁昭和五八・四・二七判、行集三四・九・一五七三頁、東京高裁昭和六一・五・二八判、判タ六三九・一四八頁（ただし、修正申告が税務職員の妥当性を欠いた勧告に基づくものであったため、課税庁は信義則上本案前の主張ができないとされた）、札幌高裁平成六・一・二七判、判タ八六一・二二九頁、同上告審の最高平成六・一二・六判、税資二〇六・五八二頁）。

(ロ) 争い得るとする見解　増額更正による税額の増加分に対する延滞税の納付義務との関連で、増額更正処分の取り消しを求める訴えの利益があるとする（東京地裁平成三・四・二六判、判時一四〇一・四二頁。なお、更正すべき理由がない旨の通知処分後に修正申告した事案について、修正申告が錯誤により無効であるとして、この通知処分の取消を求める利益があるとしたものとして、札幌地裁昭和六三・一二・八判、訟月三五・五・九〇〇頁がある）。

(2) 諸説の検討　これらの見解について検討してみる。

争いえないとする見解は、納税者は、修正申告を行わず、異議申立て、審査請求あるいは増額更正取消訴訟において取消しを求める税額を、修正申告すべき税額分だけ減額して申立てすれば課税漏れ所得の申告を事実上果たすことができるからとする（前述の横浜地裁昭和五八・四・二七判参照）。この見解によれば、修正申告ができない結果、延滞税の賦課等の不利益を受けることになるが、延滞税については、課税処分は存在せず、自動確定するものであるから、争いえないことになる。また、延滞税債務不存在確認訴訟を提起して、その中で増額更正の瑕疵を争うとしても、増額更正の公定力が本税額に及んでいる以上、それも許されないということになる。

果たして、このような結論及び理由が妥当なものといえるだろうか、疑問である。修正申告をしたならば延滞税等の賦課を受けないということが法令上明らかであるのに、そのような機会をうばっていても、それらを争う利益がないときめつけるのは、納得のいかないところであろう。

五　請求の利益の在り方について

一　一般的な考え方

以上、民事訴訟、及び行政訴訟一般における訴えの利益の在り方についてみてきたが、従来の通説的見解及び判例の多くは、明文の規定がないにもかかわらず、論理的な理由だけで訴えの利益を制限的に理解している様な傾向にあるのではないか、と思われる。訴えの利益を本案判決の前提要件として理解する論説は、実質的には、訴訟経済、とくに裁判所の負担軽減を主な根拠にしているようにしか思えない。その結果、形式論理のゆえに国民や原告の法律的権利、利益の救済が実質的に制限されているように思われる。これでは、なんのための裁判制度、司法制度であるのか、裁判所のための裁判制度であるのか、と問いたくなるような印象を受けるのである。

その点、従来の見解に批判的な見解は、納得できる妥当と思われる見解が多い。訴えの利益のない場合でも本案判決をする道を認める考え方、または、法律上の不利益が存在している場合には当然認めるとする見解、あるいは実体法上の権利利益との直接的関連性を求めない見解を採用しても、処分についての法的な利益に係るものであり、かつ、行政に対する不当な干渉になるものではないと思われる。

二　処分の効力を争う訴訟形態の制限について

請求の利益についての、もう一つの障害は、訴訟形式の制限性、すなわち、ある申立が取り消し訴訟の範疇に入らないから却下される場合がある。これは請求の利益の固有の問題でないが、関連性を有すると思われるので、ここで述べてみる。

請求の利益を制限的に理解する見解の延長には、処分の効力を争う形態を取消訴訟、特に典型的な取消訴訟の範疇しか認めないとする傾向が推測される。

まず、処分の違法性確認や形成的効力をも期待する申立について、取消訴訟の形態はなじむものではない、とする見解が考えられる。さらに、他の違法性確認訴訟や、形成的判決を目的とする訴訟は、税務訴訟においては中途半端な無意味な訴訟、またはそのような訴訟形態は認められない、との見解がなされる。これによって、結局、訴訟で争う途はないということになる。

税務訴訟においては、処分の取消を求める抗告訴訟が原則である。これだけでは救済が不十分であるとして、他の訴訟形態によって救済を求める必要性のある場合は少ないであろう。このような場合に、租税債務不存在確認訴訟（一部不存在の主張も考えられる）については、状況によっては少数ながら（東京地裁昭和二六・七・一九判、例集二・八・一一六七）認められている場合もあるが、一般的には否定的見解が多数である。その際の通説の根拠とするところは、行政処分の公定力の存在であり、処分の有効性を前提としながら、それと異なる法律関係を確認することはできない、ということにある。すなわち、通説の見解によれば、取消訴訟は、行政処分の公定力を排除することを目的とする訴訟であり、行政処分に不満のある者が、それは無効である場合を除いて、取消訴訟によってのみ救済を求めることができる、と理解している。それ以外の訴訟、例えば、通常の民事訴訟によっては行政処分の効力を争いえない、としている（取消訴訟の排他性）。このような前提に立つと、租税債務を確定させる更正処分がされると、この処分を一応有効なものとしてあつかわざるをえないのであり、納税者が、通常の民事訴訟でこの処分にかかる租税債務の不存在や、納付した租税の還付を求めることは、処分の公定力に反するからできない、ということになる。

この公定力と訴訟との関連について、一般に、行政処分には公定力が与えられ、これを「排除するには、取消訴訟という特殊な訴訟形式が設けられ、この訴訟が処分について排他的管轄をもつととらえられた。」（浜川、行政訴訟の諸形式とその選択基準『行政救済法』所収、四七頁、六六頁）と分析されておられるとおりであろう。さらに、浜川教授は、「行政事件訴訟法は処分について取消訴訟をもって排他的な訴訟類型とすることをなんら明文で定めていないが、立法者意図においても、また学説においても、取消訴訟が処分について排他的管轄をもつことは、一致して認められているか、または当然の前提とされている。しかしながら、……限定された救済のみを求めうるにすぎない訴訟形態を国民に強制するには、それが黙示的であれ法の趣旨あるいは制度の構造において示されていなければならないであろう。」、「取消訴訟は、積極的な権利主張を訴訟物とする通常訴訟とは異なり、権利・自由を侵害する行政権の行為に対して、法治主義に基づきその適法性を争う特殊な訴訟であることに、その特質があるとすれば、その本来の構造において右の行為について排他的管轄をともなうものではない。行政権の効力を争うのに取消訴訟が紛争のある段階では唯一の訴訟形態であるとしても、それは通常訴訟の訴訟要件（権利主張）が満たされないためであって、そうした救済を要する国民の権利、自由のための特別の訴訟手続として取消訴訟があり、通常訴訟の訴訟要件が整うのであればそれは否定するものではないというべきである。」（浜川、前掲七四頁）と理解すべきであろう。

また、「裁判判決との関連では、取消訴訟が、処分の違法性を確定によって右処分によって形成された現在の法律関係を覆滅する取消をなすにすぎず、それ以上に国民が主張する権利を積極的に実現する（給付判決により）ものとして、紛争を最終的に解決するものではない、」（村上敬一「無効等確認の訴え」現代行政法大系四、二七四頁」）、などいわれているところである。

公定力理論についてさまざまな批判がされてきていることは周知のことである。たとえば、処分についてもすべて原則として裁判的統制に服することになった現行憲法下では、取消訴訟がなければ通常の訴訟で処分の違法、無効を争えるのであるから、別段の定めがないかぎり公定力を認める余地がないことなど（阿部「取消訴訟の対象」現代行政法大系四、二〇六頁」等）の見解が主張されている。さらに、公定力とは、取消訴訟の排他的管轄の制度によってはじめて存在する、手続的な仮の拘束力であり、前者は後者に制度的な根拠を見出すが、その実質的な合理的根拠は、行政法関係の安定性と行政目的の迅速な実現という機能的な理由に求められ、その採否は立法政策によるにすぎない旨の（原田「行政行為の『権力性』について」『訴えの利益』一〇四頁以下）、見解も示されている。

最後に、「一定の行政活動によって生じた国民の被害を通常訴訟によっては効果的に争いえないため、取消訴訟が国民の救済のために補完的に成立してきたのであり、それは逆に取消訴訟がその行政活動について排他的管轄権をもつことを意味しない。……通常訴訟では予定されていないが、しかし法律上に救済を求め得る行政権の侵害行為があることを前提に、この特別の救済を要する処分の支配力を「公定力」といえなくもないが、それは当然に取消訴訟の排他的管轄を導くものではないし、また、排他的管轄の効果とは区別されなければならない。」（浜川、前掲七〇頁）とする見解を挙げておきたい。国民の受けた侵害を効果的に救済するために意図されたものが、逆に、その制限になってはならないのは、当然であり、その趣旨にそって、理論構成されるべきであろう。

固定資産評価審査委員会の審理手続について

後藤　正幸

一　はじめに
二　台帳課税主義
三　固定資産課税台帳の縦覧
四　固定資産の価格についての不服申立の方法
五　審査事項
六　固定資産評価審査委員会の審理の方式
七　固定資産評価審査委員会の課題

一　はじめに

筆者は、山田二郎先生のご指導のもと、固定資産評価審査委員会の口頭審理及び同委員会の決定に対する訴訟を多数手がける機会に恵まれた。そこで、先生の古希を記念する論文の執筆の栄を与えられた機会に、今までの経験を踏まえて、固定資産評価審査委員会の審理手続について、考察を試みた次第である。

二　台帳課税主義

固定資産税等の地方税は、一般に賦課課税方式が採られ（地方税法二条）、固定資産税の賦課処分と徴収処分は、市町村長が納税者に一通の納税通知書を発することによって行なわれている（地方税法第一条六項、七項）。また、固定資産税においては、台帳課税主義が取られ、固定資産税の課税標準は、固定資産課税台帳に登録された価格を基に算定される（地方税法三四九条、三四九条の二）。そのため、市町村は、固定資産の状況及び固定資産税の課税標準である固定資産の価格を明らかにするため、固定資産課税台帳を備えれなければならないとされている（地方税法三八〇条第一項）。

固定資産課税台帳には、土地課税台帳、土地補充課税台帳、家屋課税台帳、家屋補充課税台帳、償却資産課税台帳がある。土地課税台帳には、不動産登記法七八条に規定されている土地の所在、地番、地目及び地積、所有権、質権及び一〇〇年より長い存続期間の定めがある地上権の登記名義人の住所及び氏名又は名称並びに当該土地の基準年度の価格又は比準価格が登録され（地方税法三八一条一項）、土地補充課税台帳には、土地登記簿に登記されていない土地について、所有者の住所及び氏名又は名称並びにその所在、地番、地目及び地積並びに当該土地の基準年度の価格又は比準価格が登録される（地方税法三八一条二項）。家屋課税台帳には、建物登記簿に登記されている家屋について、不動産登記法九一条に規定されている建物の所在地番、家屋番号、種類、構造及び床面積等、所有権の登記名義人の住所及び氏名又は名称並びに当該土地の基準年度の価格又は比準価格が登録され（地方税法三八一条三項）、家屋補充課税台帳には、建物登記簿に登記されている家屋以外の家屋について、所有者の住所及び氏名又は名称、所在、家屋番号、種類、構造及び床面積等並びに当該土地の基準年度の価格又は比準価格が登録される（地方税法三八一条四項）。償却資産課税台帳には、償却資産の所有者の住所及び氏名又は名称並びにその所在、種類、数量及び価格が登録される（地方税法三八一条五項）。

固定資産課税台帳に登録される価格は、固定資産評価員が作成した評価調書に基づき市町村長が毎年二月末日までに決定して（地方税法四一〇条）、固定資産課税台帳に登録される（地方税法四一一条一項）。但し、土地または家屋については、原則として基準年度の価格が、第二年度及び第三年度においても据え置かれるので、据え置きがなされた場合には、基準年度の価格が第二、第三年度の価格とみなされる（地方税法四一一条二項）。

三　固定資産課税台帳の縦覧

市町村長は、毎年三月一日から二〇日以上の期間、固定資産課税台帳またはその写しをその指定する場所において関係者の縦覧に供しなければならない。但し、災害その他特別の事情がある場合においては、三月二日以降の日を縦覧期間の開始の日とすることができる（地方税法四一五条一項）。縦覧の場所及び期間は予め公示される（地方税法四一五条三項）。

固定資産課税台帳を縦覧できる「関係者」（地方税法四一五条一項）の範囲については争いがある。これを狭く解する立場は、「関係者」の範囲を当該固定資産についての納税義務者またはその委任を受けた者に限定するが、[1]広く解する立場は、納税者は自己の所有する固定資産に限らず、他の納税者が所有する固定資産についても縦覧しうるとする。[2]実務は、一貫して狭く解する立場をとっているが、地方税法四一五条一項は「閲覧」ではなく「縦覧」と規定しており、文理上他の納税者が所有する固定資産課税台帳についても見ることが可能であると解されること、自己の固定資産の評価が適正であるか否かを知るためには、他の納税者の固定資産の評価を知ることが必要であること、地方税についての秘密漏洩禁止規定（地方税法二二条）や地方公務員の守秘義務（地方公務員法二四条）との関係についても、地価公示価格や基準地価格が公開されており、かつ納税者の衡平がより重視されるべきであって、「関係者」を制限する根拠とはならないこと、特に宅地については平成九年度から路線価が公開されており、宅地の固定資産評価額を秘密とする理由に乏しいこと等を考慮すると、縦覧の範囲を制限することは根拠がないと解される。

なお、平成九年度の評価替えからは、路線価が公開されたことにより、納税者は、宅地について、自己が所有する固定資産の評価が適正か否かを判断する資料が与えられたということができる。しかし、一般の納税者にとって固定資産評価基準や固定資産評価基準に基づき市町村が作成した基準により画地計算を行うことは困難であるし、また実際の評価は必ずしも基準を機械的に適用して行えるものではなく、また実務上も必ずしも基準の機械的適用のみで評価が行われているわけではない。したがって、路線価の公開は、納税者が自己の所有地以外の固定資産の価格を縦覧する必要性を失わしめるものとはいえないであろう。

四　固定資産の価格についての不服申立の方法

固定資産税の納税者が、固定資産課税台帳に登録された価格に不服がある場合は、縦覧期間の初日から、納税通知書の交付を受けた日後三〇日までの間に固定資産評価審査委員会に対して審査の申出をすることができる（地方税法四三二条一項）。そして、固定資産評価審査委員会の行った決定に更に不服がある納税者は、固定資産評価審査委員会を被告として、固定資産評価審査委員会の決定の取消を求めて訴訟を提起することとされている（地方税法四三四条一項）。

平成一一年の改正(3)以前は、審査申出期間は縦覧期間の初日からその末日後一〇日までの間とされていた。しかし、実際上固定資産課税台帳を縦覧する納税者は極少数に止まり、そのため納税者の多くは納税通知書を受領して初めて自己が所有する固定資産の評価額について、不服を持つことになる。そこで、かかる実情を考慮して、審査申出期間が右のとおり改正されたのである。(4)

このように固定資産課税台帳に登録された価額に対する不服の申出を、固定資産評価審査委員会に対する審査申出によって行うとする制度が採用されたのは、台帳の登録事項については縦覧制度と相まって早期に確定させようとする課税庁側の便宜のためであると解されている。(5)

また、固定資産評価審査委員会の委員の定数は三人以上とし、当該市町村の条例で定めることとされている（地方税法四二三条一項）。委員は、当該市町村の住民、市町村税の納税義務がある者又は固定資産の評価について学識経験を有する者のうちから、当該市町村の議会の同意を得て、市町村長が選任することとされている（地方税法四二三条三項）。平成一一年度の改正前は、学識経験を有する者のうちから選任される固定資産評価審査委員会の委員の数は、定数の三分の一を越えることができないとする制限が設けられていたが（平成一一年の改正前の地方税法四二三条四項）、このような制限は、平成一一年の改正により削除された。

これは、税法が専門的であることに鑑み、納税者の不服を非専門家で構成される市民委員会に審査決定させることにすれば客観的課税を阻害し、税務行政の責任の分散がなされ、課税庁に対する批判が回避される可能性があるとする問題点の指摘と[6]、固定資産評価審査委員会の委員は、評価等に関して相当の知識経験を有する者であることが望ましいとする指摘[7]にある程度応える改正である。しかし、全ての市町村において専門的知識を有する委員を選任することが困難であるとの理由から、学識経験を有する委員の数の制限の撤廃に止まっている。

しかしながら、固定資産評価審査委員会の委員が、評価について専門的知識を有さない場合には、いきおい市町村の固定資産評価員または評価補助員の評価をそのまま受け入れる審査がなされ、独立した第三者機関である委員会に審査を行わしめ、納税者の権利の救済を図ろうとした法の趣旨が没却される可能性がある。また固定資産評価審査委員会が公平な第三者機関として機能せず、むしろ後述するような、市町村の課税担当者との間に癒着が生じてしまうという病理現象を生む要因となっている。固定資産評価審査委員会の委員のうち少なくとも一名は、評価について専門的知識を有する者であることを必要とすべきである。

五　審査事項

1　審査対象の振り分け

住民に固定資産税が課されるか否か、固定資産の評価がいくらであるのか、または固定資産の税額がいくらとなるのかについて影響を及ぼす事項について、これを固定資産評価審査委員会の審査の対象とするか否かは、いわば争訟形式の振り分けの問題である。即ち、その事項を固定資産評価審査委員会の審査の対象とするということは、納税者はこれを固定資産評価審査委員会に対する審査の申出及び固定資産評価審査委員会を被告とした審査決定の取消訴訟という形式で争わなければならなくなることを意味し（地方税法四三四条）、他方その事項を固定資産評価審査委員会の審査の対象としないということになれば、納税者は、市町村長が行った固定資産税の賦課決定処分に対する異議申立て及び市町村長を被告とする賦課決定処分の取消訴訟という形式で争うことになる。

このような争訟形式の違いは、固定資産税を賦課する市町村が必要とする課税要件の早期確定とこれを不服とする納税者の権利保護という相対立する要請をどのように調整するかにかかっている。固定資産税の課税要件に関する事項について、これを固定資産評価審査委員会の審査の対象とした場合には、納税者は固定資産課税台帳の縦覧期間の初日から納税通知書の交付を受けた日後三〇日以内に制限され[8]、納税者は原則として三年に一度の基準年度における固定資産の評価替えの機会にしかこれを争えなくなる[9]。これに対して、固定資産税の課税要件に関する事項を、賦課決定処分に対する取消訴訟で争えることとすれば、納税者は納税通知書を受領した後六〇日内に市町村長に対して異議申立てを行うことにより、毎年行われる固定資産税の賦課決定処分の度に課税要件に関する事項を争うことができるのである。[10]

改正後の地方税法は、この振り分けを、固定資産評価審査委員会における審査の対象を、「固定資産の価格」とすることにより行っている（地方税法四二三条一項）。これに対して、平成一一年の改正前は、固定資産評価審査委員会における審査の対象は、土地登記簿又は建物登記簿に登録された事項を除く固定資産課税台帳に登録された事項とされていた。

固定資産課税台帳たる土地課税台帳には、土地の基準年度価格又は比準価格の他に、土地の所在、地番、地目及び地積、登記名義人の住所及び氏名又は名称等が登録され（地方税法三八一条一項）、家屋課税台帳には、当該家屋の基準年度の価格又は比準価格の他、建物の所在地番、家屋番号、種類、構造及び床面積等、登記名義人の住所及び氏名又は名称が登録されている（地方税法三八一条三項）。この内、土地の所在、地番、地目及び地積、家屋の所在地番、家屋番号、種類、構造及び床面積並びに登記名義人の住所及び氏名は、いずれも土地登記簿又は建物登記簿に登録された事項である（不動産登記法五一条、七八条、九一条）。改正前の地方税法において、土地登記簿及び建物登記簿に記載された事項が、固定資産評価審査委員会の審査の対象とならないとされたのは、かかる事項は単に登記簿からそのまま課税台帳に転記して登録された事項に過ぎず、これらの事項については不動産登記法の規定するところにより、その定める手続きによって処理されるべきで、市町村長に決定権のない事項であるからである。[11]しかし、改正前の地方税法においては、土地補充課税台帳、家屋補充課税台帳、償却資産課税台帳に登録された事項については、固定資産の所有者であることについても、形式上は審査の申出事項となりうることとなる。[12]そして、最高裁昭和四四年三月一一日判決[13]も、「上告人が本件課税物件（償却資産）の所有者たることを争うのは、右にいう『固定資産課税台帳に登録された事項』についての不服を申し立てるものであるから、上告人は、本件においては固定資産評価審査委員会が上告人の審査の申出を棄却した決定に対し取消の訴えを提起すべきであったものといわなければならない。」と判示していたのである。しかし、このように固定資産の価額と直接関係のない事項についてまで、固定資産評価審査委員会の審査の対象とすることについては、台帳に登録された価格が適正であるか否かに限定するのが合理的であるとの批判がなされていた[(14)]。しかも、改正前の地方税法は、固定資産評価審査委員会への審査申出を、固定資産課税台帳の縦覧期間の初日からその末日後一〇日までの期間としていたのであるが（改正前の地方税法四三二条一項）、自己が固定資産の所有者でないと考える者が台帳を縦覧することは通常考えられない。したがって、固定資産の所有者であるか否かを固定資産評価審査委員会の審査の対象とすることは、かかる者の争訟提起の機会を奪うことになり（地方税法四三四条二項）、納税者の裁判を受ける権利の保護に欠けることとなる[(15)]。

平成一一年の改正は、このような批判に応える形で、固定資産評価審査委員会の審査の対象を「固定資産課税台帳に登録された価格」としたのである（改正後の地方税法四三二条一項）。したがって、固定資産の所有者が誰であるかといった問題は、固定資産評価審査委員会の審査の対象外とし、固定資産税の賦課決定処分に対する争訟手続において争うものとすることが、その規定上も明らかになったのである。

2　地目・地積・種類・構造・床面積について

右のとおり、固定資産評価審査委員会の審査の対象は、「固定資産課税台帳に登録された価格」とされたが、価格に影響を及ぼす事項については必然的に審査の対象とならざるを得ない。したがって、土地における地目や地積、家屋における種類、構造、床面積については、不動産登記簿の記載事項であるが価格に影響を及ぼす範囲で審査の対象となる。[16]

一　地目について

固定資産評価基準は、土地の地目を、田・畑、宅地、鉱泉地、湖沼、山林、牧場、原野、雑種地に分類して、それぞれ異なる評価方法を用いており、[17]土地の地目は、固定資産の価格に影響を及ぼす事項である。したがって、地目の認定については、固定資産評価審査委員会の審査の対象となる。[18]この点ついて判例は「登記された地目と異なる地目が固定資産課税台帳に現況地目として登録され、この現況地目を基礎として算出された固定資産の価格及び課税標準について不服がある場合には、納税者は、現況地目の誤認及び固定資産の価格等について審査の申出をすることができると解すべきである。[19]」と述べており、これは平成一一年の改正後も同様に解すべきである。

これに対して、固定資産課税台帳に登録された建物が未完成で、固定資産税の課税客体に該当するか否かが争われた場合において、判例は、「法が固定資産評価審査委員会の制度を設けたゆえんは……固定資産税について台帳課税主義を採用し、一定の課税要件の存否又は内容を固定資産課税台帳に登録されたところに基づいて定めるものとしたことに対応し、市町村長の誤認、評価の誤り等により固定資産課税台帳に登録された事項に誤りがある場合において、これに基づいて課税要件の存否又は内容が定められることにより固定資産税の納税者が受ける不利益を救済することにあると解するのが相当である。そうであるとすれば、固定資産税の納税者が固定資産評価審査委員会に審査を申出ることができる事項は、固定資産課税台帳に登録された事項のうち……法第四三二条第一項において明文をもって除外している土地登記簿又は建物登記簿に登記された事項及び自治大臣が決定し、又は修正し市町村長に通知した価格等に関する事項を除くその余のすべての事項にわたるものではなく、法が台帳課税主義を採用し、固定資産税の課税要件の存否又は内容を固定資産課税台帳に登録されたところに基づいて定めるものとしている事項に限られると解すべきである。[20]」と述べて、かかる事項については、固定資産評価審査委員会の審査の対象外であるとしている。平成一一年の改正は、このようなことを明らかにしたものということができる。

二　土地の地積について

固定資産評価基準による土地の評価は、一平方メートル当たりの評点数に土地の地積を乗じて行うのであるから、土地の地積は固定資産税の価格に直接影響を及ぼす事項である。したがって、固定資産評価審査委員会の審査の対象となる。もっとも、固定資産評価基準は「各筆の土地の評価額を求める場合に用いる地積は、原則として、土地登記簿に登記されている土地については土地登記簿に登記されている地積による[21]」と規定しているが、固定資産の評価は固定資産の現況によらなければならず、現況と登記簿上の地積が異なる場合には、現況による評価が要求される。したがって、納税者が土地の現況が登記簿上の地積より小さいことを理由として不服を申し立てた場合には、土地の地積は固定資産の価格に影響を及ぼす事項として、固定資産評価審査委員会の審査の対象となる。

三　建物の種類・構造・床面積について

家屋について、固定資産評価基準による評価を行う場合は、建物の種類、構造、床面積は、いずれも家屋の価格に影響を及ぼす事項である。したがって、納税者が、固定資産課税台帳に登録された建物の種類、構造、床面積が現況と異なることを主張して、価格について争う場合には、これらの事項も固定資産評価審査委員会の審査の対象となる。

四　非課税の範囲

地方税法三四八条二項は、固定資産税の物的非課税の範囲を規定しているが、このような非課税の範囲について、固定資産評価審査委員会の審査の対象となるか否かが問題となる。

この点、例えば一筆の土地全体が公共の用に供する道路（地方税法三四八条二項五号）であるのに誤って課税がなされている場合は、固定資産税の賦課決定処分に対する取消争訟を提起して争うことになり、固定資産評価審査委員会への審査申出は許されないと解される。しかし、一筆の土地の一部が公共用の道路である場合は、一面においては非課税部分の違法な課税処分に対する取消争訟と構成できるが、他面においては、課税部分の土地についての地積の認定を誤り、そのため固定資産の価格を誤って固定資産課税台帳に登録したと解することもできる。そして、価格を誤ったと解する場合は、その争訟形式は固定資産評価審査委員会への審査の申出となる。[22]

思うに、一つの固定資産に課税部分と非課税部分が存在するような場合は、理論上、固定資産評価審査委員会に対する審査申出と課税処分に対する異議申立てという二つの争訟形式が考えられるのであるから、その争訟形式の選択による危険、即ち一方を選択したために争訟の申立て却下される危険を納税者に負担させることは妥当ではない。したがって、いずれの争訟形式を選択することも可能と解すべきである。但し、一方の争訟形式を選択した場合は、他方の争訟の提起は不服申立の利益を欠き許されないと解する。それ故、判断の矛盾抵触の危険も回避できるであろう。

六　固定資産評価審査員会の審理の方式

1　固定資産評価審査委員会における審理の概要

固定資産評価審査委員会に対する審査の申出があると、委員会は、委員のうちから委員会が指定する者三人で構成する合議体で事件を取り扱う（地方税法四二八条一項）。委員会は、この合議体の構成員の内一名を審査長に指定する（地方税法四二八条二項）。合議体は構成員の過半数が出席しなければ、会議を開き、議決をすることができない（地方税法四二八条三項）。平成一一年の改正により、審理は、固定資産評価審査委員会が必要と判断する場合を除いて書面審理で行うこととされた（地方税法四三三条二項、六項）。しかし、審査申出人から求めがあった場合には、口頭で意見を述べる機会を与えなければならない（地方税法四三三条二項但書）。これに対して、口頭審理を行う場合は、審理は、審査申出人及び市町村長の出席を求めて、公開により行われる（地方税法四三三条六項）。また、口頭審理を行う場合は、固定資産評価審査委員会は、固定資産評価員その他の関係者の出席及び証言を求めることができる（地方税法四三三条七項）。

審査の申出があった場合、固定資産評価審査委員会は、口頭審理を行うか否かを問わず、市町村長に対して正・副二通の弁明書の提出を求めることができる（地方税法四三三条一一項、行政不服審査法二二条）。条文は弁明書の提出について「求めることができる」と規定しており、弁明書の提出を求めるか否かは、固定資産評価審査委員会の裁量に委ねられているようにも読めるが、後述するように、固定資産税の納税者は、審査申出の際には、評価の手順、方法、根拠等を知ることができないのが通常であって、審理に際しては、公平の見地から、まず納税者に、不服事由を具体的に特定するために必要なその評価の手順、方法、根拠等が明らかにされなければならない。したがって、固定資産評価審査委員会は、これらの事項を明らかにするための弁明書が提出されない場合は、その提出を求めなければならない。(23) 審査申出人は、弁明書の副本の送付を受けたときは、反論書を提出することができる（地方税法四三三条一一項、行政不服審査法二三条）。

2　書面審理の原則と口頭意見陳述の機会

平成一一年の改正により、委員会における審理の方式は、書面審理で行うことが原則とされた（地方税法四三三条二項本文）。しかし、書面審理で行なう場合も、審査申出人の要求があった場合には口頭意見陳述の機会が与えられなければならない（地方税法四三三条二項但書）。また、固定資産評価審査委員会が必要があると判断したときには口頭審理が行われる（地方税法四三三条六項）。したがって、固定資産評価審査委員会の審理方式には、書面審理、書面審理プラス口頭意見陳述及び口頭審理という三方式が存在することとなった。

このような固定資産評価審査委員会の審理方式の内、書面審理を行うが、審査申出人の要求があった場合には、口頭意見陳述の機会が与えられなければならないとする地方税法四三三条二項の規定は、行政不服審査法二五条一項と同一である。この行政不服審査法の「口頭で意見を述べる機会」の意義については、単に意見を述べる機会を与える程度のものと解する立場(24)と対審構造まで求めたものではないが、審理に当事者主義的構造を取り入れることによって、審査請求人を実質的に処分庁と対等な地位に置き、主張と攻撃を的確に行う機会を保障したものと解すべきであるとする立場がある。[25]この点については、行政不服審査法が、印象が間接的であり、釈明等により問題点を明確になし得ないという書面審理の欠点を補うために口頭意見陳述の機会を付与したことを考慮すると、行政不服審査法二五条一項が定める「口頭で意見を述べる機会」の意義は、審理に当事者主義的構造を取り入れたものと解すべきであろう。

そして、地方税法四三三条二項が規定する「口頭で意見を述べる機会」の意義も行政不服審査法二五条一項と別異に解する理由はない。したがって、固定資産評価審査委員会の審理においても、審査申出人が「口頭意見陳述の機会」を与えるべきことを要求した場合には、単に意見を述べる機会を保障したに止まらず、的確に主張と立証を行う機会を保障したものと解される。しかし、地方税法四三三条六項が、口頭意見陳述の機会とは別に、公開・対審による口頭審理を行うことを定めた以上、ここにいう「口頭意見陳述の機会」の付与は、公開・対審構造まで要求したものとは解することはできない。

3　口頭審理

地方税法は、平成一一年の改正により、右のような「口頭意見陳述の機会」とは別に、「審査のために必要がある場合においては……審査を申し出た者及び市町村長の出席を求めて、公開による口頭審理を行うことができる。」旨の制度を設けた（地方税法四三三条六項）。

平成一一年の改正前の地方税法では、審査申出人の請求があった場合には、特別の事情がある場合を除き口頭審理によらなければならないものと規定していた（旧地方税法四三三条二項）。この改正前の地方税法による口頭審理の性質については、従来、民事訴訟類似の準司法的な対審構造を要求していると解する立場[26]と職権主義的な審理で足りるとする立場[27]があった。そして、この点に関して、前掲最高裁判所平成二年一月一八日判決は、「口頭審理の手続は……あくまでも簡易、迅速に納税者の権利救済を図ることを目的とする行政救済手続の一環をなすものであって、民事訴訟におけるような厳格な意味での口頭審理の方式が要請されていないことはいうまでもない。」と判示していた。しかし、この判決も、口頭審理が職権審理で足りるということまで意味していたのか否かは、定かではなかった。

これに対して、改正法による口頭審理は、審査申出人及び市町村長の出席を求めて公開による審理を行うことを定めている。したがって、口頭審理においては、民事訴訟類似の対審構造による審理を行うことが明らかとなったということができる。この改正の趣旨は、口頭審理手続における準司法手続の強化に求められよう[28]。

もっとも、固定資産評価審査委員会の委員は、固定資産の評価や審理の手続について必ずしも専門的知識を有する者ではない。しかし、地方税法は、固定資産評価審査委員会に、市町村長が行った固定資産の評価を短期間で見直すことを要求しており（地方税法四三三条一項）、かかる法の要求に鑑みると、固定資産評価審査委員会の委員には専門的知識と経験が必要である[29]。また、専門的知識を有しない委員による審査は、課税庁側に立って、固定資産課税台帳の登録価格を支持しようとしているかのごとく見受けられがちとなる[30]。

この点、改正法は、旧法において学識経験を有する者の中から選任される委員の数は、定数の三分の一を越えることができないとしていた制限を撤廃し、専門的知識を有する委員の選任を容易にはしているが、専門的知識を有する者の選任を義務づけるところまでは至らなかった。このような、固定資産評価審査委員会の構成と、口頭審理の方式との関係については、専門知識を有しない委員会が、司法手続における口頭弁論に準ずる口頭審理方式のもとで、具体的な主張や証拠により自由に心証を形成して適切な審査決定をなし得る能力を有するか否かは疑問であるとする批判がある。(31) したがって、委員会における審理において最も重視されなければならないのは、委員会において心証・形成を行い評価をやり直すことではなく、審査申出人に評価資料を開示して、評価手続の透明性と公正を確保すると共に、審査申出人に攻撃防御を尽くさせるところにあると思われる。(32) このように考えると、固定資産評価審査委員会の口頭審理においては、準司法的手続が求められているというべきであり、平成一一年の改正はこの点を明らかにしたものということができる。

4　口頭審理が行われる場合

平成一一年の改正地方税法四三三条六項は、「固定資産評価審査委員会は、審査のために必要がある場合においては、第二項の規定にかかわらず、審査を申し出た者及び市町村長の出席を求めて公開による口頭審理を行うことができる。」と規定している。この規定からすれば、口頭審理を行うか否かは、固定資産評価審査委員会の裁量に委ねられていると解さざるを得ないが、固定資産評価審査委員会が裁量権の行使を誤って、口頭審理を行うべき事案について、書面審理を行った場合には、審査手続の瑕疵により、決定の取消事由になる。

そこで、問題となるのは、如何なる場合が口頭審理を行うべき場合か、換言すれば、如何なる場合が「審査のために必要がある場合」に該当するかである。この点については、まず第一に、固定資産評価審査委員会において明確な基準を設けてこれを納税者に公表する必要がある。このような基準が設けられないと、口頭審理を行うか否かの判断に恣意が介入するおそれがあるからである。したがって、基準を設けて、手続に関する公正の確保と透明性の向上を図る必要がある。手続の選択においても公正の確保と透明性の向上が図られなければならないことは、憲法一三条及び同法三一条の要請であり、如何なる場合に口頭審理を行うかの基準は、予め明確に定められていなければならないこととなろう。

また、既に述べたとおり、必ずしも専門知識を有しない委員会が、司法手続における口頭弁論に準ずる口頭審理方式のもとで、具体的な主張や証拠により自由に心証を形成して適切な審査決定をなし得る能力を有するか否かは疑問であり、委員会における審理において最も重視されなければならないのは、委員会において心証・形成を行い評価をやり直すことではなく、審査申出人に評価資料を開示して、評価手続の透明性と公正を確保すると共に、審査申出人に攻撃防御をつくさせるところにある。それ故、固定資産評価審査委員会の審理においては、準司法的審理方式である口頭審理の活用が積極的に図られなければならず、書面審理を原則として、ごく限られた場合にのみ口頭審理を行うような運用は、厳に慎まなければならない。そこで、審査申出人の要求があり、かつ審査の申出を却下すべき場合、市町村長から評価の手順、方法、根拠等を明らかにする弁明書が提出されたにも拘わらず、審査申出人が不服事由を特定しない場合、本案について理由がないとみえる場合を除いて、口頭審理を行うべきである。

なお、口頭審理を行うか否かの判断は、事案についての争点がある程度具体的になった時点で行うこととなろう。したがって、その時期は、市町村長から、評価の手順、方法、根拠等を明らかにする弁明書が提出され、これに対して審査申出人が不服事由を特定した後に判断することになる。

5　審理における主張立証

固定資産評価審査委員会は、審査申出書を受領したときは、市町村長に対して、相当の期間を定めて弁明書の提出を求めることができる（地方税法四三三条一一項、行政不服審査法二二条）。

前記のとおり、条文の規定は、市町村長に対して弁明書の提出を求めるか否かは、固定資産評価審査委員会の裁量に委ねられているかのようにも読めるが、審理に際しては、まず納税者に、不服事由を具体的に特定するために必要なその評価の手順、方法、根拠等が明らかにされなければならない。

この点について最高裁判所の判例は「納税者は、固定資産課税台帳を閲覧してその所有に係る宅地の評価額を知り、これに不服を抱いた場合に、不服事由を具体的に特定するために必要なその評価の手順、方法、根拠等を殆ど知ることができないのが通常である。したがって、宅地の登録価格について審査の申出があった場合には、口頭審理制度の趣旨及び公平の見地から、委員会は、自ら又は市町村長を通じて、審査申出人が不服事由を特定して主張するために必要と認められる合理的な範囲で評価の手順、方法、根拠等を知らせる措置を講ずることが要請されているものと解される。」[33]とする。また、札幌高裁昭和六〇年三月二七日判決[34]は「委員会としては、課税台帳に登録された固定資産の評価に関する審査の申し出を受けた場合、まず、審査申出人に対し、不服事由を明らかにし、かつ不服事由となった評価に関する反論の主張及び立証をするための合理的に必要な範囲で、評価の根拠や計算方法等価格決定の理由を了知させる措置をとるべきである。」とする。

即ち、固定資産評価審査委員会の審理においては、市町村長に、まず評価の手順、方法、根拠等を明らかにすることが要求されるのである。この判例は、口頭審理について述べたものであるが、公平の見地から、不服事由を特定するために、まず納税者に評価の手順、方法、根拠等が明らかにされなければならないことは、書面審理と口頭審理で異なることはない。したがって、書面審理を行う場合においても同様に解されなければならない。この意味で、市町村長の弁明書の提出は、必要的であると解される。

次に、この市町村長が審理においてまず明らかにしなければならない評価の手順、方法、根拠等が如何なる内容のものかが問題となるが、これは固定資産の評価方法と密接な関係がある。例えば、固定資産たる土地の内、市街地的形態を形成する宅地は、固定資産評価基準によって、市街地宅地評価法によって評価するものとされている。その手法は①宅地を商業地区、住宅地区、工業地区、観光地区等に分類して、各地区について、状況が相当に相違する地区ごとに標準宅地を選定し、②標準宅地について、不動産鑑定士または不動産鑑定士補による鑑定評価、或いは地価公示法に基づく公示価格や国土利用計画法施行令に基づく基準地価格を利用して適正な時価を求め、これに基づいて標準宅地が沿接する主要な街路について路線価を付設し、これに比準してその他の街路の路線価を付設し、③画地計算法を適用して各筆の宅地の評点数を付設して評価することになる。(35) したがって、納税者に評価の手順、方法、根拠等を明らかにするということは、納税者に、自己の宅地の評価が、市街地宅地評価法によって行われたのか否か、自己の宅地がどのような地区に分類され、その標準宅地は何処か、標準宅地の評価はどのようになされたのか、主要な街路の路線価はどのように決定されたのか、自己の宅地が沿接する路線価はいくらで、主要な街路の路線価からどのように比準して決定されたのか、画地の認定はどのようになされ、如何なる計算方法が用いられているのか等を明らかにし、かつそれを基礎づける証拠資料を提出しなければならないことを意味する。

もっとも、前掲最判平成二年一月一八日判決の事案では、委員会は、口頭審理において、標準宅地の所在位置と評点数は処分庁に答弁させたものの、標準宅地の時価及び比準割合等は控訴人に了知させる手続きを採らなかった。

原審は、この点を捉えて「不服事由を特定するに足る合理的な範囲で評価の手順、方法、特に根拠を明かにさせ（ていない）」として、委員会の審理手続の違法を認定した[36]が、最高裁判決は、「不服事由を特定して主張するために必要と認められる合理的な範囲の事実は明らかにされている」と判断している。しかし、本件は、市街地的形態を形成するに至らない宅地の事例であり、固定資産評価基準によれば、「その他の宅地評価法」により、状況類似地区ごとに標準宅地が選定され、不動産鑑定士の評価等により求められた標準宅地の価格に比準して状況類似地区内の他の宅地の評価がなされる場合であった[37]。したがって、標準宅地の不動産鑑定価格及びその適正を担保する鑑定評価書や標準宅地と審査対象地との比準割合は、評価のポイントであって、不服事由を特定するためには不可欠である。このように考えると、本件事例では、委員会の審理において、不服事由を特定するに足る合理的な範囲で評価の根拠が明かにされておらず、固定資産評価審査委員会の審理手続には瑕疵があったものと思われる[38]。

6　委員会が口頭審理外で行った調査の結果や収集した資料を口頭審理に上程する必要があるか

地方税法は、固定資産評価審査委員会は、審査のために必要がある場合においては、職権に基づいて、審査に関し必要な資料の提出を求めることができると規定し（地方税法四三三条三項）、また審査のために必要がある場合においては、固定資産評価員に対し、審査に関し必要な資料の提出を求めることができる（地方税法四三三条四項）と規定している。このように固定資産評価委員会が職権で収集した資料又は調査の結果を判断の基礎として採用し、審査の申出の全部又は一部を棄却する場合、右資料又は調査の結果を口頭審理に上程するなどの手続きを経ることを要するか否かが問題となる。

前掲最高裁判所平成二年一月一八日判決は、「委員会は、口頭審理を行う場合においても、口頭審理外において職権で事実の調査を行うことを妨げられるものでないところ（地方税法四三三条一項）、その場合にも審査申出人に立会いの機会を与えることは法律上要求されていない。また、委員会は、当該市町村の条例の定めるところによって、審査の議事及び決定に関する記録を作成し、地方税法四三〇条の規定によって提出させた資料又は右の記録を関係者の閲覧に供しなければならないとされているのであって（地方税法四三三条四項、五項、大和郡山市固定資産評価審査委員会条例（昭和三八年大和郡山市条例第二号）七条ないし九条）、審査申出人は、右資料及び条例によって作成される事実の調査に関する記録を閲覧し、これに関する反論、証拠を提出することができる」ことを理由に、委員会が口頭審理外で行った調査の結果や収集した資料を口頭審理に上程するなどの手続を経ることは要しないと判示した。この判例は、口頭審理においては「民事訴訟におけるような厳格な意味での口頭審理の方式が要請されていないことはいうまでもない。」とも判示しており、このことが固定資産評価審査委員会が職権で収集した資料を口頭審理に上程する必要がないとの結論に結びついたものと解される。

しかし、このような解釈に対しては、当事者にとって不意打ちとなるとの批判がなされていた。(39) また、平成一一年度の改正により、口頭審理においては、対審構造をとる旨の明文の規定が設けられ（地方税法四三三条六項）、準司法的手続をとることが明らかにされた。このような、対審構造における審理においては、当事者、特に審査申出人の攻撃防御の機会は最大限保障されなければならない。固定資産評価審査委員会が、職権で調査・収集した資料を審査申出人に了知させる手続をとらずに、判断の基礎とするときはこの審査申出人の攻撃防御権を侵害することになる。これに対して、最高裁判所の判例は、審査申出人の閲覧請求権を根拠として、攻撃防御権の侵害には当たらないと判示するが、固定資産評価審査委員会が職権で調査した資料が口頭審理に上程されない場合は、審査申出人は係る資料の存在や内容を知り得ないのが通常であって、閲覧請求権を根拠として、審査申出人の攻撃防御権を侵害しないとすることはできないと思われる。[40] また、原審の認定した事実によれば、委員会は職権で行った実地調査の際に、市税務課担当者から売買実例、不動産鑑定士の鑑定価格、相続税評価額等により評点付設に至るまでの具体的根拠について説明を受けたが、審査申出人には、実地調査をした旨回答したにとどまったというのであり、審査申出人に反論、証拠提出の機会が保障されていたと見ることは困難な事案であると思われる。

したがって、口頭審理においては、固定資産評価審査委員会が判断の根拠とする場合は、職権調査の結果を口頭審理に上程して、審査申出人の攻撃防御権を実質的に保障する必要があると解する。

7 その他

その他、平成一一年の改正によって、固定資産評価審査委員会は、審査のために必要がある場合においては、職権に基づいて、又は関係人の請求によって審査を申出た者及びその者の固定資産の評価に必要な資料を所持する者に対し、審査に必要な資料の提出を求めることができるとされ（地方税法四三三条三項）、また審査のために必要がある場合においては、固定資産評価員に対し、評価調書に関する事項についての説明を求めることができるとされた（地方税法四三三条四項）。さらに、固定資産評価審査委員会は、審査申出を受理した場合は、市町村長に対して、相当の期間を定めて弁明書の提出を求めることができ（地方税法四三三条一一項、行政不服審査法二二条）、市町村長から弁明書の提出を受けた場合は、審査申出人の反論書の提出につき相当の期間を定めることができることとされた（地方税法四三三条一一項、行政不服審査法二三条）。即ち、改正法は、固定資産評価審査委員会の権限を強化して、審理を充実させようとしたということができる。したがって、固定資産評価審査委員会も、かかる付託に答えるべく、充実した審理を行う必要があろう。

他方、改正法は、審査申出人に、市町村長に対して、申出に係る主張に理由があることを明らかにするため必要な事項について、相当の期間を定めて書面で回答するよう、書面で照会することができる旨定めた（地方税法四三三条五項）。したがって、審査申出人も積極的にかかる権能を利用すべきであろう。

七　固定資産評価審査委員会の課題

1　固定資産評価審査委員会の審理に対しては、以前より必ずしも専門的知識を有する者が委員に選任されていないこと、委員会の決定が役所の側に立って台帳の登録事項を支持しようとしているかのように受けとられがちであること[41]等の批判がなされていた。

実際に、委員会が、処分庁の行った固定資産の評価を鵜呑みにした事例として、仙台高等裁判所平成九年一〇月二九日判決[41]がある。これは、固定資産評価審査委員会に提出された市長の答弁書に、審査対象地の用途区分、標準宅地の所在及び時価、主要な街路と審査対象地の正面路線との格差、画地計算等が記載されていたものの、これを基礎づける資料は市長から提出されず、また固定資産評価審査委員会も自らこれを調査することなく審査申出を棄却したという事例である。判旨は「行政庁のした処分の根拠とした資料を全く取り調べることもなく、いわば行政庁の処分を鵜呑みにするような審査・判断をすることは、独立の第三者機関である固定資産評価審査委員会に行政手続を委ねた法の趣旨を没却するものであって、この違法は決して軽微なものとはいえず、本件各決定はいずれも取消を免れないものというべきである。」として、固定資産評価審査員会の決定を取り消している。

また、東京高等裁判所平成一〇年九月三〇日判決(43)は、固定資産評価審査委員会が、固定資産税の賦課徴収を担当する市の主税課の課長、固定資産評価員である資産税課長及び固定資産評価補助員である職員が同席する場で審査申出人の請求の適否についての合議をした上、審査請求を棄却することに決定し、かつ決定書の正本・副本を当事者に送達する前に、その送付に関して、市の税務部長、税務部次長兼主税課長及び資産税課長と合議をしたという事例について「本件審査決定手続は、委員会の制度が、簡易、迅速に納税者の権利救済を図ることを目的とする行政救済手続であり、民事訴訟、行政事件訴訟における程の厳格な独立性、中立性を要求されるものでないことを考慮しても、いささか一方の当事者に過ぎない原処分庁に偏したと見られる審査決定手続であって、委員会の独立性、中立性に著しく反するものとの評価を免れず、法四二三条、四二五条一項の規定の趣旨に反する違法な手続であるといわざるを得ない。」として、固定資産評価審査委員会の決定を取り消している。

2　上記二つの判例に見られるように、遺憾ながら固定資産評価審査委員会の中には、処分庁の主張を鵜呑みにしたり、或いは処分庁が審理に参加したり、ということが現に存在する。このような違法な審理が行われているのは、固定資産評価審査委員が、必ずしも専門的知識を有する者から選任されていないということと無関係ではないと思われる。判例に現れた事例が、専門的知識を有しない固定資産評価審査委員によって委員会が構成されていた場合であるか否かは定かではないが、もし専門的知識を有しない委員で委員会が構成されていた場合は、委員会自らが固定資産の価格を評価することができず、いきおい処分庁の行った評価を鵜呑みにしたり、または委員会の審理に固定資産評価員や評価補助員を参加させたりということも、あり得ないことではない。しかも、固定資産の価格に関する争訟については、納税者が固定資産評価審査委員会の決定に不服がある場合には、固定資産課税台帳に価格を登録した市町村長ではなく、固定資産評価委員会を被告として訴訟を提起することになるので（地方税法四三四条）、固定資産評価審査委員会としては、訴訟の維持も考えて、評価についての経験や豊富な資料を保有する固定資産評価員や評価補助員の意見に左右されがちとなるのである。[44]

この点に関連して、固定資産評価審査委員会の事務局が、固定資産税の評価・賦課を担当する課に置かれ、また固定資産税の課税担当者が、固定資産評価審査委員会の事務を行う者を兼ねている市町村が、未だ相当数存在することが問題となる。この点については、既に自治省税務局固定資産税課長から是正すべきことを求めた通達が発せられているが[45]、かかる事態は、右判例に現れたような固定資産評価審査委員会の審理における病理現象の温床となるので、早期の是正が必要である。

3　地方税法が固定資産評価審査委員会に求めているのは、中立的な第三者機関として、市町村長が行った固定資産の評価を見直すことである。しかし、必ずしも専門的知識を有しない委員で固定資産評価審査委員会を構成することができ、他方、審査申出後ごく短期間で審査決定を行うことが要求され（地方税法四三三条一項）、かつ決定に対して納税者に不服がある場合には、訴訟において固定資産評価審査委員会が被告となるとされていること（地方税法四三四条一項）、固定資産評価審査委員会の中立性を損なう結果を招くのではないだろうか。右判例に現れた事案も、このような制度上の問題点がその要因となっているように思われる。制度論としては、訴訟において原評価を行った市町村長が被告となるような制度が、また実際の運営面としては、固定資産評価審査員会に必ず評価について専門的知識を有する者を入れ、その事務局を市町村の固定資産の評価及び賦課を担当する課には置かず、かつ課税担当者が固定資産評価審査委員会の事務担当者を兼ねることがないよう配慮する必要がある。

(1) 固定資産税務研究会編「要説固定資産税（平成一〇年版）」ぎょうせい一五二、三頁、前川尚美、杉原正純「地方税〔各論II〕」二三〇頁、但し、同書は納税者と一体と認められる同居の家族も「関係者」に含まれるとする。

(2) 金子宏「租税法〔第七版〕」弘文堂三九五、六頁、石島弘・碓井光明・木村弘之亮・山田二郎「固定資産税の現状と納税者の視点」六法出版社五二頁以下木村弘之亮執筆部分、山田二郎税務事例一五巻三号二頁、水野忠恒判例評論三三九号三四頁、千葉地方裁判所昭和五七年六月四日判決判例時報一〇五〇号三八頁、札幌高等裁判所昭和六〇年三月二七日行裁集三六巻三号四一三頁。

(3) 平成一一年法第三五号、平成一二年一月一日より施行。

(4) 平成一一年度の改正の趣旨・意義については、金子宏「固定資産税の改革―手続の整備と透明化に向けて―」税研一九九九年三月号二〇頁、原田淳志他「平成一一年度地方税法改正法案解説」地方税二三頁以下、菅原真紀子「固定資産税関係の一部改正」税務広報四七巻七号二六六頁以下。

(5) 前掲注(2)「固定資産税の現状と納税者の視点」九九頁山田二郎執筆部分。

(6) シャウプ使節団日本税制報告書D三一、石島弘「固定資産評価審査委員会の機能と審理方式」税法学四〇〇号一〇〇頁、前掲注(2)「固定資産税の現状と納税者の視点」一〇一頁山田二郎執筆部分。

(7) 石嶋前掲注(6)九九頁、木村弘之亮「税の不服はどうすればよいか」ジュリスト総合特集日本の税金二三二頁。

(8) 平成一一年の法改正前は、縦覧期間の初日からその末日後一〇日までに制限されていた。

(9) 但し、法三四九条二項一号、第三項但し書き、第五項但し書きの適用を受ける場合、法四一九条の適用を受ける場合、法附則一七条の二に基づく基準年度以外の地価下落に伴う修正を争う場合（同条第九項）は、基準年度以外にも審査の申出を行うことができる。

(10) 東京二三区内の場合は、都知事に対する審査請求。

(11) 前掲注(2)「固定資産税の現状と納税者の視点」七四頁木村弘之亮執筆部分、前掲注(1)「要説固定資産税」一六六頁。

(12) 前掲注(1)前川尚美、杉原正純「地方税〔各論II〕」二三四頁。

(13) 金融商事判例一五六号九頁。
(14) 前掲注(2)「固定資産税の現状と課題」一〇六頁山田二郎執筆部分、前掲注(1)前川尚美、杉原正純「地方税〔各論II〕」二三四頁。
(15) 同旨、山田二郎「固定資産評価審査委員会の機能とその審理手続」貞家最高裁判事退官記念論文集「民事法と裁判下」二四八頁―二五四頁、前掲注(2)「固定資産税の現状と課題」八〇頁木村弘之亮執筆部分、広島地裁昭和四三年八月二九日判決判例タイムズ二二六号一二二頁、広島高裁昭和四四年一二月一六日判決行集二〇巻一二号一七〇五頁。
(16) 同旨、前掲注(2)「固定資産税の現状と納税者の視点」八一頁木村弘之亮執筆部分、前掲注(2)「固定資産税の現状と納税者の視点」一〇五頁山田二郎執筆部分、大阪地方裁判所昭和五六年一一月一七日判決行集三二巻一一号一九六五頁、大阪高等裁判所昭和五八年三月三〇日判決行裁集三四巻三号五七二頁（上記大阪地方裁判所昭和五六年一一月一七日判決の控訴審）。
(17) 固定資産評価基準第一章、第一節、一。
(18) 前掲注(2)「固定資産税の現状と納税者の視点」一〇四頁（山田二郎執筆部分）。
(19) 東京地裁昭和六一年一二月二三日判決判例時報一二二九号九一頁。
(20) 東京地裁昭和四八年一二月二〇日判決判例時報七二六号三八頁。
(21) 固定資産評価基準第一章、第一節、二。
(22) 前掲注(2)「固定資産税の現状と納税者の視点」八八頁（木村弘之亮執筆部分）、大阪地裁昭和五六年一一月一七日判決行裁集三二巻一一号一九六五頁、大阪高裁昭和五八年三月三〇日判決行裁集三四巻三号五七二頁。
(23) 最高裁判所平成二年一月一八日判決民集四四巻一号二五三頁。
(24) 綿貫芳源「行政不服審査法（地方自治関係）」実務民事訴訟法講座九巻九二頁。
(25) 南博方＝小高剛「注釈行政不服審査法」昭和五〇年、第一法規出版、一四〇頁。
(26) 金子前掲注(2)三九九頁、山田二郎前掲注(15)二五八頁、東京地方裁判所昭和四一年一一月一七日判決行裁集一七巻一一号一二六二頁)。

(27) 東京高等裁判所昭和四五年五月二〇日判決行裁例集二一巻五号八一三頁。なお碓井光明「地方税の法理論と実際」弘文堂、二〇四、五頁は、地方税法は対審構造をとるものではないが、法三四一条に基づく条例により対審手続を採用して、準司法的機能を強化することは可能であるという。また、石嶋前掲注(6)一〇九頁は「審理手続は、対審構造をとる準司法的手続き基調にしながら、職権主義的要素(委員会の職権探知による資料収集など)を加味しながら行う必要があると思われる。」とする。

(28) 審理手続について平成一一年の改正の趣旨については、金子前掲注(4)二五頁以下、原田淳志他前掲注(4)八二頁参照。

(29) 石嶋前掲注(6)九七頁。

(30) 前掲注(2)「固定資産税の現状と納税者の視点」九四頁(木村弘之亮執筆部分)。

(31) 石嶋前掲注(6)九七頁。

(32) 同旨、石嶋前掲注(6)一〇九頁。

(33) 前掲注(23)最高裁平成二年一月一八日判決。

(34) 判例時報一一七一号六四頁。

(35) 固定資産評価基準第一章第三節二(一)1。

(36) 大阪高等裁判所昭和六一年六月二六日民集四四巻一号二二九頁(前掲注(23)最高裁平成二年一月一八日判決の第二審。

(37) 固定資産評価基準第一章第三節(二)。

(38) 反対、青柳馨「平成二年最高裁判所判例解説民事編」法曹会九一二六頁は「(市長側の)説明は、本件標準宅地の評価に当たり比準の対象とされた九条ヶ丘の土地の評価の根拠等が示されていないなど適切を欠く面もあるように思われるが、原告において不服事由を特定して主張するために必要とされる事実が最少限明らかにされているといってよいのではないかと思われる。」とする。

(39) 前掲注(15)「固定資産評価審査委員会の機能とその審理手続」二六〇頁（山田二郎執筆部分）、藤原淳一郎・法学セミナー四三三号一三〇頁。
(40) 斉藤誠・別冊ジュリスト一五一号三七四頁の右最高裁判例の評釈は、本件においては原告に調査をした事実が告知されていたことから「『反論・証拠提出』の機会が不十分ながらも保障されていた……と見ることもできる。」とする。これに対して、塩野宏「行政法Ⅱ」第二版〝有斐閣〟二五頁は「この事件で、口頭審理期日外で十分な反論、証拠提出の機会があったかどうかは疑問である。」とする。
(41) 前掲注(2)「固定資産税の現状と納税者の視点」九四頁（木村弘之亮執筆部分）。
(42) 判例タイムズ九八四号一四三頁。
(43) 判例時報一六六七号二〇頁。
(44) その他、固定資産表か審査委員会の審理における病理現象として、金子武嗣「固定資産税評価における不服審査の実務と問題点」自由と正義四五巻六号五五－六一頁。
(45) 平成八年四月一一日付自治省税務局固定資産税課長から各都道府県総務部長及び東京都総務・主税局長宛通達。

課税要件法上の選択手続と法的救済

谷口 勢津夫

一　はじめに
二　選択権規定の構造・性格とその訴訟法上の意義
三　選択権行使に対する手続的規制
四　錯誤に基づく選択権行使の拘束力
五　おわりに

一　はじめに

我が国の現行税法は、多くの規定において、租税負担に関する選択権を納税者に認めている。筆者は、かつて、「錯誤に基づく選択権行使の拘束力に関する一考察」と題する論文[(1)]（以下「前論文」という）において、そのような税法上の選択権について、ドイツ税法を参考にしながら、その概念やそれを定める規定（選択権規定）の構造等を検討することによって、選択権規定が租税実体法としての性格をもつと同時に、そのなかに組み込まれた手続法規定であることを明らかにしたうえで、社会保険診療報酬に係る概算経費控除の選択（税特租二六条）に関する二つの最高裁判決（昭和六二年一一月一〇日訟月三四巻四号八六一頁・平成二年六月五日民集四四巻四号六一二頁。以下「最高裁昭和六二年判決」・「最高裁平成二年判決」とそれぞれ略称する）の分析を行ったが、その最後に、今後の課題として、「ドイツの税法と同様わが国の税法についても『納税者の選択への税法の依存（Optionsabhängigkeit des Steuerrechts）』という現象がみられるが、かかる現象に鑑みると、税法上の手続法に関する研究は、納税義務の確定以降の手続に関するいわゆる租税手続法だけでなく、納税義務の成立（課税要件の充足）以前の手続に関する法をも検討対象に加え、後者についても、税務行政の教示義務も含め立法的整備を検討すると同時に、租税実体法としての性格をも有するという後者の特殊性を考慮に入れながら、固有の法理を検討していくことが必要であるように思われる[(2)]。」と指摘したことがある。

本稿は、その後の裁判例の検討を通じて、右のような課題、特に課税要件法上の選択手続に固有の解釈論に取り組もうとするものである。

二　選択権規定の構造・性格とその訴訟法上の意義

税法上の選択権規定の構造や性格について、筆者は前論文で以下のように述べた[3]。すなわち、課税要件は、通常は、一定の事実（課税要件事実）の発生による充足（実現）の結果税法上当然に特定の法効果を発生させる要件として、理解されているように思われるが、課税要件に関するこのような理解は、課税要件事実に対する法効果の付与（税法的評価）を行うのは立法者であるということを前提にしていると考えられる。ところが、選択権規定の場合には、立法者は一定の課税要件事実に対しては法効果の完結的な付与（完結的な税法的評価）を行わず、これを行う権限を納税者に授権し、場合によってはその行使の方法・形式・期限・変更可能性等について規制している。換言すれば、立法者は納税者による選択権行使を課税要件規定にその要件要素として組み込むことによって、当該要件に該当する事実に対する法効果の付与（税法的評価）への決定参与権を納税者に与え、その行使に対する手続的規制を定めることがあるのである。このような意味において、選択権規定は、租税実体法としての性格をもつと同時に、手続法たる授権法・規制法としての性格をも併せもっているといえよう。もっとも、選択権規定が手続法としての性格をもつといっても、それは、いわゆる租税手続法（納税義務の確定以降の手続に関する法）とは異なり、あくまでも租税実体法のなかに組み込まれたものである。

選択権規定の構造や性格に関する右のような考え方は、最近の裁判例のなかにもみられるところである。名古屋高裁平成八年一月三一日判決[4]（行集四七巻一・二号七四頁）は、租税特別措置法（昭和五七年法律第八号による改正前のもの）三七条及び三七条の五のいずれの規定も適用可能な資産の買換事案について、「右各規定は、いずれも、個人がその所有する資産を譲渡した場合の譲渡所得については、一定の条件の下に、課税の繰り延べを認めることにした上、そのための要件を定めたものであり、また、両条文には、確定申告書にそれぞれの規定の適用を受けようとする旨の記載をすることが必要であると規定されているが、これらは、いずれも、譲渡所得の算定のための課税要件を定めたものであって、青色申告を更正する場合の帳簿の調査・理由の附記に関する規定である所得税法一五五条、法人税法一三〇条のように課税処分を行うための一定の手続要件を定めたものではないと解するのが相当である。」と判示しているが、これは、租税特別措置法の右の二つの規定が納税者の選択による適用を許容する規定（選択権規定）であることを認めたうえ[5]で、それらを課税要件規定（租税実体法）として性格づけたものと解されるのである。その限りにおいて右の判示は妥当であると考えられる。

右の事案では納税者が確定申告において租税特別措置法三七条の適用を選択したにもかかわらず課税庁が同条に代えて同法三七条の五を適用して更正処分を行ったのであるが、納税者は「特例適用条文に関する規定は、申告後の納税義務を確認するという租税手続法としての内容を有するものであるところ、行政行為の法適法性という見地からすると、特例条文の適用を誤った本件処分には、課税内容の違法除去では救済されない手続的違法性があるものというべきである。」と主張していた。しかし、右の判決の考え方からすれば、論理的には当然、裁判所は「課税内容の違法」すなわち更正処分の実体的違法性についてこそ判断すべきであるということになろうし、実際にもそのような判断を行っている。すなわち、右で引用した判示部分に続けて、「青色申告を更正する場合の帳簿の調査・理由の附記に関する手続規定に違反する場合には、当該更正処分は取消原因たる瑕疵を有する処分であると解すべきであるが、本件のような課税標準等の計算に関する特例規定については、その適用条文を誤った更正処分がなされたとしても、その課税標準額算定の根拠事実に異同があるわけではないのであるから、そのこと自体をもって取消原因たる瑕疵ある処分となるものではなく、当該更正処分による課税標準額が正しい特例規定に基づき計算した課税標準額を上回るものでない限り、当該更正処分は違法とならないものというべきである。」と判示しているのである。ここで裁判所は青色更正処分の実体的違法性の判断に当たって、おそらくは、総額主義に依拠したのであろうが[6]、総額主義の内容的当否は措くとしても、総額主義の射程が右のような事案にまで及ぶかどうか疑問に思われる。

すなわち、右の名古屋高裁判決はこれまで引用した判示に先立ち、「「課税庁としては」納税者の特例適用希望の意思は、原則として、確定申告書の特例適用条文欄の記載内容によって確認すれば足り、かつ、右欄に記載されたのとは異なる特例条文を適用することはできないのであるから、付属書面の記載中に不備があればその補正を「納税者に」求めるべきものであり、それをしないで、特例適用条文として記載された法三七条でなく法三七条の五を適用することは許されないというべきである。」と判示しているのであるから、本件更正処分が課税要件規定に違反したものであると判断していることは確かである。にもかかわらず、本件更正処分が違法でないと結論づけたのは、裁判所が総額主義に依拠してその実体的違法性について判断したからであろう。しかしながら、納税者の選択を要件要素として含まない通常の課税要件規定に関して、課税庁が課税要件事実の認定を「誤った」ために、適用条文を「誤った」更正処分を行った場合について、裁判所が総額主義に依拠してその実体的適法性を維持するのであれば格別、選択権規定（納税者の選択を要件要素として含む課税要件規定）に関して、課税庁が納税者による選択権行使を否認して更正処分を行った場合には、これを総額主義によって正当化することはできないのではないかと思われる。

というのも、右の前者の場合には、その発生によって税法上当然に特定の法効果を発生させるような課税要件事実（取引事実等）に関する、課税庁による確認が問題となっているのであり、その確認権は国税通則法二四条以下の規定によって課税庁に一般的に授権されているのに対して、後者の場合には、一定の課税要件事実に対する法効果の付与（選択）が問題となっているのであり、その付与権（選択権）は原則として納税者にのみ授権されており、いわゆる宥恕規定（右の名古屋高裁判決の事案では租税特別措置法三七条七項［＝現行八項］、三七条の五第二項）の要件が充足されない限り、課税庁に授権されたことにはならないからである。[7] つまり、総額主義は訴訟の場面において、右の前者の場合には、課税要件事実の認定に関する一般的授権のもとで、より大きな納税義務を発生される課税要件事実の認定を「正しい」認定として措定し、それを下回る納税義務を発生させる別の課税要件事実の認定を正当化する機能を果たすにとどまるのに対して、後者の場合には、前者の場合と同じく納税者に有利な結果を帰結するとしても、課税要件事実に対する法効果の付与への、課税庁による権限なき関与を正当化する機能を果たすことになる。[8] そうすると、課税庁に納税義務の減免の自由を認めない租税法律主義（合法性の原則）のもとでは、総額主義の射程を後者の場合にまで広げることは許されないのではないかと思われるのである。

しかも、右の名古屋高裁判決も判示するところであるが、「前記宥恕規定の趣旨にかんがみると、右特例適用条文の記載に、明らかな誤記や疑義のある記載があって、その記載自体の補正を求める必要があるときには、税務署長が、納税者（申告者）の意思確認を行ない、その補正結果に基づいて課税の処理（適用条文の判断等）を行うことは許容される」だけでなく、そのような「課税の処理」は手続的に適正なものであり、むしろ要請されている（先に引用したように「付属書面の記載中に不備があればその補正を［納税者に］求めるべき」）とも考えるべきであろうか[9]ら、選択権規定の特殊性、すなわち、租税実体法に組み込まれた手続法としての性格を考慮すると、税額の多寡だけでなく選択に係る課税処理手続の適正さをも基準にして、課税処分の実体的違法性について判断すべきであるように思われる。とりわけ、この判決の事案のように納税者と課税庁とで特例適用要件の解釈をめぐって見解の対立がある場合には、裁判所による解釈からすると、課税庁の解釈に従った方が結果的には納税者に有利な課税になるとしても、課税庁が課税処分に当たってその解釈を一方的に納税者に押しつけることにならないよう十分に慎重な手続を尽くしたかどうかも、課税処分の実体的違法性の判断において考慮すべきであろう。

要するに、ここで取り上げた名古屋高裁判決は、選択権規定を課税要件規定として性格づける点では、妥当であるとしても、課税処分の実体的違法性に関する判断に当たって、租税実体法に組み込まれた手続法という選択権規定の特殊性について適切な考慮を払っていない点が問題であるように思われるのである。(10)

三　選択権行使に対する手続的規制

選択権規定は租税実体法に組み込まれた手続法たる性格をもつが、そのような規定が納税者の選択手続について完結的な規制を定めていない場合、納税者の選択権行使のあり方が問題になることがある。例えば、法人税基本通達五—一—一の二は、「次に掲げる［不動産取得税等の租税公課の額や借入金利子の額の］ような費用の額は、たとえ棚卸資産の取得又は保有に関連して支出するものであっても、その取得価額に算入しないことができる。」と定めており、納税者にこれらの費用を取得価額とするか又は一般管理費とするかの選択権を与えるものであると解されているが、(11)通常の選択権規定と異なり、「確定申告書への記載」、「確定申告期限までの書面による届出」、「損金経理」等の手続的な規制を定めていない。この点が問題になった事案がある。すなわち、納税者が不動産取得税等の額や借入金利子の額を土地・建物の取得価額に算入したほか重ねて一般管理費にも算入して確定申告をしたところ、課税庁は一般管理費への算入を否認して更正処分をしたので、納税者は訴訟の段階になって初めて、取得価額への算入は錯誤に基づくものであるとして、右の通達の規定を適用して一般管理費への算入を選択する旨を主張した、というような事案である。

右の事案につき、東京地裁昭和六二年三月一六日判決(12)（行集三八巻二・三号二〇七頁）は、「法人の側としては、確定申告をする時点において、右の不動産取得税等を一般管理費に算入する旨の選択を明示することができるのであるから、原則として確定申告の時に、右のごとき選択を明示すべきであると解される。」としながらも、「本件公租公課等は取得価額と一般管理費とに二重に算入されていたところ、このような二重の算入がいずれにせよ誤りであることは明らかであるから、本件の場合については、原告が適法な期間内に選択を明示して更正の請求をし又は修正申告をする機会に選択を明示することによって、本件公租公課等を一般管理費に算入することも許されるものと解されないわけではない。」と判示したが、「原告は、更正の請求等によって、右の選択をしなかったものであり、本件更正があった後になって、右の選択をすることは、その機会がありながらこれを行使しなかった納税者の恣意により、更正により定まる税額の変動を許すことになるから、もはや許されないものというべきである。」と結論づけた。

この判決は、結論は別にして、例外的にではあれ確定申告後における選択権の行使を認めたものであるかのように理解されるかもしれない。しかしながら、選択権規定において選択の時期が明示的に規制されていなくとも、納税者が確定申告の後で選択権を行使することは理論上できないと考えられる。すなわち、ここでは所得税や法人税のような期間税を念頭に置くことにすると、税法が選択権規定を定める場合には、選択権の行使という要素を除く課税要件は課税期間中に発生した事実によって充足されるものの、課税期間経過後における選択権行使が予定されているときは、選択という要件要素は課税期間経過後に充足されるので、結局のところ、課税要件が完全に充足され納税義務が成立するのは、選択権が行使された時点であるということになるが、[13]この時点が確定申告よりも後になるということは理論上考えられないのである。というのも、確定申告は、課税要件の充足による納税義務の成立を前提にして、成立した納税義務の内容を確認する手続であるからである。たとえ税法が「確定申告書への記載」という形で選択権を確定申告と同時に行使すべきものとしている場合であっても、選択権行使と確定申告との間には、選択によって課税要件が最終的かつ完全に充足され納税義務が成立し、この成立した納税義務の内容を確定申告で確認するというような関係[14]を観念することができるのである。要するに、選択権の行使は、課税要件の充足という意味での納税義務の成立までの段階を規律する租税実体法の領域に属する行為であるのに対して、確定申告は、課税要件の充足による納税義務の成立を前提にして、成立した納税義務の内容を確認する租税手続法上の行為であり、両者は、税法の体系上位置づけられるべき法領域を異にするのである。選択権行使と確定申告との関係を以上のように理解すると、納税者が確定申告をした場合には、論理必然的に、納税者としては当該選択権規定の適用又は不適用（不適用の場合には、当該選択権規定によってその適用が排除されるものとされている課税要件規定の適用）のいずれかを選択したものと考えざるを得ないのである。

このように考えると、右の東京地裁判決は、確定申告後における選択権の行使を認めたものではなく、選択の過誤を更正の請求又は修正申告において是正することを認めたものであると理解すべきであるように思われる。[15]不動産取得税等を取得価額と一般管理費とに二重に算入することは、右の判決も判示するように、「いずれにせよ誤りであることは明らかである。」し、しかも前記通達上の選択権の行使に関連して生じた過誤であることは確かであるから、広い意味で選択の過誤といってもよかろう。選択の過誤という場合、次の四で検討するように、選択の結果は実体法の観点からは適法であるが選択手続に瑕疵（錯誤）がある場合もあるが、右の事案では、そもそも選択の結果（費用の二重計上）が実体法の観点からして違法であるから、「当該申告書に記載した課税標準等若しくは税額等の計算が国税に関する法律の規定に従っていなかったこと」（税通二三条一項一号）という更正の請求の要件は充足されていたと考えられる（もっとも、請求可能期間を徒過していたので、更正の請求は、結局のところ、判決の結論通り許されないことにはなるが）。

四　錯誤に基づく選択権行使の拘束力

1　基本的な考え方

前論文においては、先に述べたような選択権規定の構造や性格を明らかにしたうえで、錯誤に基づく選択権行使の拘束力の問題について検討を加えた。そこでは、社会保険診療報酬に係る概算経費控除（税特租二六条）の選択に関する二つの最高裁判決（最高裁昭和六二年判決及び同平成二年判決）の検討を通じて、①選択権規定について、選択権の行使は納税者の自由な意思決定に委ねられており、その法的性質は意思表示であるという解釈を明らかにしたうえで、そのような解釈を出発点にして、②選択の結果はいずれにせよ（右の最高裁判決の事案では概算経費控除でも実額経費控除でも）実体法の観点からすれば適法であるから、その選択は表意者たる納税者は勿論のこと課税庁をも拘束するが、③ただし、錯誤に基づく選択は当初から無効であり拘束力をもたず、したがって、選択が錯誤に基づく場合は、そのような選択を前提とする確定申告の過誤は、修正申告（税通一九条）又は通常の更正の請求（同二三条一項）によって是正することができる、というような考え方を導き出した[16]。その際には、最高裁昭和六二年判決は②の考え方に従って判断を下したものと理解し[17]、最高裁平成二年判決は③の考え方に従って判断を下したものと理解した[18]。

選択の法的性質を意思表示とする解釈（右の①）は以前から学説のなかにみられたし[19]、裁判例においても基本的には同じ趣旨の解釈を前提にして判断が下されてきたといってよかろう[20]。特に最高裁平成二年判決は明示的に「概算経費選択の意思表示」と述べている。先の二で述べたような選択権規定の構造等からすると、納税者は当該選択権規定の適用又は不適用（別の課税要件規定の適用）のうち自己の意欲する方を自由に選ぶことができるのであるから、選択権の行使について効果意思の存在まで観念することができ、したがって、その法的性質を意思表示と解することには特に問題はなかろう[21]。しかも、このような解釈を前提にすると、選択権行使の拘束力に関する前記②の考え方についても異論はないように思われる[22]。その場合、選択権行使の拘束力の根拠は、納税者については、「人は自らの意思に基づいてのみ拘束される」という意思自治の原則に求められよう。他方、課税庁については、租税法律主義（合法性の原則）に、ここでは、そのような意思自治を認める選択権規定を遵守すべきであるという要請に、求められよう（二も参照）。

2　租税法律関係の早期安定の考慮の当否

問題は、選択権行使のこのような拘束力に対して例外を認めるかどうか、もし認めるとして、その場合にどのような考慮を働かせるべきかである。意思自治の原則からすれば、表意者たる納税者に錯誤があった場合にはそのような例外を認めるべきであるということになろう。その意味では、最高裁平成二年判決が「錯誤に基づく概算経費選択の意思表示」について拘束力を否定した（1③参照）のは論理一貫しているように思われる。

ただ、この判決については、最高裁昭和三九年一〇月二二日判決（民集一八巻八号一七六二頁）の「趣旨に沿っているもの」とみる向きもある。[23] この最高裁昭和三九年判決については、「錯誤の主張が許される場合につき、『その錯誤が客観的に明白』であることをも要件としたのは、そのような錯誤については、課税庁にその錯誤（過誤）をも覚知し得べきことを求めることができ、しかして、そのような錯誤については、納税者の意思を租税法律関係の早期安定の要請に優先せしめることが相当であるとの考慮が働いたものと思われるのである。[24]」と述べられることがあるが、もし最高裁平成二年判決がこの判決の「趣旨に沿っているもの」であるとすれば、選択の拘束力に対する例外を認めるに当たっても右のような考慮を働かせるべきであるということになろうし、そのような例外は租税法律関係の早期安定の要請によって厳格に限定されることにもなろう。

しかし、選択の拘束力に対する例外を認めるに当たって意思自治の原則と租税法律関係の早期安定の要請とを比較衡量することは、果たして妥当であろうか。まず、右の二つの最高裁判決の関係からみておくと、最高裁平成二年判決は、昭和三九年判決を引用しておらず、[25] また、昭和三九年判決が納税申告の錯誤無効の要件として要求する「特段の事情」の存在についても判断していないので、昭和三九年判決の法理に従って判断を下したとはいえないように思われる。しかも、そもそも、選択権の行使と納税申告とは、既に述べたように、税法の体系上及び法的性質の点で明確に区別されるべきであり、したがって、それぞれに関する錯誤の税法上の要件及び効果も、別々の法理に従って決定されるべきであると考えられる。[26] すなわち、納税申告の過誤の是正（減額修正）については、実定税法上は更正の請求によるべきものとされており（更正の請求の排他性）、しかも特にその請求可能期間が制限されている等の点において、租税法律関係の早期安定の要請が考慮されている。[27]このことからすると、納税申告の過誤の是正について例外的に錯誤無効を認める場合においても、前掲最高裁昭和三九年判決について述べられているように「納税者の意思を租税法律関係の早期安定の要請に優先せしめる」範囲は、この要請を考慮して、厳格に限定すべきである、ということになろう。これに対して、選択権行使の過誤の是正については、錯誤無効を認めても確定申告が誤ったものとなるだけであって、確定申告のこのような過誤は、税法が認める過誤是正の手続である更正の請求や修正申告を経ない限り、一旦確定した納税義務（具体的租税法律関係）に影響を及ぼすことにはならないのであるから、選択の錯誤無効（選択の拘束力の例外）を認める範囲、換言すれば、意思自治の原則を貫徹する範囲を租税法律関係の早期安定の要請によって限定することは、必要でないし妥当でもないと考えられる。特に更正の請求に関していえば、税法が請求可能期間を定めるに当たって考慮した租税法律関係の早期安定の要請を、更にまた選択の錯誤無効の判断に当たり意思自治の原則と比較衡量することによって、選択の錯誤無効の範囲を限定することは必要でも妥当でもないと考えられるのである。要するに、租税法律関係の早期安定の要請は、選択の錯誤無効の主張を更正の請求の枠内でしか許容しないということを帰結するが、[28]選択の錯誤無効の判断それ自体においては考慮に入れられるべきではなかろう。

3　裁判例における選択の錯誤無効の判断基準

それでは、意思自治の原則のみを考慮して、選択に錯誤があれば直ちにその拘束力を否定すべきであるということになるのであろうか。もしそうでないとすれば、選択の拘束力を否定するような錯誤は、どのような基準に従って判断すべきであろうか。最高裁平成二年判決はそのような錯誤を認めたものの、その際には明確な判断基準を特に示しておらず、せいぜい「[計算の]誤りは本件確定申告書に添付された書類上明らかである。」という事実認定を採用している点が注目されるにとどまる。[29] そのせいもあってか、この判決に対しては、「確かに、その錯誤は、確定申告書に添付された書類から明らかではあるものの、本件は、本人の軽率による単なる計算誤りに過ぎないのであり、これをもって、錯誤の主張を是とすることとなれば、更正の請求制度を根底から覆すこととなるおそれがあると考える。判旨に反対。[30]」というような強い批判がみられるところである。このような批判に応えるためにも、錯誤無効の判断基準を明確にしておくことが必要であろう。その意味で注目されるのが、みなし法人課税（平成四年改正前の租税特別措置法二五条の二）選択の取りやめ（これも本稿でいう「選択」に属する行為である）の錯誤無効の判断について基準を示した千葉地裁平成六年五月三〇日判決[31]（判タ八五七号一六〇頁）である。

この判決は、「私人の公法行為に私法規定が適用されるかどうか、また、適用されるとしてどの程度適用されるかは、当該公法関係の特質、当該私人の公法行為の性質、当該私法規定の趣旨、行為をした者の被る不利益の程度、公法関係に与える影響の程度等を考慮して判断すべきである。」との一般論を述べたうえで、「みなし法人課税選択の取りやめの意思表示に関し錯誤があった場合においては、納税者の利益を守り課税の適正を図る見地からすると、民法の錯誤に関する規定の適用を全面的に排除するのは相当でなく、基本的には民法の規定によりながら、課税に対する影響などを考慮してその効力の有無を決定するのが相当である。」と判示して、選択権行使について錯誤無効の余地を認めた。

そして、「原告は、青色申告制度をとった場合に認められる純損失額とみなし法人課税を選択した場合に認められるみなし法人損失額が同一のものであると誤解し、みなし法人課税の選択を取りやめても、青色申告制度をとる限りみなし法人損失相当額の繰越控除が認められると信じて取りやめの意思表示をしたものである。しかし、法令上は、みなし法人課税の選択を取りやめれば、みなし法人損失額を繰越控除することは認められなかったものである（……）。そうすると、原告の取りやめ届の意思表示の生成過程には、原告の意識しない表示と真意の不一致が生じていたということができ、錯誤があったというべきである。」と認定し（「錯誤認定1」）、さらに、「……、これだけの金額［＝五三九万〇〇四三円］のみなし法人損失額を繰り越すことにより、原告は、以後最大五年にわたりみなし法人所得額を減少させることが可能であると予測され（……）、これがみなし法人課税を選択する場合の大きな利点であると考えられることからすると、通常の一般人であれば、右錯誤がなければ取りやめの意思表示をしなかったであろうということができる。したがって、右錯誤は、法律行為そのものではないにしても、その重要な効果の一に関するものであるということができ、これによって原告が被る不利益が小さいということはできない。」と認定した（「錯誤認定2」）。

しかし、この判決は、他方で、「私人間の法律関係を前提に規定された民法九五条でさえも、同条但書において、錯誤が重大な過失に基づくものであるときは無効を主張しえないと規定している。そして、租税関係の法律行為においては、大量でしかも複雑な計算関係を正確かつ迅速に処理し、連続する各手続を遅滞なく処理することが要求されており、個々人の錯誤無効の主張を容易に認めるときは租税業務全体の停滞をまねくおそれがある。」ことや、みなし法人課税の選択及び選択の取りやめの手続の趣旨を考慮して、「みなし法人課税の選択やその取りやめについて納税者に思い違いがあったとしても、直ちにその届出を無効と扱うのは妥当でない。」と判示した。

そして、そこから、「みなし法人課税選択の取りやめの意思表示をする際、その重要な事項につき錯誤があった場合にその効力を決定するについては、納税者に重大な過失があった場合は無効を主張できないものとすべきであり、かつ、重大な過失の有無の判断に際しては、租税関係の特色を十分考慮すべきものである。そして、さらに、錯誤についての課税庁の認識ないしその可能性及び納税者の錯誤に対する課税庁の関与の有無等の事情をも考慮すべきである。」と判示し、それらの点について検討した結果、「たしかに税法の規定は複雑であり、素人が税理士等の専門家に依頼しないで正確な手続を行うことは容易でない。しかし、そのために税務相談等の制度もあるのであり、原告のように法律を学び、税務を担当した経験もあってしかも法律関係の職業に従事する者が、自己の事業所得に関してみなし法人課税による特例の利益を享受するからには、やはり相当慎重な姿勢で臨むことが要求されるというべきであり、原告はあまりに迂闊であったといわざるを得ない。他方、多数の国民の大量の税務を処理しようとする被告が、本件のような対応をしたことは、これを誤りないし著しく不当なものとまでいうことはできない。」と認定して、原告の錯誤無効の主張を認めなかった。

この判決は、基本的には民法の錯誤に関する規定に依拠して、選択（の取りやめ）の錯誤無効を判断しているが、その判断の基本的な枠組みは、法令の誤解を錯誤と認定し（前記「錯誤認定1」）、その錯誤をいわゆる要素の錯誤と認定した（前記「錯誤認定2」）うえで、その錯誤に関して表意者たる納税者の重大な過失と、相手方たる課税庁の認識・認識可能性及び関与等の欠如とを認定して、錯誤無効の主張を斥けた、というようなものであると解される。そのなかで示された錯誤無効の判断基準について、以下で若干のコメントを加えておくことにしたい。

第一に、右の判決は、民法の伝統的な錯誤論とは異なり、錯誤を「意思の欠缺」として捉えるのではなく、「意思表示の生成過程における表意者の意識しない表示と真意の不一致」として捉え、そうすることによって、右の事案で問題となった「法令の誤解」（伝統的な錯誤論からすれば一種の動機の錯誤に属するものとみてよかろう）をも錯誤のなかに取り込むものであるが、そこに民法学説上の新しい錯誤論[32]の影響を見て取ることができよう。また、最高裁平成二年判決が錯誤と認定した計算の誤りは、単純な計算ミスというよりはむしろ納税者が租税特別措置法二六条の規定を正しく理解していなかったことに基因する計算ミスとみるべきであろうから、この最高裁判決は錯誤の概念に関して右の千葉地裁判決と基本的に同じ立場に立っていると考えてよかろう。

第二に、「要素の錯誤」の認定については、民法の通説・判例と同じく「因果関係」及び「重要性」を要件としたものと解される。確かに、税法上の選択権の行使については、民法の場合とは異なり、取引の安全を顧慮する必要はないが、しかし、錯誤無効を認めることによって表意者を保護すべきかどうかは判断する必要があると考えられる。右の判決は、その限りにおいて、「通常の一般人」の判断を規準として錯誤の重要性を認定したのであろう。「これ［＝錯誤］によって原告の被る不利益が小さいということはできない。」という判示は、このような意味において理解すべきであろう。

第三に、右の判決は納税者に錯誤につき重大な過失があった場合には錯誤無効を主張することはできないと判示しているが、この点については、「X［＝納税者］側の事情のみならず課税庁側の事情をも斟酌して重大な過失の有無を認定すべきとしている点からもみて、取引の相手方や第三者の保護という民法九五条但書の趣旨から導かれたというよりも、端的に租税法律関係における衡平を具体化する趣旨の論旨と受け止めるべきであろう。(33)」という理解は、基本的に妥当なものといえよう。右の判決は選択権の行使について「やはり相当慎重な姿勢で臨むことが要求されるというべきであ［る］」と述べているが、選択権は税法が租税法律関係の一方の当事者である納税者に特に与えたものであるから、納税者はそのような意味での公的な責任を自覚して選択権を慎重かつ適正に行使すべきであろう。このことは、右の判決の事案のように税務や法務の経験のある納税者についてだけでなく、程度の差こそあれ納税者について一般的に妥当すると考えられる。

第四に、右の判決は、納税者の錯誤に関する課税庁の認識・認識可能性及び関与等について検討し、「原告は、昭和六三年にした本件取りやめ届出書に取りやめの事情として『実益がない。』としか記載せず、また、被告の受付係の者（……）に対しても『みなし法人課税でますます複雑そうになりそうなので、やめます。』としか言っていないことからすると、被告としては、原告の錯誤に陥った事情を把握することはできなかったものと認められる。このような場合に錯誤無効の主張を原告に許すことは、衡平上妥当ではない（……）。」と判示している。このように錯誤に関する課税庁側の認識可能性等の有無を錯誤無効の判断基準としているのは、選択権行使に関する衡平の考慮に基づき、錯誤無効の判断に当たり納税者の重大な過失について審査するだけでなく、課税庁の悪意・過失不知についても審査することを要求したものと解される。(34)

第五に、右の判決が納税者の重大な過失の有無の判断に際して十分に考慮すべきものとする「租税関係の特色」は、先に引用したように、「租税関係の法律行為においては、大量でしかも複雑な計算関係を正確かつ迅速に処理し、連続する各手続を遅滞なく処理することが要求されており、個々人の錯誤無効の主張を容易に認めるときは租税業務全体の停滞をまねくおそれがある。」ということを意味していると解されるが、それは、右の判決では、課税庁側の認識可能性の判断根拠を、書類（取りやめ届出書）の記載という認識の容易なものに限定する機能を果たすものとされているのであろう。このことによって、課税庁側については悪意のほかには、過失不知一般ではなく、重大な過失による不知のみが問題とされるべきことになろう。最高裁平成二年判決は「［計算の］誤りは本件確定申告書に添付された書類上明らかである。」という事実認定を重視しているように思われるが、その意図はそのようなところにあると考えられる。なお、「租税関係の特色」の右のような機能については、租税法律関係の早期安定の要請がその背景にないとはいえないであろうが、直接的にはやはり選択権行使の場面での納税者と課税庁との衡平の考慮に基づいて認められるものと理解すべきであろう。

4　選択の錯誤無効の判断基準に関する若干の検討

以上でみてきた千葉地裁判決について、ここでは当該事案に関する結論の当否は措くとして、この判決が示した錯誤無効の判断の枠組みなり基準は、基本的に妥当であると考えられる。すなわち、この判決の判断枠組みは民法九五条をベースにするものであるが、この規定は、錯誤に陥った表意者の保護と相手方の保護との比較衡量のための基準を定めるものと解してよかろう。(35) 既に述べたように、税法上の選択権規定は租税実体法に組み込まれた手続法であるが、手続法たる性格を重視すると、選択権の行使については手続の適正さ、特に当事者たる納税者と課税庁との衡平が要請されるべきであると考えられる。この衡平を選択の錯誤無効の場面で実現するためには、納税者側の事情と課税庁側の事情との比較衡量を行う必要があろう(36)が、それが選択という意思表示に関連する比較衡量である以上、民法九五条は基本的にはそのような比較衡量のための判断枠組みとしても機能し得ると考えられるのである。

そのような比較衡量において、一方で、納税者側については、保護に値する（換言すれば選択の拘束力を否定すべき）錯誤を認定することができるかどうか判断しなければならないであろう。その場合の判断基準としては次の三つのものが特に重要であると考えられる。第一は錯誤の意義であるが、税法の規定が複雑・難解であり実際上誤解を生みやすいことを考慮すると、前掲千葉地裁判決が意思表示の生成過程まで視野に入れ錯誤の意義を緩やかに解したことは、「税法の誤解」を錯誤のなかに取り込むことを可能にするという意味で、妥当であろう。(37) もっとも、そのような緩やかな錯誤概念を採用するとしても、最高裁昭和六二年判決の事案で問題になったような、税法の誤解を伴わない、税負担に関する単なる見込み違いは、保護に値する錯誤の範囲からは排除すべきであろう。第二の判断基準は錯誤の重要性であるが、これでもって、既に述べたように、錯誤によって納税者が被る経済的不利益の大きさを錯誤無効の判断において考慮に入れるべきであると考えられる。第三に、納税者の重大な過失の有無についても判断しておくべきであろう。この基準は、既に述べたように、「租税法律関係における衡平を具体化する」ものであると解される。他方で、課税庁側については、特に錯誤に関する認識可能性等の有無すなわち悪意や不知に関する重過失の有無を判断しなければならないであろう。錯誤に関する課税庁側の認識可能性等の有無もまた、既に述べたように、選択権行使に関する衡平の考慮から導き出される基準であると解される。

最後に、以上の四つの基準が選択の錯誤無効の判断においてどのような意味をもつか、また、どのような相互関係にあるかを検討しておくべきであろう。まず、錯誤該当性と錯誤の重要性（錯誤による不利益の重大性）は錯誤無効の必要条件であるが十分条件ではないと考えることについては、特に異論はないのではないかと思われる。問題は、納税者の重大な過失の有無という基準と課税庁の認識可能性等の有無という基準との関係をどのように考えるべきかである。前掲千葉地裁判決は、選択の錯誤について納税者に重大な過失があったこと及び課税庁に認識可能性等がなかったことを共に認定して錯誤無効の主張を斥けたが、このことは、逆に錯誤無効の主張が認められるのは、錯誤について納税者に重大な過失がなく、かつ、課税庁に認識可能性等があった場合に限る、ということを必ずしも意味しないように思われる。この点については、最高裁平成二年判決は既に言及したような、課税庁の認識可能性を示す事実認定を採用したものの、納税者の重大な過失の有無については少なくとも明示的には言及しないまま、錯誤に基づく選択の拘束力を否定したということが、注目される。この判決については、既にみたように強い批判があるし、また、異なる理解もあり得ようが、ここでは、納税者の錯誤につき課税庁に認識可能性等があったときは、たとえ納税者が選択権の行使に当たり不注意であったとしても、納税者に犠牲を強いるのは衡平でないという考え方を、この判決から導き出しておきたい。それは、租税法律主義のもとでは、課税庁には、選択権規定についてもその適用の適法性を確保するために一定の教示義務ないし指導義務が課されていると考える[38]（二も参照）からである。

五　おわりに

以上において、前論文での検討を基礎に置きながら、課税要件法上の選択手続に固有の解釈論の検討を、選択権規定の訴訟法上の意義、選択権行使に対する手続的規制及び選択の錯誤無効の判断基準について、試みてきた。個々の問題ごとの検討結果はそれぞれの箇所で述べてきたのでここでは繰り返さないが、基本的な考え方としては、そのような解釈論は、租税実体法に組み込まれた手続法という選択権規定の性格を考慮して、課税要件法の枠内においても適正な手続を実現すべく、納税者と課税庁との間の衡平を図るような形で、展開すべきであると考えられる。そのようにして、租税実体法上の法律関係における債務者（納税者）と債権者（国家又はそれを代表する課税庁）との対等性を、課税要件法上の選択手続についても解釈論上できる限り貫徹すべきであろう。

（1）　谷口勢津夫「錯誤に基づく選択権行使の拘束力に関する一考察」税法学四九一号（一九九一年）一頁・四九二号（同年）一頁。

（2） 谷口・前掲注(1)税法学四九二号二七頁。

（3） 谷口・前掲注(1)税法学四九一号九頁参照。同「納税義務の確定の法理」芝池義一・田中治・岡村忠生編『租税行政と権利保護』（ミネルヴァ書房・一九九五年）六一頁、六四頁も参照。

（4） この判決に関する評釈等としては、石倉文雄・ジュリスト一一〇八号（一九九七年）一二二頁、同・租税法研究二五号（一九九七年）一四八頁がある。また、原審・名古屋地判平成四・五・二九行集四三巻五号七九八頁に関する評釈等としては、山田二郎・判例評論四二五号三〇頁（判時一四九一号一七六頁）、高野幸大・ジュリスト一〇三七号（一九九四年）二五二頁がある。

（5） 最判平成一・四・一三税資一七〇号七頁も参照。

（6） 村山晃（判例解説）訟月四三巻三号一〇二八頁、一〇三八頁、石倉・前掲注(4)ジュリスト一一〇八号一二三頁、同・租税法研究二五号一四九—一五〇頁参照。

（7） 名古屋高裁判決は、本文で先に引用したように、この事案では宥恕規定の要件が充足されていないと判断している。なお、宥恕規定の要件が充足された場合には、選択権は課税庁にも授権されたことになるが、それは、納税者が通常ならば選択したであろうが「やむを得ない事情」によって選択し得なかった法効果をいわば「納税者に代わって」選択する権限であり、その意味で、納税者に授権された選択権に対して補完的・第二次的な権限にとどまるといえよう。

（8） ちなみに、横浜地判昭和五二・八・三訟月二三巻九号一六六九頁（東京高判昭和五四・六・二七税資一〇五号八八七頁、最判昭和五五・六・五税資一一三号五六三頁）は、納税者側からの選択に係る補正の申出について、「その補正を許容する根拠法がない」との理由により、課税庁がその補正を認めなかった点に違法はないとした。

（9） 山田・前掲注(4)三一—三二頁も参照。

（10） なお、石倉・前掲注(4)ジュリスト一一〇八号一二四頁も参照。

（11） 加藤泰彦監修／渡辺淑夫ほか『コンメンタール法人税基本通達（改訂第二版）』（税務研究会出版局・一九八五年）一七〇頁参照。なお、通達で納税者に選択権を付与する定めをおくことができるかどうかは租税法律主義の観点から問題になろう。S. *Belser*, Verfassungsrechtliche *Zulässigkeit* steuerlicher Wahlrechte, Europäische Hochschulschriften Reihe 2: Rechtswissenschaft Bd. 590, Furankfurt am Main/Bern/New York 1986, 72-82; *Tipke/Lang,* Steuerrecht, 16. Aufl., Köln 1998, § 4 Rz. 160.

(12) この判決に関する評釈等としては、堺澤良・判例評論三五二号二五頁（判時一二六九号一八七頁）、同・TKC税研時報三巻二号（一九八八年）六三頁、和田正明・ジュリスト九一三号（一九八八年）一〇七頁がある。なお、この判決については前論文でも触れた（谷口・前掲注(1)税法学四九一号一一頁注三〇参照）が、そのときには選択権行使に対する手続的規制については検討しなかったので、ここで取り上げることにした。

(13) このように考えると、課税要件の充足という意味での納税義務の成立の時期と国税通則法上の納税義務の成立時期（一五条二項）とは異なる場合があるということになるが、この点について清永敬次『税法（第五版）』（ミネルヴァ書房・一九九八年）一五六頁は「差当り、通則法上の納税義務の成立時期については、一応は納税義務が成立するための課税要件の充足の時を念頭において規定がなされているが、同法の適用上の他の考慮をも斟酌して定められたものであると解しておくよりほかあるまい。」と述べている。

(14) 本文で述べたような選択権行使と納税申告との関係については谷口・前掲注(1)税法学四九一号一六―一八頁、同・前掲注(3)六五頁参照。

(15) そのような理解をするものとして堺澤・前掲注(12)判例評論三五二号二八―二九頁、同・TKC税研時報三巻二号六八―七〇頁参照。なお、堺澤・前掲注(12)判例評論三五二号二八頁は、「一般的にいえば、納税者が所得計算について選択をすることができる場合において、その選択をしなかったとき、または選択を誤ったときは、すべての救済のみちをとざすことは相当ではないと考える。少なくとも一回はその是正方法を保障してしかるべきであろう。その方法は、選択しないかそれを誤った結果は、確定申告額の過大をきたすこととなるから、更正の請求手続（国税通則法二三条）によるべきであると考える」と述べているが、このような考え方は、本文で取り上げた事案については格別、次の**四**で検討するように、錯誤に基づく選択に限って妥当するものと解すべきであろう。

(16) 谷口・前掲注(1)税法学四九二号一頁、特に一七頁以下参照。山田・前掲注(4)三二―三四頁も同じような考え方を述べている。

(17) 最高裁昭和六二年判決は課税庁に対する拘束力については特に言及していないが、本文二で取り上げた名古屋高裁判決はこれをも明示的に承認している。

(18) 最高裁平成二年判決は、③とは異なり、錯誤に基づく選択を当初から無効とはせず、「錯誤に基づく概算経費選択の意思表示を撤回……することができる」ことを認めたにとどまるのであるが、筆者としては、本文で後述するように、選択権行使の意思表示については、租税法律関係の早期安定というような意思表示の外観を重視する要請は、問題にならないと考えられるし、また、「撤回」と「無効」とで実質的な差異が生じるとも考えられないので、錯誤に基づく選択は当初から無効であると考えることにした。谷口・前掲注(1)税法学四九二号二六頁参照。

(19) 新井隆一「申告行為の法的性質」租税法研究五号（一九七七年）二一頁、二二頁、碓井光明「納税申告の性質」室井力・塩野宏編『行政法を学ぶ1（基本原理・行政過程）』（有斐閣・一九七八年）二八五頁、二八八頁、首藤重幸「税法における申告等の法的性格」北野弘久編『判例研究日本税法体系3（租税実体法Ⅱ・租税手続法Ⅰ）』（学陽書房・一九八〇年）一九二頁、一九四頁注三、等参照。

(20) これまで本文で取り上げた判決のほかに、東京地判昭和四七・二・二八税資六五号三二八頁、東京地判昭和四九・二・二〇訟月二〇巻六号一九三頁、東京地判昭和五四・三・八訟月二五巻七号一九五八頁、最判昭和五五・六・五税資一一三号五六三頁、最判平成一・四・一三税資一七〇号七頁、千葉地判平成六・五・三〇判タ八五七号一六〇頁、福岡地判平成九・五・二七行集四八巻五・六号四五六頁、等参照。なお、裁決例においても同様の解釈がみられる。国税不服審判所裁決昭和六二・一一・二四裁決事例集三四号一一三頁、同平成一・一二・五裁決事例集三八号一頁、同平成五・一二・一三裁決事例集四六号一頁、同平成九・五・二七裁決事例集五三号四九頁、等参照。

(21) 谷口・前掲注(1)税法学四九一号一六頁参照。

(22) 中川一郎・清永敬次編『コンメンタール国税通則法』（税法研究所・追録第五号加除済）E三七五―三七六頁、志場喜徳郎ほか編『国税通則法精解（平成八年改訂）』（大蔵財務協会・一九九六年）三一一頁、佐藤孝一『最新判例による国税通則の法解釈と実務―国税通則関係主要判例の紹介と解説―』（大蔵財務協会・一九九六年）二九一―二

九二頁、金子宏『租税法（第七版）』（弘文堂・一九九九年）五四八頁、等参照。

(23) 上田豊三（判例解説）法曹時報四二巻九号（一九九〇年）二四六六頁、二四八五頁、小川賢一・吉田徹（判例回顧）租税法研究一九号（一九九一年）一七五頁、一七八頁、等参照。

(24) 佐藤・前掲注(22)二八四―二八五頁。

(25) これに対して、錯誤に基づき概算経費控除を選択しなかった事案につき最高裁昭和三九年判決を引用する判決として、横浜地判昭和五二・八・三訟月二三巻九号一六六九頁（東京高判昭和五四・六・二七税資一〇五号八八七頁、最判昭和五五・六・五税資一一三号五六三頁もこれを支持している）がある。

(26) 谷口・前掲注(1)税法学四九二号一九―二二頁参照。堺澤良（判例評釈）ジュリスト一一四五号（一九九八年）一二一頁、一二三頁は、選択に係る錯誤について「更正の請求によらない申告の無効を俎上にのせる場合の錯誤論の展開は、別である。」と述べている。山田・前掲注(4)三三頁も参照。

(27) 谷口・前掲注(3)七二―七七頁参照。

(28) 東京地判昭和六二・三・一六行集三八巻二・三号二〇七頁も参照。

(29) この事実認定のもつ意味については、谷口・前掲注(1)税法学四九二号二〇―二二頁参照。

(30) 武田昌輔監修『DHCコンメンタール国税通則法』（第一法規・加除式）一四七三頁。

(31) この判決に関する評釈等として、佐藤孝一・税経通信五〇巻一号（一九九五年）二六七頁、橋詰均・判タ八八二号二九六頁がある。

(32) 民法における錯誤論の変遷については、中松纓子「錯誤」星野英一編集代表『民法講座1民法総則』（有斐閣・一九八四年）三八七頁参照。同・四二四頁は「民法の起草者が錯誤につき、心理学的な意思欠缺構成をとっていたのに対し、現在においてはもはや、このような理解を示すものはほとんどない。」と述べている。

(33) 橋詰・前掲注(31)二九七頁。

(34) なお、中松・前掲注(32)四三一頁は「それら［=現在の錯誤論の代表的学説］の共通の関心は相手方の認識可能性（悪意・過失不知）を錯誤無効の要件とする点であ［る］」と述べているが、この点についても、本文で取り上げた千葉地裁判決は基本的な発想において民法学説上の新しい錯誤論と共通するところがあるように思われる。

(35) 差し当たり、内田貴『民法Ⅰ〔第二版〕』（東京大学出版会・一九九九年）六三頁参照。

(36) 谷口・前掲注(1)税法学四九二号二四頁参照。

(37) 「税法の誤解」に関連して、福岡地裁平成九年五月二七日判決（行集四八巻五・六号四五六頁）を取り上げておきたい。この事案では、消費税の仕入税額控除につき一括比例配分方式による確定申告をした後に、計算方法の選択に係る錯誤を理由にして、個別対応方式による計算に基づいて更正の請求をすることが認められるかどうかが争われたが、そこで納税者が主張した錯誤は次のようなものであった。すなわち、納税者は、土地建物の一括譲渡について、一括比例配分方式により控除税額を計算すると、課税売上げである建物の売上げに対応する課税仕入れに係る消費税を、非課税売上げである土地の売上げにも配分する結果となるので、この場合における一括比例配分方式の選択は消費税の本質、立法趣旨に反し許されないにもかかわらず、これを選択できるものと誤信して選択したところに錯誤があると主張したのである。これに対して、右の判決は、「区分経理をしている事業者による一括比例配分方式の適用は、その事業形態によって適用が許されたり許されなかったりするという性質のものではなく、原告のように、建物を建築して売却することに伴い土地の売買もするという事業者だからといって、およそ一括比例配分方式を選択することができないという結論を導かなければならないということにはならない。」と判示して錯誤の主張を斥けた。つまり、この判決は、一括比例配分方式の選択を「消費税法の誤解」に基づくものとは認めなかったのである。

しかし、この事案においてはやはり「消費税法の誤解」があったとみることもできるように思われる。納税者は、右でみたように、一括比例配分方式の「選択の許容性に関する誤解」を主張していたのであるから、それに対する判断としては消費税法の解釈上は右の判決のようにならざるを得ないであろうが、しかし、納税者が更正の請求を行った意図は、建物の売上げに対応する課税仕入れに係る消費税を全額、課税売上げに係る消費税から控除することができるようにするところにあったのであろうから、納税者としては、一括比例配分方式を選択した場合の法効果を正しく理解していなかった、換言すれば、一括比例配分方式によれば課税仕入れに係る消費税を非課税売上げにも配分することになるにもかかわらず、個別対応方式と同様課税売上げにだけ配分するものと誤解していた、と主張することも可能であったように思われる。しかも、右の判決は傍論ながら「本件のように、一括比例配分方式を適用した場合の納付税額が、個別対応方式を適用した場合と比して極めて高額［＝二億円近く］となる場合、右金額の具体的な差異を納税者本人が認識していれば、あえて一括比例配分方式を適用することは通常考えられない」と述べていることからすると、納税者が右で述べたような「選択の法効果に関する誤解」を主張していれば、錯誤が認められる余地はあったように思われる。なお、堺澤・前掲注(26)一二三頁も参照。

右の福岡地裁判決に関する評釈等としては、堺澤・前掲注(26)、笹崎好一郎・税務事例三〇巻六号（一九九八年）四頁がある。なお、この判決と同様の事案につき同じ日に下された国税不服審判所裁決・裁決事例集五三号四九頁に関する評釈等として、堺澤良・税経通信五三巻一二号（一九九八年）二四一頁、藤本光一・税務事例三一巻三号（一九九九年）二四頁がある。

(38)　谷口・前掲注(1)税法学四九二号二一―二二頁参照。

台湾の新行政訴訟法

玉國文敏

一　はじめに
二　総説的規定
三　行政訴訟の種類と内容
四　訴訟要件
五　行政訴訟の審理
六　仮の救済（執行停止）
七　訴訟手続の停止
八　訴訟の終結（判決と和解等）
九　おわりに

一　はじめに

わが国の行政事件訴訟法が制定されて以来三七年余が経過した。その間に行政事件訴訟法の立法当時には必ずしも起こることが予測されていなかった問題や、立法当時はそれほど意識されなかった分野における問題が多く生じてきたため、現在の法規定では十分に対応しえないケースが少なからず見られるようになっている。学会でも、このような行政事件訴訟法の状況については、種々の形で問題点が指摘されてきた。たとえば、一九七四年の日本公法学会では、「訴えの利益」がテーマとして取り上げられたが、その際の報告者であった原田尚彦教授は、「訴えの利益の自由化」を含めて、訴訟要件を緩和することが、「行政訴訟の現代的課題対応への動態的過程」の第一歩となることを示唆された。(1) 一九八二年に日本公法学会が行政争訟法制二〇年を回顧した際には、多くの報告者が、現代型行政との関係を念頭に置いてわが国行政争訟制度の機能的限界を考察したが、(2) とりわけ雄川一郎教授は、いわゆる現代型行政紛争に対して行政事件訴訟法が制度的に対応していないことを指摘され、「複雑な行政的ないし技術的問題を含む現代型紛争が全般的に裁判所を受け皿として争われることは適切な問題処理の方途であるとも言えまい」と述べられた。(3) その後の第五四回総会（一九八九年）でも、日本公法学会は、行政争訟の改革問題を取り上げている。(4) その意味では、行政事件訴訟法が新しい時代に対応するについては、ある種の限界のあることが早い段階から認識されていたとも言えよう。(5)

現在のところ、わが国では、行政事件訴訟法の改正問題は、未だ具体的な政治日程に組み込まれてはいない。ただし、行政事件訴訟法の改正問題が巷間論議されてこなかったわけではない。たとえば、山村恒年氏（元神戸大学教授・弁護士）は、一九九四年に改正試案要綱を発表しており[6]、その他、多くの論者が行政事件訴訟法の改正の必要性を指摘してきた。さらに日本弁護士連合会では、司法改革推進センターを中心として法改正への積極的な検討を進めており、司法改革審議会の動きに併せる形で、行政事件訴訟法改正に向けての活発な働きかけを始めている[7]。

このように、わが国の場合、学界などでは行政事件訴訟法改正の必要性がある程度認識され、一部に改正を要請する具体的な動きがありながらも、実際にはなかなか本格的な改正作業には移れない状況にある。これに対して、訴願制度や行政裁判所制度などのわが国の旧制度を継承し、戦後においても戦前のわが国制度の残滓的色彩が残っていた中華民国（台湾）においては、近時の司法改革の動きに沿って、行政救済制度の改革が急ピッチで進められつつある。とりわけ、昨年（一九九八年）一〇月には、新しい訴願法や行政法院組織法（行政裁判所法）と併せて、わが国に先駆けて「行政訴訟法」（わが国でいう行政事件訴訟法）の全面改正案がわが国の国会に当たる立法院を通過した。新しい行政訴訟法案は、立法院を通過した後、総統によって公示され、新訴願法等と共に、二〇〇〇年七月一日から公布・施行されることになっており、それを前にして、現在、中華民国（台湾）では、新制度の整備と準備に追われているところである[8]。

中華民国（台湾）の新行政訴訟法は、三〇八条からなる大部の法律であるが、そこでは自己の利益に関わらず公益的立場から訴訟を提起できる客観訴訟の導入などを含めて、いくつかの非常に注目すべき制度改革が試みられている。本稿では、そのような変革期にある中華民国（台湾）の行政救済制度全体に加えられつつある変容を横目で眺めながら、主として陳清秀氏（弁護士・東呉大学法律系副教授）の新著「行政訴訟法」（植根法律事務所・一九九九）[9]に依って、中華民国（台湾）の新行政訴訟法の概要と、今回の主要な改正点を紹介していきたい（なお、法文等の訳出に当たっては、詳細にわたって二松学舎大学教授・蔡秋雄氏のご助言・ご協力を得た。誤訳ないしは表現の適切でない部分があるとすれば、偏に筆者の責めに帰すべきであることはいうまでもないが、併せてここに記すことにより、同教授の友情に対して深く感謝の意を表したい）。

二　総説的規定

行政訴訟法の内容を紹介する前に、まず、中華民国（台湾）の行政法院（行政裁判所）の構成について若干触れておく。

一　行政法院（行政裁判所）の構成と管轄

伝統的に大陸法的な行政法院（行政裁判所）制度を採用してきた中華民国（台湾）では、従来、行政法院は一審制とされ、その判決に対しては上訴や抗告が許されていなかった（旧法三条）。今回はその点が改正され、省・直轄市・特別区域にそれぞれ設置される裁判官三人合議制の高等行政法院（ただし、簡易訴訟手続による場合は独任制で審理を行う）を第一審裁判所とし、中央政府所在地に置かれる五人合議制の最高行政法院を上訴審裁判所とする、二審制が採用されることになった。[11]

新行政訴訟法では、行政法院の管轄について、詳細に規定する。事物管轄について言えば、高等行政法院は、取消訴訟、無効等確認訴訟、給付訴訟の第一審裁判所とされている（五条一項、六条四項、八条四項）。その他、公法人に対する訴訟の土地管轄は行政機関所在地の行政法院が、公法人の機関を被告とするときは、当該機関の所在地にある行政法院が土地管轄を有する（一三条一項）。私法人その他の訴訟当事者となりうる団体に対する訴訟は、その主たる事務所あるいは主たる営業所の所在地における行政法院が管轄することになっており（同二項）、外国法人その他の訴訟当事者となりうる団体に対する訴訟は、中華民国にあるその主たる事務所あるいは主たる営業所の所在地における行政法院が管轄する（同三項）。これら以外の訴訟では、被告の住所地あるいは居所地の行政法院が管轄を有する（一四条）が、不動産に対する公法上の権利などが原因となり争訟に関わった場合は、不動産所在地の行政法院が専属してこれを管轄する（一五条）。①管轄権を有する行政法院が法律上または事実上審判権を行使で禁止できない場合、②管轄区域の境界が不明であるため、管轄権を有する行政法院を識別できない場合、③特別の事情によって管轄権を有する行政法院が審判をしたのでは公安に影響を及ぼすおそれがあったり公平を期しがたかったりする場合など、一定の状況の下では、当事者の（受訴行政院あるいは最高行政院への）申請または受訴行政院の請求を受けて、最高行政院が管轄を指定することになっている（一六条）。なお、行政法院の管轄は、起訴時を基準として定められている（一七条）。

二　行政訴訟の目的

新行政訴訟法は、最初に、行政訴訟の目的は、「国民（人民）の権益を保障し、国家行政権の適法な行使を確保することでもって、司法機能の増進を図る」ことにあることを明言する（一条）。

三　行政訴訟の種類と内容

旧行政訴訟法一条では、国あるいは地方行政機関の違法な行政処分によって権利を侵害された国民は、「（再）訴願手続を経た後、行政訴訟を提起しうる」と定めていたが、ここでいう「行政訴訟」とは、実際上「処分取消訴訟」一種類だけを指すと理解されていた[12]。

これに対して、新行政訴訟法では、「公法上の紛争については、法律に別段の定めがある場合を除き、本法により行政訴訟を提起しうる」（二条）と、ごく概括的に規定した後、ここでいう「行政訴訟」としては、取消訴訟、確認訴訟および給付訴訟の三種類の訴訟類型を挙げている（「前条の行政訴訟とは、取消訴訟、確認訴訟および給付訴訟を指す」。三条）。

立法趣旨としては、行政訴訟の種類は必ずしも同一の基準で分類し得ないため、三種の典型的な訴訟類型のみを明示する旨の説明がなされている。ただし、この規定をめぐっては、行政訴訟の種類を限定列挙しようとする趣旨に理解すべきか、それとも例示規定と解すべきかを議論する余地がある。わが国の行政事件訴訟法制定に際してのスタンスと同様、将来の訴訟制度の利用状況やその形成発展を期待して、これからの運用に委ねているとの見方も可能であろうが、このような規定を置いたことにより、かえって行政訴訟の形成発展が妨げられるおそれがあるとして、この規定を削除すべきとする学説も見られる[13]。もっとも、行政訴訟法四条から一一条までに挙げられている具体的な訴訟類型には、取消訴訟、無効等確認訴訟の他、行政処分請求訴訟（わが国でいう不作為の違法確認訴訟や義務づけ訴訟的性格を併せもつ訴訟）、給付訴訟（わが国の当事者訴訟的性質を併せもつ）、選挙罷免訴訟（リコール訴訟）や公益維持保護訴訟（わが国の民衆訴訟的訴訟を含む）などがあり、実際には多種多様な性質をもつ訴訟が予定されている。

一　取消訴訟

まず、行政訴訟法第四条は、行政訴訟の典型的な訴訟類型である取消訴訟に関して、以下のように規定する。

第四条

① 人民（国民）は、中央行政機関または地方行政機関（国または地方の行政庁）の違法な行政処分によりその権利または法律上の利益に損害を受けたと認める場合で、かつ、訴願法による訴願の提起を経て下された決定（裁決）に不服があるとき、または訴願を提起して三ヶ月を過ぎても決定（裁決）がなされないとき、または延長された訴願決定期間を二ヶ月過ぎても決定（裁決）がなされないときは、高等行政法院に対して取消訴訟を提起しうる。

② 行政処分権限の踰越または行政処分権力の濫用は、違法をもって論ずる。[14]

③ 訴願人以外の利害関係人が、第一項の訴願決定（裁決）によって、その権利または法律上の利益に損害を受けたと認めるときは、高等行政法院に対して取消訴訟を提起することができる。

取消訴訟を提起するためには、その前提として行政処分の存在が必要であることや、無効の行政処分について取消訴訟を提起しうることなどは、わが国の場合と同様である。[15] ただし、台湾の場合には、旧法時代から引き続いて訴願前置主義が採用されており、訴願行政庁の果たす役割がそれだけ大きいと言えよう。

二 義務づけ訴訟

第五条は、わが国でいう不作為の違法確認訴訟的性質を有する訴訟と併せて、「特定の内容の行政処分」をなすべきことを請求する、いわゆる「義務づけ訴訟」の制度を明文化している。これらの制度は、ドイツの立法例を真似たと言われる。[16]

第五条

① 法律により申請された案件につき、所定の期間内に中央行政機関または地方行政機関（国または地方の行政庁）

が何らかの行為をすべきにもかかわらず不作為である場合、人民（国民）は、それによって権利あるいは法律上の利益に損害を受けたと認めるときは、訴願手続を経た後、当該行政機関が行政処分をなすべきこと、あるいは特定の内容の行政処分をなすべきことを請求する訴訟を、高等行政法院に対して提起しうる。

② 法律により申請された案件につき、申請にもかかわらず中央行政機関または地方行政機関（国または地方の行政庁）が却下した場合、人民（国民）は、それによって権利あるいは法律上の利益に損害を受けたと認めるときは、訴願手続を経た後、当該行政機関が行政処分をなすべきこと、あるいは特定の内容の行政処分をなすべきことを請求する訴訟を、高等行政法院に対して提起しうる。

ここでは、主に行政庁の怠慢行為（消極的不作為）に対する訴訟と、却下処分に対する訴訟について定めており、予防的不作為訴訟（わが国でいう差し止め訴訟・中止訴訟・禁止訴訟）が可能かどうかは、新法の下でも明文の定めが置かれていない。(17)

なお、旧法でも、行政訴訟を提起した場合には、訴訟手続終結前であれば、付帯的に損害賠償請求をなしえたが、新法の下では、同一の行政訴訟手続中で、損害賠償に限らず財産上の給付を併せて求めうるように、その範囲が拡大されている。(18)

三　公法上の確認訴訟

第六条は、わが国でいう「無効等確認訴訟」に相当する、公法上の確認訴訟についての定めを置いている。もっとも、新法ではわが国の行政事件訴訟法でいう「存否確認訴訟」という言葉を用いずに、「成立又は不成立の確認訴訟」という言葉を用いているが、法律関係の存否確認訴訟もその中に含まれているようである。(19) その他、この訴訟に属する訴訟形態としては、行政処分の無効確認訴訟[20]、行政処分の違法確認訴訟[21]などがある。これらの訴訟は、第三項の規定等から見て、他の訴訟の補充的性質をもつともいわれる[22]。

第六条

① 行政処分の無効確認訴訟及び公法上の法律関係の成立又は不成立の確認訴訟は、確認判決によって原告が直ちに法律上の利益を受けるのでないならば、提起することができない。すでに執行が終了し、あるいは、その他の事由により行政処分が消滅した場合の違法確認訴訟についても同様である。

② 行政処分の無効確認訴訟は、原処分機関(原処分庁)に対してその無効確認を請求したにもかかわらず原処分機関がそれを認めなかったとき、あるいは、無効確認の請求を経た後三〇日以内に確たる返答をしないときに、初めてこれを提起しうる。

③ 公法上の法律関係の成立又は不成立の確認訴訟は、原告が取消訴訟を提起しうるときは、これを提起することができない。

④ 確認訴訟は、高等行政法院をもって第一審の管轄裁判所とする。

⑤ 取消訴訟を提起すべきであるのに、誤って行政処分の無効確認訴訟を提起したため訴願手続を経なかったときは、高等行政法院は裁定をもって当該事件を訴願管轄庁に移送すべきである。この場合は、行政法院が訴状を受理したときに訴願が提起されたものとみなす。

四　給付訴訟

第八条は、一般的な公法上の給付訴訟について定める。ここでの訴訟の対象には、財産的行為と非財産的行為が含まれうるが、行政庁に対して行政処分をなしたり、行政処分に関して不作為を命じたりするような訴訟（第五条の義務づけ訴訟）は含まれない。

第八条

① 人民（国民）は、中央行政機関または地方行政機関（国または地方の行政庁）との間で公法上の原因により財産上の給付関係が生じたとき、又は公法上の契約により発生する給付について、行政処分以外のその他の非財産上の給付を請求したときは、給付訴訟を提起しうる。公法上の契約により発生する給付についても同様である。

② 前項の給付訴訟の裁判の成否が行政処分を取り消すべきか否かに係っている場合には、第四条第一項又は第三項により取消訴訟を提起したときに、併せて請求をなすべきである。

③ 原告が上の請求をしなかったときは、審判長は請求しうる旨を教示しなければならない。

④ 別に規定がある場合を除き、給付訴訟は、高等行政法院をもって第一審の管轄裁判所とする。

本条が定める財産上の給付訴訟の具体的な請求目的としては、金銭的給付請求権（例、生活保護費等の社会保険の支払い関係、公務員の給与や退職金の支給関係、補助金の請求、租税法上の不当利得返還請求、損失補償等）と、行政処分により生じた損害の原状回復等の結果除去請求権が挙げられる。なお、国家賠償法の規定により賠償を求めることとされている公法上の損害賠償請求権については、法令上一般に民事訴訟手続で審理すべきとされ、行政法院の裁判権の外に置かれているが、取消判決では完全に損害を除去することが不可能なために取消訴訟と同一の手続で損害賠償その他の財産上の給付を併せてした場合（第七条）には、行政法院に給付訴訟を提起しうる状況も生じると理解されている。(23)

非財産上の給付訴訟の例としては、公務員の氏名等の告知の請求、特定の資料の廃止の請求、違法に操業している工場等に対する取締り、名誉を損なう指摘を撤回する請求など、観念の通知や単純な行政上の事実的行為を求めるケースや、戒告処分や上司によってなされた名誉を損なう指摘の撤回を求めたりするなどの公務員法上の争いを挙げることができる。実務上は取消訴訟を提起して救済を求める状態にはない場合であっても、一般給付訴訟によって救済を求めることも可能である。[24]

また、行政庁に対して情報提供をしないように求めるなど、「非定型的行政行為」をしないよう求めることも、一般には給付訴訟でなされることになる。例えば、新聞などのメディアを通じて、ある種の健康食品が人体に危害を加えるおそれがあるので買わないようにという警告を、食品衛生局が一般大衆に向けてするような場合に、食品製造業者から行政庁に対して当該警告行為をしないよう求めることなどが、その典型的ケースであるとされている。[25]これらの「不作為を求める給付訴訟」は、差止請求訴訟や中止訴訟などの「不作為の義務づけ訴訟」と性質が似ている面があるが、給付訴訟の対象は、あくまでも財産上の給付または「行政処分以外のその他の非財産上の行為」に限られており、行政処分の差止めを求める「不作為の義務づけ訴訟」とは区別されている。[26]その他、この訴訟形態を用いて、公法上の契約の締結を求めたり、公法上の契約によって発生する義務の履行を求めたりすることも可能である。[27]

五　公益維持保護訴訟（いわゆる民衆訴訟を含む）

第九条は、「人民は、公益を保護するため、自己の権利及び法律上の利益に関係のない事項につき、行政機関の違法行為に対して行政訴訟を提起することができる」旨を定める。このような訴訟類型は、わが国の民衆訴訟の制度を真似たといわれ、制度的に多くの共通点が見られる。

まず、このような訴訟を提起しうるのは「法律上特別の規定がある」場合に限られている（九条但書）。行政訴訟法は、「選挙罷免訴訟（いわゆるリコール訴訟）」について、行政訴訟を提起しうることを明記する（一〇条）が、これらの規定で定められる行政訴訟については、それぞれの性質に応じて、取消訴訟、確認訴訟または給付訴訟に関する規定が準用される（一一条）。

なお、中華民国憲法一三二条は、「選挙訴訟」を法院（裁判所）の審理に委ねているが、この法院（裁判所）には、行政法院も含まれる。主席・県知事・市長など選挙によって選出された一定の公職者の選挙やリコールなども本質上は行政訴訟に属させるべきであろうが、これらの公職者の選挙やリコールの無効・当選無効・議会によるリコール案通過またはリコール案の否決無効等の訴訟は、やや古い法律である「公職人員選挙罷免法」およびその関係法令の下で、普通法院（通常裁判所）が審理することになっている。したがって、そこで規定されている以外の公法上のリコール事件が行政訴訟の審理対象とされることになる(28)。

六　機関訴訟

わが国とは異なり、台湾の行政訴訟法では、「機関訴訟」の範疇をとくに立てているわけではない。ただし、行政訴訟法第二条は、「法律で別段の規定がある場合を除き、公法上の争議については本法により行政訴訟を提起しうる」と定めていることからして、行政機関相互間での権限をめぐる紛争についても、原則として、行政訴訟を提起しうると解されている（実際には、ここでも事案の状況により、取消訴訟、確認訴訟あるいは給付訴訟を提起することになる）(29)。

四　訴訟要件

新行政訴訟法の制定に際してなされた訴訟要件についての規定改正は、とりわけ注目される。ちなみに旧行政訴訟法では、「中央あるいは地方の（行政）機関の違法な行政処分によってその権利に損害を生じたと認める人民（国民）は、訴願法の規定による再訴願の提起を経て、その決定に不服がある場合、再訴願を提起して三ヶ月を経過しても決定がなされない場合、又は再訴願決定期間が延長されてから二ヶ月を経過しても決定がなされない場合には、行政法院に対して行政訴訟を提起しうる」と定められていた（同一条）。

一　訴願前置主義

前述のように、新法でも取消訴訟や義務づけ訴訟を提起するに際しては、その前段階手続として訴願前置主義を採用している。ただし、二八条からなっていた旧訴願法に対して、新訴願法では全体で一〇一条に及ぶ法律となっており、内容的にも大きな改正が加えられた。新訴願法の主な改正点は以下の通りである。[30]

(イ)　これまでは、救済を求める国民がいずれの行政機関に訴願を提起すればいいのかが分かりにくかったため、国民が困惑するケースが少なくなかった。今回は、このような事態を避けるため、まず原処分庁を経由して訴願を提起させることとし、原処分庁から他の機関へ転送する手続をとることになった。この改正は、訴願機関の管轄について国民が迷うような不便を取り除くと共に、原処分庁自らに処分を見直す機会を与える目的をもっている。[31] また、誤って原処分庁や訴願庁以外の行政機関に訴願を提起した場合には、当該行政機関が訴願を受け付けた日をもって、本来の行政庁に訴願を提起したとみなされる（訴願法一四条四項）。

(ロ) 訴願の対象となる行政処分の概念が拡大されると共に、行政庁が行政処分をしない不作為状態についても訴願の対象とされることになった。(32)

(ハ) 新訴願法一八条では、「自然人、法人、法人格なき団体その他、行政処分の相手方及び利害関係人は訴願を提起しうる」と定め、訴願申立人の範囲を法文上明らかにした。それと共に、わが国と異なり、地方自治団体（わが国でいう地方公共団体）その他の公法人が権利利益を侵害されるような場合にも訴願を提起しうるとされていることは、とくに注目される。(33)

(ニ) 新訴願法では、利害関係人等の訴願への参加手続が新たに定められた。具体的には、「訴願人と利害関係を同じくする者」（二八条第一項）および「訴願が原処分を取消し又は変更することによりその権利利益に影響を受ける第三者」（同二項）の参加が予定されている。

(ホ) その他、訴願の審理等に関する新規定としては、職権探知主義の採用（六七条）、不利益変更禁止原則の明文化（八一条）、事情裁決制度の採用（八三、八四条）、訴願決定（裁決）に関する再審制度の採用（九七条）などがある。

二　当事者適格

行政訴訟法二二条は、「自然人、法人、中央及び地方の（行政）機関、法人格なき団体は、当事者能力を有する」と規定する。個人経営や組合組織の営利事業など、私法上は独立して権利能力を有しない場合であっても、個別の行政法規の下で独立して公法上の権利義務の主体となりうる者であれば、行政訴訟における当事者能力があるとされている。[34] なお、同二七条は、法人等の訴訟能力に関連して、「独立して法律行為における義務を負う者は、訴訟能力を有する」旨規定する。法人や中央・地方の（行政）機関、さらには法人格なき団体については、「代表者又は管理人」が訴訟を遂行することとされている（同二項）。その他、民事訴訟法四六条を準用することにより、本国法で訴訟能力がないとされる外国人についても、中華民国法の下での訴訟能力を有していれば訴訟能力があるとみなされる（二八条）。原告、被告のほか、後述する訴訟参加人も訴訟当事者に含まれる（二三条）。

訴訟当事者は、委任により代理人を立てて訴訟行為をなしうるが、訴訟代理人の数は一当事者毎に三人までという制限がある（四九条一項）。行政訴訟の訴訟代理人は、原則として律師（弁護士）でなければならないが、①法令によって訴訟事件と関係がある代理人資格を取得した者、②当該訴訟事件についての専門知識を有している者、③職務上の関係で訴訟代理人となる者、④当事者と親族関係にある者は、例外的に訴訟代理人となりうる（同二項。ただし、②④については、適当でないとして裁定により禁止されうる。同三項）。訴訟代理人は、委任を受けた事件について一切の訴訟行為をする権限をもつが、訴訟の放棄・認容・取り下げ・和解、反訴・上訴・再審の訴えの提起、代理人の選任などの一定の行為については、委任状等による特別の委任がなければなしえない（五一条）。

二―一　原告適格

(イ)　主観訴訟における訴えの利益　　取消訴訟、義務づけ訴訟、確認訴訟など、いわゆる主観訴訟に属する行政訴訟については、いずれも人民がその「権利または法律上の利益」に損害を受けることが出訴の要件とされている（四条、五条、六条など）。台湾においても、「法律上の利益」が何を意味するのかについては、「法律上の保護利益説」、「受けるに値する保護利益説」などの対立が見られるようである。[35]

これらの訴訟に対して、給付訴訟においては、原告（人民）が公法上の給付請求権を有することが前提となる。ここでいう給付請求権としては、憲法や各種の法規定、法原則や公法上の契約など、種々の根拠に基づく請求権（例、損失補償請求権、租税徴収法上の租税返還請求権などの公法上の返還請求権、妨害排除請求権など）を挙げることができる。公法上の不作為を求める給付訴訟の場合にも、行政庁の行動により原告の公法上の権利や法律上の利益が違法に侵害されたりすることを要件としている。(36)

(ロ) 客観訴訟における原告適格の例　「自己の権利及び法律上の利益に関係なく」起こす客観訴訟の例としては、前出の公益維持保護訴訟（九条）を挙げうるが、この種の訴訟における原告適格や被告、出訴の条件などについても、個別の特別規定に委ねられている。たとえば、何人も、特許法上行政争訟を提起・告発しうるとして特許権の取消しを請求する規定などがその例とされる。(37) また、空気汚染防制法（わが国でいう大気汚染防止法）七四条第一項は、「被害を受けた住民又は公益団体に」法律違反の具体的内容を書面で告知させた後、主管庁が六〇日以内に法律に従った執行をしないときは、人民は主管庁を被告として、職務行為の執行を怠ったとして直接行政法院に訴訟を提起し、その執行を請求しうるとされている。(38) この他、次に述べる団体訴訟も客観訴訟の一例である。

(ハ) 多数当事者が関係する場合の取扱い ―― 団体訴訟等　新行政訴訟法における特色の一つは、多数当事者が関係する場合の取扱いが整備されている点である。とりわけ第三五条において団体訴訟が導入されていることは、注目に値する。まず、多数人が訴訟を提起する場合の取扱いについて、第二九条は、以下のように規定する。

第二九条

① 多数人が共同の利益を有する場合には、その中から一人から五人を選び、全体のために訴訟の提起や応訴をさせることができる。

② 訴訟の目的が多数人の共同利益に関わるときは、あらかじめ前項の選任をしなければならない。行政裁判所は、期限を定めて代表者の選任を命ずることが出来るほか、期限までに代表者を選任しない場合には、行政裁判所は、職権をもって代表者を指名することができる。この選任等が行われた後は、選任あるいは指名された代表者以外の当事者は、訴訟から離脱する。

共同の利益を有する多数人から代表者が選任あるいは行政裁判所の職権で指名された場合、当事者全員が同意すれば、代表者を変更したり、数を増減したりすることが出来る（三〇条一、二項）。そのような場合には、それまでの選任あるいは指名された代表者はその資格を失うこととされている（同三項）。選任された代表者は、全員の同意がなければ請求の放棄・認諾・取り下げまたは和解をしてはならないとされている（三三条）。ただし、共同利益を有する多数人のすべてに対して訴訟目的を統一的に確定すべきでない場合に、選任をした人の同意を得て訴訟の一部を取り下げたり和解したりすることは可能である（同但し書）[39]。

注目されるのは、団体訴訟（クラス・アクション）について規定する第三五条である。同条は、以下のように規定する。

第三五条

① 共同の利益を有する多数の社員がいることを理由として、法人規則が定める目的の範囲内で公益目的をもつ社団法人（公益法人）が一定の法律関係につき訴訟を遂行する権限を与えられたときは、その法人は公共の利益のために訴訟を提起することが出来る。

② 前項の規定は、公益目的を有する非法人団体にも準用する。

③ 第二項の訴訟遂行権限の授与は、文書をもって証明しなければならない。

④　第三三条の規定は、第一項の社団法人又は第二項の非法人団体にも準用する。

ときに被害者数がかなりの数にのぼる公害関係事件や消費者保護関係事件を個別的に提訴させるのは訴訟経済原則に反するという立場から、ドイツの制度を取り入れて、この規定は立法された。草案段階では、「当該各社員の利益のために訴訟を提起しうる」とされていたのが修正されて、「公共の利益のために」提起される客観訴訟的性格が強調されることになった。(40)

二―二　被告適格

訴願を経て行政訴訟を提起する場合の被告は、⑴訴願時の原処分庁、⑵原処分あるいは決定が取消され、あるいは変更された場合には、最後に取消し・変更をした行政庁とされている（二四条）。公権力の行使を委託された団体あるいは個人との間で、その受託事件をめぐっての訴訟が起きた場合には、その訴訟の限りで、委託された団体あるいは個人が被告となる（二五条）。被告行政庁の組織が変更されたような場合には、その業務を引き継いだ行政庁が、業務をひきつぐ行政庁がない場合には、その直近行政庁が被告とされる（二六条）。

三　出訴期間

取消訴訟の提起は、訴願決定書の送達後二ヶ月の不変期間内にしなければならない（一〇六条一項）が、訴願人以外の利害関係人がその後になって知った場合には、その期間は、その知った時より起算する（同一項但し書）。ただし、訴願決定書が送達された後、三年を経過した場合には、提起できなくなる（同二項）。(41)(42)

五　行政訴訟の審理

一　弁論主義

訴訟の提起は、当事者、訴訟提起にあたっての主張、訴訟目的とその原因事実を明らかにした訴状を、行政法院に提出することにより行う（一〇四条一項）。訴状では、さらに、手続上の関連事実、立証方法、その他口頭弁論の準備事項を記載し、訴願手続きを経た場合には決定（裁決）書を添付することが求められている（同二項）。ただし、書面審理を原則とする訴願[43]に対して、行政訴訟法では、弁論主義を採用している。すなわち、同法一八八条は、以下のように規定する。

第一八八条

① 別段の規定がある場合を除き、行政訴訟は、口頭弁論をもって裁判する。

② 裁判（審判）の基礎となる口頭弁論に参与しなかった裁判官は、裁判（審判）に参与することができない。

③ 裁定は、口頭弁論を経ずにこれをなしうる。

④ 別段の規定がある場合を除き、裁定前に口頭弁論を行わないときは、関係人に対して、文書又は口頭で陳述することを命じうる。

また、第一八九条は、「行政法院が裁判をする（審判を下す）場合には、全弁論の趣旨および証拠調査の結果を斟酌した上で、論理法則や経験法則によって事実の真偽を判断」すること、および、これらの判断で得られた心証の理由を判決に明記することを求めている。口頭弁論を経て判決をする場合は判決を言い渡す必要があるが、口頭弁論を経ない判決は、公告をすれば足りるとされている（二〇四条）。例えば、取消訴訟およびその他の公益の維持保護に関する訴訟において、当事者双方が正当な理由なく口頭弁論期日に出頭しない場合には、行政法院が職権により事実を調査し、口頭弁論を経ないで判決しうるとされている（一九四条）。

二　証拠手続

(a)　職権による証拠調べ

行政法院が証拠調べをするときは、原則として口頭弁論期日に行うことになっている（一二三条）。もっとも、口頭弁論前であっても、行政法院は、必要に応じて当事者等の出頭や資料・文書等の提出を命じたり、検査・鑑定をしたり、第三者に文書提出を命じたり、証拠の調査を受命または受託裁判官にさせたりすることができる（一二一条）。行政法院が職権により事実関係を調査するにあたっては、当事者の主張に拘束されない（一二五条）。そういう意味では、職権探知主義を採用したといわれる。(44) また、取消訴訟においては、行政法院は、職権で証拠調べをしなければならないが、その他の訴訟においても、公益を維持保護する場合には、同様である（一三三条）。(45) 相手方が使用することを妨げるため、当事者が故意に証拠を滅失・隠匿し、あるいは使用しにくい状態にした場合には、行政法院は、その状況を斟酌し、他方当事者による当該証拠についての主張や当該証拠によって証明すべき事実が真実であると認めることもできる（一三五条一項。この場合には、裁判での認定に先立ち、当事者には弁論の機会が与えられる。同二項）。習慣や外国の現行法などを行政法院が知らないときは、当事者が立証責任を負うが、行政法院が職権により調査してもよい（一三七条）。(46)

行政法院としては、普通法院その他の機関・学校・団体に対して証拠の調査を嘱託しうる（一三八条）ほか、適当と認めた裁判官一名を受命裁判官としたり、他の行政法院に裁判官の指定を嘱託したりして、証拠の調査に当たることができる（一三九条）。口頭弁論前に、出訴を受けた行政裁判所が証拠を調査した場合、あるいは受命裁判官や受託裁判官が証拠を調査した場合には、行政法院の書記官が、証拠調べ調書を作成しなければならない（一四〇条一項。受託裁判官の証拠調べ調書は受訴裁判所に送付される。同二項）。

(b) 証人等

とくに法律で定められた場合を除き、何人であるかを問わず、他人の行政訴訟において証人となる義務が課せられている（一四二条）[47]。

公務員や国会議員、かつて公務員や国会議員であった者を証人として、職務上の秘密事項を尋ねる場合には、当該監督庁の長官または国会の同意を得る必要がある（一四四条一項。この場合、国家の高度な機密を妨げる場合を除いて、拒絶することができないとされている。同二項）[48]。

公務員等に対して国家の高度な機密を妨げる尋問をする場合の他、次のようなケースにおいては、証人は、証言を拒絶しうる。

① 証人として陳述することで、自己またはその特殊関係者（配偶者、前配偶者、四親等以内の血族、三親等以内の姻族、かつて親族関係にあった者、婚約者、後見人、被後見人）が、刑事訴追あるいは恥辱を被るおそれがあるとき（一四五条）。

② 証人が、医師、薬剤師、薬屋、助産婦（夫）、僧侶、弁護士、公認会計士その他類似の業務に従事する者、これらの業務上の補助者、または、かつてこれらの業務に従事したことがある者で、その業務によって知り得た他人に関する秘密事項につき尋問を受けたとき（一四六条一項二号）。

③　技術上または職業上の秘密につき尋問を受けたとき（同三号）。

証言を拒絶しうる場合には、裁判長は、尋問前または拒絶しうる事情の存在を知った時に、告知をする必要がある（一四七条。不当に証言を拒絶した者には、三〇〇〇NT元以下の過料が科せられる。一四八条）。証人に対しては、宣誓の義務が課せられる（一四九条以下）[49]。

この他、行政訴訟法では、鑑定についての定めを置く（一五六条～一六一条）と共に、必要に応じ、訴訟事件における専門的な問題に関して、当該学術研究に従事している人の意見陳述や書面での意見提出を求めうるとする（一六二条）。

(c)　文書提出義務

当事者は、①当該当事者が訴訟手続中で引用した文書、②法律の規定により、訴訟の相手方が交付・閲覧を請求できる文書、③相手方の利益のために作成された文書、④本件訴訟と関係ある事項について作成された文書、⑤商業帳簿を提出する義務を負う（一六三条）。公務員または、行政庁が所管する文書については、まず、行政法院がこれを取り調べてもよいが、当該行政庁が当事者であれば、併せて提出の義務を負う（一六四条一項）。その時には、国家の高度の機密を妨げる場合を除いて、提出を拒絶できない（同二項）。

当事者が、正当な理由なく文書提出命令に従わないときは、行政法院は、状況を斟酌した上で、当該文書に関する相手方当事者の主張を認め、あるいは、当該文書によって証明すべき事実をもって真実とすることができる（一六五条一項。ただし、この場合は、当事者に対して裁判前に弁論の機会を与えなければならない。同二項）。

第三者が所有する文書を申請の書証として使用する場合は、行政法院は、第三者に提出を命ずるか、あるいは挙証しようとする者が文書を提出する期間を定めなければならない（一六六条一項）。この場合、その文書を第三者が所有している理由や、第三者が提出すべき義務があることの原因については釈明の必要がある（同三項）。証明すべき事実が重要であり、かつ、挙証を試みる者の申請が正当であると認めた場合には、行政法院は、裁定をもって、第三者に文書提出を命じ、あるいは、挙証する者が文書を提出する時期を定めなければならない（一六七条一項）。この場合、行政法院は、裁定前に第三者に対して意見陳述の機会を与えることとされている（同三項）。第三者が、正当な理由なしに文書提出命令に従わない場合には、三〇〇〇NT元以下の過料が科されると共に、必要に応じて、併せて強制執行をすることもできる（一六九条）。

(d)　証拠の保全

証拠保全の申請は、訴訟の提起をした後においては、出訴裁判所に対して、訴訟提起前であれば、尋問相手方の居住地または証拠物件所在地の高等行政法院に対してこれを行うこととされている（一七五条一項）。急迫した状況の時は、訴訟を提起した後であっても、高等行政法院に対して証拠保全の申請をなしうる（同二項）。

三　第三者の訴訟参加

第三者の訴訟参加については、訴訟の性格上、第三者の訴訟参加を求めるケースと、第三者の権利利益を保護する観点から訴訟参加を求めるケースとがあり得る。第四一条は、前者の例であり、第四二条は、後者の例である（なお、第三者の再審の訴えについては後述する）。

第四一条

第三者及び当事者の一方に対して統一的に訴訟目的を確定しなければならないときは、行政法院は、裁定をもって、当該第三者の訴訟参加を命じなければならない。

第四二条

① 取消訴訟の結果、第三者の権利又は法律上の利益が損害を受けると認めるときは、行政法院は、職権により、当該第三者が独立して訴訟に参加することを命じうる。かつ、行政法院は、第三者の申請により、裁定をもってその参加を許可することができる。

②（以下省略）

行政法院その他の行政機関が一方の当事者を補助する必要があると認めたときは、その訴訟参加を命ずることができるが、その場合には、当該行政機関や利害関係をもつ第三者からも訴訟参加を申請しうる（四四条）。

四　訴えの追加・変更

訴状が送達された後においては、被告が同意するか、または、行政法院が適当であると認めない限り、訴えの追加・変更は認められない（一一一条）。行政訴訟法は、訴えの追加・変更を許可すべき場合として、次の各ケースを挙げている（同三項）。

① 数人に対して統一的に訴訟目的を確定しなければならないときに、元々当事者でなかったその人を当事者として追加するための措置。

② 請求された訴訟目的は変更されているものの、その請求の基礎が変わらない場合。

③ 事情が変更したことによって、他項で挙げられた主張を最初の主張に代える場合。

④ 確認訴訟を提起しなければならないのに、誤って取消訴訟を提起した場合。

⑤ 一九七条（取消訴訟の訴訟目的が金銭その他の代替物の給付や確認に及んでいる場合の措置についての規定）、そ

の他の法律の規定により、訴えの変更・追加を許さなければならない場合。

六　仮の救済（執行停止）

行政処分の公定力的効力や執行停止制度について、行政訴訟法一一六条は、わが国の行政事件訴訟法二五条と、ほぼ同趣旨の規定を置いている。ただし、わが国の制度とは異なって、内閣総理大臣の異議に基づき執行停止を差し止め、あるいは取り消す制度は採用せず、あくまでも行政法院の判断と権限に委ねている。

第一一六条

① 法律に別段の規定がある場合を除くほか、行政訴訟の提起によって原処分又は行政決定の執行は停止されない。

② 行政訴訟の継続中、原処分又は行政決定を執行することによって将来回復しがたい損害を生ずる可能性があり、かつ、急迫の事情が存在すると認めたときは、行政法院は、職権又は申請により、裁定をもってそれらの執行を停止しうる。但し、公益に重大な影響がある場合、或いは、原告の訴えは法律上明らかに理由がないときは、この限りでない。

③ 行政訴訟提起前において、処分又は行政決定を執行することによって将来回復しがたい損害を生ずる可能性があり、かつ、急迫の事情が存在するときは、被処分者又は訴願人の申請により、行政法院は、裁定をもってそれらの執行を停止する。但し、公益に重大な影響がある場合は、この限りでない。

④ 前二項の裁定をするに先立ち、行政法院は、まず当事者の意見を聴取しなければならない。職権又は申請により、行政庁がすでに原処分又は行政決定の執行を停止した場合には、申請却下の裁定をしなければならない。

⑤　執行停止の裁定は、原処分又は行政決定の効力、原処分又は行政決定の執行、或いは手続続行の全部又は一部を停止しうる。

このような執行停止手続は、行政処分の無効確認訴訟の場合にも準用されている（一一七条）。執行停止の原因が消滅した場合、その他の事情変更の状況が生じた場合には、行政法院は、職権または申請により、執行停止の裁定を取り消すことができる（一一八条）。執行停止、あるいは執行停止の裁定の取消しのいずれについても、抗告が可能である（一二〇条）。

なお、行政訴訟法二九八条一項は、「現状を変更することによって、公法上の権利の実現ができなくなる、或いは、実現が困難になるおそれがあるときは、強制執行を保全するため、仮処分を申請しうる」とする。また、公法上の法律関係についての争いにおいて、「重大な損害の発生を防止するため、或いは、急迫な危険を避けるため」必要があるときは、一時的処分の決定を申請しうる（同二項）。ただし、行政機関による行政処分についてはこのような仮処分をなしえない（二九九条）。

七　訴訟手続の停止

行政訴訟法は、種々のケースを想定して、訴訟手続の停止を定めるが、例としては、以下のような場合がある。

①　他の審理や法律関係との整合性を保つための訴訟手続の停止（一七七条）(50)。

②　受理した訴訟に関する権限について、行政法院と普通法院の確定判決との間に見解の相違がある場合の訴訟手続の停止（一七八条）(51)。

③　弁護士など、一定の資格の下で他人のために訴訟当事者となっていた者が、資格を喪失または死亡した場合の、同一資格者に引き継がれるまでの訴訟手続の停止（一七八条）。

また、取消訴訟を除いて、当事者が合意で訴訟手続を停止させることもできる。ただし、その場合でも、行政法院が公益を維持保護する必要があると認めたときは、四ヶ月以内に訴訟を続行しなければならない（一八三条）。当事者双方が正当な理由なく口頭弁論期日に誤って遅れたときは、取消訴訟または特別の法規定がある場合を除き、合意による訴訟手続の停止と見なされる（一八五条）。

八　訴訟の終結（判決と和解等）

一　訴えの取り下げ

原告は、判決確定前であれば、原則として訴えの全部又は一部を取り下げることができる。ただし、被告側がすでに本案についての弁論をしているときには、その同意を得る必要がある（一一三条一項）。また、訴えの取り下げが公益に反するときは、これをすることができないとされる（一一四条一項）。行政法院が、訴えの取り下げは公益に反すると認めた場合、その他不適な状況があると認めた場合には、四ヶ月以内に訴訟を続行し、かつ、終局判決中でその旨の説明をしなければならない（同二項）。

二　判　決

(a)　判決時期と中間判決

行政訴訟が審判を下しうる程度に達した場合、行政法院は終局判決を下さなければならない（一九〇条）。訴訟目的の一部、または、一つの訴えで数個の目的を主張した場合の一つが審判を下しうる程度に達した場合や、合同弁論を命じた数個の訴訟のうち一つが審判を下しうる程度に達した場合には、行政法院は一部について終局判決を下すこともできる（一九一条）。

各種の独立した攻撃あるいは防御方法が審判を下しうる程度に達した場合には、行政法院は中間判決を下すことができる。請求の原因と数額が共に争われている場合に、行政法院がその原因は正当であるとするときも同様である（一九二条）。

(b) 不利益変更禁止の原則

処分の変更を訴訟対象物として含まないわが国の場合、行政不服審査法四〇条五項の不利益変更禁止の原則に対応する明文規定を行政事件訴訟法では置いていないが、取消訴訟において原処分や決定を変更しうる台湾の行政訴訟法では、そのような場合に原処分や決定よりも原告にとって不利な判決を下してはならない旨を明らかにする（一九五条二項）。

なお、取消訴訟の訴訟目的が、行政処分から金銭やその他の代替物の給付・確認にまで及ぶときは、請求額とは異なる金額の給付、または異なる代替物の給付でもって判決を確定することもできる（一九七条）。

(c) 事情判決

行政訴訟法一九八条は、わが国の制度と同様に、事情判決の制度を取り入れている。すなわち、同条は、以下のように規定する。

第一九八条

① 行政法院が取消訴訟を受理して原処分又は決定が違法であることを発見したにもかかわらず、その取消し又は変更が公益に重大な損害を与えており、原告の受けた損害、賠償の程度、防止方法、その他一切の事情を斟酌した上でも、原処分又は決定の取消し又は変更は明らかに公益に違背すると認めるときは、原告の訴えを却下しうる。

② 前項の場合には、判決主文中で原処分又は決定が違法であると宣言しなければならない。

このような判決を下すときは、原告の申出により、被告行政庁に対して行政法院は、違法な処分や決定により受けた損害の賠償を命じることになる（一九九条一項）。このような賠償請求については、判決の確定後一年以内であれば、高等行政法院に提起しうるとされている（同二項）。

(d) 事情変更

事情変更に基づく判決について規定をしている例として、二〇三条がある。同条は、「公法上の契約が成立した後、契約当時は予測できない事情変更があって元々の効果によると明らかに公平を失するときは、当事者の申請により、行政法院は、給付の増減又はその他の元々有する効果を変更・消滅させる判決を下しうる」とする。「公益上の明白かつ重大な損害を防止し免れるため」、当事者である行政庁から、このような申請をすることも可能である（同二項）。

(e) 判決の効力

行政訴訟法は、判決の効力に関して、種々の規定を置いている。

まず、判決の確定力について第二一三条は、「訴訟目的は、確定した終局判決中で裁判を経たものが、確定力を有する」ことを明らかにする。(52) その他、判決の効力に関する規定としては、以下のものがある。

第二一四条

① 確定判決は、当事者の他、訴訟係属後に当事者の承継人となった者、及び、当事者又はその承継人のために目的物の占有を請求する者に対しても効力を有する。

② 他人のため、原告又は被告になった者に対する確定判決は、当該他人に対してもその効力を有する。

第二一五条（第三者効）

原処分又は決定の取消し又は変更の判決は、第三者に対しても効力を有する。

第二一六条（拘束力・既判力）

① 原処分又は決定を取り消し、又は変更する判決は、その事件について各関係行政庁を拘束する効力を有する。

② 原処分又は決定が判決によって取り消された後、再び行政庁が処分又は決定をするときは、判決の趣旨に従いこれをしなければならない。

③ 前二項の規定は、その他の訴訟にこれを準用する。

この他、取消判決が確定した場合には、関係行政機関は判決の内容を実現するため、直ちに必要な措置をとらなければならないこととされている（三〇四条）。

三　和　解

裁判上の和解については、以下のような規定が置かれている。

第二一九条

① 当事者が訴訟目的についての処分権を有し、かつ、公益に反しないときは、訴訟の程度を問わず行政法院は、随時和解を試みうる。命を受けた裁判官又は受託された裁判官も同様である。

② 第三者は、行政裁判所の許可を得て、和解に参加することができる。行政法院が必要あると認めたときは、第三者に参加を通知しうる。

第二二〇条 和解を試みるため、（行政裁判所は）当事者、法定代理人、代表者又は管理人の本人が出頭することを命じうる。

第二二三条 和解が無効となる又は取消しうる原因を有しているときは、当事者は審判の継続を請求しうる。

第二二四条
① 審判を継続する請求は、三〇日の不変期間内にこれをしなければならない。
② 前項の期間は和解が成立した時より起算する。但し、無効となる又は取り消しうる原因があることを後になって知った場合には、知った時より起算する。
③ 和解が成立して三年が経過したときは、審判の継続を請求できない。但し、当事者が代理権に欠缺があることを主張するときは、この限りでない。

第二二七条
① 第三者が参加して和解が成立したときには、執行名義となし得る。
② 当事者と第三者との間の和解が無効となる又は取り消しうる原因を有する場合には、原行政法院に対して、和解が無効である又は取り消す旨を宣告する、和解の訴えを提起しうる。
③ 前項の場合、当事者は、原訴訟事件と併合した裁判を請求しうる。

四　再審の請求

以下のような状況(53)があるとき、または、判決の基礎となる裁判がそのような状況にあるときは、確定終局判決に対して、再審の訴えで不服を申し立てることができる。ただし、当事者が上訴によってすでにその事由を主張したり、その事由を知りながら主張しなかったりした場合は、この限りでない（二七三条一項、二七四条）。

① 適用法規に明らかな錯誤がある場合。
② 判決理由と主文とが明らかに矛盾する場合。
③ 判決をした裁判所の組織が不適法である場合。
④ 法律または裁判により審理を回避すべき判事が、担当裁判官として参与した場合。
⑤ 当事者が適法な代理人または代表者を経て裁判を受けなかった場合。
⑥ 当事者が訴訟相手方の住居地を知りながら、所在不明として訴訟に持ち込んだ場合（ただし、訴訟の相手方がすでにその訴訟手続を承認しているときを除く）。
⑦ 参与した担当裁判官が、当該訴訟において職務違背行為に関与したり、刑事上の罪を犯したりしているような場合。
⑧ 当事者の代理人・代表者・管理人、訴訟相手方、またはその代理人・代表者・管理人が当該訴訟に関して刑事上罰せられる行為をし、判決に影響を及ぼした場合。
⑨ 判決の基礎となる証拠物件が偽造又は変造されていた場合。
⑩ 証人・鑑定人・通訳が、判決の基礎となる証言・鑑定・通訳をするにつき、虚偽の陳述をした場合。
⑪ 判決の基礎となった民事判決または刑事判決、その他の裁判または処分が、その後の確定裁判または処分に

よって、すでに変更されている場合。

⑫ 同一の訴訟目的についてすでに確定判決や和解が存在していること、または当該判決や和解を用いうることを、当事者が発見した場合。

⑬ 当事者が、まだ考慮の対象としていなかった証拠物件を発見したり、当該証拠物件を使用しうることを発見したりする場合（これまでよりも有利な裁判を受けうる場合に限る）。

⑭ 原判決で、判決に影響を及ぼす重要な証拠物件を見逃し、斟酌しなかった場合。

また、当事者の申請により、司法院大法官が憲法に抵触するとの判断を下した法律や命令を適用して確定終局判決を下したときも、その申請人は、再審の訴えを提起しうる（同二項）。

再審の訴えは判決を下した原行政法院の専属管轄とされており、同一事件での行為につき、審級の異なる行政法院に対して再審の訴えを提起した場合には、最高行政法院が併せてこれを管轄することになっている（二七五条一、二項）。最高行政法院の判決に対して、右の⑨から⑭までの事由で不服を申し立てた場合には、原高等行政法院の管轄となる（同三項）。また、再審の期間等につき、二七六条は、以下のように規定する。

第二七六条

① 再審の訴えは、三〇日の不変期間内に提起しなければならない。

② 前項の期間は判決確定時より起算する。但し、再審の理由の存在を後から知った場合には、知った時より起算する。

③ 二七三条二項により再審の訴えを提起する場合には、第一項の期間は解釈の公布当日より起算する。

④ 再審の訴えは、判決が確定したときより起算して五年を経過したときは提起し得ない。

⑤　但し、二七三条一項五号、六号、一二号の状況を再審の理由とする場合は、この限りではない。

この他、再審判決の第三者効や第三者からの再審の訴えについては、以下のような規定がある。

第二八二条（再審判決の第三者効）

再審の訴えについての判決は、確定した終局判決を信頼して善意で取得した第三者の権利には影響を与えない。但し、公益にとって重大な妨げになることが明らかな場合は、この限りではない。

第二八四条（第三者による再審請求）

①　原処分又は行政決定を取り消す或いは変更する判決によって権利に損害を受けた第三者が、自己に帰すべきでない事由によって訴訟に参加せず、判決の結果に影響を与える攻撃防御の方法を提出できなかった場合には、確定した終局判決に対しする新たな審理を申請しうる。

②　前項の申請は、確定判決があったことを知った日から起算して三〇日の不変期間内にしなければならない。但し、判決確定日から一年を経過したときは、申請をすることができない。

九　おわりに

以上、紹介してきたように、台湾の行政訴訟法は、国民の権利利益の救済にあくまでも視点を据えながら構成されている。全体としては、非常に大部な法典であり、多種多様な内容を詳細にわたって規定するなど、とても意欲的であり、いい意味でも悪い意味でも、欲張った内容の法典となっている。実際の制度として取り入れているかどうかはともかくとして、文献等を通じてわが国でもすでに馴染み深くなった制度の多くが現実に採用されており、そこでの基本的な考え方にせよ、個々の具体的な規定にせよ、それほどの違和感を感ずることなく、条文に接することができた。

特色としては、これまでの非常に簡潔であった行政訴訟法に比べて、新しい行政訴訟法では、基本的な行政訴訟制度の組立に始まり、裁判の実際の進め方に至る事細かな事項まで、ありとあらゆることがその中に盛り込まれている点が、まず目につくところであろう。新しい行政訴訟法が、これまでの台湾の制度を基本にしていることはもちろんであるが、ドイツの法制を中心に、諸外国の制度を積極的に取り入れている点も印象的である。もっとも、どちらかというと諸外国の制度をモザイク細工的に取り入れて作った感のある法典であり、全体的に統一性を欠いた嫌いがあることも否定できない。また、内容があまりに盛り沢山なためか、この法典を実際に運用するについては、現場でも未だ戸惑いの声が多いと仄聞する。諸外国の制度に学びながら、とりあえず形を整えたものの、台湾の社会や行政が制度を消化し自らの血肉としていくためには、克服しなければならない多くの課題を抱えていることも事実であろう。いずれにせよ、この法典がどのような用い方をされるのか、また、具体的問題の処理に当たっての解釈適用を通じて、個々の法文にどのような意味内容が盛り込まれていくのかによって、この法律の本当の価値が問われることになる。

そうはいっても、クラス・アクションにせよ、義務づけ訴訟にせよ、わが国においては当分実現しそうもない内容を、積極的に導入していこうとする勇気ある立法態度や、進取の姿勢は、極めて賞賛に値するし、そこに国としての活力を感じ取ることもできよう。制度改革というと、欧米諸国の方につい目が行きがちになるが、アジアの国々の制度改革にもっと目を向けて、さらに多くのことを学び取ろうとする姿勢が、わが国としては、今、最も必要とされているのではなかろうか。

（1）　原田尚彦「行政事件訴訟における訴えの利益」公法研究三七号七九頁以下。原田教授は、訴訟法上の対応策として訴えの利益の自由化傾向を考察し、そこに集合利益の保護にも役立つ道具としての将来方向性のあることを指摘したが、反面、訴えの利益の拡大によって新たな訴訟法的不備が顕在し、解決を要する新たな問題が生ずる可能性の存在を否定してはいない。

（2）　たとえば、園部逸夫「現代行政と行政訴訟」公法研究四五号一二一頁、遠藤博也「現代型行政と取消訴訟」同四五号一六三頁等参照。

（3）　雄川一郎「行政事件訴訟法立法の回顧と反省」公法研究四五号一二一頁以下参照。

（4）　阿部泰隆「行政訴訟の基本的欠陥と改革の視点」公法研究五二号一三八頁、濱秀和「実務を通じてみた行政訴訟制度の問題点」同一六五頁、高橋滋「科学技術と司法審査」同一九五頁等参照。とくに阿部報告は、複効的行政行為や地域住民に対する一般処分、教育関係をめぐる現代型訴訟その他の領域では、現行訴訟法システムや権利救済システムがうまく機能しないことを指摘される。

（5）　この間の事情については、塩野宏「行政事件訴訟法改正論議管見」成蹊法学四三号四五頁以下に詳しく述べられている。この他、阿部・前出報告も収録されている阿部泰隆『行政訴訟改革論』（有斐閣・一九九三）等でも、行政事件訴訟法改正の必要性が論じられている。

（6）　山村恒年「行政争訟法改正試案」自由と正義四五巻六号七九頁以下。その後、山村氏は、同改正案を補筆した「行政事件訴訟法の改正」自由と正義五〇巻五号六〇頁以下を発表しているが、同氏および日本弁護士連合会の改正作業は、平成一一年一二月段階で第三次草案まで検討が進んでいる。

（7）　山田二郎教授も、近時刊行された成田頼明＝園部逸夫＝塩野宏＝松本英昭編『行政の変容と公法の展望』（有斐閣・一九九九）に「税務訴訟と納税者の権利救済」という論文を寄稿され、司法制度改革のビジョンに当たり、行政争訟制度行政事件訴訟法の改正を検討課題とするよう、強く主張されている（同四二九頁）。

（8）　さらに、中華民国（台湾）では、現在、行政手続法の立法化への動きが順調に軌道に乗りつつある。

（9）　本論文では、以下、「陳・同書」ないしは、「陳・前掲書」として引用する。同書において陳清秀氏は、同時に全面改正が行われた新訴願法についても言及している。ここでも必要に応じて、改正された訴願制度に触れておきたい。なお、同書は付録として新行政事件訴訟法と新訴願法の全文を収録している。

(10) 次のような行政訴訟事件は、簡易手続で行われる（法二二九条一項)。①課税額三万NT元以下の課税事件、②三万NT元以下の過料処分についての不服申立訴訟、③その他の公法上の財産関係訴訟で目的価額等が三万NT元以下の事件、④戒告、警告、交通反則点（記點)、重犯登録（記次)、その他これらに類する軽微な処分についての不服申立訴訟、⑤法律の規定で簡易訴訟手続によるべきとされた事例。上の金額（三万NT元）は、状況によっては司法院の命令で、二万NT元まで減額あるいは二〇万NT元まで増額することができる（同二項)。なお、「記點」、「記次」は、わが国の道路交通法施行令別表第一で定める「違反行為に対する基礎点数」、および同別表第二の「違反行為をした前歴回数」に相当する制度で、いずれも「道徳交通管理処罰条例」で定められている。

(11) 行政法院の組織等については、陳・同書二四七頁以下参照。

(12) 陳清秀『行政訴訟の理論と実務』(一九九四・三民書局) 二一六頁。

(13) 陳・前掲書一〇八頁。

(14) なお、二〇一条は、「行政庁が裁量によってした行政処分については、その作為又は不作為をもって権限を踰越し又は権力を濫用する場合に限り、行政法院は取り消すことができる」旨、定める。

(15) 陳・前掲書一〇九頁以下。

(16) 陳・同書一一六頁。

(17) 陳・同書一三八頁。同書では、第八条で定める給付訴訟の一種として、予防的不作為訴訟を認めるべきとする。

(18) 第五条の規定に基づく訴訟に対する判決は、次のようになる（二〇〇条)。①却下（原告の訴えが不合法な場合)、②棄却（原告の訴えに理由がない場合)、③原告の申請する内容の行政処分をするよう行政庁に命ずる判決（原告の訴えに理由があり、事案が証拠により明確になっている場合)、④判決で述べられた法的見解に従って原告に対する決定をしなければならない旨の命令（原告の訴えに理由はあるが、事案が証拠上明らかでない場合や、行政庁の行政裁量にまでことが及んでいる場合)。

(19) 陳清秀氏の説明によれば、法律関係の成否確認訴訟は、単に公法上の法律関係の存在確認を求める場合（積極的確認訴訟）や不存在の確認を求める場合（消極的確認訴訟）にのみ提起しうる。その場合には、法律関係の全体でなくても、独立した部分だけを訴訟の目的としてもよいし、原告・被告間の法律関係に限らず、当事者と第三者との間の法律関係も確認訴訟の対象とすることができる。事実状態の確認や法律状態の存否、法律規定の効力の有無などの非法律的関係については、確認訴訟の対象とすることができない。ただし、本来事実問題に属するとしても、地方議会の議員たる資格や住民たる地位、公的団体の会員資格、事物の属性、区域的属性など、それらが直接法律関係の核心となっている場合には、確認訴訟の対象となしうる。将来の法律関係に関していえば、存在していない法律関係の確認を求める訴訟を提起することは原則として許されないが、予防的に保護を求める権利利益が存在する場合には、そのような訴訟も可能であろうとする。さらに、過去の法律関係であっても、それが現在の法律関係に影響を及ぼすような場合には、確認訴訟を提起しうるとする。陳・前掲書一四三頁以下。

(20) 取消訴訟と異なって、無効確認訴訟の場合には訴願前置の必要はないが、原処分庁が自ら行政処分の無効を確認する機会を与えるために、第六条第二項の規定が置かれていると説明される。陳・同書一四六頁。

(21) 行政処分の違法確認訴訟は、行政処分の執行が終了した場合や、取消しなどの事由により行政処分が消滅した場合の訴訟形態である。このような訴訟は、国家賠償請求権行使との関係で意味があるとされる。取消訴訟を提起している間に処分の執行が完了したような場合には、原告は、相手方の同意を求めることなく行政処分の違法確認訴訟に訴えを変更することも可能であると解されている（一一一条三項三号参照）。陳・同書一四九頁。

(22) 陳・同書一五一頁以下。

(23) 陳・同書一三二頁。

(24) 陳・同書一三三頁以下参照。なお、台湾の行政手続法は、第四〇条第一項で「当事者又は利害関係人は、行政庁に対し、関係のある資料又は公文書の閲覧、複写、コピー若しくは撮影を申請することができる。ただし、その法律上の利益を主張又は維持するために必要がある場合に限る」と定めるが、公文書の閲覧請求が行政処分の前段階手続に際して拒絶された場合には、行政手続法上の不服申立てをすべきであって、給付訴訟を提起することはできない。

陳・同書一三四頁。

(25) 陳・同書一三四頁。

(26) 陳・同書一三九頁。ただし、その約定に基づいて行政処分をすることを求める場合には、義務づけ訴訟によるべきであるとされる。

(27) 陳・同書一三九頁。

(28) 陳・同書一一五頁。

(29) 陳・同書一一三頁。

(30) 社会的要請に応える形で訴願法改正草案が政府（行政院）から議会（立法院）に提出されたのは、一九九四年（民国八三年）のことであった。議会（立法院）に提出された後は、あまり人から関心を持たれないまま数年を経過したが、今回の行政訴訟法等の改正の動きに歩調を合わせる形で審議が進み、一九九八年（民国八七年）一〇月に改正法案が成立している。立法の経緯およびその内容や立法趣旨については、陳・同書一頁以下参照。

(31) 本条の立法理由としては、①原処分庁に合法性や妥当性を審査させ、反省の機会を与える、②調査した事柄について原処分庁に審査させるのが便宜である、③行政の効率性を高める、等の理由が挙げられている。陳・同書二頁参照。

(32) 新訴願法一条から三条は、以下のように規定する。

第一条 ① 人民は、中央あるいは地方の（行政）機関の違法又は不当な行政処分によって権利利益に損害を生じたときは、本法により訴願を提起しうる。但し、法律上別の規定があるときは、その規定に従う。

② 各種の地方自治団体その他の公法人が、上級監督機関の違法又は不当な行政処分によって権利利益に損害を生じたときも、また同様である。

第二条 ① 人民は、法律により申請した案件について、中央あるいは地方の（行政）機関が法定期間内に処分をすべきであるにもかかわらず不作為であるため、権利利益に損害を生じたときもまた、訴願を提起しうる。

② 法令に規定がないときは、前項の期間は、行政機関が申請を受理した日から起算して二ヶ月とする。

第三条　①　本法で言うところの行政処分とは、中央又は地方の行政機関が公法上の具体的な事件についての行為の決定、その他公権力の行使によって対外的に直接法律効果を生ずるような行政行為を指す。
②　前項の決定その他の公権力の行使が特定個人に対してなされていないとしても、その一般的特徴によりその範囲を確定することができる場合には、これも行政処分とする。公物の設定や変更、廃止、一般使用に関する場合も、また同様である。

(33)　新訴願法第一条第二項。注（3）参照。
(34)　陳・前掲書二六六頁。
(35)　陳・同書七一頁以下。
(26)　陳・同書一四一頁。
(37)　陳・同書一一四頁。
(38)　陳・同書一一四頁。
(39)　なお、共同訴訟人となれるのは、①訴訟目的となる行政処分が二以上の機関により共同してなされた場合、②訴訟目的である権利、義務又は法律上の利益を共有する場合、③訴訟目的である権利、義務又は法律上の利益が、事実上あるいは法律上、同一又は同種類の原因を有する場合である（三七条）。共同訴訟中の単独行為あるいは一人について生じた事項は、原則として他の共同訴訟人には及ばない（三八条）。共同訴訟人はそれぞれ訴訟を続行する権利を有する（四〇条）。その他、共同訴訟人中一人の行為が他の共同訴訟人に利益をもたらすときはその効力が全体に及び、不利益なときは全体に効力を生じないこと、共同訴訟人中一人に対する相手方の行為は、その効力が全体に及ぶことなどが規定されている（三九条）。
(40)　陳・前掲書二七〇頁。同書は具体例として、セメント工場設置の許可によって重大な大気汚染が発生した場合に、被害を受ける付近住民達が環境保護団体を組織し、その団体に公共の利益のため行政訴訟を提起する権限を付与するようなケースを挙げている。
(41)　訴願法上の訴願期間は、行政処分が到達した翌日、または公告期間の満了した翌日から起算して三〇日以内（利害関係人の場合は処分を知った時から起算する）とされている。ただし、行政処分が到達して、あるいは公告期間が満了して三年経過後は、訴願を提起し得ない（訴願法一四条）。

(42) 行政訴訟法九〇条は、「期間」につき、「重大な理由」があるときは、行政法院の裁定により、これを延長・短縮しうるとする。ただし、出訴期間のような不変期間については、「その限りではない」（同一項但し書）。

(43) 訴願法六三条一項は、「訴願は書面によって審査、決定する」として、書面審査主義を明言する。訴願人や参加人・利害関係人からの意見陳述は、正当な理由がありとくに請求された場合に限られ（同二項）、訴願についての口頭弁論も、訴願人や参加人からの申請または行政庁の必要に応じて行うこととされている（訴願法六五条）。

(44) 陳・前掲書三六七頁

(45) この場合、当事者が主張する事実については、他方の当事者が自認したとしても、行政法院も、また、その他の必要な証拠を調査しなければならない（一三四条）。

(46) 証拠調べ等の他、行政訴訟法では、共同利益を有する多数関係者からの代表者選定（二九条）、職権による第三者の訴訟参加（四二条）など、行政訴訟の審理に際しての裁判所の職権行使を、種々の形で認めている。

(47) 証人が適法な通知を受けながら正当な理由なく出頭しないときは、行政法院の裁定により、三〇〇〇NT元以下の過料を、再度通知を受けて出頭しないときは、一五〇〇〇NT元以下の過料と勾留を科しうることになっている（一四三条）。

(48) これらの規定は、公的機関の委託を受けて公務に携わっている者を証人とする場合にも準用される。一四四条三項。

(49) なお、一六歳未満の者や精神障害によって宣誓の効果や意義や効果を理解しない者、当事者の配偶者や親族等、当事者の被用者や同居人などが証人となる場合には、宣誓させてはならないとされる（一五〇条、一五一条）。

(50) 第一七七条は、以下のように規定する。

第一七七条　①　民事法律関係が成立するか否かを基準として行政訴訟の裁判をすべきであるが、当該法律関係がすでに係争中であって未だ終結しない場合には、行政裁判所は、裁定をもって訴訟手続を停止しなければならない。

② 前項の状況の他、民事、刑事又はその他の行政争訟が行政訴訟の裁判に関わっている場合、行政法院は、当該民事、刑事又はその他の行政争訟が終結する前に裁定をもって訴訟手続を停止しうる。

(51) この場合は、同時に司法院大法官の解釈を申請することになっている（一七八条後段）。

(52) なお、四七条は、「行政法院が四一条及び四二条（裁定による訴訟参加）の規定による審理を経て下した判決は、裁定をもって参加を命令した又は許可したにも拘わらず参加をしなかった者に対しても、その効力を有する」と定める。

(53) このうち⑦から⑩までの状況については、有罪を宣告する判決がすでに確定しているか、または、証拠不十分とは異なる理由で、その刑事訴訟の開始や続行が不能である場合に限り、再審の訴えを提起しうるとされている（二七三条三項）。

国税不服審判所の運営をめぐる創設時の理念と現状の課題

西野　敏雄

一　はじめに
二　創設時の考え方と現状の運営
三　国税不服審判所の運営の一事例
四　対審構造と運営の改革
五　おわりに

一　はじめに

国税不服審判所は、協議団制度を改革し、独立性を高めた機関として、昭和四五年法律第八号により、昭和四五年五月一日発足した。当初は、それ以前の発足が予定されていたから、本来ならば、三〇年の月日を迎えるべき機関であり、そろそろ青年期を脱する頃であろう。田中二郎博士は審判所一〇周年記念講演において、「もともとのようなぬえ的性格の制度には反対であった。しかし、皆さんの良識によりその運営よろしきをえて、審判所は立派にその役割りを果たしている。今では、私は、これでよいと思っている」と述べられたという。(1) 国税不服審判所に対する一般の評価と同一であろう。

私も、この評価に反対はしない。しかし、二年間の国税不服審判所での経験や、税務大学校や裁判所での親類とも言うべき機関での勤務を思い出してみると、問題なしとはしない。もう一度、創設の経緯をふまえ、国税不服審判所のあり方、特に審判所の運営のあり方について、考えるべき時期に来ている。

二　創設時の考え方と現状の運営

一

国税不服審判所は、シャウプ勧告によって協議団制度が当初は進歩的な制度として採用された(2)にもかかわらず、その欠陥が明らかにされたことを踏まえて、改組された。昭和三六年七月の税制調査会の「国税通則法の制定に関する答申の説明」によれば、①協議団に第三者的性格が少ないこと、②通達のある内容が現状に適せず違法又は不当と見られる場合に、それに基づいて行われる処分につき納税者に救済を与えられないこと、さらに、③協議団の協議決定は国税局主管部の審理を経て国税局長の裁決が行われるが、しばしば主管部の意見が勝ちを占めることがあった。そして、そうしたことから、人事が停滞し、協議団部内の不備を招き、士気の低下をきたしたという(3)。

そうした問題の指摘を受け、昭和四三年七月の「税制簡素化についての第三次答申」は、新しい審理・裁決機構として「国税不服審判所」を設けること、さらに、不服申立ての手続き等に関する所要の改善措置を行うことを、提案したのである。これをうけ、昭和四五年の国税通則法の改正がなされ、国税不服審判所制度が創設された。

国税不服審判所制度は、一般的に次のような点に特色があると、いわれる(4)。

第一に、執行権と裁判権が分離されていること。国税不服審判所は、裁決固有の機関であり、もっぱら審査請求の審理裁決を行う機関である。

第二に、国税不服審判所は、一定の手続きを経た後であるが、長官通達と異なる解釈をとって裁決することができること。

第三に、審判官等の任用資格について高度の資格水準が要求されていること。さらに、部外者の任用の道が開かれていること。

これらの特色は、創設時のいろいろの資料でも見ることができる。そして、それらの資料は引継書類として後任者に引き継がれることになるが、引継ぎの手続がうるさいために、引継がれるとすぐ、しまわれてしまうことも多いようである。他方、引継がれるべき資料であるということは、国税不服審判所の原点を示すものであり、折にふれ読み返されるべきものである（外部の雑誌に掲載されたものを収録して配付するものは、それだけ重要なものであることを示す証しでもある。）。その証しが、「国税不服審判所設立の趣旨と運営のあり方」（昭和四七年八月国税不服審判所）（以下、「あり方」という。）と「争点主義的運営」（南博方講演。国税不服審判所。昭和五〇年三月）である。本稿では、この両冊を参考に、創設時の考え方と現状を対比しつつ、国税不服審判所の運営のあり方を考えてみたい。

二　第一回全国審判所長会議においてなされた、国税庁長官のあいさつも、「あり方」に収録されている。国税庁長官は、その中で、税務行政の迎えている難しい局面に、今後の審判所の運営が寄与するであろう。まず、審判所の発足ならびにその適正な運営によって納税者の間に税に対する信頼感が生れてくることが期待できる。審判所が執行機関から切り離され、第三者的な立場に立って、一面において適正な税務行政を担保するとともに納税者の権利を保護するという制度ができ、審判所がその線に沿って運営されることは、国民に非常に大きな安心感を与えるとともに、国民の納税に対する意識に対して大きく寄与する。第二に、税務行政の態度についても反省を加えていかなければならないとする。審判所に裁決権が委譲されたということから、課税当局がきわめて慎重な処理をしなければならなくなろう。税務行政の反省の上に立ってそういうことが期待されるとする。

裁判所は、行政不服審判の企図するいわゆる納税者の権利救済という面と適正な行政の実現という面について措置しなければならない。行政官庁のエゴイズムはあくまでも排斥しなければならない。相対的真実が、われわれの社会では、どうしても最終的な姿ではなかろうかと思う。審判所においてもいわゆる真実発見、もちろん相対的真実であるとしても、そのための努力が中心をなすべきものと思う。しかし、本来、税務行政として相対的真実として課税した決定以上に、さらに深い真実を求めるのが、審判所本来の機能では決してない。審判所設置の趣旨からいって、いわゆる総額主義原則の表われ方が自ら制約を受けるのではないかというのが私の率直な見解であるという、この国税庁長官のあいさつこそが、国税不服審判所の基礎であるとして、言い継がれているはずである。

このあいさつに続いて、国税不服審判所長は、あいさつの中で、合議の妙味を十分に発揮しうるよう努力することを求めている。

国税不服審判所の新設後まもなく、開かれた座談会では[5]、これらのあいさつを踏まえて、国税不服審判所のあり方が議論されている（早田肇大蔵省課長が立案者側の説明を主として行っている）。その中で、大蔵省側は、「審判所というものができる以上、審判所はその性格からみても極力争点的にものごとを処理していくべきであろう。」と、争点主義的運営ともいうべき方針をそこで明らかにしている。

国税不服審判所側も出席した座談会が、国税不服審判所の発足後四カ月ばかり経過したときに開かれている[6]。その席上、「主として担当審判官の手元で事実を調査して、事実がまとまったところで参加審判官と合議をして、議決をする。所長は、その議決に基づいて裁決をする。その議決に基づいてということは、議決をするという趣旨です。」と、関根達夫東京国税不服審判所長は、運営のやり方を述べている。同所長は、それに引き続き、「実は最終の段階以前にも数回合議をしてもらうように運用しているわけです。初めの段階で一回合議をして事件全体の審理の進め方について相談していただく。そして簡単な事件ならばその次は最終合議ということになってもいいでしょうが、むずかしい事件になったら審理の過程でも時々合議を開いてもらって、その後の審理の進め方を協議し、問題点を逐次合議していってもらうということでむずかしい事件ならば当初から終わりまでの間に四、五回あるいはそれ以上の合議をしてもらう。合議を十分に尽くしまして、りっぱな議決をしてもらう。そしてその議決を十分に尊重した裁決を行なう、こういう仕組みです。」と紹介している。その精神は今日でも引き継がれているはずであるが、八田国税不服審判所長が訓示されたように[7]、「合議の尊重、それから合議を尽くすことについてまず初めの段階で形式的に流れないように」という懸念が現実となっていないことを願う。

関根東京国税不服審判所長は、具体的な合議の運営について、「事実調査は原則として担当審判官が、自ら、または副審判官もしくは審査官を駆使して実施する。そして担当審判官が集収《ママ》した調査資料に基づいて三人の審判官が合議をして判断していく（略）。ただしかし、重要な事実調査の段階ではやはり担当審判官だけではなくて、参加審判官も一緒に入って心証をとってもらうという運用にしていきたいと考えているわけです。(8)」と抱負を述べている。私もこの精神でやってきたが、幹部によって運営の濃淡があるようである。

審判所の運営で最大の問題となる対審構造について、関根東京国税不服審判所長は「税務署の職員にも審判所へ持ち込まれると審判官の前で原被告並べて審理を受けるのだという誤解が一部にあったようです。」と発言しており(9)、大島次長も「あるいは審判官の前で税務署と論戦をはらなければいかんのじゃないかとか、そういった心配をする向きがあるいはあったのじゃないかと思います」と述べている(10)。当時、税務署側にも納税者側にも、対審構造を忌避する意見が強かったと思われる。裁判における審理実務になれていない当時としては、対審構造を選択しなくても、それほど非難さるべきではあるまい。

三　国税不服審判所創設二五周年に際し、国税不服審判所長の佐久間重吉氏は、「国税不服審判所の現状と課題」という論文を明らかにされている(10)。それによれば、四半期にわたった発生件数は、いわゆるサラリーマン減税闘争に関するものを除き、七万二九〇〇件が発生し、そのうち、七万二八〇八件を処理した。そのうち、二六パーセントが審査請求人の請求の一部又は全部が認められている。その結果、裁判所に毎年二〇〇件台の提起しかなされていないことからいえば、審判所とその事務運営は定着しているといわれる。たしかに、行政部に設置された紛争解決機関としては、事務処理水準は決して低い水準ではない。身内としては、取り消しや減額をしたくない、ケチをつけたくないという気持ちが働いても人情として仕方がないのであるから、四分の一も全部又は一部が取り消しを受けるということは、十分役割を果しているといえるからである。しかし、合議体が全部取消しの議決案を地方支部の所長にあげる際、その直前に、自己の決裁を保留した人がごく若干ではあるが存在したことは、審判所の使命が十分に浸透していないことをうかがわせるものであるといわれても、仕方がない。もっとも、この上司は、昇進異動の内示が出た直後、留保した案件をすべて決裁したのであるが。

また、佐久間元所長は、請求認容率が低いのは国税不服審判所の制度が十分機能していないことの証左であるとの指摘に対し、そのことは裁判所の機能低下を意味しておらず、むしろ、「国税の執行部門において、税務調査の結果増差税額が発見された場合、原則として更正決定等の行政処分をする体勢から、修正申告を慫慂して行政処分は慎重に行う体勢に移行してきたことの反映ではないかと憶測される。」とされる。考えてみるに、修正申告が盛んに慫慂されることは更正処分を行うことによる手続法上の煩雑さを避けるためであり、また、内部事務処理上の便宜であったという要素が大きいのではないか。修正申告を是認すれば、決議書の処理は非常に簡易であるとともに、爾後の争訟の可能性がなくなるからである。ただ、これにより、納税者の権利が侵害された場合であっても救済されるチャンスがなくなるわけで、納税者の権利の救済という面では好ましいことではないかもしれない[11]。とはいっても、納税者にとって、それ以上の追加課税がなされることがなく、不正が今後見つかる可能性が極めて少なくなるというメリットは大きい。税務調査が全ての課税もれを把握しているわけではない（再々更正の多発はそれを示唆している。）から、修正申告の慫慂は必ずしも不利益処分とはいえない。仮に、修正申告の慫慂を禁じても、争訟を好まぬ日本人の精神風土からいって、それほど、審査請求件数が増えるだろうか、疑わしいのである。却って、不適切な課税を招きかねない。戦後直後といえども、全ての申告もれに対して更正処分を多発したわけではないから、申告納税が定着し、それなりに申告水準が向上した今日、どんどん更正処分を課税庁が行うだろうか。課税庁といえども、全体としての公平と事務処理とのバランスを考えざるをえないのであって、不正あるいは申告もれに対しどんどん更正処分を行うべしと要求してよいのであろうか。それは、学者の理論にすぎない。他方、修正申告を慫慂されても、それに従う義務は納税者にはないのであり、納税者に不利益を強いるものではない。ただ、まったく、以後の争訟を取り上げてしまうというのでは、バランスを失する可能性があり、立法論として、慫慂後の一定期間（たとえば一年）を限って（再延長を認めない）不服申立てがあってもよいと考える。いずれにしても、修正申告を慫慂したからといって、問題はないとともに、国税不服審判所の機能が低下したわけでもないと考える。

佐久間元所長は、新たに二支部において裁判官・検察官の職にあった者から任用されることになったことを評価するとともに、理論及び実務の両面にわたり優秀な職員を執行部門から受け入れるとともに、未経験者に対する研修の充実を求めている。たしかに、審判官の在任期間が極めて短く（普通二年。何らかの個別事情があれば三年であるが、極めてまれである。）、外部からの交流者もそのローテーションで動いている。しかも、指導にあたる本部の審判官以上の幹部の残任期間も短い。その中で、中心を占める執行部門出身者も、訟務官室・税務大学校・裁判所出向経験者が次第に多くなってきているように思われる。理論好きという面では適材適所ではあるが、その片寄り現象は、転入者の士気を低下させてないだろうか。それならば、思いきって、処遇を高めたうえで長期在任させるべきであろう。二年たてば執行部門に戻って税務署長になれる切符を得たというだけでは、腰を据えた審理をさせる動機にならない。上級者にとっても、最後（又はその直前）の飾りのポストに就いただけで、腰を据えた審理の指導ができるだろうか。

そのことが、民事訴訟において裁判長や陪席裁判官が行う訴訟指揮や審理のすすめ方と違って、審判官の運営のやり方について、「とかく容易に流れ易いことを、十分自覚する必要があるのではなかろうか。」[12]との指摘がなされる原因となっているように考えられる。勿論、多くの審判官が、熱心にその職務に励んでいることは事実であり、否定しない。永年、個別事件の処理から遠ざかっていた審判官に対し、税務行政の執行の運営とはまったく離れた職務に就いているのにもかかわらず、裁判官や検察官と同様に行えと要求することは、無理を要求するものと言わざるを得ない。実態にあったもので、かつ、理論水準や理論にあったものを見い出して行くべきである。佐久間元所長の指摘は、この方法が必要になっていることを、示唆するものである。だとすれば、国税不服審判所の運営について、創設時の理念が薄れかかっているのではないかと言わざるを得ない。

三　国税不服審判所の運営の一事例

一　最近の国税不服審判所の運営をうかがうことのできる一つの事件がある。熊本地判平成七年一〇月一八日（訟月四三巻四号一四五頁。以下、「熊本地裁判決」という。）[13]である。

熊本地裁判決の事例では、原告は、審査請求に際し合計一九名（当初一二名選任）の代理人を選任した。口頭陳述の申立を原告の代理人が、平成三年一月一九日に行ったのに対し、担当審判官は意見陳述者の人数を三名以下に絞るよう求めたが、代理人は回答を保留した。二月二一日、原告は、代理人八名とともに口頭意見陳述のため審判所を訪れ、分担して意見陳述するので九名全員を入室させてもらいたいと申し出た。審判所側は、分担して意見陳述するのは構わないが、一回の入室者は代理人三名までにするように告げたが、原告らは拒否し、口頭意見陳述をしないまま退出した。その後、口頭意見陳述の方式について、原告らと担当審判官との間でやりとりが何回かあったものの、結局口頭陳述が行われないまま、審査請求を棄却する裁決がなされた。原告が、口頭意見陳述の機会を与えなかったことは、憲法三一条・三二条に違反するとして、裁決の取消しを求めて、訴訟を提起した事案である。

熊本地裁判決は、「口頭意見陳述の方式については法は何ら規定を設けていないことにかんがみるならば、いかなる方式でそれを実施するかは、右制度の趣旨、目的に反しない範囲で事案の審理に当たる審判官の合理的裁量に委ねられているとみるべきであ」って、「審判官が右裁量の範囲を逸脱したと認められるときは、審理手続は違法となり、裁決も取消しを免れない」。「九名を三名づつ三回に分けて意見聴取を行う旨の方法は、裁量の範囲を逸脱したものとはいえず、」審判官は原告らに対し、「口頭意見陳述の機会を与えたものと認めるべきで」あり、しかも原告らにとって「意見陳述が不可能に等しいようなものであったということもできない。それにもかかわらず、原告は、原告ら九名全員が一堂に会しての意見陳述でなければならないとの立場に固執して、被告の指定した口頭意見陳述の機会を放棄したものである。よって、本件審査請求の審理手続は適法というべきであ」るとする。なお、熊本地裁判決は、「原告ら九名全員が実際に意見陳述を予定していたかも疑問といわざるを得ない。したがって、口頭意見陳述のために、原告ら九名全員が一度に入室する必要性があったということはできない。」とも述べている。この判決は、そのまま確定している。

近時、判例集や法律専門雑誌をみると、原告側の代理人が多い例が目立つ。この点は、税務訴訟であっても同様である。何故に、これほど多数の代理人が必要なのか、疑問を抱かざるを得ないケースも多い。勿論、国側（被告）でも、訴訟代理人が多いケースが目立つこともあり、いちがいには言えないが、代理人が多くなっている例が多いように思われる。代理人も専門化しているから、やむを得ないかもしれないが、税務訴訟自体が特殊分野であり、さらに専門化する必要性は少ないはずである。本件の原告のように、多くの代理人をたてる理由としては合理的なものを見出せないことが多い。何かの作戦があるのではないかと推測されるが、それならば、国税不服審判所側は、全審判官が共同して対応していけばよいのではないか。国税通則法上、「担当審判官」が中心となって運営されることになっている（たとえば、国税通則法第九四条から九七条）ので、審査事務提要も、担当審判官が中心として運営されることになっている。担当審判官は、合議体の中心となってその担当する事件の調査、審理を推進する職責があり、常に調査の進ちょく状況を把握し、問題解決の重要な鍵となるべき要調査箇所等については、自ら実地に臨んで調査に当るよう配意するとされている（審査事務提要四四項）。そこで、最初の審査請求人の面接も——何回かの面接は勿論のことである。——担当審判官のみであるとされることがある。しかし、審査請求人の主張がわからないと、その事案の争点は本当には理解できないはずである。少くとも何回か、その合議体の構成員である審判官が直接聞くことによって、審査請求人の真意が理解されるはずである。訴訟においても、裁判官は、全体として全員が両方の請求人の意見を親しく聞いて判断することになっている。訴訟と行政審判とは構造や理念が違うとしても、両当事者の意見（主張）を聞いて判断する点は、同じである。それならば、できるだけ、両当事者の主張をよく聞くことが基本や出発点になるはずである。だからこそ、創設時の国税不服審判所の幹部も、「重要な事実調査の段階ではやはり担当審判官だけではなくて、参加審判官も一緒に入って心証をとってもらうという運用にして行きたい」(14)といっており、全ての審判官が請求人と面接することの必要性を認めている。しかし、審査事務提要では、そうしたネライが薄められている。地方の国税不服審判所によっては、最初の研修によって、少くとも合議体の全員が最初のときには審査請求人に面接するよう指導している（記録も残っている）。こうした国税不服審判所と違って、熊本地裁判決のケースでは、担当審判官しか出てこない。おそらく、審査事務提要に形式的に従ったのではないか。

さらに、国税不服審判所の施設条件もあろう。国税不服審判所の本部は合同庁舎四号館にあり、大蔵省の一部と同居し、東京・大阪・関東信越国税不服審判所などは国税局または税務署と同居している。国税不服審判所（支所によってはなおさら）によっては所轄の税務署と同居することも多い。創設時の担当者は、階をかえたり、間に廊下をとるなどの工夫をしていると述べている。[15]国税局と同居していなくとも、地方合同庁舎又は総合庁舎に同居していることが多いのが現状であるから、審判廷や面接室を確保するのに苦労しているのが現状である。熊本国税不服審判所の場合は、熊本国税局と同居していないうえに、多くの他官庁と同居（地方合同庁舎）していることから、面接に使用できる会議室は、十分に確保されていないはずである。だとすれば、一回の面接の人数を制約してもやむをえない。しかし、判決に出ているように、一一人が全員一度に入室したことがあると認められているから、九人程度が入れる部屋はあったのだろう。それにもかかわらず使えなかった理由があったのかもしれないが、判決からはうかがえない。

担当審判官を中心とする審査請求の審理及び裁決において、国税通則法は異議申立てとそれについての決定の規定を準用しているが、口頭審理を行うか、書面審理を行うか、いずれを原則とするのかはっきりしていない。行政不服審査法が制定された当時、行政不服審査法二五条一項が適用されていたので書面審理が原則となるはずであるが、協議団令五条が適用されるところから、田中二郎博士は、「口頭審理を原則とすることを意味し（略）書面審理の原則をこの限度で修正している」[16]とされていた。昭和四五年の国税通則法改正では、審理手続について異議申立に関する規定が準用されるにとどまったが、政府委員は「実際の経験の中から最も妥当なものを選んで一つの定型化をはかる」とし、国税通則法八四条は必ずしも口頭審理を原則とするものでないと答弁している。[17]

実務上は、書面審理を基調としつつ、口頭意見陳述を補充的に用いてきている。担当審判官は、審査請求書、答弁書、反論書及び「口頭意見陳述録取書」等に基づき、審査請求人及び原処分庁双方の主張を分析把握し、争点の整理を行う（審査事務提要五三）。審査請求人又は参加人に対して日時及び場所を指定して意見陳述の機会を与えたにもかかわらず、正当な理由がなくその機会に意見の陳述をしない場合には、その事績を「調査審理経過表」に記録し、その意見を聴くことなく調査を進め、審理を終結しても差支えない（審査事務提要六一）。しかし、学説上、口頭意見陳述の比重をどの程度のウェイトとみるかについてわかれている[18]。いずれにしろ、異議申立に関し、岡山地判平成七年二月二二日[19]は、陳述内容を要点録取すると税務職員が回答したことは違法ではないと判示しているので、審査請求も同様に判断しうる可能性がでてくる。

具体的な審理手続について、国税通則法が規定していないからといって、裁量は無制限ではなく、法の制定経過、立法趣旨、国会の審議状況を含めた合理的判断（解釈）に委ねられる。政府委員は、前述したとおり、書面審理あるいは口頭審理の一方に決めるのではなく、将来に委ねるものであると述べている。さらに、行政争訟の審理の形式ややり方は、各制度によって種々である。だとすれば、国税不服審判所制度の定着をまって、運営のやり方を決めるという幅のあるものであったはずで、審判官の裁量も、納税者の権利救済をより充実させて行くという意味での合理的裁量に限られていると解すべきである。

税務の争いについては、事実認定にかかるものが多いこと、しかも大量に且つ回帰的に反省すること、納税者もなれていなかったことから、書面審理を中心に運営されてきたのも、やむを得ない。まして、民事訴訟法一四八条、一五七条は裁判官に訴訟指揮権をみとめ、民事保全法七条は民事訴訟法の規定を準用し審理方式の選択すら認め、さらには三条が口頭弁論を任意としている現在、国税通則法が、書面審理を中心としていても、幅の範囲内と認めるべきである。要は、審判官が、ゲームのルールの中の中立的な管理者であれば、裁判官と同様に扱われるということであり、そうした運営を心がけてくれればよいのである。増井助教授は、「審査請求における審判官を処分庁からも裁決機関からも分離した中立的な存在と位置づければ、右の意味における手続裁量の存在を肯定することも可能と思われる。[20]」とされる。審判官は処分庁から相当程度切り離され、裁決権者も審判官の合議体に事実上依存せざるをえないところから、増井助教授が指摘する要件をも充足しているといえよう。

熊本地裁判決のケースでは、原告が九人そろっての入室を求めたのに対し、熊本国税不服審判所は三人づつの人数に制限した。前述したように、審判官にも裁判官と同様の指揮権が認められる。そうすると、裁量の範囲を超えたのか、裁量権を乱用したのかということになり、行政法にいう裁量権濫用の理論が適用しうることになる。[21]そうすると、平等原則違反、比例原則違反のほか、口頭意見陳述を認めた制度趣旨としての手続的権利の保障に違反し審査請求人が権利を防衛できなかった場合などが考えられる。国税不服審判所の現状は、できるだけ口頭意見陳述を認めており、比例原則に違反することはありえない。争点主義的運営に努めていることからいっても、争点をまちがうような重大な事実誤認もありえない。あるとすれば、納税者（審査請求人）の防衛権を侵害したかどうかである。人権を重視し、権力者の権利侵害から一般の弱い国民を守ることに努力する代理人は、往々にして、手続段階のところで時間を費やし、本体にはなかなか入らないため、審理の促進ができない（その典型が、いわゆる推計課税の審査請求や訴訟である。）。そのため、熊本地裁判決の事案でも、ある程度で打ち切って本案訴訟に入っている。となると、手続と実体とのバランスを考えて判断すべきであろう。

「全員に入らなければ全ての審理に入らせない」というのは、バランスにかける。一人でも不都合があったら、請求人の弁護ができないというのは不都合きわまりない。熊本地裁判決が棄却したのも、当然である。陳述時間の制約もありうる。

しかし、同じような人員で一室に入ったという事実を主張されているのだから、差異や理由を十分説明して理解を得るべきであろう。単に方針や担当審判官が違ったためなのか、請求人間に事情の差があったのか、部屋がたまたまとれなかった（他の合議体が使用していたのかもしれない。）のかもしれない。判決ではうかがえないので推測の域を出ないが、もっと明確な理由を双方に対して明示してほしいものである。現在、確認の方法がないが、あっても認めるはずがない理由がないことを願う。いずれにしても、いつまでも全員がそろわなければ口頭陳述が入れないという戦術が、通用するようでは、ゲームの理論は成り立たない。

「熊本地裁判決」でもうかがえることではあるが、国税不服審判所で審理を運営していくに際して気になることは参加裁判官の影が薄いことである。参加審判官は、いうまでもなく合議体の一員であるから、議決は同じ一票であることは間違いがない。けれども、争点整理が担当審判官でなされ、単に何回かの合議に加わるだけであると、合議でも遠慮するのではないか。裁判では必らず裁判所を構成する全裁判官が一連の行為を共にし責任をもつ。今の審査請求における参加審判官は、合議体を構成しながら、審査請求人には通知されず、裁決書にもでてこない幽霊のような存在である。あくまで、合議体制度を維持していくならば、今後は、審査請求人の陳述に参加審判官も列席することを義務づけるとともに、裁決書に全審判官の氏名を書くことを義務づけるべきである。さらに、審査請求人への発遣文書には、すべて、全審判官の名を記入するなど、参加審判官の意識を高めるとともに、その責任を高めることによって、審査請求の審理をより裁判における審理に近づけるべきである。もっとも、審査事務提要四五項には、参加審判官は、合議体の構成員として、事件の調査、審理に当るほか、合議体の議により法第九七条第二項の規定による質問、検査を行うとともに、合議に当って積極的に意見を開陳し、審理が尽くされるように努めることとされているから、参加審判官も、もっと積極的に活動してよい。ただし、審査請求人との関係についての権限は付せられていないので、付け加えるべきである。同項のなお書には、担当審判官の同意を得て、分担者に対して、調査の細目を指示できるとされているので、これを拡張していけばよいのではないか。

四　対審構造と運営の改革

一　審査請求と固定資産評価審査委員会への審査申立

国税通則法上の審査請求は、これまで取り扱ってきた国税不服審判所に提出するものであり、その前の異議申立と訴訟との間にある第二段階の異議申立であることは、いうまでもない。

これに対し、地方税法は、固定資産税に関し、固定資産の評価に関する不服申立てを扱う固定資産評価審査委員会に対する申出と、市町村長に対するその他の処分に対する不服申立とにわけている。[22] こういう二種類に区分けすることに対しては、批判があるが、固定資産の評価が専門的知識経験を多数必要とすることを重視して設けられたものといわれる。[23] たしかに固定資産の評価は極めて専門的で複雑な作業を要するが、そのことは、相続税も同様であり、わざわざ別にする必要もあるまい。評価だけに限るのか、評価と関連するものをどうするのかといった問題もある。それでもなお、市町村毎にわければ、固定資産評価審査委員会の人材確保がより困難となることが明白だったはずである。予想どおり、最近、連合して固定資産評価審査委員会を設けることができるようになった。広域圏で滞納処分を行えるようにした例[24]もあり、連合して一つの地方税不服審査会でも考えた方が首尾一貫するであろう。このことは、地方分権ともからむ。

そもそも、固定資産税は、毎年一月一日を賦課期日として、その日に市町村の区域内に所在する固定資産に課されるが、固定資産税の課税は固定資産課税台帳に登録されたところに従って行うことが建前である（地方税法三五九条・三四二条・三八〇条）。固定資産課税台帳は、(i)土地課税台帳、(ii)土地補充課税台帳、(iii)家屋課税台帳、(iv)家屋補充課税台帳、(v)償却資産課税台帳に五種類にわかれる。そのほか、土地及び家屋について、土地名寄帳及び家屋名寄帳を備えなければならない（地方税法三八七条）。この固定資産課税台帳は、毎年三月一日から二〇日までの間、関係者の縦覧に供される。その所有する固定資産の評価が適正に行われているか。またそれが他の納税者の場合と比較して公平に行われているかどうかをチェックする機会を与えるために、この縦覧制度が設けられたのである。

縦覧の結果、納税者は、固定資産課税台帳に登録された事項（登記簿に登記された事項および都道府県知事または自治大臣が決定しまたはその決定を修正して市町村長に通知した価格等に関する事項を除く）について不服がある場合は、縦覧期日の初日からその末日後一〇日までの間に、文書で、固定資産評価審査委員会に、文書で、固定資産評価審査委員会に審査の申出をすることができる（地方税法四三二条一項）。[25] 固定資産評価審査委員会は、固定資産課税台帳に登録された事項（平成一二年以降は、「固定資産課税台帳に登録された価格」に限定される。）に関する不服を審査決定するために市町村に設置される合議機関である。審査の申出がなされたときは、固定資産評価審査委員会は、直ちにその必要と認める調査・口頭審理その他事実審査を行い、その申出を受けた日から三〇日以内に審査の決定をしなければならない（地方税法四三三条）。納税者は、固定資産評価審査委員会の決定に不服があれば、取消の訴えを提起することができるが、固定資産評価審査委員会に審査を申出ることのできる事項については、同委員会への審査の申出と同委員会の決定に対する取消訴訟の方法でのみ争うことができるとされている（地方税法四三四条）。

このように、固定資産課税台帳に登録された事項について、地方税法が細かく争訟の方法を規定したのは、固定資産課税台帳を早期に確定させるためであり、それだけに、固定資産評価審査委員会の構成と手続を研究し、関係者への不測の損害を防止する必要性は高い。

固定資産評価審査委員会における審理は、形式審理の後に実質審理が行われる。実質審理には、書面審理と口頭審理とがあり、そのいずれかを行うかは、審査申出人が口頭審理の申請をしない限りは固定資産評価審査委員会の自由な判断である。口頭審理を申請していても書面審理と併用できるが、口頭審理を申請していない場合には口頭審理を行うことはできない。

書面審理は、固定資産評価審査委員会が書面（審査申出書その他市町村長が提出する答弁書等、答弁書に対する審査申出人の弁ぱく書といった書面）によって審査申出人及び評価庁である市町村長の主張・争点・事実関係を明らかにし、審査委員の心証を形成しようとする審理手続である。書面審理と口頭審理との間には、口頭による陳述の機会が設けられない以外に本質的な差はなく、行政不服審査法二五条からいって、審査申出書の受理があれば書面審理を行うべきが原則である。書面審理では、主張等が明白確実で審理を簡易迅速に行うことができるが、印象が間接的で、疑問点があっても釈明によって明白にすることはできない。また、書面に真実が正確に記載されているかどうかわからないし、不必要な主張がなされることも多い。この長所短所を逆にすると口頭審理となる。

地方税法において、審査申出人が口頭審理を求めた場合は、審査申出人、評価庁である市町村長がそれぞれの主張を述べ、理由を付けるための法律上及び事実上の一切の陳述をし、かつその証拠を提出する。この口頭審理では、審査申出人、評価庁である市町村長その他関係者の口頭による陳述を録取することによって、審査申出人及市町村長の主張、争点、事実関係を明らかにし、委員の心証が形成される。(26) これによって、相手方の弁論及証拠を知り反駁し反証を提出す機会が与えられ、固定資産評価審査委員会の公正妥当な審判を保証し、双方の権利利益がよく保護されている。そして、口頭審理では委員全員が出席することが原則であり、公開して行われなければならず、傍聴希望者は何人であっても傍聴させねばならない。そして、固定資産評価審査委員会は、口頭審理に際し、価格の計算の根拠を説明させ、審査申出人が審査申出の理由の関係事項を明らかに了知できる措置をとったうえで審査申出人に弁論・証拠提出等の機会を与えねばならないほか、必要があれば関係者を対面させて弁明をさせたり尋問させたりする。(27)

これらのやり方は、民事訴訟の対審構造をできるだけ取りいれたものであって、国税不服審判所における審査請求のやり方は異なる。国税不服審判所では、口頭陳述が行われても課税庁が出席してはいないし、実務上は担当審判官しか聞いていないし、対面させて弁明をさせたり尋問をすることも行われていない。地方税法上の口頭審理の方式の方が、はるかに、民事訴訟に近いし、権利の保障にかなうものであろう。ただし、口頭審理でも評価の根拠、資料が明らかにされず、審査申出人に十分な攻撃の機会が与えられないままで、ただ審査申出人の意見を陳情のような形で聞くということだけで、審理が終ってしまっている事例が多い(28)というので、割引く必要がある。

二　福島地判平成八年四月二二日

固定資産評価審査委員会の口頭審理のやり方が審理不尋であるとして、審査決定を取り消さなかった判決が福島地裁で平成八年四月二二日になされた。(29)この事案は、口頭審理申出人からの申出により口頭審理期日を延期したものの、再延期申出後に書面審理への変更申立があり、その後市長答弁書に対する再弁ばく書提出期限を延期するよう求める申立に対し若干の延長が認められたが、結局は再弁ばく書の提出がなく審理が終結された事案である。(30)

こうした再三の延長によるも審査申立人が権利を実質的に放棄したに等しい事例は、推計課税の事案にも多く見られる。福島地裁は、最判平成二年一月一八日（民集四四巻一号二五三頁）に従って、原処分を維持した。申出人（原告）は、これに対し固定資産評価審査委員会の審理方式は民事訴訟に傾斜した準司法手続構造であるとする東京地判昭和四一年一一月一七日（行集一七巻一一号一二六二頁）に準拠して主張している。しかし、控訴審は、「具体的資料を徴することなく審理を終結し、審査決定をしたことは、法四三三条一項の趣旨に反し、審理不尋の違法がある」として、棄却決定を取り消している（仙台高判　平成九年一〇月二九日）。再弁ばく書提出期限の午後五時経過後直ちに審理を終結し棄却決定をするということは、審理不尋といわれても仕方がない。

この事件の固定資産評価審査委員会のやり方は、国税不服審判所と同じような運営をしただけであり、国税不服審判所は、福島地裁判決を支持したいのではないかと思料する。しかし、口頭審理の構造が対審構造であることから、最判平成三年一月一八日と同様に考えるわけにはいかない。両者の構造の違いが大きすぎるのである。ただし、選択的に対審を選択した場合は、同様に考えてよいと思われる。

三　審査請求の対審構造

固定資産評価審査委員会には、書面審理方式のほか口頭審理方式があり、いわゆる対審構造が導入されている。しかし、審査申出人の陳情のような形で聞くということだけで、審理が終ってしまっている例が多いことも紹介した。だとすれば、審査請求に固定資産評価審査委員会の口頭審理をそのまま導入するのに、慎重であるべきであろう。

審理請求において、審査請求人と処分庁とが対抗する関係が一応存在するが、処分庁は審査手続の上では当事者となっていない。なぜならば、処分庁には、弁明書提出権（行政不服審査法二二条）及証拠提出権（同法三三条一項）しかなく、その他の防禦権がない。そこから、職権審理主義が出てくるのであるが、国税不服審判所の調査能力は十分ではないので、処分庁としては防禦しようがない。処分庁に調査を依頼したり、裁決権を事実上内部委任する例があるかのように南博方教授は記述されているが、(31)現在ではなくなっているはずである。もっとも、いわゆる九九条案件が少い理由として、国税庁側の協力が得られないことも一因であると聞くので、わからないでもない。しかし、それらは行政不服審査法三一条との関係で好ましくないし、将来はタックス・コート的なものをめざしていたとすれば、(32)直ちにそれらは取り止めるべきである。今後は主張と立証を手続上及び明文上、はっきり分離した上で、処分庁に対しアッピールする権利を与えるべきである。

行政の透明性という観点から、審査請求を公開すべしとの意見も聞くが、それは審査をプロパガンダの一方式と考えるものであって、平均的な納税者の支持は得られない。なぜなら、個人の課税標準はプライバシーの対象の典型であり、簡易な手続で、かつ非公開で自己の租税に関する不満を審査してくれる点に、多くの人が不服審査の利点を感じている。(33)審査請求は、今後とも非公開を貫ぬくべきである。

当事者が審理内容や審理経過を知り得る機会を与えられるべきことは言うまでもない。それこそが、将来はタックス・コートに移行するという展望に行く一過程である。けれども、福島地裁の納税者の都合（このケースでは海外税制調査）のよい日まで審査を延期しなければならないこと、税法に素人の納税者に対審の場所で十分に主張を述べ且つ税務署の主張に直ちに反論できるだろうか。また、あげあしとりや手続（熊本地裁判決の原告はその一例）にこだわって簡易な権利救済という理念に反することにもなる。さらに、審査請求が基本的に書面審理である以上、国税不服審判所で審査のある日には審査請求人は常に出席しなければならないが、果して可能であろうか。したがって、国税不服審判所の審理に対審構造を全面採用することは無理である。(34)しかし、当事者が特に希望するならば、対審を行うべきであろうし、熟練の審判官ならば十分に指揮しうるであろう。

そのほか、主張と立証を段階的に区分して運営し、主張が不明確なときには審尋を行うようにすべきである。さらに、口頭意見陳述において審査申立人に対し釈明を求めるべきである。口頭意見陳述においては、申立人の同意又は要求があれば処分庁との対審を認め、これに発言の機会を与えるなどの工夫は、現行法でも運営可能なはずである。

具体的には、国税局や税務署と国税不服審判所の支部・支所が税務官庁と同居することは避けるべきであろう。[35] 庁舎の建設と確保は手間と予算を食うので容易ではない。しかし、コンピューター関係施設の確保のためにがんばった担当者クラスの人物が何人かいれば可能なはずである。まず、これらの納税者の不信を解消させていくのが近道であろう。

五　おわりに

創設時の文献を検討してみると、高尚な理想が掲げられており、今後進めるべき課題を認識していたことを知ることができる。その後、多くの関係者の努力によって評価は高まってきたが、青年期を脱しようという現在、なお も多くの課題が残っていることが認識できる。

行政機関の一つとしての制約から、その改革には制約がある。国税不服審判所の経験者の一人として、どうするべきか考えてみたが、多くの先人の足元にも及ばない。

このほかにも、人事の問題という大問題がある。学者の理論では簡単であるが、「官から官へ」移される人間の感情だけはどうしようもない。幸い、今は行政改革の時期を迎えているので、この機会をとらえてすばらしい人間が配属、確保され、すばらしい国税不服審判所の運営がなされるように期待している。ただ、人事担当者の意識をどう変えるのか、試案のもちようがない。

(1) 南博方「国税不服審判所の実績と課題」ジュリスト八三七号五〇頁。

このほか、国税不服審判所の課題をめぐる文献としては、次のものを参照した。

① ジュリスト八三七号「特集 国税不服審判所の一五年」。

② 南博方「『公正らしさ』の実現に向けて―国税不服審判所創設一五周年を迎えて―」税理二八巻五号一三頁。

③「鼎談 国税不服審判所の二〇年」ジュリスト九五四号一四頁。

④ 南博方「国税不服審判所の創設期の回顧」ジュリスト九五四号二七頁。

⑤ 国税不服審判所設立二〇周年記念対談」税務事例二二巻五号二頁。

⑥ 特集「国税不服審判所発足二五周年」法律のひろば四八巻五号四頁。

(2) 植松勲・青木康・南博方・岸田貞夫「行政審判法」ぎょうせい、平成九年（以下、「行政審判法」という。）、二五一頁～二五二頁。協議団のメンバーについて、「税の裁判官」という広告を行って採用した記録が残っている。

(3)「行政審判法」二五三頁～二五四頁。

(4) たとえば、「行政審判法」二五五頁～二五六頁。

(5)「座談会・国税不服審判所」ジュリスト四五一号。「あり方」二〇頁。

(6)「動き出した国税不服審判所」税務事例昭和四五年一〇月号。「あり方」三六頁。

(7)「あり方」三八頁～三九頁。大島国税不服審判所次長の発言。

(8)「あり方」三九頁。

(9)「あり方」四二頁及五二頁。

(10) 佐久間重吉「国税不服審判所の現状と課題」、法律のひろば一九九五年五月号、（以下、「佐久間」という。）二四頁。

(11) 修正申告の慫慂については、占部裕典「租税債務確定手続」平成一〇年、信山社、第一章及第五章。さらに、それらに引用されている文献を参照のこと。
(12) 「佐久間」三〇頁―三一頁。
(13) 増井良啓（判例評釈）ジュリスト一一二三号一五七頁。以下、「増井評釈」という。
(14) (8) と同じ。
(15) 「あり方」四九頁。
(16) 田中二郎「租税法」三〇五頁の注 (1)。
(17) 「第六三国会衆議院大蔵委員会議録」第七号一八頁。
(18) 南博方編「注釈国税不服審査・訴訟法」七九頁。
(19) 税資二〇八号三八三頁。
(20) 「増井評釈」一五九頁。
(21) 塩野宏「行政法Ⅰ第二版」一〇一頁―一一四頁。
(22) 金子宏「租税法（第七版）」三九四頁―四〇〇頁。
(23) 石島弘・碓井光明・木村弘之亮・山田二郎「固定資産税の現状と納税者の視点」（以下、「現状と視点」と略す。）七三頁―八九頁。
(24) たとえば、鳥取県中部圏は、広域市町圏事務組合をつくっている。その中には、滞納処分を含んでいるが、現実には広域処理の申出がないという。鳥取県の東京事務所から聴取した院生の報告による。
(25) 平成一一年の改正で、平成一二年以降は、審査申出期間は、納税通知書の交付の日後三〇日を経過する日までに延長された。あわせて、縦覧期間も、「三月一日から二〇日以上の期間」と改正された。
(26) 塚田功「固定資産税の審査申出とその対応のすべて」（以下、「塚田」という。）一〇一頁―一〇七頁、一四六頁―一五五頁。

(27)「塚田」一〇八頁―一一三頁。
(28)「現状と視点」一一六頁―一一七頁。
(29)行集四七巻四・五号三七〇頁。西野敞雄（判例評釈）ジュリスト一一一九号一五五頁（一九九七年）。
(30)「判例回顧」、租税法研究二六号一三五頁。
(31)「行政審判法」三〇三頁―三〇四頁。
(32)「あり方」四三頁（関根達夫発言）。
(33)「行政審判法」三〇四頁。
(34)「行政審判法」三〇三頁―三〇四頁。
(35)湖東京至「国税不服審判制度の瑕疵とその改善策」税理三九巻一一号一一頁。

アメリカ税務訴訟における立証責任論の新動向

西本 靖宏

一　はじめに
二　税務訴訟における立証責任
三　「新たな事項」が生じたことによる立証責任の転換
四　法改正による内国歳入庁への立証責任の転換
五　おわりに

一　はじめに

租税確定処分の取消訴訟等においては、課税の基礎となる事実を発見することが、裁判の結論を導き出す前提として、とても重要な作業であることはいうまでもない。ただし、納税者と課税庁のいずれが課税要件事実についての立証責任を負担するかについては、かねてから議論が分かれている。(1) かつては、課税処分などの行政処分には公定力が働くことを理由として、処分の違法性を主張する原告側に全面的に立証責任を負わせようとする見解が有力に主張されたこともある。(2) ただし、公定力が「適法性の推定」の効果を伴うという旧来の見解に対して、近時の行政法学説(3)は、公定力はそもそも取消訴訟の専属的管轄から生じた現象にすぎず、その実際的効果も、取り消されるまでの間事実上有効な行為として取扱われるだけで、適法性を推定する効果を伴うわけではない、と解しており、むしろ、公定力に「適法性の推定」効果があることを前提とした考え方には、ほとんどその支持者がいないのが現状である。税務訴訟の立証責任に関するわが国の支配的見解は、基本的には民事訴訟における法律要件分類説と同様の立場に立っている。すなわち、租税債権の発生要件である課税要件事実については租税債権者である課税庁が、権利障害要件事実および権利消滅要件事実については租税債務者である納税者が、それぞれ立証責任を負担するとする。(4) したがって、従来の通説によれば、課税要件たる所得の存在とその金額については、課税庁が全面的に立証責任を負うことになる。(5)

もっとも、課税物件である所得や課税標準である所得金額など、課税要件の立証責任を行政庁に負わせることを一応是認できたとしても、証拠からの距離からみて納税者により近いところにあり納税者の方が立証も容易であると思われる必要経費など、課税に当たっての消極要件についてまで、課税庁に立証責任を負わせることについては、疑問の余地がある。(6) そこで、約一五年前のことになるが、政府税制調査会において納税者に立証責任を負担させる制度の導入を議論したことがある。結局、その時の答申では制度化が見送られたが、その際には「今後の具体的な訴訟の展開において、納税者に立証を求める方向へ漸次進んでいくことを期待できるのではないかと考える」との見解が示されていた。(7)

立証責任の分配を法律で明確に定めてこなかったために、その分配をめぐって時に議論が紛糾するわが国の状況に対して、アメリカの場合には、早くから税務訴訟における立証責任の分配を法律で定めてきた。(8) アメリカにおいては、納税者に立証責任を負担させるというのが長年の取り扱いであった。(9) ところが、一九九八年六月に内国歳入庁の改革の一環としてなされた内国歳入法典の改正では、納税者がある一定の要件を満たした場合には内国歳入庁に立証責任を負わせるという規定が導入されている。(10) このようなアメリカの動向は、わが国の状況と全く逆の方向に進んでいるとも言え、非常に興味深い。また、この新規定の制定をめぐっては、賛否両論の激しい議論が展開されてきた。しかも、そこでなされた議論は、今後の、わが国の税務訴訟における立証責任と制度のあり方を検討するについても、とても参考になる素材を提供していると思われる。本稿では、まず、アメリカ税務訴訟における立証責任の一般的な制度を概観し、次いで、昨年導入された新規定をめぐって展開されてきた議論を、アメリカ連邦租税裁判所の判決を中心としながら考察していきたい。

二　税務訴訟における立証責任

1　証拠提出責任と説得責任

アメリカでは、連邦税に関する納税申告について納付不足税額が生じていることを内国歳入庁が認定すると、同庁は、納税者に対して、まず納付不足税額の通知を発送する。この通知の内容に不服がある場合、納税者は、その納付不足税額を支払わないとしても、[11]納付不足税額の通知が発行されて九〇日以内であれば、連邦租税裁判所に対して不服の訴えを提起することができる。[12]その際の立証責任の負担については、租税裁判所規則一四二条(a)項で「立証責任は、原告が負うものとする」と規定されている。したがって、納税者が納付不足税額の通知の内容が誤りであることを争って租税裁判所に訴訟を提起する場合には、通常、納税者側にその立証責任が負わされる。[13]

なお、アメリカの場合、立証責任には、証拠提出責任（burden of production or burden of going forward）と説得責任（burden of persuasion）との二つの意味があるといわれ、[14]税務訴訟においては、証拠提出責任と説得責任の両方を納税者が負担すると解されている。[15]証拠提出責任とは、主張事実について裁判官に十分な証拠を提出する責任のことであり、説得責任とは、主張事実が真実であることを事実認定者に納得させる責任のことを言う。[16]通常の場合、証拠提出責任は、訴訟を提起する当事者側が負担するが、一方がこの責任を果たすと、その責任は相手方に転換すると解されている。[17]これに対して、説得責任は、わが国でいう客観的立証責任に対応する（以下、とくに説明をしない場合には、立証責任とはこの説得責任のことを指す）。この責任は、一方の当事者に固定され、訴訟中は他方当事者に転換しない。[18] 説得責任を負っている当事者がその責任を果たすのに失敗した場合には、その当事者にとって不利な判断（判決）が下されることになる。[19] また、両当事者の証拠が対等の価値を持つと評価された場合にも、説得責任を負っていた当事者にとっては不利になる判断がなされている。[20]

2 適法性の推定

アメリカの税務訴訟上、立証責任と同様に重要であるのが、納付不足税額の通知に付随する適法性の推定（presumption of correctness）である。ここでいう「適法性の推定」とは、納付不足税額について内国歳入庁が下した決定は、適法な決定として推定されることを意味する。[21] この考え方は、国家・行政の活動は適法として推定されるというコモン・ロー上の原則に由来すると考えられている。[22]

適法性の推定は、それ自体が証拠として扱われているわけではないが、納付不足税額の決定が誤っているという主張を支えるのに十分な証拠を納税者側が提出するまでは、このような推定状況が持続することになる。[23] 納税者側から納付不足税額の決定が誤りであることを示すような証拠が提出された場合には、この推定は消滅するが、説得責任は、なお納税者側に存続したままで、訴訟は進展すると解されている。[24]

例えば、連邦請求裁判所は、「内国歳入庁長官にとって有利であるこの推定は、原告に対して、長官の決定に反する事実を支持する一応の証拠の提出を要求する手続的手段となっている。この手続的負担が満たされたとしても、納税者としては、訴訟の実体的事項についての説得責任を、さらに負わなければならない。したがって、原告は、内国歳入庁長官の決定が誤りであることを証明する立証責任を負担するだけではなく、（自分の提出した）証拠が優越していることを示すことにより、自分の主張のメリットを証明する立証責任をも負担する」と述べている。[26] すなわち、適法性の推定は、証拠提出責任と同様に、納税者に対して証拠を提出することを要求する機能を果たしていることになる。

3　納税者側に立証責任を負わせる根拠

アメリカの税務訴訟においては、納税者に立証責任を負担させるのが一般的な原則であるが、それはいかなる根拠に基づいているのであろうか。これについては以下の三つの理由が主な根拠と考えられている。

まず、最も重要な根拠としては、納税事実に関する証拠を納税者側が保有していることが挙げられる。[27] とりわけ申告納税方式の下では、納税者側が納付不足税額に関する証拠を有することが前提となっている。これに対して、内国歳入庁に立証責任を負わせるならば、納付不足税額に関する証拠を有していない内国歳入庁としては、その責任を果たすため、納税者が提出する記録等の間接的な証拠に多くを頼らざるを得ない。しかし、これについては不公平が生ずるおそれがある。公平の観点からは、納付不足税額に関連する証拠を唯一所有する納税者に立証責任を負わせるのが妥当である。

次に、税収を確保する必要性がその根拠として挙げられている。[28] 内国歳入庁に立証責任を負担させるとすれば、内国歳入庁が納税額について立証するまでは、納税行動に出ない納税者の増加が予想される。また、それに伴って内国歳入庁の租税徴収費用も増えると考えられる。税収確保の必要性と同時に、徴収の効率性も非常に重要であるが、これらの点を考慮すると、立証責任を内国歳入庁に負担させるよりも、納税者に負担させる方が、むしろ合理的である。

第三に、適法性の推定が論拠として挙げられている。[29] すでに述べたように、国家や行政の活動の適法性が推定されることはコモン・ロー上の原則として確立されているが、この原則は、内国歳入庁の納付不足税額の決定にも当てはまる。したがって、納付不足税額の決定は、適法と推定されるので、その決定が誤りであることの立証責任は納税者に負わせるべきである。

以上が、納税者に立証責任を負わせるべきことを主張する論者がしばしば挙げている、主な論拠である。

三 「新たな事項」が生じたことによる立証責任の転換

前述のように、アメリカの税務訴訟においては、納税者に立証責任が負わされているが、これにはいくつかの例外がある。[30] その中で、最も議論されてきたのが、「新たな事項」(new matter) が生じたことによる、内国歳入庁への立証責任の転換の問題であった。

1 「新たな事項」が意味すること

租税裁判所規則一四二条(a)項は、「立証責任は原告が負うものとする」旨を規定するが、これと同時に、その例外として、「答弁書において答弁されたあらゆる新たな事項」に関しては、内国歳入庁が立証責任を負担する旨を規定している。しかし、何がここでいう「新たな事項」に該当するのかについては、規定上明確にされていない。

この規定の不明確性については、これまでも裁判上しばしば批判されてきたものの、[31]「新たな事項」に該当するか否かは、多くの税務訴訟において重要な争点とされてきた。[32]

一 Tauber 事件

この問題に関して、最も有名な事件の一つが Tauber 事件[33]である。この事件では、パートナーシップの形態で事業を行ってきた原告によって、その事業と事業用資産が新たに設立された会社に譲渡され、原告は、その対価として新会社の約束手形を受け取った。その後、新会社がこの約束手形に係る利子を原告に支払ったことにつき、内国歳入庁は、新会社は過少資本の状態にあったので、約束手形は出資に当たると共に、新会社による利子の支払いは配当に該当する、として原告に対する納付不足税額を決定した。納付不足税額に対する不服の訴訟において原告は、新会社の当初の資本が帳簿に記録されている額よりも大きかった事実を示して、内国歳入庁側の主張根拠に反論した。この時点で、内国歳入庁としては、納付不足税額の決定を支持する根拠を失ってしまったため、次のような抗弁を新たに提出した。

「新会社の手形と株式との交換によって、パートナーシップの資産が一九四六年に新会社に譲渡された事実と共に、被告の主張とは反するが、その手形に係る利子の支払いが、配当所得に該当しない旨を裁判所が決定するならば、一九四六年に課税取引が行われたことと共に、その取引から原告に生じたいかなる利得も、内国歳入法典一一二条(c)項に従って認識されるべきである。[34]」

この抗弁に対して、租税裁判所は、旧租税裁判所規則三二条（現租税裁判所規則一四二条(a)項）を引用しながら、「内国歳入庁長官は、その心に留めている、納付不足税額の決定とは異なり、かつ、それとは一致しない新たな根拠に基づく代案としての事項を、適切に答弁かつ立証しなければならない」[35]と述べている。さらに同裁判所は、この新たな根拠についての立証要件を内国歳入庁側が満たしていないと判断した。この事件の場合、内国歳入庁の新根拠に反証する証拠が納税者側からは提出されてはいなかったが、納税者が勝訴する結果となっている。このように、この事件では、納税者側から内国歳入庁側への立証責任の転換が見られる。

二 McSpadden 事件

租税裁判所は、McSpadden 事件[36]においても同様の判決を下している。この事件で内国歳入庁は、虚偽の抵当譲渡権の割引を含む取引により納税者が所得を得たとして、納付不足税額の決定を行った。公判の場で内国歳入庁は、これと併せて、納税者が支配株主であった会社が納税者名義で振り出した手形の支払いも納税者の所得に該当する、という新たな主張を行った。原告は、内国歳入庁によってなされたこのような主張は、内国歳入庁側が立証責任を負担すべき「新たな事項」に該当すると主張した。租税裁判所は、次のように述べて、原告の主張を認めている。

「被告側は、納付不足税額を通知して広範な主張をした後に、訴訟の場になってから、争点を単に狭くするよりも多くのことをやろうとしている。納付不足税額の通知において被告は、割引手形を含む取引からの所得を McSpadden（納税者）が得ていた旨を明確に述べている。McSpadden 名義の手形が Superior（納税者が支配株主であった会社）によって支払われたことに関する被告の主張の根拠は、割引手形とは関係がなく、むしろ手形の支払いに関係している。この取引は、納付不足税額の通知において述べられていた取引とは完全に異なっている。したがって、我々は McSpadden が負っていた債務の支払いが Superior によってなされたことに関する立証責任は、被告が負担すべきであるという原告の主張を支持する。[37]」

三　Falese 事件

上記の二事件では、いずれも納付不足税額の通知で挙げられている課税取引とは異なる課税取引に基づき、内国歳入庁が新たな根拠を持ち出した事例である。これに対して、同様の課税取引に基づいて内国歳入庁が新たな根拠・主張を提出した場合であっても、立証責任は転換されるべきであるという判断を租税裁判所が下した例として、Falese 事件(38)がある。この事件では、まず、内国歳入庁は、納税者が申告していない監督料をパートナーシップから受け取っていたとして、納付不足税額の決定を行っている。訴訟の場で、監督料に該当するとして争われている金額を受け取っていないことを納税者が立証したのに対して、内国歳入庁は、その金額はパートナーシップの所得からの分配金であって課税されるという新たな抗弁を行った。裁判所は、内国歳入庁が提出したこの根拠は「新たな事項」に該当しており、この理由について内国歳入庁は立証責任を果たしていない、という判断を下した。その判決理由として、裁判所は次のように述べている。

「本件において、納付不足税額の決定に反論するために要求されている証拠は、公判で被告によって主張された見解に応じるために要求される証拠とは異なる。……これらの状況の下で、我々は、被告が公判で新たな見解を主張したと判断し、被告はその見解について立証責任を負うと判決する。……被告が新たな見解を採用した場合は、立証責任は被告に移るのであり、新たな争点に対する対応を準備するため、原告としては訴訟における手続の延期継続が認められ得たと主張することによって、被告が立証責任を避けることはできない(39)。」

なお、租税裁判所は、Achiro 事件(40)において、この判決で示されている「異なった証拠基準」(different evidence standard) について次のような説明をしている。

「納付不足税額を増額したりしない、または、それとは矛盾していない、単に原決定を明らかにしたり、あるいは、詳細にしたりするための新たな理論の主張は、立証責任が移ることを要求する新たな事項ではない……しかし、答弁における修正された主張が原決定を変更したり、あるいは、異なった証拠の提出を要求したりするならば、被告は新たな事項を提出したことになる。[41]」

この「異なった証拠基準」は、近年における多くの租税裁判所判決で採用されており、一般に合理的な基準と見なされている。[42]

2 納付不足税額の通知が抽象的に記述されるケース

内国歳入庁が公判において、納付不足税額についての新たな主張を行い、それが「新たな事項」に該当するとされた場合には、立証責任は内国歳入庁側に移される。しかし、内国歳入庁としては、納付不足税額の通知の内容を抽象的に記述することでもって、新たな主張をしたとしても、それが「新たな事項」に該当することを避け得るであろう。

納付不足税額を通知することは、納税者が訴訟を租税裁判所に提起するための前提条件となっており、「租税裁判所へのチケット[43]」と呼ばれている。訴訟を提起するに当たって、納税者は、納付不足税額の通知のコピーを提出しなければならないし、その通知で述べられた事項のどの部分を争うのかを明確に指定しなければならない。[44]また、納付不足税額の通知は、先に述べたように、その誤りを立証するのに十分な証拠を納税者が提出するまでは、内容的に正しいと推定されて取り扱われる。さらに、その通知で述べられた事項は、訴訟において納税者が反証を準備するのに必要不可欠な情報でもある。[45]

このような納付不足税額の通知の重要性から見て、その内容は明確に記述されるべきであるために、内国歳入庁の「内国歳入マニュアル」では、納付不足税額通知の作成の仕方について、詳細な記述をしている。同マニュアルでは、まず、納付不足税額の通知は、「(1)納付不足税額の金額を記した書状と、(2)納付不足税額がどのようにして決定されたかを説明する声明書」[46]の二つの部分からなると記されている。さらに、マニュアルでは、「書状」においては、納税者の氏名と住所、[47]税の種類、課税年度、あらゆる納付不足税額とあらゆる追加額を明らかにしなければならない、と述べている。[48]マニュアルによると、これらの説明は、「(1)納税者に調整点を『明確かつ簡素な言葉で』知らせること」[49]と、「(2)提起された納付不足税額の調整についての内国歳入庁の見解を述べること」[50]との上で、役に立つとする。したがって、内国歳入庁がこのマニュアルに従う限り、納付不足税額の通知の内容は、常に明確であるはずである。[51]

このように、内国歳入マニュアルでは、納付不足税額の通知に記されるべき内容について詳細な記述をしている。ところが、内国歳入法典では、その内容について何らの規定もしていない。[52]また、一九三七年にLearned Hand裁判官が「納付不足税額の通知は、内国歳入庁長官が、納付不足税額を支払う人に対して、その人に税を賦課する予定であることを知らせるにすぎない」[53]と述べて以来一貫して、租税裁判所は、納付不足税額の通知には、どのようにして納付不足税額が決定されたのか、または、内国歳入庁がその決定を行うに際して根拠とした条項すらも含める必要はないという判断をしてきた。[54]例えば、租税裁判所の前身である租税不服審判所は、次のように述べている。

「『内国歳入庁長官が、あらゆる理由、または、その行為に対する理由を述べなかったとしても、長官は、控除を認めないかもしれないし、納付不足税額の通知においてその理由を長官が述べたとして、たとえそれが誤りであったとしても、そのことに対する抗弁において長官は制限されたりしない……』と、被告が訴訟事件摘要書で主張しているのは、正しい[55]。」

また、連邦最高裁判所は、内国歳入マニュアルで定める手続は、必ずしも内国歳入庁を拘束しないという判断を下してきた[56]。したがって、納付不足税額通知の内容が、仮りに抽象的であったとしても、裁判上は、何らの問題も生じない。

これに加えて、多くのケースにおいて裁判所は、納付不足税額とは矛盾していない、抽象的に述べられた争点については、納税者から内国歳入庁に立証責任が移るような「新たな事項」には該当しない、という判断を下している[57]。したがって、納付不足税額についての新たな主張が公判において「新しい事項」に該当することになって立証責任が内国歳入庁に移ることを避けるため、内国歳入庁としては、納付不足税額の通知の内容を抽象的に記述することも可能であろう。そうだとすれば、これは、納税者にとって非常に不利な取扱いとなる。このような状況の下で、一九九八年六月に、内国歳入庁が立証責任を負担すべきであるとする新規定が、内国歳入法典に導入されることになった。

四　法改正による内国歳入庁への立証責任の転換

1　新規定の内容

個人や小規模法人が内国歳入庁と法廷で争うことを余儀なくされる場合、納税者に対して立証責任を負わせる制度は、しばしば個人や小規模法人にとって不利に働く[58]。なぜならば、個人や小規模法人の多くは、立証責任を果たしうるだけの証拠を集める費用や時間をもたないからである。この点を考慮して、一九九八年の内国歳入庁改革法（the Internal Revenue Service Restructuring and Reform Act of 1998）により、税務訴訟における立証責任は内国歳入庁が負担する、という規定が内国歳入法典に新たに付け加えられた[59]。新しい規定では、税務訴訟においては内国歳入庁が立証責任を負担する旨の規定を置く[60]と同時に、その適用については、次のような要件を定めている。

(1) 納税者は、争われている問題について確かな証拠を提出しなければならない[61]。
(2) 納税者は、内国歳入法典や財務省規則で規定されている実証要求（納税者がある項目について内国歳入庁の満足のいくような証明をすること）に従わなければならない[62]。
(3) 納税者は、内国歳入法典や財務省規則で要求されているすべての記録を保管しなければならない[63]。
(4) 納税者は、面会、インタビュー、証人、資料、書類について内国歳入庁の合理的な要求に協力しなければならない[64]。
(5) 納税者が法人、信託、パートナーシップである場合には、その純資産は七百万ドルを越えてはならない[65]。

以上の要件を一つでも満たさない場合には、これまでと同様、納税者が立証責任を負うことになっている。

2　新規定制定に対する批判

内国歳入庁に立証責任を負わせるというアイデアは、納税者にとって有利であり、一般の納税者からすると非常

に魅力的なアイデアに思われるが、この規定を導入するに当たっては、租税専門家から数多くの批判が寄せられた。(66)

通常の刑事訴訟で言えば、被告（人）は、有罪が立証されるまでは無罪と推定されるので、有罪であることの立証責任は原告（訴追側）が負うのに対して、税務訴訟においては、納税者が有罪と推定されて無罪であることの立証責任を負担させられており、納税者にとって非常に不利な立場となる。これが、新規定を導入した主な理由であった。例えば、内国歳入庁の改革に関するラジオ演説で、下院歳入委員会長のArcher下院議員は、次のように述べている。

「租税争訟においては、内国歳入庁の見解が正しいと推定されており、納税者は潔白を自分自身で立証する責任を負っている。納税者が間違っていることを内国歳入庁が論証しなければならないよう、今こそ立証責任を転換する時である。(67)」

新規定の制定に反対する租税（法）専門家達は、この意見に対して、税務訴訟と刑事訴訟を比較するのは適切ではなく、的外れな議論であると批判する。(68)また、内国歳入庁が納税者を租税犯として告訴する場合には、内国歳入庁側が立証責任を負担しており、民事的な税務訴訟における立証責任を納税者が負担するという基準の立て方は、通常であれば、事実や記録を管理する当事者（税務訴訟の場合には納税者）に立証責任があるという長年の原則に適合する、と指摘する。(69)上院歳入委員会長に宛てた手紙の中で、租税裁判所のCohen主席裁判官は、この点に関して次のように述べている。

「現行法の下では、他の訴訟と一致して、訴訟を提起する者が（税務訴訟においては納税者）……一般的に立証責任を負担することになっている。納税者の立証責任は、証拠を提出することと、事実を認定する者に政府の賦課税額決定が誤りであることを説得することにある。租税犯の場合とか、内国歳入法典又は租税裁判所規則、それに判例法で示された、その他の特別な場合には、立証責任は政府にある。この立証責任の分配は、十分確立されているし、前もって立証責任に関してどちらのルールが該当するかを当事者は知っているので、証拠を獲得したり、準備したりすることに関して、何が要求されて何が要求されていないのかを区別することが、当事者としては一般に可能である。また、この立証責任の分配は、関連する取引に携わった当事者が事実や証拠を最も容易に入手することができるという事実と一致する。取引に関する情報を有する当事者がその情報を保持し、提出することの方が、問題の取引が行われた数年後になってから証拠を得るため政府に調査させることよりも、より簡単であるし、より押しつけがましくない。[70]」

立証責任を納税者が負担することの方が、政府が負担するよりも合理的であることは、新規定の制定に反対する租税（法）専門家の共通した意見である。これに加えて、新規定の制定に反対する租税（法）専門家達は、政府に立証責任を移すことが納税システムを悪化させると指摘する。例えば、その理由として、タックス・エグゼクティブ協会理事長のCherecwich氏は、次のように述べている。

「税務訴訟における立証責任が政府に移されるとすれば、内国歳入庁の職員がその増強された責任を果たすよう努力するのに伴って、内国歳入庁の執行努力は、一層強められることであろう。納税者が証拠提出責任を持たないとすれば、内国歳入庁が自分自身で証拠を発見しなければならなくなるだろう。内国歳入庁が申告された所得と支出を一致させようと苦労するにつれて、これらの増強された税務調査が増加することであろう。明らかにより多くの召喚状（第三者に対して発行されるものを含む）が発行されるであろうし、より多くの争点が争われることになろう。[71]」

また、Wolfman 教授も、上院歳入委員会長に宛てた手紙の中で次のような意見を示している。

「裁判所において、記録や事実を保有する当事者が立証責任を負うならば、システム全体としては費用が少なくて済むし、私的領域への干渉も少なくて済む。事実を保有する当事者が立証責任を負うことによって、第一審裁判所が正しい結果に到達する際に、有効な支援を受けることが大いにあり得るであろう。立証責任が政府に移されるならば、税務調査は必然的により攻撃的になるであろうが、証拠の優越によって納税申告が誤りであることを立証するため要求されているすべての事実を記憶して整理することまでは政府はできない。したがって、多くの訴訟において納税義務(の履行)は少ないままに止まろう。[72]」

これらの新規定に反対する租税(法)専門家達の意見をまとめると、反対する主な論拠を次の2点に要約することができよう。

まず、新規定の導入によって、内国歳入庁の税務調査は、より厳しくなるおそれがある。新規定が導入された理由の一つは、納税者にとって有利なように、立証責任の制度を改めることにあった。しかし、これまで以上に税務調査が厳しくなるならば、納税者にとっては不利になってしまい、新規定を導入した理由にそぐわない。

次に、新規定は、税務訴訟をより複雑化し、訴訟費用を増加させるおそれがある。内国歳入庁としては、立証責任を果たすため、多くの証拠を入手しようと努力するであろう。また、税務訴訟においては、これまでよりも多くの争点について、争われることが予想される。したがって、現在よりも裁判所の負担は増加するであろうし、税務訴訟には多くの費用が必要になるであろう。これでは、新規定を設ける利点がない。

また、新しい規定で置かれることになった内国歳入庁が立証責任を負担するための要件についても、その規定が曖昧であるという批判が寄せられている。[73]

新しい規定では、争点となっている問題に関する確かな証拠の提出を、納税者に対して要求しているのであるが、「確かな証拠」の具体的内容については規定されていないことから、新規定の適用を受けるために、どの程度の証拠を納税者が提出すれば十分であるのかが明らかでない。さらに、新規定の適用を受けるためには、納税者としては、面会、インタビュー、証人、資料、書類に関する内国歳入庁の合理的な要求に協力しなければならないのであるが、「合理的な要求」とはどの程度の要求を意味するのかについても、新規定では何ら明らかにされていない。したがって、納税者としては、内国歳入庁の要求に対して、どの程度協力すればよいのかが規定上不明確となっている。これらの新規定の解釈問題は、今後の税務訴訟において争いの種になることが予想されており、裁判所にとっては大きな負担となるおそれがある。(74)

3　新規定の影響

新規定を制定するに際しては、右に述べたように、租税（法）専門家から多くの批判が寄せられてはいるが、税務訴訟に対して新規定が与える影響は、実際のところほとんどなく、納税者にとっては少しも有利にならない、との意見が一般的である。

一　証拠提出や内国歳入庁への協力に関する要件の存在

内国歳入庁に対して立証責任を負担させると新規定では規定したものの、同時にその適用については、前述したような要件が規定されている。これらの要件の中でも、証拠提出や内国歳入庁への協力に関する要件が設けられた

のは、これらの要件を欠くとすれば、正確な申告を行わない納税者の増加することが容易に予想されたからであった。(75)

新規定の下では、税務訴訟においては、納納者の申告が誤りであることを内国歳入庁が立証しなければならないとされている。しかしながら、申告に関する事実や記録を実際に保有しているのは納税者であって、証拠提出あるいは協力などの要件がないとすれば、内国歳入庁にとって納税者の申告が誤りであることを立証するのが非常に難しくなる。そのため多くの納税者は正確な申告を行わないであろうし、内国歳入庁がその申告が誤りであることを立証するまでの間、本来負担すべき税額を納税者が支払わないことも考えられる。証拠提出と協力に関する要件は、まさにこのような状況を阻止するために設けられたのである。

ところが、この証拠提出要件があるために、立証責任に関する状況は以前と何ら変わらないであろうと考えられている。(76)

すでに述べたように、立証責任には、証拠提出責任と説得責任との二つの内容がある。新規定が定める証拠提出についての要件は、納税者に対して実質的に証拠提出責任を負担させるに等しい効果をもつ。したがって、新規定の下で内国歳入庁が立証を負担するのは説得責任だけでよく、証拠提出責任についてはこれまでと同様、納税者側が負担すべきであると解されている。(77)これでは、従来の制度にほんのわずかな変更を加えたに過ぎなくなる。なぜならば、実際の税務訴訟では、内国歳入庁と納税者のいずれが説得責任を負担するかについては、それほど大きな問題となってはいないからである。(78)

税務訴訟の場合、納税者が納付不足税額の通知に付随する適法性の推定に対する反証を提出した際には、租税裁判所は一般的に証拠の優越性に基づいて判決を下すことになっている。

例えば、納税者側から納付不足税額の決定が誤りであることを支持する証拠を提出されたのに対して、内国歳入庁側がその決定を支持する証拠を提出しなかった場合には、納税者が勝訴することになる。それは、内国歳入庁側に立証責任が移ったからではなくて、納税者が証拠の優越性を示すことによって、自らに課された説得責任をうまく果たしたからである。

このように税務訴訟において実際に問題とされてきたのは、いずれの当事者が証拠の優越性を提示することができたかであって、どちらが立証責任を負担するかではなかった。これらの点を考慮すると、新規定の制定の前後において、立証責任に関する実質的な変化はほとんどなく、新規定が納税者にとって有利に働くことはないと考えられている。

二　納付不足税額の通知における抽象的な記述との関係

納付不足税額の通知が抽象的に記述される問題に関しても、新規定は、納税者に有利な影響を与えないと思われる。

新規定の下では、納税者が証拠の提出や協力、記録保持等の要件を満たした後においてのみ、内国歳入庁がそれ以降の訴訟において説得責任を負担すると解されている(79)。このような制度は、納付不足税額の通知を納税者に発送する前に完全な税務調査を行おうとする内国歳入庁側のインセンティブを減少させるであろう(80)。したがって、新規定を導入したことによって、納付不足税額の内容を内国歳入庁が明確に記述するとは限らず、この点についても、納税者にとって、事態は不利なままである。

三　その他の要件との関係

新規定が適用の対象としているのは、個人納税者と、純資産が七百万ドル以下の法人や信託、パートナーシップだけである。しかも、新規定の適用に際しては前述した要件を満たさなければならないことから、実際にこの規定の適用が求められるケースは、極めて少ないことが予想されている。

四　和解への影響

以上で検討してきたように、アメリカにおいては、新規定が実際の税務訴訟に与える影響はほとんどなく、納税者にとって決して有利にならないとの意見が大勢を占めているが、それに対して、和解については納税者に有利な影響を与えるのではないかとの見解がある。

アメリカでは、これまで税務訴訟における和解が広く行われてきたが、今回の新規定の制定によって、納税者に有利な条件での和解が増加することが予想されている(81)。

説得責任をどちらの当事者が負担するかは、実際にはあまり問題とならない現実の訴訟からすると、前述のように、説得責任だけを内国歳入庁に移している新規定の意義は、それほど大きくないとも考えられる。ただし、両当事者の証拠が対等と評価された場合には、状況は一変して、説得責任を負っている側に不利な判断が下される。したがって、この場合に限っては、どちらの当事者が説得責任を負担するかが極めて重要な問題となってくる。

もっとも、両当事者の証拠が対等に評価されるケースは、実際にはほとんどないと思われるが、全くないとも言い切れず(82)、若干ではあるにせよ、新規定が内国歳入庁にとって不利に働く余地がある。とりわけ和解交渉においては、この点をうまく利用して納税者は、有利な決定を得ることが可能ではないかと言われている(83)。内国歳入庁とし

ても、納税者に有利な条件での和解が増えるのではないかとの予測を実際に行っている。(84)

五　おわりに

立証責任は納税者が負担するというのが、アメリカの税務訴訟における長年の取り扱いであったが、一九九八年の内国歳入法典の改正に伴い、内国歳入庁に立証責任を負担させるという新制度（規定）が導入されている。一見すると、この法改正によって、立証責任の負担につき大きな変更が加えられたように受け取られる可能性もある。しかしながら、新規定の適用を受けられる納税者は、実際には一部の範囲に限られており、しかも、その適用を受けるためには、いくつかの法律上の要件を満たさなければならないとされている。その意味では、新規定は、あくまでも部分的な変更を加えたにすぎないように思われる。

いずれにせよ、内国歳入庁に立証責任を負担させる制度の導入については、非常に強い批判があり、これから先においても、新規定の対象が全ての納税者に広げられていくことは、とても考えられない。新規定の内容や、新規定をめぐって繰り広げられてきた議論を検討していくと、アメリカにおいては、税務訴訟における立証責任は納税者が負担すべきである、という原則（ルール）が現在でもなお厳然と存在している事実に行き当たることになる。その意味では、今回の法改正によって、内国歳入庁に立証責任を一部負担させたとしても、それはあくまでも例外に止まると理解するのが妥当であろう。

それでは、今回のアメリカにおける内国歳入法典の改正は、アメリカとは逆に、立証責任を納税者側に移そうとしているわが国の議論の動向に対して、どのような意味や影響をもつであろうか。

私見としては、アメリカにおける法改正の動向は、わが国の議論に対し、水を差しているとは決して思わない。今回の改正をめぐるアメリカでの議論においては、むしろ、多くの租税（法）専門家が、申告納税方式の下では納税者に立証責任を負わせる方が、内国歳入庁に負担させるよりもより合理的であると指摘しており、これらの議論は、わが国においても大いに参考にされるべきではないだろうか。とりわけ、課税庁側に対して立証責任を負担させることに対してなされている批判の中でも、課税庁の税務調査が厳しくなったり調査費用が増加したりするとの指摘や、訴訟が複雑になって訴訟費用も増加するというような指摘は、わが国の税務訴訟の現状に対する批判としても、そのまま当てはまることであろう。

もっとも、わが国の場合には、不服申立前置主義を採用している点や、租税裁判所がなく税務訴訟も通常の裁判所に管轄がある点など、アメリカの制度とかなり異なる点があり、アメリカでの議論がそのままわが国の制度に当てはまるとは言い難い。また、わが国では、課税根拠事実や証拠に関して課税庁が第三者的な地位に立つという前提を認めた上で制度が組み立てられているとはいえ、実際には課税庁は、納税者よりも不利な立場にあるとは言えず、むしろ課税庁が有利な立場に立っているケースが多い。なぜなら、課税庁には課税処分に必要な資料を取得収集するための質問検査権(85)や関係団体等への諮問・協力要請の権限(86)、さらには関係者に対する資料提出義務(87)などの強力な調査権限が法令上認められている他、その行政機構組織の下では、多くの租税法や税務訴訟の専門家を人的スタッフとして擁しているからである。これらの点を考慮すると、わが国の場合、納税者側に立証責任を移すについては慎重にならざるを得ない、との考え方にも一理ある。

ただし、税務の専門家をスタッフとして抱えたり、外注したりする資力を十分に備えている大企業、とりわけ海外事業を展開している大企業に関してだけは、立証責任を納税者側に転換することを検討し始めてよいのではなかろうか。大企業の場合、その取引は広範に及んでいるため、たとえ課税庁がある程度の組織力や調査権限を有していたとしても、課税根拠事実や証拠などを完全に調査することは困難であり、課税庁に立証責任を一方的に負担させることは、甚だ不公平であると思われる。また、大企業であれば、訴訟において課税庁と対等に争えるだけの費用と時間を有しているのが通常であろうし、社会的な存在の大きさから見て、それぐらいの負担をするのは、むしろ当然であるとの考え方も成り立ちうる。したがって、私見では、大企業に限っては、立証責任を納税者側に移したとしても基本的には差し支えがないと考える。むしろ、このような考え方は、証拠との距離という点から見て妥当であろうし、税務訴訟の複雑さを解消することや、税務調査の効率性・経済性を勘案するについても、十分な合理性をもつと思料する。

（1）　金子宏『租税法（第七版）』（弘文堂、一九九九）六八六頁参照。

（2）　このような公定力論で最も影響力があったのは、田中二郎博士の所説であった。田中『行政争訟の法理』（有斐閣、一九五四）一〇七頁。また、下級審判決の中には、この所説に従い立証責任の分配を論じる例もみられた。徳島地裁昭和二四年三月三一日判決（行裁月報二二号一一頁）、前橋地裁昭和二四年九月一日判決（行裁月報一八号八六頁）等参照。この他、立証責任についての裁判例及び学説については、加藤就一「課税処分取消訴訟における立証責任（昭和五〇年以降に公刊された裁判例を中心として）（上）（中）（下）」判例タイムズ六五一号一五頁、六五二号二九頁、六五三号三三頁、紙浦健二「税務訴訟における立証責任と立証の必要性の程度―課税処分取消訴訟を中心として―」判例タイムズ三一五号三七頁等参照。

（3）　原田尚彦『行政法要説（全訂第四版）』（学陽書房、一九九八）一三〇頁等参照。

（4）　福岡地裁昭和二五年一二月二〇日判決（行裁例集一巻追録一八九四頁）、同昭和二六年一月一七日判決（行裁例集二巻一号六五頁）、東京高裁昭和三二年一一月一三日判決（行裁例集八巻一一号一九一三頁）、福島地裁昭和三二年一二月一六日判決（行裁例集八巻一二号二〇九七頁）、高松地裁昭和四一年一一月一七日判決（税資四五号四七五頁）、

早川登「税務訴訟上の立証責任について」税法学四三号一二頁、吉良実「税務訴訟における主張責任及び立証責任(三)」税法学一一五号三〇頁等。

(5) 最高裁昭和三八年三月三日判決(訟務月報九巻五号六六八頁)。

(6) 近年、必要経費等の消極要件についての立証責任に関しては、原則として課税庁が負担するとしながらも、証拠との距離を考慮して、利益状況に応じてこの原則を修正し、一定の場合には納税者が立証責任を負担すべきであるとの説が有力になっている(金子・前掲六八七頁、紙浦・前掲四五頁以下等)。

(7) 政府税制調査会昭和五八年一一月一六日「今後の税制のあり方についての答申」。

(8) Tax Court Rule 142(a).

(9) *Id.*

(10) I.R.C. § 7491.

(11) I.R.C. § 6213(a).

(12) I.R.C. § 6213(a). ただし、アメリカ以外に滞在する納税者に対して納付不足税額の通知が郵送される場合には、租税裁判所に訴訟を提起できる期間は、一五〇日以内まで延長される。もし、九〇日または一五〇日以内に訴訟を提起しない場合には、納付不足税額が賦課されて、納税者はその額を支払わなければならないことになる。この場合、納税者が納付不足税額を支払ったとするならば、納税者は、支払った納付不足税額の返還を求める訴えを連邦地方裁判所または連邦請求裁判所に提起できる。

(13) 納税者が連邦地方裁判所や連邦請求裁判所に訴訟を提起した場合であっても、通常であれば、納税者が立証責任を負担することになっている。この場合、納税者としては、納付不足税額の決定が誤りであることを立証するだけでなく、納税者に返却されるべき具体的金額についても立証をしなければならない。United States v. Janis, 428 U.S. 433, 440(1976); Helvering v. Taylor, 293 U.S. 507, 514-15 (1934); Lewis v. Reynolds, 284 U.S. 281, 283 (1932).

(14) Leo P. Martinez, *Tax Collection and Populist Rhetoric: Shifting the Burden of Proof in Tax Cases*, 39 Hastings L. J. 239, 246 (1988); HAROLD DUBROFF, THE UNITED STATES TAX COURT: AN HIS-

TORICAL ANALYSIS 320 (1979); Leandra Lederman, *The Dilemma of Deficient Deficiency Notices*, 73 Taxes 83 (1995).

(15) *See*, Helvering v. Taylor, 293 U.S. 507 (1935); Welch v. Helvering, 290 U.S. 111 (1933); Lorente v. Commissioner, 74 T.C. 260, 264 (1980); Rhomber Co. v. Commissioner, 386 F.2d 510, 512 (2nd Cir. 1967).

(16) Lederman, *supra* note 14, 84.

(17) Martinez, *supra* note 14, 248.

(18) *Id.*

(19) Lederman, *supra* note 14, 84.

(20) *Id.*

(21) Martinez, *supra* note 14, 257.

(22) Sean M. Moran, *The Presumption of Correctness: Should The Commissioner Be Required to Carry The Initial Burden of Production?*, 55 Fordham L. Rev. 1087, 1106 (1987).

(23) Martinez, *supra* note 14, 257.

(24) *Id.*

(25) Danvill Plywood Corp. v. U.S., 16 Cl.Ct. 584, 593-594 (Cl.Ct. 1989). 本件では、「スーパーボール（ナショナル・フットボール・リーグの優勝決定戦）セールセミナー」に関連して支出された接待費が事業上の必要経費として控除されるかどうかが争われた。連邦請求裁判所は、原告はその接待費が事業と関連するということを立証できなかったとして控除を認めなかった。

(26) 過去の連邦裁判所判決の中には、納税者が内国歳入庁の適法性の推定を反証する事に成功した場合は立証責任が内国歳入庁に移ると判示した例も見られる。*See, e.g.*, Sharwell v. Commissioner, 419 F.2d 1057, 1060 (6th Cir. 1969); Cohen v. Commissioner, 266 F.2d 5, 11 (9th Cir. 1959); U.S. v. Florida, 252 F.Supp. 806, 811 (E.D. Ark. 1965); U.S. v. Russell Mfg. Co., 349 F. 2d 13, 16 (2d Cir. 1965). これらの判決は、立証責任に証拠提出責

任と説得責任の二つの意味があることを考慮しなかった結果であると考えられている。Martinez, *supra* note 14, 258.

(27) *See*, Martinez, *supra* note 14, 277; Moran, *supra* note 22, 1102-1106.

(28) *See*, Martinez, *supra* note 14, 275-277; Moran, *supra* note 22, 1102.

(29) *See*, Martinez, *supra* note 14, 275; Moran, *supra* note 22, 1106-1107.

(30) 主な例外としては、租税犯（I.R.C. § 7454(a)）、財産譲受人としての責任（I.R.C. § 6902(a)）、租税罰（I.R.C. § 6703）、内部留保課税（I.R.C. § 603）などが挙げられる。

(31) *See, e.g.,* Brown v. Commissioner, 1979-443 T.C. Memo. (1979); Estate of Horvath v. Commissioner, 59 T.C. 551 (1971)。

(32) Roger A. Pies, *Reflections on the Burden of Proof in the Tax Court: Section* 482 *Cases and Beyond*, Tax Notes, August 10, 1992, 777, 778.

(33) Sheldon Tauber v. Commissioner, 24 T.C. 179 (1955).

(34) *Id.* 185.

(35) *Id.*

(36) McSpadden v. Commissioner, 50 T.C. 478 (1968).

(37) *Id.* 493.

(38) Estate of Floyd Falese v. Commissioner, 58 T.C. 895 (1972).

(39) *Id.* 899.

(40) Achiro v Commissioner, 77 T.C. 881 (1981). 本件では、内国歳入法典四八二条、二六九条、六一条に従い、人的役務提供会社の所得と必要経費のすべてが、同社とマネージメント契約を結んでいた関連会社へ配分されるかどうかが争われた。内国歳入庁は、これとは別の理由に基づいて納付不足税額を決定しており、裁判所は、予備的事項として、この変更が「新たな事項」に該当するのかについて検討を行っている。

(41) *Id.* 890.

(42) Pies, *supra* note 32, 778.

(43) *See, e.g.,* Mckay v Commissioner, 89 T.C. 1063, 1070 (1987), *aff'd*, 886 F.2d 1237 (9th Cir. 1989); Mulvania v. Commissioner, 81 T.C. 65, 67 (1983).

(44) Tax Court Rules 34(b)(8) and 34(b)(4).

(45) DUBROFF, *supra* note 14, 222.

(46) Internal Revenue Manual 4463.1(2).

(47) *Id.* 4464.12(1).

(48) *Id.* 4464.14(1).

(49) *Id.* 4464.23(1)(a).

(50) *Id.* 4464.23(1)(b).

(51) Mary Ferrari, *Was Blind, But Now I See (Or What's Behind the Notice of Deficiency and Why Won't the Tax Court Look?)*, 55 Albany L. Rev. 407, 418 (1991).

(52) *Id.* 421.

(53) Olsen v. Helvering, 88 F.2d 650, 651 (2d Cir. 1937). 本件では、故人を名宛人として送付された納付不足税額の通知に関して、この通知の有効性と、通知が送付される前に解任された故人の遺産管理人が、解任されたにも関わらず、その納付不足税額について賦課されるのか、また納税者として裁判所に訴訟を提起できるのかが争われた。

(54) Ferrari, *supra* note 51, 421-422.

(55) Standard Oil Co. v. Commissioner, 43 B.T.A. 973, 998 (1941), *aff'd*, 129 F.2d 363 (7th Cir. 1941).

(56) U.S. v Caceres, 440 U.S. 741, 754 (1979). 本件では、内国歳入庁マニュアルに違反して録音された内国歳入庁職員とその職員を買収しようとした納税者との会話のテープの証拠排除が争われた。

(57) *See, e.g.,* Zmuda v. Commissioner, 731 F.2d 1417 (9th Cir. 1984), *aff'g* 79 T.C. 714 (1982); Bailey v. Co-

mmissioner, 90 T.C. 558 (1988); Sorin v. Commissioner, 29 T.C. 959, *aff'd per curiam* 271 F.2d 741 (2d Cir. 1959).

(58) S.Rep. No. 105-174 (1998).

(59) I.R.C. § 7491.

(60) I.R.C. § 7491(a).

(61) *Id.*

(62) *Id.* (a)(2)(A). 例えば、内国歳入法典九〇五条（b）項は、納税者が外国税額控除の検証と計算に必要な全ての情報を内国歳入庁の満足のいくように証明するときにだけ、外国税額控除が認められると規定する。

(63) *Id.* (a)(2)(B).

(64) *Id.*

(65) *Id.* (a)(2)(C).

(66) *See, e.g.,* Paul Cherecwich, Jr., *Proposal to Shift Burden of Proof,* 49 Tax Executive 508 (1997); *Burden-of-Proof Provision Could Spur Disputes, Tax Court Chief Judge Says,* 98 TNT 12-58 (1998) (hereinafter, Cohen); Bernard Wolfman, *Reject Burden-of-Proof Shift, Urges Tax Prof, Tax Notes,* Feb. 9, 1998, 753; *Tax Profs Urge Rejection of Burden-of-Proof Shift, Tax Notes,* Feb. 9, 1998, 755 (hereinafter, Tax Profs); *NYSBA Opposes Burden of Proof Shift,* Tax Notes, April 6, 1998, 125 (hereinafter, NYSBA); *Former IRS Chiefs Say IRS Should Not Bear the Burden of Proof in Court,* 95 TNT 75-20 (1995).

(67) Jacob M. Shelesinger, *IRS Changes Could be Tricky,* Wall Street Journal, Oct. 20, 1997.

(68) Cherecwich, *supra* note 66, 508; Tax Profs, *supra* note 66, 758.

(69) Cherecwich, *supra* note 66, 508; Tax Profs, *supra* note 66, 758; Wolfman, *supra* note 66, 753; Cohen, *supra* note 66.

(70) Cohen, *supra* note 66.

(71) Cherecwich, *supra* note 66, 509.
(72) Wolfman, *supra* note 66, 753.
(73) *See, e.g.*, Tax Profs, *supra* note 66, 755; NYSBA, *supra* note 66, 125; Wolfman, *supra* note 66, 754; Cohen, *supra* note 66.
(74) Wolfman, *supra* note 66, 754.
(75) Cohen, *supra* note 66.
(76) Philip N. Jones, *The Burden of Proof the ’98 Act-Not Much Substance Under All That Smoke*, 90 J. Tax’n 133 (1999).
(77) Nathan E. Clukey, *Examining The Limited Benefits of The Burden of Proof Shift*, Tax Notes, Feb. 1, 1999, 683, 700.
(78) Jones, *supra* note 76.
(79) Leandra Lederman, *Unforeseen Consequences of The Burden of Proof Shift*, Tax Notes, July 20, 1998, 379, 381.
(80) *Id.*
(81) Clukey, *supra* note 77, 702.
(82) Jones, *supra* note 76.
(83) Clukey, *supra* note 77, 702.
(84) *Burden Shift Unlikely to Result in Increased Audits; IRS to Eye Cooperation, Butler Says*, 152 DTR G-1, 1998.
(85) 所得税法二三四条、法人税法一五三条以下、相続税法六〇条等。
(86) 所得税法二三五条、法人税法一五六条の二等。
(87) 所得税法二二四条以下、相続税法五九条。

租税行政立法の法的統制

——租税法律主義による法的統制の意義を中心として——

増田英敏

一　はじめに
二　行政立法の意義と憲法上の許容性
三　行政立法の限界の確認
四　租税行政立法の法的統制
五　租税法律主義による統制
六　むすび

一　はじめに

憲法四一条は、主権者である国民の代表者により構成される国会のみが唯一の立法機関であると宣言している。ところが、近年、この国会の議決を経ずに成立した行政立法の増加傾向は特に著しいものがある。たとえば、「一九九〇年以後の四年間を見れば、毎年一年間において約一〇〇の法律に対して、平均してその一〇倍を超える数の政令、府省令が制定されている。[1]」と指摘されている。また、この傾向を「今や質量ともに激増の一途にある委任立法＝行政立法が、議会主義を空虚化する元凶の一たることは、わが国でもつとに認められていながら、この事態への憲法学的対処は一向に捗捗しくない[2]」として批判される見解も従来から見られた。

しかし、この質量ともに増大しつつある行政立法の存在を抑制しようとする動きは、これまでの数量の増加の推移からするとないに等しい。これは、議会がその機能を放棄し、民主主義憲法の基幹規定の一つである憲法規定（四一条）の空洞化を招くことになるはずである。

ところで、租税法律主義（憲法三〇条及び八四条を法的根拠とする）に支配される租税法領域においても、この傾向は例外ではない。租税法律主義の内容の一つである課税要件法定主義は、課税要件のすべてと租税の賦課・徴収手続は法律により規定されなければならないことを要請している。この租税法律主義の要請を厳格に解すれば、文字どおり租税行政立法の存在が否定されることになる。しかしながら、現実には租税行政立法は増加しつつある。この現状を我々はどう捉えるべきであろうか。果たして租税法律主義を宣言する憲法規定が、その法的機能を形骸化させているのであろうか。

このような問題意識のもとに、租税行政立法に対して租税法律主義がいかなる法的統制を加えてきているかを裁判例及び学説を検討することにより、まず明らかにする。その上で、租税法律主義による租税行政立法の法的統制の意義について確認し、問題提起を試みることを本稿の目的とする。

二　行政立法の意義と憲法上の許容性

1　行政立法の意義

田中二郎博士は、行政立法を「行政権が、法条の形式をもって一般的・仮言的な定めをすることがある。これを行政立法または行政権による立法という。その定めのうち法規の性質をもつものを法規命令といい、法規の性質を有しないものを行政命令、行政規則または行政規程などという。[3]」と定義されている。この定義に従えば、本稿の主題である租税行政立法とは、租税法領域において租税行政機関が制定する行政組織または行政活動を法的に規律する成文の規範であり、裁判規範となる法規命令であるといえる。

2　行政立法の許容性と必要性

一　憲法上の許容性

行政立法を前記の田中博士の定義の通りに理解して、以下論を進めていくことにする。

法規の性質を有し、裁判規範となる性質を有する行政立法が、憲法上、許容されているか否かは、行政立法に関する基本問題の一つとされてきた。そして、いわゆる権力分立制のもとでも、次の三種の立場が考えられる。(4)

① 行政立法をいっさい許容しない立場（行政立法違憲論）

日本国憲法が採用する権力分立原則（憲法四一条・八五条・七六条）を重視する立場に立脚すると、国会が立法権を他の機関に委譲することは理由のいかんを問わず許されないことになる。なぜなら、立法権は主権者である国民から国会に委任されたものであるからそれを再度、他に委任することは主権者である国民の信託を裏切る結果を招くからである。この立場は、国会が国民の代表機関であること、そしてまた、憲法三一条の法定手続の保障規定によっても支持されうる。この立場の特徴は、憲法の根本原則及び条文の文言に忠実であろうとするところにある。

② 議会からの授権の存在を条件とはしない行政立法を少なくとも一定範囲に限定して許容する立場（行政立法合憲論）

三権分立を前提としつつも、国会による他機関への立法権の委任は憲法自身が予定していたこととする合憲論の立場が存在する。この立場は、日本国憲法が福祉国家の実現を目指している点を強調する。憲法は二十世紀後半の社会の要請に応えるため積極的国家の形成を予定していた。すなわち、政府機能が増大することを予定していたのであるから、統治機構もまた古典的な夜警国家にではなく、現代国家に対応するように作られているはずであると主張する。この立場に立つと、立法作用も国会に独占させる必然性はなく行政府との共同作業によって遂行されてもよいことになる。委任立法はこのような現代社会の要請に応えるために憲法が予定した方法ということになる。この合憲論は憲法七三条六号の規定によっても根拠づけられるとされるのである。

③ 行政立法を条件付で許容するという立場（行政立法条件付合憲論）

憲法四一条を厳格に解すれば①の違憲論を採用することになるし、同七三条六号を尊重すれば合憲論を採用することになるというように、憲法規定上で相克が生じる。そこで登場したのが行政立法を条件付で許容するという③の立場である。この立場は基本政策に関する事項は、国会が法律により明確に定め、特定の細目的な事項については他の機関に厳格な条件のもとに委任する。この委任に際しては、委任の意思と委任の程度について明確に法律に定めることを厳格な条件とするというものである。

この立場のエッセンスは、何をどの程度委任するか、すなわち委任の程度と範囲を法律によって明確に規定することを条件に国会の立法権を委任できるとした点にある。

この③の立場が今日広く支持されている立場といえる。(5)

いずれにせよ、②もしくは③の立場のいずれを採るかは別にしても、日本国憲法自体が、行政立法が存在することを前提としていると理解することができる規定をもっていることに着目すれば(憲法七条一号・七三条六号・七四条にいう「政令」、同一六条・八一条にいう「命令」・「規則」、同九八条にいう「命令」)、行政立法の存在をいっさい否認しているのではないことは、少なくとも明らかである。(6)

二　行政立法の根拠(7)

行政立法の必要性または根拠には次の点を挙げることができる。(8)

今日における行政立法の実際上の必要性が、基本的には議会の立法能力の限界と現代行政の肥大化・複雑化を背景とした、①多様化・複雑化した行政需要に適正に対応する議会の専門的・技術的能力の限界、②変遷する行政需要に迅速に対応する議会の時間的対応能力の限界、にもとづくことは広く認められている。その他、③右の②の特殊な場合としての緊急事態における議会の即応能力の限界、④地方公共団体の行政機関または国の地方支部局（の長）による行政立法についての、法律による地方・地域の多様な事情の考慮の限界、も行政立法の一定部分の存在理由としてあげることができる。

もっとも、これらは行政立法の存在を正当化することができる一応の一般的な根拠であるにとどまり、実際の個々の行政立法について、行政機関に立法を授権する必要性や合理性が吟味される必要がある。(9)

三　行政立法の限界の確認

基本的には租税行政立法の限界は、憲法四一条の存在を尊重すれば、行政立法自体が違憲かどうかではなく、行政立法が合憲であるための要件を明確にすべきであり、その視点が行政立法の限界論の本質であると思われる。(10)すなわち、合憲であるための要件を明確に構成することによって、法的な統制が可能となるからである。

基本的には、さきに見たように行政立法の必要性は否定できないが、三権分立を前提として、国会を国の唯一の立法機関である（憲法四一条）と定めた憲法規定からすると、無限定な行政立法の存在を容認することはできないことは論を待たない。もし無限定に行政立法の存在を容認すれば、行政府の権限を巨大化させ、結果として立法府の存在が危機に瀕することになりかねない。そこで、いかなる行政立法が容認され、いかなる行政立法は憲法に反し違法とされるのかの限界線を明確にすることはきわめて重要なことである。

行政立法の限界の問題は、行政立法への委任の方法の問題と、その立法の内容自体の問題の二つに集約される。委任の方法の問題(11)は、国会が行政府に立法を委任する場合には、法律自体が委任の目的、授権事項を具体的に明示し、かつ行政府に授権される立法権限の範囲、程度が明確に規定されていなければならず、さらに、立法を行う行政機関と行政立法の形式をも明確に限定されなければならない。

次に行政立法の内容自体における限界の問題は、委任の限界を明確にせず、さきの委任の範囲、程度を明示せず、無限定的な白紙委任のかたちで立法権を行政府に授権する法律は、授権法律自身が憲法の趣旨に反し、無効と扱われる。(12)

現行憲法は、行政立法には法律による授権を要求しているから、行政立法はその授権の範囲内においてのみ許容される。授権の範囲をこえる事項を規定した行政立法は、違憲・無効である。

授権の範囲は、委任立法を授権する法律自体において明文で指示されるのが本筋であり、多くの場合はそうなっているが、立法を授権する条文自体には授権の範囲が明示されていない場合も少なくない。そのときには、法律の趣旨・目的、他の法文との整合性・比例原則等を勘案して、授権の範囲をできるだけ限定して解釈しなければならない。(13)法律の目的等を考慮しても授権の範囲を限定できないような場合には、そうした委任は白紙委任というほかなく、授権法律自体が違憲となる。これが行政立法の内容自体の限界であるといえる。

四　租税行政立法の法的統制

行政立法の法的統制は、先にも確認した通り、行政立法の合憲性の限界である二つの要件をクリアーしているか否かによってなされる。すなわち、委任方法（授権方法）と授権された行政立法の内容が、さきの要件を充たすことにより合憲性は充足される。この二つの合憲性確保のための要件が法的統制の道具となるといえる。

ところで、夥しいかずの行政立法を抱える租税法領域における法的統制の実際も、かかる二つの要件によりなされてきたはずである。裁判例によりその統制の実際を確認してみよう。

租税法領域における行政立法の合憲性をめぐる訴訟は数多く提起されてきた(14)。租税法領域における行政立法の合憲性をめぐる代表的事案としてしばしば紹介される事案から取り上げることにする。

同族会社である原告Xは、同社の使用人兼務役員に対して支給した金員が使用人賞与であるとして損金に計上していたが、課税庁側は、次のような行政立法を根拠に役員賞与であり損金に算入することを否認した事案である。

昭和四〇年の法人税法の全面改正以前は、法人税の課税標準の計算に関する規定はきわめて簡便であり、次のように命令に大幅な、いわば包括的な委任をするという方式を採用していた。法人税法九条一項は、法人税の課税対象となる所得は「各事業年度の総益金から総損金を控除した金額」であると規定し、九条八項は、「一項の所得の計算に関し必要な事項は、命令でこれを定める」と規定していた。その規定に対応して、法人税法施行規則一〇条の四は、法人が役員に対して支給した賞与の額は損金に算入しないが、使用人としての職務を有する役員に対して、当該職務の反対給付たる賞与として支給した金額のうち相当と認められるものはそのかぎりでないという具合に規定していた。この包括的委任に基づく行政立法が違憲であると出訴したのが本件であった。

この提訴に対して裁判所は、「旧法九条八項は、『前六（改正前五）項（九条二項ないし七（改正前六）項及び九条の二ないし九に規定するものの外）、第一項の所得の計算に関し必要な事項は命令でこれを定める。』と規定しているので、益金損金への算入、不算入についてまで、命令で、みぎに列挙された諸条項と同様の定めができるように見える。

しかし、租税法律主義の原則から、法律が命令に委任する場合には、法律自体から委任の目的、内容、程度などが明らかにされていることが必要であり、損金益金への算入不算入といった課税要件について、法律で概括的、白地的に命令に委任することは許されないと解するのが相当である。

したがって、みぎ九条八項により、命令で、法律と同様な前記課税要件を広範囲にわたって規定することまでも委任したものではないし、まして、命令で、本来損金の性質を有し、これまで損金として取り扱われることに理論上も実務上もなんら怪しまれることがなかったものを、益金とするようなことは到底できないことは当然である。[15]」と判示している。

また、固定資産評価基準の合憲性を争点とした千葉地裁昭和五七年六月四日判決は、「ところで、わが憲法のもとでは、法律の委任に基づく委任命令または法律を執行するための執行命令のみが許されるのである（憲法七三条六号。なお内閣法一一条、国家行政組織法一二条一項参照）が、租税法の分野では、租税法律主義の原則が支配し、課税要件はすべて原則として法律で定められるべきものとされているので、命令によつて定められる事項は、右の原則に抵触しない範囲に限られることになる。もつとも、租税法律主義の原則を徹底する観点からは、できるだけ法律で規定するのが望ましいが、租税法の対象とする経済事象はきわめて多種多様であり、しかも激しく変遷していくので、これに対応する定めを法律の形式で完全に整えておくことは困難であるし、現実に公平課税等の租税原則を実現するためにも、その具体的な定めを命令に委任し、事情の変遷に伴なつて機動的に改廃していく必要があることは否定できない。それゆえ、課税上基本的な重要事項は法律の形式で定め、具体的・細目的な事項は命令の定めるところに委ねることは憲法上許容されているところと解される（ただし、租税法律主義の原則からいえば、命令への委任は、一定の限界があると考えるべきで、法律自体から、委任の目的・内容・程度等が明らかにされていることを必要とし、課税要件についての概括的・白紙的委任のごときは許されないことはいうまでもない。[16]）。」と判示している。

また、最近の裁判例として、租税特別措置法七八条の三第一項の登録免許税の軽減税率適用に関わる命令委任の可否を争点とした東京高裁平成七年一一月二八日判決(17)では、裁判所は、「しかし、いわゆる租税法律主義を規定したとされる憲法八四条のもとにおいては、租税の種類や課税の根拠のような基本的事項のみでなく、納税義務者、課税物件、課税標準、税率などの課税要件はもとより、賦課、納付、徴税の手続もまた、法律により規定すべきものとされており（最高裁大法廷昭和三〇年三月二三日判決民集九巻三号三三六頁、最高裁大法廷昭和三七年二月二一日判決刑集一六巻二号一〇七頁）、租税の優遇措置を定める場合や、課税要件として手続的な事項を定める場合も、これを法律により定めることを要するものである。」と租税法律主義の意義を確認した上で、その「憲法の趣旨からすると、法律が租税に関し政令以下の法令に委任することが許されるのは、徴収手続の細目を委任するとか、あるいは、個別的・具体的な場合を限定して委任するなど、租税法律主義の本質を損なわないものに限られるものといわねばならない。すなわち、もし仮に手続的な課税要件を定めるのであれば、手続的な事項を課税要件とすること自体は法律で規定し、その上で課税要件となる手続の細目を政令以下に委任すれば足りるのである。（中略）そして、租税法律主義のもとで租税法規を解釈する場合には、ある事項を課税要件として追加するのかどうかについて法律に明文の規定がない場合、通常はその事項は課税要件ではないと解釈すべきものである。それにもかかわらず、「政令の定めるところによる」との抽象的な委任文言があることを根拠として、解釈によりある事項を課税要件として追加し、政令以下の法令においてその細目を規定することは、租税関係法規の解釈としては、許されるべきものではない。第一審被告国は、法律上手続的な事項が課税要件とされていないことと、政令への委任文言があることを根拠に、法律は手続的事項を課税要件としているものと解釈すべきであると主張する。しかし、手続的事項は手続的効果を有するにとどめ、これを課税要件としない立法政策があることを考慮すると、このような解釈は成り立ち得ないものである。

そして、憲法の租税法律主義がこのようなものである以上、本件の委任文言は、その抽象的で限定のない文言にかかわらず、これを限定的に解釈すべきものであり、追加的な課税要件として手続的な事項を定めることの委任や、解釈により課税要件を追加しその細目を決定することの委任を含むものと解することはできない。」と判示して国側の主張を斥けている。

以上の租税裁判例における裁判所の見解は、いずれも租税法領域における政令委任については、通常の行政立法をめぐる訴訟における論理とは異なり、租税法律主義の要請からその合憲性を判断しており特徴的である。すなわち、授権方法と授権された行政立法の内容の合憲性を吟味することでその法的統制は可能であるにもかかわらず、裁判所が租税法律主義の視点から判断を示してきた意義を確認することは重要であると思わる。

五　租税法律主義による統制

租税法律主義という基本原則を有する租税法領域における、いわゆる租税行政立法の限界を考える場合には、先に確認したほかの法領域の限界論と同様に論じられるのか。すなわち、憲法において租税法律主義を明確に宣言している租税法領域においては、他の一般的な法領域の行政立法と同列に租税行政立法の許容範囲（限界）を理解することができるのであろうか。それとも租税行政立法独自の限界論を構成すべきかが問題となる。

前章四で見たように、判例においても租税行政立法の法的統制の主役は租税法律主義の原則であった。

以下ではまず、租税法律主義の意義を確認した上で、租税法律主義による租税行政立法の法的統制に関する学説を検証する。そのうえで租税法律主義による法的統制の意義を検討する。

1　租税法律主義の意義

租税法律主義の沿革をたどれば、「代表なければ課税なし」との言葉に代表される、近代憲法の形成過程における中核的な思想であったということができる。国家の課税権を国民の代表者によって構成される議会の統制下に置くことを求めた、民主主義の原点とともいえる基本原理ということが歴史的にも確認できる。(18)

この租税法律主義は、「租税は、公共サービスの資金を調達するために、国民の富の一部を国家の手に移すものであるから、その賦課・徴収は必ず法律の根拠に基づいて行われなければならない。換言すれば、法律の根拠に基づくことなしには、国家は租税を賦課・徴収することはできず、国民は租税の納付を要求されることはない。この原則を租税法律主義という。(19)」と定義される。

我が国においても、憲法三〇条は「国民は、法律の定めるところにより、納税の義務を負う。」と規定し、また、同八四条は「あらたに租税を課し、又は現行の租税を変更するには、法律又は法律の定める条件によることを必要とする。」と規定して、租税法律主義の原則を憲法上も明確に宣言している。したがって、租税法律主義は、この両憲法規定を法的根拠とする租税法の基本原則である。

租税法律主義の趣旨は、租税の種類および根拠のみならず、納税義務者、課税物件、課税標準、税率等の課税要件はもちろん租税の賦課徴収手続に至るまで、すべて法律により定めるべきであることを要請している。

すなわち、租税法律主義は、国家による恣意的な課税を法律によって統制し、国民の自由と財産権を保障することをその基本的機能とすると同時に、課税要件規定のみならず賦課徴収手続きまでを明確に規定することを要求することにより、国民の経済生活に法的安定性と経済的予測可能性を与えることを主たる機能とする。したがって、その租税に関する法律の規定は、明確かつ一義的で細目にまでわたることを租税法律主義は当然のこととして要請しているのである。(20)

2　租税行政立法に関する学説

租税法律主義の内容のひとつである課税要件法定主義は、課税要件のすべてと租税の賦課・徴収の手続は法律により規定されなければならないことを要請している。この要請を厳格に解すれば、租税行政立法の存在そのものが否定されることになる。この租税法律主義の原則のもとにおいて租税行政立法は許容されうるかについて、学説における通説的理解は以下の通りである。

金子宏教授は、「租税法律主義の主たる内容とされる課税要件法定主義の要請からすると、法律の根拠なしに政令・省令等で新たに課税要件に関する定めをなしえないことは、いうまでもない（法律の留保の原則）。また、法律の定めに違反する政令・省令等が効力をもたないことも明らかである（法律の優位の原則）。

もちろん、日本国憲法は、行政権による立法を全面的に排除する趣旨ではなく、一定の範囲でそれを認めていると解される。ただし、憲法が、『国会は国権の最高機関であって、国の唯一の立法機関である』（四一条）と定めていることからすると、行政立法で定めうる事項の範囲と内容にはおのずから限度があり、法律の委任による命令

（委任命令）と法律の規定を執行するための命令（執行命令）のほかは許されないと解すべきであり、しかも、国会の立法権を放棄するのに等しいような大幅な委任は許されないと解すべきである。

租税立法においても、課税要件および租税の賦課・徴収に関する定めを政令・省令等に委任することは許されると解すべきであるが、課税要件法定主義の趣旨からして、それは具体的・個別的委任に限られ、一般的・白紙的委任は許されないと解すべきであろう。この点で問題となるのは、具体的・個別的委任と一般的・白紙的委任との区別の基準であるが、具体的・個別的委任であるといいうるためには、委任の目的・内容および程度が委任する法律自体の中で明確にされていなければならないと解すべきである。それゆえ、この基準に該当しない委任規定は、一般的・白紙的委任として無効であり、したがってそれに基礎をおく政省令の規定も無効となると解される。(21)」との見解を示されている。金子宏教授は、このように法律の留保の原則と法律の優位の原則の両原則により、租税行政立法は厳格な限定を受けることを確認されたうえで、課税要件法定主義の趣旨からその委任の許容範囲は具体的・個別的委任に限定され、一般的・白紙的委任は許されないことを確認されている(22)。

また、清永敬次教授も、「租税法律主義との関係でもっとも問題になるのは、命令への委任の場合である。」としたうえで、「租税法律主義は、租税に関する事項を法律の委任に基づき命令で定めることを禁ずるものでないことについても、一般に異論はない。従来から、その場合、一般に、個別的・具体的委任は許されるが、特に課税要件に関して概括的・包括的委任は許されないとされてきている。しかし、なにをもってそこにいう包括的委任に該当すると考えるかが問題であろう。(23)」とされて、個別的・具体的な法律による委任を受けた租税行政立法の存在を許容されている。

松沢智教授も、「法の委任による具体的・細目的な命令形式をとることはさしつかえないが、包括的委任によって法の実質的設定権限を一般的に行政庁にゆだねるような政令、規則は、憲法上許されない」[24]とされている。このように、学説上も、先に確認した判例上も個別的・具体的委任に基づく租税行政立法は許容されるとの見解で一致している。

ところで、租税法律主義の法的統制を検討する上で有益な指摘が、以下の通り、原田尚彦教授によってもなされている。

同教授は行政立法の許容範囲について、「とりわけ人身の自由や精神の自由を侵害する立法や犯罪の構成要件にかかわる法規命令の定立を授権する場合には、授権法自身が明文でその限界範囲の特定性と基準の具体性を厳格に画定しておく必要がある。とくに罰則の委任の場合には、これによって罪刑法定主義（憲法三一条）が空洞化されてはならないから、法律自体において義務の主体、内容、刑罰の種類、程度が個別的・具体的に限定されていなければならない（最判昭和二七年一二月二四日別集六巻一一号一三四六頁）[25]。」と指摘されているが、この指摘は租税法律主義という憲法上の要請を原則とする租税法領域にも、そのままあてはまるものと思われるのである。

すなわち、「とくに罰則の委任の場合には、これによって罪刑法定主義（憲法三一条）が空洞化されてはならないから、法律自体において義務の主体、内容、刑罰の種類、程度が個別的・具体的に限定されていなければならない」との指摘は、租税の賦課の委任の場合には、これによって租税法律主義が空洞化されてはならないから、法律自体において義務の主体、内容、租税の種類、程度が個別的・具体的に限定されていなければならないと読み替えることができる。なぜならば、刑罰も租税も国民の権利を直接的に侵害する恐れがあるものであるという点で共通性を有するからである。したがって、憲法が明文によって宣言している租税法律主義の原則が空洞化されないためにも、租税法領域における委任の限界は厳格に解されるべきである。

租税法律主義の存在があるから特に租税行政立法の許容範囲は厳格に解されるべきことは、さきの学説・判例においても確認されている。

3　租税行政立法の法的統制における租税法律主義の存在意義再考

ところで、金子宏教授も「憲法が、『国会は国権の最高機関であって、国の唯一の立法機関である』（四一条）と定めていることからすると、行政立法で定めうる事項の範囲と内容にはおのずから限度があり、法律の委任による命令（委任命令）と法律の規定を執行するための命令（執行命令）のほかは許されないと解すべきであり、しかも、国会の立法権を放棄するのに等しいような大幅な委任は許されないと解すべきである。」と述べておられるが、この憲法四一条が、国民の代表者で構成される国会が、唯一の立法機関であると宣言している、この立法の趣旨を忠実に解すれば、租税法律主義の原則の存在を持ち出すまでもなく先の学説の通りの見解が導出されるはずである。つまり、「租税は国民に対する一方的・強制的な賦課・徴収という性格を有するものであるから、それが法律によらねければならないことは、国会による立法権の独占を定める四一条の規定からも、当然のことである」(26)から、敢えて租税法律主義の原則によらなくても租税行政立法の法的統制は十分に可能であるはずである。(27)

そうすると、租税行政立法の法的統制の問題を捉える場合に、憲法四一条と租税法律主義の根拠規定となる三〇条及び八四条の関係をどう捉えるべきか。そして、憲法三〇条及び八四条の存在意義を再確認する必要性が生じる。

憲法学上は、両者の関係については、国民の権利と義務を制限することは法律によってのみ許容されることを宣言している、憲法四一条の趣旨を租税について特に明記し、確認したものであるとの説明がなされる。(28)また、租税は反対給付無しに国民の財産権を制約し、奪うものであるから、憲法四一条の存在により国の唯一の立法機関で承認された法律によるべきであることは当然であり、そのことを敢えて憲法の明文で規定するには及ばない。しかしながら、別に明文の規定をもって宣言する意義は、租税民主制が現代国家においてもなお重要であることを確認しているのであるとする説明もなされる。(29)

租税法律主義を明確に宣言する規定を、憲法が明文の規定をもって用意した意義を憲法四一条の単なる確認とする憲法学上の意義付けだけでは説得力に欠けるといえよう。

やはり、租税が国民の財産を直接的に収奪する性質のものである以上、憲法が民主主義を理念として構成されているのであるから、どうしても課税権の行使に際しては主権者である国民の承諾が必要となる。租税法律主義が近代国家の当然の事理であるとして、それを憲法上明確に表明しなければ、憲法が民主主義を理念としていることを法体系をもって示すには片手落ちとなるいえる。そこで、納税者である国民に主権が存在することを憲法上も宣言することが不可欠となるのである。租税の賦課に際しても主権者である国民の承諾が必要であることを宣言して、民主主義憲法であることを租税の面から法的に表明したところに憲法三〇条及び八四条の明文の規定の存在意義を求めることができる。(30)

換言すれば、主権者である納税者の権利を最大限に尊重し、保護していくことを憲法上も宣言したところにその存在意義があることをここでまず確認しておきたい。(31)

この存在意義を確認した上で、租税行政立法の租税法律主義による法的統制を再考すると、以下のような疑問点を指摘せざるを得ない。

今日、租税行政立法の存在は著しい割合で増加しつつある。この現状下において、法による個別的・具体的委任に基づいていれば、租税法律主義上も増加する租税行政立法の存在を果たして無制限に許容されるのであろうか。一般的・包括的授権と個別的・具体的授権を峻別する明確な基準が法解釈上も明確に提供されているとはいいがたい現状では、租税法律主義による法的統制が有効に機能するのであろうか。

租税法律主義の存在を積極的に解していると思われる判例では、「租税法律主義の原則からいえば、命令への委任は、一定の限界があると考えるべきで、法律自体から、委任の目的・内容・程度等が明らかにされていることを必要と[32]」するというように、他の法領域に比較すると、租税法律主義が存在するために厳格な統制が加えられているようである。しかしながら、授権が手続的な事項に限定されているのであれば租税法律主義上も許容されるとの見解が通説とされるが、租税法律主義の存在意義を踏まえた上で、憲法八四条の規定を素直に解釈すれば果して通説として支持できるのであろうか。甚だ疑問である。

なぜならば、租税法律主義の内容である課税要件法定主義は、「課税要件のすべてと租税の賦課・徴収の手続は法律によって規定されなければならないことを意味する[33]」とされており、また、租税法律主義の存在意義を踏まえれば、きわめて特別な、しかも合理的な理由が存在するときにのみ租税行政立法は許容されるものというべきである。租税法律主義の要請の本質は、主権者である納税者の承認を経るという民主主義のルールを手続的に厳守させることにあるからである。

そうすると、租税法律主義による統制は、裁判による事後の法的統制と同時にいわば事前の法的統制の必要性を特に強調しなければならない。ここに事前の法的統制とは、租税行政立法の形成過程において、行政立法を委任すべき合理的な必要性が存在するかどうかを慎重に吟味することと、租税法律主義の存在意義を再確認して、できるだけ行政立法を抑制しようとすることの両者を意味する。事前の法的統制こそが、租税法律主義による法的統制のエッセンスであると思われる。

この種の議論は、現実の政治過程を直視すればあまり実益のある議論とはいえないかもしれない。しかしながら、ここでの問題は、租税行政立法の授権方法とその内容が合憲であるかどうかにあるのではなく、最も重要な点は、法の定立機関に民主主義の視点から正当性があるかどうかという点にある。いかに内容的に妥当な法規であったとしても、正当なプロセスを経て、その法定立機関に正当性が担保されていなければ、法の権威は失われるのである。

定立された租税行政立法がいかに合理的で妥当なものであったとしても、その定立機関は国会ではないことは厳然とした事実であり、その点に着目することが重要である。この「正当性の有無という問題こそが委任立法が提起している最大の憲法問題であり、委任立法をめぐる諸問題はこの観点から考察されなければならないのである(34)」との指摘が、租税行政立法の法的統制の問題についてもまさしく当てはまるのである。

六　むすび

租税法律主義を厳格に解することにより、租税行政立法の存在を全面的に否定することは非現実的であるが、憲法四一条の規定のほかに租税法律主義が支配する租税法領域は、他の法領域に比して各段に厳格な法的統制がなされるべきことは本文の通りである。

しかしながら、議会による租税法律をはるかに上回る租税行政立法の適用によって、主権者である国民が、租税を課される構図を「急激に変遷する経済社会を対象とするには必要である」との理由からだけで安易に受け入れて良いのであろうか。

やはり、議会は、行政機関に立法を授権しなければならない合理的必要性があるかどうかを個々の租税行政立法について徹底的に吟味すべきである。そうしなければ、自らの存在意義を放棄することになるからである。(35)

民主主義憲法の象徴的な規定の一つともいえる租税法律主義規定（憲法八四条）は、国民が租税行政立法により権利を侵害されていると痛感して、裁判所に訴訟を提起したときにのみ機能するのではない。その時点では、主権者である国民はあまりにも大きなコストを背負うことになるからである。

租税行政立法の成立過程に厳格な租税法律主義による法的統制が加えられるべきである。それも裁判所の段階での法的統制ではなく、租税法律の立法過程における厳格な統制が必要なのである。憲法が租税法律主義を、敢えて明文の規定をもって定めた趣旨は、議会に事前の法的統制を加えることにあったといっても過言ではなかろう。この議会による承認過程を経てはじめて、その租税法律は、法としての権威を得るのである。正当な手続により形成された法を、国民は尊敬の念を持って法として受け入れるのである。この正当性こそが重要なのである。この正当性確保のために国民はそれなりに時間とコストを費やすことを厭わないはずである。

裁判過程における法的統制を事後の法的統制と呼称することにすれば、議会による法的統制を事前の法的統制と敢えて呼称することにする。そうすると、後者の事前の法的統制が主権者である国民にとって必要なのである。この点が軽視されると、租税法律主義は形骸化されてしまうのである。近代国家の形成過程において、漸く獲得された国民の権利としての租税法律主義を形骸化させてはならないのである。

（1）　平岡久『行政立法と行政基準』一七頁（有斐閣、平成七年）。
（2）　手島孝『憲法解釈二十講』一六四頁（有斐閣、昭和五五年）。

(3)　田中二郎『新版　行政法　上巻』一五八頁（昭和六〇年）。このような定義づけに対して、塩野宏教授は「行政機関が法条の形式をもってある定めを置くことがあるが、従来、日本の行政法学はこれを大きく二つに分類してきた。そして、その分類基準は、当該定めが外部効果をもつもの、つまり、相手方私人と行政主体の双方を拘束し、紛争が生じたときに裁判所がこれを適用するものと、それ以外の、とりわけ行政機関相互を拘束するが、私人に対する拘束力をもたないもの、つまり内部効果しかもたないもの、という点にある。前者が法規命令、後者が行政規則である。そして、その両者を含めて行政立法と整理することがある（田中・行政法上巻一五八頁、藤田・行政法一二七三頁）。行政規則は外部効果をもたず、その意味では法規の定立ではない。また、行政規則には、必ずしも一般的・抽象的規律だけではなく、個別具体的な規律も含まれるので、行政規則を行政立法の下位概念として位置づけることは、必ずしも正確ではない。しかし、法規命令、行政規則の区分については、一定の相対化現象がみられるのであって、命名の如何はともかく、二つの制度を併せて考察することの意味はあると思われる。」（同『行政法Ⅰ第二版』七六頁（有斐閣、平成九年））と総括されている。

(4)　釜田泰介「立法の委任」『憲法の基本判例第二版』二二六頁（有斐閣、平成八年）。

(5)　同、二二六頁。

(6)　平岡久　前掲注(1)三頁。

(7)　杉村敏正教授は、行政立法の根拠について欧米諸国の状況ともあわせて次のように述べられている。すなわち、「委任立法に関する問題の現在の焦点は、権力分立の原則をとる近代民主主義的法治国原理と行政権の拡大強化を要求する現実の政治的要請との衝突およびその調整に存している。（中略）

委任立法の現実の必要性の存在については、今日、殆んど疑の余地は存しない。たとえば、イギリスにおける一九三二年の大臣の権限に関する委員会は、委任立法が不可欠的であることの理由として議会の時間に対する圧迫、規律の対象事項の技術性、予見しえない偶発事項、規律の柔軟性（flexibility））、実験の機会、緊急の必要を挙げ、アメリカにおける一九四一年の行政手続に関する法務総裁の委員会は、その理由として、立法部が利用しうる時間の制約、専門的知識の欠除、専門的知識の確保のために用いられる人員または手続の欠除、細目的事項が法律をもって規定される場合における有害な厳格性を挙げている。諸国の学者がその理由として挙げているところも大体においては右の諸点に尽きる。要するに、現代の国家は迅速複雑に変遷する社会的、経済的事態に対処し、これを有効適切に規律する任務を有するのであるが、議会は細目的事項に至るまで自ら法律をもってこれを規律するに必要な時間的余裕および専門的知識を有しないこと、並びに法律は事態の変遷に即応する柔軟性を欠くことが委任立法を必要不可欠ならしめているとみることができる。」（杉村敏正『法の支配と行政法』九九頁（有斐閣、昭和六二年）。

(8) 塩野教授は、この根拠を国家機能の拡大と弾力的な対応の必要性と法的観点の二つに求められている。なお、「日本の場合には必要以上に委任立法方式が用いられているきらいがないかどうか、注意しなければならない。」（塩野、前掲注(3)、七九頁）と警鐘を鳴らされていることには注意を要する。

(9) 平岡、前掲注(1)、三頁以下。

(10) 奥平康弘教授は、「委任立法自体が違憲なのではなく、むしろそれが合憲であるための要件いかんの問題に力点が置かれるべきである。委任立法の限界が論じられるのがそれである。」（同「委任立法」行政判例百選Ⅰ一〇四頁）と指摘されておられる。

(11) 田中二郎博士は、委任の方法のみならず国会が授権しうる行政立法の内容を「委任命令で規定しうべき事項は、法律の補充的規定、法律の具体的特例的規定及び法律の解釈的規定にとどまるべきもので、法律そのものを形式的に変更し廃止する規定のごときを設けることはできない。」（田中二郎、前掲注(3)、一六二頁）として、合憲とされうる行政立法の具体的な内容を示されている。

(12) 原田尚彦『行政法要論』八五頁（学陽書房、平成八年）。

(13) 原田、前掲注(12)、八六頁。

(14) 租税法領域においても行政立法をめぐる訴訟は次のような理由から頻発した時期があった。すなわち、「昭和四〇年の全文改正以前の法人税法九条八項一昭和三四年改正以前は七項一は、同条一項の法人税の課税対象たる「各事業年度の所得は、……各事業年度の総益金から総損金を控除した金額による」旨の規定、ならびに益金および損金の計算方法に関する諸規定を補充する意味で、「〔これらの規定〕に規定するものの外、第一項の所得の計算に関し必要な事項は命令でこれを定める」と規定していた。この規定に基づいて、法人税の課税標準に関するきわめて広範な事項が、政令の中で規定されていたが、政令の規定のうち、過大な役員報酬の損金不算入を定める規定および役員賞与の損金不算入を定める規定一時に同族会社の同族判定株主またはその同族関係者を使用人兼務役員の範囲から除外し、結果的にそれに対する使用人分賞与の損金不算入を定める規定一が課税要件法定主義に反しないかどうかをめぐって、下級審の判決が多数ある。」（金子宏『租税法　第七版』八三頁（弘文堂、平成一一年）とされるように、議会立法による委任の方法が包括的であること、それが課税要件法定主義に反するとの主張の訴訟が数多く提起された。この訴訟の提起に対応するように、昭和四〇年にこの部分が全文改正された。

(15) 大阪高判昭和四三年六月二八日行集一九巻六五号一一三〇頁。

(16) 千葉地判昭和五七年六月四日行集三三巻六号一一七二頁。

(17) 東京高判平成七年一一月二八日行集四六巻一〇・一一号一〇四六頁。なお、被告国側が包括的委任の必要性を、租税法規が変転してやまない経済現象を対象としているのであるからやむを得ないと主張したのに対して、当裁判所は「第一審被告国は、包括的な委任文言を採用して課税要件の追加自体を政令に委任しないと、変転してやまない経済現象に対処できない弊害が生じるとするが、前記のような規定の方法によったからといって、所論のような弊害が生じるとは考え難い。」して斥けている点は特に注意を要する。

(18) 松沢智教授は、憲法三〇条を「納税者主権主義」の原則とされ、憲法三〇条と八四条を「租税法律主義」の憲法上の表明であるとされた上で、納税者主権主義こそが現代租税法における最高の法原則であると主張される。歴史的な背景に着目すると、国家の課税権を国民の統制下に置くという思想そのものが民主主義、納税者主権主義国家の条件とされるのであり、重要な指摘であると思われる。松沢智『租税法の基本原理』四一頁以下（中央経済社、昭和五八年）参照。なお、租税法律主義の歴史的由来の詳細は、吉良実『実質課税論の展開』一三頁以下（中央経済社、昭和五五年）参照。

(19) 金子宏、前掲注(14)、七六頁。

(20) 金子、前掲注(14)、七六頁。

(21)　金子、前掲注(14)、七八頁以下。なお、北野弘久教授も「日本国憲法のもとにおいては、命令において法規を定めうるのは委任命令においてのみとなった。一般に命令への委任は、包括的・一般的であってはならず、できるかぎり細目的・具体的であることが要請され・租税法律主義のもとでは、とりわけこのことが強調されることになる。法律による包括的・一般的な命令への委任は違憲無効となる。また、命令の具体的規定が法律による委任の枠をこえたときも違憲無効となることはいうまでもない」（『税法学原論』六八頁（青林書院新社、昭和五九年））との見解を示されている。

(22)　判例も次のように限定的に解している。たとえば、「憲法七三条六号、内閣法一一条によると、政令は法律の委任に基づかないでは、国民の権利義務に関する規定を設けることができないが、みぎ旧規則第一節の二したがって規則一〇条の三第六項四号の規定は、国民の権利義務に多大の影響を及ぼすものであることはこの規定の趣旨から明白であるし、旧法九条一項にはその解釈規定を設けることを命令に委任するとの文言はない。したがって、控訴人の主張は到底採用できない。

当裁判所は、みぎ旧規則第一節の二の各規定は、旧法九条八項の委任に基づくと解する。

(二)　旧法九条八項は、「前六（改正前五）項（九条二項ないし七（改正前六）項及び九条の二ないし九に規定するものの外、第一項の所得の計算に関し必要な事項は命令でこれを定める。」と規定しているので、益金損金への算入、不算入についてまで、命令で、みぎに列挙された諸条項と同様の定めができるように見える。

しかし、租税法律主義の原則から、法律が命令に委任する場合には、法律自体から委任の目的、内容、程度などが明らかにされていることが必要であり、損金益金への算入不算入といった課税要件について、法律で概括的、白地的に命令に委任することは許されないと解するのが相当である。

したがって、みぎ九条八項により、命令で、法律と同様な前記課税要件を広範囲にわたって規定することまでも委任したものではないし、まして、命令で、本来損金の性質を有し、これまで損金として取り扱われることに理論上も実務上もなんら怪しまれることがなかったものを、益金とするようなことは到底できないことは当然である。」（大阪高判昭和四三年六月二八日、行裁例集一九巻六号一一三〇頁）として、委任立法は法律自体から委任の目的、内容、程度などが明示され、具体的委任に限って許容されることを確認している。
(23) 清永敬次『新版　税法　全訂』三一頁（ミネルヴァ書房、平成三年）。
(24) 松沢智、前掲注(18)、五九頁。
(25) 原田、前掲注(12)、八五頁。
(26) 樋口陽一他『注釈日本国憲法下巻』一一三一頁（青林書院、昭和六三年）。
(27) 北野弘久教授は「先進諸国における一連の近代市民革命において、課税権は立法権である、課税権は立法権のひとつの態様であるということが確立された。これが租税法律主義である。日本国憲法は立憲民主主義憲法として三権分立と国民代表の原理を確立しているので、租税法律主義を規定した八四条、三〇条は法理論的には不必要であるはずである。法においては、行為規範にしろ裁判規範にしろ同じことを二度規定する必要はない。日本国憲法のもとでは四一条の国会は「唯一の立法機関」であるという条項からも租税法律主義の法理をひきだすことが可能である。したがって、ことさら八四条、三〇条を必要としないわけである。」（同『憲法と税財政』一一六頁以下（三省堂、昭和五八年））と述べられて、租税法律主義の憲法上の存在意義を積極的に展開されている。本稿の目的は、租税行政立法の法的統制に租税法律主義がいかなる役割を果すべきかを検討することにあるために、その存在意義を再確認することが必要となる。
(28) 小林直樹『新版憲法講義下』三八九頁（東京大学出版会、昭和五九年）。樋口陽一他、前掲注(26)、一一三一頁参照。
(29) 伊藤正己教授は「新たに租税を課したり、現行の租税を変更したりするには、法律または法律の定める条件によらねばならない（八四条）。およそ国民の権利義務にかかわることを定めるには、国会の制定する法律を要するのであり、租税が国民から強制的に財産権を奪うものであって、国の唯一の立法機関である国会（四一条）の承認を得なければならないことは当然のことである。その意味では、租税法律主義は法治国の当然の事理であって、あらためて憲法の明文を要することではない。まして、財政における国会中心主義をうたう八三条がある以上、それからの直接の帰結といってもよい。しかし、日本国憲法は、三〇条において、国民の義務の面から納税に関する規定のうちに租税が法律で定められるべきことを示し、さらに八四条において重ねて課税権の側面から同じことを再言している。これは「代表なくして課税なし」という近代憲法の基礎となった租税民主制の原則が現代国家においてもなお重要なものであることを明らかにするとともに、国民の負担する租税のもつ意味の重要性を示唆するものといえよう。」（同『憲法』四五三頁（弘文堂、昭和六一年）と述べられて、三〇条及び八四条の存在意義を明示されている。

(30) 松沢智教授は、三〇条の規定を『納税者主権主義』の憲法上の表明と捉え、納税者主権主義が租税法の最高原則と説かれるが、まさに憲法の体系と基本理念に着目された本質を突かれた指摘であり、有益な見解と思われる。詳細は、同『租税法の基本原理』、前掲注(18)、四三頁以下参照。

(31) 増田英敏『納税者の権利保護の法理』（成文堂、平成九年）は、租税法律主義の原則を租税平等主義の原則とともに、納税者の権利保護のための基本原理として捉え積極的に展開している。要参照。

(32) 千葉地判昭和五七年六月四日行集三三巻六号一一七二頁。

(33) 金子宏、前掲注(14)、七八頁。

(34) 釜田泰介、前掲注(4)、二二七頁。

(35) これらの問題についても立法学的視点からの研究の必要性を特に指摘できる。小林直樹『立法学研究　理論と動態』三頁以下（三省堂、昭和五九年）参照。

「納税者訴訟」の法理論的考察

――新視点からの無名抗告訴訟への提言――

松沢　智

はじめに

最近、全国各地の地方自治体で公金の違法若しくは不当な支出に対し、地方住民がその還付又は差し止めを求める訴訟が續出している。いわゆる「納税者訴訟」といわれるものである。本稿では、この「納税者訴訟」を広狭二義に分析し、その法理論を行政訴訟に位置づけると共に、その底流に在る一貫した体系を考察してみようとおもう。そして、本論文を尊敬する山田二郎教授の古稀を祝して捧げるものである。

一　行政訴訟法の本質

(1)　法治国家としての法律による行政（gesezmässigkeit der Verwaltung）の原理は、国民の自由と財産の保障を実質的内容とする。しかも、国家や地方公共団体は国民・地域住民の利益を確保するために創設した組織・集団であるから、当然に、その維持費用は国民が自ら負担するとともに、その維持、存続には権力が必要となるため、国民・地域住民から信託された者が権力を行使することになる。それは国民・地域住民から選出された代表によって構成された議会の制定した法律によってのみ行政権力を行うことにあらわれる。これが「法の支配[1]」（Rule of Law）の法理なのである。

(2)　若し、信託を受けた行政機関が、法による委託の趣旨に反して国民が據出した費用、すなわち税金である公金を違法若しくは不当に支出した場合には、返還を求め、若しくは支出しようとする時に事前にその差し止めを求めることが、法律による行政の原理からの当然の要請なのである。民主主義国家体制の下においては国民の当然の権利といってもよいであろう。そのためには国民の行政に対する監視権や情報公開を求める知る権利[2]が前提となってこよう。そのうえで、行政機関が国民の要求に応じない場合には「法の支配」の下、司法裁判所に救済を求めることになる。法は、当該行政機関に対して最初に救済を求なくとも、原則として直接に訴えを裁判所に提起できる(例外として国税通則法一一五条による行政機関への異議申立て、審査請求等の不服申立て前置主義等がある)。

(3) 行政争訟法とは、行政上の法律関係に関する争訟を規定した法規をいう。すなわち、行政上の法律関係の存在または形式につき、当該行政機関と国民との間または各行政機関の間に紛争が存在した場合に、右当事者のいずれか一方からの申立てに基づいて一定の国家機関が強制的に、有権的に裁断し争いを解決せしめることを目的とする国家作用として行なう一定の手続(Verhafren, Prazess)を規定した法律をいうのである。

そこで、行政争訟法の体系を理解するためには、行政運営における公正の確保と透明性を規定する「行政手続法」(平成五・一一・一二、法八八)、「情報公開法」(平成一一・五・七、法四二、運用規則を策定し、二年以内に実施)や、「行政不服審査法」(昭三七・九・一五、法一六〇)、並びに「行政事件訴訟法」(昭三七・五・一六、法一三九)の各法律についての理論的に一貫した体系的考察が必要である。これらの諸法律が完備してこそ、初めて主権者である国民の権利救済が可能となるのであり、更に、これらに通じた理念が何かを理解できるのである。そこで本論稿では「納税者訴訟」を行政争訟法の中で取り上げ、その法律を探求しつつ、新規点から体系的構築をはかってみようとおもう。

二　納税者の税使途に対する監視権

1　納税者主権主義の本質

(1)　日本国憲法三十条は「国民は、法律の定めるところにより、納税の義務を負ふ」と規定している。同規定は租税法律主義の原則とともに、主権者たる国民の責務を表わしたものであり、後者を「納税者主権主義」ということができる。(3)　これは、自己賦課（Selfassement）の面とともに、その租税効果はすべて国民が享受するという両面に特質がある。

(2)　この考えは、アメリカ型税法思想(4)に導かれるものであって、税とは、市民の利益を確保するためにつくった「社会」の維持に必要な費用であるから、市民は、その費用をお互いに分担しあう。そのためには、適正、公平に負担しなければならず、それとともに、その使途についても、真に市民の利益のために使われているか否かを監視するし、不正の使用についてはその返還を求めさせるということになるのである。

(3)　「納税者主権主義」を完全に貫こうとするならば、行政機関において、違法・不当な税の支出をした場合には、すべて、その返還を求め、或いは事前に、それがわかれば差止め、事後においては返還ないし損害賠償を求めることができなければ法の理想に合致しないといわねばならない。けだし、違法・不当に税が費消されても、これに対し市民に対し法的手段がないとすれば、税は誰のためにあるのかという本質的理念に反してしまうからである。

2 わが国の納税者の監視権

(1) わが国において、行政庁の税の違法・不当な支出に対する監視権としては、地方自治法二四二条に「住民監査請求」を規定している。それは要するに、普通地方公共団体の住民は、普通地方公共団体の長、委員会若しくは委員又はその他の地方公共団体の職員について、公金の違法若しくは不当な支出若しくは浪費、財産の違法若しくは不当な処分、特定の目的のために準備した公金の目的外の支出、違法な債務その他の義務の負担、財産若しくは営造物の違法な使用又は違法若しくは権限を超える契約の締結若しくは履行があると認めるときは、その事実を証する書面を添え、監査委員に対し、監査を行い、当該行為の制限又は禁止に関する措置を講ずべきことを請求することができるのである。右の監査請求に基づく監査委員又は長の措置に不服があるとき、又はこれらの者が措置を講じないときは、監査請求人は裁判所に対し、同法二四二条の二の「住民訴訟」に基づき当該職員等の違法又は権限を超える当該行為の制限若しくは禁止又は取消若しくは無効若しくはこれに伴う当該普通地方公共団体の損害の補てんに関する裁判を求めることができる。これを一般にいわゆる「納税者訴訟」と呼ばれるものである。(5)

(2) しかし、本来の意味の「納税者訴訟」(Taxpayers' suit)とは、アメリカにおいて判例法上認められてきたものであり、わが国は、前記地方自治法において昭和二三年七月二〇日法律一七九号による一部改正で類似の制度として導入されたのである。(6)

3　アメリカの「納税者訴訟」と日本の制度との比較

(1)　関哲夫教授によれば、米国の納税者訴訟と比較すると次のような差異があると説かれる。(7)

①　米国の制度は、判例法が主観的訴訟の拡大解釈を行うことにより形成されたものであるのに対し、わが国の制度は、制定法が特に許容した客観的訴訟として構成されていること（金子正史「行政事件訴訟法における原告適格㈤」自治研究四九巻一号）。

②　米国の制度では原告適格を有する者が当該自治体の納税者に限定されているのに対し、わが国の制度では原告適格を有する者は納税者に限定されず、広く当該地方自治体の「住民」とされていること。

③　わが国では、米国と異なり、住民監査請求制度を導入し、当該自治体の監査委員に対する監査請求手続の経由が定められ、いわゆる住民監査請求前置主義が採用されていること。

④　アメリカの制度では、非財務的事項（non-fiscal matter）をも訴訟の対象となしうるものと解されているのに対し、わが国の制度では訴訟の対象が財務会計事項に限定されていること。

と説かれており、昭和三八年に至り、地方自治体の一部改正の際に、全面的な規定の整備が行われ、住民監査請求、住民訴訟という正式名称が与えられたといわれる。

(2)　右の対比から明らかなように、わが国の「住民訴訟」は、アメリカの「納税者訴訟」よりは範囲が著しく狭く、憲法の基本的人権の尊重の原理からは、はるかに遠いといわざるを得ない。この欠陥は、寧ろ、後述のように判例法の形成によって、「無名抗告訴訟」の拡大を図ることによっても可能となろう。それには、先ず国民の「知る権利」の確立が前提となるので、「情報公開法」と知る権利との関係を検討してみよう。要するに、行政機関の公の支出が違法・不当か否かは、行政機関が保有している支出にかかる書類の開示をすることによって初めて明らかとなるのであり、しかも、この開示を求める権利は、憲法に基づく国民の基本的人権としての「知る権利」（憲法一三条、二一条一項）に基づく情報公開請求権が国民に在ると考えるからなのである。

三　情報公開法の制定

1　「情報公開法」と「知る権利」

(1)　「情報公開法」の中心は「知る権利」である。「情報公開法」の制定こそ、行政機関の不当・違法な公金の支出を明らかにするための最低の条件である。わが国では、多くの地方自治体で、これに積極的に取り組んでいる。山形県で初めて情報公開制度ができて十七年を経て、今や四十七の全都道府県を含め五百八十自治体（平成一〇年四月一日現在）が条例や要綱を定めている。(8) しかも、都道府県のうち八道府県が条例に「知る権利」を盛り込んでいる。知る権利こそ、情報公開の理念として根本的、象徴的な文言であり、清水英夫青山学院名誉教授も「『知る権利』は抽象的な権利であり、非常に不安定な概念。それだけに法律や条例できちんと明記して、権利を主張できる対象や公開される情報の範囲を具体的に規定することが求められる」と説かれる。(9)

清水氏によれば、条例に「知る権利」を盛り込んでいたか否かは、情報公開訴訟の判決が分かれた例もあるといわれる。(10) 裁判所で全面公開の判決が出るのは条例の前文に知る権利を明記している場合が多いという。

(2)　「知る権利」　「知る権利」の明記について、国の「情報公開法」の制定をめぐって争われた。政府は

「憲法に知る権利は明記されていない」として反対している。しかも、「住民訴訟」は地方自治体のみに適用され、国の行政機関には適用されない。何故、国の違法な支出に対し国民は返還又は事前差止めができないのであろうか。地方自治と異なり、間接民主政治をとる憲法の下では、国民による直接請求を容認するのは、憲法自身が認める例外に限られるとするのが通説である(11)。しかし、現行憲法の下で、税に関する違法な使途について国民が国に対し何等追及できないのであろうか。納税者主権主義からすれば、何等かの手法を考慮すべきではなかろうか。

そこで先ず「情報公開法」についてのわが国と諸外国を比較してみよう。

2　日本の情報公開法と外国制度の比較

(1)　情報公開制度に対し行政府はつとめて非公開の範囲の拡大をはかって抵抗した。しかし、議会、行政、司法の三権が完全に分離するアメリカでは、議会側が大統領の行政権を厳しくチェックする手段として早くから制度化している。これに対し、わが国では、その対象の範囲等を制限する等して、諸外国に比し、「情報公開法」の内容が厳格に制約されている。

(2)　日本と外国との情報公開法の比較は次の表のとおりである(別掲)。

(3)　しかし未だ現時点では、わが国では「情報公開法」は実施されていない。ところで同法の問題点としては、第一に「手数料」(コピー代)が公開請求の妨げとなりかねないので費用は最少限に定めるべきである。提訴先も、同法案は最初、東京地裁に限っていたが、地方の住民にとってみれば旅費、交通費もかかるので、高裁所在地(八ケ所)の地方裁判所でも提訴できるとされた。ただ沖縄地方は遠隔地なので特例を設けるべきであろう。第三に、

日本の情報公開法と外国の制度

	施行年	対象機関	手数料	救済制度
日本（行政機関の保有する情報の公開に関する法律）	二〇〇一年	国の行政機関（一府二一省庁、内閣官房、人事院など）と会計検査院	申請時と閲覧時に手数料が必要。複写料金は別に必要	役所に不服を申し立て、情報公開審査会が審査。不開示決定が変わらなければ、全国八地域のうち近くへ提訴
世界で初めてできた **スウェーデン**（出版の自由に関する法律）	一七六六年	国の行政機関と国会、裁判所、地方自治体など	手数料はかからず、複写料金のみ必要	議会が任命する行政監視人（オンブズマン）に申し立て。この調整で決着しなければ提訴へ
日本が手本とした **アメリカ**（情報自由法）	一九六七年	国の行政機関と、政府から規制を受けたり、管理されている法人	非営利団体は一定量まで無料。それ以外は手数料、複写料が必要	行政側が申し立てについて書類審査。それを飛び越えて九四の連邦地裁のうち近くで提訴することも
日本より一歩先んじた **韓国**（公共機関の情報公開に関する法律）	一九九八年	国の行政機関と立法府、司法府、地方自治体、特殊法人など	実費の範囲内で手数料、複写料とも必要	行政側に不服申し立て。それでだめなら政府内の行政審判委員会に。そこでも退けられるとソウル地裁に提訴

朝日新聞平一一・一一・二六より一部引用した

特殊法人を対象外にした点であり、寧ろ、広く対象を認めるべきである。第四に、請求の対象となる公文書の範囲を組織共用文書にまで広げ、フロッピーディスク等の電磁的記録も対象とすべきである。

第五に、救済制度としては、日本では、不服申立てを受けた行政機関では、総理府内に置かれた「情報公開審査会」に諮問することになる。そこでは、必要と認めれば非公開文書を実際にみることができるインカメラ審理を行い答申を出す。しかし、この答申には拘束力はなく、最終的に公開を決める決定権限をもつのは当該行政機関であるが、この決定に不服ならば裁判所に提訴することになるが、裁判所には非公開文書は提出されないので、その内容をみて判決することが出来ないという不都合がある。裁判所にはインカメラ方式による審理は採用されてはいないのである。

(4)　ところで「情報公開法」が前述した問題点があるとしても、国民の権利救済には、行政機関において適正な行政手続がなされているという前提がなければ不十分であるといわなければならない。何故ならば、たとえば納税者において税務調査を受け、更正処分されて、その処分の取消しを求めて争訟を提起し、課税庁に課税処分の根拠資料の開示を求めるよりも、その処分以前に充分な聴聞、弁明の機会を与えて不当な処分を防止する方が納税者の権利利益の保護に資することになるからである。その意味において、「情報公開法」は、自己の納めた税金の使途を明らかにさせることによって、違法・不当な支出を防止する一般的規定であるが、自己が違法・不当な課税を受ける虞れがあれば、処分以後に「課税資料」の開示を求めるよりも、処分以前に防止を図り、適正手続の保障を求めるのが直接的であるからである。これに対して、課税行政庁は、「守秘義務」を盾に開示を拒むことが一般である。そのために、行政手続が適正になされていれば、違法・不当な処分を防止できるという意味において「行政手続法」が納税者個人の権利利益の救済に必要な規定となってくる。そこで次に「行政手続法」の内容を「納税者訴訟」の視点から考察してみよう。

四　行政手続法の目的

1　課税処分の違法な処分の救済と行政手続法

(1)　「情報公開法」が充分に整備されれば、違法な課税処分という不利益処分を受ける虞れがある場合には、行政手続法による救済が考えられる。行政手続法の目的は、処分等に関する手続に関し、行政運営における公正の確保と透明性（行政上の意思決定について、その内容及び過程が国民にとって明らかであることをいう。）の向上を図り、もって国民の権利利益の保護に資することを目的とするものであるが（同法第一条一項）、そのため、不利益処分を受ける虞れがあれば、聴聞（同法一五条）、弁明の機会の付与（二九条）の規定によって国民の権利の保護が規定されている。

(2)　しかしながら、わが国の多数説は、税務行政については行政手続法は適用がないと解されている。既に国税通則法等で法の手当てがしているからということを理由とする。[12]しかし、同法は処分後の救済手続を主に規定しているにとどまり、事前救済は不備である。しかし、国税通則法七四条の二は行政手続法第一条を適用除外としてはいない。したがって同条第二項を基礎とし、他の法律に特別の定めがあるものとして所得税法・法人税法の「青色申告」については、同趣旨の規定があるので行政手続法の目的の準用があるものと解すべきである。[13]なお、塩野宏教授は、特別の手続法体系があっても行政手続法の趣旨に従って運用されるべきであると説かれる。[14]

2　行政手続法と憲法との関係

(1)　行政手続法は憲法三一条（適正手続の保障）と同法一三条（個人の尊厳）を行政手続に具体化したものである。既に、最高裁も憲法三一条は刑事手続のみならず行政手続にも及ぶと判示しているが[15]、現代の行政が広く国民生活のあらゆる分野に介入している状況を考えれば、人権保障の見地から適正手続の保障規定が行政手続にも広く及ぶと解するのが妥当である。

(2)　行政処分を受ける前に国民に対し充分に防禦の機会を与えることによって国民の基本的人権の保護を図ることに本条の目的がある。行政の違法を是正するために「情報公開法」と「行政手続法」を適用することによって救済を図ることになるが、「情報公開法」では行政の守秘義務を盾に公文書の公開を妨げたり、行政手続法によっては違法な処分がなされた後の救済規定ではない。

ところで「情報公開法」によって、納税者において納めた税金が不当に使用される虞れのあることがわかった場合、右使用方法が納税者にとって一般的に不利益であるとすれば、どうしたらよいであろうか。たとえば行政機関が住民の意思に反し不当な公金である税の支出を決定し無駄な工事を強行しようとするときに、これに抵抗する方法が事前にないであろうか。地方自治は「住民自治」と「団体自治」が基本原理である。そこで、住民の意思によって、右の支出行為の当否を委ねることができれば、右の「住民自治」の原理に合致しよう。これに対し、地方自治体の行政機関は地方住民の意思を代表する地方議会が制定した条例に基づいて執行するのであるから、住民の意思で決定するのは地方議会の間接議員代表によって決定された議会の意思を無視するので許されないとする反論が一般的である。国レベルの支出については間接民主政治をとる議会制民主主義に反するとはいえるが、地方政治については、必ずしも、これ当てはまらないといわねばならない。そこで、「住民自治」の原理をふまえ、住民の多数決の意思によって、不当な税の支出を拒むことができる「住民投票」が可能か否かを次に検討してみよう。前述した「アメリカ型」の税法思想によれば、国民（住民）の不利益な税の支出は許さないし、不当な支出であれば返還させることができるのであるから、これを貫くとすれば、住民の意思に反する支出工事は住民の多数決で決定すべきこととなろう。

国の政治の在り方を最終的に決定する権力は国民が有していると解するのが「国民主権主義」の原理なのであるから、主権者である地域住民にとってみれば、憲法の「住民自治」の原理からも、特に地方自治における税の支出を通して地域住民の意思を問う「住民投票」は、憲法の原理に合致するのではなかろうか。そこで次に「住民投票」を検討してみよう。

五　住民投票で地方政治を決定できるか

1　住民の提案と政策決定の可否

(1)　いま、全国各地で税である公金の支出を伴う産業廃棄物処理施設設置の問題や、空港建設、河川堰《せき》建設を問う住民投票条例案の成否が大きな社会問題となっている。この問題の背景には、自分達の身近な暮しを左右する問題については、地方税を負担している以上は主権者である地域住民が直接これにかかわりたいという政治参加の強い意思が表れている。この問題の根本には、地方議会の議員に対する強い不信感が住民側にあるのに対し、議員側には、代議制議会政治の否定に連るのではないかという危惧感が対立している。

(2)　住民投票には、有権者の五十分の一以上の署名で条例制定を直接請求できるが、議会が条例案を可決しなければ住民投票は実現しない。最近の報道によれば、この四年間に住民投票条例案を審議した地方議会は約五十にのぼるが、ところが実際に投票が行われたのは「原発」の新潟県巻町や「産業廃棄物処分場」の岐阜県御嵩町など八つの自治体にすぎないといわれる。(16) 特に最近の徳島市の吉野川可動堰の住民投票が注目された。

(3)　しかも、住民投票で民意で明らかになっても、その結果を生かすルールは規定されていない。住民の意見をどの程度尊重すべきかの定った基準はなく、厚生省は、例えば産業廃棄物につき住民の意見が表明できるようになったとしても、都道府県などに住民同意を許可の前提条件としないよう求めているといわれる。(17) 地方自治体や議会は「必ず従うべきだ」「できるだけ尊重すべきだ」という意見が八割強を占めているといわれ、住民投票の結果については、大半の人ができる限り尊重すべきだと答えている。(18)

しかし、住民投票にこだわると産廃施設建設に反対の意見が多く、処理できなくなるという問題がある。昨年六月からは廃棄物処理法が改正され、関係市町村長からの意見聴取が知事に義務づけられ、住民は業者の環境影響調査に対し、意見書を提出できるようになったが、前述したように、住民の意見をどの程度に尊重しなければならぬかの基準がないため、県が産業廃棄物の処理業者からの処分場建設に対し周辺住民の同意を得られないからとして、県が許可申請を受理しなかったことにつき、仙台高裁平成一一年三月二四日判決（未登載）は、宮城県が建築許可申請につき、住民の同意なしでの建築申請の不受理は違法であるとの一審判決と同様な判断を示している。この判決は、「受理拒否」が、法的手続として許されるかどうかの手続上の問題として、法に規定がない以上は行政指導の限界を超えたとして申請の不受理は違法と判示したものである。この事件は、宮城県が建設申請に対し具体的な審査に入る前に住民の了解を得たうえで申請をさせようとしたが、裁判所は違法と判断して認めなかったのである。産業廃棄物処分場の建設について住民投票では全有権者の六七%が反対していた。

2　住民の意思と地方議会の介離

(1)　前述したようなケースは、殆んど税である公金の支出を伴うものであるが、これに対し、残された途は、欧米のように、条例で住民投票によると規定すれば、議会に拒否権を認めないと制度化する立法をするか、或いは、住民投票で決するとするのは、議会制民主主義、間接民主政治を否定することになるという議会の意見ならば、市長は議会を解散し、改めて市民の選挙によって地方住民の意思を議会に反映させることになる。或いは、地方住民の三分の一以上の連署を以って議会の解散の請求をし（地方自治法七六条）、または、反対議員、市長の解職の請求（同法八〇条、八一条）をし、過半数の同意によって効力を生ずる（同法八三条）。

(2)　しかしながら、「住民投票」それ自体によって地方政治を決定することはできない。少なくとも、そこに直接民主政治の限界がある。そこで、「法の支配」の下において最終的に救済を求めるのが司法裁判所への提訴である。これを規定するのが「行政事件訴訟法」である。しからば、すべて司法裁判所は国民の権利を最終的に救済してくれるのであろうか。これを次に検討してみよう。

六　行政事件訴訟法と司法権の限界

1　行政事件訴訟法の本質

(1)　行政事件に係る訴訟に関する一般法として行政事件訴訟法があり、民事訴訟の特例ではない(19)。行政事件訴訟法は、抗告訴訟、当事者訴訟、民衆訴訟、機関訴訟に分かれ（二条）、このうち、抗告訴訟はさらに取消訴訟、無効等確認訴訟、不作為の違法確認訴訟に分かれている（三条・九条）。

(2)　行政事件訴訟法の中心となるのは取消訴訟である。取消訴訟においては、当該行政処分の適法・違法の審理が中心となるが「審理の結果、違法であると認定されると、処分は取り消される。つまり、違法状態が排除されることになる。これは取消訴訟が原告の主観的利益保護に奉仕すると同時に、客観的な法秩序の維持にも奉仕する機能を有することを示すものであって、これを取消訴訟の適法性維持機能ということができる。」と説かれている(20)。裁判所は国民の財産権という権利を保護するとともに、適正手続の保障という機能の両面をもつ点に、一般の民事訴訟法が前者の国民の財産権保護救済のみを目的とするのと本質的な差異があるのである。

このように、抗告訴訟は違法な公権力の行使に対する国民の権利・利益の救済を目的とするとともに、同時に行政権の行使を「法の支配」の下、種々の行為規範に服せしめるため、司法裁判所が行政権をコントロールするのである。

2 司法権の限界

(1) そこで問題となるのは、すべての行政権の行使が司法審査の対象となるのか、審理に当って司法権の限界があるかということである。

裁判所法は裁判所が一切の法律上の争訟を裁判するものとしている（三条一項）。ここに、「法律上の争訟」とは、「具体的事件性と法律の適用による解決可能性をその内容としており、そのような争訟を解決する判断作用が司法であり、行政事件訴訟法もかかる法律上の争訟の観念、司法の観念を前提として、制度が組み立てられた。[21]」のである。従って、抽象的な法令の解釈を争ったり、事件性のないものは司法審査の対象とはならないとされている。そのため、民衆訴訟・機関訴訟も、法律上の争訟に当たらないので、法律上特段の定めがある場合にのみ認められる。[22] そこで、「納税者訴訟」も地方自治法に特別に規定されている「住民訴訟」（二四二条ノ二）としてのみ可能であるが、国の支出行為が違法であり、その財政が国民の税金であるとしても納税者は、その取消、違法確認を求めることができないと一般に解されているのである。

(2) そのため、納税者は自己に対する課税処分の取消しを求め得る法律上の利益はあるといえるが、一般的な国の財政行為の違法を訴求できない。国の財政については、わが国が代議制民主政治をとる以上は、地方自治と異なって直接請求は許されないのである。

しからば、納税者は単に国から徴税の対象者となるだけであって、自己の直接の課税処分の違法を争う場合は別として、一般的に訴求が出来ないとすれば、その根拠はどこにあるのであろうか。これが「司法権の限界」といわれる問題なのである。

戦前では、ヨーロッパ大陸型の行政国家の法体系をとってので、行政機関の一種としての行政裁判所が扱っていたが、戦後は英米型司法国家の法体系に移行した。それでも、三権分立の下における行政権と司法権の差異に基づく機能の分担を現憲法が認めている限り、そこに司法権の限界を認めざるを得ない。「違憲立法審査権」も司法権の範囲内においてのみ行使されるのである。

田中二郎博士も、それは「具体的な法律上の争訟を前提とし、『裁判』という形式を通して行なわれる場合に限って許される矯正的・統制的機能であって、それを超えて、一般的に、司法府としての裁判所が、立法府としての国会や行政府としての内閣及びその統轄の下にある行政機関に対し、積極的な介入的・統制的機能ないしこれらに代わる代替的機能を果すべきことを意味するものではない。ここに、司法府としての裁判所の本質的機能ともいうべき『裁判』というものの限界があるのであって、これを無視することは許されないのである。」「この限界を無視して、裁判所が、本来、裁判になじまない分野に積極的に介入することは、時には裁判所自体が政治的紛争の過中にまき込まれ、ひいては、その政治的責任を追及されるおそれがあるのみならず、本来の裁判の機能になじまない性質の作用であるだけに、妥当な判断を期待しがたく、却って、一般の裁判についてまで、『裁判に対する信頼』を失わせることになるおそれもないではない。(23)」と説かれているのである。

(3)　結局、行政争訟法の現状は、たとえ、納税者に不服があるとしても「司法権の限界」によって納税者の人権の救済は終極的には、救済されないことになる。これでは、前述した「納税者主権主義」の法理に反するのではなかろうか。真に、「納税者主権主義」の理論を貫くとすれば、たとえ国の財政行為であっても、違法を確認したり、その返還を求めることができるとしなければならない筈である。

行政争訟法の法理は、終極的には、納税者の権利を救済し、「法の支配」を貫くことにある。法律による行政の法理の下で、その法律の解釈が行政府によって違法に曲げられているとわかれば、積極的に納税者は、その違法を追及することができなければならない。

これが違法な行政に対する納税者の救済方法なのである。

そのための方法論として、最初に、現行税法規のうち、憲法違反と考えられるもの、ないし税務の取扱いが憲法違反と考える個別法規を取り上げて「納税者訴訟」を追及する方法を検討してみよう。

「納税者訴訟」とは、狭義では前述した「住民訴訟」に限られるが、広義の「納税者訴訟」は、これにとどまらず、広く、現行税法自体の違法を一般的に取上げて税務訴訟（行政訴訟）を提起する場合も含むと解するのである。

これに該当すると考えられるものとして個別的な税法である「消費税法」とサラリーマンの「年末調整」を取り上げてみよう。

七　違法な財政行為に対する「納税者訴訟」

1　消費税法の違法性

消費税法第五条は納税義務者として「事業者は、国内において行った課税資産の譲渡等につき、この法律により、消費税を納める義務がある。」と規定する。法令によれば消費税の納税義務者は「事業者」であって「消費者」ではないのである。そうすると、事業者が顧客である消費者に対し売上代金に付加して「消費税」を請求するのが通例であるが、これは明らかに憲法三〇条の租税法律主義に違反するといわなければならない。これに対し政府は消費税は間接税であるから広く一般に消費者に課する性格のものであり、税制改革法第一一条を法的根拠とする。しかし、財政改革法は単に国の政治的責任を定めたものにすぎず、現行法の消費税法に明確に消費者が納税義務者と規定しない限り、右の金員を事業者から請求されても法的には支払義務はない。判例も、(24)単なる売上商品の対価に過ぎないと判示するにとどまっている。

そうだとすれば、売上の代金を請求されたに過ぎないので、支払を拒んでも違法ではない。仮に、事業者から、商品代金以外に消費税の名目で顧客に対し金員を請求された場合に、店内に別途消費税相当額をいただきますとの表示のない限り、消費者は品物の代金のみを支払えばよく、消費税の支払義務がない。若し、事業者との間で紛争が生じた場合には「消費税納税義務不存在確認訴訟」を提起すべきである。

右訴えは、憲法三一条の租税法律主義に基づく課税要件法定主義ないし課税要件明確主義に反するものとして消費税法の違憲無効を争点とする訴訟（行訴法四五条）であり、広義の「納税者訴訟」と捉えるのである。

2　「年末調整」の違法性

サラリーマンは、毎月「源泉徴収」を天引される外に、年末に「年末調整」される。問題は、企業が雇用従業員に対し給与を支払っていながら、他の従業員の給与にかかる税金手続を行っている実態である。「源泉徴収」は判例も(25)合憲を認めているが、「年末調整」とは、完全に税金の納税手続である。このような手続は、本来、サラリーマン自身において行うべきである。サラリーマンに申告権がある以上は、何故、企業が従業員の税金支払事務を国の代わりに行うのであろうか。これは、もともと国の事務であるから、これは、国において本来行うべき業務にかかる費用を不当に利得しているといわざるを得ない。従って、企業は、国に対し「不当利得の返還請求」を提起することができると解することが許されよう。これにつき、行政当局は、サラリーマンがすべて申告を認めれば、大幅な職員が必要となると説明するが、「源泉徴収」は合憲と認め、「給与所得控除」が法定されているのであるから、確定申告は、「源泉徴収票」を添付して申告すれば当局も簡単な調査で足りよう。しかも、将来コンピュータによる「電子申告」が認められれば、更に容易となろう。アメリカ合衆国でも、すべてサラリーマンは自主申告制度をとっているのである。しかも、戦後のシャウプ税制勧告では、年末調整が国の仕事であるからとして「年末調整を可及的速やかに税務署に移管すべきこと」を提言しているのである（日税連編「シャウプ使節団第二次日本税制報告書」二二五〇頁参照）。

この「不当利得の返還請求」は、まさに企業が国に対し「年末調整」それ自体が何等の補償のないことから憲法二九条三項に違反することを前提とするものであり、広義の「納税者訴訟」と捉えるのである。

八　租税法における納税者の主体的地位

1　申告確定と納税者

(1)　国税通則法一六条一項一号前段は「納税者の申告で確定することを原則」と規定している。従って、法の論理からすれば、同条項後段の「申告がない場合又はその申告に係る税額の計算が国税に関する法律の規定に従っていない場合その他当該税額が税務署長又は税関長の調査したところと異なる場合に限り、税務署長又は税関長の処分により確定する方式をいう。」の規定は、前段の原則に対する補充的・行政的措置の規定と解するのが申告納税方式の本質に合致する。

ただ、この「確定」は、納税者の申告に一応の適法性の推定が働くという意味での「公定力」と解すべきであり、しかし、青色申告者に限っては「実質的確定力」と解し、「事前通知」「理由開示」が必要というべきである。[26] けだし、青色申告者の申告が「実額」を示すものであり、税務署長が「青色申告者」として承認を与えた以上は、利益を与えた処分を取消して不利益な処分（更正）をするには、行政手続法第一条によって税務署長に制約が存在するというべきだからである。[27]

(2) 国税当局は、税務調査については行政手続法第三条十四号に該当し、同法の適用除外と説くが、しかし、同号は、「いわゆる行政調査は、行政庁が一定の情報を入手するために、国民に対し、報告を求めたり、家屋に立ち入って調査を行うものです。これには一定の監督権限を有する行政庁がその監督権の行使として行うものや、統計調査のように広く国民一般に対して調査への協力義務を課するものがあります。いずれもその行為を行う前に相手方に弁明の機会を付与する必要があるものとは考えられませんし、また、ありのままの情報を提供してもらうためには、処分の理由について相手方に知らせることが不適切である場合も少なくないと考えられます。たとえば、ガス事業法による報告の徴収（同法四六条）、ガス用品の提出命令（同法四七条の二）、公害健康被害補償法による指定医の診断医の求め（同一三七条）などがあります。[28]」と説かれており、決して間接強制を伴う税務調査は予定してはいないのである。しかも、行政手続法一条の「行政の確保と透明性」という行政手続法の目的は適用除外してはいない。従って、同条第二項で「この法律について他の法律に特別の定めがある場合は、その定めるところによる」の規定によって、行政手続法の規定する不利益処分に対する「理由の提示」（一四条）、聴聞（一五条）、「弁明の機に「実質的確定力」があるというべきである。

資料を示さなければ更正できないと解されていることからすれば同条項を準用し、「青色申告」については、申告

会の付与」(二九条)と同趣旨の規定である「青色申告」の「理由付記」や、納税者の備付帳簿以上の信憑力ある

2 青色申告者の租税法上の法的地位

(1) 以上みてきたところから、青色申告者こそ租税法の主体的地位を表すものというべきである。税は国民が国家生活を営むための共同費用と解すべきであるから、税は国に搾取されるものではなく、支払うものであるといわねばならない。

(2) そこで、青色申告者に対する前述した税務調査における「事前通知」や「理由開示」を欠いて更正処分をされた場合には、行政手続法が憲法三一条(適正手続の保障)の具体化と解されるので、裁判所に提訴して処分手続の違法を理由に取消訴訟ができるものと解する。これも青色申告者としての納税者の行う広義の「納税者訴訟」なのである。

このように、「納税者訴訟」には、前述したように、自己に直接に法律上の利益の侵害がなくとも提起できる、法の規定によって特に認められる狭義の「納税者訴訟」と、自己の利益を侵害された者が権利の救済を求める原告適格(訴えの利益)を広く解したうえ、税法の規定そのものの違法を追求する意味での広義の「納税者訴訟」の二義に分けることができる。特に、後者は、自己の権利侵害の回復を求めることに中心があるのではなく、適正手続の保障(憲法三一条)に基づく公的な訴訟ともいうべきものであり、裁判所を通して憲法に基づく行政の違法を是

正していこうとするところに、広義の「納税者訴訟」の本質があるのである。

九 「無名抗告訴訟」としての「納税者訴訟」

1 広義の納税者訴訟の本質

(1) 既に述べたように、「納税者訴訟」には、狭義の「住民訴訟」としての納税者訴訟と、租税法令の憲法適合性の審査を求める広義の「納税者訴訟」に分けられることを論じてきたが、広義の納税者訴訟の実質は「無名抗告訴訟」に属するものと解するのである。法定外抗告訴訟として抽象的な法令の憲法適合性の審査を求めることにあって、具体的事件性がなくとも、かかる訴えの類型を認めるべきではないかと解するからである。行政事件訴訟法三条は、第二項以下に規定する四つの類型のほかに、かかる法定外抗告訴訟を認める余地を必ずしも否定できず、判例学説に委ねると立法担当者は説かれている。(29) 塩野宏教授も法定外抗告訴訟の存在を認め、その一つとして「抽象的規範統制訴訟」として、「具体的事件性がなくとも法令の憲法適合性等を審査させる訴訟」を挙げておられる。(30)

(2) 確かに、無名抗告訴訟(法定外抗告訴訟)は「各種行政法規に特別の規定のある場合を除いては、従来、一般に、果して許されるものであるかどうかについて判例学説上極めて疑義が多いものである」(31)と説かれているが、法令に違憲性ありとすれば、違憲立法審査権をもつ司法裁判所に判断を求めることが「法の支配」の理念を貫く司法権の在り方として適正手続の保障の確立のために必要であるからである。具体的事件を厳格に解し、訴えの利益を納税者の個々の権利救済に限るとする考えは、行政事件に限っては司法裁判所の役割は行政の違法是正が主であるとすることを看過することになる。その意味において、広義の「納税者訴訟」の存在が理論的にも可能であると解するのである。

おわりに――行政争訟法の法理と「納税者訴訟」

1 国民の知る権利としての「情報公開法」・国民の権利利益保護確立のための「行政手続法」・行政の違法是正を拡大するための「行政事件訴訟法」の統一的原理と「納税者訴訟」の理念

(1) これ迄みてきたところによれば、「情報公開法」の根本に国民の知る権利が存在すること、「行政手続法」がすべての行政手続に該当するものではなく、処分、行政指導、届出に関する手続に限られること、「行政事件訴訟法」について司法権の限界の壁が立ちふさがっていることがわかる。しかも、「納税者訴訟」という視点からみると、行政庁の守秘義務が「情報公開法」に制約を課していること、税務行政（税務調査）には適用除外の意見が税務当局から出されている程反発が強い「行政手続法」、更に、税務訴訟には「訴えの利益」を狭く解していることや他の行政訴訟には「無名抗告訴訟」の範囲が広がりつつあるのに、税務訴訟には認められないと一般に解されていること等、未だ厳しいことが窺われる。その原因は一体どこに在るのであろうか。

(2) それは「情報公開法」「行政手続法」及び「行政事件訴訟法」に統一的原理の存在することの明確的意識の欠如にある。それならば統一的原理とは何なのであろうか。国の根本法規は憲法であるから、統一的原理は憲法規範から導き出されるものでなければならない。

2　国民主権主義（納税者主権主義）の下の憲法の原理

(1)　国民主権に立脚し国会中心主義に立つ現行憲法の下、法治主義に基づくのが行政の原理である。しかも、憲法一三条の個人の尊厳、三一条の適正手続の保障は行政手続にも適用されるものであり、従って、行政争訟法の法理は、右の憲法に基礎を置くのである。

しかも、基本的人権の保障は憲法の基本原理であるから、行政争訟法は、その究極に、いかにしたら納税者の人権の尊重が図れるかを目的としなければならない。

(2)　現在の行政庁は旧憲法的意識の下に行政が行われ、国民に優越した立場に立って命令強制できる機能があると考えていることが、前述した三法（情報公開法、行政手続法、行政事件訴訟法）に対する制約となっているのである。

われわれは、新しい視点に立って判例を変更させる理論の発展を建設すべきであり、その手段が「納税者訴訟」なのである。この訴訟を手がかりとして、われわれは憲法三〇条の「納税者主権主義」を基礎に租税民主主義の理念を確立しようとするのである。その意味において「納税者訴訟」は、その目的達成のための方法論なのである。

（1）「法の支配」（Rule of Law）については「日本国憲法が司法審査制を採用したことで、憲法の基本思想がドイツ的な法治主義の理論から英米的な「法の支配」の思想へ転換したことを象徴する」と説く芦部信喜「憲法訴訟の理論」（有斐閣刊）一二頁参照。

(2) 国民の「知る権利」は憲法一三条(個人の尊厳)及び二一条(表現の自由)に基づく基本的人権からくるものである。「情報公開法」に「知る権利」を盛るべきかどうかにつき議論があった。しかし、憲法の表現の自由には「知る権利」を包摂していると考えれば、国民主権を具体化する権利と解することができる。

(3) 「納税者主権主義」の概念については「納税者主権主義」とは、要するに、国家それ自体が国民の幸福追求確保の手段として創設されたものであるから、その国家の存続、活動に必要な費用は、主権の存する国民の代表による立法により、国民の意思に基づいて制定された租税法規の定めに基づいて誠実に負担するとともに、その租税効果はすべて国民が享受するという原則をいう。憲法の根本原則である国民主権主義に由来する。(松沢智「租税法の基本原理」四七頁)。

(4) 松沢「前掲書」六頁。

(5) 関哲夫「納税者訴訟」小川・松沢編「租税争訟法」裁判実務体系20一〇八頁(青林書院刊)、同「住民訴訟論」二六九頁(若草書房刊)、成田頼明「監査請求及び納税者訴訟について(一)—(六)」自治研究三三巻三号~三四巻一一号参照。

(6) 中平健吉「いわゆる納税者訴訟に関する若干の問題」司法研修所創立十周年記念論文集上一二二頁以下、細川俊彦「アメリカの納税者訴訟」民商九二巻六号参照。

(7) 関哲夫「前掲書(裁判実務体系)一〇八頁参照。

(8) 朝日新聞平一一・二・二七付。

(9) 同紙。

(10) 同紙。

(11) 憲法の認める例外として、最高裁裁判官の国民審査(七九条二項)、特別法の住民投票(九五条)、憲法改正(九六条)に限られる。

(12) 松沢智「行政手続法」(中央経済社刊)二一〇頁。

(13) 前掲書二一二頁。

(14) 田中館昭橘「行政手続法の不利益処分手続(4)」判例時報一五〇四・三二において塩野宏教授の平成五年一一月四日参議院内閣委員会における行政手続法と国税関係の法的手続における発言参照。
(15) 最大判平成四年七月一日判決（民集四六巻五号四三七頁）。
(16) 朝日新聞平成一一年三月二三日付「社説」参照。
(17) 朝日新聞平成一一年三月三〇日付「主張・解説」欄参照。
(18) 朝日新聞平成一一年二月二一日付「統一地方選本社世論調査」参照。
(19) 行政事件訴訟法第七条は、同法に規定のない事項については「民事訴訟の例による」とされているが、その意味は、行政事件訴訟法が旧行政事件特例法のような単なる特例法ではなく、「同法に規定のない事項については、行政事件訴訟の特殊性に対応しつつ民事訴訟の例によることが期待されたものであるということができる。」と説かれている（塩野宏・行政法II第二版（弘文堂刊）六〇頁）。
(20) 塩野・前掲書六五頁。
(21) 塩野・前掲書二一四頁。
(22) 杉本良吉「行政事件訴訟法の解説」法曹会刊二四頁以下。
(23) 田中二郎「司法権の限界」弘文堂刊二三頁。
(24) 東京地裁一九九〇・三・二六判決、大阪地裁一九九三・三・二判決につき、消費税が売上商品の対価であることを認める。なお、この点につき、松沢智「租税手続法」（中央経済社刊）一六五頁参照。
(25) 最大判昭和三七年二月二八日判決（刑集）六・二・二一二）。
(26) 松沢智「行政手続法」（中央経済社刊）一九〇頁。
(27) 同書一九一頁。
(28) 南博方・関有一「わかりやすい行政手続法」（有斐閣リブレ）三五頁。
(29) 杉本良吉「行政事件訴訟法の解説」（法曹会刊）一〇頁。
(30) 塩野宏「行政法II第二版」（有斐閣刊）一八六頁。

(31)　杉本前掲書一〇頁。なお、同書は、行政事件訴訟法第三八条の「取消訴訟に関する規定の準用」において、「法令の効力に関する訴訟が認められるとすれば、原告適格、被告適格等の点においても、理論によって補充せられるべきところが多いであろう。」と説かれる（同書一二八頁）。

行政上の紛争解決制度

——行政審判庁構想の実現を目指して——

南　博方

一　行政上の紛争解決制度

ここにいう行政上の紛争とは、かなり広い概念を指している。国・公共団体を当事者とする紛争や、公権力の行使に係る行為の効力を争うもののほか、私人間の紛争でも行政絡み（許認可等や行政指導絡み）のもの（この種の紛争が最近では増加している）など、さまざまな態様のものがある。

行政上の紛争のなかでも、行政庁の処分の効力に係る紛争解決制度としては、行政（事件）訴訟および行政不服申立てがある。行政訴訟は、行政外的統制の制度であり、行政不服申立ては行政内的統制の制度である。行政不服申立てにはさまざまな種類があり、不服申立ての審査機関の独立性が最も高いもの（例えば、人事院・公害等調整委員会など）から、第三者性の高いもの（例えば、国税不服審判所、建築審査会など）、審査庁が第三者の意見を聞いて裁決をするもの、上級庁や処分庁が独自に裁決・決定を行うものまである。

行政訴訟と行政不服申立ては、行政の事後的コントロールの制度であるが、平成五年には、行政の事前コントロールの手続として行政手続法が制定された。この行政手続法の制定により、行政訴訟、行政不服申立てと相俟って、わが国の行政上の紛争解決制度は、全体として、ほぼ整備されることになったといえよう。

二　行政不服申立ての構造

行政不服申立ての基本法である行政不服審査法（以下「審査法」という）は、昭和三七年に制定された。審査法の制定後、提起された不服申立件数および救済状況に関する調査については、昭和五三年八月旧行政管理庁行政管理局による「行政不服審査法施行状況調査」がある。また、総務庁行政管理局による平成六年度に係る「行政不服審査法等の施行状況に関する調査結果」がある（国については平成八年二月九日、地方公共団体については同年六月二六日の調査）。

これらの統計によると、最も多いときで、昭和五四年度の一一万四五〇七件（国に対する不服申立てのみ）であり、年によって違いがあるが、平成六年度では、国に対する不服申立件数が三万五五七八件、地方公共団体（都道府県・政令指定都市・県庁所在市）に対するものが一万五六二八件となっている。その処理内容についてみると、認容率が圧倒的に高い国税の場合（異議申立ての認容率は一一%、審査請求の認容率は一五%）を除くと、国の場合、異議申立ての認容率は三%、審査請求の認容率は六・六六%、地方公共団体の場合には、認容率が約一二%となる。地方公共団体の場合には、公務員の不利益処分に対する公平審査関係事案の認容率が高いので、これを除けば、国・地方公共団体を通じて、行政不服申立ての救済率は微々たるものといわねばならない。

以上の統計が示すように、行政不服申立ての救済率は、著しく低い。不服申立てが棄却され、審査裁決・異議決定によって維持された原処分のすべてが適法であったとは、とうてい信じがたい。このように救済率が低いのは、やはり行政不服審査の組織および手続のシステムそのものに問題があるからではないかと推測される。

システムの問題とは、わが国では、処分権あるところ裁決権あり、すなわち、行政権は首に相当する処分権と尾に当たる裁決権と相俟って首尾一貫するという、行政権の独立性ないし自己完結性の原理が支配し、その理論的帰結として、行政不服申立てのシステムにおいては、執行と裁決との不可分一体性がその大きな特色となっている。

審査法は、不服申立方法として、原則的に異議申立てと審査請求との二種を認めている。以下、異議申立てと審査請求との構造上の問題点について指摘する。

(1)　異議申立ての構造

①　異議申立ての審理決定を行うのは、争いの当事者である処分庁である。

②　したがって、異議申立てにおいては、処分庁と異議申立人との対面審理構造が採られている。

③　異議審理庁は、審査法上の調査権のほか、原処分庁が有する執行のための調査権（質問検査権・立入検査権を持ち、その多くは罰則をもって強制力が担保されている）を行使して、事実関係の解明をすることが可能である。

④　このため、原処分庁は、続行調査・補強調査をすることができ、結果として、異議申立人に不利に作用する可能性がないわけではない。

⑤　これに対し、異議申立人の防御権の保障は、極めて不十分である。異議申立段階では、原処分関係書類の閲覧請求も認められていない。行政手続法においては、閲覧請求が認められているにもかかわらずである（一八条）。

⑥　さらに、異議審理庁は、上級庁の通達に拘束されるから、通達と異なる解釈を採って決定をすることはできない。

これらの点をみれば、異議申立ては、通常、行政争訟なり権利救済手続として位置づけられているが、むしろ原処分の続行手続ないし再処分手続の性質を持つものとみるのが相当である。従前、国税関係では、異議申立てを再調査の請求と読んでいたが、その名称のほうが異議申立ての性質を的確に表しているといえよう。

(2)　審査請求の構造

審査請求の典型的なものは、上級庁に対する不服申立てである。審査庁は、争いの当事者ではないから、一見、審査請求人と処分庁とが対抗し、審査庁が第三者的立場で審理裁決をする、すなわち、訴訟のように三面審理構造が採られているように見える。しかし、

① 原処分庁には、弁明書と証拠の提出権（二二条・三三条一項）を除くほか、何らの手続上の権利は認められず、審理手続の上では当事者の地位は与えられていないのである。

② 処分庁は、審査の場には登場することはなく、審査庁の影に隠れた存在である。したがって、審査請求においても、三面審理構造が採られているのではなく、異議申立てと同じく審査庁と審査請求人との対面審査構造が採られている。

③ 審査手続においては、職権探知主義が支配し、かつ、主張と立証とが分離されず、審査の範囲が特定されていないから、審査庁が処分庁に代位して主張を立て、あるいは争点外事項について調査を行うことも可能である。

④ この結果、審査請求においても、原処分が補強されるとともに、審査請求人に不利に作用する可能性がないわけではない。

⑤ なお、審査庁が調査審理を処分庁に内部委任（専決）し、調査審理のほか、意思決定まで処分庁に行わせ、ただ名のみ審査庁の名で裁決が行われている例が少なくない。例えば、地方税関係の場合、そのような例が多いようだが、知事部局には税務についての調査能力と経験がないので、このようなことが行われているのである。しかし、裁決権というような重要な権限を、内部委任とはいえ、下級機関に委任することが許されてよいのか、疑問が残るのである。

⑥ 審査庁は、原処分庁に弁明書を提出しないよう指導し（不利なことを書かれては困るから）、あるいは原処分

庁が審査庁と相談して弁明書を作成し、なかには審査庁が処分庁に代わって弁明書を作成する例も現実にはある。いわば、弁明書が裁決書の先取りをする形で提出されている。異議申立てのほかに審査請求の制度が認められているのは、審査庁の方が処分庁よりより公正な立場で不服申立ての審査ができるであろうという趣旨に出たものであるが、これでは、審査請求制度の趣旨を没却するものである。

⑦　審査請求においても、審査庁は、通達に拘束されるから、通達審査権は与えられていず、通達と異なった解釈を採って裁決をすることはできない。

このような点をみれば、審査請求も、審査庁と審査請求人との対面審理構造を採るものであり、基本的には、性質上、異議申立てと異なるところはないといわねばならない。

異議申立てにせよ、審査請求にせよ、権利利益の救済の実が上がっていない大きな理由の一つは、執行と裁決とが未分離である不服申立てのシステムそのものにあるというべきであろう。

もっともシステムだけが問題ではない。これに加え、不服審査事案に携わる職員の意識の問題がある。もともと行政官は、第一線の形成的活動行政に携わることに生き甲斐を感じているうえ、日々新たに生起する仕事の処理に追われている。したがって、事後的な処理を煩わしく、負担に感じている。また、不服審査事案が出てくることは、自己の責任やミスと捉える傾向がある。私が建築審査会委員をしていた当時、担当官から、力不足のため、お手を煩わせて申し訳ないと、しばしば詫びの言葉を述べられた。

(3)　行政不服申立てのメリット

行政不服申立てのメリットとして通常挙げられるのは、簡易迅速・費用低廉、職権探知による事実解明、多彩な裁決・決定の可能性などである。しかし、費用低廉は、濫訴の弊害を招くおそれがあり、ドイツでは、請求棄却の場合には、費用は異議審査請求人の負担とされている。また、手続は訴訟に比べて簡易であるが、現行の審査法はやや訴訟に準じた解釈運用がなされている。例えば、請求の利益を狭く解し、期間徒過についての正当の事由を厳格に解し、処分の意義を狭く解し、あるいは不当と違法との区別をせず、不当性については判断しない例が多い。さらに、迅速性についても、三年ないし五年も審査を放置している事案がないわけではない。職権探知は、旨く活用されれば、審査請求人の費用負担もなく、真実発見に役立つが、審査庁は職権による調査を厭い、ほとんど活用されていない実情にあり、審査請求人から提出された資料のみに基づいて裁決されている例が多いようである。

三　第三者機関の意見聴取

通常の不服審査において、地方議会に諮問し、その意見を聞いた上で裁決する場合がある（地自二〇六条の給付に関する不服申立て、二二九条の分担金等の徴収に関する処分についての不服申立て、二三一条の三の督促・滞納処分等に対する不服申立て、二三八条の七の行政財産を使用する権利に関する処分についての不服申立て、二四四条の四の公の施設を利用する権利に関する処分についての不服申立てなど）。

土地収用法には、「事業の認定に関する処分又は収用委員会の裁決についての異議申立て又は審査請求に対する決定又は裁決は、公害等調整委員会の意見を聞いた後にしなければならない」という規定がある（一三一条）。この規定の経緯は非常に興味があるものである。占領期において、GHQ顧問のロイヤル・R・ダンカン氏は、「土地の収用・使用の手続は、慎重かつ民主的な手続による必要があると同時に、これに関する異議の裁定は中立的な独立行政委員会で行うことが最も適当である」という意見を持ち、異議裁定権は土地調整委員会（公害等調整委員会の前身）に与えるべきだと考えていた。ところが、建設省は、「およそ主管大臣のなした行政処分そのものの効力を覆滅しうるのは、現行の法律制度の下においては、閣議か裁判所以外には考えられず、建設大臣の事業認定処分に対する不服の申立てを土地調整委員会になすことは条理に反する」と反発した。このような意見の対立の中において、法制意見長官は、妥協案として、「建設大臣が訴願の裁決をするときは、土地調整委員会の議決（又は意見聴取の上）を経てこれを行う」という意見を示し（昭和二六・二・二八）、このような経緯を経て、土地収用法一三一条の定める意見照会の制度が定められた。

このように妥協的産物なので、公害等調整委員会が不服申立ての審査にどの範囲で、かつ、どの時点で関与できるか、必ずしも明確ではない。現在のところ、建設省から提出された資料のみに基づいて、意見照会に対する回答を行っているが、どこまでその意見が建設大臣の裁決に反映されるかは必ずしも明確ではない。かつて日光太郎杉事件の際には、旧土地調整委員会が現地調査を行い、代替案を提示し、事業認定に反対する意見を示したが、建設大臣がこれと異なる見解を採って、原処分を維持した。裁判所は、原処分庁は考慮すべき事項を考慮せず、考慮すべきでない事項を考慮したと判示し、原処分を取り消したのであった。

四　現代型紛争と司法過程の限界

現行の行政事件訴訟手続は、現代型紛争には対応できないといわれ、司法の無力、司法の行政追随などという厳しい批判にさらされている。

現代型紛争の特徴は、第一に、ある程度地域的広がりを持ち、したがって多数人を当事者とする紛争が増加してきたこと、第二に、被害が生じた事後ではなく、被害が生じない未然の段階において、被害の発生を予防するための紛争が増加してきたこと、第三に、紛争の解決に当たっては、高度の科学技術的知見を要するものが増加してきたこと、第四に、権利義務に関わる紛争というよりは、政府の政策の是非を問う紛争が増加してきたことである。

現行の訴訟制度は、弁論主義を基調としている。弁論主義とは、訴訟の追行を当事者の責任と負担に委ね、裁判所の職権による介入を排除する制度である。このような弁論主義は、現代型紛争の解決には、必ずしも適切な解決方法ではないように思われる。

現代型紛争は、私法関係のように債権債務に分解できるものではなく、しばしば政策に関わる社会的利益や相異なる価値観の衝突となって現れる。このような場合、裁判官としては、何らかの客観的法を発見し、これに照らして何が正しいかの判断を強いられることになるが、果して客観的法なるものが存在するか疑問である。通常の場合、判断基準として用いられるのは、公益・私益の利益の比較較量であるが、この基準によれば、上回る利益のみ取り上げられ、下回る利益は完全に切り捨てられることになる。果たして、これでよいのか。一方当事者には四分の理が、他方当事者には六分の理がある場合には、これをそのまま認めるのがより正義公平の理念に合致するのではないか。裁判の方法では、オール・オワ・ナッシングの解決しかできないのである。

紛争の解決に当たって高度の科学技術的知見を要する場合にも、裁判はその力を発揮することができない。一方当事者は情報を独占し、かつ、科学技術的知見も豊富であるのに、他方当事者は科学技術的知見に欠け、有利な情報を入手することができない。裁判官は、法律の専門家であるが、科学技術的知見に乏しい。その上、弁論主義の下では、当事者の費用負担で証拠資料等を収集しなければならないから、いきおい科学技術的知見と資力に勝る一方に有利に働かざるを得ないことになる。

さらに、公害・環境訴訟にあっては、単に損害賠償だけではなく、公害防止・環境保全対策、環境アセスの実施、立入り検査、情報公開、土地利用施策、協議、義務履行の継続的監視など多種多様な解決策を講ずることが必要であるが、このような措置を講ずることは、裁判ではとうてい不可能である。

しばしば司法の無力とか、司法の行政追随という厳しい批判の声が聞かれるが、それらは、いずれも司法に対する過剰の期待か、司法過程に伴う当然の限界についての無理解に基づくものが多いように思われる。

五　行政審判庁構想

園部逸夫氏が最高裁判事をしておられた当時、同氏は、「南さん。驚いたよ。旧行政裁判所時代のほうが、行政事件数が多く、救済率も高いんだ。やはり、南さんが、日本公法学会で報告されたように、行政審判庁を設置して、その事実認定が裁判所を拘束するというようにしなければ」と言っておられた。私が、司法権を終審的司法権と前審的司法権とに分けて、終審的司法権は裁判所に、前審的司法権は行政委員会としての行政審判庁により行使させるべきだと主張したときは、園部氏は「旧行政裁判所の復活の声まで出た」と揶揄されたのであるが、現在では私の説に賛同しておられるように見える。後藤田元官房長官もその著書のなかで、「戦後の行政改革のなかで、一番大きな失敗は行政裁判所を廃止したことだった」という趣旨のことを述べておられる。

行政審判庁を考えるに当たって参考になるのは、戦後一時期唱えられた訴願庁構想である。これは、現在、各行政庁が個々別々に行っている不服申立制度を全国的に統合し、東京に中央訴願庁、都道府県単位に地方訴願庁を設置する構想である。その際、古くからある特許審判・海難審判・公害等紛争調整をどうするかという問題があるが、それは、それなりの伝統と実績を持ち、高度の専門技術的知見と経験を要するものであるから、そのまま存置すべきであろう。それ以外の一般行政事件については、この行政審判庁で審判するのが適切であろう。なお租税事件など大量的、集団的に発生し、特別の知識経験を必要とする事件については、特別部ないし専門部を設けて処理させるのが、適切な紛争解決に役立つだろう。

行政審判庁は、執行行政機関（政策実施機関）から独立して審判裁定のみを行う行政機関である。行政機関であるから、多彩な裁定を行うことが可能である。

旧行政裁判法や旧訴願法をみると、訴訟方法や訴願方法について、現行法のような制約はなく、これに応じ、判決や裁決にも制約はなく、処分の取消・変更判決のほか、事実行為の撤廃、給付の返還、施設の撤廃その他の原状回復を命ずることが可能であり、現にそのような判決・裁決が数多くなされている。

紛争解決方法についても、裁定のほか、斡旋・調停・仲裁などの方法も考慮されるべきであろう。時代は、まさに「裁断」より「調整」を求めている。行政審判庁についても、このような時代的潮流を踏まえて、その構想を立てるべきである。また、当事者主義の強化は必要であるが、ドイツの行政裁判所のように、主任審判官が職権で事実関係を予審し、事実認定をした後、口頭審理の機会を与えることにし、職権探知と口頭審理とを段階的に組み合わせて、裁定できるようにするべきである。

大臣処分に対する独立の審判機関を設けると、国会に対して内閣の連帯責任を負うことができず、憲法に違反するとの主張もあるが、行政機関による「前審裁判」は憲法上許されているのである（憲法七六条二項）。ただし、行政機関による前審裁判は、あくまで「裁判」に値するものでなければならない。行政審判庁の裁定が「裁判」に値するものであれば、大臣権限から、裁定権を切り離しても憲法に違反することにはならないと考える。もっとも、このことは、わが国の行政システムそのものと関わりがある。わが国では、高度の政策決定のみならず、些細な事務の処分権まで、大臣権限とされている。外国のように、大臣権限を高度の政策決定（Plan）のみ限り、政策の実施権限（Do）は下級の行政機関等に降ろすならば、主管大臣の権限の侵犯という問題も起きることはないであろう。

なお、憲法によれば、行政権は、司法権や立法権と異なり、「すべて」とか「唯一の」という形容詞は付されていない（六五条）。さらに、国会は、国権の最高機関であるから、法律で定めれば、憲法に違反することはないと考えられる。

現在、行政不服申立制度は十分には機能していない。司法もまた、現代型紛争の解決に無力である。不服申立ても裁判も、国民の根強い不信にさらされている。したがって、執行行政機関でもない、裁判所でもない、いわばその中間に位置する行政審判庁制度が、行政上の紛争処理の制度として優れている。時あたかも司法制度改革審議会が設置され、司法制度改革の検討テーマの一つとして、裁判外紛争処理制度が挙げられている。同審議会において、行政審判庁構想が論議されることを期待してやまない。

固定資産評価の審査と訴訟

山村 恒年

一　問題点
二　固定資産評価審査の対象
三　審査委員会の審査方式
四　審査決定取消訴訟の審理方式

一　問題点

固定資産の価格の評価に対しては全国に評価審査委員会があり、大中の都市においては、評価替の年には大量の審査申出がなされている。また、訴訟の数もかなりあり、判例も多数出されている。特に近年、審査決定を取り消す判決が目立つようになった。

その審査・審理方式については、幾つかの論稿があり、特に山田二郎教授は精力的に論じられている。しかし、その全体を通じての考察をしたものは数少ない。

本稿では、審査委員会の審査、訴訟を通じて共通する問題として、次の項目について論ずる。

1　審査の対象（価格か評価要件適合性か）

2　審査委員会の審査方式

――価格主義か争点主義か

――職権探知主義か当事者主義か

3　審査決定取消訴訟の審理

訴訟物（主要事実と間接事実、理由の差し替え）、審理方式と内容

二　固定資産評価審査の対象

固定資産評価審査委員会での審査の対象については、理論的には明確に論じられたものはない。実務上も家屋については市により考え方が異なっている。これは次に述べる審査方式とも関連する。

第一の考え方は、価格説である。これは総額主義ともいえる。第二の考え方は、評価要件規範適合性説である。

1　価格説

これによれば、審査の対象は当該固定資産の価格であり、国税訴訟における総額主義と相通ずる。例えば、家屋の価格について審査申出があった場合、この説では、審査委員会が家屋全体の総価格を自ら検討して、台帳登録価格がそれより高い場合はその分を取り消すことになる。

この説では、固定資産評価基準の定める要件は主要事実ではなく、間接事実にすぎない。従って、訴訟の場合は自白の対象とならない。

訴訟においてこれに似た立場をとるものとして、神戸地判昭和六三年三月二三日（判例自治五一号一七頁）は次のように述べる。

「本件の訴訟物は、個々の評点項目又は補正項目・係数等の違法ではなく、被告が本件各審査決定の処分要件として認定した登録価格が法律に違反し、右処分に取消しうべき違法があるか否かであるから、間接事実にあたる評点項目及び補正係数等個々の部分別評価に関する事項につき訂正変更して従前と異なる事実を主張することは、本来随時提出を許される攻撃防禦方法の変更にすぎず、時機遅れの攻撃防禦方法の提出に当たらない限り、何ら違法として制限すべきものではない。そして、本件においてはこれが時機遅れの攻撃防禦方法の提出に当たるとはいえない。」

なお、平成一一年地方税法改正前の審査申出事項は評価格以外の事項も審査申出できることとなっていたが、このような事項は、課税庁の市町村長の認定の問題として、行政不服審査法の不服申立事項であるとの指摘もあった。そこで同年の改正により「価格」のみとすることとされた(1)。

国税における審査手続における審査の範囲について、最判昭和四九年四月一八日（訟月二〇巻一一号一七五頁）は、「総所得金額に対する課税の当否を判断するに必要な事項全般に及ぶものというべきである」として総額主義をとっている。国税不服審査所の審理については、昭和四五年三月の参議院大蔵委員会での附帯決議で「総額主義に偏することなく、争点主義の精神をいかし、その趣旨徹底に遺憾なきを期すべきである」とされている。従って、国税不服審査所では争点主義的運営が指導されているものの、裁判所では総額主義によって審理されている。固定資産についても土地の価格については同様であると考えられる。

もっとも国税の場合には、申告納税制をとっている関係と収入と経費の差を所得とする関係上総額主義をとられると納税者にとって不利な面があるため、これを批判する学説が多い(2)。しかし、固定資産税の価格の審査においては、審査申出人は価格の算定根拠の詳細がわからないことが多いので、むしろ審査委員会による全部の見直し審査の方が有利となるといえよう。従って、総額主義の方が妥当といえよう。特に、審査手続中において、課税庁側の答弁書による計算根基の主張に対して、審査申出人が反論しないからといって、それを認めたものとして自白扱いしたり、またはその一部分を争った場合に、他の部分は審理しないというのは、適正な時価の審査という点から考えて妥当でないといえよう。

この点を明らかにしたものとして、仙台高判平成九年一〇月二九日（判例自治一七七号四一頁）がある。[3]

「しかしながら、市長から提出された答弁書の記載だけでは比準した標準宅地の選定及びその価格の決定に関する説明が決して十分ではないと考えられ、被控訴人が控訴人に対する了知措置義務を尽くしたとはいえないばかりでなく、答弁書に対して審査申出人が弁ばく書を提出しないからといって、審査申出人が右答弁書記載の主張及び事実を認めて争わないものとみなすことができないのはいうまでもないところであって、被控訴人としては、職権をもって法四三三条一項の定めるところに従い、必要な調査その他の事実審査を行ったうえで決定をすべきものである。前記(一)認定の答弁書の記載と審査決定書の記載とを対照すると、被控訴人の決定は市長が提出した答弁書の記載をそのまま是認したものであることが容易に見て取れるが、第三者機関である被控訴人が標準宅地の選定とその評定及び当該宅地の個別要因（街路条件、環境条件、接近条件、行政的条件、画地条件等）を比較検討し、当該宅地の評価額を認定・算出するには、具体的資料に基づく審理が不可欠であるのに、被控訴人がこのような具体的資料を徴することなく審理を終結し、審査決定をしたことは、控訴人佐藤が、審査の申出において前記認定の程度の不服事由しか述べておらず、市長の答弁によりその主張が示された後になっても、弁ばくをしなかったとの事情を考慮しても、法四三三条一項の趣旨に反し、審理不尽の違法があるものというべきである。」

価格の内容についても客観的時価説と評価基準適合説とがある。東京地判平成八年九月一一日（判時一五七八号二五頁）は客観的時価説に立つといえよう。

これは、次のような考え方に立つ。

①「適正な時価」とは、正常な条件の下に成立する当該土地の取引価格、即ち、客観的な交換価値をいう。

② 右の算定は、個々の土地について個別的、具体的に鑑定評価するのが正確である。

③ 法にいう適正な時価とは評価基準によって評定された時価をいう。

④ 右による評価でした登録価格が客観的時価を上廻るときは、その限度で違法となる。

なお、大阪地判平成九年五月一四日（判例自治一七二号二七頁）は、時価評価調査基準日を賦課期日の一年前を基準日とすることは評価基準に定めたとしても違法であるとしている。これは、評価基準よりも、法の「適正な時価」を審査の対象としているものといえよう。(4)

前記東京地判の平成八年九月一一日の控訴審で、審査委員会側は法四〇三条一項を根拠として、評価基準に基づいて評価した価格と解するのが相当であり、客観的価格と解すべきでないと主張した。

控訴審の東京高判平成一〇年五月二七日（判時一六五七号三一頁）は、「客観的時価と適正な時価とを対立的に判断するものではなく、課税標準となる価格がいつの時点の適正な時価であるかにある」として控訴棄却している。

これも、客観的時価を評価基準で算定することを定めることは合理性があり、これを一応適正な時価とすることができるが、別の要因で客観的時価を超えれば違法となるとするもので、突き詰めれば客観的時価説ということになるであろう。

もっとも、次に述べる評価基準等適合説に立つ多くの判例も、その前提として、評価基準や事務処理要領の内容が合理的であることを条件としている。その意味では、客観的時価説も基準適合説もそれほどの差異がないともいえる。

東京地判平成一〇年一月二一日（判例自治一七八号三二頁）も次のように述べる。

「「適正な時価」とは本来客観的に観念されるべき事項であって、法が自治大臣の策定する評価基準に委任したものは「適正な時価」を評価するための基準、方法及び手続であるから、評価基準等に従った評価でも、客観的時価を上回る場合には、その限度において、登録価格は法に違反するものというべきである。」

これも、公示価格の七割評価通達に基づく評価が時価を三パーセント超えていたものとして超過分を取り消したものである。ただ、七割評価そのものは適法としつつ客観的時価を超える部分は違法としている。

これと同旨のものとして、東京地判平成一〇年三月一八日（判例自治一八一号五五頁）がある。

2　評価要件（基準）適合説

固定資産の適正な時価の評価については、自治大臣告示の固定資産評価基準に従って価格を決定しなければならない（地方税法四〇三条一項）。しかし、このほかに、通達や市町村の事務処理要綱等に基づいて、個別な補正が行われたりしている。評価基準の法規範性については判例は、一般にその内容に合理性があることを前提にこれを認める。しかし、学説には法規範性を否定する見解も有力である。(5)

法規範性を認める場合でも、該当する事実が主要事実なのか間接事実なのかは更に見解が分かれるところであろう。

主要事実説に立てば、それが審理の対象となる。判例では、それに当たる事実を一般に「計算根基」と表現して、口頭審理の場合には、委員会が自ら又は市町村長を通じて、審査申出人が不服事由を特定して主張するために必要と認められる合理的な範囲で評価の手順、方法、根拠等を知らせる措置を講ずることが要請されているとする（最判平成二年一月一八日判時一三五七号五〇頁）。

これは、審査対象は適正な時価であるけれども、その審理は評価基準に従って適正に行われているかどうかを審査し、その限度で判断されれば足りると述べている。従って、審査委員会の審理の対象は、評価基準による評価への適合性としているのではないかと考えられる。

もっとも、この説に立っても、評価基準の内容が不合理な場合はそれによらないことができる旨の判例も多い。特に、価格調査基準日について賦課期日の一年前として評価することは、それが仮に評価基準に定められたとしても、法の趣旨を著しく逸脱した違法なものというべきであるとするものがあることは前述したとおりである。

これに対し、評価基準は行政内部要綱説や参考基準説に立てば、客観的価格を審査することになるであろう。

この点については項を改めて検討する。

以上は適正な時価という実体要件の問題であるが、手続要件として地方税法四〇三条二項、四〇八条の実地調査義務については、前者は非強行規定、後者は強行規定とするが、後者違反の評価でも評価自体が違法とならないとするのが多数判例である。(6) これは税務訴訟での訴訟物についての総額主義と関係があるといえよう。

三　審査委員会の審査方式

1　審査の性格

固定資産審査手続の性格は、図1の民事訴訟と行政不服審査の中間にある。それにも、準司法的手続とするイ判決と行政救済手続として職権主義基調説をとるロ判決、その中間のハ、ニの判決等多数ある。これらはいずれも口頭審理の申立があった場合であるが、書面審理主義の場合についても前出仙台高判平成九年一〇月二九日はロ判決を引用して、審査委員会は職権調査、事実審理をすべきであるとした。

民事訴訟、行政訴訟では口頭弁論主義をとる。これは「争点主義」で、裁判所は当事者の争わない主要事実と異なる認定をしてはならないとされる。証拠も当事者の提出した証拠によってのみ審理しなければならない。行政訴訟については例外として職権証拠調べができるが、現実になされた例はほとんどない。これに対し、行政不服審査の審理は図1の1の④⑤⑥によっている。

審査委員会での審理方式についての自治省の考え方は「争点主義」によっているようである。

即ち、「争点主義」の審理方式では、図2の①の評価の計算方式にあたる事実（例えばaは路線価、bは奥行、cは補正率等）について、審査申出人が市の主張について争った事実の存否のみを審理する。前出の仙台高判で、審査委員会は、これにより、市の主張で審査申出人らが弁ばく書で争わなかった事実を争いないものと考え、資料に基づく調査・審査をしなかったのである。これに対し、審理の対象は価格であるという説では、それに争いがある

図１　固定資産評価不服審査の性格と審理方式

①　公開口頭審理の場合（申立があった場合）

準司法的性格説（イ　東京地41・11・17　判例時報464号）

職権主義基調説（ロ　最高裁２・１・18　最高裁４・２・18）

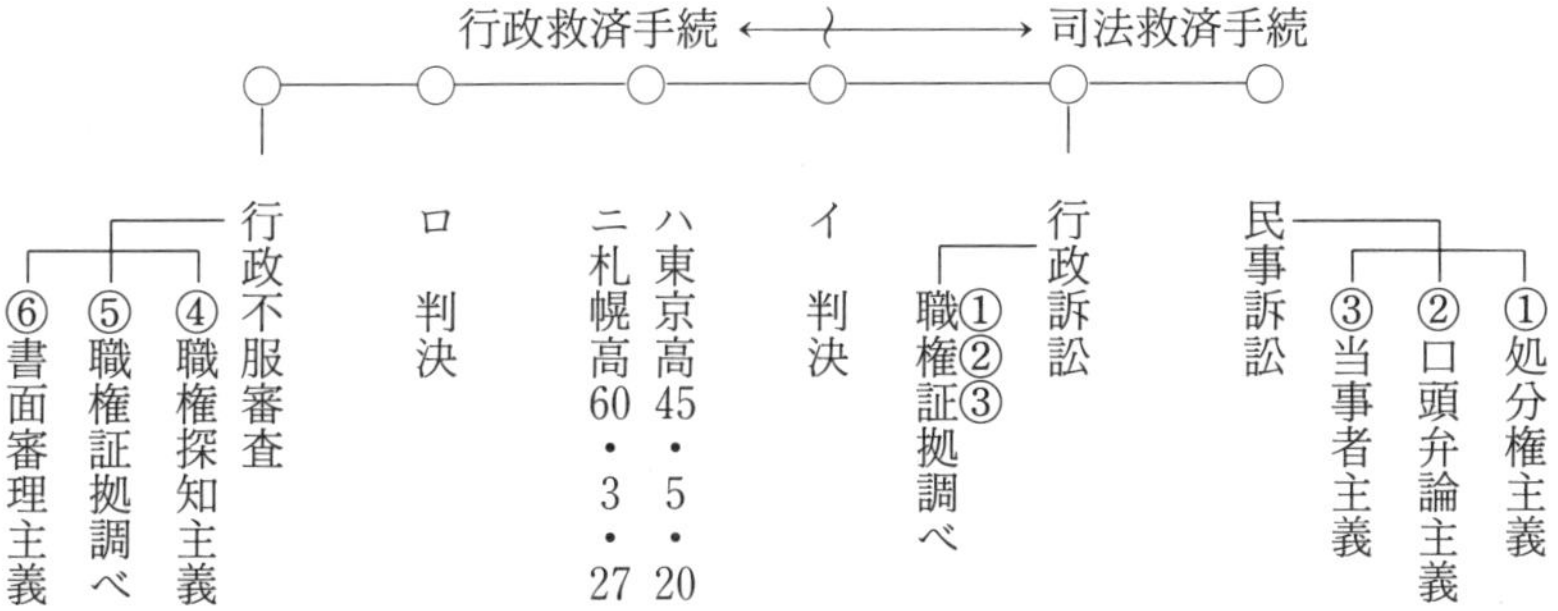

②　書面審理の場合

①　名古屋地５・５・28（判例自治121号31頁）

②　福島地８・４・22（④の一審・判例自治166号56頁）

③　山口地６・６・28（判例自治137号28頁）

④　仙台高９・10・29（判例自治177号41頁）

（行政救済手続説）

図２　固定資産価格審査の対象と構造

①　固定資産評価格審査の対象

評価基準の評価式（計算根基）

間接事実──→ $\overbrace{a + b \times c + d \times e} = x$ （価格）

↑

：　：　：　：　：　訴訟の対象（主要事実）

証　拠──→ a_1　b_1　c_1　d_1　e_1　↑

職権証拠調　職権探知

②　審査の構造

(ア)　申立…ｘについて高い→取り消せ→処分権主義

(イ)　主張…ａ－ｅが誤り　→職権探知主義

(ウ)　立証…a_1－c_1で立証　→職権証拠調べ

場合には、aないしeの評価要件事実は「間接事実」にすぎず、それを審査申出人らが争わなくても審査委員会はその審理をしなければならないことになり、a〜eの立証責任は市長とする。

そこで右判決は、市長が立証しないならば委員会がその立証をうながすか、自ら資料や証拠に基づいて職権証拠調べをして審査決定をすべきであるのに、これをしなかったので違法であるとしたのである。即ち、「争点主義」を否定している。

審査の性格を行政救済手続とし、その方式は職権主義基調説をとれば判旨のような考え方にならざるを得ないのである。最高裁の判例の考え方でも同様な結果になると考えられる。

右判決と異なる考え方に立つ判例も多いが、そのうち書面審理の場合の判例を見てみよう。

図1の2の①の判例は、原告である申出人が、これ以上弁ばく書を提出しないので早く結論を出してほしいといわれ、出された全書面で審査決定をしたことは手続として適法であるとしている。

②の前記仙台高判の一審判決は、委員会が市長の評価の根拠とした資料を取り寄せることなく審理を終結し、市長に補充説明を促さなかった手続は原告に対する了知義務上問題がないではないが、その時点での市長の算出過程に合理性を疑わしめるに至らないと認められるので違法とは認められないとした。しかし、標準宅地の選定及びその価格の決定の説明を不十分と認めたのに、委員会が市長に主張・立証させず審理を終結したのは職権審理の不尽といえよう。控訴審の④仙台高判は審理不尽の違法があるとした。

結局、右仙台高判は、総額主義によりつつ、かつ職権探知主義による審査を委員会が行うべきもので、争点主義的審理方式を否定したものといえよう。もっとも、審査申出人が明示的に認めている事実についてまで職権探知をすべきとまでは考えていないと考えられる。

ただ、図1のイ判決の立場に立ちながら、必ずしも争点主義に拘束されるわけではないとする見解がある。(7)

2　審査委員会での審査方式の分析

民事訴訟は当事者主義、口頭弁論主義をとるのに対し、行政不服審査法は職権探知主義、書面審理主義、職権証拠調主義をとって対立している（図1）。

委員会のような中立的第三者機関による審査の場合は、右の両極の中間位の審理方法が個別の法律で認められている。

中間といっても、公正取引委員会のように準司法的機関と呼ばれる審査機関による審査は文字どおり司法審査に近いものもある。また、建築審査会や開発審査会のように、公開による口頭審理の義務づけのほかは、行政不服審査法によって行うものもある。

固定資産評価の審査は、地方税法四三三条に基づいて行われ、行政不服審査法の規定が一部準用されてはいるものの同法の規定によって行われるものではない。

一般の行政不服審査では、例えば、選挙の効力に関する訴願において、県選挙管理委員会は、職権で訴願人の主張しない事実を探知して裁決できるとするもの（最判昭和二九年一〇月一四日民集八巻一〇号一八五八頁）や審査請求人の主張する理由とは異なる理由で審査請求を棄却しても違法ではないとするもの（最判昭和四九年四月一八日訟月二〇巻一一号一七五頁）がある。このような職権探知主義が認められているのは、審査請求の目的の一つである行政運営の適正が、公的関心事で、公正な裁決は当事者の恣意から独立して真実を確定することで可能になるからといわれている。この点は前述の平成二年の最高裁判決も同趣旨であると考えられる。

判例には、固定資産評価の審査方式について、民事訴訟に傾斜した準司法的手続構造であるとするもの（東京地判昭和四一年一一月一七日行裁例集一七巻一一号一二六二頁）と、準司法的口頭審理の方式を要求することは委員会の構成からみて無理で、職権主義を基調とし、書面審理、口頭審理、その他事実調査を随時取り入れて適正な評価の適否を判定すべきであるとするもの（東京高判昭和四五年五月二〇日行裁例集二一巻五号八一三頁、東京地判昭和六二年六月二九日判時一二四八号五一頁）がある。後者は、行政不服審査に近い方式であることは明らかであり、最高裁判決も同様である。平成一一年の法改正は行政不服審査方式に接近させた。

以上の点及び「評価の客観的合理性を担保し、税の適正な賦課を期そうとする」という最高裁の判示からすると、職権探知が認められ、審査申出人が不服の対象としていない家屋部の部分別評点についても調査し、誤りがあれば修正したうえで審査委員会で価格を算出すべきであるということになる。また、職権証拠調も認められるので、当該家屋のすべての部分について独自に調査ができる。

ただ、台帳の登録事項を審査申出人に不利益に変更することは、審査制度が納税者の権利を保護することを目的としていることから禁止されている（行政不服審査法四〇条五項）。

次に職権証拠調とは、処分庁が認定した事実の存否について、当事者から証拠調の申立がなくとも審査機関が職権で証拠調をすることができることをいう。行政不服審査法は、二七条で参考人の陳述及び鑑定の要求、二八条で物件の提出要求、二九条で検証、三〇条で審査請求人又は参加人の審尋を職権ですることを認めている。改正地方税法では、委員会の審理について四三三条三項で職権による資料提出権を認め、四三三条一一項で前記行服法の二八条を除く数か条の規定を準用している。

以上の点を総額主義と評価要件事実主義との関連を組み合わせると次のような各種の審理方式が考えられる。

① 職権探知主義による場合の審理方式

② 争点主義に関しての審理方式

イ 価格説では争点主義をとらない。

- 主要事実
  - 価格説（総額主義）──→適正な時価
  - 評価要件適合説──→評価基準、事務処理要領、通達等適合性
- 間接事実
  - 価格説──→評価要件事実（要件の合理性を前提）
  - 評価要件適合説──→評価要件事実を間接に推認させる事実

ロ 評価要件適合説では主要事実についてのみ争点主義。

③ 職権証拠調との関係

a 職権探知主義の場合　主要事実、間接事実のすべてに及ぶ。

b 争点主義の場合　争点たる主要事実と間接事実についてのみ及ぶ。

以下、右の点について検討する。

(1) 職権探知主義審査方式

この方式でも、価格（総額）主義による場合と評価要件適合主義による場合とで審理方式に差異が生じる。

(イ) 価格主義の場合　審理の主要事実は適正な客観的時価である。その計算根基の事実は間接事実とする。従って、審査委員会は、課税側や審査申出人の主張や認否、自白には拘束されないとする。

審査委員会の決定の取消訴訟の訴訟についてこれと同旨の判例として神戸地判昭和六三年三月二三日（判例自治五一号一七頁）があることは前述した。このことは審査委員会での審査方式にも当てはまるいえよう。

この方式では、家屋の価格の場合、審査委員会としては、訴訟段階でどの部分の評価の誤りが主張されるかわからないので、不服理由たる争点だけを審査するのでなく、家屋全体の価格を審査すべきことになる。

東京地判平成一〇年一月二一日（判例自治一七八号三二頁）も評価基準による評価が客観的時価を上回る場合には、その限度において、登録価格は法に反するとするのもこの説に属するものと考えられる。

「しかし、評価基準は、各筆の土地を個別評価することなく、標準宅地の客観的時価を個別鑑定に準じた方法で算定し、価格形成要因の主要なものについての補正等を加えて、対象土地の価格を比準評定するものであり、固定資産の価格に影響を及ぼすべきすべての事項を網羅するものでもないから、標準宅地の価格評定及び評価基準による比準の手続が適正でも個別的な評価と同様の正確性を有しないことがあることは、制度上やむを得ないものというべきであり、評価基準による評価と客観的時価とが一致しない場合が生ずることも当然に予定されているというべきである。しかし、「適正な時価」とは本来客観的に観念されるべき事項であって、法が自治大臣の策定する評価基準に委任したものは「適正な時価」を評価するための基準、方法及び手続であるから、評価基準による評価が客観的時価を上回る場合には、その限度において登録価格は法に反するものということになる。」

この事件における被告委員会は、適正な価格とは評価基準に基づいた評価格で客観的時価による価格でないと控訴審で主張したが、控訴審の東京高判平成一〇年五月二七日（判時一六五七号三一頁）は、適正な時価とは客観的時価をいうが、それを評価基準で算出したものとすることができるとした一審の判断を適切としているのもこの立場に立つものといえよう。

(ロ) 評価要件適合審査主義の場合　これは、法四〇三条一項によれば、市町村長は固定資産評価基準に従って固定資産の価格を決定しなければならないと規定するところから、この評価基準の要件に適合して決定されたか否かを審査すべきとする考え方である。前出の最判平成二年一月一八日の大和郡山市事件判決は、「委員会は、自ら又は市町村長を通じ、不服申立事由を特定して主張するために必要な合理的な範囲で評価の手順、方法、根拠等を知らせる措置を講ずることが要請されているものと解される」としているのは、この立場に立つものと考えられる。ただこの判決が職権探知主義に立つものか争点主義に立つものかは明確でない。即ち、委員会自ら計算根基を知らせること要請されるとする点は、委員会が職権で計算根基を探知することをも前提としているようにも読める。他方、「審査申出人が不服事由を特定して主張するために」の点は争点主義をとるとも考えられる。

前出の仙台高判平成九年一〇月二九日は、右最判を引用した上で次のように述べる。

「宅地の登録価格が高額すぎるとして、審査の申出があった場合、固定資産評価審査委員会としては、審査申出にかかる土地について右評価の方法及び手順が適正にされているかどうかについて、その根拠にまで遡って審査の対象とし、必要であれば職権をもって調査その他事実審査をしたうえで、審査の決定をすべきものである。」

「しかしながら、市長から提出された答弁書の記載だけでは比準した標準宅地の選定及びその価格の決定に関する説明が決して十分ではないと考えられ、被控訴人が控訴人に対する了知措置義務を尽くしたとはいえないばかりでなく、答弁書に対して審査申出人が弁ばく書を提出しないからといって、審査申出人が右答弁書記載の主張及び事実を認めて争わないものとみなすことができないのはいうまでもないところであって、被控訴人としては、職権をもって法四三三条一項の定めるところに従い、必要な調査その他の事実審査を行ったうえで決定をすべきものである。」

これは、明らかに職権探知主義の立場に立っていると認められる。

(2) 争点主義による場合の審理方式

審査委員会の審理の対象物について価格主義＝客観的時価主義をとる場合、多くは職権探知主義によるということになるが、争点主義的審理でやるべきだという考え方もあり、そのような判例も多くみられる。評価要件適合主義をとりながら争点主義をとる考え方もある。自治省の考え方はこれによっているものと考えられる。

土地については、実務上は争点主義によって審理されている。

福島地判平成八年四月二二日（判例自治一六六号五六頁）は、次のように述べ争点主義でかつ弁論主義的方式を認めている。

「このような書面審理の方式からすると、必ずしも一回の答弁書と弁ばく書のやり取りによって、すべての主張や立証を尽くすことを目指しているわけではなく、弁ばく書と答弁を重ねることにより、早期に争点を明確にして絞り込み、その判断を的確に行うことを予定していると解されるのであり、かような運用をもってして迅速かつ効率的な審理運営が可能になると考えられ、前示の法の趣旨に適うところといえる。」

「被告は市長から評価の根拠とした資料等を取り寄せることなく審理を終結しているが、市長が提出した答弁書をみると、評価が高額に過ぎるとの原告の主張に対して、比準した標準宅地の選定及びその価格の決定に関する説明が決して十分ではないと考えられるので、被告が原告に対する了知措置義務を尽くしたといえるかどうかは疑問の余地がないでないが、原告佐藤が、審査の申し出で前示認定の程度の不服事由しか述べておらず、市長の答弁書によりその主張を具体的に特定するに必要最小限度の範囲と認められる情報が示された後になっても、弁ばくをなさなかったのであり、前記のとおり固定資産評価審査手続は、行政救済手続なのであって必ずしも民事訴訟と同様の厳格な手続による必要はないから、右の程度をもって審理を終結しても審理不尽の違法があるとはいえない。」

これに対し、控訴審の前出の仙台高判平成九年一〇月二九日はこれと異なり、職権をもって評価方法、手順の適正を調査その他事調査をすべきとし、原判決を取り消し、審査委員会の決定を取り消したのである。

前出仙台高判は、市長が立証しないならば審査委員会がその立証を促すか、自ら資料や証拠に基づいて職権証拠調べをして審査決定をするべきであるのにこれをしなかったので違法であるとして、「争点主義」を否定している。審査の性格を行政救済手続とし、その方式は職権主義基調説をとればそのような考え方にならざるを得ないのである。最高裁の判例の考え方でも同様な結果になると考えられる。

これに対し、家屋の場合には、実務でも各審査委員会によって審理方式は考え方が異なっている。たとえば、某県における各市の審査委員会の考え方は表1のとおりである。

行政決定は「法律による行政の原理」に基づいて法令に適合して行わなければならない。行政不服審査制度も法令に違反してなされた行政庁の処分によって不利益を受けた国民の救済を目的としているが、それは、法治主義を確保するためでもある。そのため、その審理は職権主義に基づいて行われる。地方税法四三二条二項、四三三条一一項は行政不服審法の規定の一部を準用することを規定している。そのうち、同法二七条（参考人の陳述及び鑑定の要求）、二九条（検証）、三〇条（審査請求人又は参加人の審尋）は審査庁の職権でできる事項を規定している。これらのことからすると、審査委員会の審理方式は職権主義的要素が強いといえる（平成一一年改正法は準用規定を拡大した）。

表１　各市審査委員会の家屋価格審査方式

A市	審査委員会においては，評価当局の行った評価方法について各項目の説明を求め評価基準に基づき、その妥当性を認証するとともに、審査委員会としての再調査・再評価を行い、棄却もしくは修正の決定を行うこととしております。 なお、申出人の不服が一部分であっても一の家屋の全体としての評価を行い、上記と同様の取扱いをしております。 審査申出の対象が固定資産課税台帳の価格であり、申出人の不服が一部分であっても一の家屋の全体としての不服価格について、審理すべきものと考えます。
B市	申出対象となる台帳記載の価額とは、あくまでも一個の家屋に対する一の評価額であり、もし一個の家屋の一部分についてのみの不服であるなら、それは最終的な価額が算出されるまでの中間的な計算に対する不服にすぎず、申出記載事項として妥当性を欠くものと言える。したがって、たとえ申出の理由としてその旨主張しているとしても、審議は価額についての不服に対応するべく進めるべきである。 ただ、結果として調査の結果、申出部分につき主張に沿うものであるが、他の部分を合わせると全体としては市長の決定が妥当となる場合、納税者有利の原則から見て、問題なしとはし得ない面があるとは思われる。
C市	特定の部分であっても、すべての部分別の各項目まで検討すべきと考える。
D市	本市では、必ず当該家屋のすべての部分について現地調査を行いますが、あくまでも係争部分を中心とした審査を行います。これは、委員会が審査の申出を棄却若しくは全部又は一部を容認する決定を下すべきであり、申出の範囲を超えて決定はできないと考えるからです。 そうして委員会が決定した価額が市長のそれを上回る場合は棄却、下回る場合は申出の額を限度として減額修正しています。
E市	審査の手順はB市と同じ。 ただし、申出内容が特定の部分に係るものであれば、当該部分についてのみ審理して結論を出す。 委員会は、申出人の不服を審査することを目的として設置されるものであって、職権に基づく独自の審査決定は認めらていないから、審査申出人の不服部分のみ調査すべきである。
F市	まず、家屋全体の評価額自体については不服がないことが明らかならば、受理すべきと考えます。このため、審査申出の受付時において、家屋全体の評価額への不服の有無を明らかにするよう導く必要があります。 次に、審査委員会で再評価を行う場合、申出が特定部分に係る内容であっても、家屋全体を再評価します。部分別に全項目を評価しますが、その目的は、家屋全体の評価額の検討であり、個別項目における評価庁の評価の適否を究明することではありません。審査委員会は市長の決定した評価額を、評価基準に照らしその適否を判断するものであり、その過程において、再評価による評価額が、市長の決定した評価額を上回る場合は棄却、下回る場合は減額修正するのが通常の取扱いです。 なお、現在のところ、当市においては減額修正の事例はありません。 家屋全体の評価の適否を判断するため、家屋全体を調整すべきであると考えます。
G市	審査委員会が、再調査した結果に基づき審査委員会の価格を算出し、市長の決定価格を上回る場合につき棄却決定をなすことになんら問題はないが、審査委員会は、審査申出人の不服を審査することを目的として設置されているものであるから、申出人が有する不服の範囲を超えて審査決定する必要はないと考えます。価格に重大な錯誤がある場合、市長は法に基づき価格を修正することもできるわけであるから、事実審理等において特に反証がないときは、減額決定もなし得ると考えます。 実地調査については、基本的には家屋全てについて行います。

そうだとすると、書面審理、口頭審理においても、家屋全体について審査委員会が評価の誤りの有無を職権で審査するのが妥当と思われる。その方が訴訟に移行した場合に、どのような主張をされてもこれに対応できる点で有利であるといえる。

審査委員会が審査請求人の不服を越えて審査をする必要がないという場合の不服は、「登録価格」であって、それを理由づけるところの個々の主張でないことは判例の述べるところである。従って、価格について不服である限り、審査委員会が当該家屋全体について評価の誤りがないかを審査することは、審査請求人の不服を越えたことにはならない。

申出部分について審査したところ、それは理由があるが、他の部分の審査の結果と合わせると全体として市長の決定価格が妥当となる場合、納税者有利の原則からみてどうかという点についても、納税者に有利か不利かは当該家屋の全体の価格について考えるべきである。従って、結果的に市長の決定価格が妥当であれば申出は棄却することになる。逆に、市長の決定価格よりも価格が高くなる場合でも、審査委員会は不利益変更禁止の原則により、市長の決定価格を高く修正することはできない。

ただ、審査申出人が、申出の趣旨として、価格一〇〇〇万円を超える部分を取り消せと主張している場合、審査の結果、八〇〇万円と認定した場合について、八〇〇万円に登録価格を修正決定できるかについては見解が分かれる。

自治省の見解では、申立人の不服の限度でのみしか修正できないとするのに対し、学説には、審査制度は審査申出人の救済をするのが目的であるから八〇〇万円を超える部分を審査委員会が取り消すことができると解する論者もある。(8)

これは、申立人の救済という目的からしても租税法律主義の観点から考えても後説を妥当とすべきであろう。

(3) 台帳確定主義との関係

地方税法は、固定資産の評価格について審査申出をしなかった場合、申出を棄却・却下された場合、訴訟で敗訴した場合にはその価額は争えず確定することにしている。その場合、確定するのは価格のみか、価格算定の要件となった事実も確定するのかが問題となる。

前者であれば、次の評価替時の価格決定において、再度評価要件事実を争えることになる。後者であれば、前回の評価時と変化がない事実については、争えないことになる。

価格説=総額主義によれば前説になる。評価要件適合主義によると理由中の判断も確定するという考え方に立つと争えないことになる。しかし、理由中の判断は確定しないと解するのが素直な考え方であろう。

(4) 職権証拠調べ

審査委員会が職権証拠調べができることは、改正法四三三条の資料提出請求権等の調査権、同条で準用する行政不服審査法の各規定が職権による証拠調べの規定を含んでいることから明らかである。前述の最判平成二年一月一八日もこれを認めている。

ただ、その範囲は、職権探知主義によれば、要件事実、間接事実のすべてに及ぶのに対し、争点主義によれば争点となった主要事実と間接事実についてのみ及ぶことになろう。

(5) 職権証拠調べに対する拒否と立証責任

審査委員会が法四三三条に基づき資料の提出を求めたのに拒否された場合、また職権で現地調査をするための立入が拒否された場合どうなるか。立証責任とも関係するので検討する。市町村側は審理において計算根基を明らかにし、これを立証する責任がある。審査委員会が市町村に対してした職権証拠調べを市町村が拒否すれば、その点についての立証はされないので市町村の不利益に判断されることになる。

審査申出人が審査委員会の職権証拠調べを拒否した場合、市町村側が一応の証明をしている場合は、それが合理的と認められる場合は申出人が反証の機会を放棄したものとして市町村の主張を認めざるを得ないであろう。

横浜地判平成六年一一月一六日（判例自治一三六号二六頁）は、市の資産税課員が建物の内部調査を拒否されたので外観調査を比準評価方式に価格を決定したのに対する審査申出事件で、審査委員会が申出人に対する請負契約書等の資料提供、建物内部調査の再三の要請を拒否したので申出を棄却したことについて、原告自ら主張立証の機会を放棄したに等しいものとして請求を棄却している。

前出の仙台高判平成九年一〇月二九日は、市長の答弁書の記載に対し審査申出人が弁ばく書を提出しなくても職権をもって事実審査を行わなかったのは審理不尽としている。

四　審査決定取消訴訟の審理方式

1　訴訟物（主要事実、理由の差し替え）

ここでも総額主義か争点主義かの問題はある。審理の対象は、実体要件としては適正な時価か否か、手続要件としては、審理手続、決定書の理由の不備等がある。

総額主義をとれば、実体要件の客観的時価か否かが主要事実であり、それを裏付ける評価基準、事務処理要領、通達の合理性、それへの適合性は間接事実となることは既に述べたとおりである。これによると、評価基準の要件事実は自白の対象とはならないことになる。従って、審査委員会の審査手続中で審査申出人が争わなかった市の主張事実についても、訴訟で争い別の主張をすることができる。市側も同様である。前出の神戸地判昭和六三年三月二三日はこのように解している。

このような「理由の差し替え」は国税訴訟上種々の議論がされているが、固定資産については一つの物件の各構成部分の評価が問題となるのではなく、その全体の価格が審理の対象であるから、所得税の場合のそれとは同一に論じ得ないのである。

2　審理方式

審査委員会の審査決定の取消訴訟は、原処分主義ではなく裁決主義となっている。しかし、原処分の違法を看過して審査申出を棄却した決定も違法となる。従って、原処分の違法も審査の対象となる。即ち、取消訴訟の内容は次のとおりである。

① 原処分の決定手続の違法性
② 原処分の内容の違法性
③ 審査手続の違法性
④ 審査決定の実体判断の違法性

以下これらについて概観していく。

① 原決定の手続上の違法性の審査　判例上問題とされたのは、まず調査手続違反である。実地調査に関しては、法四〇三条二項と四〇八条に規定がある。判例は前者は努力義務規定であるが、場合によっては後者の調査として必要となることもあるが、原則としてそれに違反しても違法とならないとする。

後者については、強行規定でこれに違反する場合は違法となるとする。しかし、それを欠いたからといって、評価額が適正であれば評価自体が違法とならないとしている。(9) これも、訴訟物が価格説とすると一貫して説明できるといえよう。

② 原決定の実体要件の違法性の審査　この点については、適正な時価の決定は、基本的には法四〇三条一項により評価基準に従って決定しなければならないと判例はしている。しかしながら、評価基準の規定自体は一義的な規定でないことが多い。また、全国的統一的基準であるため、地域の具体的特質や事情にそぐわないこともある。その場合、具体的評価について評価基準を適用するについて裁量が認められるとするものと、項目によっては裁量を否定するものとがある。さらには、「適正な時価」の判断は裁量ではないとする東京地判平成八年九月一一日（判時一五七八号二五頁）もある。しかし、裁量とするのは租税法律主義からみて問題である。

(a) 地目や面積の認定については、全面的に裁判所の審査を認めるのが通常である。

(b) 評価の方法、内容については、評価基準、事務処理要領、通達による場合は、それらの内容が合理的であれば、それによる評価は合理的だとしている。ただ、平成四年度の七割評価に関する通達についての判例の評価は分かれる。ここでは、それ自体について論評する紙数を持たないので、審査方式の観点のみから考察する。

通達による価格調査基準日を賦課期日の一年半前にすることについて合理的だとする判例と違法だとする判例が分かれている。大阪地判平成九年五月一四日（判例自治一七二号二七頁）は、それが仮に評価基準に定められたとしても、法の趣旨を著しく逸脱した違法だとし、公示価格の七割評価方針も法律上の根拠はないとする。これに対し、調査基準日遡及と七割評価通達は合理性があり適法だが、地価下落についての時点修正がなされないため、評価が客観的時価を上回る場合は違法とするものがある（前出東京地判平成八年九月一一日判例自治一七八号二四頁、東京地判平成一〇年三月一九日判例自治一七九号二二頁）。七割評価によるものは適法としたのは、新潟など比較的地価下落が低いところで、違法としたのは東京や大阪の中心地のケースであるから、大阪の判例を除いて通達についての評価は変わらないと考えられる。いずれにしても、評価基準や通達の内容が不合理であり、また、客観的時価評価に適さず、そのため客観的時価を上回る場合は適正な時価とはいえないであろう。[10]

(c)　各評価要素の認定、例えば標準宅地の選定、売買実例の評価、鑑定価格の採用、用途地区の選定、標準宅地との比準、補正等については、市町村長に裁量があるとするものがあるが適切ではない。[11]訴訟段階でも鑑定でその適切性を判断できるからである。またその認定の判断過程合理性審査方式をとるものもあるが、[12]土地収用の対価増額訴訟で最高裁がそれを否定している[13]のを考えると適切とはいえない。

③　審査手続の違法性の審査　前出の仙台高判平成九年一〇月二九日は、審査委員会が行った争点主義的、当事者主義的審理方式を違法としたことは前述した。ここでは実体要件の事実認定をせず審理不尽の違法だけで棄却決定を取り消したもので、妥当な判決といえよう。東京地判平成一〇年九月三〇日（判時一六六七号二一頁）は、原処分庁の職員同席のもとでの合議でした棄却決定を違法としている。ただ実体的違法も同時に認めているので、手続的違法のみでも取り消したのかどうかはわからない。

④　審査決定の実体的違法の審査　これは希にしか問題にならない。例えば、審査委員会が原処分決理由と異

なる法適用又は事実認定をして、結果的に原判決の価格は適正として審査申出を棄却したような場合である。現実の訴訟では、②の問題と区別されずに判定されているといえよう。

⑤　評価基準等と租税法律主義　　自治大臣の告示が固定資産評価について租税法律主義との関係上法的基準となりうるかについては古くから争われてきた。その最も有名なのは柏市事件の千葉地判昭和五七年六月四日（判時一〇五〇号三七頁）である。同判決は法律の委任の限界を認めつつも、その具体的・細目的・技術的な算定基準を自治大臣の告示に委ねたにすぎないので法的基準になりうるとしている（同旨静岡地判平成元年七月二八日　判例自治六七号一五頁）。憲法九二条、九四条に違反しないとしたものとして、広島地判平成二年九月二六日（判例自治八二号二四頁）がある。

この点について、評価基準が、適正な時価を算出する基準ないし方法として不合理なものであれば、評価基準に法的拘束力を認めるのは相当ではないとして、具体的にその内容を検討して、家屋の再建築費を評価の基礎とする評価基準に不合理がないとした広島地判平成二年九月二六日（判例自治八二号二四頁）がある。また、土地の評価について、横浜地判昭和六三年九月二一日（判例自治六〇号二二頁）は、地方税法三八八条は評価基準を定めるについて、市町村長の合理的裁量に委ねていると解され、評価基準が著しく妥当性を欠くとの特段の主張立証のない本件においては、違法の問題を来すものではないとしている。(14)

思うに、法四〇三条一項の適正な時価を包括的に評価基準に委任するのは白紙委任に近く、租税法律主義に反する観がある。基本的算定法の骨子を法自体もしくは政令で定め、細部については、市町村の条例で規定するようにすべきである。(15)通達は廃止すべきである。政令や条例の制定にあたっては手続的合理性を確保するために「パブリック・コメント」の手続を経るべきである。それにより民主制と合理性を担保すべきである。事務処理要領の補正事項も条例又はその委任に基づく規則で定めるべきである。これによって、地域の特殊性に応じた評価が可能となるであろう。

次に平成一一年の法改正で書面審理主義が強化されたが、これは職権探知主義の強化とも解される。この運用としては、審査申出人が市町村の計算根基について特定した違法を主張しない場合でも、委員会は職権探知、職権証拠調べを行い、価格の適正についての審理を自ら行うべきであるといえよう。

(1) 平成一一年改正法前の審査対象について、山田二郎「固定資産評価審査委員会の機能とその審理手続」『貞家最高裁判事退官記念論文集 下巻』(きんざい、一九九五年) 二四八頁

(2) ジュリスト九五四号「国税不服審判所の二〇年 (県談)」二五頁 (一九九〇年) 二二頁、二五頁。

(3) この解説として、山村恒年 (判例解説) 判例自治一八三号一五頁 (一九九九年)、判例批評として石島弘 (判例評釈) 判例評論四八五号一九頁 (一九九九年)。

右石島二二頁は、「委員会は必ずしも争点主義に拘束されるわけではない」と述べているのは、職権探知主義を認めていると思われる。同教授は、評価基準の法規範性を否定されることと考えると価格説に立つものと推定される。これに対し、山田二郎教授は、争点主義を強調されるので、価格説 (総額主義) を否定されると筆者に述べておられた。しかし、同教授は評価基準の法規範性を否定され、かつ争点主義をとられるが、その場合の争点たる主要事実は何になるのであろうか。法規範が「適正な時価」しか認めないとすると必然的に総額主義にならざるを得ないのではないかと思われる。

(4) この解説として、山村恒年 (判例解説) 判例自治一八一号一〇八頁 (一九九九年)。

同判決は、評価基準の内容が賦課期日の適正な時価の評価方法として不合理・不適切な場合には評価基準の設定自体が法の委任の趣旨を逸脱した違法なものというべきであるとしている。この考え方は、客観的時価説にあたるといえよう。

(5) 山田二郎「固定資産税の課税構造を改革するための考察」東海法学一七号一頁 (一九九九年)。なお、次の判例

は、評価基準もしくは事務処理要領について不合理又は著しく妥当でない限り委任立法として適用できるとしたうえ、余り詳しい根拠も述べずその合理性があるとしている。

① 最判昭和六一・一二・一一判時一二二五号五八頁
② 東京地判昭和六二・六・二九判時一二四八号五一頁
③ 東京地判昭和六二・一一・二五判例自治四一号三一頁
④ 横浜地判昭和六三・九・二一判例自治六〇号二二頁
⑤ 静岡地判平成元・七・二八判例自治六七号一五頁
⑥ 広島地判平成二・九・二六判例自治八二号二四頁
⑦ 和歌山地判平成三・七・三一判例自治九六号二三頁
⑧ 前橋地判平成八・九・一〇判タ九三七号一二九頁

通達で調査基準日を事務に要する相当期間をさかのぼることは地方税法上当然容認され適法とする次の各判例がある。

① 奈良地判平成八・九・四（奈良市）
② 仙台地判平成八・一〇・八（仙台市）
③ 東京高判平成八・一〇・二一（新潟県長岡市）
④ 京都地判平成八・九・二七（加茂町）
⑤ 東京地判平成八・九・三〇（日野市）
⑥ 東京地判平成八・九・一八（青梅市）
⑦ 神戸地判平成八・一二・一一（加古川市）
以上、①〜⑦は判例集未登載
⑧ 東京地判平成八・九・一一（前出）
⑨ 東京地判平成一〇・一・二一（判例自治一七八号三二頁）

右の①は、評価事務に要する期間をさかのぼった時点の地価を基準とすることは法が予定するとする。②も同旨だが、その結果、逆転現象が著しくない限り適法とする。③も①と同旨だが、適正な時価の事後審査は賦課期日におけるものとする。④は①と同旨である。⑤⑥はさかのぼることを法は禁止していないが評価基準による評価が客観的時価を上回る場合はその限度で違法とする。⑦も通達による価格基準日と地価変動修正に伴う評価は違法とする。⑧は、通達による評価方法は法に違反しないが地価変動修正日以降一年間の下落率を考慮しない結果、客観的時価を上回ると違法とする。⑨も⑧と同旨であるが、賦課期日の時価を三パーセント超えていたとして、超過部分を取り消した。

(6) 千葉地判昭和五七・六・四判時一〇五〇号七頁、和歌山地判平成三・七・三一判例自治九六号二三頁、山口地判平成六・六・二八・判例自治一三七号二八頁は法四〇八条は強行法規であり、それに違反する手続が認められるが価格に誤りがないとして棄却している。

横浜地判平成六・一一・一六判例自治一三六号二六頁は、家屋の内部調査を拒否され外観調査と比準評価方式によったことは、法四〇三条二項によるものとはいえないが違法不当とはいえないとしている。

(7) 注(3)の石島評釈は、委員会の審理手続についての判例・学説を積極主義と消極説に分けて「厳格な口頭審理」を要請するとするのを積極説としている。しかし、準司法的審理手続と行政不服審査法による手続との間には、その行政救済的性格の濃淡に応じて数種類の審理方式が考えられる（図1）。

また、この問題と争点主義の問題あるいは職権探知主義との問題とは別問題である。準司法的構造では当事者主義をとる方が多いであろう。また、職権主義とも区別されねばならない。石島評釈は仙台高判平成九・一〇・二九を単に消極説の立場に立つとするが、それよりも、職権探知と職権証拠調べを強調したものとしてとらえるべきであろう。平成一一年の法改正により職権探知主義的審理を強化したものとしてとらえ、その点で口頭審理の意義は減少したものと考えないとすべきであろう。

(8) 山田二郎ほか『固定資産税の現状と納税者の視点』（六法出版社、一九八八年）一二六頁以下［山田二郎］。

(9) 山口地判平成六・六・二八（土地・判例自治一三七号二八頁）。
横浜地判平成六・一一・一六（家屋・判例自治一三六号二六頁）。

和歌山地判平成三・七・三一（家屋・判例自治九六号二三頁）。
広島地判平成二・九・二六（家屋・判例自治八二号二四頁）。
前橋地判平成八・九・一〇（土地・判タ九三七号一二九頁）。

(10) 七割評価の合理性欠如の主張として、山田二郎「固定資産評価替えをめぐる諸問題」租税研究一九九九年八月号二四頁。

(11) 前注山口地判は標準山林の選定について、本文前出の東京地判平成一〇・三・一九は画地計算法の補正について合理的裁量を認める。

(12) 神戸地判昭和六三・三・二三判例自治五一号一七頁。

(13) 最判平成九・一一・二八判時一五九八号五六頁は、土地収用法一三三条の損失補塡訴訟において、収用委員会の保償認定判断に裁量権の逸脱濫用の有無の審理ではなく、裁決時点での補償額を客観的に確定すべきとしている。

(14) 評価基準の法規範性の適合性についての判例として、本文以外のものとして次のものがある。

① 最判昭和六一・一二・一一判時一二二五号五八頁（評価基準）。
② 東京地判昭和六二・六・二九判時一二四八号五一頁（評価基準・取扱要領）。
③ 東京地判昭和六二・一一・二五判例自治四一号三一頁（評価基準・取扱要領）。
④ 和歌山地判平成三・七・三一判時一四三一号一一八頁（評価基準）。
⑤ 前橋地判平成八・九・一〇判タ九三七号一二九頁（評価基準）。

なお、④については、山村恒年・判例自治一〇五号七七頁の解説参照。

(15) 評価基準の法的拘束力を否定し、通達に近いものと論じるものとして山田二郎前注(5)参照。

山田二郎先生御略歴及び主要著作一覧

山田二郎先生の略歴と主な学会活動

Ⅰ 略歴

昭和五年二月三日　山田卯三郎（大阪地方裁判所判事）の次男として京都市に生まれる
昭和二七年一〇月　司法試験に合格
昭和二八年三月　京都大学法学部（旧制）卒業
昭和二八年四月　司法修習生（七期）
昭和三〇年四月　判事補に任官・佐賀地方家庭裁判所判事補
昭和三二年四月　大阪地方裁判所判事補（主に行政事件訴訟を担当）
昭和三六年四月　法務省に出向、大阪法務局訟務部訟務検事
昭和三九年四月　法務省訟務局第五課局付（税務訴訟を担当）
昭和四一年四月　広島法務局訟務部長
昭和四五年四月　法務省訟務局参事官、第五課長（税務訴訟の主管課長）
昭和四八年四月　東京高等裁判所判事
昭和五一年一月　東京高等裁判所常置委員（同年一二月末まで）
昭和五二年三月　東京地方裁判所総括判事
昭和五六年一月　東京地方裁判所民事部常置委員（同年一二月末まで）
六月　第一東京弁護士会綱紀委員会参与員（同年一二月末まで）

昭和五九年　四　月　裁判官を退官
　　　　　　七　月　東海大学法学研究所教授
　　　　　　　　　　弁護士登録（第二東京弁護士会）
　　　　　一〇月　昭和五九年度日本証券奨学財団研究調達助成金を受給
昭和六一年　一　月　川崎市公文書公開審査会会長（平成七年一〇月末まで）
　　　　　　四　月　川崎市個人情報審査会委員（平成七年一〇月末まで）
　　　　　　六　月　東海大学法学部教授（税法専攻）
平成　元　年　九　月　カリフォルニア大学、ハーバード大学に客員研究員として海外研究（昭和六二年七月まで）
平成　二　年一〇月　平塚市情報公開制度懇談会委員（平成三年三月末まで）
　　　　　　　　　　東京家庭裁判所家事調停委員、参与委員
平成　三　年　三　月　平塚市特別土地保有税審議会委員（平成六年一〇月末まで）
平成　五　年　八　月　社会福祉法人神奈川県総合リハビリテーション事業団個人情報保護委員会会長
平成　六　年　四　月　日本税理士連合会税制審議会特別委員
　　　　　　　　　　東海大学法学部長（平成八年三月末まで）
　　　　　一〇月　東海大学法学研究科委員長（平成八年三月末まで）
平成　八　年　一　月　学術会議公法連絡委員会委員
　　　　　　四　月　平成八年度信託研究奨励金を共同研究代表として受給
　　　　　　七　月　日本弁護士連合会司法制度調査委員、同司法改革推進センター幹事
　　　　　　　　　　学校法人東京マックス学園理事、評議委員

平成一〇年 一 月　東京地方裁判所鑑定委員

II 主な学会活動

租税法学会理事、日本税法学会名誉理事

公法学会会員、土地法学会評議員、財政法学会監事

税務会計学会会員、金融法学会会員、スポーツ法学会理事

医事法学会会員、環境政策学会会員

山田二郎先生の主な著作目録

Ⅰ　著　書

取締役・監査役報酬の実務（共著、昭和五〇（一九七五）年、商事法務研究会）

税務訴訟の理論と実際（増補版、昭和五四（一九七九）年、財経詳報社）

固定資産税の現状と納税者の視点（共著、昭和六三（一九八八）年、六法出版社）

不動産税務百科（三訂版、平成四（一九九二）年、ぎょうせい）

税務争訟の実務（共著、改訂版、平成五（一九九三）年、新日本法規）

税法講義（平成八（一九九六）年、信山社）

税理士業務の民事責任とその対策（平成九（一九九七）年、東林出版社）

Ⅱ　編・共著（分担執筆）

株式会社法辞典（分担執筆、昭和四五（一九七〇）年、同文館）

行政判例集成（編集代表、所得税・法人税・地方税・諸税編、昭和四七（一九七二）年から昭和五九（一九八四）年まで、ぎょうせい）

租税法講座（共編著、昭和四八（一九七三）年、ぎょうせい）

税法の基礎知識（分担執筆、昭和四九（一九九四）年、有斐閣）

税法用語小辞典（改訂版、分担執筆、昭和五〇（一九七五）年、中央経済社）

行政法辞典（分担執筆、昭和五〇（一九七五）年、ぎょうせい）

税務百科大辞典（共編著、昭和五五（一九八〇）年、ぎょうせい）

会社法務大辞典（分担執筆、昭和五九（一九八四）年、中央経済社）

注解会社更生法（分担執筆、昭和六一（一九八六）年、青林書院）

注釈行政訴訟法（分担執筆、平成元（一九八九）年、有斐閣）

会計学大辞典（第四版、分担執筆、平成八（一九九六）年、中央経済社）

新行政法辞典（共編、平成一一（一九九八）年、ぎょうせ

い）

Ⅲ 論 説

◆昭和三五年（一九六〇年）

会社内規による退職年金の性質とその差押の許否（会社実務の友六二輯）

◆昭和三六年（一九六一年）

企業の政党献金に対する取締役の責任（会社実務の友七三輯）

◆昭和三七年（一九六二年）

国税滞納処分による債権差押えと相殺（「司法研修所創立一五周年記念論文集」上巻）

◆昭和三九年（一九六四年）

登記官吏の審査権（総合法学五巻三号）

実質課税の原則とその適用について（税経通信一九巻三号）

◆昭和四〇年（一九六五年）

権利能力のない社団の法律関係（民事研修九八号）

低廉譲渡と寄付金（税経通信二〇巻三号）

◆昭和四一年（一九六六年）

株式に関する執行（会社実務の友五五輯）

譲渡所得に対する所得税の計上時期（法律のひろば一九巻一号）

事業所得に対する所得税の計上時期（税務弘報一四巻三号）

益金・損金の意義　資金の無償譲渡に対する課税の許否（税務弘報一四巻一二号）

判例からみた税金紛争の問題点検討（税理九巻五号から一三巻二号まで連載）

◆昭和四二年（一九六七年）

税務訴訟と裁判所（法律時報三九巻一〇号）

実質所得者課税の原則とその適用事例（税務弘報一五巻一号）

戦後における税務訴訟の動向（税法学二〇〇号）

法人税法二二条四項と商法計算規定との関係（税法学二〇二号）

◆昭和四五年（一九七〇年）

行為計算の否認規定の適用をめぐる諸問題（杉村章三郎先生古希記念論集「税法学論文集」三晃社）

電話加入質権とその実行手続（小野木 常・斉藤秀夫先生還暦記念論集「抵当権の実行」有斐閣）

不作為の違法確認の訴えにおける原告適格及び訴えの利益（「実務民事訴訟法講座8」日本評論社）

税法の違憲審査をめぐる問題（税務弘報一九巻一四号）

税務訴訟と裁判所（法律時報三九巻一〇号）

国税不服審判所の審理手続（企業法研究一八二輯）

滞納処分による債権差押えと相殺（民事研修一六一号）

◆昭和四六年（一九七一年）

税務訴訟の課題（民事研修一七二号、一七三号）
源泉徴収における法律関係（判例評論一四八号）
◆昭和四七年（一九七二年）
譲渡所得の計算において控除される取得費（税務弘報二〇巻一号）
会社更生法において共益債権と扱われる源泉所得税の範囲（税理一五巻三号）
◆昭和四八年（一九七三年）
質問検査権を定める規定の合憲性（税務弘報二一巻二号）
行政事件訴訟と裁判所（ジュリスト五二七号）
銀行預金と税務調査（金融法務事情六九八号）
租税判例の動向（租税法研究一号）
◆昭和四九年（一九七四年）
裁判と国民性（税務事例六号）
サラリーマンに対する所得税制と平等原則（ジュリスト五六七号）
税務訴訟の諸問題（租税法研究二号）
◆昭和五〇年（一九七五年）
登録免許税をめぐる諸問題（民事研修二二二号）
◆昭和五二年（一九七七年）
民事裁判にあらわれる税のからみ（自由と正義二八巻六号）
実質課税の原則（法律のひろば三〇巻一号）
◆昭和五三年（一九七八年）
所得税法における所得の分類（末川博先生追悼論集「法と権利」有斐閣）
交際費課税をめぐる問題（田中二郎先生古希記念論集「公法の理論　下II」有斐閣）
◆昭和五四年（一九七九年）
会社更正手続と税法の特例（金融・商事判例五五四号）
相続税法三四条の連帯納付責任の性質等（税法学三四五号）
◆昭和五五年（一九八〇年）
青色申告更正の理由付記の程度（吉川大二郎先生追悼論集「手続法の理論と実践上」有斐閣）
共有不動産の分割と不動産取得税（税務事例一二巻七号）
◆昭和五六年（一九八一年）
租税債権の倒産法上の取扱い（「新・実務民事訴訟法講座一三」日本評論社）
◆昭和五七年（一九八二年）
実務家からみた学説（ジュリスト七五六号）
◆昭和五九年（一九八四年）
執行不能・和解と税務（「裁判実務大系2・手形小切手訴訟」）
不動産質権の設定・管理上の問題点（「担保法大系」二巻）

憲法三八条による供述拒否権の保障と国税犯則事件の調査手続（ジュリスト八一八号）

◆昭和六〇年（一九八五年）

取消訴訟の管轄、取消訴訟の被告（「行政事件訴訟大系」西神田編集室）

大嶋訴訟最高裁判決に思う（税経通信四〇巻七号）

相続税の計算と被相続人の保証債務（ジュリスト八三六号）

料飲税と税法上の若干の問題（東海大学法学研究所年報一号）

◆昭和六一年（一九八六年）

租税行政の諸問題（租税法研究一四号）

◆昭和六二年（一九八七年）

固定資産税における固定資産の評価（税法学四四二号）

◆昭和六三年（一九八八年）

固定資産の評価をめぐる若干の問題（税務事例二〇巻八号）

◆平成元年（一九八九年）

消費税をめぐる若干の問題（雄川一郎先生献呈論集「行政法諸問題　中」有斐閣）

◆平成二年（一九九〇年）

非上場株式の評価減と損金計上の可否について（日本税法学会創立四〇周年祝賀論集「税法学論文集」税法研究所）

破産と税務処理（新版「破産法」経済法令研究会）

財団債権とならない租税債権の破産手続上の優先順位（金融法務事情一二四六号）

◆平成三年（一九九一年）

登録免許税に対する争訟（「現代民事裁判の課題②不動産登記」新日本法規）

◆平成四年（一九九二年）

相続税の物納（ジュリスト一〇一二号）

法人税の計算をめぐって（日弁連研究叢書「現代法律事務の諸問題　上」第一法規）

◆平成五年（一九九三年）

不動産登記と登録免許税（香川最高裁判事退官記念論文集「民法と登記　上」テイハン）

商品切手発行税とプリペイドカードに対する課税の適否（東海法学九号）

情報公開判例の動向分析（「開かれた市政の実現をめざして　川崎市情報公開制度一〇周年記念論集、川崎市」

◆平成六年（一九九四年）

税務争訟の新しい展開（税務事例二六巻九号）

公正処理基準の機能（税務会計研究五号）

離婚・相続と税法の知識（ケース研究二四〇号、家庭事件研究会）

固定資産税と平成六年度の評価替えの問題点（法の支配九七号）

◆平成七年（一九九五年）
固定資産評価審査委員会の機能とその審理手続（貞家最高裁判事退官記念論集「民事法と裁判　下」きんざい。「資産課税関係論文集」財団法人資産評価システム研究センターに転載）
◆平成八年（一九九六年）
固定資産税取消訴訟の課題と弁護士（自由と正義四七巻一二号）
固定資産税の評価に対する疑問（共著、税務事例二八巻七号から三一回連載）
土地保有税制のあり方と固定資産税の役割分担（税研六六号）
◆平成九年（一九九七年）
固定資産税を改善するための課題（税経通信五一巻二号）
消費税の納税義務の成立・確定と消費税の課税標準額（松沢智古希記念論集「租税行政と納税者の救済」中央経済社）
固定資産税の課税構造を改革するための考察（東海法学一七号）
◆平成一〇年（一九九八年）
固定資産税の評価をめぐる諸問題（租税研究五七四号）
資産評価の課題（資産評価政策学一号）
◆平成一一年（一九九九年）
税務訴訟と納税者の権利救済（成田頼明ほか編「行政の変容と公法の展望」有斐閣学術センター）
必要経費論（改訂版「所得税の理論と課題」、平成一一（一九九八）年、税務経理協会）

Ⅳ　判例評釈

◆昭和四〇年（一九六五年）
権利能力のない社団の法律関係（民事研修九八号）
◆昭和四一年（一九六六年）
譲渡所得に対する所得税の課税時期（法律のひろば一九巻一号）
裁決の理由付記の程度（シュトイエル五六号）
手付金の損失と所得計算（シュトイエル五六号）
異議決定が判決で取り消された場合におけるみなす審査請求の規定の適用の有無（シュトイエル五七号）
異議決定を取消す判決の効力（シュトイエル五七号）
◆昭和四二年（一九六七年）
原価率に基づく推計課税（シュトイエル五九号）
青色承認取消の理由とその理由付記の程度（同）
審査請求を棄却する裁決の効力（シュトイエル六一号）
原処分と裁決の取消しを求める訴えにおいて裁決の理由付記の不備を理由に裁決を取り消すことの可否（シュトイエル六七号）
制限超過利息が元本に充当された後に支払われた場合と

不当利得の成否（民事研修一二四号）
◆昭和四三年（一九六八年）
医療財団法人に対する贈与税の課税と課税要件明確主義（「租税判例百選」別冊ジュリスト一七号）
隠れたる利益処分（同）
新株プレミアムの取得とみなし譲渡（同）
根抵当権設置登記の登録免許税の課税価額（民事研修一〇五号）
◆昭和四四年（一九六九年）
所有権留保の割賦販売資産と固定資産税の納税義務者（ジュトイエル七四号）
抵当権者の物上代位の目的となっている清算金に対し差押・転付命令をえた者と抵当権者との優劣（「保全判例百選」別冊ジュリスト二二号）
退任を理由とする取締役資格不在確認を本案とする職務執行停止処分の必要性の判断基準（同）
◆昭和四五年（一九七〇年）
漁業許可権の無償譲受人の第二次納税義務（ジュリスト四六二号）
法人格否認の法理とその適用（民事研修一五三号）
銀行預金の差押と相殺（民事研修一六一号）
◆昭和四六年（一九七一年）
課税処分の取消しを求める訴えを本案とする滞納処分の執行停止の適否（ジュリスト四九〇号）
源泉徴収における法律関係と納税の告知（判例評論一四八号）
審査請求手続における審理の範囲等（ジュリスト四七七号）
◆昭和四七年（一九七二年）
農地法八〇条に基づき買収農地の売払いを求める訴訟の被告適格（民商法雑誌六七巻三号）
第二次納税義務の付随性と補充性（税務事例四巻三号）
利息制限法の利息を超過する利息・損害金に対する課税の適否（税務事例四巻一号）
職務執行停止を命ぜられた役員の賞与の損金性（税務事例四巻三号）
◆昭和四八年（一九七三年）
固定資産税を納付した所有名義人の真の所有者に対する不当利得返還請求の許否（ジュリスト五一二号）
同族会社の数事業年度にわたる行為計算を一体のものとして否認した事例（税務事例五巻六号）
会社が従業員に対して支給する学資について源泉所得税の徴収の可否（労働事例一六四号）
土地の使用借権の譲渡に対する課税が認められた事例（税務事例五巻五号）
売買代金が割賦で支払われた場合の譲渡所得の帰属年度（税務事例五巻七号）
◆昭和四九年（一九七四年）

異議決定の取消を求める訴えの利益の有無（判例評論一九〇号）
固定資産評価審査委員会の審査事項（ジュリスト五六二号）
一斉休暇闘争に参加した公立小中学校教員に対する給与の減額の適否（自治研究六〇八号）
◆昭和五〇年（一九七五年）
法人税更正処分の取消しと源泉徴収義務の関係（税務事例一九〇号）
抗告訴訟の対象となる登録免許税の課税処分の存否（ジュリスト五九八号）
◆昭和五一年（一九七六年）
更生開始と第二次納税義務者に対する滞納処分（「倒産判例百選」別冊ジュリスト五九八号）
法人税の青色更正の理由付記の程度（ジュリスト六二五号）
強迫による公務員の退職申出がこれに基づく依願免職処分の後に取り消された場合と依願免職処分の効力（自治研究六三二号）
◆昭和五二年（一九七七年）
税法解釈の方法（「会社税務重要判例紹介特集号」税経通信四三三号）
◆昭和五三年（一九七八年）
学資金（「税務重要判例紹介特集号インカム・タックス」税経通信四五一号）
財産分与としての資金の譲渡と譲渡所得課税（判例タイムズ三七〇号）
土地移転登記の抹消と固定資産税の納税義務者（ジュリスト六六〇号）
道路運送法施行規則五七条二項に基づく変更届に対する不受理処分と抗告訴訟の対象性（自治研究六五八号）
◆昭和五四年（一九七九年）
農地法上の許可と農地の売買との関係―行政上の関係と私法上の関係（「行政判例百選Ⅰ」別冊ジュリスト六一号）
異議決定の取消しを求める訴えの出訴期間の起算日（「行政判例百選」別冊ジュリスト六二号）
裁決の取消訴訟における司法審査の範囲（同）
◆昭和五五年（一九八〇年）
不法行為による慰謝料請求権者が破産した場合と破産管財人の破産処分権（金融法務事情九四〇号）
賃借権者が土地を取得した場合における不動産取得税の課税標準（ジュリスト七一〇号）
指名債権が同時に二重に譲渡された場合と譲受人の一人からした弁済請求の可否（金融法務事情九二四号）
◆昭和五六年（一九八一年）
処分の違法を理由とする代位請求（「地方自治判例百選」別冊ジュリスト七一号）

更生担保権の被担保債権のうち担保権の価額を超える更生債権の更生手続等（金融法務事情九五九号）
自己を受取人とする約束手形の効力（金融法務事情九七八号）
買受けた農地について知事の許可前に相続が開始した場合の相続財産の評価（税務事例一三巻三号）

◆昭和五七年（一九八二年）
執行抗告の抗告状が直接抗告裁判所に提出された場合の移送の可否（金融法務事情九九三号）
会社更生法三九条による弁済禁止の保全処分等と契約解除の効力等（金融法務事情一〇〇九号）
被上場株式の評価減と損金計上の可否（税務事例二四巻一号）
同族会社の系列会社に対する低価販売について否認規定を適用した更正処分が適法とされた事例（税務事例一四巻二号）

◆昭和五八年（一九八三年）
譲渡担保権者と第三者異議の訴え（金融法務事情一〇四〇号）
固定資産評価基準の法的拘束力等（税務事例一二五巻三号）
破産法七〇条一項による仮差押の効力の失効と民事執行法八七条二項の関係等（金融法務事情一〇二二号）
事業所税の非課税施設の範囲（自治研究七一一七号）
真実の所有者に対する不当利得返還請求権（「租税判例百選第二版」別冊ジュリスト七九号）

◆昭和五九年（一九八四年）
代理貸付における代理店の回金義務と事前求償権（金融法務事情一〇五一号）
抵当権の物上代位の目的となっている清算金に対する転付命令と抵当権者の優劣（金融法務事情一〇六四号）
土地の転貸にあたって預かった保証金の計上時期（税務事例一六巻一号）
相続財産の範囲と買主の取得した土地（税経通信三九巻一五号）
固定資産税の評価と居住用宅地（同）
◆昭和六〇年（一九八五年）
手形の取立禁止・支払禁止の仮処分の効力と支払呈示を受けた銀行の責任（金融法務事情一〇八七号）
料飲税の納入期限後の更正処分と不納付罪の成立等（税務事例一七巻一号）
周辺の固定資産税の評価額の開示と公務員の守秘義務等（税務事例一七巻二号）

◆昭和六一年（一九八六年）
市長の接待費の支出の適否と住民訴訟（法学教室六八号）
債務者所有の甲不動産と物上保証人所有の乙不動産に債権者を異にする後順位抵当権が設定されて不動産が先に

競売された場合における売買代金の配当（金融法務事情一一二五号）
違法な所得税調査と国に対する慰謝料請求（ジュリスト八五八号）
特別縁故者が財産分与の審判を受けるために支出した審判費用等と債務控除等（自治研究七四四号）
国税滞納処分と民法一七七条の適用の有無（「税務署の判断と裁判所の判断」）
審査請求手続における審理の範囲等（同）
出訴期間の起算日と追完（同）
第二次納税義務の取消訴訟と本来の納税義務者に対する課税処分の違法（同）
青色申告承認が取り消された場合の救済方法（同）
更正・決定の期間制限（同）
租税事件と信義則の適用（同）
ポルノ関税の検査と検閲の許否（同）
所有権留保の割賦販売資産と固定資産税の納税義務者（同）
譲渡担保契約の解除と不動産取得税の課税の許否（同）
使用貸借の合意解除と立退料の認定（同）
使途不明金と賞与の認定（同）
青色更正の理由付記の程度（同）
青色承認取消しの理由付記の程度（同）
贈与税と贈与による所有権移転の時期（同）
源泉徴収の法律関係と納税の告知（同）
高額の権利金の所得分類（同）
一〇年定年制により支給される給与と所得の分類（同）
譲渡担保と譲渡所得（同）
株式の譲渡による所得と非課税の範囲（同）
詐欺による被害の損金計上の時期（同）

◆昭和六三年（一九八八年）

関与税理士に債務不履行があったとして二億円余の損害賠償責任が認められた事例（税務事例二〇巻一号）
国税徴収法二二条五項による交付請求と配当要求の終期との関係（判例タイムズ六七七号）
国税徴収法二二条五項による交付請求と配当要求の終期との関係（金融法務事情一一七七号）
退任登記未了の元取締役と商法二六六条の三による損害賠償責任（金融法務事情一一九二号）
推計課税と実額反証の立証の程度（自治研究七七七号）
農地の売却後その所有権移転前に売主に相続が開始した場合の相続財産（ジュリスト九〇八号）

◆平成元年（一九八九年）

固定資産税を負担した登記名義人の課税主体に対する不当利得返還請求権の許否（ジュリスト九四五号）
無効な抵当権の実行により債権者に交付された弁済金と不当利得の成否（金融法務事情一二一五号）
保険料を専用預金口座に保管中に損害保険代理人が破産

宣告を受けた場合に右預金は保険会社に帰属するとされた事例（金融法務事情一三三三号）
土地区画整理法二〇条による意見書の不採択と取消訴訟の可否（「街づくり・国づくり判例百選」別冊ジュリスト一〇三号）
所得税法六〇条一項一号にいう贈与と負担付贈与（判例タイムズ七〇六号）
夫婦財産契約と所得の分割の可否（判例評論三六一号）

◆平成二年（一九九〇年）

滞納処分による債権差押と相殺予約の効力（ジュリスト九九五号）
第三者割当による新株発行とその差止めを求める仮処分（金融法務事情一二四八号）
根抵当権が特定の債権のみを被担保債権としているとして無効とした事例（金融法務事情一二七一号）
確定申告で社会診療報酬の概算経費を選択したのち修正申告で実額経費に変更できるとされた事例（税経通信六二五号）
滞納処分による債権差押と第三者間にまたがる相殺予約の対外的効力（ジュリスト九九五号）
離婚による財産分与と錯誤（私法判例リマークス一号）
財産分与契約で分与者側に税金の負担がないという動機の錯誤が黙示的に表示されていたとされた事例（判例タイムズ七六二号）
固定資産税を納付した所得名義人の真実の所有者に対する不当利得返還請求権の許否（「租税判例百選第三版」別冊ジュリスト一二〇号）
サラリーマンの通勤自動車の譲渡損失と損益通算の可否（判例タイムズ七三五号）

◆平成三年（一九九一年）

借地権者が土地を取得した場合における不動産取得税の課税標準（判例評論三九一号）
売買契約の合意解除と交換特例の適用の可否（判例タイムズ七六二号）
離婚に伴う財産分与として取得した資産の取得費（判例評論三九三号）

◆平成四年（一九九二年）

非上場株式の評価減と損金計上の可否（税務事例二四巻一号）
協議離婚に伴う財産分与において分与者側に譲渡所得税の負担がないと信じたことに重過失がないとした事例（判例タイムズ七九〇号）

◆平成五年（一九九三年）

推計による更正処分と必要経費の実額反証（自治研究八三五号）
代位請求訴訟の被告適格（「地方自治判例百選第二版」別冊ジュリスト一二五号）
破産会社の予納法人税と破産管財人の予納申告等の義務

（判例評論四一五号）

◆平成六年（一九九四年）

所得金額を過大に認定した更正処分が違法であっても国賠法一条一項にいう違法がないとした事例（ジュリスト一〇五〇号）

更正処分の違法と国賠法一条一項にいう違法（租税法研究二二号）

事業用資産の買換特例の選択と更正の制限（判例評論四二五号）

遺贈に対する遺留分減殺請求と譲渡所得課税への影響（税務事例二六巻六号）

◆平成七年度

役員退職給与が過大かどうかの判断にあたり生命保険金が原資であることを考慮しなかったことを適法とした事例（租税法研究二三号）

更正後に修正申告がされた場合の更正の取消しを求める訴の利益等（ジュリスト一〇七三号）

◆平成八年度（一九九六年）

駐留米軍用地として強制使用裁決がされたことに伴い受領した損失補償金の所得計上時期（判例評論一五五号）

◆平成九年（一九九七年）

宗教法人が収受した承諾料が収益事業に係る収入とされた事例（自治研究七三巻六号）

強制使用裁決による損害補償金の計上時期（租税法研究二五号）

関与税理士に債務不履行があったとして二億円余の損害賠償責任が認められた事例（ジュリスト一一〇六号）

◆平成一〇年度（一九九八年）

一括支払いシステム契約の代物弁済条項（自治研究七四巻九号）

◆平成一一年（一九九九年）

政党への遺贈とみなし譲渡課税（ジュリスト一一六九号）

特許紛争の和解金と源泉所得税の徴収義務（山川和則先生還暦記念論集「判例ライセンス法」社団法人発明協会）

V　翻訳その他

1　翻　訳

西ドイツ連邦財政裁判所一九六三年三月二七日第一部六一年九号、同一七一号判決（共訳、税法学一二三号）

西ドイツ連邦財政裁判所一九六三年三月二七日第一部、同二一〇号判決（共訳、税法学一二四号）

2　租税事件の鑑定書

特別土地保有税納税義務免除不許可処分取消請求事件（東京地裁（行ウ）第一八号・読売ＰＲ事件。昭和六三年一〇月）

法人税更正処分取消請求事件（東京地裁昭和五九年（行ウ）第一四五号・ケンウッド米国子会社事件。海外子会社

の株式の評価損の損金計上が争われた事件。平成三年一月）

相続税更正処分取消請求事件（東京地裁平成元年（行コ）第九九号・借地権の評価が争われた事件。平成三年三月）

所得税法違反控訴事件（大阪高裁平成四年（行ラ）第二七〇号・地代相当損害金の計上時期が争われた事件。平成五年一月）

法人税の還付加算金等請求事件（大阪地裁平成三年（ワ）第七六九四号・永大産業事件。還付金の起算日が争われた事件。平成六年三月）

法人税法違反事件（大阪高裁平成七年（ラ）第三〇二号・大産建設事件。工事外注費等の損金計上が争われた事件。平成八年三月）

所得税法違反事件（松山地裁平成七年（ワ）第一六六号・興進海運事件。税務調査の資料を査察事件の証拠として使用したことが争われた事件。平成一〇年一月）

特別土地保有税徴収猶予取消処分等の取消請求事件（浦和地裁平成一〇年（ウ）第四〇号・吹上町特別土地保有税徴収猶予取消事件。平成一〇年五月）

相続税更正処分等取消請求事件（東京地裁平成七年（行ウ）第三〇四号・土地保有特定会社の非上場株式の評価が争われた事件。平成一〇年八月）

3 その他

固定資産税で今何が問われているか（「書斎の窓」平成八年三月号）

相続税をめぐる諸問題（第一回）固定資産税をめぐる諸問題（第二回）土地税制をめぐる諸問題（第三回）（平成六年度春期研修録、第一東京弁護士会弁護士研修委員会）

対談「国税不服審判所の二〇年」（ジュリスト九五四号）

対談「審判所制度の一層の充実をめざして」（税務事例二二巻五号）

対談「固定資産税の評価替をめぐって」（税務経理平成七年八月一五日号から四回連載）

対談「固定資産税改革の方向—残された課題と論点」（税務経理平成一〇年四月一七日号から五回連載）

座談会「土地利用と公益信託」（判例タイムズ九八四号）

スポーツ事故と自己責任による加害者側の減責（スポーツ法学会年報二号、平成七年一二月）

スポーツ事故と違法性阻却（日本スポーツ法学会年報六号、平成一一年一二月）

トップのための法律講座（財経詳報二一六二号以下に一二回連載）

書評「南 博方・税務争訟の理論と実際」（民商法雑誌七三号）

書評「増田英敏・納税者の権利保護の法理」（税経通信七四五号）

あとがき

山田二郎先生には、本年二月めでたく古稀をお迎えになられます。先生は、「税務訴訟のパイオニア」を自負されて（『税務訴訟の理論と実際』「はしがき」）、裁判官、訟務検事として多年にわたりご活躍され、そのご経験を生かされて、その後、東海大学教授に転じられ、研究・教育に励まれるとともに、さらに弁護士としてもご活躍されておられます。

この多彩なご経歴のなかで、先生は、一貫して租税法と行政法のご研究に打ち込まれました。日本税法学会、租税法学会、租税判例研究会等におきまして、私たちは、先生に親しくご指導をいただくことができました。先生の卓越した問題分析と理論構築に感銘をうけながら円満なお人柄に接した者も少なくありません。先生は、ご郷里の関西と現在に至る関東の両地区を中心に、広い活動範囲をもたれています。

私たちの山田先生との接し方は、いろいろでありますが、長年先生にお世話になった者が集って先生に論文集を献呈したいという企画の話が自然に持ち上がり、呼びかけましたところ、幸いにも多数の方々がご賛同くださり、ここに論文集を献呈できることになりました。

先生の学問上のご業績につきまして、私たちがここであらためて述べる資格も必要もありません。先生は、租税法分野を中心に、常に、正義・公平の観念の下に、信義則を重視されて、誰にも理解できる法を発見しようとされて努められて来ました。私たちは、先生のその一途な姿勢に敬服するものであります。先生は、判例研究を重視されて租税法全般にわたる研究を進められて参りましたが、最近は、とくに訴訟事件等を通じたご経験も踏まえられて固定資産税のご研究にエネルギーを注いでおられるように身受けられます。

先生が古稀を迎えられましたことを、執筆者一同とともに、あらためてお祝い申し上げます。ここに、論文集を献呈するにあたり、先生が、令夫人ともども、ますますお健やかにお過ごしになられますことをお祈りいたしますとともに、引き続き私たちをお導き下さることをお願い申し上げるものであります。

最後に、本書の題字のご揮毫を頂きました園部逸夫元最高裁判所判事、多忙ななかを本論文集に貴重な原稿をお寄せいただきました執筆者各位、並びに、出版事情の厳しいおりに、出版をお引き受け頂き綿密な制作をして下さいました信山社出版株式会社の村岡侖衛氏に、それぞれ深甚なる感謝の意を表させていただきます。

二〇〇〇年［平成一二年］一月

石島　弘
碓井光明
木村弘之亮
玉國文敏

執筆者一覧（執筆順）

石倉　文雄	（いしくら　ふみお）	松山大学法学部教授
石島　　弘	（いしじま　ひろし）	岡山大学法学部教授
鎌田　泰輝	（かまだ　やすてる）	白鷗大学大学院法学研究科特任教授
木村弘之亮	（きむら　こうのすけ）	慶應義塾大学法学部教授
佐藤　義行	（さとう　よしゆき）	弁護士
品川　芳宣	（しながわ　よしのぶ）	筑波大学大学院経営・政策科学研究科教授
西山　由美	（にしやま　ゆみ）	東海大学法学部専任講師
三木　義一	（みき　よしかず）	立命館大学法学部教授
渡邉　幸則	（わたなべ　ゆきのり）	弁護士
岩﨑　政明	（いわさき　まさあき）	横浜国立大学経済学部教授
加藤　幸嗣	（かとう　こうじ）	成城大学法学部教授
金子　正史	（かねこ　まさし）	獨協大学法学部教授
堺澤　　良	（さかいざわ　よし）	産能短期大学講師
宮谷　俊胤	（みやたに　としたね）	福岡大学法学部教授
吉村　典久	（よしむら　のりひさ）	慶應義塾大学法学部助教授
碓井　光明	（うすい　みつあき）	東京大学法学部教授
岸田　貞夫	（きしだ　さだお）	拓殖大学商学部教授
後藤　正幸	（ごとう　まさゆき）	弁護士
谷口勢津夫	（たにぐち　せつお）	甲南大学法学部教授
玉國　文敏	（たまくに　ふみとし）	明治学院大学法学部教授
西野　敞雄	（にしの　ひさお）	国士館大学法学部教授
西本　靖宏	（にしもと　やすひろ）	大分大学経済学部専任講師
増田　英敏	（ますだ　ひでとし）	拓殖大学商学部教授
松沢　　智	（まつざわ　さとし）	弁護士，日本大学大学院法学研究科講師
南　　博方	（みなみ　ひろまさ）	筑波大学名誉教授，一橋大学名誉教授
山村　恒年	（やまむら　つねとし）	弁護士，元神戸大学教授

税法の課題と超克

山田二郎先生古稀記念論文集

初版第1刷発行　2000年4月20日

編　集

石島　弘

碓井光明

木村弘之亮

玉國文敏

発行者

袖山貴＝村岡侖衛

発行所

信山社出版株式会社

113-0033　東京都文京区本郷6－2－9－102

TEL 03－3818－1019　FAX 03－3818－0344

印刷　松澤印刷株式会社　　製本　渋谷文泉閣

ISBN4-7972-5230-8-C3032